서울교육대학교 초등국어교육연구소 연구총서 ③

국어교육 방법론

국어교육 방법론

서울교육대학교 초등국어교육연구소 연구총서 ③

국어교육 방법론

김 선 민

도서출판 역락

I.

국어교육 연구는 교실에 의한 교실을 위한 교실의 것이어야 한다. 이론을 토대로 효과적인 방법을 구안하는 것은 국어교육 연구 본연의 목적이다. 국어교육은 국문학, 국어학 등의 내용학과 교육학, 심리학 등의 방법학*이 유기적 맥락에 의하여 현상적으로 실행되는 학문 분야이다. 국어교육의 학문적 위상을 정립하기 위해서는 내용학과 방법학이 통합적으로 작용하는 양적, 질적 연구의 유기적 소통 또한 병행되어야 한다.

한동안 국어교육 연구자들은 국어교육의 범주와 영역에 대한 이론적 논의에 몰입하였다. 학문적 위상의 체계를 바로잡기 위한 이러한 논의들은 국어교육의 내용과 기능의 범주 설정 및 한계에 대한 재고의 여지를 마련하였다. 내용 및 기능 영역 범주 설정의 쟁점 사안은 언제나 국어교육의 위상보다는 국어교육을 지배하려는 연구 영역의 위상과 관련이 있었다. 기능 또는 내용 중 어떤 분야에 가중치를 두었던 간에 국어교육 연구와 실행 양상은 서로 다르지 않았다. 다만 선점, 우선순위, 상위지배 등의 소모적 논쟁이

---

* 해당 학문 분야의 연구자들에게 '방법학'이라는 표현이 경박스럽게 느껴질지 모르나, 국어교육 연구에서 바라볼 때 국어교육의 이론이 교실에서 효과적으로 작용하기 위한 또 다른 이론을 '방법학'이라고 명명할 수 있으며, 그것은 국어교육과 관련된 광범위한 지지 이론 분야의 학문을 포함한다. 예를 들어 인지심리학의 많은 이론들은 학습자들의 언어발달을 위한 국어교육 연구에 핵심적인 중추가 되며, 교육공학의 이론들은 언어발달을 위한 교수·학습 이론을 제공하고 있다. 따라서 국어교육 연구에서 바라볼 때 인지심리학이나 교육공학 등의 이론들을 '방법학'이라 이를 수 있을 것이다.

눈에 띄게 드러나곤 하였다. 다행인 것은 그러한 소모전 양상의 학문적 權力態가 점차 균형을 이뤄가고 있다는 것이다. 균형의 기저에는 국어교육이 인접 학문과의 소통을 거부할 수 없는 학문구조의 작용이 있었다. 즉, 국어교육이 정치, 사회, 문화, 예술 등의 인접 학문과 어떤 역학관계가 있는지 논의하는 통합 연구가 지속적으로 이뤄지고 있다. 한 학문 분야가 인접하는 또는 전혀 그렇지 않아 보이는 분야와 소통을 한다는 것은 해당 학문 분야의 한계를 극복하려는 의지와 더불어 보다 발전적인 논의를 통하여 자기 혁신을 하려는 의지의 표현이다.

국어교육이 다른 학문 분야와의 소통을 통하여 얻을 수 있는 것은 이론적인 측면보다 방법 측면의 것이 훨씬 더 많다. 우리가 알고 있지 못하는, 우리가 알려고 하지도 않았던 방법들이 우리 주변에는 수도 없이 많다는 것을 인식하는 것만이 스스로의 가치를 상향시키는 것이며, 자신의 역량을 극대화하는 지름길이라는 것을 깨달아야 한다. 그간 국어교육의 내용과 기능에 대한 연구들이 방법적인 측면을 도외시한 것은 아니지만 교실 방법에 대한 구체적 논의와 연구는 찾아보기 힘들었다. 교육대학원의 현직 교사들을 중심으로 교실 방법 연구들이 실행되기는 하지만 전문 학술 연구 단체 또는 학술 대회 차원의 논의와 연구는 흔치 않다. 아마도 교실 방법에 대한 논의와 연구를 사례발표나 임상연구와 같은 현상적 연구 영역으로 하위분류한 답습 때문일 것이다. 현장연구와 이론적 논의가 별개의 것이라고 생각하는 것은 교육적 모순에 당착하는 가장 우매한 발상이다. 어떤 경우도 현장과 괴리된 이론은 존재할 수 없으며, 이론이 매력적 탐구 과제를 논의하고 있다면 현장은 수용하지 않을 수 없다.

초·중등학교 교사들 중에는 현장 교사로서의 경험적 지도 능력 이외에 학문적 소양과 지위를 겸비한 학자들이 많이 있다. 이들은 자신의 경험적 지도 능력을 바탕으로 학문적 연구와 탐색을 게을리 하지 않는다. 이론에 편향된 연구가 교실 상황에 효과적으로 작용하지 않는 상당 부분의 문제들을 인식하고 해결하려는 욕구가 충만한 현장 연구자들이다. 내용학과 방법학에 대한 충분한 경험과 연구 능력은 국어교육의 현상적 문제를 파악하는 것뿐 아니라, 심층적 문제의 분석과 문제의 해결 방법을 모색하게 한다. 학교 현장에서의 학생 지도 경험이 없는 연구자들의 제한적 논의를 극복할 수 있는 학문적 기반이 견고하기 때문이다.

이제 '교육'이라는 명패를 달고 있는 학문 분야에서의 '방법'은 더 이상 하위분류된 임상적 사례가 아닌 현상의 분석과 전략의 구안을 통한 지배적 학문 영역의 구축을 지향해야 한다. 지배적 학문 영역의 구축이라 함은 기존의 잠재적 문제들에 대한 방어기재로서의 소극적 대응이 아닌, 다가올 미래 사회를 대비하는 신학문 영역으로서의 개혁적이고 주도적인 연구 및 계발을 의미한다. 국어교육 연구 영역의 세분화는 궁극적으로 방법의 다양성과 효과적인 전략의 실행을 기반으로 해야 한다. 내용과 기능의 통합적 운영은 방법의 범주에서 효과적으로 작동하며, 방법을 통한 내용과 기능의 소통은 창조적인 언어사용 능력을 발달시키기 위한 연구와 실행의 대들보가 된다.

II.

이 책『국어교육 방법론』의 독자는 초·중등학교의 교사, 초·중등학교의 교사가 되기를 원하는 대학생과 대학원생 그리고, 초·중등학교의 교재를 만드는 공적·사적 종사자와 지역사회의 교육을 담당하는 여러 분야의 교사들이기를 바란다. 내용을 최대한 현장 교육의 실행에 적합하도록 구성하였으나, 학문적인 이론과 그 현상들에 대한 실증 연구를 바탕으로 하였기 때문에 현장 지도에 직접 활용하는 데에 어려움이 있을 수 있다. 이러한 문제는 이 책의 문제점이라기보다는 이 책이 갖고 있는 내용 특성으로 이해해야 한다. 즉, 이 책은 이론과 실천의 교각을 연결하는 다리이다. 이론의 교각과 현장 실천의 교각이 한 물 속에 같이 서 있는 것 같지만 서로 바라 볼 뿐 연결되어 있지 않다. 두 교각 사이를 상판으로 연결하고, 그 상판이 양쪽 육지까지 닿아 그 위로 교사, 학생, 학부모, 지역사회의 소통이 원활하 게 이루어져야 진정한 교각의 역할을 다 할 수 있는 것이다. 따라서 이 책 의 내용은 이론의 교각을 지나기도 하고, 실천의 교각 위를 지나기도 한다. 두 교각의 어느 위치를 지난다 하더라고 이론과 실천은 서로 연결되어 있 으며, 그 연결은 교육적 효과라는 육지에 다다르게 된다. 결국 국어교육의 방법을 통하여 이론과 실천이라는 두 교각 사이를 잇고, 그 연결을 통하여 교육적 효과를 극대화할 수 있다.

어떤 학생은 같은 시간에 더 많은 양의 글을 읽고, 더 많은 내용을 이해 한다. 어떤 학생은 동일한 주제에 대하여 깊이 있고 풍부한 내용의 글을 쓸 수 있다. 한 번 더 생각하면서 관찰하다보면 이러한 현상들은 교실에서 무 수히 일어난다. 학생들은 같은 조건에서 수없이 많은 현상들을 발현한다. 그것은 대부분 인지적 측면에 관한 것들이며, 인지적 다양성과 변화에 대하 여 우리는 속수무책인 경우가 많다. 때문에 많은 연구자들은 학생들의 다양 성과 변화에 대하여 관심을 가졌을 뿐만 아니라 더 발전적인 방향으로 학 생들을 지도할 수 있는 방법에 대한 연구를 게을리 하지 않았다. 따라서 현 명한 연구자들은 자신의 학문적 업적과 이론이 교실에서 어떻게 적용되고 실행될 수 있는지에 대하여 고민하여야 할 것이며, 현장의 교사들은 학생들 의 인지적 다양성에 대한 이론적 근거가 무엇인지 탐색하여야 한다. 양자의 고민과 탐색은 독립적인 것이 아니라 상호교섭적인 범주에 놓여 있다. 상호 교섭적인 범주 안에서 고민과 탐색의 문제는 소통에 의하여 해결 방법을 찾을 것이다.

우리는 1956년 블룸(B. S. Bloom)을 중심으로 모인 당대의 저명한 학자들이 저술한 『교육목표분류학 Ⅰ : 지적 영역』에 대하여 알고 있다. 이 책은 여러

나라의 언어로 번역 출간되었으며, 이후 교육과정 계획의 수립은 물론 교수·학습 및 평가의 기본 틀이 되었다. 40여 년이 지난 2001년 일부의 내용을 수정하여 개정판이 나오기까지 이 책은 모든 연구자와 교사들의 교육과정 운영의 전범이 되었음을 부인할 수 없다. 이 책이 가장 모범이 되고 가장 좋은 지침서가 될 수 있었던 것은 비단 집필자들의 지명도나 내용에만 있는 것은 아니다. 이 책을 자세히 들여다보면, 이 책이 궁극적으로 초·중등학교의 교실에 초점을 두고 있음을 알게 된다. 이 책이 나오기까지 관련 학자들은 해당 분야의 연구물을 토대로 이론적 기틀을 마련하기에 혼신을 쏟았으며, 객관적 신뢰성을 확보하기 위한 탐구를 게을리 하지 않았다. 그런데 그들의 연구와 이론적 기반이 교실 교육에 있었다는 것을 알면 이 책의 가치와 이 책을 집필한 학자들의 열정에 감동하지 않을 수 없을 것이다. 그래서 저자들은 수십 년 간의 그들의 연구가 수년 동안의 열정에 의하여 집약된 이 책이 가장 먼저 현장의 교사들에게 읽혀지기를 원했다. 그들은 그들의 학문적 이론과 연구의 성과가 교실을 통하여 효과가 나타나기를 기대했으며, 교실을 통한 효과의 발현이야말로 그들의 이론과 연구 성과의 진정한 실현이라는 것을 알고 있었던 것이다.

그래서 그들은 초·중등학교의 교사들과 그들의 학문적 이론을 교류하는 데에 보다 혼신을 쏟았으며, 그들의 이론이 교실에서 어떻게 실천이 되는지에 관심을 기울였다. 그 결과 이 책의 정당함을 지지하는 수많은 이론과 학문적 성과들은 표면에 드러나지 않았으며, 오히려 현장의 교사들이 보다 쉽게 이해하고 활용할 수 있도록 최대한 교실의 사례와 실천 증거를 가다듬어 놓았다. 이론과 실천의 상호교섭을 통한 방법의 완성임을 부인할 수 없는 이유가 바로 그것이며, 이 책의 본보기이기도 하다.

Ⅲ.

　이 책의 논문들은 최초 대학원 강의를 위하여 가편집 제본되었다. 필자의 의도는 학생들 스스로 발표지의 논문을 찾아 읽도록 하는 것이었으나, 시간적, 경제적 효율성을 감안하여 내용을 영역별로 분류하고 그것을 하나의 책으로 구성하는 것이 좋다는 생각을 하게 되었다. 다행히 서울교육대학교 초등국어교육 연구소의 연구총서 시리즈로 출간이 가능하였기에 관심 있는 독자와 학생들의 불편함을 조금이라도 덜 수 있게 되었다는 안도를 할 수 있게 되었다.

　필자의 연구 영역은 '읽기', '쓰기', '문학'이다. 초기 연구는 국어교육과 창의성의 관계에 대한 논의가 주를 이루었으며, 이후 학습을 위한 읽기와 쓰기 교육 연구에 집중하였다. 현장에서는 어린이문학 교육 지도에 많은 시간을 할애하였으며, 내용영역의 학습에 영향을 미치는 국어교육의 가치와 효과를 검증하기 위한 학문적 실험 연구에 몰두하였다. 문학에서 쓰기로, 쓰기에서 읽기 연구로 발전하면서, 연구 영역이 확대되는 경향이 있기는 하지만 국어과의 연구 영역이 단속적이 아니라 통합적이라는 것을 더욱 명확하게 인지하게 된다.

　대학이나 대학원, 학부모 연수나 교사 연수를 할 때에도 말하기, 듣기, 읽기, 쓰기, 문법, 문학의 모든 영역을 아우르는 통합적 강의와 연수를 하려고 노력한다. 그러다보니 필자의 연구 영역을 구체적으로 확인하고 싶은 학자들에게 무엇을 먼저 말해야 할지 고민스러울 때가 있다. 학습을 위한 독서나 작문을 강의하면서, 문학적인 독서와 서정적인 작문에 대한 가치와 소중함을 강조한다. 기능의 효과와 유용성에 대한 연구를 하면서도 내용의 구성과 조화를 잊지 않는다. 그러니 특정 영역의 연구에 몰두하는 학자들의 시각으로 보았을 때 필자의 연구 영역과 방향이 구체적으로 무엇인지 의심하지 않을 수 없을 것이다. 그러나 앞서 논의하였듯이 내용이나 기능, 국어과와 타 교과와의 관계 그리고, 국어교육과 다른 학문 분야와의 상호성을 고려한다면, 읽기를 중심으로 문학과 쓰기의 관계, 쓰기를 중심으로 하는 내용교과 학습 연구, 문학교육의 효용성에 가치를 둔 언어사용 기능 발달 등에 관한 연구가 한 사람에 의하여 수행될 수 있다는 것에 문제를 제기하지 않을 것이다.

논문을 발표하고 책을 내면서 늘 갈등에 시달린다. 처음엔 의욕이 앞서다가 이내 풀이 죽고 만다. 이유는 간단하다. 왜 더 좋은 글을 쓰지 못했는가에 대한 자책 때문이다. 가끔 남보다 더 많은 연구와 실적이 나를 압박할 때가 있다. 기본적으로 나 자신의 문제이지만 양은 질에 반비례할 것이라는 편견을 의식하지 않을 수 없다. 틀린 말 같지는 않지만 그렇다고 질적 사유로 인하여 연구의 공유를 미루어둘 수도 없는 일이다. 비난이 되었든, 비판이 되었든, 비평이 되었든 자신이 무엇을 잘못하였는지 알기 위해서는 공개의 단두대에 오르고 볼 일이다. 머리가 잘리는 치욕을 알면서도 두렵지만 그 위에 선 까닭이다.

2009년 3월 雨中 活泉齊에서

제1부 국어교육과 학습

제2부 국어교육의 읽기 방법

제3부 국어교육의 쓰기 방법

제4부 국어교육 방법의 쟁점

제1부 국어교육과 학습

국어교육과 내용교과 학습의 관계

1. 국어과 언어사용 기능과 학습

국어과 교육의 목표는 학습자의 언어사용 기능의 신장에 있다. 언어사용 기능의 신장은 학습자의 의사소통 능력을 향상시키기 위한 것 이외에 다른 교과의 학습활동을 지원하는 기초적이고 도구적인 지원을 한다고 할 수 있다. 교과의 지식과 정보를 습득하기 위해서는 교사와 학습자 간의 의사소통이 효과적으로 이루어져야 한다. 뿐만 아니라 학습자는 내용교과[1]의 지식과 정보를 읽고, 이해하는 자기주도적 학습활동을 통하여 배경지식을 형성한다.

교과교육의 측면에서, '국어를 잘하면 다른 교과도 잘한다.'는 추론을 할 수 있다. 국어과의 언어사용 기능이 내용교과 학습활동을 지원하는 것은 물

---

[1] 국어를 제외한 모든 교과를 내용교과로 볼 수는 없다. 미술, 음악, 체육 등은 활동 교과의 성격이 강하며, 수학, 과학, 사회 등의 과목은 일상생활에 필요한 지식과 정보는 물론 기능을 학습하는 내용 기능 교과의 성격을 갖는다. 그러나 사회나 과학은 내용 지식, 수학은 기능과 내용, 그리고 음악, 미술, 체육, 실과 등은 기능 중심의 내용교과 성격을 갖는다. 이러한 분류는 해당 교과 연구자들의 시각에 따라 다르겠지만 본 연구는 내용교과의 내용을 국어과를 제외한 다른 과목의 내용으로 정의하고, 내용교과를 내용을 담고 있는 기능, 활동 중심의 교과를 모두 포함하는 것으로 정의한다.

론, 내용교과의 지식 및 정보 습득에 기여한다고 말할 수 있다. 내용교과의 지식과 정보를 습득하기 위한 언어사용 기능의 실제적 역할은 학습 과정에서 일어나는 교사와 학생 간의 의사소통이다. 교사는 학생들에게 필요한 지식과 정보를 전달하기 위하여 언어 행위를 수반하는 교육 활동을 한다. 학습자는 자신이 습득하여야 하는 지식과 정보를 수용하기 위하여 교사는 물론 교과서와 교육 환경의 모든 대상과 소통한다. 소리, 문자, 그림, 몸짓 등 소통할 수 있는 모든 의사소통 매체를 통하여 학습을 수행하는 것이 학습자들의 일반적인 양상이다. 그렇다면 학습자들이 국어과 교육을 통하여 언어사용 기능을 온전히 갖추었을 때 학습자들은 내용교과의 지식과 정보를 온전하게 습득할 수 있을 것이라는 추론을 내릴 수 있을 것이다. 나아가 국어과의 언어사용 능력이 우수한 학습자들은 내용교과의 지식과 정보 습득을 보다 효과적으로 수행할 것이며, 다른 학습자들에 비하여 내용교과의 성취수준이 우월할 것이라고 판단할 수 있다.[2]

그런데 앞서 추론한 '국어를 잘하면 다른 교과도 잘한다.'는 추론의 결과가 모든 학습자에게 적용되지 않는다면 즉, 국어를 잘하는 학습자임에도 불구하고 내용교과 학습 능력이 낮은 수준을 보인다면, 그런 유의미한 수의 학습자들에게는 어떤 문제가 있는 것일까? 국어과의 언어사용 능력 신장이라는 교육 목표, 국어과가 다른 내용교과 학습활동을 지지한다는 일반적 추론은 '거짓'으로 분류되어야 하는 것일까? 이러한 문제 제기에 대한 단서를 마련하고, 일반적인 추론을 뒤집는 논거를 마련하기 위한 방법으로 진단평가 결과 점수를 분석하였다.[3]

---

[2] 몇몇 선행 연구에서 국어과의 언어사용 능력이 다른 내용교과의 학습 능력에 미치는 영향이 크다는 결과가 있기도 하고, 현장 교사들의 경험과 사례를 바탕으로 조사한 연구(김선민, 2006 : 97)에 의하면 대부분의 교사들이 '국어를 잘하면 수학이나 과학도 잘한다.'라는 말에 동의하고 있다.

[3] 진단평가 결과를 바탕으로 국어과의 언어사용 능력과 내용교과의 성취 수준을 비교하는 것은 어떤 의미가 있을까? 연구자는 2007학년도 3월 서울시 서부교육청 관내의 한 초등학교에서 시행한 진단평가 자료를 근거로 국어과의 언어사용 능력과 내용교과의 성취 수준

학년 초 시행되는 진단평가는 이전 학년에서 수행한 학습자의 학습 성취 수준을 근거로 한 학년도의 교육과정 수행 계획을 마련하기 위한 기초 자료이다. 대부분의 학교에서는 진단평가의 대상 과목으로 국어와 수학을 정하여 시험을 실시한다. 국어과를 평가의 주 대상으로 삼는 이유는 국어과가 모든 교과를 대표한다는 측면보다는, 학습자의 언어사용 능력을 평가함으로써 다른 학습활동 수행이 어느 정도 가능한지를 판별할 수 있게 하기 때문이다. 수학과는 다른 내용교과를 대표하여 학습자의 학습 성취 수준을 진단할 수 있게 한다.4) 따라서 국어과의 언어사용 능력은 학습자의 학습 수행 능력을 진단하며, 수학과는 내용교과의 성취 수준을 해석할 수 있는 자료를 제공한다고 볼 수 있다.

이 논의는 내용교과의 학습을 지원하는 국어과의 언어사용 기능 향상 전략을 구안하기 위한 기초 연구의 성격을 갖고 있다. 국어과의 학습 지배적 성격 즉, 국어과의 언어사용 기능이 실제로 내용교과 학습활동에 효과적으로 작용하는지를 알아보기 위하여 진단평가 자료를 분석한다. 분석 자료를 토대로 내용교과 학습 부진의 문제 요인을 찾아내어 국어과의 언어사용 기능과 어떤 관계가 있는지 밝히고, 내용교과 학습문제를 해결하기 위한 국어과의 언어사용 기능 향상 교육에 대하여 논의하기로 한다.

관계를 알아보았다. 내용교과 읽기에서 발생하는 학습자의 문제가 무엇인지 알아보고 그 문제를 해결할 수 있는 국어과적 전략을 구안하기 위한 선행 연구의 성격을 갖고 있는 것이었다. 무엇보다 언어사용 능력이 내용교과에 어떻게 작용하며, 실제로 국어과의 언어사용 능력 신장 교육이 모든 내용 학습에 효과적으로 기여하는지에 대한 점검의 필요성 때문이었다. 이러한 점검은 '국어를 잘하면 다른 교과도 잘한다.'라는 전제에서 소외된 학습자 즉, 국어과의 성취 수준이 평균 이상임에도 불구하고, 수학과의 성취 수준이 평균치 이하인 학습자들을 주 대상으로 하였다.

4) 수학과가 다른 내용교과를 대표한다는 객관적인 증거 자료를 제시하지 못하였다. 여기서 논의하는 견해는 학교 현장의 관행적 입장에 따른 것이다. 만일 이러한 진술에 대한 논거를 요청할 경우에는 수학과와 다른 내용교과(사회, 과학 등)의 성취도평가 점수 결과를 분석하는 절차를 병행하여야 할 것이다.

2. 진단평가 자료의 비교 분석

내용교과의 학습 과정에서뿐만 아니라 평가에서도 학생들은 더 많은 읽기 전략을 동원하여야 한다. 수학이나 과학 또는 사회 과목의 내용을 보면 학습자들이 이해하여야 할 사실보다도 그 사실을 설명하는 용어들의 개념과 개념에 대한 지식의 부재가 내용교과 학습을 더욱 어렵게 만든다. '푸른 리트머스 종이를 붉게 변화시키거나, 페놀프탈레인 용액의 색깔이 변하지 않는 것은 산성 용액이다'라는 초등학교 5학년 과학과 학습 내용을 보면 학습자가 이해하여야 할 사실적 지식과 개념이 얼마나 받아들이기 힘든지 알 수 있다.

과학뿐 아니라 수학 교과서의 언어는 더욱 간명하고 함축적이다. 수학이나 과학 교과서의 지식과 정보를 설명하는 문장들은 학생뿐 아니라 교사들조차 이해하기 힘든 개념적 정보들로 가득 차 있다. 수학이나 과학 교과서 집필자들은 학생들이 자신들이 알고 있는 만큼의 수리·과학적 배경지식을 갖고 있을 거라고 착각하기도 한다. 이런 이유 때문에 수학이나 과학 교과서의 문장들이 더욱더 어렵게 기술된다. 또한 학생들은 수학이 단지 숫자를 능숙하게 처리하는 교과라는 사고방식을 갖고 있기 때문에 수학 교과서에 기술된 중요한 개념어나 표현들을 대충 넘어가버리고는 곧장 문제 풀이에 들어간다. 그리고는 자신이 잘못 해결한 문제에 대하여 교사가 가르쳐주기만을 기다린다(Buehl, D, 2002 : 146~147).

이 연구의 기초 자료가 된 진단평가는 서울 시내 한 초등학교에서 시행된 2학년 이상 6학년까지의 자료이다. 일반적으로 진단평가라 함은 말 그대로 학생들의 학습 능력을 진단하는 것이다. 평가의 유형으로 구분한다면, 진단평가는 성취도평가나 수행평가 또는 단원평가 등과 구분이 되지만, 학습자의 학습 능력의 정도를 알아보는 측면에서는 큰 차이를 보이지 않는다.

다만 어떤 시기의 학습 수행 상태를 평가하는가에 따른 차이이거나 방법의 구분이다. 그런 면에서 학년 초에 실시하는 진단평가는 학습자들의 전 학년도 교육과정 수행 성취 상황을 판별하는 데에 매우 유익한 자료이다. 진단평가는 학생 생활 기록부의 평가 자료로 사용되지 않으며, 학습자는 물론 학부모나 지역사회에 공개되는 자료가 아니기 때문에 시험 과목이나 시험 일시, 시험 범위 등이 학생이나 학습자에게 예고되지 않는다. 또한 평가 결과로 인한 학습자의 내적, 외적 변화를 요구하지도 않기 때문에 진단평가를 시행하는 과정이 학습자나 학부모, 교사나 지역사회에 별다른 영향을 미치지 않는다. 그런 면에서 진단평가는 학습자의 성취 수준과 학습 능력을 측정하는 데에 영향을 미치는 외적 변인이 작용하지 않는다는 점에서 실천적 신뢰성이 강하다고 볼 수 있다.

진단평가는 모든 교과를 대상으로 시행하는 경우는 극히 드물다. 이 연구의 대상이 되었던 초등학교의 경우처럼 거의 모든 학교에서 국어와 수학 두 과목을 대상으로 시행한다.5) 국어과는 학습자의 언어사용 능력과 그에 따른 교육과정 수행 능력을 판별하는 기준이 되며, 수학과는 내용교과를 대표하는 성격을 갖고 있다. 내용교과를 대표하여 사회나 과학을 진단평가 대표 과목으로 선정하여 시행하는 경우는 없다. 물론 학급별로 보다 자세한 학습 진단을 위한 평가 시행으로 다른 교과를 적용하는 경우는 있으나, 학교 전체적으로 일제히 시행하는 진단평가의 경우에는 국어와 수학을 평가 대상 과목으로 선정한다.

---

5) 최근 일선 학교에서 시행되는 진단평가는 학습자의 성취 수준과 교육과정 수행 계획의 근거 자료로 활용되는 것은 물론 서울시 교육청이나 지역 교육청이 주도하는 교육 정책과 맥을 같이 하는 경우도 있다. 학습 부진아 퇴치를 위한 자료로 활용되는 경우가 대표적인 것이다. 진단평가가 어떤 목적으로 활용되는가는 진단평가의 과목과 평가 수준 및 난이도에 영향을 미친다. 그러나 모든 학년을 대상으로 다양한 목적의 진단평가를 시행하는 경우가 대부분이고 이런 경우 전 학년도에 수행하였던 교육과정 수행 내용 전체를 대상으로 문항을 작성한다. 이러한 문항 작성은 학습자의 기초 학습 능력을 측정하기 위한 것이기 때문에 학기 중 시행하는 평가에 비하여 난이도가 낮다.

이 연구에 동원된 진단평가 자료는 다음과 같은 절차로 분석하였다.

- 2학년에서 6학년까지[6]의 45개 학급 중에서 무작위로 한 학년에 한 학급씩을 선정하여 결과를 수합하였다. 동시에 진단평가 분석의 대상이 되는 학급에서 실시한 시험지를 모두 수합하였다.
- 그 다음 진단평가 결과를 비교하였다. 먼저 학년별로 국어와 수학의 과목 평균 점수를 내었다. 그 다음 과목 평균 점수를 기준으로 하여 개인의 과목 점수와 평균 점수와의 차이를 비교하였다. 이렇게 각 개인에 대하여 과목 평균 비교 점수를 산출한 후에, 국어 점수를 기준으로 하여 수학 점수와의 차이의 평균값을 계산하였다. 즉, 국어가 70점인 학생의 수학 점수가 80점일 경우에는 +10으로, 국어가 80점인 학생의 수학 점수가 65점일 경우에는 −15로 표시하였다. 그리고 국어나 수학의 점수가 각 과목의 평균 점수보다 높을 경우에는 '76↑'와 같이 표시하여 구분하였다.
- 이런 분석 자료를 토대로 국어 점수에 비하여 수학 점수가 상대적으로 월등하게 낮은 학생 즉, 국어와 수학의 개인별 점수 차이의 평균을 낸 후에 국어와 수학의 점수 차이가 학급 평균의 차이보다 월등한 차이를 보이는 학생을 추출하였다.[7] 그리고 국어를 기준으로 수학 점수를 비교하였을 때 수학 점수가 월등히 낮은 학생들의 수학 시험지를 분류하여 오답 문항을 분석하였다.
- 마지막으로 해당 학생 및 담임교사와 면담하여 그러한 결과의 원인과 문제에 대하여 알아보았다.

---

6) 1학년은 진단평가를 실시하지 않는다. 최초 학년이기도 하지만 1학년은 초등학교 교육과정의 시작이기 때문에 초등학교 교육과정 실행의 백지 상태를 전제로 한다. 또한 학급 담임 교사의 선입견으로 인한 초등학교 학습 초기의 학습 심리 부담을 없애기 위한 방편이기도 하다.

7) 국어를 기준으로 수학 점수를 비교하였을 때 수학 점수가 높으면 +를, 국어에 비하여 수학 점수가 낮으면 −를 하여 학년별 국어과 기준 수학 점수 차이를 개인별로 산출하고 개인 간의 점수를 모아 학급 평균 차이를 계산하였다. 국어 점수에 비하여 수학 점수가 월등히 높은 학생들을 제외한 이유는 이 논의의 전제가 '국어를 잘하면 다른 교과도 잘한다.'는 기존의 일반적인 추론이 얼마나 타당성이 있는가에 대한 분석이기 때문에 국어 점수보다 수학 점수가 높은 학생들은 분석 대상에서 제외한 것이다.

1) 학년별 평가 결과 비교

국어를 기준으로 학년별 점수 차이를 비교한 이유는 학년별 평가 문항의 난이도가 서로 다르기 때문이며, 학년 간의 점수 차이는 학년 간의 학습자 수준과 관계가 없다. 또한 동일한 학년에서의 국어와 수학 간의 평균 점수 차이 또한 국어 문제가 더 쉽거나 수학 문제가 더 어려울 수 있다는 가정이 존재하기 때문에 한 과목(국어)을 기준으로 하여 다른 과목(수학)을 비교하는 것이 타당하기 때문이다. 따라서 과목 간 평균값이 크다는 것은 국어에 비하여 수학이 훨씬 쉬웠거나 어려웠다는 것이지, 국어에 비하여 수학을 못한다는 것은 아니다. 이러한 기준을 토대로 진단평가 자료를 분석하면 다음과 같다.

2학년은 남학생이 16명, 여학생이 12명인 학급을 대상으로 하였다. 이 학급은 수학 점수가 국어 점수에 비하여 남학생이 평균 5.81점 높았으며, 여학생은 3.36점 높았다. 이 중 평균 점수 차이보다 낮은 학생은 남학생이 9명, 여학생이 5명이었다. 그리고 평균 차이에 비하여 10점 이상 낮은 학생은 남학생이 3명, 여학생은 없었다. 3학년 학급 정원은 남학생이 14명, 여학생이 13명이었다. 국어와 수학의 점수 평균 차이는 남학생이 −1.14, 여학생이 0.00이었다. 이 학급은 국어와 수학의 점수 차이가 별로 나지 않은 것으로 보아 국어와 수학 평가 문항의 난이도가 상대적으로 비슷하였다는 것을 알 수 있다. 그리고 평균 점수 차이보다 낮은 남학생은 7명, 여학생은 4명, 이 중 평균 점수보다 10점 이상 낮은 수학 점수를 갖고 있는 남학생은 5명, 여학생은 1명이었다. 4학년 학급은 남학생이 15명, 여학생이 16명이었다. 이 학급의 과목 간 점수 차이 평균값은 남학생이 11.33, 여학생이 5.94였다. 2, 3학년에 비하여 과목 간 점수 차이가 많은 편이며, 수학이 국어에 비하여 쉬웠다는 것을 알 수 있다. 평균 점수보다 낮은 남학생은 7명, 여학생은 9명, 이 중 평균 점수보다 10점 이상 낮은 학생 수는 남학생은 5명, 여학생은

4명이었다. 5학년 학급은 남학생이 14명, 여학생이 16명, 과목 간 점수 차이의 평균은 남학생이 −1.07, 여학생이 −12.81이었다. 특이하게 남학생의 경우에는 과목 간 점수 차이가 적었고, 여학생들의 경우에는 수학 점수가 상대적으로 낮게 나왔음을 알 수 있다. 이 중에서 평균 이하의 점수를 보이는 남학생은 6명, 여학생은 11명이었다. 평균값보다 10점 이상 낮은 학생은 남학생이 4명, 여학생이 4명이었다. 6학년 학급은 남학생이 15명, 여학생이 15명이었다. 과목 간 점수의 평균값은 남학생이 −6, 여학생이 −22.33이었다. 평균 차이 점수보다 10점 이상 낮은 점수를 보인 학생 중 남학생은 3명, 여학생은 8명이었다. 이러한 결과를 비교하여 표로 정리하면 다음과 같다.

[진단평가 결과 비교]

비교내용 \ 학년	단위	2 남	2 여	3 남	3 여	4 남	4 여	5 남	5 여	6 남	6 여
1. 학급 정원	명	16	12	14	13	15	16	14	16	15	15
2. 국어 점수를 기준으로 한 수학 점수와의 평균 점수차	점	5.81	3.36	−1.14	0.00	11.33	5.94	−1.07	−12.81	−6.00	−22.33
3. 국어 점수가 반 평균 이상인 학생들 중 수학 점수가 반 평균 이하인 학생 수	명	9	5	7	4	7	9	6	11	7	12
4. 국어 점수가 반 평균 이상인 학생들 중 수학 점수가 반 평균보다 월등하게(10 이상 낮은 차이를 보이는) 낮은 학생 수	명	3	0	5	1	5	4	4	4	3	8
5. 학급 정원 대비 국어 기준 수학 점수가 월등하게 낮은 학생들의 비율	%	10.7		22.2		29.0		26.6		36.6	

2) 진단평가 자료의 분석

앞의 결과는 저학년에서 고학년으로 갈수록 국어에 비하여 상대적으로 수학 점수가 낮은 학생의 수가 증가함을 보여준다. 이러한 학생들은 국어 점수가 반 평균 점수보다 높음에도 불구하고 수학 점수는 반평균 점수보다 낮은 학생들만의 숫자이다. 즉, 국어를 잘하는 데에도 불구하고 수학을 월등히 못하는 학생들을 가리키는 것이다. 국어 점수 2학년은 3명, 3학년은 6명, 4학년은 9명, 5학년은 10명(이 중 2명은 유사 학생 즉, 비교 점수 차이가 극히 적은 학생), 6학년은 12명(1명은 특수 교육 대상 학생)이었다. 또한 저학년 학생의 경우에는 국어 점수가 과목 평균 점수보다 낮은 학생들이 수학 점수도 낮았으나, 고학년일수록 국어 점수가 평균보다 높은 학생들이 수학 점수에서 낮은 결과를 보이는 경우가 많았다.[8] 2학년 학생 3명은 모두 국어 점수가 과목 평균 이하였고, 3학년은 학생 6명 중 3명 국어 점수가 과목 평균 이상이었고, 4학년은 9명 중 3명(이 중 3명은 국어 및 수학 점수가 모두 상위에 속하였음), 5학년은 10명 중 5명(1명은 유사 학생), 6학년은 12명 중 7명이 국어 점수가 과목 평균보다 높았다. 즉, 고학년으로 갈수록 국어 점수가 과목 평균을 넘는 학생들이 수학 점수에서는 과목 평균보다 낮은 경우가 많았다.

이러한 결과를 바탕으로 다음과 같은 문제를 제기할 수 있을 것이다. 첫

---

8) 다음은 6학년 학생들의 진단평가 점수표이다. ↑는 국어 점수가 학급 평균 점수보다 높은 경우를 표시한 것이다. 해당 학생들의 수학 점수가 상대적으로 낮음에도 불구하고 국어의 평균 점수는 높다는 것을 보여준다.

남학생	국어	수학	점수차	여학생	국어	수학	점수차
1	60	28	−32	1	80 ↑	40	−40
2	72 ↑	48	−24	2	80 ↑	56	−24
3	76 ↑	60	−16	3	82 ↑	40	−32
				4	92 ↑	64	−28
				5	64	20	−44
				6	76	52	−24
				7	88 ↑	60	−22
학급평균	71.28	70	−5.00	학급평균	77.88	57.88	−20.33

째, '국어를 잘하면 다른 교과를 잘한다.'는 일반적인 추론이 모든 학생들에게 적용되는 것은 아니다. 둘째, 저학년에서 고학년으로 갈수록 국어과에 비하여 수학과의 점수가 상대적으로 낮은 학생들이 증가한다는 것은 고학년으로 갈수록 국어과의 언어사용 능력이 수학과의 내용 학습에 미치는 영향이 줄어든다고 생각할 수 있다. 셋째, '국어를 잘하면 다른 교과도 잘한다.'라는 추론을 정당화하기 위하여 내용교과 부진의 원인이 무엇인지 알아보고, 국어과적 해결 방안을 강구해야 할 것이다.

3. 내용교과 학습 부진의 문제 요인

진단평가 결과를 바탕으로 세 가지 문제를 제기할 수 있었다. 고학년으로 갈수록 국어 점수에 비하여 수학 점수가 낮은 학습자의 수가 증가하는 이유는 고학년으로 갈수록 내용 학습에 작용하는 언어사용 기능의 작용 범위가 줄어든다고 의심할 수 있으며, 국어를 잘하면 다른 교과를 잘한다는 추론이 모든 학습자들에게 적용되는 것이 아니라는 짐작을 할 수도 있다. 국어 점수가 학급 평균보다 높은 학생들 중에서 수학 점수가 학급 평균보다 월등히 낮은 학생의 수가 증가하는 것 또한 중대한 요인과 관련이 있을 것이다.

앞의 문제 제기에 대하여 단순한 가정을 할 수 있다. 그것은 먼저, 진단평가 문항을 살펴보면 알 수 있다. 저학년의 수학 문제를 보면 거의 숫자와 그림으로 이루어져 있다. 즉, 언어와 관련된 사고 활동이 요구되기보다는 수와 그림이 동원된 계산 문제 위주이며, 문장제의 경우, 수 계산을 간단하게 풀어서 설명하는 수준에 머물 뿐 아니라 문장제의 출제 수도 적기 때문에 언어사용 기능이 내용교과의 성취 수준에 크게 작용하지 않음을 알 수 있다. 그러나 고학년으로 갈수록 수학 평가에서는 문장제 출제 범위가 확대

된다. 문장제를 구성하는 어휘는 내용교과의 개념과 지식을 담고 있으며, 문장의 구조 또한 복잡한 경우가 많다. 이러한 문장제는 단순히 수 계산을 풀어서 나열하는 형식이 아니라 학습자의 사고를 동원하여야 하는 복잡한 구조의 형식을 갖고 있다. 때문에 학습자들의 언어사용 능력은 수학 문제를 해결하는 데에 결정적인 역할을 한다. 다음 두 학년의 문제를 비교하여 보면 알 수 있다.

✔ 2학년 수학 문제

23. 정수는 선생님께 칭찬 스티커를 43장, 나리는 53장을 받았습니다. 두 사람이 받은 스티커는 모두 몇 장입니까?

✔ 6학년 수학 문제

21. 영희네 학급에서는 모둠 대항 윷놀이를 하였습니다. 8모둠이 모두 서로 한 번 씩 경기를 할 때, 모두 몇 번 경기를 해야 합니까?
23. 퀴즈 놀이에서 답을 맞게 풀면 3점을 얻고, 틀리면 1점을 잃습니다. 찬희는 계속해서 답을 한 번은 맞히고, 그 다음 번은 틀리는 것을 반복하여 15점을 얻었습니다. 찬희는 몇 문제만에 15점을 얻었겠습니까?

2학년 문제와 6학년 문제는 해당 학년의 수학과 교육과정 내용에 해당하는 문제를 출제한 것이다. 6학년에 비하여 2학년의 문장제는 오답 수가 많지 않았다. 반면 6학년에서는 두 문제 모두 오답 수가 많았으며, 21번에 비하여 23번 문제의 오답이 더 많았다. 내용교과에서 문장제의 오답 수가 많은 것은 이미 잘 알려진 사실이다. 같은 문제를 수 계산 식으로 주고 답을 구하라는 것과, 말로 풀어 쓴 후에 답을 구하는 문제에서의 차이는 매우 크다. 이것은 학습자들의 문제 이해 능력에 따라 내용교과의 성취 결과가 달라진다는 것을 의미한다. 따라서 내용교과 부진의 요인을 학생과 교사 그리고 교과서 요인으로 구분하여 생각해 볼 필요가 있다.

1) 학생 요인

내용교과 부진 학생을 대상으로 한 설문 조사를 보면 대부분의 학생들은 글로 표현된 문제를 해결하는 데에 어려움을 겪는다고 말하였다. 동일한 식과 계산 과정을 갖고 있는 문제이지만 그것을 수식으로 나타내어 문제를 해결하라는 것과 글로 풀어서 나타낸 문장제 둘 중에서 글로 표현된 것을 더욱 어려워하였다. 어쩌면 당연한 반응인지 모르나 수식을 단순하게 풀어서 쓴 것조차 어려워하는 경우가 많았다. 특히, 실생활과 관련된 문제를 구성하여 문장제를 제시하였을 때에 더욱 어려움을 느꼈다. 이것은 수학적 문제해결 과정이 수학적 사고력에만 의존한 것이 아니라 언어적 사고력을 동반하였을 때 더욱 유리하다는 것을 의미한다. Polya(1971)는 수학적 문제해결 과정에서 학습자가 수행하여야 할 능력은 수학적인 사고력 외에 언어 능력과 언어적 사고력이 수반되어야 함을 역설하였다. 이것은 언어활동이 단순히 의사소통 기능을 신장하는 것이 아니라 인간의 고등 정신 기능을 동반한 사고력의 확장과 수학적 문제해결력의 발달에 기여한다는 것을 의미한다. 따라서 학습자의 효과적인 내용 학습을 위해서는 내용교과 문식성 conten area literacy(Bean, 2000 : 630)이 요구되며, 내용교과 문식성을 갖출 수 있는 전략이 구안되어야 한다.

진단평가 결과와 문항 분석, 그리고 해당 학습자의 면담을 통하여 학생들이 갖고 있는 내용 학습의 문제를 분석한 결과, 외형적으로 판단되는 결과는 주어진 문장제에 대한 이해 능력의 부족이다. 하지만 문장제 이해력의 부족을 가져온 진정한 원인은 내용교과 수업 시간 운영과 관련이 있다. 수학을 포함한 내용 학습 시간은 교사, 학생, 교과서의 상호 작용으로 구성된다. 내용 학습 시간 중의 상호 작용은 각 대상과의 언어활동이 대부분이다. 듣고, 말하고, 읽고, 쓰는 즉, 이해와 표현 활동을 통하여 내용교과의 지식과 정보를 습득한다. 이 과정에서 학습자는 내용교과의 지식과 정보를 습득하게 되는데 이 때 학습자가 봉착하게 되는 가장 중요한 문제는 교과 내용의 핵심적인 용어에 대한 개념과 이해의 부족이다. 예를 들어 '약수와 배수' 단원의 학습을 생각하여 보자. 일반적인 학습자는 문제의 답을 숫자로 구하는 기계적인 계산 과정에 치중한 나머지 해당 문제의 핵심 개념 이해를 소홀히 하는 경우가 많다. 숫자에 의한 답을 얻을 수는 있을지 몰라도 문제를 해결하는 과정과 문제의 본질을 인식하지 못한다. 더욱이 해당 개념을 포함하는 실생활의 문제를 접하게 되었을 때에는 해결 방법을 알지 못하는 것은 물론 문제가 무엇인지 조차 인식하지 못하게 된다. 즉, 학습자들이 시험지의 문장제를 해결하지 못하는 것은 단순히 그 문제의 본질이 무엇인지 이해하지 못하는 것이며, 그 문제를 이해하지 못하게 된 배경에는 내용교과 교수·학습활동 과정에 원인이 있었다는 것을 알 수 있다. 따라서 내용교과와 관련된 지식과 정보를 습득하기 위해서는 핵심적인 용어의 개념을 정확하게 인지하여야 하며, 개념의 인지를 위해서는 국어과의 언어사용 기능 신장을 위한 학습 전략이 구안되어야 할 것이다.

2) 교사 요인

내용교과 수업의 교사는 내용 학습과 관련된 지식과 정보를 제공하기 위하여 다양한 교수·학습자료와 방법, 전략 등을 동원한다. 하나의 개념을 설명하기 위하여 실생활의 사례를 들기도 하고 미디어나 인터넷을 동원하여 간접 경험을 제공하기도 한다. 학생은 교사가 제공하는 다양한 교수·학습활동을 통하여 해당 교과의 지식과 정보를 습득한다. 그러나 이러한 지식과 정보를 둘러 싼 언어적인 요인들에 대해서는 소홀히 다루는 경우가 많다. 실제로 수학, 과학, 사회 등의 내용교과 시간에 다루어지는 지식과 정보들은 지식에 대한 경험이나 자료에 의하여 인지되는 것 이외에 관련된 어휘나 용어의 개념에 대한 이해의 부족으로 인하여 손실되는 것이 더 많아보인다. 지식과 정보를 둘러 싼 현상들에 대한 체험과 경험은 언어에 대한 이해를 기반으로 한다. 교사와 교과서 그리고 다양한 교수·학습자료들과의 언어적 소통이 내용교과의 지식 및 정보 습득에 기여한다. 교사는 이러한 언어적 소통 상황에 적극적으로 개입하여야 한다. 일방적인 지시 전달이 아니라 내용교과의 지식과 정보가 담겨 있는 어휘와 개념 그리고 배경지식을 학습자가 효과적으로 이해하고 습득할 수 있도록 하는 방법을 구안하고 적극 활용하여야 한다.

현장의 교사들이 체감하는 또 다른 문제는 교사 자신이 내용교과의 주요 어휘와 개념 그리고 관련된 어휘와 개념에 대한 배경지식이 부족하다는 것이다. '유리수', '무리수'가 무엇인지 수와 계산을 통하여 보여줄 수는 있지만 그 용어의 어휘적 해석과 개념적 지식을 학습자의 이해 수준에 맞게 설명할 수 있는 언어사용 능력이 부족하다는 것이다. 교사용 지도서와 각종 참고서 등에 기술된 것들은 교과서의 내용을 보충하는 수준이거나, 사실적 지식의 나열에 머물러 있다. 내용교과의 특성상 언어적 활동보다는 경험적 활동에 비중을 많이 두기 때문에 용어의 개념적 지식을 얻을 수 있는 경로가 제한되어 있다는 것이다. 그러다 보니 교사들은 학생들이 이해하지 못하는 내용교과의 개념적 지식에 대하여 자신 있게 설명할 수 있는 입장이 되지 못한다. 이러한 교사들의 입장—이것은 교사들의 능력 부재라기보다는 내용교과 학습활동의 특성으로 인한 결과이다. 굳이 전문적인 용어의 개념적 지식을 설명하지 않고서도, 사실에 대한 암기 또는 경험으로 지도가 가능하기 때문이다.—은 고스란히 학습자들에게 전이되기 마련이다.

많은 교사들이 내용교과의 핵심 개념을 언어적 교수법으로 학습하는 것이 얼마나 효과적인지에 대한 확신을 갖고 있지는 않다. 그러나 학습자들이 내용교과 학습문제 풀이의 어려움을 겪는 이유는 분명하게 핵심 어휘의 해석과 어휘가 갖고 있는 개념 및 개념적 지식의 이해와 그것을 학습자의 수준에 맞게 설명할 수 있는 배경지식 그리고 표현 능력의 부재 때문이라고 많은 교사들은 생각하고 있다. 결국 이러한 교사 요인들이 학습자에게 고스란히 영향을 미치게 되어 내용교과의 지식과 정보가 올바르게 전달되지 않는 것이다.

3) 교과서 요인

교과서는 교육과정 실행의 제1차 교재이다. 최근에는 교육과정 실행과 관련된 다양한 자료들이 나오고 있으나 여전히 교과서는 그것들의 중심에 있다. 좋은 교과서는 교사와 학생 모두에게 사용되는 자료이기 때문에 교사와 학생이 교과서에 거는 기대가 다르다. 학생들은 교과서가 이해하기 쉬운 정보, 특정 주제에 대한 요약된 정보, 시험과 직접적으로 관련된 정보를 제공해 주기를 기대하고, 교사는 교과서가 새로운 내용, 수업 방식에 대한 좋은 아이디어, 최신의 자료 목록, 특정 주제에 대한 요약된 정보를 제공해 주기를 기대한다(Marsh, 1992 : 61, 정혜승, 2006 : 387 재인용). 그만큼 교과서는 교사와 학생의 기대를 충족할 수 있는 지식과 정보를 담고 있어야 하며, 해당 교과와 관련된 다른 교과와의 충돌이 없어야 한다.

내용교과 교재는 학습자의 읽기 능력이 최대한 발현되었을 때, 학습자로 하여금 보다 나은 양질의 지식과 정보를 습득할 수 있게 한다. 어떤 면에서 교과서의 내용은 학습자의 읽기 능력에 전적으로 의존한다고 생각할 수도 있다. 실제로 내용교과의 지식과 정보를 습득하기 위한 관련 자료들은 거의가 읽기 자료이다. 시청각 자료를 동원하여 학습자의 흥미를 자극하거나 간접 체험을 통하여 관련 내용을 효과적으로 이해하는 데에 도움을 주기는 하지만 그것들이 학습 내용을 이해하고 활용하는 데에 전적으로 작용하지는 않는다. 따라서 교과서의 내용을 잘 읽고 이해하는 능력을 갖추는 것이야말로 내용 학습의 지름길이요, 내용 학습 관련 문제에 대한 해결의 열쇠이다. 그러기 위해서는 내용교과의 지식과 정보를 담고 있는 어휘의 이해와 개념을 담고 있는 어휘의 개념적 지식 그리고 그 개념적 지식을 이해할 수 있는 배경지식을 갖추어야 한다. 또한 내용교과의 지식과 정보를 습득하는 데에 가장 핵심적인 역할을 하는 읽기 능력 향상과 더불어 내용교과 지식 및 정보의 효과적 습득을 가능하게 하는 내용교과 읽기 전략이 교과서를 통하여 구현되어야 한다. 내용교과 읽기 전략은 국어과의 언어사용 기능 신장 교수·학습을 통하여 구안되고 적용되어야 할 것이다. 기존의 읽기 전략과 구분되는 내용교과 읽기 전략의 구안과 적용은 내용교과 지도 교사는 물론 내용교과 학습자들의 지식과 정보 습득에 유익하게 작용할 것이다.

4. 내용교과 학습 지원을 위한 국어과의 언어사용 기능 신장 교육

앞서 내용교과 학습부진의 요인을 세 가지 측면에서 알아보았다. 이러한 요인들의 공통점은 내용교과의 지식과 정보를 구성하고 있는 어휘, 개념어, 개념적 지식의 습득 그리고 개념적 지식을 이해하기 위한 배경지식 등과 관련이 있다는 것이다. 국어과의 언어사용 기능이 내용교과 학습에 효과적으로 작용하고 있지 못한 이유는 바로 실제적인 의사소통 상황의 언어사용 기능 신장에 초점을 둔 나머지 다른 내용교과 학습활동에 작용하는 기초적인 도구적 기능의 지도와 전략 구안에 소홀하였다는 것이다. 여기서는 간략하게 내용교과 학습을 지원하는 국어과의 기초도구적인 기능 학습과 관련된 활동을 제안하기로 한다.

1) 어휘 지도

내용교과의 지식과 정보를 구성하고 있는 어휘들은 국어과의 의사소통 상황의 사용 어휘와는 질적으로 다르다. 어느 것이 어느 것의 상위에 있다는 것이 아니라 어느 하나가 다른 한 쪽의 상황과 긴밀하게 연관되어 있지 못하다는 것이다. 예를 들어 초등학교 5학년 과학 교과서에 나오는 '푸른 리트머스 종이를 붉게 변화시키거나, 페놀프탈레인 용액의 색깔이 변하지 않는 것은 산성 용액이다.'라는 말은 우리의 일상생활 언어사용과 큰 관계가 없어 보인다. 만일 산성 용액이라는 말을 할 기회가 있다고 하여도 저렇게 어려운 어휘들을 열거하여 설명하기보다는 실생활에 사용되는 음식물이나 맛, 성질 등을 표현하였을 것이다. 예를 들어 '신 맛이 나는 음식' 정도의 표현을 통하여 '산성 용액'을 설명하였을 것이다. 내용교과의 지식과 정보가 앞의 예와 같이 일상생활의 실제 사용 언어와 차이가 있다고 해서, 무시하거나 그냥 넘어갈 수는 없는 일이다. 이유는 간단하다. 학습자들은 이러한 어휘로 구성된 개념어 '산성 용액'과 개념어인 산성 용액을 설명하는 개념적 지식인 '푸른 리트머스 종이를 붉게 변화시키거나, 페놀프탈레인 용액의 색깔이 변하지 않는 현상'을 알아야 하기 때문이며, 그러한 내용을 통하여 평가를 받기 때문이다.

어휘 지도는 국어과의 언어사용 기능의 신장을 위한 기초 교육이기도 하지만 내용교과의 학습활동을 지원하는 도구적 기능 지원이기도 하다. 내용교과의 어휘 지도는 국어과의 어휘 지도와는 다른 차원의 접근 방법이 요구된다. 즉, 내용교과의 어휘는 지식과 정보 습득을 목적으로 하기 때문에 각각의 어휘들이 갖고 있는 사전적 의미나 문장의 구성 성분, 문법적 구조를 파악하기보다는 내용교과적 의미 파악에 초점을 두고 지도하여야 할 것이다. 즉, 관련 교과의 내용 지식을 담고 있는 전문적인 어휘의 의미를 이해하도록 하여야 할 것이다. 사용 맥락에 따라 어휘의 의미가 달리 해석되듯이 내용교과의 어휘 또한 해당 과목의 전문적인 지식과 개념에 따라 그 의미가 달라진다. 따라서 내용교과의 어휘 지도를 하기 위해서는 백과사전적 의미의 이해, 관련교과의 전문 지식 습득, 어휘 관련 경험의 축적 등에 도움이 되는 자료들을 제공하여야 할 것이다.

2) 개념어와 개념적 지식의 습득

어휘 지도와 함께 개념어와 개념어가 갖고 있는 개념적 지식의 습득을 도모할 수 있도록 해야 할 것이다. 모든 내용교과의 어휘가 모든 개념을 포함하고 있지는 않지만, 내용교과의 지식과 정보를 구성하는 상당수의 어휘들은 그 교과의 지식과 정보와 관련된 개념을 담고 있는 개념어의 성격을 갖고 있다. 예를 들어 수학과의 '유리수', '무리수', '약수', '배수' 등은 수학과의 내용을 구성하는 지식과 정보의 한 요소이지만 그것들은 각각 수학적 개념을 담고 있는 매우 중요한 개념어이다. 이러한 개념어에 대한 이해는 어휘 수준의 이해를 넘어서야 한다. 즉, 개념어에 대한 개념적 지식을 갖추어야 한다.

개념적 지식의 습득은 어휘 지도의 과정을 통하여 가능하다. 내용교과의 어휘 지도의 효과적인 방법으로 백과사전적 의미의 이해, 관련교과의 전문지식 습득, 어휘 관련 경험의 축적 등을 언급하였다. 내용교과의 개념어와 개념어가 갖고 있는 개념적 지식의 습득은 어휘 지도의 과정과 맥을 같이한다. 여기에 개념적 지식의 습득을 위한 다양한 교수·학습방법의 적용을 추가하여야 할 것이다. 어휘는 언어의 이해 수준이지만 개념적 지식의 습득은 학습자의 직접 또는 간접 경험을 통하여 보다 효과적으로 이루어진다. 개념적 지식의 습득은 다양한 자료 이외에 다양한 활동과 전략을 토대로 한다. 한 예로 초등학교 6학년 과학에서 신체 내부 장기의 명칭과 그 역할에 대하여 알아보는 '우리의 몸' 단원에서 한 교사는 인체의 장기 명칭과 그 역할을 알려주기 위하여 과학 동화 읽기, 과학 신문 만들기, 과학 용어 탐구하기, 인터넷 검색하기 등의 보다 전문적인 언어활동을 통하여 해당 용어의 개념과 개념적 지식을 체험하도록 하였다.

개념어와 개념적 지식 습득을 해당 교과의 내용 학습과 별개의 활동으로 여기고, 중요하지만 어려운 개념어와 개념적 지식을 단순 암기 활동으로 지나

쳐버릴 수 있다. 물론 해당 교과의 차시 목표를 도달하기 위한 내용 학습의 시간도 불충분한데 하나의 내용을 이해하기 위한 개념어의 개념적 지식을 습득하게 하는 것이 무리일 수도 있다. 게다가 별도의 교수·학습방법을 적용하고 다양한 활동을 통하여 경험할 수 있게 하는 것 또한 무리가 아닐 수 없다. 그러나 암기와 반복에 투입되는 시간을 고려한다면 한 번의 유효한 교수·학습 활동은 학습자들의 내용 지식 및 정보의 습득에 보다 효과적일 것이다.

3) 배경지식의 형성

어휘와 개념적 지식은 궁극적으로 학습자의 배경지식 형성의 기초가 된다. 학습자의 배경지식이 내용교과 학습에 효과적으로 작용하기 위해서는 다양한 언어적 경험이 선행되어야 한다. 언어적 경험은 언어적 배경지식을 형성한다. 언어적 배경지식은 내용교과의 새로운 어휘와 개념어 그리고 개념적 지식 습득에 효과적으로 작용한다. '푸른 리트머스 종이의 색깔을 붉게 변화시키거나, 페놀프탈레인 용액의 색깔이 변하지 않는 것은 산성 용액이다.'라는 내용을 학습하는 과정에서 각각의 어휘와 개념어 그리고 개념적 지식을 습득한 학습자는 기본적으로 산성 용액에 대한 배경지식을 형성하였다고 볼 수 있다.

이러한 배경지식은 새로운 지식과 정보의 투입 상황에 효과적으로 작용하여 학습자의 이해를 도모한다. 만일 '염기성 용액'이라는 새로운 정보, 또는 새로운 어휘, 개념어 등을 접하였을 때 산성 용액과 관련된 기본의 배경지식은 새로운 정보와 결합하여 생산적 배경지식을 형성한다. 즉, 염기성 용액이 산성 용액과 반대의 성질을 지니고 있다는 기본적인 지식과 정보를 바탕으로 리트머스 종이의 색깔 변화, 페놀프탈레인 용액의 변화 또는 실생활에서의 맛과 음식물 등을 추론할 수 있는 것이다. 이러한 추론은 기존의 배경지식을 바탕으로 하는 것이며, 이러한 배경지식의 형성을 통하여 새로운 정보의 배경지식을 도미노 방식으로 형성할 수 있는 것이다.

새로운 배경지식은 새로운 정보와 기존의 배경지식이 유기적으로 결합되었을 때 형성된다. 새로운 정보와 기존의 배경지식을 비교, 분석하는 과정을 통하여 새로운 배경지식이 형성되는 것이다. 배경지식의 형성은 학습자로 하여금 다양한 언어활동 상황의 제공을 통하여 가능하다. 개념어와 개념적 지식의 효과적인 습득을 위하여 학습자의 다양한 활동을 유도하는 한 초등학교 교사의 수업은 배경지식의 형성에도 매우 효과적이다. 따라서 교사는 학습자의 배경지식 형성을 위한 다양한 언어사용 상황을 구안하고, 그러한 상황을 효과적으로 수행할 수 있는 교수·학습방법과 전략을 구안하고 적용하여야 할 것이다.

5. 내용교과 학습을 위한 국어과의 위상과 역할

지금까지 국어과의 언어사용 기능이 내용교과 학습에 미치는 영향을 알아보고, 내용교과 학습 부진의 요인과 내용교과 학습을 지원하기 위한 언어사용 기능 신장 교육에 대하여 알아보았다. 논의를 위한 문제를 제기하기 위하여 초등학교의 진단평가 결과를 분석하였으며, 분석 결과를 바탕으로 국어과의 언어사용 기능과 내용교과 학습의 관계를 알 수 있었다. 진단평가는 교사, 학생, 학부모, 지역사회의 영향을 거의 받지 않는다. 뿐만 아니라 이전 학년도에 수행하였던 학습 내용을 평가하는 것이기 때문에 매우 객관적이고 실천적인 연구의 자료로 활용할 수 있다. 학문 목적의 이론적 연구 자료를 분석하는 것도 의미 있는 일이지만, 학교 교육 현장에서 일반적으로 시행되는 자료를 근거로 국어과와 내용교과의 상관관계를 분석하는 것도 의미가 있을 것이다. 초등학교의 경우 몇 차례의 정기적인 일제평가가 행해진다. 평가가 해당 교과의 성취 수준을 전적으로 대표한다고 볼 수는 없으나, 그렇지 않다는 증거도 없다. 중요한 것은 평가 결과를 바탕으로 교육과정 실행의 여부와 점검의 근거 자료로 삼는다는 것이다. 특히 학년 초 시행되는 진단평가의 경우, 지난 일 년 간 학습자의 교육과정 수행 성취 수준을 판별하는 척도로 해석되며, 진단평가 결과를 바탕으로 학습자의 성취 수준과 학습자가 반드시 이수하여야 할 교육과정 실행 계획의 지표로 활용된다.

분석의 방법은 2학년에서 6학년까지의 45개 학급 중에서 학년별로 한 학급을 무작위로 선정하여 국어와 수학 진단평가 점수를 비교하는 것이었다. 그 결과 '국어를 잘하면 다른 과목도 잘한다.'는 일반적인 현장의 예측을 벗어난 학습자들이 의외로 많다는 것을 알 수 있었다. 즉, 국어 점수가 평균 점수보다 훨씬 높은 학생들 중에는 수학 점수가 평균보다 훨씬 낮은 학생들이 있었으며, 고학년으로 갈수록 그 수가 증가하였다. 이러한 분석 결과는 국어과의 언어사용 기능이 내용교과 학습에 효과적으로 작용하지 못했다는 것을 의미하는 것이며, 국어과의 도구적 성격이 내용교과와 관련이 적거나, 국어과의 언어사용 기능 신장 교육이 내용교과의 학습을 효과적으로 지원하지 못한다는 의구심을 갖게 하는 것이다. 물론 국어과의 언어사용 기능이 내용교과 학습 전체를 지배한다고 볼 수는 없을 것이다. 하지만 국어과의 도구적 성격과 기능 교과로서의 역할이 온전히 학습자에게 전달되었는지에 대한 점검과 자성을 하게 한다. 진단평가 자료 분석을 통하여 알아낸 결과가 어느 교과의 잘못된 실행으로 인한 것인지에 대한 책임을 묻는 것이어서는 안 된다. 다만 그 요인이 무엇인지 살펴보고, 내용교과 학습을 지지할 수 있는 국어과적 교수·학습방법과 전략 구안의 필요성을 인식하는 동기가 되어야 한다.

이론을 배제한 실천의 위험성보다 실천을 무시한 이론이 경계의 대상이 되어야 한다. 실천적 자료가 이론적 근거를 바탕으로 논의의 정점에 이르기 위해서는 보다 체계적이고 학문적인 연구를 지속하여야 할 것은 말할 나위도 없거니와 현장의 다양한 교육과정 실행 자료를 분석하는 작업도 꾸준하게 이루어져야 할 것이다. 언어사용 기능의 신장과 국어사용 능력의 함양은 창조적 지식 기반 사회에서 국어과 교육이 지향해야 할 방향이며 목표이다. 만일 국어과의 언어사용 기능 신장 교육의 성과가 내용교과 학습활동에 기여하는 바가 미약하거나 그 이하라면 국어과는 더 이상 다른 교과의 학습을 지원하는 지배적 성격을 주장할 수 없을 것이다. 또한 더 이상 국어과의 도구적 성격을 근거로 언어의 기능과 언어를 통한 사고의 교육이라는 말조차 꺼낼 수 없을지도 모른다.

　지금까지의 논의를 바탕으로 내용교과 학습과 관련된 국어과의 위상과 역할에 대한 제안을 하면서 이 논의의 끝을 맺기로 한다. 첫째, 국어과의 도구·기능적 성격이 내용교과에 지배적으로 작용하는지에 대하여 검증하기 위한 절차가 요구된다. 국어과와 내용교과 간의 상관관계를 분석하고 규명하는 연구가 요구된다. 이러한 연구는 학습자의 평가 자료를 근거로 하는 양적 연구와 면담과 집중 관찰을 통한 질적 연구의 병행을 통하여 논의되어야 할 것이다. 둘째, 내용교과에 작용하는 국어과의 지배적인 성격이 내용교과에 효과적으로 작용하지 못하는 원인과 요인을 보다 구체적이고 체계적인 분석을 통하여 밝혀내야 할 것이다. 국어과의 교과 지배적 위상은 국어과가 갖고 있는 도구·기능적 성격이 내용교과의 학습에 효과적으로 작용하였을 때에 그 의미와 가치를 부여받을 수 있다. 그러나 이 연구의 결과를 통하여 알 수 있었던 사실은 국어과의 언어사용 기능이 내용교과의 학습을 전적으로 담보하지 못한다는 것이다. 따라서 그 원인과 책임을 내용교과의 요인으로 돌리기보다는 국어과적 측면에서 해결 방법을 강구해야 할 것이다. 셋째, 내용교과의 학습활동을 지원할 수 있는 국어과적인 교수·학습전략을 구안하여 적용하여야 할 것이다. 이와 관련하여 '학습 독서 전략'에 관한 연구를 제안한다. 현대 사회는 더 이상 정서와 인격의 함양을 위한 학습활동에 의존하지 않는다. 무한 팽창하는 지식과 정보는 학습자의 언어 이해와 사용 능력의 전문성을 요구하게 되었다. 따라서 국어과의 언어사용 기능 신장 교육은 기존의 국어과적 성격과 목표를 지향하는 관점과 더불어 내용교과의 지식과 정보를 효과적으로 습득할 수 있게 하는 학습 독서 전략의 구안과 적용에 보다 관심을 기울여야 한다.

—「국어과의 언어사용 기능이 내용교과의 학습에 미치는 영향」, 『語文硏究』 제35권 제2호, 한국어문연구회, 2007. 6. 30

1. 국어과와 문제해결

문제해결은 인간이 필연적으로 속하게 되는 언어 환경의 중요한 인간 활동이다. 인간이 처한 언어 환경 내에서의 문제 양상은 매우 다양하다. 지각하지 않기 위한 기상 시각 설정이나 체중을 줄이기 위하여 다이어트를 계획하는 등의 지극히 개인적인 문제에서 기업의 이윤을 극대화하기 위한 합병이나 국가 간 분쟁을 해결하기 위한 협정 등의 집단 문제 등이 그렇다.

개인과 집단은 인간 사회 구성의 한 요소이다. 문제의 발생과 원인은 개인이나 집단에 귀속되지만 직면한 문제를 해결하는 과정은 사회 구성 관계를 기초로 한다. 당면한 문제의 해결 과정은 사회 구성원 간의 상호작용적 관계 속에서 이루어지기 때문이다. 결국 개인이나 집단의 문제는 사회와 분리될 수 없으며, 사회 구성원의 상호작용 과정을 통하여 해결된다. 문제의 해결 방법을 찾기 위하여 문제를 이해하고, 문제와 관련된 사항들이 무엇인지 알아보고, 계획을 세우고, 실행하며, 시행착오를 거치기도 하고, 되돌아보기도 한다. 인간이 사회로부터 철저하게 유기되어 있는 상황이 아니라면 개인이 문제를 해결하기 위한 앞서의 몇 가지 점검들은 독자적으로 수행되지 않을 것이다.

여기서는 수리·과학적 문제해결과 언어의 상관성을 실제 장면과 관련지어 살펴보고, 수리·과학적 문제해결 능력을 신장시키기 위한 언어교육의 역할에 대하여 접근할 필요가 있다. 언어가 수리·과학적 문제해결에 도움을 주고 있다는 가설을 설정하는 데에는 무리가 없지만 구체적으로 어떤 장면에서 어떻게 영향을 미치는지에 대한 구체적인 분석이 요구되기 때문이다. 그러기 위하여 먼저 수리·과학적 문제해결의 특성과 교육과정상의 수리·과학적 문제해결 양상을 살펴보기로 한다. 그리고 수리·과학적 문제해결 과정의 언어활동을 수학과와 과학과로 분리하여 실생활의 문제와 학교 교육 현장의 장면을 예를 들어 알아본 후에 수리·과학적 문제해결 능력 신장을 위한 언어의 역할에 대해 논의하기로 한다.

2. 수리·과학적 문제해결

1) 수리·과학적 문제해결의 특성

인지심리학에서 문제해결은 매우 중요한 논지의 하나이다. 특히, 수학, 사회과학, 자연과학과 같은 기초 교과목을 검토하는 교사와 교과과정 고안자들은 문장화된 수학문제, 물리문제, 사회문제 등의 해결과 관련된 '고차 사고기술 <higher-order thinking skills : HOTS>'(Sternberg, 1988 : 211)에 관한 연구의 필요성을 어느 때보다 절실하게 느끼고 있다.

최근 학습자에게 주어지는 문제는 지식 재인이나 단순 계산에서 벗어나 새로운 해결 방법의 모색과 다양한 과정의 수행을 요구하는 형태로 변환하고 있다. 이전의 수리·과학적 문제들은 수학적 증명과 과학적 증거들에 대한 결과를 도출하는 형식이었다. 주어진 문제들의 대부분은 결과가 존재하는 것들이었기 때문에 학습자들은 그 결과를 찾아가는 수동적 과정에 속할 뿐이었다. 목표에 도달하는 루트를 신속 정확하게 찾아 일방적으로 따라가는 수준의 문제가 대부분이었다. 교사와 학습자는 불필요한 과정을 제거하기 위하여 정형화된 단선 구조의 문제를 제시하고 학습자는 마련된 해결 과정을 따라가기만 하면 됐다. 보다 많은 수리·과학적 지식과 치밀한 훈련만이 문제해결의 지름길이었을 것이 뻔하다.

　수리·과학 분야의 서술·논술형 문제 비중의 증가는 학습자와 교사, 교육 연구자들에게 새로운 문제해결 방법과 기술의 개발을 요구한다. 서술·논술형 문제는 기본적으로 언어로 제시될 뿐 아니라 해결의 과정이나 결과가 언어로 표현되기 때문이다. 대부분의 경우 문자언어의 형태로 이해하고 표현되지만 때론 구두언어가 사용되기도 한다. 수리·과학적 문제해결이 최근의 서술·논술형 평가와 맞물려 언어 이해와 표현의 범주를 벗어날 수 없는 이유가 바로 여기에 있다.

　문제해결 과정, 단계, 유형은 학자들에 따라 다양한 형태로 제시된다. 가장 대표적인 Polya(1971)의 수학적 문제해결 과정은 '문제 이해→계획 수립→계획 실행→반성[1]'이며, Osborn(1963 : 108)의 창의적인 문제해결 과정은 '사실의 발견→아이디어의 발견→해결책의 발견'이며, 범교과적인 문제해결 과정은 Sternberg & Williams(2002 : 227~232)의 '문제 인식→문제 정의→문제에 관한 정보의 조직과 표상→문제해결 전략 수립과 선택→문제해결을 위한 자원 할당→문제해결 점검→문제해결 평가', 국어과 교육에 유용한 '문제 확인하기→문제해결 방법 찾기→문제해결하기→일반화하기'(교육인적자원부, 2004 : 332), 글 읽기 전 활동을 할 때에 유용한 Buehl(2006 : 179~182)의 '문제 상황 개발→문제 상황 제시→해결책 모색→해결책 수립→정보비교'를 대표적으로 들 수 있다. 또한 주어진 문제들은 '구조화된

---

1) 교과의 성격에 따라 '반성', '검증', '평가' 등의 표현이 쓰인다.

문제와 비구조화된 문제', '통찰문제'로 구분하거나, '배열 문제', '구조 귀납 문제', '변형 문제' 등으로 구별하기도 한다. 배열 문제는 문제해결자로 하여금 문제의 요소들을 특정한 준거에 맞도록 배열시켜 보라고 한다. 구조 귀납 문제는 몇 개의 요소를 제시하고, 이 요소들 간의 관계를 발견하는 것이다. 변형 문제는 시초 상태, 목표 상태 그리고 시초 상태를 목표 상태로 변화시키는 조작들로 구성되어 있다(Read, 2000 : 452~453).

수학적 문제해결이란 과거에 배운 지식, 이해, 기능 등을 이용하여 문제를 해결하는 과정이다. 문제해결 과정에서는 정보와 사실들을 분석·종합하는 기능이 중요하며, 결국 문제해결에 성공하기 위해서는 학습하는 방법을 배워야 한다. 문제해결에서 중요한 것은 단순한 답이 아니라 답을 이끌어 내는 사고 과정으로 문제 상황에 따라 아주 다양하게 나타난다.

1980년대 이후 세계의 수학 교육은 문제해결력의 향상에 주력하였다. 우리나라는 제4~6차 교육과정기 이후 문제해결에 관한 내용을 강조하였으나 의미 있는 성과를 얻지 못하였다. 이러한 결과는 수학적 문제해결을 단순히 연습과 반복에 의한 기계적인 연산 과정으로 인식했기 때문이다. 제7차 교육과정은 이전과 달리 문제해결 과정을 중시하고 보다 고차원적인 사고를 동원한 활동을 하도록 강조하고 있다. 학습자 스스로 문제를 해석하여 다양한 방법으로 접근할 수 있는 사고력 신장에 중점을 두었다.

Polya는 자신의 책 서문에 수학적 문제해결과 과학적 문제해결의 관계에 대하여 다음과 같은 말을 하고 있다.

> 비록 이 책은 수학 교사와 수학을 배우는 학생들의 요구에 각별히 관심을 쏟고 있지만, 발명과 발견의 방법이나 수단에 대해 생각하고 있는 사람이라면 누구에게라도 흥미로울 것이다(Polya, 1971 : v).

이 말은 과학적 발명과 발견은 수학적 문제해결과 분리 될 수 없다는 것을 암시하는 내용이다.

일반적으로 과학은 철학과 같은 의미로 '지식의 소유', '지식을 만드는 과정'을 의미하지만, 구체적으로는 자연 세계의 현상, 원리 등을 설명하는 자연과학을 의미한다. 과학은 자연 세계의 현상과 원리를 이해하고 그것을 어떻게 유용하게 쓸 것인지에 관심을 갖는다. 과학은 복잡하게 보이는 자연 세계의 사물, 사상에 관하여 질문을 던지고 탐색하여 숨은 질서를 찾아 일반화한다. 과학 지식은 언제나 관찰 등의 경험을 통해서만 알게 되는 것이 아니라, 특정 사실에 의문을 제기하고, 이 문제를 해결하기 위하여 사고하는 활동을 통하여 발견되기도 한다.

과학자들은 자연 현상을 설명할 수 있고, 새로운 자료를 근거로 정확한 예측을 할 수 있는 개념적 모형을 찾지만, 이 모형은 잠정적으로 새로운 사실이 발견되면 언제든지 변화할 수 있다고 생각한다. 따라서 과학은 궁극적인 진리에 도달하기 위하여 끊임없이 질문하고 해답을 찾아가는 잠정성을 갖는다(김정률, 2006 : 28~29).

과학적 문제해결은 통합적 탐구 학습[2]과 관련이 있다. 통합적 탐구 학습은 구성주의적 관점에서 자신의 선행 지식에 기초하여 의미를 탐색하고 공유하는 과정을 포함해야 한다. 탐구 학습은 학습자 자신의 지식을 실제적 활동과 문제해결 과정에 적용하여 의미를 만들고 토의를 통해 공유하는 활동을 말한다. 결국 과학적 문제해결은 과학의 통합 탐구 과정의 기반이 되는 선행 요소이며, 수학적 문제해결 과정을 포함하고 있다.

다양한 탐구 방법이 과학 활동에 적용되고 있다는 것을 알고, 과학 탐구의 일반적 특성을 학습자가 이해할 수 있도록 해야 한다. 이 과정을 통하여 과학 탐구의 중요성과 가치를 인식하여 실생활에서 과학적으로 사고하는 태도를 가지도록 하며, 과학 학습에서 익힌 탐구 방법을 실생활 문제의 해결에 활용하려는 태도를 가지게 한다(정완호 외, 2001 : 19).

---

2) <통합 탐구 학습 과정>

문제 인식 → 가설 설정 → 변인 통제 → 자료 변환 → 자료 해석 → 결론 도출 → 일반화

결국 과학적 탐구 과정은 실생활의 문제를 해결하는 데에 도움이 되는 지식과 경험을 습득하게 하며, 문제해결 과정의 연속선에 있다. 과학적 지식의 진정한 가치는 과학적 지식을 습득하는 과정을 통하여 생성된 학습자의 지식과 경험이 문제를 해결하는 과정에 효과적으로 작용하는 것이다.

2) 교육과정의 수리·과학적 문제해결

다음은 제7차 수학과와 과학과의 교육과정에 드러나 있는 문제해결 관련 내용이다. 해당 과목의 '3. 내용'을 제외한 나머지 항목에 표현된 문제해결 관련 부분을 정리하였다(교육인적자원부, 1997). 교육과정에 나타난 문제해결 양상은 주로 실생활과 관련이 있다. 단순히 주어진 문제의 해답을 얻는 해결이 아니라 문제를 해결하기 위하여 다양한 지식과 기능을 동원하여 실생활의 문제를 합리적으로 해결하는 데에 이르는 과정을 중시한다.

	수 학	과 학
성격	…실생활의 여러 가지 문제를 논리적으로 사고하고 합리적으로 해결하는 능력과 태도를 기르는 교과이다.…	…환경과 실생활 문제를 학습의 소재로 활용하고, 탐구 활동을 통하여 생활 주위에서 일어나는 문제를 스스로 발견하고 해결하려는 태도를 기르도록 한다.…
목표	…수학의 기본 지식과 기능을 습득하고, 수학적으로 사고하는 능력을 길러, 실생활의 여러 가지 문제를 합리적으로 해결할 수 있는 능력과 태도를 기른다.… …수학적 지식과 기능을 활용하여 생활 주변에서 일어나는 여러 가지 문제를 수학적으로 관찰, 분석, 조직, 사고하여 해결할 수 있다. …수학에 대한 흥미와 관심을 지속적으로 가지고, 수학적 지식과 기능을 활용하여 여러 가지 문제를 합리적으로 해결하는 태도를 기른다.…	…자연 현상과 과학 학습에 흥미와 호기심을 가지고, 실생활의 문제를 과학적으로 해결하려는 태도를 기른다.…

교 수 · 학 습 방 법	…심화 과정의 내용은 기본 과정에서 습득한 수학적 지식을 실생활에 활용하는 다양한 방법을 찾아보게 하고, 문제해결을 배양하는 데 그 중점을 둔다.… …생활 주변 현상이나 구체적 사실을 학습 소재로 하여 수학의 기초적인 개념, 원리, 법칙을 지도하고 실생활과 관련된 문제를 해결할 수 있는 능력을 길러 주도록 한다.… …구체적 조작 활동과 사고 과정을 중시하고, 원리나 법칙을 학생 스스로 발견하고 해결할 수 있는 기회를 제공하여, 학생으로 하여금 발견의 즐거움을 맛볼 수 있도록 한다.… …문제해결은 전 영역에서 정형 문제 및 비정형 문제를 통하여 지속적으로 지도되어야 하며, 여기서 습득된 문제해결 전략이 실생활의 문제해결에 활용될 수 있도록 한다.…	…학습 내용에 따라 생활 주위의 문제, 간단한 통계 자료의 조사 등을 가정 학습과 과제로 부과하여 토의 수업을 하도록 계획한다.… …탐구 방법을 체득시키기 위하여 기초탐구 과정과 통합탐구 과정(문제 인식, 가설 설정, 변인 통제, 자료 변환, 자료 해석, 결론 도출, 일반화 등)을 학습 내용과 적절히 관련시켜 지도한다.…
평 가	…문제해결력에 대한 평가에서 결과뿐만 아니라 문제의 이해 능력과 문제해결 과정을 파악할 수 있도록 한다.… …학생 스스로 문제해결을 위한 전략을 세우고, 논리적인 추론을 통하여 문제를 해결해 나가는 과정에서 유연하고 다양한 사고력과 창의성을 발휘하고 있는가를 평가할 수 있어야 한다.…	…탐구 활동 수행 능력과 실생활 문제해결에 적용하는 능력을 평가한다.…

3. 수리 · 과학적 문제해결 과정의 언어활동

수리 · 과학적 문제해결 과정에 작용하는 효과적인 언어활동은 언어의 특성과 관련하여 논의할 수 있다.3) 수학이나 과학을 연구하는 학자들의 입장

---

3) 노명완(1989 : 40~78)은 언어의 특성을 '언어의 구조', '언어의 기능', '언어의 과정', '언어와 사고', '언어습득과 발달'의 측면에서 논의하고 있다. 여기서 언어의 구조는 그 언어의 문법에 해당되며, 언어의 기능은 주어진 문장들을 통합하여 의사를 소통하는 방식에 대한 설명에 해당되며, 언어의 과정은 사람들이 언어를 표현하고 언어를 이해하는 데 사용하는 정신적인 도구, 재료, 절차 등에 대한 설명에 해당된다고 하였다. 또한 언어와 사고가 갖고 있는 불가분의 관계를 언어 또는 인지의 측면에서 논의하였고, 학습자의 언어 습득과 발달에 대하여 설명하였다.

에서 언어의 기능적 측면을 배제한다면 수리·과학적 문제를 해결하는 데에 핵심이 되는 열쇠는 수학적 아이디어나 과학적 탐구능력 등일 것이다. 그러나 언어를 결코 배제할 수 없는 상황을 전제한다면 언어의 의사소통 기능은 수리·과학적 문제해결 과정에 가장 강력한 지배력을 행사한다. 무엇이 무엇을 지배한다는 것은 그것이 없이 다른 어떤 것도 존재할 수 없다는 것이다. 언어가 없이 수리·과학적 문제해결이 가능하지 않다는 것을 가정하여도 이것을 반론할 수 있는 다른 어떤 도구나 장치를 찾을 수 없을 것이다.

언어에 대한 이해에 있어서 가장 중시되어야 할 점은 언어의 목적이 의사소통에 있다는 사실이다(노명완, 1989 : 42). 의사소통은 문제해결 과정에 가장 많은 영향을 미치는 언어의 핵심 활동이다. 의사소통은 문제를 이해하는 것에서부터 해결에 이르기까지 문제해결의 이해 당사자들에게 가장 중요한 활동으로 작용한다. 대부분의 문제들이 인간 사회에서 발생하는 것들이며, 문제를 해결하기 위해서는 사회 구성원 간의 상호작용이 절실하게 요구된다.

1) 수학적 문제해결 과정의 언어활동

수학적 문제해결에서 문제란 지엽적인 질문의 수준을 뛰어넘는 복합적인 문제로 대부분 해결에 이르는 알고리즘이 명백하게 드러나 있지 않은 과제를 말하며, 문제해결 과정은 지엽적인 전략의 숙달이나 같은 유형 문제의 반복적 연습을 넘어서는 것이라고 할 수 있다. 학생들은 문제를 해결하는 과정을 통해 기초적인 수학의 지식이나 기능에 대한 이해를 공고히 할 수 있을 뿐만 아니라, 의사 결정, 비판적 사고, 창의적 사고 등과 같은 고급 정신 기능을 신장할 수 있다(교육인적자원부, 2001 : 59).

다음에 주어진 문제는 학습자가 학교 현장에서 실제로 배운 내용을 중심으로 실생활에 적용할 수 있는 문제해결에 관한 내용이다. 여기서는 교과내

용과 관련된 실생활의 문제를 각각의 단계로 구분하고, 각 단계를 효과적으
로 수행하기 위한 언어활동의 사례를 살펴보기로 한다.

[교과내용과 실생활 문제의 관계]

교육과정의
학년 영역
및 내용
	〈1-나 단계〉(다) 측정 : 시각읽기
	  ① 생활에서 시각에 대한 관심을 가지고, '몇 시', '몇 시 30분'까지 시각을 읽을 수 있다.
	
	〈2-가 단계〉(다) 측정 : 시각과 시간
	  ① 몇 시 몇 분까지 시각을 읽을 수 있다.
	  ② 1시간은 60분 임을 알고, 이를 활용하여 시간을 시간, 분으로 말할 수 있다.
	  ③ 생활의 예를 통하여 1시간, 1주일, 1개월, 1년의 상호 관계를 이해한다.
	
	〈3-가 단계〉(다) 측정 : 시간
	  ① 구체적인 상황에서 시각과 시간의 의미를 이해하고, 분 단위까지 시간의 덧셈과 뺄셈
	     을 할 수 있다.
	
	〈4-가 단계〉(다) 측정 : 시간
	  ① '1분=60초'인 관계를 이해하고, 1초 단위까지 시각을 읽을 수 있다.
	  ② 초 단위까지 시간의 덧셈과 뺄셈을 할 수 있다.

수행평가
문제
	〈유형 1〉 다음 계산을 하시오.
	           오후 6시 30분~오전 8시 30분
	〈유형 2〉 집에서 학교까지 걸어서 25분이 걸린다. 등교 시간이 8시 30분이라면 몇 시에 일
	           어나야 하는가?
	〈유형 3〉 지각하지 않고 등교하려면 아침에 몇 시에 일어나야 하는지 자신의 집과 학교까지
	           의 거리, 이동 수단 등을 고려하여 기상 시각을 정하여 보시오.

실생활 문제	A씨는 새로운 직장에 지각하지 않기 위하여 몇 시에 일어나야 하는가?
조건	A씨의 새로운 직장은 모든 근무자들이 근무규정을 철저히 준수할 것을 요구한다. 근무시간 은 오전 8시 30분부터 오후 5시 30분까지이다. 이 내용은 직장상사를 통하여 구두로 전달 되거나, 문서로 기록된 근무규정을 전달받는다.
근무규정 관련 발화 및 문서 내용	새로운 출발을 하게 되는 신입사원들에게 축하의 말을 전합니다. 지금부터 우리 회사에 대 하여 간략한 소개를 한 후에 근무규정에 대하여 안내 하겠습니다. 우리 회사는 30년 역사를 가진 전통 있는 반도체 디자인 회사입니다. … 모든 직원은 회사 가 정하는 근무규정을 철저히 준수하여야 합니다. 근무 시간은 오전 8시 30분부터 오후 5 시 30분까지입니다. …

(1) 문제이해

대부분의 문제는 언어적 진술로 이루어진다. 따라서 무엇보다 문제를 설명하는 언어적 진술이 이해되어야 한다(Polya, 1971 : 10).

이 문제를 이해하는 데에 드러난 조건은 새로운 직장의 직무규정이다. 문제를 이해하는 데에 작용하는 새로운 직장의 직무규정은 해결 당사자의 개인적 성향과 관련되어 다양한 형태로 이해될 것이다.

최초의 문제 상황은 출근 시각을 알게 되는 시점이다. 두 가지의 상황을 생각해 볼 수 있다. 출근 시각이 내포된 직무규정을 구두로 전해 들었을 상황과 직무규정이 기록된 문서의 형태로 알게 되었을 상황 두 가지이다.

문제를 이해하기 위해서는 문제가 발생하는 상황에서 해결 당사자가 어떤 언어활동을 하는지가 중요하다. 회사 직원으로부터 출근 시각을 포함한 직무규정에 대한 구두 안내를 받았을 경우 해결 당사자는 문제를 정확하게 이해하기 위해서 다음의 듣기 유형4)에 따른 청자로서의 역할을 수행할 것이다(최현섭 외, 1997 : 180).

직무규정에 관한 사항이 담긴 문서를 통하여 문제를 이해할 경우 해결 당사자는 읽기 과정의 연속성5) 내에서 독자의 역할을 수행하게 될 것이다. 듣기와 읽기는 언어기능의 이해에 해당되지만 구두언어와 문자언어를 대상으로 하기 때문에 이해의 과정에 차이가 있다. 문제해결 당사자가 문제를 접하게 되는 상황을 연상하여 보자. 문자언어로 제시되는 문제의 경우에는 문제를 이해할 수 있는 시간적 여유가 있으나 구두언어로 제시된 문제는 발화의 순간성으로 인하여 자칫 문제를 정확하게 이해할 수 없는 상황이

---

4) <듣기의 유형>

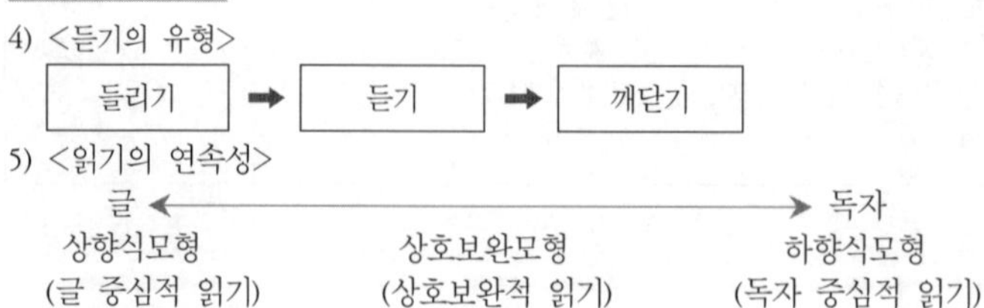

5) <읽기의 연속성>

글 ◄───────────────► 독자
상향식모형　　　　　　상호보완모형　　　　　　하향식모형
(글 중심적 읽기)　　　(상호보완적 읽기)　　　(독자 중심적 읽기)

발생할 수 있다. 구두언어는 화자의 입을 떠나는 순간 사라져 버리기 때문에 청자의 역할은 화자의 구두언어 발생 순간부터 매우 중요하다. 그러나 문자언어는 해결 당사자가 문제를 접하는 순간 문제를 이해하지 못하더라도 반복하여 문제를 확인할 수 있는 기회가 있다. 따라서 문제해결 당사자가 문제를 접하는 순간이 구두언어 상황인지 문자언어 상황인지에 따라서 이해 수준과 정확성의 차이를 보이게 된다.

기상 시각을 정하는 문제를 이해하는 것은 화자의 발화 내용 중에 포함된 새로운 직장의 출근 시각과 직접적인 관련이 있다. 화자의 발화 상황에서 청자가 듣기의 어떤 유형에 속하여 있었던가에 따라 문제를 인식하고 이해하는 수준에 차이가 있다. 문제를 이해하는 과정은 듣기 유형의 '들리기' 단계를 배제한다. 들리기 단계의 청자는 자신의 문제를 인식하기 위하여 필요한 정보를 얻기 위한 의사소통 행위를 하였다. 필요한 정보를 얻기 위한 의사소통 과정은 청자의 의도적 행위이기 때문에 최소한 '듣기'의 단계에서 언어활동을 하였음을 알 수 있다. 따라서 A씨는 '듣기', '깨닫기' 수준의 청자 역할을 수행할 것이고 그에 따라 문제이해의 수준이 달라질 것이다. 문제의 이해 수준이 다르다는 것은 문제를 해결하기 위한 다음 단계에서의 '계획 수립' 과정에 차이가 있다는 것이다. '듣기' 수준의 문제이해는 청자의 발화 내용을 근거로 자신의 문제에 직접적인 영향을 미치는 내용을 인식하는 수준에 머문다. 그러나 '깨닫기' 수준의 청자는 자신의 문제와 관련이 있는 내용을 종합하고 분석한다. 문제와 직접 관련된 내용은 물론 간접적인 영향을 줄 수 있는 내용까지 포함한다.

문제를 이해하는 단계에서 반드시 청자로서의 역할과 독자로서의 역할만 수행할 수는 없다. 능동적인 청자, 적극적인 독자는 자신의 판단과 해석이 옳은지 추론하고 평가하며 감상한다. 듣기와 읽기의 과정은 연속적임과 동시에 순환적이다. 듣기 과정을 효과적으로 수행하기 위해서는 듣기와 관련된 의사소통 행위가 유기적으로 이루어져야 한다. 또한 필요한 정보를 얻기 위한 전략을 동원하여 수행한다. 읽기의 과정도 듣기의 과정에서 수행하는 유기적인 언어활동과 차이가 없다. 읽기 활동이 주가 되지만 효과적인 읽기를 수행하기 위하여 다양한 방법과 전략을 동원하고 필요한 정보를 얻기 위한 대상과의 의사소통을 필요로 한다.

적극적이고 능동적인 청자와 독자는 문제를 이해하기 위하여 필요한 조건과 자료가 무엇인지 질문하고 탐색한다. 문제가 구체적으로 드러나지 않을 경우에는 문제를 이해하는 데 방해가 되거나 도움이 되는 '미지'의 정보를 수집하고 제거한다. 도움이 되는 조건이나 자료, 정보 등을 그림이나 표로 그리거나 도식화하며, 기호로 나타내어 정리하기도 한다. 그리고 문제를 이해하는 데에 필요한 정보들을 종합하여 그것들이 만족스러운지 점검한다.

(2) 계획 수립

계획을 수립할 때에 문제해결 당사자의 머릿속에 가장 먼저 떠오르는 것은 이와 유사한 문제에 관련된 내용들이다. 교과서의 모든 문제가 이전의 지식과 유기적으로 연계되어 있듯이 일상생활의 문제들도 이전의 지식과 경험을 완전히 벗어나는 경우는 극히 적다. 문제해결 계획 수립에 필요한 지식과 경험은 이와 유사한 문제를 머릿속에 떠올리고 관련된 내용이나 이전의 해결 방법을 재인하는 과정에서 발현된다. 비슷한 양상의 문제들을 나열하여 보고 지금의 문제와 가장 유사한 문제가 어떤 것이었는지 추출한다.

'학창시절 학교에 지각하지 않기 위하여 아침에 몇 시에 일어날 것인지 알람 시각을 맞추어 놓기', '어느 날 시내에서 친구와 만나기로 한 약속', 등이 이 문제와 관련된 유사한 문제일 것이다. 그리고 이 문제와 관련된 하위의 유사 문제들을 고려할 것이다. '초등학교 때 시간과 시각에 관한 덧셈과 뺄셈 문제', '지하철, 버스, 택시, 자가용 등의 이동 거리에 따른 소요 시간과 비용', '일 년 혹은 한 달 또는 일주일 동안의 교통 상황', '아침 기상 시각에 맞추어 일어날 수 있게 하여 주는 주변 인물이나 기계적 장치' 등.

유사한 문제를 생각하고 그와 관련된 하위 문제들과 조건들을 바탕으로 계획 수립에 요구되는 정보를 수집하고 종합하기 위한 언어활동은 문제이해 단계보다 더욱 활발하고 복잡하다. 유사한 문제에서의 지식과 경험을 동원하는 것은 직접적으로 해당 문제를 해결하는 과정과 유사할 뿐이지 동일하지는 않다. 유사한 문제로부터 결정적 도움이 되는 자료와 조건을 생성하고 활용하는 것이 중요하다.

(3) 계획 실행

정확한 문제이해를 바탕으로 계획을 수립하였다면 이제 수립된 계획이 실제로 들어맞는지 확인하여야 한다. 연산 과정이 복잡한 문제를 계획에 따라 차례차례 풀어나가는 것처럼 실생활의 문제를 해결하기 위해서는 계획을 실행하여야 한다. 계획 실행은 준비가 정확하였는가를 검증하는 과정이다. 준비된 절차와 방법을 동원하여 실천한다. 계획이 정확하다면 실행은 한층 수월할 것이다.

계획 실행에서 발견된 오류는 순차적으로 수정될 것이며, 보다 합리적이고 효과적인 계획 수립을 구성할 것이다. 계획 실행 과정의 언어활동은 대부분 학습자 자신의 내적 언어활동으로 이루어진다. 자신의 계획이 제대로 수립되었는지 머릿속에서 재인하고 확인하며, 반문하고 수정할 것이다. 이러한 언어활동은 계획을 수정할 수 있게 하는 사고 작용이기도 하다. 계획 실행 단계에서의 언어활동은 외부로 드러나지 않는 이해와 표현이지만 자기 스스로 사고하고 판단하며, 평가하고 검증하는 과정을 통하여 합리적인 계획 수립을 가능하게 한다. 즉, 학습자의 내적인 언어적 활동이야말로 학습자 자신의 사고력을 기를 수 있는 자기 주도적 언어활동이라고 할 수 있다.

(4) 반성

어떤 학습자는—유능한 학습자들마저도—문제가 잘 해결되었다고 생각되면 다른 과정을 거치거나 되돌아보려고 하지 않고 주어진 문제로부터 벗어나려고 한다. 교실의 거의 모든 수업에서 주어지는 문제에 대하여 교사는 학습자의 반성(평가와 검증)을 유도한다. 그러나 많은 학습자들은 문제의 해답을 얻었다고 믿는 순간 다시는 그 문제에 대하여 생각하려 하지 않는다. 수학 문제들은 다른 교과의 문제와 달리 학습자 스스로 '검산'이라는 검증 과정을 거치는 경우가 있기는 하지만 그것은 대부분 해답으로 얻은 수치가 정확한지에 대한 확인일 뿐 문제이해에서 실행에 이르기까지의 과정 전반을 돌아보는 활동은 아니다.

문제해결에 요구되는 시간이 제한적이어서 되돌아볼 여유가 없다면 가장 핵심적인 것을 대상으로 반성(평가와 검증)을 하여야 한다. 학교에서의 수학 시험을 볼 때에 의심이 가는 문제들이나 그 문제의 풀이 과정을 검증하는 것은 해답이 정확한지를 확인한다는 의미 이외에도 두 번의 동일한 경험을 통하여 지식의 견고한 획득을 가능하게 한다.

반성은 단순히 문제에 대한 해답이 옳고 그른지를 판단하는 것이 아니다. 문제에 대한 해결이 타당하고 올바른 것인지를 반성하는 과정은 문제의 이해 과정에서 실행에 이르기까지 학습자의 사고를 동반한 언어활동이 성공적으로 수행되었는지를 확인할 수 있는 과정이기도 하다. 결정적으로 수학적 문제해결 과정에 언어가 어떤 작용을 하였으며, 언어의 작용이 학습자의 사고를 어떻게 활성화하였는지에 대한 검증이기도 하다.

반성은 학습자가 수행한 문제해결의 모든 과정을 표현하도록 한다. 문제이해, 계획 수립, 계획 실행의 과정을 다시 한 번 반복 경험하게 하는 것이다. 따라서 반성(평가와 검증)과정에서의 언어표현 활동은 학습자의 문제해결이 합리적이고 타당하였는지를 확인할 수 있게 할 뿐 아니라 오류와 실수를 확인하여 수정할 수 있게 한다.[6]

2) 과학적 문제해결 과정의 언어활동

과학적 문제를 해결하는 데에는 과학적 방법을 동원한다. 과학적 방법은 어떤 목적을 달성하거나 그 과정에서 생기는 문제를 해결하는 원리를 말한다. 어떤 목적을 지향하는 행위가 방해를 받을 때 이를 과학적 문제 상황이라고 하며, 지적 활동 또는 사색을 통해서 그런 상황을 극복하기 위해 적용하는 원칙을 방법이라고 한다(박승재 · 조희영, 1999 : 33~43).

과학적 문제해결에 과학적 방법을 동원한다는 것은 과학교육을 통하여 얻은 과학적 지식과 경험, 기능을 동원하는 것을 의미한다. 과학교육을 통한 지식의 습득과 경험은 과학적 방법의 산출과 적용을 가능하게 한다. 여기서는 실제 수업 장면에서 과학적 문제를 해결하기 위한 교사와 학습자의 언어활동 현상을 분석하는 것으로 대신한다.[7]

---

6) 수업 중 교사는 학생에게 다음과 같은 질문을 자주 한다. "왜 그렇게 했지?", "왜 그런 결과가 나왔지?", "네가 나와서 풀이 과정을 설명해 보렴." 학창시절 한 번 쯤 겪어보았을 일이다. 언어적 진술이 배제된 수치계산 문제조차 풀이 과정을 설명하도록 요구받는 경우가 많다. A와 B학생은 모두 같은 문제를 같은 과정으로 풀 수 있는 수학적 문제해결 능력이 있다. 교사는 두 학생에게 풀이과정을 설명하도록 발문하였다. A학생은 유창하게 풀이과정을 말로 설명하였다. 하지만 B학생은 자신은 풀이과정을 잘 알고 있고, 다시 풀라고 하여도 동일한 과정으로 해결할 수 있지만 말로 설명하는 것은 더듬거리며 제대로 하지 못하였다. 이것을 지켜본 교사와 다른 학생들은 어떻게 생각할 것인가? 이러한 문제를 최근의 서술 · 논술형 평가와 관련하여 문제해결 과정을 글로 써서 설명하라고 하였을 경우 수치계산은 정확하지만 글로 설명하지 못한 학생에 대하여 어떤 판단을 내릴 수 있는가? 객관적 평가 도구와 기준에 의한다면 같은 문제를 같은 과정으로 해결하였다고 하더라도 그것을 구체적으로 말이나 글로 설명할 수 없을 경우에는 정당한 평가를 받을 수 없다는 것을 의미한다. 이것은 문제해결 과정에 학습자의 사고력이 작용하였는가를 반증하는 것이며, 언어활동을 통하여 사고력을 기르고 확장할 수 있다는 것을 의미한다. 따라서 평가 과정에서의 언어표현 활동은 문제해결 과정을 반복 경험하여 지식과 기능을 견고하게 할 뿐 아니라 학습자의 문제해결 과정에 언어적 사고력이 작용하였는가를 판별할 수 있게 한다. 이를 통하여 학습자의 진정한 문제해결 능력 신장을 위한 교수 · 학습 방법을 구안하고 적용할 수 있을 것이다.

7) 여기 제시된 과학과 교수 · 학습활동안은 서울인왕초등학교에서 실제로 공개하였던 것이며, 수업 장면에서 교사와 학생이 어떤 언어활동을 하는지 조사, 관찰, 면담, 자료수집, 기록하였다.

[국어과 교수·학습 지도안]

교 과	과학	단 원	3. 우리 몸의 생김새	차 시	9/9	지도교사	윤정애
학습 주제	우리 몸의 기관의 종류와 하는 일					장소	6~9 교실
본시 학습목표	뼈와 근육, 호흡 기관, 순환 기관, 소화 기관, 배설 기관, 신경계의 하는 일을 정리할 수 있다.					자료	색 도 화 지, 풀, 가위, 학 생 발표자료

학습 단계	학습 활동	교수·학습활동		과정	언어활동
		아동 활동	교사의 지원		
도입	동기 유발	• 우리 몸에 여러 기관이 있음을 알고, 여러 기관의 이름에 익숙해진다.	• 수업 전에 우리 몸의 여러 기관에 속한 장기와 관련된 이야기 과학 동화를 들려준다.	문제 이해	교사 : 읽기 말하기 학생 : 듣기
	학습 목표 제시	■우리 몸의 여러 기관이 하는 일에 대해 조사 발표하기			

전개	발표
	하기
		• 여섯 모둠이 각각 뼈와 근육, 호흡 기관, 순환 기관, 소화 기관, 배설 기관, 신경계의 하는 일과 그에 속한 장기 등에 대한 사전 조사 결과를 발표한다. 각 모둠별 발표시간은 2분으로 제한한다.	• 지나치게 자세한 부분까지 들어가지 않도록 하며, 요약 발표가 되도록 정리해준다.	계획
				수립
				
				계획
				실행
					교사 : 말하기
					학생 : 말하기
					        듣기
					
					교사 : 말하기
					학생 : 듣기
					        말하기
					        읽기

	다지
	기
		• 각 모둠의 발표가 끝난 후 발표한 자료를 바탕으로 '작은 인체 신비전'을 갖는다 (모형, 사진전, 그림 등).
		• 발표와 전시회를 통해 정리된 내용으로 미니북을 만든다.
			• 앞 차시를 이용하여 각 기관의 주요 장기를 고무찰흙이나 지점토를 이용하여 모형으로 꾸며 놓은 것을 사용한다.
			• 각 기관별 요약은 한 두 문장으로 제한한다.
				반성
				·
				평가
					교사 : 말하기
					        쓰기
					학생 : 듣기
					        말하기
					        읽기
					        쓰기

정리	정리 하기	• 보충 : 각 기관의 하는 일이 정리된 요약종이를 나눠주고 미니북에 옮겨 적도록 한다. • 심화 : 건강한 생활을 위한 올바른 습관을 각 기관별로 정리하게 한다. 게임으로 기관별 하는 일을 연결한다.	• 보충지를 들고 아동 사이를 다니며 요약하기 힘들어 하는 아동에게 한 장씩 나눠준다. • 요약을 쉽게 마친 아동은 개별로 현대인의 질병이 하나씩 적힌 종이를 가져가게 한다. 건강한 생활을 위한 습관을 정리하도록 한다. • 각각의 기관이 하는 일을 주제어로 제시한다.		교사 : 쓰기 학생 : 듣기 말하기

4. 수리 · 과학적 문제해결력 신장을 위한 언어교육

문제해결은 수리 · 과학뿐 아니라 거의 모든 교과에 해당되는 학습자 요구사항이다. 학교 교육의 과정이나 결과가 실생활에 적용이 되지 않는다면 학습을 통한 지식이나 경험이 가치를 상실한다. 언어는 인간이 사회생활을 하는 동안 필연적으로 수행하여야 하는 활동이다. 문제해결은 인간이 사회생활을 하는 동안 피해갈 수 없는 과정이다. 따라서 언어는 문제해결 과정에 효과적으로 작용하여 합리적인 결과를 도출할 수 있어야 한다.

1) 메타 의사소통

의사소통은 사회적 구성원 간의 말과 글을 통한 상호작용이다. 듣고, 말하고, 읽고, 쓰는 활동은 어휘나 문장 수준이 아닌 텍스트 층위이며, 텍스트 층위의 의사소통은 언어의 단순표출이나 수용을 넘어서서 사고력을 동원한 고등수준의 기능을 필요로 하는 지적 작용이다(최현섭 외, 1997 : 38).

텍스트를 산출하는 화자는 텍스트를 사용하여 어떻게 청자로 하여금 자신의 의도를 알게 할 수 있는지, 어떤 텍스트가 어떻게 하여 실제 조건 또는 화자가 가정한 이해의 조건에 비춰 청자에 의해 수용될 수 있을 것인지, 어떻게 청자의 수용을 도와줄 수단을 마련할 수 있는지에 대한 지식을 갖추고 있다.

일차적으로 의사소통상의 갈등을 예방하거나 제거하고 또 언어발화를 확실히 이해시키는 데 쓰이는 이 지식을 메타 의사소통 지식이라고 한다. 메타 의사소통 지식은 의사소통, 그 진행과정 및 그 조직에 관한 지식이다. 이러한 메타 의사소통은 다음의 두 가지 이론적 맥락과 관련이 있다(Heinemann, 1991 : 264).

① 메타 의사소통이나 메타 의사소통적 담화는 의사소통상의 갈등을 해소하는 데 기여한다.
② 메타 의사소통과 인간 의사소통의 관계 면은 서로 병행관계에 있다.

어떤 면에서 메타 의사소통은 창의적인 의사소통과 같은 맥락이라고 볼 수 있다. 일반적인 의사소통은 행위 당사자와 대상 간의 언어적 소통이지만 창의적인 의사소통은 자신의 의지가 담긴 텍스트의 효과적 전달을 가능하게 한다. 창의적인 의사소통은 언어교육의 기본적인 목표와 부합한다. 따라서 메타 의사소통은 창의적인 의사소통 교육을 통하여 실현될 수 있으며, 문제를 창의적으로 해결할 수 있게 한다.

[문제해결 과정의 메타 의사소통 요소]

문제해결과정	세부 활동	의사소통
문제 이해	• 조건, 자료, 미지인 것 찾기 • 적절한 기호화 • 도식화	• 설명과 문서를 통한 문제 인식 • 텍스트의 분석, 추론, 해석 • 정보수집 대상으로부터의 설문, 탐색, 질의, 선별
계획 수립	• 관련 문제 파악 • 관련 문제로부터 미지인 것 추출 • 자료 확인, 활용	• 정보의 검색, 수집, 종합, 분석, 추론, 비판, 검토 • 도식, 이미지, 기억 • 문서 작성
계획 실행	• 단계별 점검, 확인, 증명 • 오류의 발견과 수정	• 토의, 토론 • 발표, 질의응답 • 맥락 파악, 사회적 소통, 경험 • 대화, 타협, 조정
검증(평가)	• 결과 점검 • 논증 과정의 점검 • 결과나 방법을 다른 문제에 적용	• 분석, 종합, 검토, 점검 • 수정, 보완, 반성 • feedback • 평가지 작성, 논증, 묘사, 설명

일반적인 상황에서의 의사소통과 의사소통을 조정하는 메타 의사소통 기능의 차이를 확실하게 구분할 수 있는 특별한 요소를 발견하거나 증명하는 것은 쉬운 일이 아니다. 메타 의사소통이 의사소통의 상위 개념을 형성하기 위해서는 소통 행위자들이 어떻게 자신의 뜻을 자신이 원하는 바에 의하여 설득하고, 조정하는지를 분명하게 밝히는 것이다.

어떤 면에서는 의사소통이 갖고 있는 것 자체가 메타 의사소통 기능과 다를 것이 없어 보인다. 그럼에도 불구하고 '메타 의사소통'을 강조하는 것은 소통의 당사자들이 보다 적극적으로 대화에 참여할 수 있는 태도와 능력을 길러 창조적인 정보화 사회에 뒤떨어지지 않도록 하기 위한 언어교육의 대안을 제안하기 위함이다. 이것은 학습 상황의 의사소통 행위의 적극성과 단순한 의견교환이 아닌 창의적이고 비판적인 사고를 동원한 언어활동의 강조와 맥을 같이 한다는 데에 의미가 있다.

2) 언어적 사고

"우리를 인간으로 만든 것은 다름 아닌 말(words)이다."라는 파블로프의 말은 언어가 '사고'를 포함하고 있으며, 인간의 언어가 다른 종의 언어와 다른 것은 바로 언어적 사고가 있기 때문이라고 해석할 수 있다. 언어와 사고의 우선순위에 관한 논쟁으로부터 벗어난다면 분명 언어와 사고는 불가분의 관계이며, 언어 자체가 인격과 심성을 형성한다고 할 수 있다. 우리가 사용하는 언어는 사고를 반영할 뿐 아니라 생각하는 방법과 그 내용까지도 직접 다스린다. 그것은 바로 언어가 인간사고(human thought)의 복잡성과 풍부함을 반영할 뿐 아니라 다양한 형태의 사고를 가능하게 하기 때문이다 (Sternberg, 1998 : 241~242).

언어적 사고는 언어의 창조성을 뒷받침하는 가장 설득력 있는 메커니즘이다. 언어의 창조성에 대한 주요한 한 가지 메커니즘은 정신 공간들 간의 개념적 대응관계의 지각 및 구성과 관련이 있다(Ree, 2001 : 318). 학생들은 새로운 문제 사태에 직면하게 되면 언어와 사고를 동시에 작동시킨다. 언어와 사고에 의존하여 문제 상황을 이해하고 파악하며, 자신의 배경지식과 경험, 기능을 동원하여 해결 방법을 찾는다(Smith, 1987 : 3). 사전지식과 경험은 이전의 문제에 대한 개념적 대응이며, 학생들은 이전의 문제에 대한 개념 파악을 통하여 언어적 사고를 작동시킨다. 이때 작동하는 언어적 사고는 이전의 문제와 새로운 문제 사태 간의 연결 고리를 찾고 해결에 도움이 되는 새로운 개념을 창출한다.

최근의 우리 사회 현실을 표현하는 신조어들은 기존의 언어를 새로운 사물이나 현상에 대입하고, 조합하여 새로운 의미의 언어를 생산한다. 새로운 언어의 탄생은 단순히 언어와 언어를 조합하거나 언어와 개념의 대응을 통한 기호적 표현이 아니라 사회 현상에 대한 언어적 창조성을 보여주는 예이다. 언어적 사고는 사회적 이슈를 언어에 대응시키고, 비슷한 과정을 통하여 신조어를 창출한다.

국어교육에서는 학생들의 언어적 사고력 신장을 궁극의 목표로 삼고 있다. 여기서 언어적 사고력이란 '언어를 매개로 어떤 대상에 대한 인식의 변화를 꾀하는 정신 작용'이라고 할 수 있다. 그런데 인식의 변화는 곧 의미의 변화를 뜻하므로 언어적 사고력이란 '언어를 통한 의미의 형성'으로 볼 수 있다(노명완, 1996 : 47).

언어는 구체적 사물의 상징적 대치물이라는 기호의 개념을 넘어서서 사물이나 사상으로부터 의미를 '추출'하고, 추출한 의미를 '통합'하고 이를 가장 적합한 상징 기호인 언어로 '표상'하는 지적 작용이다(노명완·이차숙, 2002 : 26). 싸피어(Sapir)는 언어를, 우리에게 세계에 대한 세부적인 것들과 개념들을 부여해 주면서, 경험을 반영할 뿐만 아니라 실제로 경험을 규정하는 '독재자'로 언급한다. 또한 울프(Whorf)는 '언어는 개념을 표현하는 단순한 재생산도구가 아니라 그 자체가 개념의 형성자이다… 우리는 우리의 언어에 의해 설정된 기준에 따라 자연을 분석한다'고 하면서 언어상대주의(Linguistic Relativism)를 역설한다(Steinberg, 1993 : 171~172).

문제해결의 첫 단계인 문제이해는 말이나 글을 의미로 받아들이는 과정이다. 수리·과학적 문제는 수치로 제시될 수도 있지만 대부분은 말과 글을 동반한다. 따라서 말과 글을 통하여 제시되는 문제를 이해하기 위해서는 말과 글에 담긴 의미를 정확하게 파악하여야 한다. 문제를 이해하는 것은 언어로 부호화된 텍스트를 의미로 전환하는 사고과정이며, 문제해결 과정의 표현은 머릿속 의미를 언어로 부호화하여 텍스트를 생산하는 사고 과정이다(노명완·정혜승·옥현진, 2003 : 213~214).

문제해결 과정의 의사소통 행위는 의미를 추출하고 통합하여 의미 있는 언어로 과정과 결과를 표상하는 지적 활동이다. '언어활동의 지적 과정 모형'8)은 언어적 사고가 어떻게 작용하는지를 보여준다.9) 우리가 어떤 문제를 해결하기 위한 정확한 이해를 위하여 어떤 대상으로부터 필요한 정보를 듣거나 읽는 상황을 상상하여 보자. 대상으로부터 문제를 이해하는 데에 도움이 되는 정보를 듣거나 읽는 과정에서 해결 당사자는 동시에 필요한 정보를 선별하거나, 대상으로부터의 발화 상황과 관련된 혹은 전혀 반대의 상황을 머릿속에 떠올리기도 한다. 이러한 현상은 문제해결을 하는 과정에서 수시로 발생하며, 이것은 언어와 사고가 동시에 작용하고 있다는 것을 보여준다. 언어적 사고는 문제해결 과정에 작용하여 유사한 문제의 재인과 비교, 분석, 종합, 선별을 동시에 수행할 수 있게 한다.

---

8) 이 모형은 노명완(1988 : 26)을 참고할 것

9) 노명완·박영목·권경안(1989 : 19~20)은 국어교육의 궁극적인 목표는 학생들의 언어사용 기능을 신장시켜 주는 것이며, 언어사용은 언어(말이나 글)를 통하여 의미를 (재)구성하는 지적 과정이라고 말하고 있다. 여기에 제시된 '의미 구성 과정'은 크게 두 가지로 구분하여 설명하고 있다. 하나는 의미(표현 또는 이해하고자 하는 내용)의 선정, 조직 과정이고 다른 하나는 선정, 조직된 의미의 언어적 표현 과정으로 설명한다. 이 둘은 서로 다른 성격의 정신 작용으로 이해와 표현 과정에서 의미의 생성과 언어적 표현은 서로 다른 지식 배경과 정신 기능을 동원하는 지적인 사고 과정이다.

3) 텍스트

텍스트는 생산자(화자 / 저자)가 수용자에게 표현하는 통보행위의 모든 언어 구성 성분이다. 텍스트는 의사소통 기능의 측면에서 의미와 사고를 전달하는 과정의 산물로 인식될 수 있다. 언어와 마찬가지로 텍스트도 인간의 활동이다. 발화를 통한 의미의 전달이나 언어적 사고 행위의 산물로 여겨지는 텍스트는 의사소통 과정에 작용하는 모든 언어적 구성요소—비언어적인 몸짓, 표정, 이미지 등을 포함한—이다(Vater, 1995 : 7~16). 또한 텍스트는 물질적·감각적인 성격에 의해 무한한 의미생산이 가능한 열린 공간이다(김희영 편역, 1999 : 9).

의사소통 과정의 다른 중요한 측면은 정보생산을 위한 텍스트의 이용에 있다. 우리는 전달된 것을 반복하고자 하고 읽은 것을 요약하며, 듣거나 읽은 주제에 대한 질문에 대답할 수도 있다. 결국 우리는 특수한 텍스트(예를 들면 교과서나 사용법 설명서)를 통하여 문제해결에 필요한 정보를 얻을 수 있다.

텍스트는 문제해결 당사자에게 효과적인 정보를 제공할 수 있어야 한다. 만일 언어교육의 대상이 되는 '언어'의 텍스트가 문제해결에 유익한 정보를 제공할 수 있다면 학습자는 보다 효과적으로 결과에 접근할 수 있을 것이다. 학습자의 문제해결을 도울 수 있는 텍스트의 역할은 다음의 두 가지 조건을 만족하여야 한다.

첫째, 문제해결력을 신장시킬 수 있는 절차와 방법에 관한 정보를 갖추어야 한다. 이것은 교육과정의 체계와 내용구성을 전제로 한다.

둘째, 문제해결에 도움이 되는 내용 정보를 담고 있어야 한다. 이것은 교과서 텍스트의 전문성을 전제로 한다.

텍스트는 의사소통 기능 신장을 위한 언어 대상이지만 내용은 학습자의 인지 과정을 통하여 자연스럽게 배경지식으로 활성화된다. 또한 전문 텍스

트의 접근은 실생활의 문제해결 과정에 직·간접으로 작용하여 결과 접근
을 용이하게 한다.

4) 창의성

'create'와 'creativity'는 라틴어의 'creâtus'와 'creâre'로부터 온 말이다. 이 말
은 'to make or produce'의 의미를 갖고 있으며, 'to grow'라는 뜻으로 쓰이기
도 한다(Piirto, 2004 : 6). 창의성은 특별한 인간에게서 드러나는 신비한 능력이
아니라 일상생활을 통하여 얼마든지 발현이 가능한 잠재적인 인간의 능력
이라는 것을 의미한다.

　문제를 해결하기 위하여 오랫동안 집중하였는데도 해결책을 찾지 못하고
있다가 갑자기 번개처럼 해결책이 떠오르는 현상을 근원적인 창의성이라고
부르기도 한다. 근원적인 창의성이란 의식이 알아차리지 못하는 사이에 일
어나는 정신의 자연스런 문제해결 과정이다. 창의성은 우리가 이미 가지고
있는 지식을 의식수준에서 조직하고 새로운 지식을 얻기 위하여 올바른 질
문을 하려고 하며, 내재하는 문제해결 능력을 모방하려고 한다(Shallcross, 199
9 : 149~150).

　언어의 창의성을 발현하기 위해서는 '동기'를 활성화하고 '상상력'을 키
우며, '정보조직' 능력을 신장시켜야 한다(김선민, 2005 : 261~263). 국어교육의
창의성 발현을 위해서는 각 영역별 특성을 살린 내용을 계발하여야 한다.
특히 '정보의 조직'은 기존의 지식과 경험을 바탕으로 새로운 지식과 경험
을 가능하게 한다. 언어에 담긴 내용을 수집, 분석, 종합, 적용하는 활동은
언어의 창조적인 재구성이다. 언어의 창조적 재구성은 기존의 정보를 통하
여 새로운 정보를 생산할 수 있게 한다. 새로운 정보는 직면한 문제를 해결
하는 데에 효과적으로 작용하며, 창의적인 언어사용 기능을 통하여 창의적
으로 문제를 해결하는 데에 유익하게 작용한다.

5) 교육과정

학교 교육을 통하여 습득한 지식과 경험이 일상생활에서 직면하는 문제에 효과적으로 작용하는 데에 결정적인 역할을 하는 것이 바로 언어이다. 따라서 언어 교육과정은 문제해결 능력을 신장시킬 수 있는 내용을 담고 있어야 한다. 이러한 문제는 제7차 국어과 교육과정 개정 및 제8차 국어과 교육과정 편성에 관한 연구에서 이미 논의된 바 있다.[10]

언어적 이해와 표현이 없이 문제를 해결할 수는 없다. 언어는 문제해결의 모든 과정에서 결정적인 역할을 한다. 뿐만 아니라 문제를 해결하는 데에 필요한 정보와 전략을 제공한다. 언어 교육과정은 학습자가 문제를 효과적으로 해결할 수 있는 언어사용 능력 신장을 위한 교육 내용을 포함하고 있어야 한다. 문제해결 능력 신장을 위한 언어 교육과정에 포함되어야 할 내용은 다음과 같다.

> **첫째**, 사회적 문제해결 사태에 적응하는 학습자의 언어활동, 즉, 문제해결 과정의 언어활동 내용으로 '정보의 조직', '대화와 타협', '문제해결의 언어적 표현'에 관한 전략과 방법
> **둘째**, 타 교과의 문제해결 과정의 직접 인용과 실생활의 해결 과정에 작용하는 효과적인 언어활동

지금까지 언어가 수리·과학적 문제해결에 어떻게 작용하여 어떤 도움을 주고 있는지 혹은 줄 수 있는지, 주고 있거나 줄 수 있다면 언어의 무엇 때

---

10) 현행 교육과정 목표와 관련하여 '대화와 타협을 통한 문제해결 능력'을 신장시키기 위한 사회적 요구의 수용에 대한 쟁점이 있었다. 기존의 교육과정에는 문제해결에 관한 내용이 사회적인 요구를 수용하기에 부족하며, 이러한 사회적 요구의 수용은 국어과가 범교과적 효용성을 가진 교과로 인식하는 데에 중요한 역할을 한다. 문제해결을 국어과 교수·학습 모형의 하나로 인식하여 '국어지식' 영역의 활동에 적용하는 내용이 있으나 이러한 부분적인 적용은 타 교과의 문제해결 능력의 신장을 주도적으로 이끌어가기에는 부족할 수밖에 없다. 따라서 인간이 살아가면서 겪게 되는 문제를 해결하는 언어적 과정, 방법, 절차, 전략 등에 관한 논의가 있어야 한다.

문인지에 대해 논의하였다. 문제해결은 수리·과학적인 면에 국한된 것이 아니라 인간이 사회를 살아가면서 누구나 필연적으로 직면하게 되는 인간 활동이다.

본문에서 논의하지 않았으나 학교 교육에서의 문제해결은 평가와 직결된다. 거의 모든 교과의 교수·학습활동은 평가를 통하여 학습의 성과를 예측하거나 판단한다. 또한 평가를 통하여 학습자의 지식이나 기능이 어떤 수준에 와 있으며, 어떤 방향으로 나아가야 할지를 판단하는 기준으로 삼는다. 최근의 평가는 전통적인 지필평가에서 벗어나 인터뷰, 관찰, 포트폴리오(portfolio), 수행평가 그리고 개인적 판단과 같은 좀 더 믿을만한 방법, 즉 참평가(authentic assessment)로 대치되고 있다(교육인적자원부, 1998 : 142).

학교 교육뿐 아니라 사회에서의 문제해결도 평가의 범위를 벗어나기 힘들 것이다. 학교나 회사에 늦지 않기 위하여 아침 기상 시각을 정하는 문제해결 과정이 효과적으로 수행되었는지를 알아보는 것은 바로 자신과 자신이 속한 사회의 평가를 통해서이다. 지각하였다면 문제가 올바르게 해결된 것이 아니다. 문제의 해결이 원만하지 않을 경우 학습자나 사회 구성원은 좋지 않은 평가를 받는다.

교실 상황을 상상하여 보자. '1/2 + 3/4'라는 문제를 두 학생에게 풀게 하였다. 두 학생 모두 정답을 구했다. 교사는 두 학생에게 풀이 과정을 아이들 앞에 나와서 설명하게 하였다. 한 학생의 설명은 다른 교사와 아이들에게 잘 전달되었으나 또 다른 학생은 그렇지 못했다. 분명 두 학생은 주어진 문제를 정확하게 해결하였지만 한 학생(A)은 자신의 해결과정을 다른 사람에게 잘 설명하였고 다른 한 학생(B)은 그렇지 못하였다. 이 경우 A는 B보다 문제해결 능력이 우수하다고 말할 수 있는가? 아니면 두 학생의 문제해결력은 차이가 없는가?

최근의 학교 평가는 기존의 선다형이나 단답형에서 서술 또는 논술형으로 변화하여 가고 있다. 대학 입시의 '논술'이나 '구술'이 중시되는 이유도이와 같은 맥락이다. 학습자가 답을 알고 있다는 것만으로 그 학생의 능력을 충분히 검증할 수 없다는 것이다. 주어진 문제를 똑같이 해결하였다고 해서 그 학생의 문제해결 능력이 동일하다고 볼 수 없다는 관점이다. 왜냐하면 지식은 멈추어 있는 것이 아니라 생산적 유동성을 갖추고 있어야 하기 때문이다. 지식은 또 다른 지식을 유발하는 지식 생산의 매개이어야 한다. 문제의 해답을 찾은 것만으로 학습자의 지식 구성이 완성된 것이 아니라 대상에게 전이되었을 때에 가치를 인정받을 수 있다. 문제를 해결한 학습자는 자신이 경험한 문제해결 과정을 글이나 말로 표현할 수 있어야 한다. 글이나 말을 통하여 문제를 이해하고 합리적으로 해결하였는지에 대한 자신과 대상을 위한 표현이 수반되어야 한다. 이러한 표현은 평가의 측면에서뿐 아니라 지식의 재생산이라는 측면에서 매우 중시되어야 한다. 따라서 말과 글을 통한 문제해결의 언어적 표현은 단순히 결과를 확인하는 것이 아니라 학습자의 문제해결 과정을 검증 및 평가할 뿐 아니라 다른 학습자들을 돕고 새로운 지식을 생산한다.

국어교육을 통하여 언어사용 기능을 신장한다면 수리·과학적 문제해결 능력의 신장도 가능하지 않을까?[11] 그러기 위해서는 언어적 사고를 동반한

---

11) 인왕 초등학교 교사 50명을 대상으로 한 설문에서 대부분의 교사는 '국어를 잘하는 학생이 수학이나 과학도 잘한다.'라고 생각하였다. 그 이유는 수학이나 과학의 원리 현상 등을 설명하고 이해하는 과정에서 언어 기능이 매우 중요하게 작용하기 때문이라고 응답하였다. 또한 6학년 두 학급을 대상으로 일 년 간 4차례의 평가 결과를 근거로 언어와 수리·과학적 문제해결력의 지배 관계를 알아보았다. 국어, 수학, 과학 과목의 평가는 학기별 2회 지필평가로 이루어졌으며, 평가 문항의 약 1/3은 서술형 문항이었다. 학급당 평균 인원이 35명인 8개 학급을 대상으로 국어 평가 성적 상위 10% 학생들의 수학 및 과학 성적을 비교하였다. 통계학적 검증을 할 수는 없었으나 국어과의 상위 10% 아동들의 수학 및 과학 성적은 거의 상위 10% 이내에 들었다. 국어과 학습 능력이 뛰어난 아동들은 수학 및 과학의 서술형 문제의 정답 비중이 높았다. 단순 비교를 통하여 알아본 결과에 의하면 국어과 성적이 좋은 아동들은 수학이나 과학의 평가 결과가 좋다는 것을 알 수 있으며, 특히 수치로 제시된 문제는 물론 문자언어로 제시된 문제해결에 보다 높은 정답 비율을 보였다.
'국어를 잘하는 학생은 수학과 과학도 잘한다.'는 단순 명제를 부정할 수 있는 사례를 찾아보았다. '국어는—의사소통 기능이 떨어지는—못하지만 수학은 잘한다.'는 학생의 경우를 수소문하여 찾을 수 있었다. 2명의 학생은 담당 교사의 수행평가와 평소의 의사소

의사소통 기능의 범교과적 역할을 인식하고 그에 맞는 교육과정의 수립과 교수·학습방법의 모색을 통하여 언어교육의 질적 위상을 높여가야 할 것이다.

—「수리·과학적 문제해결과 언어」, 『국어교육』 120,
한국어교육학회, 2006. 6. 30.

통 능력 관찰평가 그리고 수학과 지필평가 점수에 근거한 경우였다. 연구자는 두 학생의 지필평가 문항과 점수를 분석한 결과 수학과목의 지필평가의 90% 이상이 수치에 의한 계산 능력이었음을 알고 서술 문항 위주의 평가를 제안하였다. 결과는 수치계산 점수와 전혀 다른 결과가 나왔다. 동일한 계산 문제였지만 그 문제를 언어로 기술하였을 때 결과는 반대였다.

1. 국어교육의 창의성

국어교육은 언어와 인간을 대상으로 한다. 인류의 문화 발달은 인간의 창의성에 기인하며, 인간의 창의성은 교육에 의하여 발현이 가능하다. 인류의 역사는 언어의 역사와 맥을 같이 하고 있다. 국어과를 도구교과로 보는 시각은 언어를 통해서 혹은 언어를 매개로 하여 다른 모든 학문적 지식과 경험의 획득이 가능하며 그것을 바탕으로 인류의 발전을 초래할 수 있기 때문이다.

끝을 가늠하기 힘든 과학문명의 발달과 하루가 다르게 변해가는 사회 구조 그리고 세상의 전부가 되어버릴 듯한 기계화의 흐름에서 창의성은 인류를 구원할 수 있는 인간의 마지막 지적 재산으로 평가되고 있다. 최근 창의성이 영재교육과 맥을 같이 하여 활발한 연구와 실천이 거듭되고 있는 현실이 그를 증명하고 있다.

국어교육의 창의성은 교사와 학생 사이에 존재하는 지적 공간의 편향성을 배제한다. 전통적인 국어교육은 교사의 일방적인 전달 위주였으며, 최근의 학생 중심 국어교육은 지나치게 학생 개인을 중시한 나머지 통제 불가능의 방만함을 야기하여 왔다. 이러한 교사와 학생 간의 일방적 소통은 지식습득과 자유 의지 표현에는 유익하였으나 객관적이고 합리적인 사고 활동을 저해하는 요인으로 작용하였다. 따라서 창의성은 교사와 학생 상호 간의 원활한 의사소통과 유효적절한 통제를 바탕으로 사고를 통합하는 데에 중점을 두어야 한다.

창의성은 유연하고 보편적이며, 객관적이고 합리적이어야 한다. 한때 창의성은 하늘이 내려준 신의 선물과도 같은 매우 신비적이고 선천적인 재능이라고 인식되었다. 당시에는 상상도 하지 못할 획기적인 발명과 인류를 놀랄만하게 하는 놀라운 업적들은 일반인에게서는 꿈도 꾸지 못할 개인의 타고난 능력이거나 인간이 대신한 신의 능력이라고 여겼던 것이다. 그러나 인류역사를 움직였던 수많은 사람들의 특성을 조사한 바에 의하면 그들은 매우 평범하였을 뿐만 아니라, 그들이 이루어놓은 인류의 역사적 산물 또한 매우 보편적인 사고 활동에 의한 것이라는 사실이 밝혀졌다. 단지 그들은 자신의 생각과 느낌을 매우 유연하게 작용하여 어떤 조건과 상황에도 적용할 수 있는 합리적 상상을 도출하였다는 것이다. 이전에는 존재하지 않았던 '무에서 유'를 창조하는 신의 대리인으로 자신을 바라보는 것이 아니라 이미 존재하는 사물과 현상에 관심을 갖고 그것을 새로운 시각으로 바라보면서 유연하게 대처하였던 것이다. 결국 창의성은 인간 누구에게나 잠재되어 있는 일종의 개인적 성향이며, 어떠한 자극이나 동기 유발에 의하여 충분히 발현될 수 있는 능력이다.

국어교육의 창의성은 언어를 중심으로 발현되는 것이기 때문에 신의 선물을 기대한다거나 타고난 재능을 바라는 것은 용납되지 않는다. 이미 존재하는 언어를 바탕으로 자신의 생각과 느낌을 보편적 사고에 의하여 유연하게 대처하는 것이다. 그러한 사고 활동의 결과는 객관적이고 합리적이다. 즉, 언어에 의한 창의성의 발현은 이전에 없었던 새로운 언어체계를 창조하는 것이 아니라 존재하는 언어와 자신의 능력에 대한 신뢰를 쌓아가는 것이다.

창의성이 발현되기 위해서는 창의성 발현의 조건 영역과 그 영역에 인접한 요소에 대한 분석이 요구된다. 이러한 접근 방식은 창의성을 인류의 모든 학문에 적용될 수 있는 총체적인 인식으로부터 세부적 인식으로 나아가는 것이다. 창의성을 교육 활동 영역으로 인식한다는 것은 교육을 통하여 누구에게서나 창의성이 발현될 수 있다는 것을 의미하는 것이다. 창의성에 대한 인식을 보다 세분화하여 그것이 어떤 영역에서 어떤 요인에 의하여 발현되는가를 인식하게 되었을 때 창의성 발현 교육이 실천적 효과를 얻을 수 있다.

이 연구는 창의성의 발현을 교과적인 측면으로 접근하려는 시도이며, 국어교육의 창의성 발현 요소를 추출하여 적용하는 것이다. 또한 창의성 발현 단계를 분석 설정하여 효과적인 교수·학습방법이 수행될 수 있도록 하는 데에 목적이 있다. 아직 창의성에 대한 학문적 연구가 활성화되어 있지 않은 상태에서 교과적 창의성을 논의한다는 것은 창의성의 실체만큼이나 애매모호할 수 있다. 그러나 창의성의 신비주의를 배제하였을 때 교육을 통하여 창의성이 발현될 수 있으며, 국어교육을 통하여 창의성의 발현을 선도한다는 것은 인접 학문 발달이라는 파급 효과뿐 아니라 인류 문화 창달에 기여한다는 의미를 둘 수 있다.

2. 국어교육의 창의성 영역

일반적인 창의성 발현 양식은 '표현'에 집중되어 있다. 그러나 언어활동은 '이해'를 기본으로 하고 있다. 언어에 대한 이해를 바탕으로 표현 활동이 자유로워지며, 그 토대를 견고하게 할 수 있다. 따라서 국어교육의 창의성을 논의하기 위해서는 국어교육의 교과적 영역을 세분화하는 것이 중요하다. 즉 영역별 창의성에 대한 논의가 활발하게 이루어질 때 진정한 국어교육의 창의성 발현에 관한 연구가 활성화될 것이다. 여기서는 '이해'와 '표현'으로 구분하여 설명하기로 한다.

1) 이해 창의성

창의성을 무언가 새로운 것을 만들어 내는 혹은, 독창적인 아이디어에 의하여 산출된 유기물이나 현상의 원천으로 이해하는 경향이 많이 있다. 그러나 창의성은 어떤 사물을 만들어 내거나 현상을 도출하는 생산성 이외에 이미 존재하는 사물이나 현상을 비판적으로 이해하고 다양한 시각으로 해석하려는 수용성을 함유하고 있다. '듣기'와 '읽기'는 이러한 이해 창의성의 세부 영역에 해당된다.

듣기는 다양한 소리를 청각적으로 인지하여 소리에 포함된 정보를 자신의 배경지식을 동원하여 이해하는 활동이다. 듣기는 단순히 소리의 청각적 구분이 아니라 그 신호에 담긴 메시지와 정보를 해득하는 활동이 포함된다. 소리에 담긴 메시지와 정보를 해득하는 일련의 과정은 학습자의 배경지식을 동원하였을 때 가능하다. 즉, 닭이 우는 소리를 듣고 그 소리를 닭과 연관 지을 수 있는 것은 이전에 닭이 우는 소리를 직접 경험하였거나 다른 자료를 통하여 닭의 울음소리라는 것을 간접 경험하였기 때문이다. 또한 옛사람들은 닭의 울음소리를 아침 기상 신호로 활용하였다는 이야기를 떠올린다거나, 번식을 위한 구애 표현의 일종이라고 인식할 수도 있다. 이런 일련의 청각 신호에 대한 개인적인 인식은 매우 다양하나 다른 한편으로 객관적이고 보편적이다.

어떤 새 소리를 듣고 그것은 닭이 우는 소리이며, 번식을 위한 수컷의 구애라는 일반적 사실을 이해하였을 때, 또는 국어 시간에 급우의 발표 내용을 경청한 후에 그가 무엇을 말하려고 하였는지를 잘 파악하고 있을 때 우리는 듣기 능력이 우수하다고 말한다. 그런데 어떤 학생은 닭이 번식을 위하여 울음으로 구애한다는 일반적 사실에 의문을 품거나, 급우의 발표 내용을 비판적 사고를 동원하여 재해석 하려고 한다. 이러한 경우 이 학생을 단순히 듣기 능력이 뛰어나다고 인식할 것인지, 아니면 새로운 시각을 적용하여 그 학생에게서 확장된 결과를 도출하게 할 것인지에 관심을 가져야 할 것이다.

읽기는 배경지식을 동원하여 문자 정보를 수용하는 일련의 과정 활동이다. 단순히 문자의 의미를 파악하고 문자에 담겨 있는 2차적 정보를 해득하며 문자 정보를 발생케 한 생산자의 의도 등을 파악하는 것을 포함한다. 정상적인 신체조건 하에서 읽기는 듣기보다 선택적이며 제한적이다. 세상의 소리들은 원하지 않아도 들리는 상황이 빈번하지만 읽기는 주체자의 의도가 없이는 문자 정보를 획득할 수 없다. 따라서 읽기의 이해 과정은 듣기에 비하여 보다 정교하고 세분화되어 있다. 때문에 읽기를 통하여 수용되는 다양한 문자 정보에 대한 이해는 폭넓은 배경지식을 바탕으로 한다.

'나의 말은 너를 유혹할 거야.' 간단한 문장이지만 어떤 배경지식을 동원하는가에 따라 그 해석이 달라진다. 우선 무엇이 '너'를 유혹할 것인지 확실하지 않다. 일차적으로 '말'이라는 낱말의 의미를 파악해야 할 것이다. 말(馬)과 말(言)의 구분 적용에 따라 이 문장의 내재적 의미는 확연하게 달라진다. 물론 이 문장이 어떤 대상에게 쓰였는가에 따라서 의미도 달라진다. 사람일 수 있고, 동물일 수 있으며, 동성 친구일 수 있고, 짝사랑하는 이성일 수도 있다. 이 문장을 완전하게 이해하기 위해서는 분명 전후 맥락을 근거로 문장의 의미를 파악하고 쓰인 낱말의 의미와 본래의 의미를 알 수 있을 것이다. 이러한 일련의 과정을 순차적으로 이행하는 학습자의 경우 단어의 뜻과 문장의 의미를 알고 줄거리를 파악할 줄 아는 우수한 학생으로 보아도 손색이 없을 것이다.

'나의 말은 너를 유혹할 거야.'라는 문장이 맥락 안에서 '나는 너의 사랑을 차지하기 위하여 미사여구를 사용할 것이다.'라는 것을 나타낸다고 하였을 때, 만일 어떤 학생이 여기서의 말은 말(言)이 아니라 말(馬)이라고 한다면 우리는 어떤 시각으로 바라보아야 할 것인가? 전후 맥락으로 보아 단 한 마리의 말(馬)도 등장하지 않는 글이었을 때 그 학생의 읽기 방식은 완전히 허무맹랑한 것인가, 아니면 수용 가능한 것인가.

이해 창의성은 사물이나 현상에 대한 객관적 판단을 기본으로 한다. 객관적 판단은 주체의 다양한 배경지식을 바탕으로 한다. 이해 주체자는 자신의 배경지식을 활성화하여 다양한 정보를 해석하고 비판한다. 배경지식의 활성화와 객관적 판단을 이해 창의성의 준거로 삼아야 하는 이유는 창의성을 무책임한 발상 즉, 황당무계한 것과 명확한 구분을 지어야 하기 때문이다. 이러한 구분은 창의성이 누구에게나 잠재되어 있는 성향이며, 교육적 활동으로 얼마든지 발현 가능한 것이라는 신뢰를 획득하기 위함이다.

자신의 사고를 객관적이며 합리적으로 운용하는 방법은 보편적 지식에 유연한 사고를 적용하는 것이다. 유연한 사고는 기존의 사물과 현상에 대한 존재를 사실 그대로 인정함과 동시에 다른 사실과의 접속을 가능하게 한다. 왜냐하면 창의성은 자신뿐 아니라 자신을 에워싸고 있는 모든 조건과 환경으로부터 발현되어지는 것이며, 그 조건과 환경 속에서 유용하게 작용할 때 가치롭기 때문이다.

새소리를 듣고 단순히 닭이 번식을 하기 위하여 구애하는 울음이라는 보편적 배경지식을 바탕으로 자신의 사고를 유연하게 적용할 수 있다면 다음과 같은 의문이 발생할 것이다.

- 모든 새의 울음은 번식을 위한 구애 행위인가?
- 양계장의 닭들도 번식을 위하여 구애의 울음소리를 내는가? 그렇다면 양계장의 모든 닭들이 수많은 알을 생산하기 위하여 울어댈 텐데 실제의 양계장은 그보다 훨씬 조용하다. 왜 그런가?

- 다른 동물의 번식 행위는 어떤 것들이 있으며, 인간은 동물과 어떻게
  다른가?

또한 '나의 말은 너를 유혹할 거야'라는 문장을 전후 맥락의 보편적 이해
를 바탕으로 사고의 유연성을 발휘한다면 다음과 같은 발상을 할 수 있을
것이다.

- 작가에겐 사랑하는 한 마리의 말(馬)이 있을 것이고, 그 말(馬)에게서
  영감을 받아 작품을 썼을 것이다. 그래서 작가가 사용한 문장의 진정
  한 의미는 말(言)이 아니라 말(馬)이다.
- 누군가를 사랑하기 위하여 말(言)을 동원하는 것은 진실되지 않다. 따
  라서 이 문장은 전후 맥락으로 보아 거짓 사랑을 암시하고 있다.

이해 창의성이 설득력을 얻기 위해서는 사물과 현상의 사실과 본질을 왜
곡하여서는 안 된다. 이해 창이성은 기존의 것들에 대한 정확한 이해를 바
탕으로 자신의 사고를 유연하게 작동하여 다양한 접속을 하는 과정에서 발
현된다. 듣기와 읽기를 통해 수용되는 정보들은 그 의미나 형태에 있어서
보편타당성을 갖고 있기 때문에 그 본질적 성격과 사실이 현저하게 괴리될
경우 창의성이 발현되었다기보다는 절제되지 않은 사고 활동에 불과하다.

2) 표현 창의성

전통적인 창의성의 개념을 바라보는 시각은 생산적 관점이었다. 주로 과
학과 예술 분야에 치중되었으며, 창의성의 기재를 연구하는 대부분의 학자
들은 과학과 예술 분야에서 탁월한 능력을 발현하는 이들의 창의성을 연구
의 대상으로 삼았다. 그때까지만 하여도 창의성은 독창적인 결과물이 존재
하는 특별한 인간군에 대한 집중 연구였다. 그러나 현대적 의미의 창의성은

다양한 기재를 동원한 표현에 비중을 두고 있다. 또한 표현 방식의 다양성과 결과보다는 과정을 중시한다. 물론 과정에서 발생한 창의성이 결과로 도출되는 것은 자명한 사실이다. 따라서 창의적인 표현물이 불현 듯 발생한 것이 아니라는 것을 과정을 통하여 입증해야 한다.

국어교육의 창의성 결과는 언어를 통하여 나타난다. 문자나 발화를 통하여 창의성이 발현된다. 말하기와 읽기는 국어교육 창의성의 표현 영역에 속하며, 학교 현장에서 가장 비중 있게 다루어지는 창의성 영역이기도 하다. 사고의 논리성과 연계하여 문자 표현 창의성은 다른 어떤 것보다 가시적이고 영구적이기 때문에 더욱 가치를 두고 있는 것이 사실이다. 동일한 표현 창의성이 발현되더라도 말하기는 일시적인 데 비하여 쓰기는 지속적이고 영구적이다. 물론 음성녹음 기술이 발달하여 영구적인 보관이 가능하지만 말하기의 쓰임과 기능으로 보아 영구적인 보관은 창의성과 거리를 두어서 생각해야 할 것이다. 때문에 문자 표현 창의성이 상대적으로 가치 있어 보이며, 현장 연구의 주 목표로 인식되었다. 그러나 국어교육이 추구하는 목표 지향의 변화는 문자 중심 구조를 의사소통 중심 구조로 전환하게 하였다. 따라서 의사소통에 필요한 모든 언어활동을 대상으로 창의성을 연구하여야 하며, 말하기는 문자 못지않은 비중을 갖추게 되었다.

말하기는 일상생활에 존재하는 의사소통의 가장 실제적인 수단이다. 말하는 이는 듣는 이에게 어떤 영향을 미치기 위하여 말을 한다(최현섭 외, 1997 : 210). 말하기는 주로 대면 상황에서 수행되기 때문에 창의성의 발현은 순간적이고 매우 일시적이다. 말하기의 발화가 수행되면 그 내용을 원천적으로 삭제하여 처음과 같은 상황으로 되돌릴 수는 없다. 그러나 화자와 청자 사이에 존재하는 상호심리를 조정하여 새로운 내용의 발화 상황을 만들어 낼 수 있다.

"너는 나의 친구가 아니야." 가까이 지내는 이성 친구에게 이런 말을 했을 때, 화자는 청자의 반응을 의식할 것이다. 이미 발화 상황은 종료되었고 청자의 반응에 따라 다음 발화의 내용이 구성될 것이다. 만일 발화 이전의 상황을 악조건으로 보고 청자의 반응이 냉담했을 때 이후의 발화는 어떻게 진행될 것인가? 일반적인 발화와 창의적인 발화는 어떻게 다른가?

말하기의 창의성 발현은 청자의 반응에 효과적으로 대응하는 자세를 취하는 것이다. 발화 상황을 시점으로 주체의 말소리가 전달되는 과정에서 발생하는 청자의 언어적, 비언어적 반응을 자신이 원하는 상황으로 유도해야 한다. 청자의 반응을 분석하여 자신의 요구와 판단이 발화 상황에 적용되도록 해야 한다. 효과적인 의사소통 행위의 결과는 주체의 발화 내용이 청자의 반응과 일치하였을 때이다. 일치의 확률을 높이기 위해서 발화 주체는 꾸준히 자신을 조정하고 통제하는 과정을 수행하여야 한다.

쓰기는 자신의 생각과 느낌을 문자로 대신하여 표현하는 활동이다. 독자의 존재를 염두에 두기 때문에 지속적인 자기전달의지가 잠재되어 있다. 쓰기의 과정은 구체적이고 형식적이며, 의사의 전달과 소통의 욕구를 실현하는 행위이다(방인태 외, 2002 : 261). 말하기와 달리 지속적이고 영구적인 특성을 갖고 있기 때문에 표현 행위를 스스로 통제할 수 있다. 원하지 않은 상황과 조건에서는 이미 표현한 자신의 의사소통 행위를 공개하지 않을 수 있으며, 때에 따라 적절하게 수정할 수 있는 기회가 자유롭게 부여된다. 때문에 쓰기 표현 활동은 주체의 의사소통 행위가 이루어졌다고 하더라도 공개 이전에 얼마든지 처음의 상태로 되돌릴 수 있다.

창의성이 발현되는 쓰기 활동은 일반적인 쓰기 과정에 비하여 풍부한 상상력이 동원된다. 창의적인 쓰기 활동에 동원되는 상상력은 매우 구체적인 가능성을 내포하고 있어야 한다. 황당무계한 망상과는 확연하게 구분되어야 한다. 풍부한 상상력이 작용하는 쓰기는 자기 조정 능력에 의한 재구성 활동이 강화되어 매우 다양한 표현이 가능하게 된다. 창의적인 쓰기 활동은 완전히 새로운 텍스트를 생산해내는 것에 비중을 두기보다는 기존의 텍스트에 주체의 상상력을 동원한 재구성에 가치를 두어야 한다. 또한 창의적인 쓰기의 결과물은 인간의 문화생산 욕구를 충족시킬 수 있어야 한다(방인태, 2002 : 298).

학교의 쓰기 교육은 전문가의 상업적 쓰기와 완전히 다른 성격을 갖고 있다. 때문에 창의성 발현을 목적으로 쓰기 활동을 수행할 경우에는 점진적 과정에 역점을 두어야 한다. 학교에서의 창의적인 쓰기 활동이 성공적으로 수행되기 위해서는 독창성을 강조하기보다는 풍부한 상상력을 발휘한 재구성 활동에 역점을 두어야 한다.

3. 국어교육의 창의성 발현 요소

국어교육을 통하여 창의성을 발현한다는 것은 국어교육의 창의성 요소를 분석 종합하여 학습자에게 적용하는 것이다. 창의성의 요소는 매우 광범위할 뿐 아니라 세부적이며 어떤 면에서는 매우 추상적이다. 창의성이라는 것이 독창성을 확보하는 새로운 것이라면 우리 시대의 창의성 요소는 셀 수도 없이 많을 것이다. 그럼에도 불구하고 창의성을 함양하는 교육적 방법을 강구하는 데에 어려움을 겪는 것은 그만큼 창의성이 추구하는 방향과 방법의 구안이 쉽지 않다는 데에 있다.

국어교육의 창의성 요소는 철저하게 교육적인 틀 안에서 찾아야 할 것이다. 창의성이 발현되어지는 조건은 창의성의 요소만큼이나 다양하다. 따라서 국어교육의 이론적 적용뿐 아니라 현장 적용이 가능한 요소를 추출하는 것이 더욱 중요하다.

1) 동기

교육을 통하여 수행되는 교과목의 목표 달성을 위해서는 학습자의 욕구를 자극할 수 있는 요소가 필요하다. 그것은 수단이며, 방법이다. 또한 교수 · 학습과정에서 발생하는 학습자의 수업 거부나 무관심 혹은 의욕 저하에 대한 적절한 대응이다. 현장의 학생들이 주지교과에 비하여 예체능 교과 시간을 선호하는 것은 교육적 지식을 습득하는 데에 신체의 모든 기능이 함께 동원되기 때문이다. 그런 면에서 국어과 수업은 다른 교과에 비하여 학습자의 의욕이 저하될 가능성이 많다.

국어교육의 창의성을 발현한다는 것은 어떤 면에서 학습자의 동기를 유발하는 우회적 효과가 있다. 창의적인 국어교육은 다양한 조건과 상황을 설정하고, 학습자 수준에 어울리는 교수 · 학습방법을 구안하여 적용하기 때문에 학습자의 흥미를 유발할 수 있다. 결국 국어교육의 창의성을 발현하기 위해서는 다양한 방법의 동기가 부여되어야 한다.

동기(motivation)는 잠재적인 능력을 활성화시키는 심리적인 자극이다. 동기는 목표를 달성하는 데에 도움을 주는 내적인 정신에너지(internal psychic energy)이며 정신적인 힘(mental force)이다(Seerubeg, R. J. & Williams, W. M., 2002 : 247).

동기는 자발적으로 활성화되기도 하지만 외적인 조건에 의하여 유발되기도 한다. 일주일에 독서 감상문을 두 편 이상 쓰는 학생들 중에는 스스로 독서를 즐기고 그 느낌을 글로 표현하려는 자발적 욕구에 의한 학생이 있는가 하면 어떤 학생은 교사의 평가나 보상에 대한 자극을 받아 책을 읽고 그것을 글로 표현하는 학생이 있다. 물론 이 두 부류의 학생은 단 한 권의 책도 읽지 않거나, 벌을 피하기 위한 도피 행위로서의 독서 습관을 갖는 학생에 비하여 성취도가 높을 수밖에 없다.

국어교육의 창의성을 발현하기 위해서는 내적동기와 외적동기의 적절한 조화가 필요하다. 학생들의 자발적인 욕구의 충전과 교사의 자극에 의한 흥미 유발이 서로 교섭하여 창의적인 국어교육이 이루어진다. 상황과 조건에 따라 국어과 교육의 영역별 교수 · 학습활동에 유용한 동기 부여가 필요하다.

이해 창의성과 관련된 듣기, 읽기는 다른 영역에 비하여 내적동기가 요구된다. 가시적인 결과물이 존재하지 않는 한 듣기와 읽기는 학습자의 자발적인 의지가 없이는 불가능하다. 단순한 행위로서의 듣기와 읽기는 얼마든지 가능하다. 그렇지만 소리와 글의 의미를 파악하고 비판적으로 재해석하는 창의적 이해의 과정은 학습자의 자발적 의지 즉, 내적동기가 없이는 불가능한 것이다.

표현 창의성은 가시적인 결과물이 존재하기 때문에 외적동기가 효과적일 수 있다. 학교 현장에서 동화구연 대회나 글쓰기 대회를 빈번하게 실시하고 학생들의 참여도가 높은 것이 이를 증명하고 있다. 대다수의 학생들은 결과물에 대한 보상과 격려로 인해 흥미를 갖게 되며 자신의 의지를 자극한다. 외적동기가 선행하여 학생들의 자발적인 내적동기를 유발하는 경우이다.

학생들의 창의성을 발현하기 위하여 동기를 활성화하는 보다 효과적인 방법은 외적동기를 활용한 내적동기의 활성화이다. 현명한 국어교사는 학생들의 잠재적인 능력을 이끌어내기 위하여 외적동기를 활용한다. 대다수의 교실에서는 독서기록장을 포트폴리오 하고, 독서량을 게시하여 경쟁심을 자극한다. 정기적으로 발표회를 갖는다거나 작은 시상이나 다른 종류의 강화보상을 통하여 학생들의 독서습관을 향상시키려고 노력한다.

창의성을 발현하기 위해서는 내적동기의 활성화가 요구된다. 또한 외적동기의 유발과 활용을 통하여 내적동기의 활성화가 가능하다. 따라서 창의성을 발현하기 위한 교수·학습과정에서는 내적동기와 외적동기가 학생들에게 어떻게 작용하고 자극받는지를 예민하게 관찰하고 이해하여야 한다. 교사는 학생에 대한 지속적인 관찰과 경험을 바탕으로 어떤 요소가 그 학생의 동기를 가장 효과적으로 활성화시키는지를 파악하여야 한다.

창의적인 국어교육이 이루어지는 교실에서는 독서 활동이 보다 다변화되어 있는 것을 발견할 수 있다. 단순히 독서의 결과를 보여주는 문자 기록 방식에서 벗어나 다양한 방법으로 자신들의 독서결과를 보여준다. 독서한 책과 관련된 기사를 스크랩 한다거나 읽은 책과 관련된 미디어 자료, 영상

자료, 인터넷 정보 등의 다양한 표현 양식으로 독서의 결과를 기록한다. 이러한 방법은 외적동기의 지속화에 따른 내적동기의 활성화로 인하여 가능하다. 물론 내적동기의 활성화로 인한 창의적인 결과에 대한 보상과 강화가 병되어야 한다. 내적동기의 중요성은 학생 자신의 판단에 의한 목표를 이루려는 성취욕을 발달시킨다는 것이다. 반면 외적동기는 주어진 과정을 순차적으로 수행하는 효과적인 교수·학습프로그램의 계발이 요구된다.

내적동기의 활성화는 말하기와 쓰기의 표현 창의성에 자기조정능력을 충전시킨다. 스스로 내용을 선택하고 분량을 조절하면서 조건과 상황에 어울리는 말과 글을 표현한다. 자신이 선택한 주제는 이전의 배경지식에도 불구하고 새로운 상상을 가능하게 할 뿐 아니라 창의적인 발상을 통한 아이디어의 생성과 문화적인 생산을 가능하게 한다. 따라서 내적동기의 활성화는 창의성을 발현하는 기본적인 요소로 작용한다. 그러나 순순한 내적동기만으로 국어교육의 창의성 발현을 기대하는 것은 소극적이다. 내적동기의 활성화는 외적동기의 적절한 활용과 보상을 통해서 가능하다는 추론을 할 수 있다.

2) 상상력

우리는 종종 한 단어(word)만으로도 많은 생각을 할 뿐 아니라 이미지(image), 태도(attitude), 감각(sensation)을 통하여 더욱 많은 사고활동을 하게 된다. 만일 어떤 사람이 강력한 동물의 이미지를 떠올리고 그를 향해 돌진해 오는 황소에 대해 말한다면, 그는 황소의 색깔, 체취, 힘, 사나움 그리고 자신의 두려움, 도망치고 싶은 욕망 등을 상상했다고 말할 수 있을 것이다(Scholes, R. & Kiaus, C. H., 1972 : 31). 우리는 '상상력'을 비현실적인 현상이나 사물에 대한 인식이라고 여기는 경향이 있다. 그러나 상상력은 때로 매우 구체적인 지식을 확보하기 위한 지적인 작용으로 발현된다. 즉, 돌진해 오는 황소를 기억하고 문자로 표현하기 위해서는 그가 경험한 현실을 보상할 수 있는 수많은 현상과 사물에 대한 기술이 요구된다. 그러기 위하여 적절한 이미지를 동원하여야 하며, 이미지의 재생을 통하여 경험을 재구성할 수 있는 효과적인 수단을 마련하여야 한다. 이 때 가능한 모든 배경지식을 동원하여 재구성하려고 하며, 재구성에 적합한 언어를 찾기 위하여 몇몇 단어들을 생각하고 배열할 것이다. 결국 상상력은 언어를 통하여 사물이나 현상을 구체화하는 것이며, 풍부한 상상력은 풍부한 언어를 생산해낸다. 이것이 바로 표현 창의성 발현의 중핵이다.

무언가를 마음속으로 그린다는 것은 자신의 욕망을 해결하려는 욕구에 의하여 동기화된다. 자신이 원하는 것이 무엇인지 인식하고, 원하는 것을 내면의 세계에서 구체화하는 것이 상상력이다. 그것이 행동으로 옮겨졌을 때 상상은 현실이 되는 것이다. 따라서 상상력이란 인간의 경험을 토대로 하여 있음직한 본보기(model)를 구성하는 힘이다(Frye, N., 1964 : 20). 상상력은 창의성을 발현하게 하는 가장 자유로운 요소이다. 그것은 어떤 제약이나 한계가 없다. 외적 조건에 의하여 통제받지 않으며, 자신을 가두어 놓을 필요도 없다. 따라서 상상력을 활성화하는 행위는 창의성을 발현하려는 개인의 최대 욕구이다.

창의적인 국어교육은 학습자의 생각과 느낌을 활성화하고 논리와 사고를 구체화하는 것이다. 그것이 어떤 형식과 방법을 통하여 표현되어지든 간에 생산적 사고와 결합하여 하나의 글을 완성할 수 있다고 단정한다면 성공의 열쇠는 상상력의 발현에 달려 있다. 사물이나 현상에 대한 학습자의 느낌과 생각의 활성화는 그것을 구체화할 수 있는 것들을 동원하려는 상상력의 촉발로부터 가능하다. 아무런 생각이나 느낌 없이 무엇인가를 표현하려는 것은 가능하지 않을뿐더러, 그런 결과에 의한 작품이 있더라도 그것은 모사에 불과할 뿐이다. 따라서 상상을 통하여 자신의 생각과 느낌을 활성화하고 생산적인 사고 작용에 의하여 창의성을 발현할 때 국어교육의 가치가 생성된다.

3) 정보의 조직

국어교육은 언어를 대상으로 하고 있다. 인간과 언어 사이에 존재하는 수많은 의미를 찾아가는 것 또한 창의적인 국어교육 활동의 하나이다. 국어교육은 존재하는 언어와 언어의 유기적인 의미를 해석하고 재구성하는 과정이다. 언어는 각각의 의미를 갖고 있으며, 언어 유기체들은 수많은 정보를 담고 있다. 창의적인 국어교육은 언어에 담긴 정보를 해석하고 재구성하는 활동이다. 정보를 조직하는 활동은 언어의 의미를 해석하고 재구성하는 선행 요소이다. 정보의 조직은 우리가 이미 알고 있는 다른 언어 정보로부터 가능하다. 즉, 원하는 언어의 정보를 얻기 위해서는 관련된 언어의 정보를 조직해야 한다. 원하는 정보를 얻는 과정에서 또 다른 관련 정보를 수집하는 우회적인 방법을 택하는 것이다. 즉, 정보를 얻기 위하여 정보를 수집하는 행위가 반복되는 것이다. 이런 과정을 통해서 학습자의 창의성이 발현된다.

정보의 조직은 국어교육의 창의성을 구체화하는 데에 있어 효과적인 요인이다. 또한 창의성이라는 것은 타고나는 것이 아니라 교육을 통하여 발현될 수 있다는 사실을 입증한다. 자신의 국어교육적인 욕구와 목적을 달성하기 위하여 관련된 정보를 수집하고 정리하며, 보완하고 수정하는 과정을 통해서 새로운 사실이 도출된다. 결과물은 과정을 통해서 보다 충실해지고 보편타당성을 확보한다. 정보의 조직을 통하여 발현된 창의성 결과는 합리적일 뿐 아니라 실현 가능한 것이며, 객관적이고 보편타당할 것이다.

4. 국어교육의 창의성 발현 교수·학습

국어교육의 창의성 발현을 위한 교수·학습은 학생의 자발적 의지와 내적 동기유발을 원칙으로 하지만 일방적인 학생 중심 활동을 권장하지는 않는다. 교사에서 학생으로 이양되어가는 과정을 통해서 합리적이고 신뢰감 있는 창의성이 발현된다. 모방 단계의 학습자에게는 교사의 시범과 안내가 유효하게 작용하며, 구성 단계의 학습자에게 교사는 관찰과 협동의 대상이어야 한다.

국어교육의 창의성 발현 교수·학습과정은 통합교과적이어야 한다. 창의성 발현을 위한 국어교육 활동의 교수·학습기재가 다양해야 한다. 음악, 미술, 체육, 과학 등 모든 교과 영역의 언어적 자료를 동원하여 교수·학습을 수행하기 때문에 통합적 과정을 적용해야 한다. 또한 학습자의 창의성 교수·학습단계를 설정하여 어떤 학습자에게 어떤 수준의 창의성 발현 교육이 적합한지를 판별해야 한다. 과정을 상세화하고 단계를 구분하여 교수·학습방법이 효과적으로 적용될 수 있도록 계획하고 실천하여야 한다.

1) 창의성 발현 단계

국어교육의 창의성이 발현되는 단계를 분석하여 제시하는 것은 창의성의 실체가 무엇인지를 밝히는 것과는 다른 측면에서 접근하여야 한다. 아직도 창의성의 실체가 증명된 바 없기 때문에 구체적인 명시가 어렵다. 그렇지만 창의성을 연구하는 학자들의 견해를 빌어 창의적인 성향을 발휘하는 학생들의 유형을 종합하여 분석하는 작업은 가능하다.

국어교육의 창의성을 학생의 수준과 발달에 어울리게 단계를 설정하는 것은 개개인의 창의성을 발현할 수 있는 근거를 마련하는 것이다. 개개인의 창의성 발현 능력과 양상이 모두 다르기 때문에 일률적인 교수·학습의 적용은 다인수 학급에 적용하기에 부적절하다. 따라서 창의성 요소를 학생에게 적용하기 위해서는 학생 개개인의 성향과 능력 그리고 특징을 구분하는 것이 요구된다.

(1) 모방 단계

일반적으로 모방 단계의 학생은 겉으로 보기에 언어활동이 소극적이거나 매우 미숙한 경우에 해당된다. 교실 수업의 경우 듣기와 읽기의 자발성이 미약하며, 내용 파악에 어려움을 겪는다. 자신의 생각과 느낌을 구체적으로 표현하는 데에 어려움을 느끼며, 완전한 문장으로 말을 하기보다는 낱말 중심으로 말한다. 문학 작품에 대한 이해력이 부족하거나 자신의 생각과 느낌을 표현하는 데에 적절한 단어와 문장을 구사하지 못한다. 이러한 현상은 성격이 소극적인 것과는 구분되어야 한다. 때문에 자신의 생각과 느낌을 말로 하는 것과 문자로 하는 것을 병행하여 관찰해 보아야 한다.

모방 단계의 학생을 구분하기 위해서는 해당 학생의 일기장이나 독서 감상문 그 밖의 언어 표현 활동을 대상으로 하는 포트폴리오를 분석하는 것이 효과적이다. 특히 모방 단계의 학생을 일반적인 학습 부진이나 부적응으로 해석해서는 안 된다. 국어교육의 창의성 발현은 다양한 매체와 조건 그리고 자신의 생각과 느낌을 자유롭게 드러낼 수 있는 언어 형식(그림, 소리, 몸짓)을 동원해야 한다.

이 단계의 학생은 자신의 일상을 표현하는 데에 적절한 단어와 문장을 사용하지 못하기 때문에 다른 언어를 동원한 표현에도 어려움을 느낀다. 따라서 가장 단순한 언어형식을 빌려오는 것이 중요하다. 즉, 문해력이 미숙한 학생에게는 그림과 음악 혹은 움직임 활동을 적극적으로 동원하는 것이 효과적이다. 따라서 모방 단계의 학생에게 효과적인 창의성 발현 교수 · 학습은 이 단계의 학생이 이해할 수 있는 다양한 언어형식을 모방하는 것이다. 그림과 노래의 가사 혹은 움직임으로부터 얻을 수 있는 언어적 의미를 낱말이나 어휘 중심으로 표현하도록 한다. 자신의 생각과 느낌을 기존의 사물이나 현상에 대입하여 아주 작은 부분(문장에서는 단어)을 변용하는 활동을 하는 것이 효과적이다.

(2) 적응 단계

적응 단계의 학생들은 기본적인 의사소통을 자유롭게 할 수 있다. 문장 중심으로 말하기와 쓰기를 수행하며, 다른 사람의 말을 경청하면서 전달 메시지를 이해할 수 있다. 문단의 중심 내용을 이해하고 주어진 글의 전체적인 내용을 개괄적으로 파악할 수 있다. 학생들은 외적 동기에 의하여 자극받으며, 주어진 언어활동을 교사나 능숙한 학습자의 도움을 받아 유효적절하게 수행할 수 있다.

창의성을 발현하기 위해서는 학습자의 요구를 수용하는 것이 필요하다. 적응 단계의 학생들은 주로 그들의 관심거리에 자극을 받기 때문에 언어활동을 학습자 중심으로 전개하여 나아가야 한다. 뿐만 아니라 다양한 표현 양식을 장려하고 그것을 통하여 새로운 형식의 표현을 창출할 수 있도록 격려하여야 한다. 창의성 발현의 자발성이 부족하기 때문에 교사의 시범과 안내가 효과적이다. 자신보다 언어 수행 능력이 우수한 집단과 협동학습을 진행하면서 자신의 언어활동을 발달시켜 나간다. 따라서 적응 단계의 학생들이 상위의 단계로 나아가기 위해서는 그들이 스스로 창의성을 발현할 수 있는 신뢰와 자신감을 부여하여야 한다. 창의적인 교수·학습상황에 자신을 적응하여 나아가는 것은 다음 단계로 나아가는 필수 요건이다. 처음부터 무리한 창출을 기대하거나 요구하는 것이 아니라, 모방을 벗어나 자신의 상상력을 동원하여 창의성 발현에 적응하는 것이 중요하다.

(3) 통합 단계

통합 단계의 학생은 앞의 두 단계 학생에 비하여 언어활동 참여도가 적극적일 뿐 아니라 단어와 문장의 이해 및 표현 능력이 우수하다는 외형적 특성을 갖고 있다. 자신의 생각과 느낌을 구체적인 단어와 문장을 동원하여 말하고 쓸 수 있다. 다른 사람의 말에 귀 기울이고, 들은 내용을 자신의 생각과 비교하여 표현할 수 있다. 글을 읽고 전체적인 내용을 요약하여 다른 사람에게 전할 수 있으며, 자신의 생각과 느낌을 문학 작품의 인물이나 사건에 비유하여 표현할 수 있다.

이 단계의 학생들은 창의성을 자발적으로 발현하기 시작한다. 자신의 능력과 흥미에 어울리는 언어 학습 기재를 선택할 수 있으며, 협동학습에 참여하여 미숙한 학습자의 활동을 도울 수 있다. 기존의 텍스트를 다양한 언어 형식을 빌려 표현하며, 상상력을 발휘하여 새로운 조건과 상황을 도출할 수 있다. 주어진 조건과 상황을 통합하여 자신의 상상력을 발휘할 수 있으며, 텍스트의 변용에서 새로운 텍스트의 생산으로 나아간다. 또한, 외적동기에 의하여 내적동기가 유발될 수 있다. 따라서 적절한 강화와 보상에 따른 효과가 매우 높다.

(4) 구성 단계

구성 단계의 학생은 기존의 조건과 상황으로부터 새로운 사실을 발견하고 그것을 기반으로 독창적인 아이디어를 생성한다. 텍스트를 비판적으로 수용할 뿐 아니라 사건을 재구성하여 원작을 창의적으로 변용할 수 있다. 다양한 언어 형식을 동원하여 자신의 생각과 느낌을 구체적으로 표현할 수 있으며, 객관적인 상상력을 발휘하여 새로운 텍스트를 구성할 수 있다. 독서를 통하여 수집된 배경지식과 정보를 조직화하여 새로운 발견을 시도하고, 독창적인 아이디어를 생산한다. 새로운 아이디어를 바탕으로 기존의 언어 형식과 구별되는 단어와 문장을 구성할 수 있다.

구성 단계의 학생은 협동학습의 주도적인 역할을 수행할 수 있을 뿐 아니라 표현 창의성이 뛰어나다는 특성을 보인다. 그러나 구성 단계의 학생들에게서는 의외의 현상도 보인다. 일상적으로 수용하기 힘든 장면을 연출하거나 문맥에 어울리지 않은 단어와 문장을 동원하는 경우가 있다. 또한 하나의 표현 양식에 다양한 언어 형식을 동원하여 자신의 생각과 느낌을 표현하기 때문에 매우 산만하거나 집중력이 없어 보인다. 일반적으로 수용하기 힘든 상상력으로 인하여 곧잘 주제와 충돌하거나 벗어나는 경향이 있다. 그러나 구성 단계의 학생들은 자기조정능력이 탁월하여 주어진 조건과 상황에 충돌할 경우 곧바로 자신을 통제하는 조절 능력을 보인다. 이것이 무절제한 방종과 구분되어야 할 독창적 행위이다.

구성 단계의 학생들은 창의성 발현에 있어 스스로를 격려하고 자극하며, 내적동기에 자극받는다. 또한 스스로 정보를 수집하고 조직하는 활동에 흥미를 갖고 있다. 이들의 상상력은 집중적일 뿐 아니라 매우 예리한 특성을 갖고 있다. 따라서 이들의 창의성은 국어교육을 통해서 얻을 수 있는 가장 보편적이면서도 의미 있는 가치라고 보아야 한다. 이들의 특성과 행동을 면밀하게 관찰하고 분석하는 일은 매우 중요하다.

[국어교육의 창의성 발현 단계]

단계 조건	모방 단계	적응 단계	통합 단계	구성 단계
언어 수행 능력	자발적 이해와 표현의 미숙, 단어중심의 말과 글	이해중심의 언어수행, 문장과 단락의 이해 및 표현	텍스트의 수용적 이해와 비교, 정보의 수집	상위인지 동원, 자기조정능력, 비판적 이해와 감상
창의성 발현 양상	기존의 텍스트에서 단어중심의 모방 변용, 단어나 어휘를 바꾸어 말하기, 단어 꾸미기	새로운 문장 만들기, 상상하여 말하거나 쓰기, 단락에 어울리는 문장 생성하기	기존의 텍스트를 다양한 언어 형식으로 표현, 원작으로부터의 재구성	기존의 텍스트를 비판적으로 해석하여 새로운 텍스트 생산, 다양한 다매체 형식 동원
창의성 발현 요소	외적동기, 보상에 의한 강화, 시범적 상상력 자극	외적동기, 내적동기유발을 위한 강화와 보상, 상상력 발현	외적동기에 의한 내적동기유발, 상상력의 발현과 적용, 정보의 수집과 활용	내적동기유발, 상상력의 구체화, 정보의 조직과 생산
교수· 학습 활동	교사의 시범과 교정, 지속적인 훈련과 반복	교사의 시범에서 학생 주도, 자발성 격려, 피드백 수행	협동학습의 주체적 수행, 자기주도적 활동 수행	시범적 수행, 자기주도적, 자기조정능력 발현, 초인지적용

2) 교수·학습방법

국어교육의 창의성에 관하여 논의하는 궁극적인 목표는 학생의 잠재된 창의력을 발현토록 하는 것이다. 창의성에 관한 그간의 논의는 상당부분 이론적인 연구에 치중하였다. 실제로 교육 현장에서 창의성이 어떤 유형으로 발현되어지며 그것을 어떻게 자극할지에 대한 논의와 검증은 구체적으로 이루어진 바가 없다. 여기 제시된 방법은 창의성의 교육적인 발현 양상을 염두에 둔 실천적 활동이다. 완전히 새로운 것을 창출하려는 시도가 아니라 점진적인 과정을 통하여 학생들의 창의성 발현을 자극하려는 것이 목표이다.

(1) 토템폴(Totem Pole)

토템폴은 집이나 마을 어귀에 세우는 종교적인 상징물을 가리키는 말이다. 우리나라의 장승을 연상하면 된다. 토템폴은 그것이 상징하는 것 자체가 하나의 염원이며 바람이다. 즉, 토템폴이 세워진 영역 내에 존재하는 사람들의 생각을 표현하는 것이라고 보아도 무방하다. 따라서 토템폴은 개인의 생각과 공동의 생각을 동시에 반영하고 있는 것이다. 이러한 토템폴의 상징적 의미를 국어교육 활동에 적용할 수 있다.

언어적인 상징물을 구성하는 방법은 여러 가지가 있다. 인물의 성격을 묘사하거나 사건의 한 장면을 그려내는 것 등이 그것이다. 또한 책을 읽은 후의 느낌을 다양한 색상의 구조물로 표현하는 것도 그중 하나이다. 여러 가지 종이 찰흙을 이용하여 등장인물을 만들고 사건의 한 장면을 구성하는 것도 좋다. 특히 인물의 성격을 묘사하기 위하여 장승과 같은 상징적 표상을 연출하는 것도 토템폴의 한 방법이다.

토템폴은 자신의 생각과 느낌을 표출하는 매우 효과적이고 흥미 있는 활동이다. 특히 문자언어에 식상한 학생들에게 매우 효과적이다. 책을 읽은 후의 느낌을 문자로 표현하는 활동은 너무나 진부할 뿐 아니라 수없이 반복된 구속력에 불과하다. 따라서 토템폴과 같은 색다른 표현 방식은 흥미를 유발할 뿐 아니라 색다른 이미지의 창출을 기대할 수 있다.

(2) 연상 피라미드

자신의 생각과 느낌을 확산하거나 수렴하는 데에 효과적인 활동이다. 피라미드 삼각형은 학생의 창의성 수준에 따라 몇 단계로 구분될 수 있다. 연상 피라미드는 제일 위에서 혹은 아래에서 시작할 수 있으며, 경우에 따라서는 중간에서부터 시작할 수 있다. 연상 피라미드의 효과는 학생들의 상상력을 유연하게 만들어준다는 데에 있다.

예를 들어 '어린왕자'를 읽은 학생에게 피라미드를 다섯 단계로 구분하여 선을 긋고 제일 위 칸에 '장미'라는 단어를 제시하였다. 나머지 아래의 네 칸을 채우는 과정을 수행하게 되는데 피라미드의 특성상 아래로 갈수록 공간이 늘어나기 때문에 단어에서 어휘로 어휘에서 문장으로 진행되어가기로 약속을 한다. 만일 피라미드의 크기를 늘리고 단계를 더욱 세분화한다면 학생의 연상 폭은 증가할 것이다. 반대로 피라미드의 맨 아래에 '어린왕자'에 나오는 문장 한 구절을 인용하거나 사건의 한 장면을 요약하여 제시하였을 경우에는 학생의 연상 작용은 수렴적이 될 것이다.

표현 창의성 활동으로서뿐 아니라 새로운 아이디어의 창출을 위한 연상 작용으로 활용하여도 효과적이다. 인물이나 사건의 제시뿐 아니라 사물이나 현상에 대한 제시를 통하여 새로운 것을 연상할 수 있는 활동을 가능하게 한다.

(3) 스캠퍼(SCAMPER)

스캠퍼는 학습자의 사고과정을 나타내는 약어이다. 오스본(Osborn)의 동사 체크리스트를 보완한 밥 에벌(Bob Eberle)의 제안으로 탄생하였다(문정희 · 하종덕, 2003 : 179~190). 창의적인 아이디어의 생산을 위하여 기존의 사물에서 새로운 발상을 하는 사고의 변형 과정을 다루고 있다.

- S (substitute) : 대역, 대리
- C (combine) : 결합
- A (adapt) : 조화
- M (modify, magnify, minify) : 수정, 최대화, 최소화
- P (put to other uses) : 주제(목적, 용도)의 이동
- E (eliminate) : 삭제
- R (reverse, rearrange) : 역전, 재배열

스캠퍼는 이야기글 재구성 작품을 생산하는 데에 효과적이다. 또한 장르 간의 자유로운 이동을 가능하게 한다. 즉 소설을 희곡이나 시의 형식으로 바꾸어 표현할 수 있는 동기를 마련해주는 과정이다.

예를 들어 '흥부전'을 현대적 배경과 현실을 바탕으로 새롭게 구성하려고 할 때에 스캠퍼는 매우 유익하다. 스캠퍼의 단계를 그대로 따라가면서 '흥부전'을 새롭게 구성할 수 있는 것이다. 다음은 스캠퍼를 활용한 '흥부전'의 재구성 활동이다.

[스캠퍼를 활용한 창의적인 텍스트 변용 활동의 예]

S	등장인물의 대리	놀부를 대기업 총수, 흥부를 어려서 잃어버린 노숙자 동생으로
C	결합	흥부와 놀부와 관련된 인물과 상황을 어떻게 결합할 것인가
A	조화	사건을 어떻게 재구성하여 조화롭게 만들 것인가
M	수정, 최대화 · 최소화	시대에 맞게 사건을 줄이거나 없애고 특정 부분은 증가하여 수정한다.
P	주제의 이동	원본의 주제로부터 새로운 주제를 탄생시킨다.
E	삭제	불필요한 인물이나 배경 사건 등을 제거한다.
R	역전, 재배열	등장인물이나 사건, 배경 등을 원작과 달리 완전히 뒤집거나 새로운 시각으로 작성한다.

스캠퍼 활동의 국어교육적 의의는 작품의 변용을 통한 창의적인 생산 활동이 가능하다는 것이다. 또한 순차적인 흐름과 구체적인 활동의 명시로 인하여 학생들이 무엇을 어떻게 변용할 것인지를 안내한다.

(4) 형태분석(morphological analysis)

형태분석은 문학작품의 구조를 분석하고 그것을 바탕으로 새로운 인물이나 사건을 재구성할 수 있다. 또한 새롭게 구성된 인물이나 사건을 중심으로 이전의 작품에서는 볼 수 없는 새로운 내용의 창출이 가능하다.

형태분석은 기존의 작품을 기반으로 하고 있으나 완전히 새로운 것으로 전환이 가능한 도식성을 갖고 있다. 다음은 '어린왕자'의 형태분석 메트릭스를 보여주고 있다.

	등장인물		성격		사건
①	어린왕자	㉮	생각이 깊고 다른 사람을 배려할 줄 안다.	ⓐ	자기가 사는 별을 떠나 여러 별에서 여러 사람들을 만나고 지구의 사막에 도착한다.
②	장미꽃	㉯	이기적이고 자기만 사랑해주길 원한다.	ⓑ	질투심 때문에 자신을 돌보던 이가 떠나 버리고 혼자 남아 떠난 사람을 기다린다.
③	여우	㉰	꾀가 많고 영리하며 많은 것을 알고 있다.	ⓒ	사막을 지나다 우연히 누군가를 만나게 되고 그 사람에게 자신이 알고 있는 것을 말하여 준다.
④	조종사	㉱	모험을 좋아하며, 인정이 많다.	ⓓ	비행기를 타고 하늘을 날던 중 기관 고장을 일으켜 사막 한 가운데 남겨지면서 여러 경험을 한다.

정상적인 연결 형태는 [①-㉮-ⓐ]의 연결 구조를 갖고 있다. 하지만 이와 같은 연결 형태를 약간의 상상력을 발휘한다면 새로운 형태로 재구성이 가능하다. 각각의 영역별 속성은 새로운 순열과 조합의 과정을 거쳐서 매우 다양한 형태로의 변환이 가능하다. 예를 들어 [②-㉮-ⓒ]와 같은 경우의 재구성은 장미꽃이 어린왕자의 성격을 갖게 되고 여우의 사건을 겪게 되는 내용으로 전환이 된다. 즉, 기존의 작품 분석을 통하여 새로운 인물과 사건

을 얼마든지 창출할 수 있다.

(5) 펙스(PECS)[1]

펙스는 그림을 통한 의사소통 체계이다. 즉, 'picture exchange communication system'의 상징어이다. 'PECS'는 미국의 '델라웨어 자폐증 프로그램(Delaware Autistic Program)'이라는 기관에서 개발한 자폐성 및 전반적 발달 장애 아동들의 의사소통을 위해 개발된 프로그램이다.

자발적인 의사소통 능력을 길러주기 위하여 학생이 선호하는 사물이나 사건 등에 대한 기초자료를 마련한다. 자신의 생각과 느낌을 자신 있게 말하는 적극성을 길러주는 활동으로 활용될 수 있다. 학생들은 자신들이 읽은 책의 내용이나 개인적인 경험을 바탕으로 자신이 선호하는 인물이나 장면 혹은 배경이나 소품 등 다양한 사물과 사건을 대상으로 간단한 그림을 그린다. 사전에 약속된 몇 장의 그림은 의사소통을 하게 될 대상과 바꾸어 갖게 된다. 즉, 두 명의 '가'와 '나'학생은 상대방의 그림 카드를 갖게 된다. '가'학생은 '나'학생이 읽었거나 경험한 것들을 상징하는 그림카드를 갖고 있다. '가'학생은 그것이 어떤 그림인지 상상하면서 궁금해 할 것이다. '가'학생은 '나'학생에게 그것이 의미하는 것이 무엇인지 듣고 싶어 한다. '나'학생은 자신이 선호하는 그림이 무엇을 표현하는 것인지, 어떤 내용이며, 어떤 사건이나 장면인지를 말하여 준다. '가'와 '나'는 서로 상대방의 카드가 상징하는 것들에 대하여 질문하고 대답하는 형식을 통하여 의사소통을 진행한다. 이 과정을 통하여 학생들은 스스로 자신의 생각과 느낌을 말로

---

[1] 양문봉(2000), 『자폐스펙트럼 장애』, 자폐연구, pp.369~390.
　　그림 교환 의사소통 체계인 PECS는 현재 자폐스펙트럼 장애를 갖고 있는 아이들의 의사소통 능력을 발달시키기 위하여 고안된 프로그램이다. 그러나 이 프로그램이 갖고 있는 특성은 현재 일반 학급의 미숙한 학습자들의 의사소통 발달을 위하여 적용할 수 있는 활동의 장점을 갖고 있다. 때문에 필자는 일반 학급의 언어 학습에 적용할 수 있는 특징적인 부분을 개략적으로 소개하려는 의도를 갖고 있다. 보다 구체적이고 계획적인 교수·학습 방법은 단계적으로 연구하고 적용해야 하는 과제를 안고 있다.

표현하고 상호 대화를 통하여 자신감을 획득하게 된다.

이 활동은 기존의 활동과는 다른 양상을 보인다. 즉, 단순히 그림을 언어로 표현하는 활동이 아니라 자신의 경험을 토대로 자신이 선호하는 사물이나 장면에 대하여 상대방과 의견을 교환하는 것이다. 자신이 선호하는 것들에 대한 의사소통은 매우 호의적이고 자발적일 뿐 아니라 상대방에게서 전이되는 자발성이 상호 의사소통 의지를 자극한다. 따라서 펙스는 의사소통에 소극적이거나 미숙한 학생들의 자발적인 의지를 형성하는 데에 효과적이다. 교사의 직접 시범과 능숙한 학습자와의 상호 협조를 통하여 창의적인 언어 표현 능력을 형성하는 데에 도움이 된다.

창의성에 관한 실체적 규명과 방법론 검증의 토대를 마련하기 위해서는 교육적 적용이 선행되어야 한다. 선천적이고 신비적인 환상을 배제하고 실천적 적용이 가능한 교수·학습을 구안하는 시도가 요구된다. 그러기 위해서 창의성의 요소를 추출하여 단계별로 교수·학습방법을 적용해야 한다.

교과교육 관련 창의성 발현에 대한 연구는 시작에 불과하다. 그러나 창의성을 교육의 장으로 흡수하였을 때에는 보다 세분화된 연구와 실천적 적용이 요구된다. 다양한 교수·학습방법을 구안하고 그것을 현장에 실제 적용하여 창의성의 실체를 규명하는 발판으로 삼아야 한다.

국어교육의 창의성 발현을 위한 연구의 선행 작업으로 국어교육적인 창의성 발현 요소를 분석하고 학습자의 언어수행 능력과 방법의 실천적 적용이 가능한 창의성 단계를 선행하여 구분하는 것은 교수·학습방법의 다양한 구안을 확보하는 토대를 마련하는 것이다. 어떤 방법이 어떤 학생에게 효과적일지는 실제 교육 활동을 통하여 발견된다. 다시 말해서 창의성에 관한 연구는 실천적 접근이 없이는 그 성과를 기대할 수 없다. 현장의 실천적 접근을 통하여 이론적 근거를 마련하고 그 이론을 바탕으로 효과적인 방책과 교수·학습과정 그리고 교육과정을 마련하여야 한다. 교재의 구성을 새롭게 하고 현장 교육 방법을 획기적으로 전환하여야 한다.

　인류의 미래를 구원할 수 있는 유일한 지적 재산으로서의 창의성은 이제 더 이상 특수 집단의 전유물이 아니라 누구에게서나 발현될 수 있는 보편적이고 객관적인 성향이다. 다만 잠재되어 있을 뿐인 창의성을 교육을 통하여 발현하게 하는 것이 우리의 과제이다. 국어교육은 다른 모든 학문의 기초이며, 인류의 문화를 지탱하는 뿌리이다. 창의적인 사물과 현상의 실체를 탄생하게 하는 근원이다. 언어가 없이는 그 모든 것이 불가능하기 때문이다.

제2부 국어교육의 읽기 방법

제 1 장

내용영역의 학습을 위한 개념중심 읽기 지도

1. 내용영역의 개념중심 읽기

　언어를 매개로 하지 않고서 인간의 지식을 저장하거나 소통할 수 있는 방법을 찾기란 쉽지 않을 것이다. 종이건 기계이건 간에 문자언어는 지식을 저장하고 소통할 수 있는 가장 막강한 매체이다. 지식과 정보의 양이 증가할수록 언어를 통한 소통의 중요성은 그 어느 때보다 강조되는 것은 물론, 인간의 두뇌에 대한 연구가 보다 과학적으로 발달하면서 언어의 사용과 지식의 저장은 학습의 새로운 패러다임으로 자리 잡게 되었다. 지식은 어떤 형태로든 저장되어야 하며, 저장된 지식은 소통에 의하여 가치를 발산한다.

　언어적 소통의 중요성이 지식의 증가와 맥을 같이 하는 것은 지식의 양적 팽창은 물론 보다 전문화, 세분화되어 가는 추세와 관련이 있다. 직업적인 전문 지식은 물론 학교에서 학생들이 배우는 것들도 변화하는 시대와 맥을 같이 한다. 따라서 학생들은 새롭게 변하고 증가하는 전문적인 지식의 습득에 대처하여야 한다. 지식은 개념의 집합이다. 아주 작은 개념으로부터 거대 담론의 개념에 이르기까지 지식은 개념들의 유기적인 집합으로 이루어진 기억 또는 저장의 실체이다. 개념들은 또한 언어의 아주 작은 단위로 나타낼 수 있는 것에서부터 매우 길고, 장황하게 설명하여야만 하는 것까지 매우 다양하다. 어떤 개념은 국어사전의 의미만으로 습득이 가능하기도 하지만 어떤 개념은 인터넷이나 도서관의 장서를 섭렵해야만 알게 되는 것이 있다. 단순한 기억만으로 인지가 가능한 개념과 메타 인지가 요구되는 개념이 있다.

읽는 행위의 모든 것이 지식의 습득 즉, 개념의 집합을 형성하기 위한 목적을 갖고 있지는 않을 것이다. 어떤 글 읽기는 개념보다 인성이나 인격 또는 정신 도야와 같은 보다 상위의 목적에 가치를 둘 것이다. 굳이 텍스트의 지식을 습득하려는 필요성을 갖고 있지 않을 경우에는 독자의 별다른 읽기 전략이나 방법이 없이도 자연스럽게 내용을 숙지하고 감동을 얻을 수 있다. 일상의 경험을 통하여 자연스럽게 지식이 습득되는 경우도 적지 않지만, 어떤 특별한 목적이나 필요성에 의하여 지식을 습득하는 경우 학습자는 지식의 습득을 위하여 읽기 전략을 동원한다. 양질의 개념을 지식의 덩어리로 구성하기 위해서 보다 나은 전략을 동원하는 것은 학습자의 메타적 전략이며, 교사는 학습자로 하여금 메타 전략의 동원과 창의적인 문제해결 능력을 향상시키기 위하여 노력하여야 할 것이다.

내용영역의 학습에서 읽기 전략의 동원과 동원된 읽기 전략을 효과적으로 수행할 수 있도록 안내하는 교사의 역할은 효과적인 개념 습득에 중요한 영향을 미친다. 이 연구는 내용영역의 지식을 습득하기 위한 읽기 전략과 방법이 실제로 어떤 영향을 미치는지에 대한 실험 연구이다. 읽기를 중심으로 하는 내용영역의 개념 학습이 내용영역의 텍스트를 이해하는 데에 유효한 영향을 미칠 것이라는 가설을 전제로 학교 현장에서 실제로 수행된 연구를 바탕으로 논의하기로 한다.

2. 개념중심 읽기 지도의 과정과 방법

개념중심 읽기 과정은 '질문하기', '탐색하기', '적용하기', '소통하기'의 과정으로 이루어져 있다. 거쓰리(Guthrie, 1996)의 개념중심 읽기 모형(Concept-Oriented Reading Instruction, CORI)[1]을 이론적 기반으로 하여 우리나라 교육 현장에 적용이 가능한 단계로 재구성한 이 네 개의 과정은 일 년을 기준으로 각각 2개월의 중점 지도 기간을 갖는다. 질문하기는 3월과 4월, 탐색하기는 5월과 6월, 적용하기는 9월과 10월, 소통하기는 11월과 12월에 중점 지도한다. 능숙한 학습자와 미숙한 학습자 간의 차이가 있기는 하지만 이 기간을 기준으로 하여 중점 지도하는 것이 가장 일반적인 것이다. 각 과정에서는 과정 활동을 수행하게 된다. 각 과정별로 중점 지도되는 방법은 SQ3R, MIE, K-W-L, R-S-W이다. 이 방법은 각 기간별로 중점 지도되는 것이

---

1) 거쓰리(1996, 312~314)의 개념중심 읽기 모형(Concept-Oriented Reading Instruction, CORI)의 네 단계는 다음과 같다.
　① 관찰과 개별화(Observe and personalize) : 세상의 사물이나 사건에 대한 학습자의 관찰을 통한 자발적 학습 동기와 흥미를 유발하는 것을 시작으로 학생들이 관찰을 통하여 자신들의 사고를 확장 및 활성화시키도록 한다. 사물이나 사건에 대한 관찰을 근거로 보다 많은 자료를 동원하여 해당 사물이나 사건에 대한 정보를 수집한다.
　② 탐색과 재인(Research and retrieve) : 학생들로 하여금 관찰한 내용으로부터 유발된 의문과 흥미들을 어떻게 일반화시킬 수 있을 것인지에 대하여 가르쳐주어야 한다. 여기서의 탐색은 주로 교사나 능숙한 학습자들이 협력자가 되어 교사가 학생을 돕거나 능숙한 학습자가 다른 미숙한 학습자를 도와주어야 한다. 주로 도서관이나 인터넷 등의 자료 등을 수집하고 검색하는 등의 활동을 통하여 확장된 자료를 얻고 정련할 수 있을 것이다.
　③ 이해와 통합(Comprehend and integrate) : 관찰 활동을 통하여 유발된 흥미와 의문 등을 다양한 자료 수집을 통하여 탐색과 재인을 한 후에는 해당 자료들을 관찰 활동과 관련지어서 보다 광범위하고 계열화하여 이해할 수 있어야 한다. 이러한 이해와 통합은 다양한 텍스트를 기반으로 한 선행 지식의 동원과 활용에 기인한다.
　④ 상호소통(Communicate to others) : 학생들은 앞의 과정을 거치면서 점점 더 자신이 관심을 가졌던 분야에 대하여 전문가적인 지식과 식견을 갖게 된다. 학생들은 자연스럽게 자신이 알게 된 것들을 다른 사람에게 표현할 수 있는 기회를 가져야 한다. 작은 보고서를 쓰거나, 그림을 그리는 등의 다양한 표현 활동을 통하여 자신의 지식을 보다 세련되고 정교화할 수 있을 것이며, 교사와 동료는 상호소통 관계를 유지하면서 서로 표현하고 들어줄 수 있는 협력자가 되어야 한다.

기는 하지만 통합적으로 지도되는 것이 보다 효과적이다. 하나의 과정이 각각 독립적이기보다는 상호 유기적인 관련을 갖고 있기 때문에 각각을 분리하여 지도하는 것보다, 한 가지에 중점을 두면서 다른 과정을 관련하여 수행할 수 있도록 하는 것이다. 각각의 과정에서 중점 지도되는 방법들도 하나의 과정에서 한 가지 방법을 지도하거나 수행하는 것이 아니라 중점 지도 방법을 기준으로 다른 방법들이 통합적으로 적용될 수 있도록 하는 것이다.

즉, 질문하기 과정의 3월과 4월에는 SQ3R 방법을 중점적으로 지도하지만 이것만으로 학습자들의 내용영역 읽기에 대한 동기와 관심이 집중되기는 힘들다. 뿐만 아니라 가정 자율학습활동을 위한 내용과 방법이 요구되기 때문에 MIE 학습을 병행하는 것이 효과적이다. 이러한 과정의 통합은 그것이 동시에 이루어지는 것이 아니라 하나의 과정이 어느 정도 효과적으로 수행할 수 있는 단계에 접어들었을 때 다음 과정을 중첩하여 수행하도록 안내하는 것이다.

[개념중심 읽기의 순환 모형]

각각의 과정들은 과정별로 주어진 기간의 후반부와 초반부에 서로 중첩하여 적용할 수 있다. 3월과 4월에 중점적으로 지도되는 SQ3R은 이후의 과정에서도 지속적으로 수행할 수 있도록 지도하며, 5월과 6월에 중점적으로 지도되는 MIE 학습은 4월부터 안내하여 능숙한 학습자를 중심으로 과제학습으로 수행할 수 있도록 하는 것이 효과적이다. 이러한 선수학습의 장점은 학습자들이 비계학습을 하도록 유도한다. 능숙한 학습자들은 선수학습을 통하여 자신이 할 수 있는 능력만큼 과정을 앞서 나갈 수 있다. 또한 능숙한 학습자와 미숙한 학습자간의 상호 소통하기를 통하여 능숙한 학습자들이 미숙한 학습자들의 학습과정에 유익한 영향을 미칠 수 있다. 이러한 비계학습의 효과는 내용영역 읽기 학습에서 매우 중요한 가치를 유발한다. 실제로 이 연구의 과정을 통하여 관찰한 바에 의하면 능숙한 학습자들의 선수 학습은 미숙한 학습자들의 과제 수행에 매우 유익하고 효과적인 영향을 미친다는 것을 알게 되었다.

1) 질문하기

내용영역 읽기에서 학습자들이 가장 먼저 인지하여야 할 사항은 자신이 왜 글을 읽어야 하는가에 대한 자문이다. 내용영역의 글을 읽는 상황은 주어진 목적이 분명하기 때문에 그것이 무엇인지를 확실히 인지하지 못하면 학습자들이 글을 읽는 상황에서 무엇을 알려고 하는지, 알고자 하는 것을 어떻게 알 수 있는지, 알게 된 것을 어떻게 활용하여야 하는지를 인식하지 못하고 우왕좌왕하게 된다. 내용영역 읽기에서 학습자들이 겪는 가장 기본적이고 근본적인 문제이며, 현장의 교사들이 인식하는 가장 큰 문제는 학습자들이 내용영역의 글을 읽을 때에 목적과 의도를 분명하게 알고 있지 못하여 글 읽기의 방향을 잡지 못한다는 것이다. 읽기의 방향을 알지 못한다는 것은 읽기의 목적이 무엇인지를 알고 있지 못하다는 것이다. 따라서 질문하기의 과정에서는 읽기의 목적과 의도가 무엇인지 정확하게 인지하는 연습을 하여야 한다. 내용영역의 글 읽기에서 읽기의 목적과 의도는 주어진 문제가 무엇인지를 파악하는 것이다. 읽기의 목적과 의도는 내게 주어진 문제가 무엇이고, 주어진 문제를 해결하기 위하여 어떤 답을 얻을 수 있는지 인지하는 것이다. 예를 들어 초등학교 2학년 과학과 관련된 그림자 길이의 변화와 관련된 내용의 글을 읽을 때에 학습자들은 관련 자료의 주제나 등장인물, 배경이나 사건 등에 관심을 갖기 이전에 왜 이 글을 읽는가에 대한 질문을 하여야 한다. 그림자의 길이의 변화와 관련이 있는 글을 읽으려고 한다면 학습자는 그림자의 길이 변화가 왜 일어나는지 알아보기 위하여 글을 읽으려고 하는 것이다. 만일 이러한 질문을 하지 않고 글을 읽는다면 글의 주제나 개념에 집중하기보다는 배경이나 사건 등의 여러 가지 텍스트 요인에 정신이 분산되어 글을 읽은 후에도 무엇을 알려고 하였는지 혼란을 겪게 된다.

2학년 학생들에게 질문하기 과정은 그리 쉬운 활동이 아니다. 아직 초기 읽기 단계를 벗어나지 않은 아동들이 있을 뿐만 아니라 교과서 이외의 글들은 교과서 내용보다 양적, 질적인 면에서 난이도가 높은 경우가 많기 때문에 자신이 알고자 하는 것이 무엇인지 스스로 자문하고 인식하는 것은 쉬운 일이 아니다. 초등학교 2학년 학생들의 3월은 아직 교과서 수준의 질문과 답에서 벗어나지 못한 상태이다. 즉, 교과서의 단순한 질문에 대한 답을 구하는 수준의 읽기를 수행하는 것으로 만족하기 때문에 보다 길고 어려운 내용의 텍스트를 접하게 되면 글의 내용을 파악하기는커녕 무엇을 알기 위하여 글을 읽는지 조차 알지 못한다. 결국 질문하기 과정을 제대로 수행하지 못하면 다른 과정 또한 수행할 수 없다는 것을 의미한다. 질문하기를 통해서 자신에게 주어진 문제가 무엇인지를 인식하여야 그 문제를 해결하기 위한 탐색을 수행할 수 있는 것이다. 질문이 없다면 탐색도 없다. 무엇을 탐색하여야 하는지 알지 못한다는 것은 자신에게 주어진 문제가 무엇인지 인지하지 못하고 있는 것이다.

질문하기 과정의 **SQ3R**은 내용영역 읽기의 일반적인 방법이지만 질문하기에서는 글을 반복하여 읽으면서 자신에게 주어진 문제를 찾는 데에 집중하는 활동이다. 질문하기 과정에서의 읽기 활동은 ① 질문 인식을 위한 읽기와 ② 질문 만들기를 위한 읽기, 두 가지로 나누어서 활동할 수 있다. 질문 인식을 위한 읽기는 이미 자신에게 어떤 문제가 주어져 있고, 그 문제를 해결하기 위하여 글을 읽는 경우이며, 질문 만들기를 위한 읽기는 주어진 문제가 없는 상태에서 주어진 글을 대상으로 그 글과 관련된 문제를 만드는 학습자 주도적인 구성적 읽기 활동이다. 질문 인식을 위한 읽기는 거의 모든 내용영역의 읽기 과정에서 주요하게 사용된다. 반면에 질문 만들기를 위한 읽기는 학습자가 스스로 문제를 만들고, 그 문제를 해결하기 위한 방법을 탐색하기 위한 읽기이기 때문에 메타적인 읽기라고 할 수 있다.

질문 인식을 위한 읽기를 할 때에는 학습자에게 이미 주어진 문제가 있기 때문에 글을 읽을 때에 주어진 문제를 지속적으로 확인하면서 글에서 필요한 정보를 수집하고 탐색하는 데에 집중할 수 있다. 반면 질문 만들기를 위한 읽기를 할 때에는 글에서 문제를 만들어내야 하기 때문에 지속적으로 문제를 구상하여야 한다. 글의 내용과 관련이 있는 문제를 만들어야 하기 때문에 보다 정확하고 구체적으로 내용을 파악하여야 하는 것은 물론이고, 글을 바탕으로 자신이 이해한 내용과 자신이 이미 알고 있는 것들을 통합하여 창의적인 문제를 생산해내야 한다.

질문하기의 첫 번째 단계는 글을 읽을 때에 글을 읽는 목적이 무엇인지 인식하게 하는 것이다. 즉, 문제가 무엇인지 알고 글을 읽게 한다. 학생들은 거의 매 시간 교과서의 글을 읽는다. 교과에 따라 텍스트의 양에 차이가 있기는 하지만 모든 교과의 교재에는 읽을거리가 있고, 읽을거리들은 반드시 주어진 문제와 관련이 있다. 따라서 학습자들에게 교재의 주어진 글을 읽으라고 할 때에는 반드시 그 글이 어떤 문제와 관련이 있는지를 인식하게 하여야 한다. 교재의 모든 글은 해당 단원의 학습목표와 관련된 내용이고 어떤 문제와 관련이 있는 것이지만 주어진 글의 전후에 문제를 즉시 부여하지 않은 경우에는 자신이 읽은 글의 내용이 어떤 문제와 관련이 있는지 알지 못하였기 때문에 읽기의 효과를 상실하게 된다.

질문하기의 두 번째 단계는 질문을 만들어가는 읽기이다. 이 경우에는 교재의 글을 읽기보다는 내용영역의 글을 별도로 준비하여 읽게 하는 것이 좋다. 교과와 관련된 이야기 글이나 백과사전, 잡지, 인터넷, 신문, 관련 도서 등의 글을 읽는 것이 좋다. 질문 만들기를 위한 읽기는 학습자의 주도적인 읽기이며, 주어진 문제의 해결을 위한 읽기가 아니라 문제를 만들기 위한 읽기이기 때문에 글의 내용을 파악하는 것은 물론이요, 읽은 글에서 의미 있는 문제를 만들어내기 위하여 다양한 사고 활동을 하게 된다. 이 때 학습자들은 자신이 이미 알고 있는 내용을 동원하기도 하고, 글에 드러나 있는 내용을 파악하는 것은 물론 글에 숨겨져 있는 내용들까지도 파악하려는 의지를 갖게 된다. 따라서 질문을 만들기 위한 읽기는 구성적이며 창조적인 활동이다.

평범한 학습자들은 질문 인식을 위한 읽기를 중점으로 수행한다. 능숙한 학습자들은 질문 만들기를 위한 읽기를 중심으로 수행하며, 미숙한 학습자들은 교재의 내용을 바탕으로 교재에 제시되어 있는 문제를 찾는 것을 중점으로 지도한다. 대상 텍스트는 교과서와 관련 교재, 그리고 신문을 중점적으로 활용한다. 미숙한 학습자들은 당일 학습한 내용영역 또는 교과와 관련하여 교과서에 제시된 문제를 찾는 것으로 시작한다. 이미 교과서에 제시된 문제를 찾는 것이 어떤 의미를 갖는지 의심하지 않을 수 없을 것이다. 그러나 미숙한 학습자들에게는 이것조차 쉬운 일은 아니다. 소수의 미숙한 학습자들은 자신에게 주어진 문제가 무엇인지조차 인식하지 못한다. 따라서 교과서의 문제를 중심으로 개념중심 읽기 과정을 수행하도록 안내하는 것이 우선적인 문제이다. 질문이 무엇인지 알면 다음 과정을 수행할 수 있기 때문이다. 만일 질문하기에서 문제를 파악하지 못하면 그 다음 단계로 나아갈 수 없기 때문에 초기의 미숙한 학습자들에게는 교과서에 제시된 문제를 그대로 옮겨 적도록 하는 것도 좋은 방법이다. 평범한 학습자들의 경우에도 초기에는 교과서에 제시된 문제를 그대로 옮겨 적는 것을 시작으로 하여야 한다. 일단 문제가 주어져야 다음 과정을 수행할 수 있는 것은 미숙한 학습자나 평범한 학습자나 마찬가지이다. 따라서 일주일 정도는 교재에 제시된 문제를 바탕으로 질문하기 과정을 수행하도록 해야 할 것이다. 단, 자신이 찾은 문제가 어떤 내용과 관련이 있는지를 연결시킬 수 있어야 한다. 예를 들어 '하루 중 그림자의 길이가 다른 까닭은 무엇인가요?'라는 문제를 인식하였을 때 그 질문과 관련이 있는 교재의 내용이 무엇인지 연결시킬 수 있어야 한다. 문제와 관련 내용을 연결시키기 위하여 교과서의 내용을 그대로 동원할 수 있으며, 보다 나은 경우 교과서 이외의 교재를 동원하여 관련 내용이 무엇인지 확인할 수 있을 것이다.

능숙한 학습자들은 교과서 이외의 다양한 텍스트를 이용하여 질문을 만들 수 있다. 다양한 미디어 매체를 활용한 질문 만들기는 학생들이 단순히 질문을 만들기 위하여 글을 읽는 것이 아니라 자신이 무엇을 읽고 있는지를 수시로 점검하고, 자신의 질문에 따른 읽기의 목적을 구체적으로 의식할 수 있다는 데에 의미가 있다. 문제가 제시되지 않은 글을 대상으로 질문 만들기를 위한 읽기를 할 때에는 글의 내용을 정확하게 파악하는 것은 물론 글에 담겨 있는 지식과 정보가 무엇인지 알아야 하며, 그러한 지식과 정보가 어떤 문제를 만들어낼 수 있는지 분석하고 평가하여야 한다. 질문을 만들기 위하여 학생들은 다양한 시각에서 글을 읽어 나가며, 글을 읽으면서 자신이 이미 알고 있는 배경지식을 동원하여 새로운 문제를 도출할 수 있게 된다.

SQ3R을 기본으로 하는 질문하기 과정은 내용영역 읽기의 가장 기본적인 전략과 방법을 적용하는 것이다. 'Survey-Question-Read-Recite-Review'의 각 단계는 단선적으로 진행되는 것이 아니라 각 단계마다 질문을 포함하는 복합적인 단계로 진행된다. 학생들은 글을 읽으면서 지속적으로 질문이 무엇인지 자문하고 확인하여야 한다. 각 단계마다 질문을 포함하는 글 읽기를 수행하게 되면 하위 단계가 상위의 단계로 포함되는 효과를 유발한다. 즉, 내용영역의 읽기 기능이 발달할수록 다섯 단계는 네 단계로, 네 단계는 세 단계로 줄어든다. 결국 능숙한 학습자들은 다섯 단계를 모두 거치지 않고 세 단계 또는 두 단계만으로도 질문하기 과정의 활동을 성공적으로 수행할 수 있게 된다. 실제로 매우 능숙한 읽기 능력을 갖고 있는 학습자들은 단 한 번 읽는 것만으로도 자신에게 주어진 문제를 파악하는 것은 물론 읽은 글에서 어떤 문제를 만들어낼 수 있는지 알게 된다. 이것은 단기간에 이루어지는 것이 아니라 꾸준한 연습과 자기 노력을 통하여 형성될 수 있는 것이다. 읽기 학습의 궁극적인 목표는 바로 한 번 읽는 것만으로도 질문과 해답을 얻을 수 있도록 학습자들을 지도하고 안내하는 것이다. 다음의 활동은 질문하기 과정의 효과적인 읽기 방법이다.

2) 탐색하기

탐색하기 과정은 이 연구의 핵심 과정에 속한다. 실제로 내용영역 읽기는 주어진 문제를 해결하는 데에 요구되는 지식과 정보를 탐색하는 데에 주목적이 있다고 보아야 한다. 탐색을 얼마나 효과적으로 하였는지에 따라 학습자들의 내용영역 읽기 수행성과가 결정된다. 개념중심 읽기에서의 '개념'이 무엇인지 파악하기 위한 활동이 바로 탐색이며, 탐색의 질은 개념의 정확한 이해를 위한 정보의 질과 맥을 같이 한다. 따라서 학습자들의 탐색 능력을 길러주는 것은 내용영역의 읽기를 포함한 개념 학습에 절대적인 영향을 미친다.

탐색하기 과정은 교사의 안내와 지도를 시작으로 하지만 학습자들이 주도적으로 수행할 수 있는 과제학습의 중요성을 인식하여야 한다. 학교에서는 학생들이 자유롭게 탐색을 수행할 수 있는 자료와 공간 및 시설의 부족을 체감한다. 따라서 학생 스스로 탐색을 수행할 수 있는 다양한 자료의 활용과 접근에 대하여 알고 있어야 하며, 탐색 그 자체보다는 탐색을 위한 하드웨어의 활용에 더욱 익숙해야 한다. 인터넷은 그중 가장 효과적인 탐색 장치이지만 처음부터 인터넷을 권하는 것은 별로 좋은 방법이 아니다. 가장 우선적으로 학습자들이 익혀야 하는 탐색 절차는 사전을 활용하는 것이다. 탐색의 기본은 정확한 언어의 사용과 이해로부터 출발한다. 무엇을 탐색할지 알기 위해서는 탐색 자료에 대한 정확한 사전 정보가 필요하다. 뿐만 아니라 질문하기를 통하여 알게 된 문제를 해결하기 위하여 어떤 정보를 얻을 것인지는 정보를 담고 있는 언어에 대한 지식이 선행되어야 한다. 따라서 사전 찾기는 탐색 과정에서 학습자가 갖추어야 할 가장 기본적이고 핵심적인 능력이다.

초등학교 2학년 학생들의 상당수는 국어사전을 활용하는 방법에 대하여 알고 있지 못하다. 뿐만 아니라 인터넷을 자유롭게 활용하거나 백과사전의 지식과 정보를 동원하는 일 또는 신문이나 잡지에서 기사와 광고를 구분하는 것 등도 제대로 알고 있지 않다. 교육과정 운영상 사전을 찾는 방법은 다음 학년에서 나오기 때문에 국어사전을 활용하는 방법을 모르고 있는 것이 당연하다. 또한 교과서의 언어가 특별히 국어사전을 동원하지 않더라도 내용을 이해할 수 있는 수준이기 때문에 학습자들이 국어사전의 필요성을 느끼지 못하는 것이다. 교과서만으로 모든 문제를 해결할 수 있다면 사전 찾기에 대하여 역설할 필요가 없을 것이다. 그러나 내용영역의 읽기는 교과서보다 훨씬 많은 양의 글을 읽어야 하는 상황이고, 교과서 수준을 넘어서는 어휘들이 즐비하기 때문에 보다 정확하고 구체적인 정보를 탐색하기 위해서는 단어의 의미를 파악하는 것이 중요하다.

국어사전을 활용하는 방법은 약 4차시 정도면 충분하게 익힐 수 있다. 교사가 직접 지도하지 않아도 학습자 간의 비계학습을 통하여 습득된다. 능숙한 학습자들은 간단한 예시나 시범만으로 사전 찾기를 수행할 수 있다. 다양한 수준의 학습자가 포함된 모둠학습을 통하여 학생들은 사전을 찾는 방법을 가르쳐주거나 배운다. 교사의 개별적인 지도보다 훨씬 효과적으로 학생들은 상호 교섭을 하면서 익힌다. 능숙한 학습자들은 미숙한 학습자들에게 방법을 전수하면서 스스로 자신이 알고 있는 것들을 보다 효과적으로 수행하거나 보다 어려운 낱말을 찾는 방법을 구안한다.

국어사전을 찾는 방법을 알게 되면 백과사전을 활용할 수 있게 된다. 국어사전에 비하여 보다 전문적인 지식과 정보가 수록된 백과사전의 활용은 학습자들의 탐색 수준을 질적으로 향상시킨다. 국어사전 찾기의 중요성은 백과사전 찾기를 수행하면서 나타난다. 초등학교 저학년 학생들의 경우 낱말 중심의 탐색을 할 경우에 동음이의어의 구분이 명확하지 않아 정확하지 않은 정보를 동원하는 경우가 있다. 국어사전을 능숙하게 활용할 수 있는 아동들은 자신에게 필요한 정보를 선택적으로 수용할 수 있는 정제 능력을 갖추게 된다. 인터넷 지식과 정보가 범람하는 시대의 사전 활용은 그래서 더욱 가치가 있고 의미가 있다.

국어사전과 백과사전을 활용하는 데에 익숙해지면 도서관의 자료를 활용하는 방법을 알아야 한다. 자신에게 주어진 문제를 해결하는 여러 가지 방법 중에서도 가장 주도적이고 적극적인 방법이 바로 도서관의 자료를 이용하는 것이다. 지금처럼 인터넷 정보 수집이 자유롭지 않던 시절에는 도서관이야말로 가장 막강한 자료 탐색 공간이었다. 그러나 인터넷으로 인하여 정보의 공유와 검색이 자유로워지면서 학생들은 점차 도서관의 정보를 이용하는 데에 어려움을 느끼는 것은 물론 알면서도 편리성에 대한 인식 때문에 의도적으로 회피하는 경향을 보인다. 도서관은 자료를 검색하고 탐색하는 공간이 아니라 재미있는 책을 읽는 공간으로 인식하는 경향이 점점 강해지고 있다. 따라서 초등학교 저학년 학생들에게 도서관을 이용하는 방법을 정확하게 알려주고, 도서관의 자료들을 검색하는 방법을 알게 하는 것은 매우 중요한 일이다. 거의 모든 초등학교는 물론 지역사회가 자체 도서관을 보유하고 있는 현실에서 도서관의 정보를 이용할 수 있다는 것은 주어진 문제를 보다 주도적이고 적극적으로 이용할 수 있게 하는 자질과 능력을 길러준다는 데에 의미가 있다.

국어사전과 백과사전의 활용이 도서관 정보 이용에 도움이 되는 데에는 이유가 있다. 도서관에는 수많은 정보들이 보관되어 있다. 최근에는 도서뿐 아니라 인터넷 시설을 구비하여 원하는 정보를 자유롭게 탐색할 수 있게 해놓은 곳이 대부분이다. 그렇지만 여전히 도서관의 매력은 다양한 도서를 접할 수 있다는 것이다. 도서관의 정보를 탐색하기 위해서는 도서관의 정보들이 어떠한 형태로 보관되어 있는지를 정확하게 알고 있어야 한다. 도서관의 정보들을 탐색하는 것이 그리 쉬운 일은 아니다. 도서관의 정보가 국어사전이나 백과사전과 같이 자모순으로 정렬되어 있는 것은 아니지만 일정한 규칙과 배열에 따라 정보들이 보관 배치되어 있다는 것을 학습자들은 알게 된다. 컴퓨터의 도서 목록을 검색하는 방법이나 검색한 도서 목록이 어느 서고에 있는지, 또한 서고의 어떤 번호에 놓여 있는지 등의 일정한 도서 정보 탐색 규칙을 이해하는 데에 사전 찾기의 원리를 동원한다.

초등학생뿐만 아니라 일반인들조차도 도서관의 정보가 어떤 규칙으로 저장되어 있는지 정확하게 알고 있는 사람들은 그리 많지 않다. 무작정 서고를 돌아다니는 것으로 시작하는 경우가 일반적이다. 그러나 도서관의 정보가 어떤 일정한 규칙에 의하여 저장되어 있는 것을 알고, 그 규칙에 의하여 정보를 탐색하여 원하는 것을 얻을 수 있다면 보다 효과적으로 자신의 문제를 해결할 수 있을 것이다. 학교에서의 도서관 활용 교육은 그래서 무엇보다 중요하다.

신문이나 잡지를 포함한 다양한 매체를 동원한 정보의 탐색은 주로 도서관을 활용하는 것이 좋다. 교실이나 가정에서는 학생들이 동원할 수 있는 매체의 수가 제한적일 수밖에 없다. 따라서 도서관의 다양한 자료를 동원한 자료 탐색 교육은 매우 효과적이고 능률적이다. 또한 학생들이 모둠을 형성하여 매체별 자료 탐색 작업을 수행할 수 있다는 장점이 있다. 학교 도서관의 특성상 한 학급이 동시에 사용할 수 있는 공간과 시간이 확보되기 때문에 시간을 계획하여 도서관 자료 탐색 활용 교육을 실시하는 것이 좋다. 거의 모든 학교에서 도서관 활용 교육을 실시하고 있지만 체계적으로 도서관의 자료들을 탐색하는 방법을 지도하는 경우는 그리 많지 않다. 따라서 도서관이 정보를 얻을 수 있는 공간이 아니라 단순히 자신이 좋아하는 책을 골라 읽는 공간으로 남아서는 안 될 것이다.

국어사전과 백과사전을 활용하여 정보를 탐색하는 것을 익히고 도서관의 정보를 효과적으로 탐색하며 신문, 잡지, 전문 서적 등의 다양한 자료의 탐색이 가능해진 후에 비로소 인터넷 정보 탐색에 대하여 학습하도록 한다. 정보화 시대에 무거운 사전을 뒤적이고 먼 거리의 도서관을 찾아가서 정보를 탐색하는 것이 어리석은 행위라고 생각할 수 있을 것이다. 그러나 때로는 국어사전이나 백과사전의 정보가, 도서관의 고서에서 나온 자료들이 훨씬 더 가치 있는 정보가 될 수 있다. 초등학교 학생들에게는 흔한 일은 아니지만 특수한 영역의 전문 분야를 연구하는 학자들에게 도서관은 정보의 보고이다. 알려지지 않은 정보로 가득한 곳이 또한 도서관이다.

따라서 인터넷만으로 모든 것을 해결할 수 있다고 여기는 지금의 세대에게 먼저 종이와 도서관 문화를 알려주는 것이 선행되어야 한다. 그렇기 때문에 정보 탐색 과정에서도 인터넷을 활용한 정보 탐색을 가장 나중에 접하도록 하는 것이 좋다. 초등학교 고학년 학생일수록 중등학교에서 대학교로 갈수록 인터넷에 의존하는 경향은 우리의 상상을 초월한다. 이미 초등학교의 모든 학교 과제 및 교과 관련 정보들은 인터넷에 공유되어 있다. 국어사전이나 백과사전은 손바닥보다 작은 기기 안에 담겨 있고, 휴대폰만으로도 세상의 모든 정보를 받아볼 수 있는 세상이 되었다. 컴퓨터에 능숙한 학생이나 그렇지 않은 학생 모두 인터넷 정보에 의존하는 경향이 강하다는 것은 더 이상 검증을 할 필요가 없을 정도로 보편적인 사실이다. 인터넷 정보를 어떻게 활용할 것인지에 대한 교육은 단순히 정보의 바다에서 필요한 정보를 원하는 만큼 가져다 활용하는 것이 아니라, 보다 정제된 정보를 탐색하여 유효적절하게 재구성하는 데에 중점을 두어야 한다. 정보의 양이 많아지면 많아질수록 어떤 정보가 진실인지 구분하기 힘들어진다. 어떤 정보들은 사실과 완전히 다르거나 의도적으로 거짓을 유포하려는 악의적 의도가 담겨 있기도 하다.

인터넷을 활용한 탐색은 재량활동 시간을 이용하거나 학교 단위의 컴퓨터 사용 시간을 이용하여 지도할 수 있다. 거의 대부분의 아동들이 컴퓨터를 소유하고 있고 인터넷이 연결되어 있다. 따라서 가정에서 컴퓨터를 활용한 탐색은 다른 어떤 방법보다도 활용도가 높다. 따라서 인터넷을 활용한 탐색 기능을 길러주는 것도 중요하지만 보다 양질의 정보를 수집할 수 있는 방법을 알게 하는 것이 더욱 중요하다. 인터넷으로부터 밀려드는 엄청난 양의 무작위 정보들은 학생들의 탐색 작업을 오히려 혼란스럽게 만들기 쉽다. 정제되지 않은 정보들을 어떻게 적용하고 활용할 수 있는지를 알게 하는 것이 훨씬 더 중요하다.

3) 적용하기

질문과 탐색을 통하여 산출된 지식과 정보들은 주어진 문제를 해결하는 데에 필요한 것들이다. 적용하기는 탐색의 결과에 유용성을 입증하는 것이다. 개념중심 읽기가 내용영역의 학습에서 봉착하는 문제들을 해결하기 위한 전략이라면, 탐색의 결과로 산출된 지식과 정보들은 문제를 해결하는 데에 효과적으로 사용되는 것은 물론 또 다른 문제들을 해결할 수 있는 가능성을 내포하고 있어야 한다. 일대일 대응식의 단순한 해답을 찾아내는 것이 아니라 하나의 개념이 다른 개념을 지지할 수 있는 재생산적 가치를 갖고 있어야 한다. 되돌아간다면 적용하기는 탐색하기에서 산출된 지식과 정보가 올바른 것인지, 보다 가치 있는 것인지를 검토하고 되돌아보는 과정이다.

탐색의 일차적 목적이 주어진 문제를 해결하기 위한 것이라면 이차적으로는 다른 문제를 해결할 수 있는 것이어야 한다. 적용하기에서는 탐색 과정에서 산출된 지식이나 정보들을 다른 문제를 해결하는 데에 유용하게 쓸 수 있도록 지도하여야 한다. 적용하기는 학습자의 탐색 능력에 창의성의 발현을 보태었을 때 가장 빛을 발한다. 보다 새로운 생각과 상상력을 동원하여 기존의 지식을 새롭게 재구성할 수 있는 기회이며, 능력 함양 학습이다.

탐색이 주어진 문제를 해결하는 데에 필요한 지식과 정보의 수집이라고 하였을 때, 산출된 지식과 정보가 어떤 문제를 해결할 수 있을지를 고민하는 것은 학습자의 창의적 역할 수행이다. 만일 과학영역의 문제를 해결하기 위한 탐색 과정에서 산출된 지식이 오로지 과학영역에서만 쓰임이 가능하다고 생각하는 것은 사고를 협소하게 제한하는 것이다. 적용하기에서의 이차적 문제해결은 영역 간 통합을 전제로 한다. 과학영역의 문제를 해결하기 위하여 산출된 지식이 수학의 문제를 해결할 수 있을 때 가치 있는 것이며, 수학의 문제를 해결하기 위하여 산출된 결과가 역사적 문제를 해결하는 데에 적용이 가능한 경우 의미 있는 것이다. 실제로 내용영역의 전문성을 추구하는 많은 분야에서 내용영역의 통합적 적용이 이루어지고 있으며, 개념중심 읽기에서의 적용하기는 바로 학습자의 미래지향적 통합교육을 추구한다.

학습자들의 적용하기는 현실적 적용에서 미래지향적 적용하기로 발전하여 간다. 현실적 적용은 지금 알게 된 사실들이 현재의 다른 현상이나 사물에서 어떤 문제를 해결할 수 있을지를 생각해 보는 것이다. 반면 미래지향적 적용은 현재 해결되지 않은 문제들을 앞으로 해결할 수 있도록 창의적인 대안과 전망을 제시하는 것이다. 고학년으로 갈수록 창의적인 대안과 전망을 제시하는 미래지향적 적용이 가능할 것이며, 저학년에서는 현실적 적용하기로부터 미래지향적 적용하기로 나아가도록 노력하여야 한다.

K-W-L-A는 적용하기에서 중점적으로 지도할 수 있는 전략이다. 적용하기는 질문 과정에서 파악한 문제를 바탕으로 하여 탐색한 자료들을 근거로 자신이 이미 알고 있는 지식들을 결합하여 새로운 현상이나 사물의 문제를 해결할 수 있는 방법을 찾는 활동이다. 'A(apply)' 단계 이전의 'K-W-L'은 이전 과정에서 이미 수행한 산출물과 배경지식을 동원한 결과를 바탕으로 정리할 수 있을 것이다. 따라서 이전 과정에서 수행한 것들을 정리하여 새롭게 적용할 수 있는 것에 무엇이 있는지 찾아보아야 한다. K-W-L-A는 보다 창의적인 적용하기를 수행할 수 있도록 하기 위한 정리 체계이다.

4) 소통하기

내용영역 학습에서의 소통 상황은 그리 자유롭게 또는 자주 발생하지는 않는다. 제한된 시간 내에 주어진 문제를 해결하기 위한 방법을 찾는 과정에서 학습자 간 또는 교사 학습자 간의 의견 교환이나 상호협조를 위한 간단한 의사소통 상황은 있으나, 의도적으로 별도의 시간을 마련하여 다양한 언어활동을 수행하기란 그리 쉽지 않다. 하지만 개념중심 읽기 과정을 수행하면서 누적된 산출물들은 다양한 소통 상황을 통하여 학습자들의 동기유발과 자기점검을 위하여 재활용된다.

소통은 개념중심 읽기 과정의 모든 상황에서 이루어져야 하는 필수적인 학습자 활동이기도 하다. 질문하기, 탐색하기, 적용하기 과정에서의 소통은 자신이 무엇을 하였는지, 지금 하고 있는 것은 무엇인지, 앞으로 해야 할 것은 무엇인지, 알고 있는 것과 알게 된 것, 그리고 알고 싶은 것 등이 무엇인지를 파악하고 점검하는 일이기도 하다. 어떤 상황에서도 소통이 단절될 수는 없다. 자신의 의견과 생각을 드러내고 평가받는 과정을 통하여 보다 양질의 지식과 정보를 제공받을 수 있다. 소통은 일방적인 것이 아니라 상호 교섭적이고 협조적이다. 능숙한 학습자들은 자신이 더 잘 알고 있는 것을 미숙한 학습자들에게 전달함으로 해서 자신의 지식과 정보를 점검하고 수정, 보완한다. 미숙한 학습자들은 자신이 알고 싶어 하는 것이 무엇이고, 자신이 알지 못하는 것이 무엇인지를 드러냄으로써 능숙한 학습자로부터 도움을 받을 수 있다. 소통 상황은 개방적이고 자유로워야 한다. 내용영역 학습 상황에서의 소통이 때로는 제한적이고 단속적인 경우가 있다. 특히 평가와 관련된 상황에서의 소통은 금지될 가능성도 많다. 내용영역의 범주가 교과와 관련하여 단원평가나 기말평가 등의 상황이라면 소통 상황은 상상할 수도 없는 일이다. 때문에 개념중심 읽기 과정에서의 소통하기는 학습자들이 자신의 생각과 의견을 자유롭게 교환할 수 있는 기회를 마련해주도록 배려하여야 한다.

질문하기, 탐색하기, 적용하기 과정을 통하여 주어진 문제를 효과적으로 해결할 수 있는 능력을 갖춘 학습자들은 보다 계획적인 문제를 해결하려는 시도를 할 수 있다. 개인별 또는 모둠별로 작은 프로젝트를 계획하고 그것을 다양한 방법으로 공개하는 시간을 마련할 수 있을 것이다. 소통하기 과정이 대개 학년 말에 수행된다는 것을 감안한다면 다양한 방법을 동원하여 산출물의 효과를 드러낼 수 있을 것이다.

R-S-W 전략은 말하기의 중요성에 대한 것이다. 읽은 후에 바로 쓰는 것으로 끝을 맺는 것은 학습자들의 모든 언어활동이 쓰기로 종결된다는 것을 의미한다. 대부분의 학생들은 학급에서의 모든 소통 상황이 쓰기의 결과물로 남는다는 것을 잘 알고 있다. 모든 읽기 후의 모든 쓰기 활동은 학생들로 하여금 읽기 동기와 흥미를 감소시키는 것과 동시에 쓰기에 대한 동기와 흥미를 감소시킨다. 고학년으로 갈수록 쓰기를 싫어하는 이유는 바로 이 때문이다. 학급에서의 모든 언어활동의 결과가 쓰기의 산출물로 남고, 그것

은 바로 평가로 이어지기 때문에 쓰기 활동은 학생들의 자발적이고 주도적인 수행이 아니라 수동적인 활동으로 인식된다. 결국 읽기에 영향을 미치게 되어 쓰기와 같이 읽기에 대한 동기와 흥미를 잃어버리게 된다. 따라서 가급적이면 학생들의 소통은 꼭 필요한 경우가 아니면 말로 수행하도록 안내하여야 한다. 말로 하는 것이야말로 학생들이 지금 무엇에 대하여 알고 싶어 하는지, 무엇을 알게 되었고 무엇을 더 알고 싶어 하는지를 바로 파악할 수 있게 하는 소통 상황이다.

3. 개념중심 읽기가 내용영역의 학습에 미치는 효과

개념중심 읽기를 통한 내용영역 읽기 지도의 실제 과정을 중심으로 실험집단의 편성과 운영에 대하여 알아보기로 한다. 지도의 실제 과정은 앞에서 논의하였던 개념중심 읽기 과정 모형을 바탕으로 현장에서 교사들이 실제로 학생들에게 적용할 수 있는 방법에 대하여 기술하고 있으며, 연구자가 1년간 실험한 내용을 담고 있다. 지도의 실제 방법은 제한적으로 정해져 있는 것은 아니다. 연구자가 실제로 투입한 방법들은 기존에 알려진 것들이 대부분이며, 그것을 바탕으로 현장에서 적용이 가능한 방법으로 변형한 것이다. 따라서 내용영역 읽기 지도를 실행할 때에는 보다 나은 방법과 전략을 얼마든지 동원할 수 있는 유연성을 전제로 하고 있으며, 보다 나은 방법과 전략의 구안이 지속되어야 할 것이다.

1) 연구의 대상과 기간

초등학교 2학년을 전후로 학생들의 읽기는 문자를 해독하는 수준에서 이해의 단계로 나아간다. 내용영역의 읽기가 중요하게 대두되는 시기와 맥을 같이 한다. 교과서 텍스트의 양이 증가하고 개별적으로는 보다 깊이 있는 지식이 담겨 있는 책을 즐겨 읽는 시기이기도 하다. 이 연구에서 실험집단을 2학년으로 설정한 이유는 바로 읽기 학습과 언어사용 기능의 전환점이기 때문에 보다 뚜렷한 관찰이 가능할 것이라는 전제를 두었기 때문이다. 실험을 위한 비교집단과 통제집단은 같은 학교에 재학 중인 2학년 학생들이었으며, 이 두 집단의 동질성은 2007년 3월 실시된 국어와 수학 진단평가 결과를 근거로 하였다. 학년 초 실시하는 진단평가는 학생들의 전년도 학업 성취 수준을 알아보기 위한 일제고사의 성격을 띠고 있다. 따라서 현재의 학생들의 언어사용 기능과 내용영역의 학업 수행 능력을 판단하고 앞으로 학습할 내용에 대한 수준별 적용 및 부진 학생의 판별 자료로 활용된다. 진단평가 결과는 학생은 물론 학부모에게 공개되지 않으며, 교사들이 앞으로 지도할 교육과정의 수준을 판단하고, 그에 따른 학급 및 개별화 교육과정 계획을 수립할 수 있는 근거 자료가 되기도 한다.

통상 실험집단 구성을 위하여 사전 평가를 별도로 시행하는 경우가 많으나, 학교 교육의 여건상 또한 학교 현장을 대상으로 하는 실험 연구의 성격상 진단평가 자료는 보다 객관적인 근거를 확보한다고 볼 수 있다. 따라서 진단평가 결과를 분석함으로써 학습자들의 동질성을 확보하는 것은 물론, 국어과의 성격과 내용교과 학습의 관계를 일견하는 데에도 많은 도움이 된다. 비교집단의 학생들은 이 연구를 위하여 필자가 학급을 직접 맡아서 지도하였으며, 통제집단은 진단평가 결과를 근거로 평정된 동질 집단으로 구성되었다. 연구의 성격상 단기간의 투입으로 내용영역의 이해 능력이 향상되는 것이 아니기 때문에[2] 보다 체계적이고 구체적인 프로그램, 과정, 전략, 방법 등의 구안과 적용을 위하여 1년의 연구 기간을 설정하였다.

---

2) 거쓰리(1996)의 경우에도 1년간의 지도를 통하여 효과를 볼 수 있다고 밝혔으며, 필자의 연구에서는 차시별 재인효과 검증과 단원별 학업 성취 효과 검증 등을 통하여, 내용영역의 읽기와 관련된 이해 능력이 단기간에 효과를 볼 수 없다는 것을 알았다. 이와 관련된 연구는 후속 논문을 통하여 발표할 것이다.

실험을 위한 두 집단의 아동 구성은 통제집단의 아동이 남자 14명 여자 13명 총 27명, 비교집단의 아동이 남자 15명 여자 12명 총 27명으로 시작하였다. 공립 초등학교의 경우에는 학기 중 전출입이 있는 관계로 아동의 숫자가 증감한다. 1년 후 실험이 종료되었을 때에는 최초 실험에 참가한 아동들의 숫자는 특수학급 아동과 학습 부진아동을 제외하고 각각 22명, 21명이었다. 중간에 전입을 한 아동들의 경우 통제집단의 아동은 문제가 없으나 비교집단의 경우에는 1년간의 실험 기간을 전제로 하였기 때문에 전입생의 경우 사후 평가에서 제외하였다. 같은 조건을 충족하기 위하여 통제집단의 경우에도 전입생을 제외하여 학년 초기의 진단평가 결과를 바탕으로 설정한 동질성을 유지하였다.

2007학년도 1, 2학기 동안 네 개의 과정으로 구분하여 3월과 4월은 질문하기 과정, 5월과 6월은 탐색하기 과정, 9월과 10월은 적용하기 과정, 11월과 12월은 소통하기 과정 활동에 집중하였다. 각 과정 활동은 아침 등교 시간부터 1교시 정규 수업 시작 전까지의 10분, 국어 교과 시간 중 주당 1시간, 재량활동 주당 1시간을 활용하였다. 월요일과 토요일 아침 방송 조회를 제외하면 아침 자습 시간 활용은 총 40분으로 한 차시 분량이므로, 교과 시간과 재량 시간을 합하면 주당 3시간 정도의 규칙적인 시간을 할애할 수 있다. 이밖에 가정 자율 학습 시간을 최대한 활용하여 학생들의 주도적이고 자율적인 과정 활동을 수행할 수 있도록 안내하였다. 가정 자율 학습은 하루 1시간 일주일에 4일 이상의 과정 활동을 스스로 수행하는 것을 원칙으로 하였다. 궁극적으로 학교에서의 교사 안내보다는 가정에서의 학습자 주도적인 과정 활동에 중점을 두었다. 학교에서의 활동은 주로 각 과정 활동의 결과에 대한 자기 점검과 교사 지도 그리고 아동 간 소통 활동에 투입하였다.

2) 연구의 절차

이 연구는 2007년 3월부터 2008년 2월까지 약 1년간 서울시내 초등학교 2학년 학생들을 대상으로 수행되었다. 이 연구의 수행을 위하여 2006년부터 내용영역에 관한 문헌 연구 및 관련 자료들을 수집하였으며, 수리·과학적 문제해결을 중심으로 한 내용영역의 언어사용에 관한 연구를 수행하였다. 수리·과학적 문제해결을 위한 언어사용의 중요성은 현장의 교사들이 실행하는 교육과정 수업 양상과 설문을 근거로 하였으며, 이를 바탕으로 2007년 3월 실시한 진단평가를 분석하여 수학을 중심으로 한 국어과의 언어사용 기능과 내용영역의 관계에 대하여 분석하였다. 이 두 선행연구는 내용영역의 학습에 읽기 기능이 중요한 영향을 미친다는 가설의 타당성 검증을 가능하게 해주었다.

필자의 두 가지 선행 연구를 기저로 도출된 가설의 검증을 위하여 학습자들의 내용영역 이해에 효과적인 영향을 미치는 언어 전략에 대한 이론적 탐색과 실행은 2007년 3월부터 시작되었다. 먼저 내용영역의 개념적 이해 학습을 위한 읽기 교수 전략을 구안하기 위하여 거쓰리(1996)의 'CORI'를 분석하였다. 그는 이미 자신의 연구에 대한 미국 내 초등학교에서의 현장 검증을 통하여 **CORI** 학습법이 내용영역 읽기(특히 과학영역)에 효과적인 영향을 준다는 것을 밝혔다. 주로 내용영역 읽기의 자발적 동기 형성과 몰입에 관련한 것들이었지만, 우리 교육의 현실에 비추어 본다면 내용영역의 학습에 효과적인 영향을 줄 수 있는 요소들을 포함하는 것이었다. 정규 교육과정과 과제학습을 통하여 학습자가 주도적으로 수행할 수 있는 방법들을 과정별로 유목화하고, 각각의 과정마다 일정한 기간을 두고 지도하면서 학습자들의 변화를 관찰하였다. 학습자들의 수행 양상을 수시로 확인하고 분석하면서 미숙한 학습자나 능숙한 학습자 모두가 주도적으로 흥미를 갖고 참여할 수 있는 방법들이 무엇인지 검토 조정하는 작업을 통하여 연구의 방법 및 과정을 구성해 나아갔다. 하나의 프로그램화된 과정이 끝남과 동시에 보다 발전된 형태의 활동을 제시함으로써 학습자들은 내용영역의 이해의 바탕이 되는 읽기 중심 개념 학습법을 주도적으로 활용한다.

개념중심 읽기 학습을 통한 내용영역 읽기 지도의 효과를 검증하기 위하여 검사지를 구안하였다. 검사 문항의 선정을 위하여 1년여의 실험 기간 중 현장 교사 50여 명 및 평가 전문가 5명의 설문과 3차에 걸친 수정, 보완을 통하여 검사지의 문항을 선정하게 되었다. 내용영역의 읽기에 영향을 주는 요인을 분석하고, 분석한 요인들을 열거하여 현장의 교사들에게 설문하였으며, 설문을 통하여 선정된 문항을 평가 전문가에게 의뢰하여 재검토 및 수정, 보완토록 하였다. 검사지는 현장의 평가 전문 교사 5명에게 의뢰하여 타당성을 검증하였으며, 해당 검사지를 사전검사하여 학습자 적용의 적절성 여부를 확인하였다. 효과의 검증은 2008학년도가 개시되는 3월에 3학년 학생들 전원을 대상으로 실시하였다. 1년간의 지도 결과를 알아보기 위한 것이었으며, 검사는 동일한 시간에 3학년 전 학급에서 각 학급의 담임교사 주관 하에 실시하였다. 검사지의 채점은 현장의 평가 전문 교사 3인에게 의뢰하였다. 평가의 신뢰성을 확보하기 위하여 3인의 평가자에게 사전 평가 교육을 실시하였다. 평가 교육은 단순히 채점에 대한 공정성을 확보하기 위한 기준을 설정하는 것뿐 아니라, 이 연구의 목적과 필요성, 그리고 연구의 실행에 관한 전반적인 내용을 설명한 후에 검사지의 타당성에 대한 논의를 다시 한 번 실시하였다. 이미 평가지의 타당성을 확보하였으나, 현장 평가 전문 교사의 의견을 존중하기 위하여 해당 검사 문항이 내용영역 읽기의 개념중심 읽기 능력을 평가하는 데에 적절한 항목인지에 대하여 논의하였다. 이 논의에서 부적합하다고 판단되는 문항에 대하여는 재출제 내지는 검사 문항 삭제의 가능성이 있었으나, 모든 검사문항의 타당성에 동의하였다.

검사지의 평가 기준은 연구자에 의하여 설계되었으나, 평가 전문 교사들과 재협의하여 평가 기준을 조정하였다. 최초 문항 당 10점 만점을 기준으로 하였으나, 한 문항에 대한 점수의 오차 범위가 너무 크다는 의견이 있었기 때문에 한 문항에 대하여 3점을 만점으로 하고, 0점에서 3점까지 3개의 급간을 두었다. 결국 평가 기준은 0점, 1점, 2점, 3점으로 하여 4개의 평가 기준을 설정하고 채점을 하게 되었다. 평가 교사들은 학생들의 검사지에 대한 채점의 공정성을 확보하기 위하여 비교집단과 통제집단을 구분할 수 없게 무작위 채점을 하였다. 또한 3인의 평가 전문 교사들이 순환 채점한 후에 학생 개별 채점에 평가자 간의 차이에 대한 재논의를 하였다. 예를 들어 A학생의 1번 문항에 대한 평가교사 '가'의 점수가 1점, '나' 교사의 점수가 3점인 경우 점수 차이가 나는 요인이 무엇이며, 평가 교사의 평가 관점의 오류 여부에 대하여 재확인한 후에 수정 여부를 결정하였다. 평가 교사의 의견을 존중하기 위하여 재조정 의사가 없는 경우에는 채점 급간의 차이가 있음에도 불구하고 그대로 통계에 반영하는 것으로 하였다.

검사지의 문항은 총 10문항으로 구성되었으며, 각각의 문항은 내용영역 읽기와 관련된 개념중심 읽기 능력을 측정하는 데에 주안점을 두었다. 한 개의 문항이 개별 능력을 측정한다고 주장할 수는 없지만 현장 평가 전문 교사들의 의견과 채점을 담당한 교사들의 검증을 반영하여 통계에 적용하기로 하였다. 검사지 문항은 '이해하기', '주제파악', '배경지식의 활용', '개념어 알기', '비교하기', '요약하기', '개념 문장 알기', '재구성하기' 등으로 구성하였다. 각각의 문항은 해당 평가 영역을 대표하지는 않지만, 문항의 개별 평가 목표를 내용영역 읽기에 요구되는 읽기 능력과 관련하여 설정하였다.

각 문항에 대한 평가 교사 3인의 평가 점수를 합산하여 비교집단과 통제집단의 결과를 분석하였다. SPSS를 이용한 ANOVA 기술통계 분석을 하였으며, 기술통계 분석과 관련하여 사회과학 분야의 연구 전문가 2인에게 조언과 검증을 의뢰하였다. 두 집단에 대한 사전검사는 2007년 3월 진단평가 결과를 근거로 동질성을 확보한 두 집단을 대상으로 실시하였다. 1년간의 실험 기간으로 인하여 예비 실험과 사전 실험은 실시하지 않았으나, 5학년 아동을 대상으로 한 개념중심 읽기의 재인효과 검증, 단원 성취도 효과 검증 등을 실시하였다. 개념중심 읽기가 내용영역의 학업 성취에 효과적인 영향을 미친다는 가설을 입증할 만한 객관적인 자료를 확보하기 위하여 실시한 차시별 재인평가와 4~6차시를 기준으로 하는 단원별 성취도평가에서는 집단간 평균 점수의 차이를 보였으나, 통계학적으로 유의미한 효과가 검증되지 않았기 때문에 이 연구에서는 제외하였다.

3) 연구 결과의 분석

학년 초 진단평가 자료를 근거로 하여 실험을 위한 두 집단이 편성된 직후 비교집단과 통제집단을 대상으로 사전검사를 실시하였다. 사전검사는 일 년 후 사후검사와 동일한 검사 문항으로 구성되었으며, 검사문항은 현장 교사 50명의 설문을 통한 내용영역 읽기에서 학습자들에게 요구되는 읽기 요소―현장 교사들에게는 읽기 능력이라는 용어를 병행하여 사용하였다―를 선별하여 검사 문항으로 선정하였다. 내용영역 읽기와 관련된 학습 요소 또는 읽기 능력이나 독해 요인 등은 매우 다양하다. 보다 많은 항목을 검사 문항으로 선정하여 측정하는 것이 보다 세부적인 검증에 도움이 되는 것은 사실이지만 초등학교 저학년 학생들이라는 점을 감안하여 검사의 타당성을 최대한 높이는 수준에서 검사 문항을 최소화하는 쪽으로 검사지를 구안하였다. 검사 문항은 개념중심 읽기 과정에서의 교사 및 학습자의 학습 전략, 방법 등을 통하여 형성되는 내용영역의 읽기 요소라는 점을 강조하였고, 이 부분에 대한 검증은 평가 전문가 5명에게 의뢰하였다. 각 문항이 내용영역 읽기 이해 및 능력과 관련이 있으며, 개념중심 읽기 지도를 통하여 형성될 수 있는 학습자 읽기 요인이라는 점을 인식할 수 있도록 설문 대상 현장 교사뿐 아니라 타당성 검증을 위한 평가 전문가에게 사전 안내 및 교육을 실시하였다.

'핵심어', '핵심문장', '주제파악' 문항은 개념중심 읽기 과정의 '질문하기' 과정의 지도, 전략, 방법 등을 통하여 형성되는 학습 요인이며, '요약하기', '공통점', '차이점', '배경지식' 문항은 '탐색하기' 과정을 통하여 형성되는 내용영역 읽기 학습 요인이다. '정보습득'과 '적용'은 '적용하기' 과정을 통하여 형성되는 학습 요인으로, '재구성' 문항은 '소통하기' 과정의 학습 요인으로 선정되었다. 각각의 문항들은 개념중심 읽기의 네 단계와 유기적인 관계를 갖고 있기 때문에 각각의 문항이 반드시 네 과정의 학습 요소를 대표한다고 볼 수도 없다. 다만 개념중심 읽기의 네 과정에서 중점적으로 실행되는 학습 요인을 추출하여 문항을 작성한 것이었다. 예를 들어 글의 공통점과 차이점을 분석하는 것, 배경지식을 동원하는 것은 탐색하기 과정에서 학습자가 수행하는 주요 활동이지만, 적용하기 과정에서도 학습자가 선행하여야 하는 학습 요소이기 때문에 그것들은 다시 적용하기와 관련된 문항으로 생각할 수 있으며, 재구성을 포함한 배경지식의 활용, 분석, 요약하기 등은 소통하기 과정에서 학습자들이 선행하여 수행하는 활동이기 때문에 소통하기의 평가 문항으로 인정될 수 있는 것이다.[3]

사전검사는 비교집단과 통제집단 두 학급을 대상으로 실시되었고, 사후검사는 3학년 전 학급을 대상으로 실시하였다. 사전검사는 집단이 구분된 상태의 2개 학급이었지만, 사후검사는 두 집단이 3학년이 된 직후였기 때문에 3학년 모든 학급을 대상으로 실시한 후에 전년도 학급명부와 분반자료를 참고하여 원래의 두 집단 아동들의 검사지를 수합하여 평가하였다. 사후검사를 신학년도에 실시한 이유는 전학년도의 개념중심 읽기 지도를 한 학급인 비교집단과 그렇지 않은 통제집단에 대한 개념중심 읽기 지도 재인

---

3) 검사지 문항은 현장 교사의 설문과 평가 전문가들의 조언을 토대로 구성된 것이지만 여전히 논란의 여지가 남아 있다. 따라서 내용영역 학습 전반에 걸친 언어적인 수행 능력 측정 검사지를 구안할 필요가 있다. 기존의 독해력 검사지와는 별개로 내용영역 학습과 관련된 요소를 언어영역별로 세분화하여야 할 것이다.

효과를 배제하기 위한 것이었다. 물론 장기간의 지도와 학습활동이 학습자들의 단기 기억에 영향을 얼마나 줄 것인지에 대한 자료를 갖고 있지는 않지만 일정 기간이 지난 후의 검사 결과를 바탕으로 개념중심 읽기 효과를 입증하는 것이 신뢰성 확보에 도움이 될 것이라고 판단하였기 때문이다.[4]

사전검사에 참여한 아동은 비교집단 27명 통제집단 27명이었으나, 전출입 아동과 특수학급 및 학습 부진아동을 제외한 비교집단 22명 통제집단 21명에 대한 사후검사 결과를 추출하여 통계를 낸 것이다. 사전검사 결과에서 알 수 있듯이 1년 전의 검사에서는 모든 문항에서 통제집단의 점수가 비교집단에 비하여 높게 나왔다. 통제집단과 비교집단을 선정할 당시에는 진단평가 결과를 바탕으로 동질성을 확보하고 사전검사를 실시하였으나, 실제로 사전검사를 실시하였을 때에는 비교집단과 통제집단의 유의미한 차이를 보였다. 즉, 사전검사에서는 통제집단의 점수가 비교집단의 점수보다 높게 나타났다. 이러한 사전검사 결과에 대한 사후검사는 사전검사와는 다른 결과를 보였다. 사전검사와 달리 사후검사에서는 비교집단의 점수가 통제집단의 점수에 비하여 월등히 향상되었음을 보여주고 있다. 1년간의 교육과정 이수를 통한 학습 능력의 향상을 고려하더라도 비교집단의 점수는 통제집단의 점수를 능가하였으며, 전반적으로 개념중심 읽기 지도가 내용영역의 읽기에 효과적인 영향을 미친다는 것을 입증하였다.

---

4) 여기서 구체적으로 논의하지는 않았지만 실험 기간 중인 학년 말에 비교집단인 2학년 학급과 5학년 한 학급을 무작위로 선정하여 유사한 검사를 실시하였다. 이 검사의 의도는 사후검사의 파일럿 테스트 성격이었다. 검사 문항의 수와 점수 문항 내용은 차이가 있었지만 개념중심 읽기 지도가 내용영역 읽기에 효과적인 영향을 주고 있는지 사전 검증하기 위한 것이었다. 이 검사의 결과를 논의할 수 없는 것은 두 집단이 2학년과 5학년으로 서로 동질성을 갖고 있지 않았으며, 객관적으로 비교가 될 수 없는 학년 수준의 차이가 너무 많았기 때문이었다. 그럼에도 불구하고 이 검사에서도 2학년 비교집단 아동들의 점수가 비교적 우위에 있음을 확인할 수 있었다. 이 검사의 평가는 개념중심 읽기에 관한 교육을 이수한 학부모 집단에 의하여 평가되었다.

[개념중심 읽기 지도가 내용영역의 읽기 이해에 미치는 효과]

검사항목	사전검사				사후검사			
	비교집단		통제집단		비교집단		통제집단	
	평균	표준편차	평균	표준편차	평균	표준편차	평균	표준편차
핵 심 어	2.1818	1.73580	2.2857	1.48805	5.0000	2.65474	3.9048	2.25621
핵심문장	.8182	1.59273	1.1429	1.35225	5.5455	3.21792	4.3810	2.76543
주　　제	1.7727	3.19124	5.9048	2.07135	8.2727	1.57908	6.5714	3.00951
요　　약	1.0909	1.77037	1.1429	1.90488	7.0909	3.06919	4.1905	3.14037
공 통 점	.4545	.91168	1.5238	1.36452	6.9091	2.36863	4.3810	2.47944
차 이 점	.5000	1.18523	1.2381	1.13599	6.2727	3.25404	3.9524	2.72904
배경지식	.5455	1.10096	1.0952	1.67047	4.5455	3.78880	2.3810	2.08509
내　　용	2.2273	2.54356	3.1905	1.96517	6.6818	2.98227	5.0000	3.11448
적　　용	.5000	1.10195	.6190	1.11697	5.1818	3.76243	2.8095	2.31558
재 구 성	.1818	.66450	.4762	1.43593	4.6818	4.20189	2.4286	2.22648
합　　계	10.2727	10.10508	18.6190	5.74871	60.1818	17.22854	40.0000	14.71734

[개념중심 읽기 지도가 내용영역의 성취도에 미치는 효과]

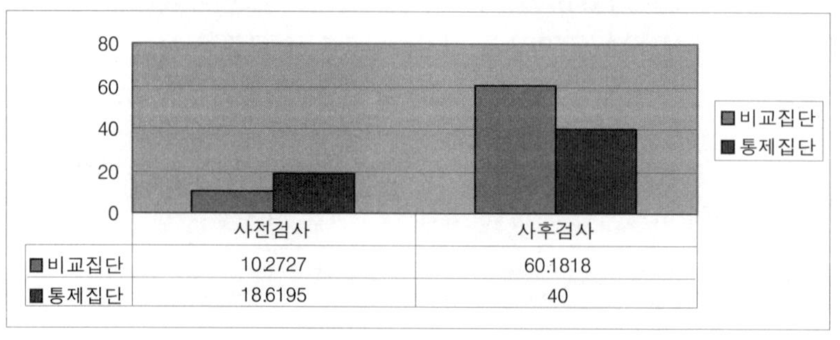

4. 개념중심 읽기 연구의 한계와 성과

　　이 연구를 통하여 얻은 것보다 훨씬 더 많은 문제점과 연구 과제들이 도
출되었음을 알게 되었다. 이 연구의 한계는 개념중심의 읽기가 내용영역의

학습에 영향을 미칠 수 있는지에 대한 언어영역 전반에 관한 검증이 실행되지 않았다는 것이다. 또한 검사지의 항목이 개념중심의 읽기 능력 또는 내용영역의 학습이나 내용영역의 학습을 위한 읽기 기능을 모두 측정할 수 있는 것인지에 대한 타당성을 확보하는 것도 과제로 남았다. 내용영역의 연구가 시작의 단계이긴 하지만 보다 체계적이고 분석적인 연구가 실행되어야 할 것이다. 이러한 연구들은 반드시 현장의 교육과 맥을 같이 하여야 하며, 실험을 통한 검증이 수반되어야 할 것이다.

언어사용 기능이 내용영역의 학습에 매우 중요한 역할을 한다는 것은 누구나 인정하고 있는 사실이지만 그 역할이 어느 정도에 제한되어 있는가에 대한 견해는 분분하다. 언어사용 기능이 뛰어난 학습자들이 내용영역의 학습에서도 뛰어난 실력을 발휘할 것이라는 일반적인 견해는 실제와 차이가 있다. 국어과의 언어사용 기능 즉, 도구적 기능이 내용교과의 학업 성취와 비례할 것이라는 예측은 빗나가고 있다. 이 연구의 결과는 현재의 국어교육에 의한 언어사용 기능의 신장이 내용영역의 학습에 절대적으로 효과적이지 않다는 것이다. 연역적으로 단언하면 고학년으로 갈수록 지식과 정보의 양이 팽창할수록 수준 높은 내용영역의 텍스트를 접하는 학습자들일수록 보다 세련되고 능숙한 읽기 기능이 필요함을 알 수 있다.

결론적으로 국어교육의 도구적 기능에 대한 정체성 확립은 국어과의 언어사용 기능이 내용영역의 학습에 효과적으로 작용하여야 한다는 것이다. 단순한 기계적 도구가 아니라 생산적이고, 구성적이며, 창조적인 도구로서의 가치를 갖고 있어야 한다. 국어교육을 통하여 언어사용 기능이 신장되고 언어사용 기능의 신장을 통하여 세련되고 능숙한 언어를 사용할 수 있을 때에 변화하는 창조적 지식 기반 사회의 전문화, 고급화된 지식과 정보를 효과적으로 습득할 수 있게 된다. 이것이 바로 국어과의 정체성을 확립하는 길이며, 내용영역의 언어통합 교육의 필요성과 목적의 당위성을 입증하는 것이다.

개념중심 읽기를 통한 내용영역 읽기 지도에 관한 연구는 첫째, 내용영역의 학습과 언어사용 기능의 관계에 대하여 현장 교육의 실제 사례를 바탕으로 밝히고 있다는 데에 주목하여야 한다. 이론과 현장은 마치 투명한 막으로 분리되어 있다는 생각을 오래전부터 지울 수 없었던 필자는 언제나 모든 이론은 현장의 실제를 바탕으로 하여야 한다고 생각하고, 여러 학술대회와 논문을 통하여 주장하였다. 현장을 벗어난 이론이 어떤 가치에 목적을 두고 있는지 학자들은 대개 알고 있다. 그러나 그것이 학자들만이 공유하는 것이 아니라 해당 분야와 관련이 있는 사람들을 포함하고 있다면 이론은 포함된 그들을 고려하여야 할 것이다. 특히 교육은 현장성에 매우 민감하게 작용한다. 이론에 의하여 현장이 움직인다고 해도 과언이 아닐 정도로 훌륭한 이론은 현장의 교육에 직·간접적으로 작용한다. 따라서 이론이 현장과 괴리되었을 때 현장은 혼란스럽고 갈피를 잡지 못한다. 현장에는 학생, 교사, 학부모, 지역사회, 심지어 일반 직장인들이 포함되어 있다. 현재의 교육 현장은 단지 학생과 교사가 존재하던 전통적인 범주를 확대하여 사회 전체를 교육의 대상으로 삼는 포괄적 교육기관으로 자리잡아가고 있다. 이런 시점에서 현장성을 바탕으로 하는 이론의 양생은 무엇보다 중요하다. 이 연구가 현장의 사례와 실제 적용을 근거로 수행되었다는 것은 바로 연구로서의 가치뿐 아니라 현장 교육 실행 자료로서 활용이 될 수 있다는 데에 가치를 둘 수 있다.

둘째, 내용영역 학습활동에 중요한 도구적 기능을 하는 언어의 역할에 대하여 논의하였다는 것이다. 내용영역의 학습을 위해서 언어는 필수적인 도구이다. 도구로서의 언어는 내용영역 텍스트를 단순히 해독하는 수준이 아니라, 나날이 발전하는 전문적이고 고급화된 내용영역의 지식과 정보를 효과적으로 습득할 수 있는 역할 기능을 갖고 있다는 점을 인식하게 하여야 한다. 그러한 인식을 위하여 국어과의 언어사용 기능과 내용영역의 학습 관계 분석을 통하여 내용영역의 학습활동에 효과적인 영향을 줄 수 있는 언어교육의 필요성을 인식하고 그 결과, 개념중심 읽기 과정을 구안하게 되었다.

셋째, 구안된 개념중심 읽기를 통하여 내용영역의 학습에 효과적인 영향을 미친다는 것을 검증하였다는 것이다. 검증을 위한 실험이 초등학교 2학년을 대상으로 한 것과 초등학교 2학년 학습자들의 교육과정 운영과 맥을 같이 하면서 실제 적용이 가능한 전략과 방법을 통하여 효과를 검증한 것은 매우 의미 있는 연구 결과라 할 수 있다. 초등학교 2학년 학습자들은 고학년 학습자들에 비하여 언어사용 기능면에서 미숙할 뿐만 아니라, 읽기 학습 및 기능의 전환기에 있기 때문에 실험 대상 및 실험 방법 그리고 결과의 신뢰를 입증하는 데에 매우 객관적인 자료를 제공하기 때문이다.

—「내용영역의 개념중심 읽기 지도에 관한 연구」, 『국어교육』 126,
한국어교육학회, 2008. 6. 30.

1. 내용영역과 CORI

학교에 들어오면서부터 학생들은 지식 습득을 위한 읽기에 집중해야 한다. 자의건 타의건 간에 학교에서는 학생들에게 필요한 지식과 정보를 전달하기 위하여 다양한 매체를 동원한 교육을 실시하며, 교과서를 포함한 상당 부분의 교재들이 읽기 텍스트로 구성되어 있다. 전자매체의 발달로 인하여 교실 상황이 훨씬 현대화되었다고는 하지만 여전히 학생들은 많은 읽기 교재를 통하여 필요한 지식과 정보를 습득한다.

지식과 정보의 양이 급속도로 증가하고, 질적 전문성을 추구하는 현재 교육 상황은 학생들의 읽기 능력 향상을 요구한다. 정서 함양과 인격 형성을 위한 글 읽기 이외에 자신에게 주어진 문제 상황을 효과적으로 해결할 수 있는 지식은 무엇이고, 지식을 활용하여 어떻게 문제를 해결할 수 있는지에 대한 능력을 갖추어야 한다. 정보의 양적 증가보다 질적인 전문성의 신장은 학생들에게 사실적인 지식을 기억하는 것과 함께, 이해하고 이해한 것을 실제 상황에 적용하여 유용하게 활용할 수 있는 능력을 요구하는 것이다.

거쓰리의 **CORI**(concept-oriented reading instruction)는 학생들에게 요구되는 지식

과 정보의 습득은 물론 이해와 적용 그리고 활용에 이르기까지 내용영역의 학습을 효과적으로 수행할 수 있도록 하는 읽기 모형, 과정, 전략, 방법 등을 구체적으로 제안하고 있다. 주로 과학영역과 언어영역의 통합 교육을 통하여 초등학교 현장에서의 학습을 위한 읽기(reading to learn)에 중점을 두고 실행한 현장 연구이다. 메릴랜드 주립대학교 부설 CORI 교육 센터에서는 매년 지역 초등학교 교사들을 대상으로 내용영역과 언어영역의 교육을 통합한 내용영역 읽기 지도에 관한 연수를 시행하고 있으며, 그 연수를 이수한 교사들은 자신이 속한 초등학교의 학생들에게 CORI 모형을 적용한 교육 활동을 수행한다. 관련 연구에 의하면 학습자들의 대부분이 과학영역의 학습에 대한 동기와 흥미 그리고 몰입성의 향상이 있었음을 보고하고 있다.

CORI의 연구 결과가 우리나라의 교육에 완전히 일치한다고는 볼 수 없다. 무엇보다 교과통합 수업이 일반적이지 않으며, 교육과정 운영의 유연성이 확보되지 않은 상황에서 학교 및 교사의 교과 시간 운영 재량권이 그리 자유롭지 못하기 때문이다. 그러나 CORI 모형의 현장성 있는 장점들을 우리의 교육 현장에 적용할 수 있는 가능성은 다양할 뿐만 아니라, 교과통합 교육의 가치와 가능성의 재고를 위한 진취적 논의가 필요하다. 그러기 위하여 거쓰리의 CORI 모형을 소개하고 초등학교 5학년 과학과의 지도 실제를 바탕으로 CORI가 내용영역의 학업성취에 미치는 효과에 대해 논의하기로 한다.

2. 거쓰리(Guthrie)의 CORI

내용영역의 학습에 효과적인 영향을 미치는 개념중심 읽기의 과정과 방법 그리고 효과에 대하여 알아보기로 한다. 먼저 개념중심 읽기의 이론적 토대가 되었던 거쓰리(1996, 1998, 1999, 2004, 2007 & www.cori.umd.edu)의 CORI에 대하여 알아보기로 한다. 개념중심 읽기를 통한 내용영역의 읽기 지도 과정은 기본적으로 거쓰리의 연구에 기초하고 있지만, 교육과정의 구조와 현장 교육의 현실 그리고 동서양인의 인지 작용의 차이 등을 고려하여 우리의 교육 현실에 적합한 과정을 구안하였다. 또한 개념중심 읽기가 내용영역의 읽기에 미치는 효과의 검증을 위하여 거쓰리가 실행한 동기와 몰입에 대한 검증 대신 내용영역 읽기의 학습 요소를 추출하였으며, 내용영역 읽기의 학습 요소를 근거로 검사 문항을 작성하여 기술통계를 실행하였다.

우리 교육 현장에 적용이 가능한 개념중심 읽기 지도 과정의 구안을 토대로, 실제 수업에 투입하여 활용할 수 있는—이 연구에서 실제로 투입하여 실험 연구한—전략과 방법을 제시하였다. 또한 실험연구 성과의 신뢰를 바탕으로 현장의 교사들이 교육 활동에 적용하여 학습자들의 내용영역 학업 성취도를 향상시키고, 내용영역의 읽기 능력을 발달시킬 수 있도록 하였다.

1) 거쓰리(Guthrie)의 CORI 모형

CORI는 내용영역의 읽기 기능을 향상시키는 데에 주목적이 있다. 학습자의 읽기 기능 향상은 학습자가 자발적으로 읽기에 몰입할 수 있는 동기를 형성하는 데에 지도의 핵심이 있다. 학습자의 자발적 동기와 몰입을 통하여 학습자들은 자신의 문제를 해결할 수 있는 지식과 정보를 텍스트로부터 효과적으로 구성해낼 수 있다(Guthrie, Meter, Hancock, Alao, Anderson & McCann, 1998 : 262). 내용영역의 지식이나 정보들을 구성하는 개념들을 이해하고 학습한다는 것은 다양한 텍스트와 여러 장르에 포함된 개념적 지식을 습득하는 과정을 통하여 가능하다. 이러한 개념적 지식의 습득은 내용영역의 영역 특수적 개념(Guthrie, Anderson, Alao & Rinehart, 1999 : 345)의 읽기 지도가 요구된다. CORI의 핵심 목적인 읽기 동기와 몰입을 통하여 학습자들은 다양한 영역의 읽기 학습을 효과적으로 수행할 수 있게 된다.

(1) CORI의 목적과 방법

CORI 프로그램은 읽기, 과학, 동기, 통합교육과 관련된 목적을 갖고 있다. 무엇보다 학생의 자발적 읽기 동기를 향상시키는 데에 우선적인 목적이 있으며 자발적 동기 형성을 위하여 과학과의 통합 수업을 지향한다. 학생들은 실생활에서의 과학적 호기심과 흥미를 바탕으로 읽기에 대한 자발적 동기를 유발하고 이를 통하여 읽기 동기를 향상시킨다. 과학적 지식과 정보의 습득은 실제 경험과 관찰을 통하여 습득되기도 하지만 다양한 읽기 자료를 통하여 일상생활의 과학적 호기심을 해결한다. 과학적 탐구 과정은 읽기의 과정과 맥을 같이 하고 있다고 전제하는 CORI 프로그램은 학생들의 과학적 호기심을 해결하기 위한 다양한 과학 텍스트의 접근을 통하여 과학적인 문제를 해결함과 동시에, 읽기에 대한 호기심을 유발하고 자발적인 읽기 동기를 형성한다고 생각한다.

자발적인 읽기 동기 유발과 형성은 직접 교수법, 현시적 교수법 등의 다양한 교수 전략과 폭넓은 과학 텍스트의 제공을 통하여 읽기 이해력을 향상시키는 인지적 전략을 구가하는 것으로 시작한다. 이러한 인지적인 교수 전략을 통하여 학생들은 과학적 지식을 습득하는 것과 동시에 과학적 텍스트의 읽기를 통하여 읽기 기능을 향상시키고 읽기 기능의 향상을 통하여 보다 깊이 있는 과학적 지식을 습득할 수 있게 된다.

읽기와 관련하여 CORI 프로그램은 학생들이 주어진 텍스트로부터 인지적인 전략을 효과적으로 활용하여 텍스트 내의 지식과 정보를 효율적으로 습득할 수 있도록 지원하는 데에 목적이 있다. 인지적 전략은 보다 난해한 텍스트들을 효과적으로 이해할 수 있게 하기 위하여 인지적 전략을 보다 수시로 유용하게 활용할 것을 권고한다. 독해력 향상을 위한 인지적 전략으로는 '배경지식 활성화하기', '질문하기', '정보 탐색하기', '요약하기', '도식화하기', '이야기 구성하기', '질문 정교화하기', '묻고 답하기' 등의 활동이 있다. '배경지식의 활성화'는 글의 주제와 관련하여 학생들이 이미 알고 있는 것이 무엇인지 점검하는 것은 물론 학생들에게 글의 주제와 관련하여 이해에 도움이 되는 지식을 미리 제공하거나 다양한 검색 자료를 통하여 학습자 스스로 배경지식을 형성하는 것을 포함한다.

'질문하기'는 학습자들이 글을 읽기 전에 글의 주제를 파악하고 글의 이해를 돕기 위하여 자기 스스로 글의 주제와 관련된 내용에 대하여 자문하는 것이다. 주로 글의 주제와 관련된 개념과 개념적 지식 또는 개념을 설명하는 내용들에 대하여 생각해 본다. '정보 탐색'은 글을 읽는 목적과 의도에 따라 자신이 필요한 지식과 정보가 무엇인지 파악하고, 관련된 지식과 정보를 수집하고 검색하는 활동이다. 이러한 활동은 이미 알고 있는 지식과 새롭게 알게 된 지식을 비교하거나 통합하는 활동이며, 이러한 활동을 통하여 학습자들은 자신이 읽은 글로부터 얻은 지식과 정보를 새로운 모습으로 구성할 수 있게 된다.

'요약하기'는 글을 읽은 후에 자신이 알게 된 지식이나 정보들을 부분적 또는 전체적으로 내용들을 간략하게 표현하는 활동이다. 요약하기를 통하여 자신에게 유용한 정보와 그렇지 않은 것들을 구분할 수 있으며 보다 구체적이고 정교화된 것들로 정제할 수 있게 된다. '도식화하기'는 자신이 알게 된 것들을 다양한 형태로 도식화하는 것을 말한다. 그림으로 나타내거나 그래프 또는 표로 나타낼 수 있을 것이다. 내용영역의 지식이나 정보들은 글로 나타낼 수 있는 것들 이외에 그림이나 표, 그래프 등으로 표현해야 하는 것들이 많다.

'이야기 구성하기'는 자신이 알게 된 것들을 인물, 사건, 배경 등의 이야기 구성 요인을 동원하여 문학적 글로 재구성하는 활동이다. 학생들은 이야기 재구성 활동을 통하여 자신이 읽은 글의 내용과 글의 주제, 그리고 글에서 얻은 지식이나 정보들을 인물이나 사건, 배경 등의 이야기 구성 요인을 동원하여 개념적 지식으로 표현한다. '질문의 정교화'는 자신이 읽은 글과 관련하여 글의 내용에 대한 비판적 질문을 하는 것이다. 자신이 읽은 글에서 습득한 지식과 정보에 대하여 그것이 어떻게 정당화될 수 있는가 또는 다른 시각으로 성립될 수 있는 것들은 무엇인가 다시 생각해 보는 것이다. '묻고 답하기'는 자신이 읽은 글을 바탕으로 글 안에서 질문을 하고 글 안에서 답을 찾으며, 질문과 답이 어떤 관계를 형성하고 있는지 알아보는 것이다. 이러한 활동은 글에 직접적으로 드러나 있는 지식과 정보 또는 내용을 파악하는 것뿐만 아니라 글에 함축적으로 또는 잠재적으로 담겨 있는 내용들을 파악하는 데에 도움이 되며, 현시적이고 잠재적인 내용들의 관계를 파악함으로써 보다 세련된 지식과 정보를 구성할 수 있게 된다.

읽기 기능을 향상하기 위한 독해 전략들은 학습자들의 읽기 동기 능력과 읽기에 몰입할 수 있는 자발성을 향상시켜 주기도 하지만 읽기 기능이 미숙한 학생들의 읽기 기능을 향상시키는 데에도 효과적이다. 이러한 전략들은 일정한 기간을 정하여 두고 학습자들이 꾸준히 적용할 수 있도록 안내하여야 하며, 이러한 지속적인 적용을 통하여 학습자들의 읽기 기능이 향상될 수 있다.

과학적인 목적은 과학 탐구 기술과 과학적 지식 그리고 과학적 개념의 습득을 효과적으로 수행하도록 지원하는 데에 있다. 그러기 위하여 학생들에게 다양한 과학적 텍스트를 제공해 주어야 한다. 이를 통하여 학생들은 관찰, 추론, 이론화 능력을 형성할 수 있게 된다. 동기 형성을 위한 CORI의 목적은 학생들이 접하게 되는 다양한 내용영역의 텍스트에 대한 읽기 몰입과 문식 능력의 향상에 있다. 학생들의 자발적인 동기 형성은 내용영역의 학습을 보다 수월하고 효과적으로 수행할 수 있게 하며, 자신에게 주어진 문제에 대하여 스스로 질문하고 탐색하며 평가하게 한다. 자발적 동기는 자신이 읽는 글에 대하여 깊은 관심과 흥미를 유발하게 하며, 그로 인하여 호기심과 놀라움, 생생한 경험을 가능하게 한다.

읽기와 과학의 통합 교육 관련 목적은 읽기와 과학의 통합 가능한 인지적 전략의 적용을 통하여 과학적 경험과 지식을 효과적으로 습득하게 하는 것은 물론 두 교과의 교수・학습활동을 동시에 수행할 수 있게 하는 데에 있다. 이러한 읽기와 과학 교육의 통합 목적은 경험이나 지식 또는 의미 구성 과정이 맥을 같이 한다는 전제에서 출발한다. 배경지식을 활성화하고 질문을 하며, 탐색하고 요약하고 조직화하는 과정 등은 읽기와 과학에서 동시에 적용된다는 것이다. 이러한 읽기와 과학의 탐구 과정은 개념적 지식의 습득을 효과적으로 수행할 수 있게 하며 결국 학습 능력의 향상을 가져온다.

(2) CORI의 과정

CORI는 네 개의 순환 과정으로 이루어져 있으며, 각각의 과정은 다양한 전략과 방법들을 수행하도록 안내한다. 네 개의 순환 과정은 ‘관찰과 개별화’, ‘탐색과 재인’, ‘이해와 통합’, ‘상호소통’으로 구성되어 있다(Guthrie, Meter, McCann & Wigfield, 1996 : 312~314).

❶ 관찰과 개별화

개념중심 읽기의 첫 번째 과정인 ‘관찰과 개별화’는 학생들이 자신이 처한 일상생활이나 자연환경 안에서 사물이나 현상에 대한 호기심을 바탕으로 관찰의 기회를 제공하고 수행하는 활동이다. 학생들은 나무, 새, 귀뚜라미, 딱따구리, 새의 둥지나 깃털 등 자연환경에서 어린이들의 호기심을 자아내는 사물들을 관찰하고 경험하면서 유연하고 구체적인 생각들을 한다. 사물이나 현상에 대한 자발적인 호기심은 학생들의 개념적 흥미와 동기를 유발하며, 스스로 질문하고 탐구하게 한다. 학생들은 자신이 알고 싶은 것에 대하여 브레인스토밍하면서 질문을 구체화한다. 탐구하고 싶은 내용이 무엇인지 알게 되면 읽기, 쓰기, 말하기 등의 활동을 하면서 정보를 수집한다. 일상생활에 대한 관찰은 학생들의 문식력을 확장시키는 데에 중요한 역할을 하며, 읽고 쓰는 활동을 통하여 자신이 원하는 정보를 얻을 수 있게 하고, 얻은 정보를 점검할 수 있게 한다.

초등학교 3학년 학생들의 경우 12주간의 개념중심 읽기 학습 기간을 통하여 자기 주변의 사물이나 현상에 대한 관찰을 시작으로 학습활동을 전개한다. 어린이들은 자신이 관심을 갖는 사물이나 현상을 한 가지 정하고 이 사물들이 갖고 있는 다양한 특징에 대하여 그림을 그리거나 글을 쓰는 등의 기록을 통하여 관찰 내용을 저장한다. 학생들은 자신이 관찰한 내용을 바탕으로 간단한 실험이나 연구를 진행할 수도 있으며, 자신이 관찰하고 연구한 내용들을 학급 신문이나 문집 등을 통하여 공유할 수 있다. 이러한 학생들의 호기심은 지속적으로 전개되며, 이러한 활동을 통하여 자신이 관찰한 사물이나 현상과 관련된 단어, 문장, 문법 등을 자연스럽게 습득하게 한다.

학생들은 개인이나 집단 간의 질문지 만들기 활동을 통하여 그들이 관심을 갖고 관찰한 내용을 보다 구체화할 수 있으며, 개인의 정보를 공유함으로써 보다 유용한 정보를 얻을 수 있게 된다. 각자 관찰한 내용과 수집한 정보를 바탕으로 보다 세련되고 정교한 정보를 얻기 위하여 더 알고 싶은 내용들을 글로 써서 공개한다. 학생들은 자신이 더 알고 싶은 내용이 무엇인지 써서 학급의 게시판이나 코너에 붙여놓고, 그 질문에 대한 답을 기다린다. 학생들의 질문은 다른 학생들의 정보 공유를 통하여 답을 찾을 수 있게 하며, 질문에 대한 정보를 갖고 있는 학생들은 해당 학생에게 자신의 정보를 제공함으로써 보다 적극적이고 긍정적인 학습 효과를 유발한다. 이러한 학생들의 활동은 내용영역의 지식과 정보를 습득하는 데에 목적이 있지만 궁극적으로는 언어적 활동과의 통합을 통하여 내용영역의 지식과 정보를 보다 효과적으로 습득하게 한다.

내용영역 학습의 목적은 관찰과 실험, 자료의 수집과 비교 분석, 탐구와 조직화를 통한 지식과 정보의 습득에 있다. 내용영역의 지식과 정보들은 학생들이 알고 싶어 하는 것이 무엇이며, 자신이 알고 있는 것들을 공유함으로써 효과적으로 습득된다. 결국 학생들이 알고 싶어 하는 내용과 다른 학생이 알고 있는 유용한 정보들을 주고받음으로써 학생들은 자신이 학습한 내용이 정당한 방법을 통하여 공개적으로 소통된다는 데에 만족감을 갖게 되며, 학습에 대한 동기와 열정을 체득한다.

❷ 탐색과 재인

학생들의 탐구 활동은 관찰을 통하여 형성된 질문과 호기심에 대한 답을 찾는 과정이다. 자신이 관찰한 사물이나 현상에 대하여 한 가지 주제를 정한 후에 해당 주제와 관련된 탐구 활동을 수행한다. 학생들의 탐구 활동은 교과서 외에 다양한 자료를 동원한다. 인터넷이나 도서관의 책, 백과사전이나 국어사전, 신문이나 잡지 등 가능한 모든 자료의 검색을 통하여 주제와 관련된 지식과 정보를 탐색한다. 특히 학교 도서관이나 학급 문고의 도서를 활용하여 자신이 원하는 정보를 어떻게 찾을 수 있는지 가르쳐 주어야 한다. 뿐만 아니라 참고문헌이나 도서 목록, 각종 그림이나 그래프 등을 어떻게 활용할지에 대해서도 알고 있어야 한다.

탐색 전략은 현시적 교수법, 비계학습, 협동학습 등의 교수법을 적용한다. 교사는 한번 쯤 학생들에게 탐색 방법을 직접 보여주는 것이 좋다. 모든 학생들에게 한 권의 책을 정하고 그 책에서 어떻게 정보를 탐색하는지 실행하면서 설명을 부가한다. 책에 나와 있는 정보들이 학생들에게 어떤 도움이 되는지, 자신이 알고 싶어 하는 정보가 자신에게 유익한 것인지 아닌 것인지를 구분하고, 필요한 정보를 어떻게 조직 및 정제하여 활용할 수 있는지 등의 방법 등을 직접 시범을 보이면서 설명해 주어야 한다. 교사의 시범을 바탕으로 학생들은 소집단 활동을 하면서 정보를 탐색하는 전략과 방법을 실행하고, 실행을 통하여 더 좋은 아이디어를 생성한다.

탐색 과정에서 학생들은 전문 연구자들이 수행하는 활동을 한다. 즉, ① 자신이 탐색하려는 정보가 무엇이고, 탐색을 하려는 목적이 무엇인지를 정확하게 인지하는 것을 시작으로 ② 탐색한 정보에 대한 이해와 조직, ③ 수집된 정보에 대한 비판적 시각을 작동하여 정보를 보다 세련되게 정제하여 공책이나 컴퓨터 등에 저장하여 놓고 ④ 그것이 필요한 상황에서 언제든 꺼내어 쓸 수 있도록 하는 것이다.

개념중심 읽기 지도 과정의 3~4주 정도는 바로 학생들의 탐색 능력을 길러주는 데에 지도의 중점을 두어야 한다. 학생들은 그 기간 동안 하루 15~30분 정도의 활동이 필요하다. 교사는 각각의 단계에서 훌륭한 모델이며 조언자가 되어야 하고 학생들은 개별적 또는 집단적 학습활동을 통하여 탐색 능력과 필요한 정보를 유효적절하게 활용할 수 있는 재인 능력을 발달시켜 간다.

❸ 이해와 통합

학생들은 관찰을 통하여 흥미를 유발하고 다양한 자료 탐색을 통하여 자신이 알고자 하는 것들을 구체화한다. 탐색 활동을 통하여 도출된 풍부한 자료와 정보들은 학생들의 폭넓은 이해와 지식의 통합을 요구한다. 탐색을 통하여 수집된 정보와 자료들을 효과적으로 통합하고 조직하여 자신의 배경지식으로 형성하기 위해서는 ① 텍스트의 주제를 파악하고, ② 상세한 부분을 비판적으로 검토하며, ③ 수집한 자료와 텍스트의 요약 및 정리, ④ 자료와 텍스트의 도식화, ⑤ 분류와 평가의 기준 확립 그리고 ⑥ 비판적 시각을 바탕으로 작가의 입장에서 정보를 조직화하는 활동을 수행해야 한다.

학생들은 하나의 주제에 대하여 소설이나 토막글 또는 정보 전달의 글 등을 통하여 정보를 수집한다. 다양한 텍스트를 동원하여 주제에 대한 정보를 수집하는 것은 하나의 주제에 대한 각기 다른 시각을 형성할 수 있게 한다. 초등학교 저학년 아동들은 전문적 지식이 담겨 있는 도서를 유목적적으로 활용하는 능력이 거의 없다고 보아야 한다. 일정 기간의 훈련을 통하여 자신이 원하는 정보를 얻는 전략과 방법을 습득한 후에야 보다 세분화된 지식과 정보가 담긴 자료를 검색하고 수집하는 능력을 갖추게 된다. 따라서 이러한 전문적인 정보 수집 능력을 갖추기 전의 아동들은 이야기로 구성된 책을 통하여 내용영역의 지식과 정보를 검색하고 수집할 수 있게 된다. 저학년 교사들은 아동들이 보다 쉽게 이해할 수 있는 책들을 골라 주어야 한다. 수학이나 과학 등의 내용영역의 지식이나 정보가 담겨 있는 이야기책을 읽음으로써 아이들은 자신이 알고 싶어 하는 정보들을 보다 흥미 있게 이해하고 수용할 수 있게 된다.

'관찰과 개별화', '탐색과 재인' 과정을 통하여 흥미와 동기를 유발하고 다양한 자료를 검색한 후에는 학생들의 탐구적 질문에 관심을 가져야 한다. 학생들은 탐구적 질문을 통하여 자신이 무엇을 이해하고 통합하려는지를 인지할 수 있게 된다. 학생들이 텍스트를 이해할 수 있도록 하기 위하여, 주제 파악과 정보의 상세화 그리고 요약하기 지도를 해야 한다. 교사의 시범과 유능한 학습자의 시범 그리고 소그룹 활동을 통하여 이해와 통합의 전략을 익히도록 하여야 한다. 즉, ① 그림, 표, 그래프 등으로 ② 자신의 알고자 하는 것들을 정리하고 ③ 백과사전이나 국어사전 또는 색인표 등을 이용하여 중요한 어휘와 낱말을 이해한다. ④ 필요한 정보를 얻기 위하여 텍스트들을 분리하거나 재구성하여 보고, ⑤ 더 많은 정보를 갖고 있는 친구들의 협조를 얻기도 한다. ⑥ 자신이 알고자 하는 것이 무엇인지 확실하게 정해지면 ⑦ 새로운 관점으로 텍스트를 반복하여 읽어본 후에 ⑧ 자신이 이미 알고 있었던 것들과 비교하여 본다. 이러한 텍스트의 이해 전략 이외에도 자신이 원하는 정보를 얻을 수 있는 내용영역의 도서에 대한 정보를 일목요연하게 정리하는 방법을 알아두는 것이 좋다.

❹ 상호소통

개념중심 읽기를 통하여 학생들은 자신에게 주어진 문제를 해결하기 위한 방법과 전략을 알고 실행할 수 있는 전문가로 거듭나게 된다. 또한 내용영역의 학습 능력을 향상시키고 자신이 학습한 내용을 다른 학습자들이 이

해할 수 있도록 재생산한다. 자신이 알게 된 많은 지식과 정보들을 생산적
으로 구성하기 위하여 학생들은 다양한 방법으로 소통하는 기회를 얻어야
한다. 교사는 학생들 스스로 이러한 활동을 수행하도록 지원하여야 한다.
보고서 작성, 학급 문집, 학급 신문, 노래 만들기, 역할극, 이야기 짓기 등은
학생들이 자신의 지식과 정보를 적극적으로 소통하고 공유할 수 있는 방법
이며, 교사는 학생들이 독자를 의도한 의미 있는 소통을 할 수 있도록 안내
하여야 한다. 학생들의 상호소통은 자신들의 지식과 정보를 보다 상세화할
뿐 아니라 세련되게 정제할 수 있는 능력을 기르게 하는 것이며, 학생들은
이러한 활동을 통하여 자신이 알게 된 지식들을 다른 사람에게 전달하여
지식 생성의 기쁨을 경험하게 된다. 또한 교사는 학급의 게시판을 이용하여
학생들의 결과물을 지속적으로 교체 게시하여야 하며, 다양한 소통의 장을
마련해 주어야 한다.

3. 거쓰리의 CORI가 내용영역의 학업성취에 미치는 효과

거쓰리(Guthrie)의 CORI 모형을 그대로 적용 및 수행한다는 것은 우리나
라의 교육과정 운영상 매우 어려운 일이다. 아직 교과통합 운영이 일반적
이지 않을뿐더러 학교 및 교사의 수업 운영의 자율성이 명백하게 확보되
지 않았기 때문이다. 실험을 위하여 작위적으로 CORI의 원형 모형을 그대
로 적용 및 수행할 수는 있으나, 그것보다는 우리의 교육과정 여건과 현장
의 운영 현실에 적합한 운영을 하는 것이 보다 의미가 있다. 따라서 이 연
구에서는 CORI 모형의 원형을 그대로 적용하는 것이 아니라 CORI의 과정
에서 우리의 교육과정 운영에 적합한 내용을 선택적으로 수용하여 수행하
도록 하였다.

1) 지도의 실제

CORI 모형을 적용한 초등학교 5학년 과학 교과의 단원은 2학기 '2. 용액의 성질'이다. 이 단원은 교육과정 중 5학년 '(13) 용액의 성질 알아보기'에 해당하는 단원이다. 이 단원은 여러 가지 용액을 색깔이나 냄새 등과 같은 분류 기준을 설정하여 분류하여 보는 활동과 다양한 지시약을 사용하여 분류하는 활동으로 구성되어 있다. 주위에서 쉽게 구할 수 있는 여러 가지 식물을 이용하여 지시약을 만들어 용액의 색 변화를 관찰하고, 이에 따라 용액을 분류하는 활동을 실시한다. 그리고 우리 생활 속에서 쉽게 접할 수 있는 음료수, 세제, 약품, 화장품 등 여러 가지 용액의 성질을 다양한 지시약을 이용하여 알아봄으로써 주변 물질에 대한 호기심을 기른다. 또한 용액의 성질에 따른 지시약의 새 변화를 이용하여 그림을 그리는 활동 등을 통하여 과학에 대한 흥미를 느끼게 한다. 단원의 학습 계열을 살펴보면 다음과 같다.

[5학년 2학기 '2. 용액의 성질' 관련 단원 학습 계열]

선수 학습	이 단원의 학습	후속 학습
우리 생활과 액체 (4-1)	**용액의 성질**	**용액의 반응** (5-2)
• 액체의 색깔과 냄새 알아보기 • 구슬 가라앉히기 • 액체의 증발 알아보기 • 서로 섞이는 액체 알아보기 • 같은 부피의 액체 무게 알아보기	• 여러 가지 방법으로 용액 분류하기 • 리트머스 종이와 페놀프탈레인 용액으로 용액 분류하기 • 지시약을 만들어 용액분류하기 • 생물 주변 용액의 성질 조사하기 • 용액의 성질을 이용하여 놀이하기	• 산성 용액과 염기성 용액을 섞어 변화 알아보기 • 생활 속에서 중화 반응을 이용하는 경우 알아보기 • 산성 용액, 염기성 용액과 대리석 조각의 반응 알아보기 • 산성비

교육과정의 단원 학습목표는 '① 색이나 냄새 등 여러 가지 용액을 분류할 수 있는 기준을 정할 수 있다. ② 여러 가지 용액을 지시약의 색 변화를

이용하여 분류할 수 있다. ③ 여러 가지 자연물을 이용하여 지시약을 만들어 용액의 성질을 알 수 있다. ④ 시약이나 실험 기구를 안전하게 취급하며 실험 후 뒤처리를 잘하는 태도를 가진다. ⑤ 생활에 이용되는 여러 가지 용액의 성질이 어떠한지 관심을 갖고 이에 대해 탐구하는 자세를 기른다.' 등으로 명시되어 있다.

여기서는 교육과정의 단원 학습 계열 및 단원 학습목표와 관련하여 세 가지의 단원 지도 계획을 구성하였다. 개념중심 읽기 지도가 과학영역의 성취도에 어떤 효과를 미치는지 검증하기 위하여 일반적인 과학 수업 계획, 일반적인 과학 수업 계획에 전통적인 읽기 수업을 추가한 계획 그리고 일반적인 과학 수업 계획에 개념중심 읽기 지도 방법을 추가한 수업 계획을 구성하였다. 또한 초등학교 교육과정 수업 운영 시간 40분을 기준으로 하여 실험에 참가한 교사와 아동이 수행하는 교수·학습지도안을 마련하였다.

(1) 효과 검증을 위한 단원의 지도 계획

여기 제시된 단원의 지도 계획은 '2. 용액의 성질' 단원에 대한 세 가지 실험 수업 계획이다. 총 6차시로 구성된 단원의 계획은 별도의 차시 교수·학습지도안에 의하여 수업이 진행된다.

❶ 일반적 과학 수업

차시	주제	학습활동	탐구과정	지식	탐구전략	학습형태
1	여러 가지 방법으로 용액 분류하기	• 분류 기준을 정하여 여러 가지 용액 분류하기	• 관찰 • 분류	• 용액의 성질		• 토의
2	리트머스 종이와 페놀프탈레인 용액으로 용액 분류하기	• 리트머스 종이의 색 변화로 용액 분류하기 • 페놀프탈레인 용액의 색 변화로 용액 분류하기	• 관찰 • 분류	• 산성 용액 • 염기성 용액 • 지시약	• 순환 학습	• 실험 • 토의

차시	주제	학습활동	탐구과정	지식	읽기전략	학습형태
3 ~ 4	지시약을 만들어 용액 분류하기	• 자주색 양배추로 지시약 만들기 • 여러 가지 용액에서 양배추 지시약의 색 변화 관찰하기	• 관찰			• 실험 • 토의
5	생활주변 용액의 성질 조사하기	• 지시약을 사용하여 생활 주변 용액의 성질 조사하기	• 관찰			• 실험 • 조사 • 토의
6	용액의 성질을 이용하여 놀이하기	• 산성과 염기성 물질을 접하는 경우를 글로 나타내기 • 지시약의 색 변화를 이용하여 그림 그리기				• 조사 • 놀이

❷ 전통적 읽기 지도를 병행한 과학 수업

차시	주제	학습활동	탐구과정	지식	읽기전략	학습형태
1	여러 가지 방법으로 용액 분류하기	• 학습할 내용 읽어보기 • 분류 기준을 정하여 여러 가지 용액 분류하기	• 관찰 • 분류	• 용액의 성질	• 읽기 전 활동	• 토의
2	리트머스 종이와 페놀프탈레인 용액으로 용액 분류하기	• 리트머스 종이의 색 변화로 용액 분류하기 • 페놀프탈레인 용액의 색 변화로 용액 분류하기	• 관찰 • 분류	• 산성 용액 • 염기성 용액 • 지시약	• 읽는 중 활동	• 실험 • 조사 • 토의
3 ~ 4	지시약을 만들어 용액 분류하기	• 자주색 양배추로 지시약 만들기 • 여러 가지 용액에서 양배추 지시약의 색 변화 관찰하기	• 관찰			
5	생활주변 용액의 성질 조사하기	• 지시약을 사용하여 생활 주변 용액의 성질 조사하기	• 관찰			
6	용액의 성질을 이용하여 놀이하기	• 산성과 염기성 물질을 접하는 경우를 글로 나타내기 • 지시약의 색 변화를 이용하여 그림 그리기			• 읽은 후 활동	• 조사 • 놀이

❸ 개념중심 읽기 지도를 병행한 과학 수업

차시	주제	학습활동	탐구 과정	개념	개념중심 읽기전략	학습 형태
1	여러 가지 방법으로 용액 분류하기	• 학습할 내용 읽어보기 • 분류 기준을 정하여 여러 가지 용액 분류하기	• 관찰 • 분류	• 용액의 성질	• SQ3R	• 토의
2	리트머스 종이와 페놀프탈레인 용액으로 용액 분류하기	• 리트머스 종이의 색 변화로 용액 분류하기 • 페놀프탈레인 용액의 색 변화로 용액 분류하기	• 관찰 • 분류	• 산성 용액 • 염기성 용액 • 지시약	• MIE	• 실험 • 조사 • 탐색 • 토의
3 ~ 4	지시약을 만들어 용액 분류하기	• 자주색 양배추로 지시약 만들기 • 여러 가지 용액에서 양배추 지시약의 색 변화 관찰하기	• 관찰		• K-W-L-A	• 실험 • 토의
5	생활주변 용액의 성질 조사하기	• 지시약을 사용하여 생활 주변 용액의 성질 조사하기	• 관찰			
6	용액의 성질을 이용하여 놀이하기	• 산성과 염기성 물질을 접하는 경우를 글로 나타내기 • 지시약의 색 변화를 이용하여 그림 그리기			• R-S-W	• 놀이

(2) 교수·학습의 실제

앞서 제시된 단원 학습 계획은 매 차시 아래에 제시된 차시 교수·학습 계획에 의거하여 수업이 진행된다. 여기 제시된 차시 교수·학습의 실제는 거의 모든 과학 수업에 적용이 가능한 형태로 구안되었다. 그렇지만 교과 내용영역 및 수업의 형태에 따라 수정, 보완이 가능하며, 이러한 수업의 흐름에 준하여 CORI 모형의 수업이 전개된다.

시간	과정	교수·학습활동		
		일반적 과학 수업	일반적 읽기 수업	개념중심 읽기 수업
5분	도입	■ 단원학습 안내 • 단원학습목표 및 학습 내용, 학습활동 안내	■ 단원학습 안내 • 단원학습목표 및 학습 내용, 학습활동 안내	■ 단원학습 안내 • 단원학습목표 및 학습 내용, 학습활동 안내
25분	전개		■ 내용 확인 • 해당 단원과 관련된 교과서나 관련 텍스트들을 읽어보고 학습 내용과 활동 내용을 확인한다. • 텍스트를 통하여 학습목표와 내용을 재확인한다.	■ 내용 확인 • 해당 단원과 관련된 교과서나 관련 텍스트들을 읽어보고 학습 내용과 활동 내용을 확인한다. • 텍스트를 읽으면서 중요한 개념과 개념을 지지하는 다른 개념들이 어떤 것이 있는지 확인한다. • 각각의 개념들은 어떤 학습 내용 또는 활동들과 관련이 있는지 파악한다.
		■ 실험 및 관찰 • 해당 단원 학습과 관련된 실험이나 관찰 활동과 관련된 간접 경험 • 비디오, 인터넷, CD 자료 등을 동원하여 학습자들이 해당 단원에서 실험 및 관찰하여야 할 것이 무엇인지 확인한다. • 실험 및 관찰의 순서와 해당 실험과 관찰을 통하여 얻을 수 있는 지식과 기능이 무엇인지 파악할 수 있도록 관심 있게 지켜보도록 한다.	■ 실험 및 관찰 • 해당 단원 학습과 관련된 실험이나 관찰 활동과 관련된 간접 경험 • 비디오, 인터넷, CD 자료 등을 동원하여 학습자들이 해당 단원에서 실험 및 관찰하여야 할 것이 무엇인지 확인한다.	■ 실험 및 관찰 • 해당 단원 학습과 관련된 실험이나 관찰 활동과 관련된 간접 경험 • 비디오, 인터넷, CD 자료 등을 동원하여 학습자들이 해당 단원에서 실험 및 관찰하여야 할 것이 무엇인지 확인한다.
		■ 용어 이해 • 과학 및 실험 관찰 교과서에 소개된 핵심 용어에 대하여 인지한다. • 용어는 교과서에 제시된 것들만을 지도하도록 한다.	■ 용어 이해 • 과학 및 실험 관찰 교과서에 소개된 핵심 용어뿐 아니라 학습자가 알고 싶어 하는 용어에 대한 사전적 의미를 파악한다.	■ 용어 이해 • 개념들에 대한 사전(국어, 백과, 전자 사전을 비롯한 정보 수집이 가능한 모든 자료)적 의미를 파악한다.
10분	정리	■ 해당 단원과 관련된 실험 및 관찰 내용 재확인 • 해당 시청각 자료를 반복 시청하게 하여 간접 경험 내용을 재인할 수 있도록 한다. • 실험과 관찰에 동원된 실험 도구와 자료 등을 상기하면서 실험 및 관찰 과정을 확인한다.	■ 해당 단원의 활동 내용 확인하기 • 교사 아동 또는 아동 간의 질문과 대답을 통하여 단원 학습 내용이 무엇인지 확인하고, 학습한 내용을 상기하여 본다. • 실험 관찰 내용을 교과서 지문을 상기하여 확인한다.	■ 개념 형성 • 실험과 개념적 읽기를 통하여 알게 된 개념들이 서로 어떤 관계가 있는지 개념도를 그려보고, 그것들에 대한 언어적 소통을 통하여 학습 내용 및 활동에 대하여 점검하는 활동을 한다.

2) 효과 검증

거쓰리의 CORI 모형은 초등학교 2학년과 5학년 학생들을 대상으로 일년 간 수행한 결과에 따른 과학영역에 대한 학습 동기와 과학영역의 읽기 몰입성에 대한 검증에 기초한다. 거쓰리의 실험은 언어영역과 내용영역의 통합을 원칙으로 모든 수업 시간을 통합하여 운영하도록 하였으며, 교사와 학생은 우리나라의 교과시간 운영과는 달리 단위 시간 운영을 40분에서 최대 120분까지 연장하여 통합교육을 실시하였다. 이러한 교과통합 운영과 수업 운영 시간의 유연성은 우리나라 교육현실과는 거리가 멀다. 따라서 이번 연구에서는 차시 학습에 주안점을 두고 단위 시간 즉, 40분—최대 60분까지—을 기준으로 우리나라의 교육 현실에서 어떤 효과를 보이는지 검증하기로 하였다.

(1) 실험 절차와 방법

실험을 위하여 통제집단, 비교집단 A, 비교집단 B를 구성하였다. 실험에 참여한 집단은 서울시내 초등학교 5학년 학생이며, 같은 학교에 재학 중인 한 학급 평균 25명의 한 학년 총 8학급을 대상으로 하였다. 학생 중 특수학급이나 학업 성취도 부진아 및 전입생을 제외하였다. 실험 집단 구성을 위하여 해당 단원의 과학 성취도평가 총 20개의 객관식 문항을 작성하여 사전검사를 실시하였다. 각 문항에 대하여 1점을 배점하였다. 사전검사 문항의 타당성은 해당 학교에 근무하는 교사 중에서 석사과정 이상의 평가 전문가와 과학영역 전문 교사 5인을 통하여 검증하였다. 검사 문항은 1회의 타당성 검사로 검증할 수 있었으나, 평가 전문가의 조언에 따라 총 3회의 검사 문항 수정을 거친 후에 사전 및 사후검사를 실시하였다. 사전검사 문항은 사후검사 문항을 동일하게 적용하였으며, 사전검사와 사후검사 기간은 1개월을 두었다.

　실험은 검사 문항 개발에서 효과 검증에 이르기까지 2008년 3월 5일에서 4월 20까지 수행되었다. 실험 단원은 2학기 학습 내용이었기 때문에 학교 교육과정의 운영을 변경하여 수행하였다. 즉, 1학기 3~4월에 수행할 과학 단원을 2학기의 '용액의 성질' 단원과 바꾸어 운영하여 교육과정 운영의 결손을 방지하였다. 수업에 참여한 교사는 과학영역의 전문 교사로 실험 기간 현재 5학년 과학 교과 지도 전담을 맡고 있는 교사가 수행하였다. 즉, 과학 교과 전담 교사가 세 개의 실험 학급을 각기 다른 세 가지 교수·학습방법으로 수업을 진행하였다. 연구자는 실험에 참여한 교사에게 미리 수업에 관한 안내를 하였으며, **CORI** 모형에 대한 학문적·실제적 연구에 대한 기본 이론에 대하여 설명하였다.

　이 실험을 위한 파일럿 테스트는 동일 교과 동일 학년의 다른 두 학급을 대상으로 실시하였으며, 한 차시 수업을 진행하는 것으로 실시하였다. 40분간의 수업을 통한 파일럿 테스트에서 통계학적인 효과가 검증되지는 않았으나, 성취도 점수가 약간 증가하였기 때문에 단원 학습의 경우―2주간의 6차시 수업 기간―에 일정한 효과를 볼 수 있을 것이라는 추론에 의거하여 본 실험을 실시하게 되었다.

(2) 실험 결과의 분석

　처치를 하지 않은 일반적 과학 수업을 진행한 통제집단, 일반적 과학 수업에 기존의 읽기 수업을 추가로 처치한 비교집단 A, 일반적 과학 수업에 거쓰리의 CORI 모형을 적용한 수업을 전개한 비교집단 B의 사전검사 평균 점수는 각각 4.32, 4.24, 4.24이다. 실험 후의 사후검사에서는 통제집단이 13.92, 비교집단 A가 14.64, 비교집단 B가 16.13이었다.

　일원배치분산분석(ANOVA) 결과 통제집단과 비교집단 A 간에서는 F값이 1.320, 유의확률이 .256으로 통계학적인 효과를 발견할 수 없었다. 또한 비교집단 A와 비교집단 B 간에서도 F값이 .819, 유의확률이 .370으로 유의미한 차이를 보인다고 설명할 수 없는 결과가 나왔다. 그러나 통제집단과 비교집단 B 간에는 F값이 5.460, 유의확률이 .024로 의미 있는 차이를 나타낸다는 결과가 나왔다. 즉, 기존의 과학 수업에 거쓰리의 CORI 모형을 적용한 수업이 단원학습 성취도 향상에 효과적이라는 결과를 얻을 수 있었다. 다음은 실험 결과를 그래프로 나타낸 것이다.

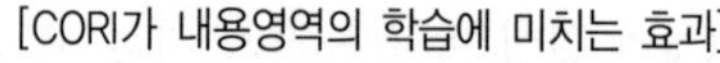

[CORI가 내용영역의 학습에 미치는 효과]

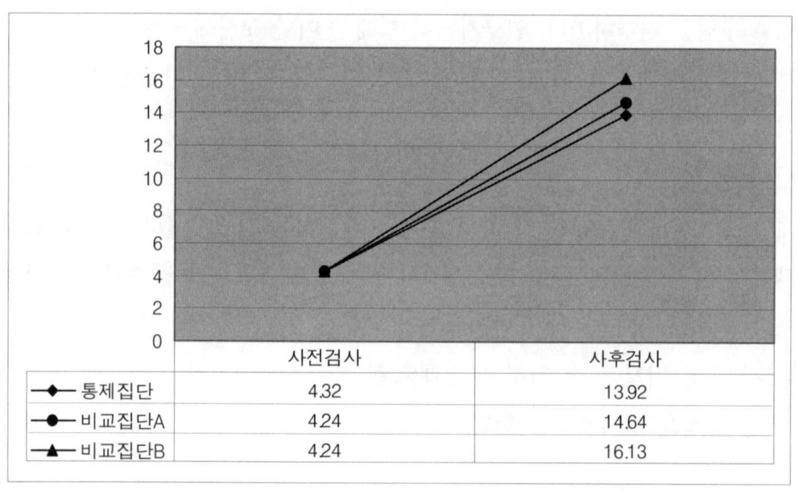

	사전검사	사후검사
◆ 통제집단	4.32	13.92
● 비교집단A	4.24	14.64
▲ 비교집단B	4.24	16.13

실험 결과 통제집단에 비하여 두 비교집단의 평균 점수가 상승된 것으로 나타났으나, 일반적인 읽기 수업을 추가로 처치하였을 경우에는 통계학적으로 유의미한 효과를 보이지 못했다. 그러나 CORI 모형을 추가로 처치한 비교집단 B의 평균 점수의 상승은 통계학적으로 유의미한 효과를 보인다는 것을 검증하였다. 이 실험 결과로 보아 일반적인 과학 수업을 할 때에 읽기 수업을 추가로 처치하는 경우 일정 부분의 성취도 상승효과를 가져오며, CORI 모형을 적용한 수업을 전개할 경우에는 유의미한 학업 성취도의 상승 효과를 가져올 수 있다는 것을 알 수 있었다.

CORI 모형은 메릴랜드 주립대학의 거쓰리가 구안하여 실행 연구하였다. 초등학교 2학년과 5학년을 대상으로 과학 과목과 언어 과목의 통합 수업을 통하여 내용영역의 학습에 효과적인 영향을 주는 읽기 모형을 구안한 것이다. 거쓰리의 CORI 모형은 주로 내용영역 학습 태도와 동기 그리고 몰입에 관한 연구이다. 태도와 동기 그리고 몰입은 주관적이며 변인이 다양하기 때문에 객관적 측정에 어려움이 많다. 특히 우리나라의 교육여건에 비추어 거쓰리의 CORI 모형을 그대로 적용하는 것은 어려움이 있다.

따라서 여기서는 거쓰리의 CORI 모형이 갖고 있는 장점 중에서 우리나라의 교육여건에 적용이 가능한 부분을 선택적으로 수업에 투입하여 그 효과를 검증하였다. 일반적인 과학 수업에 기존의 읽기 수업을 추가한 집단과 거쓰리의 CORI 모형을 추가로 처치한 집단을 비교하여 세 집단 간의 성취도 검사 결과를 분석하였다. 그 결과 거쓰리의 CORI 모형을 추가로 처치한 집단의 성취도 평균 점수가 유의미한 상승을 보였다는 결론을 얻을 수 있었다. 초등학교 5학년의 과학영역을 대상으로 한 실험이지만 수학이나 사회 등의 다른 영역을 대상으로 실험하였을 경우에도 유의미한 효과가 나올 수 있을 것이라는 추론이 가능하다.

내용영역의 학업 성취도 향상을 위한 변인은 여러 가지가 있다. 내용영역의 각 영역의 지식의 구조와 영역의 특성 및 교수·학습의 영역적 개념이 독립적으로 존재한다. 따라서 거쓰리의 CORI 모형이 내용영역의 학업 성취에 전적으로 영향을 미친다고 주장할 수는 없을 것이다. 그러나 최소한 내용영역의 학습을 할 때에 읽기 수업을 병행하는 것이 효과적이며 거쓰리의 CORI 모형을 통한 읽기 수업을 병행하였을 경우, 보다 효과적인 학업 성취를 보일 수 있다는 것을 알 수 있었다. 많은 수의 교사들이 내용영역의 학습을 수행할 때에 읽기의 중요성에 대하여 언급한다. 대부분의 학습자들이 자기주도적 학습을 수행할 때에는 그보다 훨씬 더 읽기의 중요성을 느낀다. 디지털 미디어 시대의 교재와 소통 양식의 다양화에도 불구하여 여전

히 읽기는 학습에 매우 중요한 영향을 미치는 것이 사실이다. 여전히 대다
수의 학습 교재들이 읽기 능력을 요구하는 소통양식으로 구성되어 있으며,
지식과 정보의 양적 팽창과 질적 향상으로 인하여 보다 고급화된 읽기 능
력이 필요하게 되었다. 거쓰리의 CORI 모형은 그 대안이며 언어영역과 내
용영역의 통합 수업을 위한 이론적 토대이기도 하다.

—「CORI가 내용영역의 교수·학습 성취에 미치는 효과」, 『한국초등국어교육』 제37집,
한국초등국어교육학회, 2008. 8. 30.

제 3 장

학습을 위한 읽기 요소 : 어휘, 배경지식, 개념

1. 학습과 읽기 요소

교사들은 가끔 자신이 지도한 내용을 학생들이 정말로 이해하고 있는가에 대하여 회의를 갖는다. 5학년 2학기 과학 '2. 용액의 성질' 시간이다. 학생들은 교과서 17쪽의 '푸른 리트머스 종이의 색깔을 붉게 변화시키고, 페놀프탈레인 용액을 넣었을 때 색깔이 변하지 않는 용액은 산성 용액입니다.'라는 내용을 학습한다. 산성 용액을 이해하기 위하여 여러 가지 실험과 경험을 통한 학습을 한다. 그런데 산성 용액을 학습하기 위하여 동원되는 학습자의 능력은 질적, 양적으로 적지 않을 뿐 아니라 다양하고 복잡한 양상을 보인다. 실험 경험을 통하여 산성 용액의 성질이나 용도 등을 학습할 때에 푸른 리트머스 종이, 페놀프탈레인 용액이 무엇인지 알고 있어야 한다. 과학적 어휘에 대한 사전적인 지식뿐 아니라 그 어휘가 갖고 있는 개념적 지식을 바탕으로 푸른 리트머스의 색깔이 변하는 이유와 페놀프탈레인 용액의 색이 변하지 않는 이유에 대한 스키마를 갖고 있어야 한다.

학습 내용으로 주어진 문장 속에는 학습자가 이해하여야 할 어휘와 개념 그리고 스키마가 복합적으로 작용하여 학습자의 이해를 돕는다. 과학적인 용어에 대한 어휘력을 바탕으로 각각의 어휘가 갖고 있는 개념적 지식 및 그 개념적 지식을 활용할 수 있는 스키마가 연합 작동하였을 때 학습자는 성공적인 내용 학습을 수행하였다고 볼 수 있다. 여기서는 내용교과 학습활동에 작용하는 학습자의 어휘력, 개념적 지식, 스키마가 읽기 과정에 어떻게 작용하는지에 대하여 알아보고 효과적인 지도 방법을 살펴보기로 한다.

2. 어휘력

어휘를 말할 때에 단어를 배제할 수 없다. 그러나 단어가 어휘를 모두 설명할 수는 없다. 어휘는 의미 있는 단어와 단어들의 유기적 결속을 통하여 의미를 구성한다. 일반적인 어휘의 발달은 자연적인 언어사용과 성장에 따라 비례한다. 그렇지만 다양한 언어사용 맥락을 통한 지도와 읽기를 통하여 어휘력을 향상시킬 수 있다고 생각한다.

1) 어휘의 발달

학생들은 다양한 학습활동 속에서 어휘력을 발현한다. 어휘는 단어를 기본 단위로 한다. 평범한 학습자의 경우 거의 모든 어휘 습득과 발달은 자연적인 성장과 궤를 같이 한다. 즉, 정상적인 교육을 수행하는 동안 학습 내용에 동원된 말과 글은 학습자의 어휘 발달에 가장 큰 영향을 준다. 연구에 의하면 학생들은 3학년에서 12학년까지 자신의 읽기 활동을 통하여 매년 3,000단어 정도를 습득한다. 중등교육을 마칠 때 즈음이면 학습자의 평균 습득 어휘량은 40,000단어 또는 그 이상에 달한다고 한다(Guthrie, J. T., 2007 : 271~272).

인간의 언어사용에서 어휘는 매우 중요하다. 그 이유만으로도 어휘획득은 교육학자와 심리학자들의 관심을 끌었다. 그러나 다른 어떤 연구자들은 여러 해 동안 어휘가 다른 교육적 변인들에 의하여 긴밀하게 연관되어 있다는 것을 확인하였다. 어휘력과 지능의 상관관계가 있다는 유의미한 실험 보고서가 그것이며, 어휘력이 좋은 학생들은 독해 능력 또한 우수하다는 연구 결과를 얻었다. 이것은 바로 어휘력이 인간의 언어사용에 매우 중요한 역할을 한다는 것을 입증한다. 그러나 어휘력이 언어사용 능력의 발달에 효과적이라는 연구에도 불구하고 어휘를 독립적으로 지도하는 것이 교육적인 효과가 있는 것인지에 대한 확신을 갖지 못한다. 어휘를 가르친다고 해도 어떤 지도 방법을 통하여 가르칠 것인지에 대한 질문도 따른다.

2) 어휘 지도

어휘는 의미 있는 단어들의 또 다른 의미 집합이다. 단어의 뜻을 안다고 할 때에 학습자는 단어의 사전적 의미, 문장의 의미를 구성하는 단위, 단어의 기원, 단어가 가장 적절하게 사용될 수 있는 맥락 등에 관하여 알고 있다는 것을 의미하며 그 수준은 다양하다. 학생이 단어를 알고 있다는 것은 단어에 관하여 모든 것을 다 알고 있거나, 단 한 가지도 모른다는 것이 아니다. 하나의 단어는 조건과 상황 또는 사용 맥락에 따라 여러 가지 의미를 갖고 있기 때문에 학습자 자신의 사용 의도와 목적에 따라 알고 있는 것을 추출하여 의미를 해석한다.

어휘 지도와 관련하여 정의적 어휘 지식과 맥락적 어휘 지식을 구분하여 지도하는 것이 효과적이라는 것을 알게 되었다. 우리가 '어휘를 안다고 하는 것'을 고려할 때에 먼저 정의적 지식을 떠올릴 수 있다. 정의적 지식은 사전적 정의를 근거로 한다. '푸른 리트머스 종이의 색깔을 붉게 변화시키고'라는 말 자체가 하나의 어휘이기도 하지만 여기에는 '푸르다', '리트머스', '종이', '색깔', '붉다', '변화' 등의 단어들이 유기적으로 연합하여 의미를 형성한다. 어휘를 형성하는 각각의 단어들은 서로 관계를 갖고 있으며, 사전적인 정의를 내포한다. 각각의 단어가 갖고 있는 사전적 의미를 정의하여 다른 단어와의 의미 연결망을 유지한다.

어휘는 의미 있는 단어의 집합이다. 간혹 어휘를 개별적인 단위로 보고 하나의 어휘가 개별적인 의미를 갖고 있는 독립적 개체로 생각하는 경우가 있다. 어휘는 그 자체로 의미를 갖고 있지만 어휘를 구성하는 단어들의 사전적 의미를 넘어서는 사회적 소통 맥락의 의미도 생각하여야 한다. 어휘는 각각의 낱말들이 결합하여 독립적인 의미를 갖는 개별 단위가 아니라 시간적, 공간적, 문법적 단서를 포함하는 스키마와 유사한 구조로 이해하는 것이 좋다.

어휘 지도는 두 가지 측면에서 생각해 볼 수 있다. 첫째, 어휘는 언어를 효과적으로 사용하는 데 필수적이다. 대부분의 연구에서, 어휘에 대한 지식은 독해에 직접적인 영향을 끼치는 것으로 나타났다. 어휘를 제대로 알고 있지 못하면 읽기나 쓰기, 말하기, 듣기를 원활하게 수행할 수 없다. 둘째, 어휘는 그 자체가 하나의 개념으로 개인의 인지나 사고 능력을 구성하는 핵심 요소라고 생각한다. 이는 인지 심리학의 관점에 따른 것으로, 어떤 지식을 얻는 것은 기존의 지식에 새로운 지식을 접목시키는 과정으로 설명된다. 그러므로 어휘력을 확충하는 것은 곧 개인의 인지적 능력을 확장하는 것으로 이해하며, 어휘력이 사고력과 밀접한 관련이 있다는 것을 보여준다. 어휘 지도의 일반적 방법은 도구적 관점, 인지적 관점에서 생각해 볼 수 있다.

(1) 도구적 관점에서의 어휘 지도

어휘를 읽기나 말하기 등의 언어 기능을 효과적으로 사용하는 데 필요한 도구로 보는 관점으로 사전 활용을 통한 지도 방법과 문맥 유추를 통한 지도 방법을 동원할 수 있다. 사전 찾기를 통한 지도 방법은 낱말의 기본적인 의미를 정확하게 이해하게 하고, 어휘의 양을 늘리는 데에 유용하며 학년과 단원에 거의 상관없이 수월하게 활용할 수 있다. 그러나 습득한 낱말 낱말을 어떤 상황과 맥락에서 사용하여야 하는지에 대한 경험적 활용과는 거리가 멀다. 또한 단어 사용의 양적인 팽창과 정의적이고 명시적인 의미를 아는 데에 효과적이지만 실제 의사소통 상황에서 사용하는 데에는 덜 효과적이다.

맥락 중심 어휘 지도 방법은 실제 언어사용 상황에서 쓰이는 단어의 의미에 초점을 둔다. 말과 글이 사용되는 상황에서 각각의 단어들이 어떻게 유기적인 관련을 맺고 있으며, 그 맥락 속에서 어휘가 어떻게 의미를 발생시키는지에 대하여 알아보는 것이다. 실제 언어사용 상황에서 지도하는 어휘 지도이기 때문에 학습자들이 새로운 맥락으로 어휘의 의미를 전이하여 적용할 수 있다는 장점이 있다. 그러나 수많은 어휘들이 각각의 사용 맥락에 따라 의미를 달리하기 때문에 전문적이고 학술적인 단어 또는 어휘의 지도에는 사전 찾기와 병행하여 지도하는 것이 좋다.

(2) 인지적 관점에서의 어휘 지도

어휘는 의미를 갖고 있으며, 어휘가 갖고 있는 의미는 하나의 개념을 형성한다. 인지적인 능력을 구성하는 개념으로서의 어휘는 각각의 낱말이 상호 유기적으로 연합하여 학습활동의 사고로 작용할 뿐 아니라 학습 능력을 향상시키는 요인이기도 하다. 인지적 관점에서의 어휘 지도 방법으로는 '의미 지도 그리기', '의미 구조도 그리기', '의미 자질 분석법' 등이 있다. 의미 지도 그리기는 하나의 주체를 중심으로 이와 관련되는 어휘나 사실을 열거하고 범주화하는 것으로, 어휘들 간의 관련성을 통하여 각 어휘의 뜻을 파악하게 한다. 어휘들 사이의 관련성을 비교하고 검토하는 것은 곧 자신의 사전 지식을 이끌어내어 새로운 개념적 지식을 형성하게 하는 것이다. 그러나 낱말의 뜻을 명시적으로 제시하는 데 미흡하고 경험이나 어휘력, 지적 능력이 부족한 학생에게는 부적합하다.

의미 구조도 그리기는 지도 대상이 되는 낱말과 다른 낱말과의 개념상의 차이점과 유사점을 도식화하여 그 어휘의 의미와 용법을 인식시키는 방법이다. 도식화하는 방법은 지도하려는 낱말에 따라 동일 범주, 위계 구조, 순차 구조 등에 의한다. 목적이나 방법은 의미 지도 그리기와 유사하지만 '구조적'으로 제시한다는 점에서 차이가 있다. 이 방법은 낱말의 의미와 용법을 깊이 있고 정확하게 알게 하는 데 유용하다. 또한 한 번에 여러 낱말을 접할 수 있고 개념상의 차이점과 유사점을 인식시키는 데 효과적이다. 낱말들 사이의 계층적 구조와 위계에 대해서도 쉽게 이해할 수 있고 어휘력과 더불어 문제해결력이나 종합력 등의 사고력을 기를 수 있다. 그러나 단어의 기본적인 의미를 명시적으로 제시하는 데 미흡하고, 기준에 따라 범주화하는 것이 쉽지 않기 때문에 어느 정도 지적 능력이 있는 학생들에게만 제한적으로 적용된다는 단점이 있다.

이 방법은 의미와 자질 또는 성분을 제시한 후, 여기에 낱말들을 제시하여 이 의미 자질과 관련이 있는지 없는지를 분별하는 과정에서 그 낱말들의 의미를 파악하는 데에 주안점이 있다. 따라서 낱말의 의미와 개념을 파악하게 하는 데 유용하고 특히 낱말과의 관련성과 차이점을 인식하게 하는 데 효과적이다. 또한 상위어와 하위어, 반대어와 유사어 등을 쉽게 파악하게 할 수 있다. 그러나 복잡한 의미를 가진 낱말들일 경우 전문적인 기술이 필요하다.

3) 어휘력과 읽기

오랜 기간 동안 교육심리학자들은 어휘력과 읽기의 관계에 대하여 연구하였다. 그 결과 어휘와 읽기는 서로 관련이 있다는 것을 밝혀내었다. 그것은 '언어적성 가설', '지식 가설', '도구적 가설'이다. 먼저 '언어적성 가설'

은 어휘와 독해가 서로 관련이 있다는 것이다. 왜냐하면 그 두 가지가 제3의 요인 즉 일반 언어 능력에 의존하기 때문이다. 일반적 언어 능력이 높은 개인들은 읽기 이해를 위하여 필요한 기술들을 통달했을 뿐만 아니라 어휘를 상당히 많이 알고 있을 가능성이 높다. 이러한 가설이 옳다면 어휘와 읽기는 본질적으로 연결시킬 필요가 없다. 즉, 개인의 언어사용 측면에서는 두 가지가 같은 것이기 때문이다. 다시 말해서 한 쪽 측면에서 강하거나 약한 사람은 다른 쪽 측면에서도 마찬가지로 강하거나 약할 가능성이 높다.

'지식 가설'은 어휘와 이해가 연결되어 있다는 것이다. 어떤 단어를 잘 안다는 것은 어떤 사람이 그 단어에 대하여 잘 형성된 스키마와 폭넓은 지식 구조를 형성하는 연합된 개념과 원리들의 연결망을 갖고 있다는 것을 의미한다. 어휘 그 자체가 아니라 어휘의 배경이 되는 지식이 읽기의 이해를 도모하는 중요한 요인인 것이다. 단어는 글의 의미를 이해하는 빙산의 일각이다. 만일 학습자가 컴퓨터 프린터를 새로 구입하여 사용하려고 설명서를 읽는다고 하자. 그는 '자간', '서체' 등의 구체적 단어로 프린터의 사용법을 익히는 것이 아니라 과거의 다른 프린터 사용 경험을 통하여 '자간', '서체' 등의 의미를 이해한다. 단어에 대한 경험적 지식, 프린터와 관련된 배경지식이 많은 학생들은 당연히 새로운 프린터 사용에 훨씬 더 능숙해질 것이다. 이것은 단어의 사전적 의미를 아는 것보다 그 단어에 대한 배경지식을 습득하는 것이 훨씬 효과적이라는 근거이다.

'도구적 가설'은 어휘 교육이 읽기에 가장 직접적인 영향을 미치는 것이라는 관점이다. 이 관점은 어휘 지도를 통하여 어휘력을 신장시키고 어휘력 신장을 통하여 독해력과 읽기 능력을 향상시키려는 현장 교사들에게 가장 호소력이 강한 이론이다. 단어를 많이 알고 있는 학습자들이 읽기 이해력이 좋다는 연구 결과를 갖고 있기 때문에 현장의 많은 교사들이 전통적으로 이 가설에 동의하였다. 이 가설은 앞의 두 가설에 비하여 구체적이고 명료할 뿐 아니라 가시적인 지도가 가능하기 때문에 현장 수업에 많이 적용되었다.

학생들이 학습활동 이외의 지시적 어휘 지도의 결과로 습득하는 단어의 양은 일 년에 200~300단어 정도라고 한다. 이 연구 결과는 의도적인 어휘 지도가 존재한다고 하여도 단어의 의미 파악과 실제 사용 수준에 이르기까지 상당한 시간과 노력이 요구된다는 것을 의미한다. 결국 학생들이 습득하는 대부분의 어휘들은 언어사용 맥락을 통한 것이다. 그중에서도 읽기는 그 어떤 어휘 습득과 비교할 수 없을 정도로 중요하다. 단어를 한 번 접하는 것만으로 단어의 의미를 파악하고 사용할 수 있게 되지 않는다. 단어를 여러 번 접해야만 단어의 의미와 단어를 사용하는 맥락을 충분히 이해할 수 있게 된다. 초등학교 5학년 학생이 1년 동안 학교 밖의 책으로부터 약 30만 단어를 읽는다. 또한 신문, 만화, 미디어 등과 같은 다른 매체를 통하여 약 60만 단어를 읽는다고 한다. 일반적인 5학년 학생이 읽는 단어의 추정치는 1년 동안 100만 단어로 높아지고, 읽기를 좋아하는 학생은 이보다 훨씬 더 많은 양의 단어를 접하게 된다. 이와 같은 연구 자료를 근거로 교육에 적용한다면 읽기를 통한 어휘 학습은 매우 중요하다는 결론에 도달한다.

3. 개념적 지식

개념적 지식은 지식의 유목과 분류 그리고 그들 사이의 관계에 대한 지식—보다 복잡하고 조직화된 지식 형태—을 포함하고 있다. 개념적 지식은 스키마, 정신 모형 또는 인지 심리학 모형의 내면적·외연적 이론을 포함하고 있다. 스키마, 모형, 이론 등은 특정한 교과 내용이 어떻게 조직되고 구성되는가, 어떻게 정보의 조각들이 연결되고 더욱더 체계적인 방법으로 관련을 맺으며, 어떻게 함께 기능하는가에 대한 지식을 나타낸다. 예를 들어 왜 계절이 나타나는가에 대한 정신모형은 지구가 태양을 도는 공전, 지구의 기울어짐에 대한 생각들을 포함한다. 계절 변화에 대해 지구와 태양이 계절의 변화와 관련을 맺는가에 대한 관계에 대해 아는 것이 중요하다. 이와 같은 개념적 지식은 '학문적 지식'의 한 측면이 될 수도 있으며, 학문 분야의 전문가가 현장에 대해 사고하는 방식—이럴 경우 계절 변화에 대한 과학적 설명—이 될 수도 있다.

1) 개념의 본질과 기능

개념에 관한 생각은 사고와 행동을 이해하는 데에 필수적이다. 개념이 없는 학습을 생각하기가 어렵듯이, 개념이 없는 의사소통과 추론을 생각하기도 힘들다. 개념은 세상을 어떤 유목들(classes)로 분할하는 방식을 나타내며 우리가 배우고 소통하고 추론하는 것들 중 많은 부분이 이러한 유목들 간의 관계를 포함한다. 개념은 유목에 대한 심적 표상이다. 유목에 대한 심적 표상으로서의 개념 기능은 '인지적 효용의 향상', '주어진 정보 이상의 추론', '복합 개념과 복합 사고의 형성'이다. 첫 번째, 개념의 가장 중요한 기능은 인지적 효용(cognitive economy)의 향상이다. 세상을 유목들로 분할함으로써 지각하고 학습하고 기억하고 소통하고 추론할 정보의 양을 줄일 수 있다. 만일 개념이 없다면, 각 개체를 그 고유의 이름으로 불러야 하므로 만일 우리가 어떤 동일한 유형의 물건을 생각할 때에는 그 동일한 물건에 대하여 개별적인 이름이나 번호를 명명 표지해야 할 것이다. 이런 식으로 세상의 모든 사물에 대한 개념이 없다면 우리의 두뇌의 저장고는 감당할 수 없을 정도로 혼란스러워질 것이며 지금과 같은 의사소통 상황을 기대할 수조차 없을 것이다.

개념의 두 번째 기능은 '주어진 정보 이상의 추론' 기능이다. 한 대상, 즉 사자와 마주칠 때 사람들은 그 외모에 관해서만 직접 지식을 갖고 있다. 그 외모 이상으로 사자는 물어뜯기도 하고 심한 상처를 입힌다는 등의 다른 지식을 생각해내는 것은 매우 중요하다. 개념들은 지각적 정보와 비지각적 정보를 연결하는 수단이다. 사람들은 앞에 있는 피조물에 대한 지각적 서술을 사용하여, 사자라는 개념에 접근하고 사자에 대한 비지각적 신념들을 사용하여 행동, 즉 도망치기를 지시한다. 따라서 개념은 재인 장치이기도 하고 지식 저장고에 들어가기 위한 출입구이기도 하며, 행위의 안내에 쓸 수 있는 기대도 제공한다.

개념의 세 번째 기능은 '복합 개념과 복합 사고의 형성' 기능이다. 사자와 공포는 두 개의 단순 개념들이다. 여기에 수컷 그리고 죽음이라는 새로운 개념을 적용할 수도 있다. 그렇게 되면 '수컷 사자는 죽음의 공포이다.'라는 의미가 새롭게 형성되며, '수컷 사자'의 복합 개념과 '죽음의 공포'가 연합하여 복합적인 사고를 형성한다.

2) 개념 형성의 과정

개념의 발달은 학습 능력의 성장에 기본적인 것이다. 일반적으로 학습 능력의 성장은 개념 발달의 성장이라고 할 수 있다. 이런 이유로 개념이 어떻게 형성되는지를 연구하는 것과 또 개념적 지식을 교실에서 사용하는 방법에 적용하는 것이 중요하다. 1970년대 중반에 이르기까지 개념의 획득과 사용에 대한 실험적 연구는 모든 개념은 정의 속성(definitional attribute)의 집합으로 규정된다는 가정 하에서, 새로운 개념의 획득이 아니라 단지 새로운 범주 이름을 획득하는 과정에 관심을 기울여 왔다고 주장하고 있다. 다시 말하면, '개념의 모든 사례들은 공통 속성을 공유하며, 이 속성들은 개별적으로는 범주의 사례가 되기 위한 필요조건이며, 전체적으로는 충분조건이 된다는 것이다.

고전적 견해에 따르면, 대상들에 대해서 개념을 획득한다는 것은 서로 다른 대상들을 하나의 유목으로 묶어 그 사례들을 유사한 방식으로 다룬다는 것을 의미한다. 따라서 개념 형성에 대한 연구는 반드시 추상화 활동과 일반화 활동을 고려해야만 한다. 학생이 몇 가지 다른 상황 또는 대상에서 공통적인 감각적 또는 지각적 속성을 관찰할 때, 그 학생은 전체 상황으로부터 그 속성을 추상하고 있는 것이다. 추상화는 대상을 분류하는 데 있어서 주요한 역할을 한다. 어떤 대상을 주어진 유목에 포함시킬 것인가 말 것인가에 대한 준거로써 공통 성질이 선택된다. 그 다음에 각 항목을 조사하여 그 그룹에 포함시킬지 말지를 알아본다. 일반화는 개념 학습에 사용되는 또 다른 과정이다. 일반화는 대상 또는 상황의 유목으로부터 추상화되었던 세세한 것들이 관련 대상 또는 상황 전체에 반응하는 데 이용된다는 것을 의미한다. 따라서 피타고라스 정리를 이해한 학생은 직각삼각형의 두 변과 빗변에 작도한 모든 정사각형에 공통 성질을 추상한 것이다. 그러나 이 성질은 다른 상황 전체에 비슷하게 반응하는 데 사용될 수 있다.

Van Engen은 성인과 아동의 개념 형성 과정이 다르다고 지적하고, 아동의 개념 형성 과정은 '지각 → 추상화 → 일반화'라는 순서를 따르지만 성인의 경우는 반드시 이 순서를 따르는 것은 아니라고 말하고 있다. 새로운 개념을 학습할 때 성인의 경우에는 단어에 정확한 정의가 부여된다면, 그것들과 실세계와의 관련을 필요로 하지 않는 경우도 있지만 아동의 경우에는 적당한 감각 경험을 제시해주는 것이 필요하고, 특히 추상적인 내용교과 학습에 있어서는 이러한 배려가 중요하다.

3) 개념적 지식과 읽기[1]

읽기 과정에서 학습자의 이해를 돕기 위한 개념적 지식은 '분류와 유목에 대한 지식', '원리와 일반화에 대한 지식', '이론, 모형, 구조에 대한 지식' 등이다. '분류와 유목에 대한 지식'은 각 교과에서 사용되는 구체적인

---

1) 앤더슨(Anderson, L. W., 2001 : 55~57)의 *A texanomy for Learning, Teaching, and Assessment : A Revision of Bloom's Texanomy of Educational Objectives*.

유목과 분류, 구분, 배열을 포함하는 것이다. 지식의 이러한 형태는 전문용어나 구체적인 사실들보다는 더욱더 일반적이고 추상적이다. 각 교과내용은 새로운 요소들을 발견하는 데 쓰일 일련의 유목을 갖고 있다. 분류와 유목은 전문용어나 구체적인 사실들과는 다르다. 즉 그들은 구체적인 요소들을 관련짓는 연결점을 만드는 것이다. '분류와 유목의 지식'은 학문에서 전문적인 지식을 개발하는 중요한 측면이다. 적절한 유목으로 정보와 경험을 타당하게 분류하는 것은 학습과 발달의 전형적인 표시이다. 더욱이 개념적 변화와 이해에 관한 최근의 인지적 연구에 따르면, 학생들이 정보를 부적절한 유목으로 잘못 분류하여 학습에 제약을 받을 수도 있다고 한다.

몇 가지 이유로 인하여 학생들은 사실적 지식보다 분류와 유목의 지식을 학습하는 것이 더 어렵다고 생각하는 경향이 있다. 그 이유는 첫째, 학생들이 직면하는 상당수의 분류와 유목은 비교적 자의적이며, 자신의 연구에서 그것들의 가치를 인식할 수 있는 전문가들에게만 의미가 있는 극히 인위적인 지식 유형이라는 것이다. 둘째, 학생들은 그 분야의 전문가들이 기대하는 수준까지의 정확성을 지닌 교과내용 분류 및 유목 체계를 알지 않고서도 얼마든지 일상생활을 영위할 수가 있다. 셋째, 분류와 유목에 관한 지식은 학생들에게 구체적인 내용 요소(즉, 전문용어나 사실)간에 연관을 짓도록 요구한다. 마지막으로, 분류와 유목이 더 큰 분류와 유목을 만들기 위해서 서로 결합하게 되면, 학습 자체가 더욱 추상화된다. 그럼에도 불구하고 학생은 유목과 분류에 대해 알고 있어야 하며, 그것들을 언제 교과내용에서 적절하고도 유용하게 다루게 되는지를 알아야 한다. 학생들이 특정 학문의 교과와 그 학문의 교과와 관련된 정신의 도구를 어떻게 사용하는지에 관하여 학습하기 시작함으로써 그러한 분류와 유목의 가치는 분명해진다.

'원리와 일반화에 대한 지식'은 학구적 학문에서 두드러지는 경향이 있으며 그 학문에서 현상을 연구하거나 문제를 해결하는 데 사용된다. 교과내용의 전문적 지식을 습득했다는 증거 중 하나는 의미 있는 패턴을 이해할 수 있다는 것이고, 적은 노력으로 원리나 일반통칙을 잘 활용할 수 있다는 것이다. '원리와 일반화에 대한 지식'은 현상에 대한 관찰 결과를 개관하는 추상적 개념에 대한 지식을 포함하고 있다. 그러한 추상성은 가장 적절한 조치나 방향을 기술하고 예언하고 설명하고 결정하는 데 큰 가치가 있다. 원리와 일반화는 많은 구체적인 사실들과 사태들을 결합하고 구체적인 사실들 간의 과정과 내적 관련성을 설명한다. 나아가 분류와 유목들 간의 과정과 내적 관련성도 설명한다. 이런 방식으로, 원리와 일반화는 전문가가 전체를 경제적이고 통합성 있게 조직할 수 있도록 한다.

원리와 일반화는 광범위한 관념일 수 있다. 그래서 학생들이 이해하는 데 어려울 수 있다. 왜냐하면, 학생들은 자신이 요약하고 조작하려는 현상에 대해 충분히 친숙하지 않을 수도 있기 때문이다. 그렇지만 만약 학생들이 원리나 일반화를 알고자 원한다면 그들은 다량의 교과를 조직하고 관련 짓기 위한 수단을 갖게 된다. 그 결과로서, 그들은 교과에 대한 기억이나 암기는 물론이고 교과내용에 대해 더 높은 통찰력을 지녀야 한다.

'이론, 모형, 구조에 대한 지식'은 복잡한 현상이나 문제 또는 교과에 대해서 분명하고 체계적인 관점으로 상호연관성을 파악하는 원리이며, 동시에 그것에 대한 일반화의 지식이다. 이는 가장 추상적인 공식화를 보여주는 지식이다. 이러한 지식들은 상당량의 구체적 사실, 분류와 유목, 원리와 일반화의 조직 및 상호관련성을 보여 줄 수 있다. 하위 영역으로서의 '이론, 모형, 구조에 대한 지식'은 각 학문이 현상을 기술하고 이해하고 설명하고 예언하는 데 사용하는 패러다임, 인식론, 이론 등에 관한 지식을 포함하고 있다. 학문은 탐구 활동을 구조화하는데 서로 다른 패러다임과 인식론을 가지고 있어서, 학생들은 교과와 교과 내 연구 영역을 개념화하고 조직화하는 다양한 방식들을 알아야 한다. 예를 들면, 생물학에서 진화이론의 지식과 각기 다른 생물적 현상을 설명하는데 있어서 진화론적 용어를 활용하여 어떻게 생각할 것인지에 관한 지식은 이 하위 유형의 중요한 측면이다. 유사하게도 심리학에서 행동적, 인지적, 사회 구성주의적 이론은 인간 행동에 대해 각기 다른 관점을 반영하고 각기 다른 인식론적 가정을 가지고 있다. 특정 학문의 전문가는 다른 학문의 이론, 모형, 구조와 상대적인 강·약점을 잘 알고 있을 뿐만 아니라, 그를 통하여 '내부적' 혹은 '외부적' 관점에서 사고할 수 있는 능력이 있다.

4. 스키마[2)]

　글의 의미를 이해하고 학습하고 기억하는 일련의 읽기 과정은 글을 매개로 하여 독자와 필자가 만나는 지적 과정이라고 할 수 있다. 이 지적 과정 속에서 독자는 글을 통하여 필자가 의도한 의미를 파악한다. 연구자들은 의미의 파악 과정 즉, 읽기 과정을 탐구하기 위하여 두 가지의 기본 가정을 하고 있다. 한 가지는 우리의 기억 속에 경험이 축적되면서 형성된 지식이 읽기 과정에서 크게 영향을 미친다는 가정이고, 다른 하나는 글은 필자가 전달하고자 하는 의미의 언어적 구조화로서 읽기 과정에서는 언어 기호를 번역하여 의미로 표상화하는 심리적 장치가 요구된다는 가정이다. 70년대에 들어서면서 지금까지 발표된 읽기에 대한 연구들은 이 두 기본 가정 중 어느 쪽에 관심을 더 두는가에 따라 크게 두 줄기로 구분된다. 하나는 독자의 기억 속에 저장된 지식의 구조와 기능을 강조하는 스키마(schema) 연구이고, 다른 하나는 글의 특성과 구조의 표상화에 더 큰 관심을 보이는 텍스트 분석이다. 전자는 읽기에 대한 연구이고 후자는 글에 대한 연구이다. 여기서는 전자의 입장 즉, 읽기 과정에 영향을 주는 스키마에 대하여 알아보기로 한다.

---

2) 이 부분은 노명완(2006 : 220~247)의 『국어교육론 강의 자료집』과 노명완 외(1989 : 207~219) 『국어과 교육』을 주로 참고하였다.

1) 스키마의 개념

인간의 정신 구조는 어떤 외부로부터의 자극이 없이도 내적으로 일관된 구조를 지향하려는 역동적 성향을 갖고 있음을 강조하고, 이 역동적 성향은 기억의 재생 과정에서 보편화, 특수화의 방향으로 나타난다고 본다. 행동주의 심리학이 심리학계의 주류를 이루고 있고, 인간 이해에 대한 형태 심리학의 기본 발상이 아직 이론화에까지 큰 진전을 보이지 못하고 있던 때에, 스키마의 실재와 그 기능에 대해 개념적인 틀을 밝힌 학자는 영국의 사회 심리학자 발레트(Barlett)였다. 그는 1932년에 발간된 그의 고전적 연구서 '기억'에서 스키마를 '과거 경험의 능동적인 조직'으로 보았다. 여기에서 '능동적인 조직'이란 어떤 물건을 서랍 속에 넣었다가 다시 꺼내는 것과 같은 단순 재생이나 단순 인출이 아니라, 정보를 새로운 모습으로 구성하는 과정을 의미한다. 그는 다음과 같은 말로 스키마의 개념을 설명한다.

> 인간은 어떤 하나의 현상을 부분 부분 또는 부분들의 (단순)결합으로 지각하지는 않는다. 어떤 경우이든지 인간은 전체적인 인상을 포착하려는 경향이 있으며 이 전체적인 인상에 따라 세부 사항들을 구성한다. 이 구성은 전체적인 인상을 정당화하는 방향으로 이루어진다.

발레트 이후 읽기 연구에 결정적인 공헌을 한 학자는 아우스벨(Ausubell)이다. 그는 읽기 과정에서 추상적이며 일반적인 상위 수준의 개념이 구체적이며 개별적인 하위 수준의 내용들을 포섭하는 역할을 한다고 주장하면서, 이러한 역할을 담당하는 상위 수준의 개념을 선행조직자(advanced organizer)라고 불렀다. 그가 제안한 일반적이며 포괄적인 상위 개념으로서의 '선행조직자'나 발레트가 말한 '과거 경험의 능동적인 조직'으로서의 스키마, 그리고 형태심리학에서 말하는 '전체적 특성' 등은 모두 읽기 과정에서 일어나는 '이해', '기억' 현상을 설명하는 스키마 이론의 선험적 사상들이다.

2) 스키마의 구조와 기능

스키마 이론은 근본적으로 지식이론이다. 즉 스키마 이론은 세상사에 대한 우리의 지식이 기억 속에 어떻게 표상되어 있으며, 이 표상된 세상사에 대한 지식이 독해 과정에서 어떻게 작용하는가에 대한 이론이다. 스키마 이론에 의하면, 세상사에 대한 우리의 지식은 여러 단위로 구성되어 있으며 이 단위들은 스키마들(단수는 schema, 복수는 schemas 또는 schemata)이라고 부른다. 그리고 각각의 스키마 속에는 그 스키마가 표상하는 지식 내용뿐만 아니라 그 지식의 활용에 대한 정보도 함께 포함되어 있다고 본다.

스키마 또는 지식을 단위로 본다는 것은 곧 스키마를 개념(concept)으로 본다는 것과 마찬가지이다. 하나의 개념에는 그 개념과 관련된 대상, 상황, 사건, 행동 등 여러 요소들이 포함되어 있다. 마찬가지로 하나의 스키마 속에도 그 스키마와 관련되는 대상, 상황, 사건, 행동 등 여러 요소들이 그리고 이 요소들 사이의 관계까지도 모두 포함되어 있다. 따라서 스키마 이론은 심리학의 의미 이론에서 얘기하는 '의미의 원형이론'과 일맥상통한다고 할 수 있다. 즉, 스키마의 내용은 그 스키마가 표시하는 개념의 전형적인 의미이다.

스키마의 기능은 간단하게 세 가지로 정리하여 말할 수 있다. 첫째, 스키마는 읽기 자료에 담긴 정보를 받아들이기 위한 이상적인 지식 구조를 형성하여 준다. 이 지식 구조가 독서 자료의 정보와 적절히 합치될 때에 읽기 과정은 의식적인 지적 노력이 없이도 이루어진다. 둘째, 스키마는 많은 정보 중 필요한 정보를 선택적으로 받아들인다. 스키마는 많은 정보 중 중요한 정보와 그렇지 못한 정보를 선별하여 중요한 정보에 더 많은 주의 집중을 일으킨다. 그 결과 중요한 정보(스키마와 관련되는 정보)를 더 강조하여 선택적으로 받아들인다. 셋째, 스키마는 추론 과정을 통해 명시되지 않은 정보도 찾아준다. 어떤 글도 모든 내용을 다 명시적으로 진술하지는 않는다.

스키마는 글에 언급되지 않은 많은 내용을 추론하여 행간을 읽을 수 있는 기반을 제공하여 준다(자동차만 보고도 엔진의 실제를 알게 되고 이야기의 앞부분으로 뒷부분을 예측할 수 있게 한다). 넷째, 스키마는 정보 탐색에서 탐색의 순서와 절차를 제공하여 준다. 식당의 손님들이 식사 후에 돈을 지불할 것이라는 예측은 식당 스키마가 식당에서의 행동에 대한 어떤 순서를 제공하기 때문이다. 다섯째, 스키마는 읽은 내용을 재편집하고 요약하는 역할을 한다. 읽었다고 해서, 그리고 이해하였다고 해서 그 내용들이 모두 기억되는 것은 아니다. 스키마는 글의 제시 순서나 내용 구조를 스키마의 구조에 통합시켜 효율적으로 정리하여 준다. 따라서 읽은 글을 회상할 때 회상되는 내용과 회상 순서가 주어진 글의 내용 및 내용의 제시 순서와 일치하지 않는 경우는 스키마의 재편집 및 요약 기능이 완전하게 상호작용하지 않았기 때문이다. 여섯째, 스키마는 수많은 여러 정보들을 어떤 일관성 있는 형태로 재구성하여 준다.

3) 스키마와 읽기

스키마 이론은 읽기 과제의 의미가 독자들이 직면하게 되는 정보, 이미 기억 속에 가지고 있는 정보, 그리고 새로운 정보와의 상호 작용에 기초해서 구성된다고 주장한다. 선행조직자와 스키마 활성화는 독자들의 일반 지식과 읽기 과제 속에 있는 정보가 완벽하게 상호작용함으로써 의미 구성을 촉진하도록 만들어진 접근들이다.

독자들의 초인지 기술은 의미 구성에 영향을 주는데 이 기술은 읽기에 필수 불가결한 것이다. 오늘날 이런 연구들의 결과는 분명하다. 새로운 정보와 독자들이 이미 가지고 있는 정보를 연결 짓기 위해서 설계된 기법들은 학생들이 새로운 정보를 학습하고 파지하는 것을 도와준다. 교사들은 규칙적으로 선행조직자와 스키마 활성화를 사용해야만 한다. 교사들은 새로운 정보의 학습을 위해 이미 가지고 있는 과제 관련 지식의 가치를 강조해야만 한다. 더욱이 수업 프로그램은 중심 아이디어 찾기, 요약하기, 자문하기, 추론 끌어내기, 오류와 불일치 찾기, 자신의 학습을 점검하기, 그리고 새로운 정보와 기존의 정보를 연결 짓기 등의 초인지 읽기 기술을 강조해야만 한다. 상보적 교수는 초인지 읽기 기술을 가르치기 위하여 대단히 효과적인 접근이다. 그러나 관련 연구들은 초인지 기술들이 각각 독립적으로 가르쳐지거나 혹은 다른 기술들과 연합되어서 가르쳐질 수 있다는 사실을 지적한다. 일반적으로 학생들이 초인지 읽기 기술을 숙지했을 때 그들의 읽기는 향상된다. 이러한 기술에 초점을 맞추고 있는 수업 전략들은 단순하고 직접적이어서 교실에서 사용하기에 수월하다.

스키마 이론으로부터 다음과 같은 읽기 교육의 시사점을 얻을 수 있다.

첫째, 모든 읽기 자료에는(또는 교사용 지침서에는) 독자가 글의 내용을 이해하는데 도움이 될 만한 기존 스키마를 활용할 수 있도록 지침이 포함되어야 한다. 실험 연구에 의하면, 학생들은 글의 내용을 자기들이 갖고 있는 기존 스키마와 통합시키는데 미숙하므로 읽기의 준비 과정으로서 배경지식을 최대한 활용할 수 있도록 학생들의 주의를 스키마 활용에 환기시키는 안내가 필요하다.

둘째, 만일 학생들이 글 내용에 적절한 스키마를 갖추고 있지 못하다고 생각될 때에 교사는 글의 이해에 필요한 지식을 갖도록 도와주어야 한다. 전통적인 수업에서 수업 시간의 첫 부분을 도입 단계로 할애하여 학생들에게 수업 내용을 개괄적으로 설명하고, 배경 경험을 동원하여 글 내용을 적극적으로 해석할 수 있도록 준비 상황을 마련하는 것은 바로 글 이해에 필요한 스키마를 동원하거나 활용할 수 있도록 하는 안내 활동인 것이다. 스키마 이론은 이와 같은 도입 활동의 중요성을 깨우쳐 주고 이를 강화하도록 시사한다.

셋째, 스키마 이론은 수업 과정에서 추론 활동을 더욱 강화할 것을 시사한다. 글 내용에 언급되지 않은 내용이나 앞으로의 사건 전개 예측 등과 같은 추론 활동은 제시된 글 내용을 보다 더 명료하게 이해하는 데 도움이 될 뿐만 아니라 이해한 내용의 기억에도 도움이 된다.

넷째, 스키마 이론은 자료의 구성이나 실제의 지도에서 독서에 선행하여 글의 전체 내용을 일관성 있게 포섭할 수 있는 높은 수준의 개념이나 구조를 제시하여 줄 것을 시사한다. 그러나 어떤 개념이 그리고 어떤 유형이 글 전체를 포섭할 수 있는 상위 수준의 스키마인가 하는 문제는 더 연구되어야 할 것이다.

다섯째, 스키마 이론은 독해의 부진을 읽기 능력의 부족으로 생각해 왔던 종래의 평가관이 올바르지 못함을 지적해 준다. 독자의 기존 스키마가 독해에 결정적인 영향을 미치고, 교육적 방법을 동원한 스키마의 동원이 독해(이해와 기억) 향상에 크게 도움이 된다는 지금까지의 연구 결과들은 '능력의 부족'으로만 탓해 왔던 독해 부진아들에 대해 희망적이고 교육적인 대책을 제공하여 준다.

5. 어휘력, 개념적 지식, 스키마를 활용한 읽기 지도

지금까지 어휘력, 개념적 지식, 스키마에 대하여 살펴보았다. 각각의 본질과 적용 양상이 약간의 차이를 보이기는 하지만 읽기에 관여하는 측면에서 상호 밀접한 관계가 있다는 것을 알 수 있다. 선행 연구에서 논의된 바와 같이 어휘는 단어들의 의미 집합임과 동시에 개념을 갖고 있는 단어의 연합에 의하여 의미가 형성된다. 개념적 지식 또한 단어를 최소 단위로 하는 개념과 최소 단위의 결속으로 인한 복합 개념들은 모두 어휘로 표현된다. 이러한 어휘와 개념은 스키마의 구조와 또한 관련이 있다. 결국 어휘력, 개념적 지식, 스키마는 읽기 과정의 인지 요인이라 말할 수 있다. 앞에서 과학 수업 내용을 예로 들어 어휘력, 개념적 지식, 스키마의 연관성에 대하여 언급하였다. 그 이유는 어휘력, 개념적 지식, 스키마를 내용교과 학습과 관련된 읽기 과정의 중요 인지 요인으로 전제하였기 때문이다. 따라서 여기서는 내용교과 학습을 위한 읽기의 모형을 중심으로 살펴보고, 실제 수업 장면을 제시하여 세 가지 요인이 어떻게 내용교과 학습에 작용하는지 알아보기로 한다.

학습을 위한 읽기 모형으로 세 가지를 제시하기로 한다. 즉, '자료중심모형', '개념중심모형', '상호작용모형'이 그것이다. 자료중심모형은 외적 자극에 의해 유도되는 정보처리를 의미하는 것이고, 개념중심모형은 배경지식에 의해 유도되는 정보처리를 말하는 것이며, 상호작용모형은 텍스트의 자료와 독자의 현존하는 지식 둘 다에 의해 유도되는 것을 의미한다.

1) 자료중심모형

단어들은 사전에 기술되어 있는 것처럼 구체적 의미를 가지고 있고 다른 단어들이나 아이디어들과 연합되어 있다. 단어들의 의미는 읽기 과제를 이해하기 위해 먼저 확인되어야 하고 문장에 따라 적절한 순서로 배열되어야 한다. 이런 기본적인 관점에서 볼 때 읽기는 본질적으로 해독(decoding)이라 할 수 있다. 해독과 단어 의미의 연결을 강조하는 읽기 모형들이 자료중심모형이다. 여기서는 고프(Gough)의 모형을 중심으로 살펴보기로 한다.

고프는 그의 모형의 기초로 눈동자 움직임 연구의 결과를 사용하고 있다. 그의 견해에 따르면 독자들은 한 문장, 한 문단, 한 단어별로 처리한다. 읽기 과정은 텍스트의 첫머리에 눈을 정지하는 것으로 시작된다. 이어서 눈동자 움직임이 나타나고 두 번째 정지가 이루어진다. 그리고 다음으로 계속된다. 고프는 눈동자가 한 번 정지하면 그 기간에 영상 저장고에 10 내지 20개의 문자가 저장된다고 말한다. 일단 정보가 영상 저장고 안에 저장되면

왼쪽에서 오른쪽으로 한 번에 한 문자씩 움직이며 형태 재인 과정이 시작된다. 고프는 하나의 문자를 확인하는데 약 10~20m/sec가 걸릴 거라고 추정했다. 영상 저장고에 있는 정보는 약 0.25초 동안 지속될 것이고 독자들은 초당 3회의 정지를 할 것으로 예상했다. 이러한 가정에 근거해서 독자가 분당 300단어를 읽는 것이 가능할 것으로 예상했다.

각 문자의 형태 재인 과정이 끝나면 한 단어에 포함되어 있는 문자의 소리 표상이 회상되고, 그 단어의 소리를 표상하기 위해서 통합적 반응이 나타나는 것으로 보았다. 여기서 회상하는 것은 문자 그 자체의 소리가 아니라 소리에 관한 기억 표상이 활성화되는 것이라고 주장하였다. 한 단어의 음성 표상이 완성되었을 때 그 단어는 기억으로부터 인출되고 정보처리는 다음 단어로 넘어간다. 해독된 단어들은 단기기억 속에 저장되며 전체 문장의 의미는 단기기억 속에서 결정된다. 만일 분명한 의미가 얻어졌다면 그 의미의 골격은 장기기억 속으로 넘어간다.

장기기억의 역할을 배제하고 의미가 완전히 투입 자극에 의해서만 결정된다고 보는 완전한 자료중심모형(data driven model)은 없지만, 고프의 모형은 오늘날 자료중심모형의 대표이다. 각각의 문자는 계열적인 형태로 처리되고 의미는 기억 속에 저장되어 있는 의미에 기초해서 텍스트에 할당된다. 그러나 고프가 예견했던 것처럼 엄격한 자료중심모형에는 몇 가지 심각한 문제점이 있다. 최근의 연구들은 정보가 계열적인 형태로 영상 저장고에 저장되는 것이 아니라는 사실을 지적하고 있다. 문자들을 음성으로 바꾸는 것은 독자들이 동음이의어를 이해하는 데에 어려움을 주고 있다. 즉, 문장 속에서 그들의 의미가 결정되곤 한다.

2) 개념중심모형

읽기에 대한 개념중심모형은 배경지식의 역할을 강조한다. 개념중심모형은 의미를 얻기 위해서 하는 계열적이고 상세한 텍스트의 분석으로 독해를 설명하는 대신 텍스트에 관한 독자의 기대와 교재에 대한 독자의 배경지식이 읽기 과정을 결정한다는 전제를 하고 있다. 이러한 견해에 따르면 독자들은 의미를 구성하기 위해서 인쇄된 상징들을 사용한다. 어떤 읽기 모형도 완전히 자료 중심적이지 않은 것처럼 완전한 개념중심모형도 없다. 작가가 의도했던 것과 독자에 의해서 구성된 의미 사이에는 어떤 연결이 있다. 즉, 모형들은 강조점에 있어서 서로 다르다. 개념중심 처리를 강조하는 잘 알려진 모형은 굿맨(Goodman)의 모형이다.

읽기를 수행하는 동안 눈동자 움직임의 분석에 기초를 하고 있는 고프의 모형과는 달리 굿맨의 모형은 소리를 내어 읽는 동안에 일어나는 아동의 실수를 관찰함으로써 발전했다. 초기 연구는 그가 아동들에게 이야기를 큰 소리로 읽도록 한 상황에서 수행되었다. 굿맨은 아동들에게 약간 어려운 이야기를 선택해서 읽게 하고 읽는 내용을 들었다. 아동들이 저지른 실수에 대한 분석은 독자들로 하여금 다음 독해 과제의 내용을 예견하도록 유도하는 과정에 의해서 독해가 지배된다는 사실을 알게 되었다. 그는 일단 독자들이 이야기 속으로 들어오면 그들은 그들의 예견을 확인하는 수단으로 그 텍스트들을 사용한다고 믿었다. 독해에 대한 그의 모형은 계열적 단계들을 고려하지 않는 대신에 네 가지의 정보처리 사이클이 동시에 상호작용적으로 일어난다는 것을 믿었다. 이 네 가지 사이클은 시각적 과정(투입의 포착), 지각적 과정(문자와 언어들의 확인), 구문적 과정(텍스트 구조의 확인), 의미구성(투입을 위한 구성)이다. 일단 독자가 읽기를 시작하며 그 텍스트를 위해서 의미가 구성된다. 이 의미는 다음 투입이 어떨 것인지를 예견하는 기초가 된다. 독자의 예견이 확인되면 읽기는 계속되고 구성된 의미는 새로운 정보로 풍부해진다. 만일 그 독자의 예견이 맞지 않는다면, 그 독자는 읽기를 늦추고 다시 읽게 되거나 혹은 정확한 의미를 구성하기 위해 부가적 정보를 찾게 된다.

굿맨 모형의 장점은 개념중심 과정에 있다. 아동의 읽기 실수를 분석하는데 있어 이 모형은 대단한 영향력을 갖는다. 그러나 그 모형이 개념중심 처리를 지나치게 강조하고 있다는 지적을 받기도 한다. 굿맨의 관점에서 본다면 능숙한 독자는 서투른 독자보다 텍스트 정보를 덜 이용해야만 한다. 그러나 이것은 연구에 의해서 검증되지 않은 사실이다. 따라서 굿맨의 모형이 너무 애매해서 읽기 연구나 적용을 이끌어내는데 별 도움이 되지 않는다고 말한다. 그럼에도 불구하고 이 모형은 독해에 있어서 독자가 갖고 있는 지식의 역할이 대단히 중요하다는 사실을 우리에게 상기시켜 주고 있다.

3) 상호작용모형

앞에서 살펴본 것처럼 독해에 대한 자료중심모형은 독자가 갖는 지식의 효과와 상황의 효과를 설명하는데 있어서 적절하지 않다. 개념중심모형은 지식의 역할에 직접적으로 초점을 맞추고 있지만 독해에 있어서 자료중심 처리의 중요성을 과소평가하는 경향이 있다. 자료중심모형과 개념중심모형의 단점으로 인하여 자료중심 처리와 개념중심 처리가 상호작용한다는 여러 가지 모형이 제안되었다.

상호작용모형은 고프의 자료중심모형과 같이 읽기에 대한 눈동자 움직임 연구에 기반을 두고 있다. 그러나 자료중심모형과는 달리 그들은 자극자료 (텍스트)와 독자의 지식 기반은 구성된 의미를 끌어내기 위해서 상호작용한다는 상호작용적 정보처리를 제안한다. 저스트(Just)와 카펜터(Carpenter)는 형태 재인, 작동 기억 그리고 장기기억의 수준에서 정보처리를 제안한다. 이런 정보처리들은 계열적이 아니다. 즉, 그들은 상당히 상호작용적이다. 독해는 시각 자극이 영상 저장고로 들어오게 되는 첫 번째 눈동자의 정지에서 시작한다. 영상 저장고 안에 있는 문자들의 수가 고정되어 있다고 주장하는 고프와 달리 저스트와 카펜터는 투입의 양은 개인차에 의존한다고 주장한다. 여기서 개인차란 읽기 능력, 읽고 있는 내용에 관한 지식 그리고 독자의 목적 등을 말한다.

일단 시각적 투입이 영상 저장고에 들어오게 되면 다음 단계로 단어들의 물리적 특징을 추출하는 것이다. 이러한 과정은 대체로 자료 중심적이다. 그러나 그것은 읽기 지식과 읽기에 관한 상황의 상호작용에 의존한다. 물론 단어의 의미를 부여하는 것은 물리적 특성의 추출, 단어를 위한 독자의 장기기억, 그리고 읽고 있는 문단에 대해서 구성된 의미의 기억 등에 의존한다. 몇몇 상호작용모형과는 달리 저스트와 카펜터는 읽기 과정에서 독자들이 계속적으로 새로운 단어의 의미와 기억 속에서 구성된 의미를 통합한다고 주장한다. 한 문장이 완성되면 독자는 그 문장의 의미를 전체적인 의미의 구조 속에 동화시킨다.

저스트와 카펜터 모형은 자료중심 처리와 개념중심 처리 사이에서 균형을 잡고 있다. 고프와 유사하게 투입에 기초를 둔 자동화된 과정이 기술되었다. 그러나 이러한 처리들 각각은 독자의 구성된 의미, 일반적 지식 등과 상호작용한다. 굿맨과 유사하게 이 모형은 예견에 대해 강조를 한다. 그러나 이것은 투입과 읽기 지식의 상호작용에 기초한 계속적인 결정에 의해서 조정된다.

지금까지 어휘력, 개념적 사고, 스키마에 관한 이론적 점검과 읽기의 작용 양상을 알아보았다. 각각에 대한 개념이나 정의에 본질적으로 차이가 있기는 하지만, 이 세 가지는 읽기의 인지 과정 요인으로 작용한다는 공통점을 갖고 있다. 앞의 논의에서 일부 언급된 바와 같이 어휘는 개념의 특성을 갖고 있으며 개념들은 어휘로 구성된다. 또한 스키마는 개념적 사고를 포괄하는 것이다. 어휘력이 읽기 능력에 효과적으로 작용하는 바와 마찬가지로 개념적 지식과 스키마도 학습자의 읽기 과정에 깊숙하게 관여 한다. 읽기 능력은 어휘 사용 능력, 개념적 지식의 활용, 스키마의 동원을 통하여 향상된다.

이 논의의 본래 의도는 내용교과 읽기 학습을 위한 구체적인 전략을 마련하기 위한 것이었다. 그러나 본래의 취지를 반영하지 못한 것은 어휘력과 개념적 지식 그리고 스키마의 유기적인 관련을 분석하지 못하였을 뿐만 아니라 세 가지 요인이 읽기 과정에서 실제로 어떻게 작용하는지를 보여주지 못하였다는 것이 증거한다. 각각의 요인들이 학습자의 읽기 과정에 깊숙이 작용하여 읽기 이해를 돕는다는 것은 선행 연구를 통하여 알려진 바이다. 그렇지만 세 가지 요인이 하나의 읽기 과정에서 한 학습자의 읽기 이해에 효과적으로 작용하는 양상을 규명하고 세 가지 요인이 조직적으로 읽기 활동에 관여하는 양상을 밝히지 못하였다는 것이 한계이다.

어휘력, 개념적 지식, 스키마의 유기적 적용을 통한 학습자의 읽기 학습 지도 모형을 구안하고 실제 교수·학습활동에 적용할 수 있는 지도 방법을 마련하는 것은 최근의 읽기 연구가 학습을 위한 읽기에 초점을 두는 것과 관련이 있다. 내용교과의 지식과 정보를 효과적으로 습득하는 데에는 학습자의 언어사용 능력이 절대적으로 중요하다. 읽기는 다른 어떤 기능보다 중용하며 어휘력, 개념적 지식, 스키마는 학습을 위한 읽기의 중요한 인지 과정 요인이다. 이 세 가지 요인을 활용하여 내용교과의 지식과 정보를 습득하는 데에 기여할 수 있는 지도 방법을 모색하여야 할 것이다.

제 4 장

내용영역 읽기능력 향상을 위한 질문생성 전략

　내용영역 읽기에서 학습자들이 가장 먼저 인지하여야 할 사항은 자신이 왜 글을 읽어야 하는가에 대해 스스로 질문해 보는 것이다. 내용영역의 글을 읽는 상황은 주어진 목적이 분명하기 때문에 그것이 무엇인지를 확실히 인지하지 못하면 학습자들이 글을 읽는 상황에서 무엇을 알려고 하는지, 알고자 하는 것을 어떻게 알 수 있는지, 알게 된 것을 어떻게 활용하여야 하는지를 정확하게 인지할 수 없다.

　내용영역 읽기에서 교사들이 동의하는 학습자들의 가장 큰 문제는 읽기의 목적과 의도를 명확하게 인지하지 못한다는 것이다. 읽기의 목적과 의도는 나에게 주어진 문제가 무엇이고, 주어진 문제를 해결하기 위하여 어떤 답을 얻을 수 있는지 인지하는 것이다. 예를 들어 초등학교 2학년 과학 수업 내용 중의 그림자 길이의 변화와 관련된 내용의 글을 읽을 때에 학습자들은 학습 목표와 내용, 관련 자료 등에 대한 인지를 하기 이전에 왜 이 글을 읽는가에 대한 스스로의 질문이 선행되어야 한다. 그림자의 길이의 변화와 관련이 있는 글을 읽으려고 한다면 학습자는 그림자의 길이 변화가 왜 일어나는지 알아보기 위하여 글을 읽으려고 하는 것이다. 만일 이러한 질문을 하지 않고 글을 읽는다면 글의 주제나 개념에 집중하기 보다는 배경이나 사건 등의 텍스트 주변 요소에 관심이 분산되어 글을 읽은 후에도 무엇을 알려고 하였는지 기억하지 못하게 된다.

내용영역 읽기에서의 질문생성 전략은 내용영역의 읽기능력을 향상시키기 위한 가장 기본적인 훈련이며, 읽기 과정의 초기 단계이다. 읽기의 목적과 의도는 질문생성 전략을 통하여 학습자들이 스스로 인식하게 된다. 읽기의 목적과 의도를 명확하게 인식함으로써 학습 내용을 효과적으로 기억하고 이해하게 한다. 읽기의 과정은 회귀적이기 때문에 처음 글을 읽을 때의 목적과 의도는 글을 읽는 과정을 통하여 재인되어야 하며, 분석과 적용의 과정을 거쳐 자신이 필요한 지식과 정보를 효과적으로 습득할 수 있게 한다.

여기서는 내용영역 읽기능력 향상을 위한 질문생성 전략에 대하여 논의하기로 한다. 내용영역의 읽기능력과 질문생성 전략의 관계에 대하여 알아보고 질문생성 전략의 구체적인 방법과 실행 과정을 제시할 것이다. 질문생성 전략은 읽기 과정에서 학습자가 반드시 수행하여야 할 선행 방법이며, 교수·학습의 실행 방법에 대하여 논의할 것이다.

1. 내용영역 읽기의 질문생성

질문생성 활동은 생각보다 수월하지 않다. 특히 초기 읽기 학습자들의 경우에는 더욱 그렇다. 전문적인 학술 서적을 탐독하거나 자신의 문제를 해결하는 데에 필요한 정보를 얻기 위한 읽기에서도 그렇다. 질문을 생성하는 전략은 자신의 문제를 해결하기 위한 방법이 무엇인지를 선택하기 위한 선행 과정이다. 읽기의 목적과 의도가 질문생성과 맥을 같이 하고 있다면, 자신에게 주어진 문제가 무엇인지를 파악하는 것 또한 질문생성과 관련된 읽기의 목적과 의도가 된다.

내용영역의 읽기에서 질문생성이 중요한 이유는 바로 자신에게 주어진 문제가 무엇인지를 정확하게 인식하는 것이며, 글을 읽는 목적과 의도를 명료화 하여 주어진 글로부터 문제를 효과적으로 해결할 수 있는 지식과 정보를 습득할 수 있게 한다. 내용영역의 읽기가 학습 상황과 관련된 글 읽기라는 점을 감안한다면 질문생성 전략은 학습자들의 학업성취 능력을 향상시키기 위한 선행 활동으로 보아야 한다. 극단적으로, 한 학생이 기말 시험을 보기 위하여 시험지를 받아보았을 때, 자신에게 주어진 문제가 무엇인지를 명시적으로 이해하지 못한다면 그 학생은 어떤 답을 골라야 할지. 어떤 서술을 답으로 하여야 할지에 대하여 혼란스러울 것이다.

내용영역의 읽기는 이야기 글 읽기와 구분이 되는 의도적 글 읽기라는 점을 분명하게 인식하여야 한다. 교사의 질문에 답하기 위한 교과서 읽기, 새로 구입한 전자기기를 사용하기 위한 제품 설명서 읽기, 전공분야의 기말 보고서를 제출하기 위한 학술 서적 읽기, 새로 입사한 회사원의 직무요강 등이 그렇다. 만일 특정 맥락에서 독자의 질문이 효과적으로 생성되어 있지 않다고 가정한다면, 새로 구입한 전자기기의 오작동, 신입사원의 직무태만, 대학생의 황당한 보고서 작성 등의 현상이 유발될 수 있을 것이다. 이러한 일상생활의 상황들과 학습 상황은 다르지 않다. 학생들은 자신들의 학업 성취도를 향상시키기 위하여 가능한 모든 방법을 동원한다. 의도하지는 않았지만 능숙한 학습자들은 자신이 알려고 하는 지식과 정보를 습득하기 위하여 주어진 글로부터 가장 핵심적인 질문을 생성한다. 결국 질문생성이라는 것은 무엇을 알고자 하는 것인가에 대한 답이다. 무엇을 알려고 하는지를 명확하게 파악한 학생들만이 그 무엇을 효과적으로 습득할 수 있다.

질문생성 활동은 ① 질문 인식을 위한 읽기와 ② 질문 만들기를 위한 읽기, 두 가지로 나누어서 활동할 수 있다. 질문 인식을 위한 읽기는 이미 자신에게 어떤 문제가 주어져 있고, 그 문제를 해결하기 위하여 글을 읽는 경우이며, 질문 만들기를 위한 읽기는 주어진 문제가 없는 상태에서 주어진 글을 대상으로 그 글과 관련된 문제를 만드는 학습자 주도적인 구성적 읽기 활동이다. 질문 인식을 위한 읽기는 거의 모든 내용영역의 읽기 과정에서 중요하게 사용된다. 반면에 질문 만들기를 위한 읽기는 학습자가 스스로 문제를 만들고, 그 문제를 해결하기 위한 방법을 탐색하기 위한 읽기이기 때문에 메타적인 읽기라고 할 수 있다.

질문 인식을 위한 읽기를 할 때에는 학습자에게 이미 주어진 문제가 있기 때문에 글을 읽을 때에 주어진 문제를 지속적으로 확인하면서 글에서 필요한 정보를 수집하고 탐색하는 데에 집중할 수 있다. 반면 질문 만들기를 위한 읽기를 할 때에는 글에서 문제를 만들어내야 하기 때문에 지속적으로 문제를 구상하여야 한다. 글의 내용과 관련이 있는 문제를 만들어야 하기 때문에 보다 정확하고 구체적으로 내용을 파악하여야 하는 것은 물론이고, 글을 바탕으로 자신이 이해한 내용과 자신이 이미 알고 있는 것들을 통합하여 창의적인 문제를 생산해내야 한다.

질문생성의 첫 단계는 글을 읽을 때에 글을 읽는 목적이 무엇인지 인식하게 하는 것이다. 즉, 문제가 무엇인지 알고, 글을 읽게 한다. 학생들은 거의 매 시간 교과서의 글을 읽는다. 교과에 따라 텍스트의 양의 차이가 있기는 하지만 모든 교과의 교재에는 읽을거리가 있고, 읽을거리들은 반드시 주어진 문제와 관련이 있다. 따라서 학습자들에게 교재의 주어진 글을 읽으라고 할 때에는 반드시 그 글이 어떤 문제와 관련이 있는지를 인식하게 하여야 한다. 교재의 모든 글은 해당 단원의 학습 목표와 관련된 내용이고 어떤 문제와 관련이 있는 것이지만 주어진 글의 전후에 문제를 즉시 부여하지 않은 경우에는 자신이 읽은 글의 내용이 어떤 문제와 관련이 있는지 알지 못하였기 때문에 읽기의 효과를 상실하게 된다.

질문생성의 두 번째 단계는 질문을 만들어가는 읽기이다. 이 경우에는 교재의 글을 읽기 보다는 내용영역의 글을 별도로 준비하여 읽게 하는 것이 좋다. 교과와 관련된 이야기 글이나 백과사전, 잡지, 인터넷, 신문, 관련 도서 등의 글을 읽는 것이 좋다. 질문 만들기를 위한 읽기는 학습자의 주도적인 읽기이며, 주어진 문제의 해결을 위한 읽기가 아니라 문제를 만들기 위한 읽기이기 때문에 글의 내용을 파악하는 것은 물론이요, 읽은 글에서 의미 있는 문제를 만들어내기 위하여 다양한 사고 활동을 하게 된다. 이 때 학습자들은 자신이 이미 알고 있는 내용을 동원하기도 하고, 글에 드러나 있는 내용을 파악하는 것은 물론 글에 숨겨져 있는 내용들까지도 파악하려 는 의지를 갖게 된다. 따라서 질문을 만들기 위한 읽기는 구성적이며, 창조 적인 활동이다.

평범한 학습자들은 질문이 무엇인지를 인식하는 데에 초점을 둔 읽기를 수행하도록 한다. 능숙한 학습자들은 질문 만들기에 초점을 둔 읽기를 수행 하도록 하며, 미숙한 학습자들은 교재의 내용을 참고하여 교재에 제시되어 있는 문제를 모방하여 질문을 찾도록 지도한다. 대상 텍스트는 교과서와 관 련 교재, 그리고 신문을 중점적으로 활용한다. 미숙한 학습자들은 당일 학 습한 내용영역 또는 교과와 관련하여 교과서에 제시된 문제를 찾는 것으로 시작한다. 이미 교과서에 제시된 문제를 찾는 것이 어떤 의미를 갖는지 의 심하지 않을 수 없을 것이다. 그러나 미숙한 학습자들에게는 이것조차 쉬운 일은 아니다. 소수의 미숙한 학습자들은 자신에게 주어진 문제가 무엇인지 조차 인식하지 못한다. 따라서 교과서의 문제를 중심으로 개념중심 읽기 과 정을 수행하도록 안내하는 것이 우선적인 문제이다. 질문이 무엇인지 알면 다음 과정을 수행할 수 있기 때문이다. 만일 질문하기에서 문제를 파악하지 못하면 그 다음 단계로 나아갈 수 없기 때문에 초기의 미숙한 학습자들에 게는 교과서에 제시된 문제를 그대로 옮겨 적도록 하는 것도 좋은 방법이 다. 평범한 학습자들의 경우에도 초기에는 교과서에 제시된 문제를 그대로 옮겨 적는 것을 시작으로 하여야 한다. 일단 문제가 주어져야 다음 과정을 수행할 수 있는 것은 미숙한 학습자나 평범한 학습자나 마찬가지이다. 따라 서 일주 정도는 교재에 제시된 문제를 바탕으로 질문하기 과정을 수행하도 록 해야 할 것이다. 단, 자신이 찾은 문제가 어떤 내용과 관련이 있는지를 연결시킬 수 있어야 한다. 예를 들어 '하루 중 그림자의 길이가 다른 까닭은 무엇인가요?'라는 문제를 인식하였을 때 그 질문과 관련이 있는 교재의 내용이 무엇인지 연결시킬 수 있어야 한다. 문제와 관련 내용을 연결시키기 위하여 교과서의 내용을 그대로 동원할 수 있으며, 보다 나은 경우 교과서 이외의 교재를 동원하여 관련 내용이 무엇인지 확인할 수 있을 것이다.

능숙한 학습자들은 교과서 이외의 다양한 텍스트를 이용하여 질문을 만들 수 있다. 다양한 미디어 매체를 활용한 질문 만들기는 학생들이 단순히 질문을 만들기 위하여 글을 읽는 것이 아니라 자신이 무엇을 읽고 있는지를 수시로 점검하고, 자신의 질문에 따른 읽기의 목적을 구체적으로 의식할 수 있다는 데에 의미가 있다. 문제가 제시되지 않은 글을 대상으로 질문 만들기를 위한 읽기를 할 때에는 글의 내용을 정확하게 파악하는 것은 물론 글에 담겨 있는 지식과 정보가 무엇인지 알아야 하며, 그러한 지식과 정보가 어떤 문제를 만들어낼 수 있는지 분석하고 평가하여야 한다. 질문을 만들기 위하여 학생들은 다양한 시각에서 글을 읽어 나가며, 글을 읽으면서 자신이 이미 알고 있는 배경지식을 동원하여 새로운 문제를 도출할 수 있게 된다.

2. 내용영역 읽기능력 향상을 위한 질문생성 전략

1) 수준별 어휘 지도(The four-level framework)

개념중심 읽기에서 개념어는 학습자들의 텍스트 이해를 효과적으로 수행하기 위한 필수 요인이다. 개념어에 대한 의미를 파악한 후에 텍스트 전반에 관한 이해를 도모할 수가 있다. 개념어에 대한 이해는 학습자들의 수준과 능력에 따라 차이가 있다. 어휘지식이 풍부한 학습자와 그렇지 않은 학습자간의 차이가 있고, 텍스트의 난이도에 따라 개념어의 수준이 다르다. 초등학교 1학년 학생들에게 보름달은 친숙한 단어이지만 페놀프탈레인 용액은 그렇지 않다. 어떤 수준의 어휘 지식과 능력을 갖고 있는가에 따라, 어떤 수준의 텍스트를 접하고 있는가에 따라 이해의 정도가 다르다. 학생의 수준과 텍스트의 난이도에 따라 학습자들이 알고 있는 어휘와 그렇지 않은 어휘가 있다. 꼭 알아야 하는 어휘가 있고, 정확하게 의미를 파악하지 않아도 문맥을 통하여 이해할 수 있는 어휘들이 있다. 학생과 교사는 이러한 어휘들에 대한 구분과 이해를 선행하여야 한다.

능숙한 읽기 학습자들은 글을 읽으면서 단어의 의미에 대하여 정확하게 알아야만 하는 것과 문맥을 통하여 자연스럽게 의미가 해석되는 단어가 무엇인지 구분할 수 있다. 반면 미숙한 읽기 학습자들은 자신에게 주어진 텍스트를 이해하는 과정에서 어떤 단어들이 자신의 텍스트 이해에 어려움을 초래하는 지에 대하여 정확하게 알지 못한다. 일반적으로 미숙한 학습자들의 대부분은 어휘에 대한 배경지식의 부족으로 인하여 글의 의미를 제대로 파악하지 못하는 경우가 많다. 따라서 교사는 학생들의 텍스트 이해를 돕기 위하여 주어진 텍스트에서 학습자들이 반드시 의미를 알고 있어야 해석이 가능한 어휘와 그렇지 않은 어휘들을 구분하여 지도할 필요가 있다. 여기 제시된 4단계 수준의 어휘 구분과 지도는 그런 의미에서 개념중심 읽기의 가장 기본이 되는 읽기 방법이라고 할 수 있다.

(1) 제1수준의 어휘(Critical "before" words)

제1수준은 주어진 텍스트를 이해하는 데에 필수적으로 요구되는 어휘의 의미에 대하여 아는 것이다. 글을 이해하기 위하여 반드시 학습자들이 알아야 하며, 글을 읽기 전에 교사와 학생이 반드시 의미를 공유해야 한다. 의미를 학생들이 이해하기 위해서는 학생 스스로의 개념어 찾기 활동도 중요하지만 교사의 안내와 시범을 통한 의미의 이해도 요구된다. 따라서 교사는 학생들에게 주어진 텍스트를 읽기 전에 개념어에 대한 지도를 15분에서 20분 정도 실시하는 것이 좋다. 따라서 개념어에 대한 지도를 하기에 앞서 교사는 텍스트를 미리 읽은 후에 학생들이 반드시 알아야 할 개념어들이 무엇이며, 반드시 알아야 할 개념어들임에도 불구하고 학생들이 잘 알고 있지 못할 것이라고 예상되는 개념어들에 대한 선별 및 개념어에 대한 어의 지도 자료를 사전에 준비해야 한다.

예를 들어 "산성 용액과 염기성 용액을 구분하기 위하여 지시약을 사용할 수 있다."라는 문장에서 '지시약'의 개념은 학습자들이 반드시 알아야만 하는 중요한 제1수준의 어휘이다. "대통령이 경제 정책의 책임을 물어 경제 부처의 개각을 단행하였다."라는 문장에서도 '개각'이라는 단어는 이 문장을 이해하는 데에 결정적인 역할을 하므로 반드시 사전에 학습자들에게 그 의미를 파악하도록 지도하여야 한다. 여기서의 의미는 단순히 사전적인 의미만을 가리키는 것이 아니므로 해당 어휘가 갖고 있는 특징과 유형 또는 다양한 사례와 여러 가지 문장에서의 쓰임 등을 예로 들어서 설명해 주어야 한다. '지시약'의 종류와 쓰임 '개각'의 성격과 설제 운영 사례 등에 대하여 자세하게 안내하여 주어야 한다.

(2) 제2수준의 어휘("Foot-in-the-door" words)

제2수준의 어휘들은 제1수준의 어휘와 마찬가지로 글 속에서는 매우 중요한 역할을 하지만 실제로 학습과 관련된 내용과 직접적인 연관이 없는 것들을 가리킨다. 이러한 어휘들은 기본적인 의미 정도만 파악하는 수준에서 이해하면 된다. 단원 학습 목표와 직접적인 관련이 없는 어휘들에 집중하는 것은 불필요하게 시간을 낭비하는 것이다. 우리가 글을 이해할 때에 가장 중요한 것은 어떤 어휘들이 해당 학습 내용과 직접적인 관련이 있는지, 그 글의 의미를 파악하는 데에 결정적인 역할을 하는 어휘들은 무엇인지, 그러한 어휘들이 중요하다는 것에 나뿐 아니라 다른 사람들도 같은 생각을 하고 있는지 판단하는 것이 중요하다. 능숙한 학습자들은 주어진 텍스트를 이해하기 위하여 자신의 어휘 지식을 동원하지만 어떤 경우 자신이 정확하게 알고 있지 않은 어휘에 대하여 그냥 지나치는 경우도 있다. 이러한 경우는 그 어휘가 해당 텍스트를 이해하는 데에 결정적인 영향을 미치지 않거나, 해당 교과 학습 목표와 관계가 없기 때문이기도 하다.

예를 들어 "삼각형의 특징을 알기 위해서는 피타고라스의 정리를 알아야 한다."라는 수학 교과 학습 텍스트의 경우 '삼각형'이나 '피타고라스의 정리'는 수학적인 정의나 명제로서의 핵심적인 어휘이지만 '피타고라스'는 이 수업과 직접적인 연관이 없다. 만일 한 학생이 "피타고라스가 뭐에요?"라는 질문을 하였을 경우 교사가 '피타고라스'에 대하여 설명을 하려고 한다면, 그 수업은 수학 시간이 아니라 역사 시간이 되어버릴 것이다. 이러한 경우에는 과제학습이나 역사 과목 시간과 관련하여 따로 지도하는 것이 좋다. 이와 같이 학생들에게는 친숙하지 않은 낯선 개념의 단어들이기는 하지만 해당 교과 학습과 직접적인 관련이 없는 어휘들이 제2수준의 것들이며, 이러한 어휘들을 가르치기 위하여 많은 시간을 할애할 필요는 없다. 필요한 경우 간단한 설명만 해주는 것이 좋다. 즉, "피타고라스는 바로 '피타고라스의 정리'를 발견한 사람의 이름이란다." 정도면 충분할 것이다.

이러한 제2수준의 어휘들은 때로 학생들을 혼란스럽게 만든다. 어떤 경우 제2수준의 어휘들로 인하여 학생들은 주어진 문제를 해결하는 데에 어려움을 겪으며, 어떤 제1수준의 어휘와 제2수준의 어휘를 분간하지 못하여 텍스트 이해에 많은 시간을 낭비하기 쉽다. 따라서 교사는 제1수준의 어휘를 사전에 정리하여 지도하는 것과 동시에 제2수준의 어휘에 대하여 따로 인지하고 있어야 한다. 당연히 학습자들의 질문에 대하여 간단한 설명을 할 것인지 구체적이고 명시적인 지도를 할 것인지에 대하여 준비하고 있어야 한다.

188 제2부 국어교육의 읽기 방법

(3) 제3수준의 어휘(Critical "after" words)

제3수준의 어휘들은 주어진 텍스트를 이해하는 데에 중요한 역할을 하지 않는 것들이다. 글을 읽기 전에 지도할 필요가 없으며, 글을 읽은 후에도 학생들이 특별이 궁금해 하지 않는 한 별도의 지도가 요구되지 않는다. 제3수준의 어휘들은 텍스트 맥락 안에서 이미 설명이 되어 있는 경우이며, 구체적인 설명을 하지 않아도 학생들이 이미 경험적으로 이해하고 있는 어휘들이다.

예를 들어 초등학교 6학년의 "하루 중 그림자의 길이가 달라지는 것은 지구가 태양의 주위를 공전하면서 자전하기 때문이다."라는 과학 교과의 문장에서 '그림자', '지구', '태양' 등의 단어가 제3수준의 어휘에 해당된다. 물론 유치원 어린이에게 이 단어들은 낯선 단어일수도 있다. 하지만 초등학교 6학년 학생들에게 이 어휘들에 대하여 설명하고 지도한다는 것은 의미가 없다. 게다가 어떤 학생도 "선생님! '지구'가 뭐에요?"라는 질문을 하지는 않을 것이다. 따라서 텍스트를 구성하는 많은 어휘들 중에서 제3수준의 어휘들은 하나 하나가 문장의 구성 성분으로서는 중요하지만 텍스트를 이해하는 데에 별도의 지도와 안내가 필요하지 않다. 또 어떤 어휘들은 이미 텍스트의 맥락을 통하여 의미를 파악할 수 있다. "너와집이란 굵은 소나무를 도끼로 잘라 널판을 만들고 이것을 연결하여 지중에 얹어 놓은 집의 형태를 말한다. 주로 강원도 산간 지역의 전통적인 가옥의 형태이다."라는 문장에서 '너와집'이란 이 텍스트에서 매우 중요한 개념을 차지하고 있지만, 이미 텍스트 안에서 '너와집'에 대하여 설명하고 있기 때문에 굳이 별도의 지도를 하지 않아도 되는 것이다. 또한 유사한 어휘의 표현에 대한 것들도 마찬가지이다. "나비는 날개의 크기와 특성에 따라서 날아다니는 모습이 각양각색이다. 어떤 나비는 너울너울 날갯짓을 하고, 어떤 나비는 나풀나풀 날갯짓을 한다."라는 문장에서 '너울너울'과 '나풀나풀'은 나비의 날갯짓을 흉내 내는 유사한 표현이므로 이 또한 특별한 설명을 하지 않아도 될 것이다.

(4) 제4수준의 어휘(words not to teach)

제4수준의 어휘들은 일반적인 언어 학습자들에게는 해당되지 않는 수준의 어휘를 가리킨다. 우리들이 일상생활에서 사용하는 수준의 어휘들을 말한다. 특별히 교과 내용과 관련이 없을 뿐만 아니라 어떤 설명도 필요하지 않은 일상생활의 언어들이 바로 이 수준의 어휘들이다. 특별히 언어 학습능력이 떨어지거나 정상적인 언어활동이 어려운 학습자들을 위한 지도를 제외하고는 일반적인 언어 학습 공간에서 제4수준의 어휘를 다룰 필요는 없다. 예를 들어 "인사를 바르게 하기 위해서는 두 손을 모으고, 가볍게 허리를 숙이는 것이 좋다."라는 문장의 모든 어휘들은 학생들이 일상생활에서 경험적으로 사용하는 언어에 해당한다. 윤리 교과에서는 매우 중요하게 다루어져야 할 내용이지만 각각의 어휘들이 학생들에게 별도의 해석을 요구하는 것들이 아니기 때문에 어휘에 대한 사전 또는 사후 지도가 필요하지 않다. 그러나 제4수준의 어휘가 때로는 매우 중요한 언어 학습 대상이 되기도 한다. 특수학급 교사들의 경우가 그렇다. 기본적인 일상생활 습관 형성을 중요시 하는 정신지체아동들에 대한 언어 학습에서의 제4수준의 어휘는 매우 중요하다. 오히려 제1 또는 제2수준의 어휘들을 구분하는 것보다 제4수준의 어휘들을 구분하여 학생들에게 가르치는 것이 더욱 중요하다.

(5) 어휘 수준 탐색을 위한 교사의 연구

대부분의 교사들은 학생들을 가르치기 전에 자신의 교과에 대한 사전 수업 연구를 한다. 교사들의 수업 연구는 교수·학습 목표를 명학하게 인식하고 학생들에게 어떤 지식과 정보를 제공하여 줄 것인지를 파악하기 위하여 반드시 수행하여야 할 의무 사항이다. 수학이나 과학을 가르치는 교사들의 경우(사회나 역사의 경우도 그렇지만)에는 사전 수업 연구에서 자신의 교과 내용과 관련된 중요한 어휘들에 대한 선택과 조직에 대하여 중요하게 생각하지 않는 경우가 있다. 수학이나 과학의 경우에는 교과 특성에 따른 지식의 구조가 다르다고 생각하기 때문에 해당 교과에서의 언어적 학습에 대한 중요성을 덜 인식한다고 여겨진다. 그러나 학습을 위한 읽기 교육에 관한 실험적 연구의 결과는 수학이나 과학 교과에서의 개념어 지도가 학습자들의 학업 성취에 얼마나 많은 영향을 미치는 지 보여준다. 따라서 내용교과를 가르치는 교사들은 자신의 교과 지식을 가르치는 데에 언어적 학습을 병행하여야 한다. 다음의 과정은 내용교과 교사들이 자신이 의도한 지식을 가르치기 전에 교과 텍스트의 내용과 관련된 어휘의 선택과 조직화에 관한 안내이다.

[수준별 어휘 지도(The four-level framework) 과정]

과정	연구 내용
어휘 지도 목표 설정	• 해당 교과 수업 목표를 확인하고, 수업 시간 중 학습자들에게 주어지는 텍스트 또는 교재의 내용이 무엇인지 미리 읽는다. 만일 교재 이외의 중요 개념어가 있다면, 교사의 교재나 지도 계획서에 미리 표기하여 둔다.
선택	• 교수 목표와 관련하여 어떤 어휘들을 지도할 것인지 선택한다. 어휘의 선택은 제1수준에서 제3수준까지 해당된다. 제3수준의 어휘는 특별한 경우를 제외하고는 지도 계획에 포함시키지 않는 것을 원칙으로 한다. • 제1수준과 제2수준의 어휘를 명확하게 구분하여야 한다. 각각의 어휘는 학습자들의 내용영역 읽기 이해에 매우 결정적인 영향을 미친다는 것을 감안하여 교사의 사전 연구가 반드시 요구된다. 필요한 경우 별도의 어휘 지도 계획서를 만들어 두는 것이 좋다. 다음과 같은 간단한 수준별 어휘 지도 분류표를 작성한다면 해당 교과 학습에 매우 효과적으로 사용될 것이다.

〈어휘 수준 분류표〉

교과		단원		차시	
학습 목표					
수준＼분류	사전적 의미		개념		쓰임의 예
제1수준					
제2수준					
제3수준					

조직	• 제1수준의 어휘들이 교과의 학습 목표 또는 내용과 어떤 관련이 있는지 파악해야 한다. 제1수준의 어휘들은 교과의 내용을 구성하고, 해당 교과의 지식을 담고 있기 때문에 학습과 관련된 텍스트 이해에 결정적인 역할을 한다. 뿐만 아니라 학습자들의 교과 지식 평가에 영향을 미치는 개념어들로 구성되어 있기 때문에 이러한 어휘를 교과 내용이나 목표와 관련하여 조직하는 작업은 평가 문항 출제에 도움이 된다. • 교과 목표, 내용, 지식, 개념과 관련이 있는 제1수준의 어휘들에 대한 의미, 개념, 용례 등을 명시적으로 분류하여 구체적으로 설명해 놓아야 한다. 이는 본시 학습에 들어가기 전에 학습자들이 반드시 인지하고 있어야 하는 사항이며, 또한 학생의 질문에 효과적으로 대응하기 위한 준비이기도 하다. '선택' 과정의 〈어휘 수준 분류표〉에 기록하는 것과 동시에 수업 계획안에도 명시해 놓아야 한다.
개념화	• 제1수준과 제2수준의 어휘에 대한 개념화 과정은 어휘, 개념, 지식의 구조를 동일시하는 것이다. 어휘는 개념이고, 개념은 그 교과 내용의 지식이다. 즉, 어휘 학습을 통하여 개념을 형성하고, 해당 교과 목표와 관련된 지식을 습득하도록 하게 한다. 어휘의 개념화는 학생들로 하여금 실험이나 경험 또는 연산이나 실행 등의 학습과 병행하여 교과 지식을 효과적으로 습득하게 한다. • 교사는 어휘의 개념화를 위하여 해당 어휘가 앞서 연구한 조직화의 과정에서 분류한 의미, 개념, 용례를 근거로 실제 적용 사례와 근거를 구체적이고 명시적으로 설명할 수 있어야 한다. 개념화는 곧 교과 내용의 지식화이며, 학생들이 반드시 기억하여야 할 내용의 구성인 것이다. 예를 들어 '산성 용액과 염기성 용액을 구별하기 위하여 지시약을 사용할 수 있다.'는 내용에서의 '지시약'이라는 제1수준의 어휘를 개념화할 때, '지시약의 종류는 페놀프탈레브 용액'을 일대일로 대응시킬 수 있다. 여기에 지시약의 특성과 쓰임에 대한 설명을 부가해야 한다.
어휘 지도	• 어휘를 어떻게 지도할 것인지에 전략은 해당 교과 수업 시간 중의 교과 지도 전략과 맥을 같이하고 있어야 한다. 교과 수업 시작 전에 어휘를 지도할 것인지, 교과 내용과 관련된 텍스트가 주어진 상태에서 할 것인지. 텍스트를 읽기 전, 중, 후 언제가 적절한지를 계획한다. • 단순히 어휘의 의미를 암기시키는 것보다는, 교과 학습에서 사용되는 의미 이외에 해당 교과 전반에 어떻게 작용하는 지에 대한 개괄적인 이해를 도모하는 것이 효과적이다. 수학이나, 과학의 경우 핵심 개념어들은 일상 생활의 쓰임을 목적으로 하기 때문에 한 번 습득한 개념적 지식은 평생 유용하게 쓰이기 때문이다. • 일반적으로 SQ3R이나 K-W-L, DR-TA 등의 전략을 활용하지만 때에 따라서는 어휘를 통하여 핵심 개념과 지식을 효과적으로 습득하기 위한 다양한 전략을 동원하여 적용할 수 있을 것이다. • 어휘 지도를 위한 각각의 어휘 선택과 조직 그리고 개념화의 과정을 학생들이 직접 수행하는 것이 보다 효과적인 경우가 많다. 실제로 학습자들이 협동학습을 통하여 교과 지식과 관련이 있는 어휘들을 분류하고 조직하는 활동을 통하여 학업 성취도 향상을 꾀할 수 있다. 다만 내용교과 학습 목표를 달성하기 위하여 주어진 시간이 제한적이고, 학생들의 시행착오에 소요되는 시간적, 경제적 조건을 감안하여, 교사의 선행 지도가 효과적이라고 판단될 경우와 그렇지 않은 경우의 조건을 잘 따져보아야 할 것이다.

2) TRW(Timed Reading & Writing)

내용영역 읽기가 다 그런 것은 아니지만 많은 경우 제한된 시간 안에 읽기를 수행해야 하는 경우가 많다. 따라서 주어진 질문이 무엇인지 생각하면서 읽는 것은 시간이 그리 여유롭지 않다. 따라서 읽기를 수행할 경우 제한된 시간 안에 읽기를 하도록 안내하는 것이 좋다. 문제를 해결하기 위하여 질문이 무엇인지 확인하는 것은 더욱 시간적인 여유가 많지 않다. 따라서 질문을 파악하기 위한 읽기보다는 질문을 만들기 위한 읽기에서 시간을 제한하여 두고 읽기를 수행하는 연습을 하는 것이 효과적이다. 이러한 시간제한 읽기의 반복 연습은 학습자들에게 긴장감을 주어 보다 집중할 수 있게 하며, 읽기 단계를 축약하게 하여 보다 신속하고 정확하게 내용을 파악할 수 있도록 한다.

TRW는 지속적인 훈련을 통하여 익숙해진다. 읽기와 쓰기의 효과적인 전략을 소개하면서 '훈련'을 강조한다는 것이 의외라고 생각될 수 있지만 때로는 학습자의 인지 과정을 고려한 행동주의적인 반복 훈련이 매우 좋은 결과를 나타낼 수 있다. 학습과 관련된 읽기는 거의가 제한적인 조건이 대부분이다. 따라서 학습자들은 자신에게 주어진 조건 안에서 가장 효과적인 읽기를 수행하여야 한다. 특히, 학습자들이 읽기 평가 상황에 처했을 경우에는 더욱 그렇다. 한국뿐만 아니라 전세계의 모든 나라에서는 어떤 교과에서건 읽기과 관련된 평가를 시행하지 않는 곳이 없다. 이러한 평가 상황은 항상 시간이 제한적으로 주어지며, 동일한 시간 내에 얼마나 효과적으로 읽기를 수행하는 가에 따라 학습자의 성취도가 결정된다. 이러한 상황을 인위적으로 조절하여 반복 훈련하는 것은 학습자들이 주어진 조건 내에서 자신의 읽기 능력을 최대한 발휘할 수 있게 한다.

많은 학습자들이 평가 상황에서 시간의 부족으로 인하여 문제를 해결하지 못하는 경우를 종종 볼 수 있다. 두 학생의 독해 능력은 같으나 시간을 조금씩 줄여나갈 경우 두 학생의 독해 능력의 차이를 보이는 것은 바로 인지적 능력의 차이라기보다는 제한된 조건에서의 읽기 능력의 차이라고 보아야 한다. 즉 10분에 1000자의 텍스트를 똑같이 독해할 수 있는 두 학생이 시간을 5분 또는 3분으로 제한했을 경우에는 문제를 해결하는 양적 또는 질적 범위의 차이를 보이게 된다. 이러한 차이를 극복하는 방법은 의외로 간단하다. 많이 읽는 것도 중요하지만 읽는 속도를 높여나가는 훈련을 통하여 습득할 수 있다. 따라서 글자의 수가 일정한 신문의 칼럼을 활용하여 타이머를 앞에 두고 텍스트를 읽어 나가는 훈련을 반복하면 자신도 모르는 사이에 글을 빨리 읽는 것은 물론 텍스트의 내용을 보다 잘 이해할 수 있다는 것을 깨닫게 될 것이다.

3) SQ3R

'Survey-Question-Reading-Recite-Review'의 과정으로 순환되는 SQ3R은 질문하기에서 반드시 학습자들이 수행하여야 할 읽기 방법이다. 능숙한 읽기 학습자들의 읽기 행동 특성을 분석하여 고안된 SQ3R은 정서적인 읽기보다는 학습을 위한 읽기에 유용하며, TRW와 병행하여 제한된 조건에서의 읽기 전략으로 매우 효과적이다. 어떤 면에서 SQ3R은 행동주의적인 반복 훈련 효과를 고려한 인상이 강하지만, 미숙한 학습자에서 능숙한 학습자로 나아가기 위한 인지적 읽기 전략으로 매우 효과적이다.

실제 교육 현장에 적용한 결과, SQ3R 읽기를 수행한 학습자들은 SQ3R의 모든 단계를 모두 거치는 것으로부터 점진적으로 그 단계를 축약하여 나아간다는 것을 확인할 수 있게 되었다. 즉, SQ3R를 수행할 때에는 'Survey → Question → Reading → Recite → Review'의 모든 단계를 거치다가, 이 방법에 익숙해지는 능숙한 학습자들의 경우에는 검토하기(Review) 과정이 꼼꼼하게 읽기(Recite)의 과정으로 'Survey-Question-Reading-Recite(Review)'와 같이 동시에 수행되고, 이어서 Recite와 Review의 과정이 다시 본문 읽기(Reading)의 과정으로 'Survey-Question-Reading(Recite · Review)'의 상태로 통합되는 현상을 보인다. 결국 'SQ3R-SQ2R-SQR'의 형태로 수행되어진다.

[SQ3R 실행 과정]

	세부 전략
Survey	• 제목 중심으로 훑어 읽기 – 주로 신문 기사 등을 탐색할 때나 백과사전 등의 짧은 내용을 제한된 조건 하에서 읽을 때 • 주제어 중심으로 훑어 읽기 – 주어진 텍스트의 개념어가 무엇인지 파악하는 수준의 읽기, 제1수준의 어휘를 중심으로 본문의 내용 파악에 결정적인 영향을 주는 단어나 구 또는 문장 등을 기억하는 읽기 • 주어진 문제와 관련 있는 지식과 정보를 빠른 속도로 파악하여 대략적인 내용을 파악하여야 한다. 이때 제1수준의 어휘 즉, 개념어에 대한 표시는 매우 중요하다. 이후 다시 읽기 과정에서 이러한 개념어들이 본문의 내용 즉, 지식과 정보와 어떤 관련이 있는지를 확인해야 하기 때문이다.
Question	• 주어진 문제가 무엇인지 파악하여야 한다. 또는 자신이 왜 이 글을 읽어야 하는지 알고 있어야 한다. 읽기의 목적과 의도가 분명해야 자신이 얻고자 하는 지식과 정보를 효과적으로 습득할 수 있다. 질문이 명시적으로 주어지는 평가 상황의 경우에는 앞의 Survey 단계에 앞서 질문이 무엇인지 먼저 파악하는 것이 좋다. 대개의 교과 텍스트 읽기는 훑어 읽기 전에 질문이 무엇인지 먼저 확인하고, 훑어 읽기를 한 후에 다시 한 번 질문을 정확하게 파악하는 것이 좋다.
Reading	• 질문을 파악하고, 주제어나 개념어를 중심으로 훑어 읽기를 한 후에 본문을 읽는다. 본문 읽기는 훑어 읽기에 비하여 조금 더 세심한 읽기를 수행한다. 어휘 하나 하나에 집중하고, 문장과 문장의 연결 그리고, 단락 안에 주어진 지식이나 정보를 파악하는 수준에서 읽기를 수행하여야 한다. 훑어 읽기가 어휘, 개념어 중심의 읽기였다면 본문 읽기는 문장 중심의 읽기 또는 단락 중심의 읽기가 될 것이다. 개념과 지식 및 정보가 담겨 있는 문장들은 무엇이며, 이 문장들이 서로 어떤 관련이 있는지를 파악하면서 읽어 나가야 한다. 이때 훑어 읽기에서 파악한 제1수준어휘 또는 개념어들이 정확하게 파악된 것인지를 확인하여야 할 것이다. 본문의 내용과 일치하지 않는다고 판단되는 개념어들은 별도로 표시해 두어야 한다.
Recite	• 훑어 읽기에서 개념어를 파악하고, 본문 읽기에서 지식과 정보가 무엇인지를 파악하였다면 꼼꼼하게 읽기에서는 주어진 문제 또는 글을 읽는 독자의 의도와 목적에 부합하는 것이 무엇인지를 파악하고 확인해야 할 것이다. 평가 상황에서의 읽기는 문제의 해답을 찾는 과정이 될 것이며, 학습 상황에서의 텍스트 읽기라면 해당 교과 학습 목표와 관련된 지식이 될 것이다. • 꼼꼼하게 읽는다는 것은 글을 이해하고 해석하는 수준에 비교과 분석의 과정이 포함되는 것을 말한다. 주어진 텍스트가 두 개 이상일 경우 꼼꼼하게 읽는 과정은 주어진 문제를 해결하는 데에 결정적이다. 각각의 텍스트가 포함하는 개념이 무엇인지, 그 개념들을 설명하는 문장이나 단락은 무엇인지, 각각의 개념, 문장, 단락은 상호 어떤 관계를 갖고 있는지 알아야 한다.

<table>
<tr>
<td>Review</td>
<td>

• 주어진 질문이나 목적에 근거한 개념, 즉 지식과 정보를 파악하고 주어진 문제의 정답을 찾았다고 판단되면, 그것이 실제로 정확하게 일치하는 지 확인해봐야 할 것이다. 많은 학습자들이 문제해결적 읽기를 수행하면서 자신에게 주어진 문제와 자신이 찾은 문제의 답이 일치하는 지에 대한 검토를 하지 않음으로써 손해를 보는 경우가 많다. 이는 시간적인 제약으로 인한 것이라기보다는 학습자들의 읽기 습관의 오류로 보아야 할 것이다. 특히 평가적 읽기에서의 검토하기는 더욱 그렇다.

• 능숙한 학습자들의 경우에는 앞서 설명하였듯이 이러한 검토하는 읽기나 꼼꼼하게 읽기 등의 과정이 본문 읽기를 통하여 한 번에 수행된다. 어떤 학습자들은 세 번 네 번을 읽어도 주어진 문제를 해결하지 못하는 반면 어떤 학습자들은 단 한 번의 읽기 만으로도 문제를 해결하는 경우를 볼 수 있다. 이것은 인지적인 능력의 차이도 있지만 올바른 읽기 습관을 갖지 못한 원인이 대부분이다. 정서적인 읽기와 학습을 위한 읽기 방법의 차이를 명확하게 이해하고, 해당 텍스트의 내용을 잘 이해할 수 있는 읽기 전략과 방법을 적용하는 것이 그래서 중요하다.

</td>
</tr>
</table>

4) IQs

IQs(Inquiry Questions)는 학습자 스스로 질문을 탐색하고 구성하는 읽기 활동이다. 어떤 경우 학습자에게 문제가 주어지지 않기도 한다. 즉, 학습자 스스로 교과와 관련된 텍스트를 읽은 후에 그 텍스트로부터 어떤 문제들을 추출할 수 있는지를 자기주도적으로 탐색해보는 것이다. 학습을 위한 읽기의 과정이 독자 중심의 읽기에 초점을 두고 있기 때문에 IQs 활동은 질문하기의 과정에서 학습자들에게 한 번 쯤은 반드시 수행하도록 안내하여야 한다.

IQs의 과정은 Bloom(2001)의 '교육목표분류학' 개정판의 체계에 근거를 둔다. 즉, 교육목표분류학 개정판의 인지 과정인 '기억→이해→적용→분석→평가→창의'에 근거하여 질문을 탐색하고 구성할 수 있게 한다. 이러한 인지 과정은 학습자들의 수준에 맞는 질문을 구성할 수 있는 단계로서의 기준이 되는 것은 물론 읽기 평가와 관련하여 평가 항목을 구분하고 세목화할 수 있게 한다. 이러한 분류체계에 의거하여 학습자들의 수준에 맞는 질문을 생성하고 구성하도록 하면 자신에게 주어진 문제를 해결하는 데에도 많은 도움이 된다.

[IQs의 지도 단계]

과 정	지도 내용
내용 확인	• 학습 목표가 무엇인지 확인한 후에 주어진 텍스트를 읽으면서 개략적인 내용을 파악한다. 내용을 확인하기 위하여 학습자들은 자신에게 주어진 학습 목표에 근거하여 텍스트의 내용을 개념어 또는 개념문장 중심으로 파악하고 있어야 한다. • SQ3R 읽기를 통하여 학습자들은 보다 효과적으로 내용을 파악할 수 있으며, 협동 학습이 가능한 경우 학습자간의 상호작용을 통하여 명확한 학습 목표와 내용을 공유할 수 있을 것이다. • 학습 목표는 교사에 의하여 설명될 수 있으나, 학습 내용과 관련된 교재는 학습자 스스로 내용을 파악하도록 해야 한다. 내용을 미리 안내하는 경우 학습자들의 질문탐색이나 생성에 대한 동기가 저하될 수 있다. 또한 내용을 제대로 이해하지 못한 경우의 질문 탐색의 오류를 스스로 점검하고 수정 및 보완할 수 있도록 하여야 한다.
개념 확인	• 학습 활동에서 주어진 목표와 텍스트에 담긴 개념 즉, 지식과 정보가 무엇인지 이해하여야 한다. 개념을 정확하게 확인하지 않은 상태에서 질문을 탐구하고 생성할 수 없다. 왜냐하면 본시 학습과 관련이 없는 질문은 학습자 자신은 물론, 본인이 탐구한 질문이 유효하게 작용하지 않기 때문이다. 따라서 핵심적인 개념을 정확하게 알도록 안내하여야 한다. • 수준별 어휘 학습이 가능하다면 제1수준이나 제2수준의 어휘를 대상으로 지식과 정보를 조직하고 분류하는 선행 작업이 효과적이다.
질문 탐구	• 학생들이 <u>스스로</u> 질문을 만들기 위해서는 학습 목표에 도달하기 위한 학습 내용을 대상으로 자신들의 수준에 적합한 탐구 과제가 무엇인지 생각해보도록 한다. 학생들은 개별적으로 문제를 탐구할 수 있으나, 협동학습을 통하여 보다 좋은 질문을 탐구할 수 있다. 개인의 질문 탐구 내용을 집단에 상정하여 토의한 후에 자신의 질문은 물론 집단 내에서 도출한 질문들에 대하여 정리할 수 있게 한다. • 질문 탐구 활동은 개인의 사고 활동을 집단 간 상호작용을 통하여 정련하는 과정이다. 질문 탐구를 통하여 학습 목표와 내용을 확인하고 자신이 탐구해야 할 주제가 무엇인지 정확하게 인지하게 된다. 협동학습은 능숙한 학습자와 미숙한 학습자를 연계하여 자신의 수준에 맞는 질문을 도출할 수 있도록 한다.
질문 생성	• '기억-이해-적용-분석-평가-창의'의 인지 과정에 근거하여 자신과 독자의 수준을 고려한 질문을 생성한다. 반드시 학습자들의 인지 수준이 어느 정도인지를 교사는 정확하게 파악하고 있어야 하며, 학습자들의 인지 수준에 적합한 질문을 생성하도록 안내하여야 한다. • 질문은 가급적 간단하고 명료해야 하며, 교과의 학습 목표와 일치하는 내용을 근거로 하여야 한다. 교과 학습 활동에서 주어진 텍스트로부터 질문을 생성하는 것이 좋으며, 부득이한 경우 텍스트를 별도로 제공할 수 있게 한다.
문항 작성	• 문항 작성은 학생들이 생성한 질문을 일종의 평가지 형태로 구성하는 것을 말한다. 문항은 학습자들이 탐구하고 생성한 질문들이 일목요연하게 정리되어 있어야 하며, 스스로 생성한 질문들은 학생들 스스로 해결해야 하는 과제로 부과된다. 즉, 학생들이 해결해야 하는 문제를 교사로부터 전달받는 것이 아니라 학생 자신으로부터 인출한다. 학생들은 자신의 수준에 맞는 문제를 탐구하고 생성하였기 때문에 자신이 해결할 수 있는 수준과 범위의 문항을 작성할 수 있을 것이다. • 문항 작성의 경우에는 다음의 〈IQs의 실행 방법〉에 제시된 각각의 인지 과정에 따라야 한다. 가능한 경우 학습자들은 자신이 작성한 문항에 대하여 인지 과정의 어떤 단계에 해당하는지 명기하도록 한다. 이러한 경우 자신의 수준에 맞는 인지 과정이 어떤 단계인지 스스로 파악

문항 작성	할 수 있으며, 지속적인 활동의 결과로 보다 향상된 인지 과정의 문제를 도출하였을 때 전과 후의 문제를 비교하며 자신을 평가하고 점검할 수 있는 기회를 마련해 준다. • 학습자들이 스스로 작성한 문항은 자기 자신에게 주어지는 경우와 수준이 비슷한 다른 학생에게 주어지는 경우가 있다. 학습자들은 자신들이 생성한 질문이 다른 학습자들의 해결 문제로 주어진다는 것에 대하여 자부심을 갖게 되며, 이러한 문제를 상호작용으로 공유한 학습자들은 학습자 간의 유대감과 상호소통의 측면에 대한 기대를 바탕으로 보다 효과적인 문제해결 자세를 보이게 된다.

[IQs 실행 방법]

인지 과정	인지 유형	질문 생성을 위한 진술 어휘	IQs의 예
기억하다	학습을 통하여 알게 된 사실적이고 명제적인 지식의 회상과 재인.	반복하여 말하다, 기록하다, 정의하다, 이름 짓다, 진술하다, 인출하다.	• 삼각형의 내각의 합은 얼마인가? • 용액의 성질을 구분할 수 있는 지시약으로는 어떤 것들이 있는가? • 선사시대 무덤의 모양을 그려보자.
이해하다	사실적이고 명제적인 지식을 이해하고 해석하여 설명할 수 있다.	예언하다, 요약하다, 결론짓다, 환언하다, 설명하다, 예증하다, 명료화하다.	• 이성계의 위화도 회군의 배경을 설명하여 보자. • 염기성 용액의 특징은 무엇인가? • 환경오염의 예를 들어보자.
적용하다	주어진 조건과 맥락으로부터 자신이 알고 있는 지식을 적용하거나 변용할 수 있다.	적용하다, 해결하다, 시험하다, 논증하다, 집행하다, 실행하다, 시행하다.	• 분수 1/4을 소수로 바꿔보자. • 산소발생장치가 실생활에서 활용되는 경우에 대하여 말해보자. • 메모리 반도체의 실생활 이용 사례에 대하여 알아보자.
분석하다	주어진 문제나 조건에 대하여 자신이 알고 있는 지식을 동원하여 탐색할 수 있다.	분석하다, 분류하다, 범주화하다, 설명하다, 구별하다, 조직하다, 귀속하다, 발견하다, 통합하다.	• 신자유무역주의가 개발도상국가의 국민에게 끼친 악영향은 무엇인가? • 그림자의 길이와 계절의 변화를 태양과 지구와의 관계로 알아보자.
평가하다	기준이나 준거를 기초로 하여 판단하는 것. 어떤 현상이나 문제들에 대한 점검과 비평.	판단하다, 평가하다, 옹호하다, 비평하다, 비판하다, 점검하다, 수정하다, 보완하다, 모니터하다.	• '흥부와 놀부'를 읽고 현대사회에 사는 입장에서 두 사람의 생존 방식을 대입하여 우리들의 삶의 질을 개선할 수 있는 방법을 모색하여 보자. • 경제발전과 환경보호의 측면에서 간척사업에 대한 개인과 국가의 입장을 말하여 보자.
창안하다	지식을 재구성하여 새롭거나 대안적인 효능을 생성, 산출, 구성 또는 대안적 제시.	창의, 창안, 창조하다, 재구성하다, 설계하다, 구성하다, 제안하다, 대안을 제시하다.	• 고유가 시대의 위기를 극복할 수 있는 국가적 대안은 무엇인가? • 공룡의 멸종에 대한 빙하시대의 이론을 달리 설명할 수 있는가? • 크레파스나 물감을 사용하지 않고 빛의 색을 종이에 입힐 수 있는 방법은 무엇인가?

5) 상호 질문(ReQuest)

상호 질문하기는 교사와 학생이 교대로 질문을 주고 받는 활동이다. 주어진 텍스트를 학생과 교사가 같이 소리 내어 읽거나 속으로 조용히 읽으면서 문장이나 문단 단위로부터 도출될 수 있는 문제들이 무엇인가 즉시 생각한 후에 표현한다. 상호 질문은 미리 준비되어 있지 않은 질문을 즉시 생각해서 드러내야 하기 때문에 교사는 물론 학습자의 순간적인 이해력과 판단력 그리고 사고력의 집중이 요구된다. 일반적으로 소규모 학급에서 실시할 수 있는 질문 탐구 방법으로 텍스트의 이해는 물론 텍스트로부터 어떤 문제를 발견할 수 있는지 즉시 확인할 수 있다.

상보적 교수법의 한 형태로 수업이 이루어지며, 학생들은 교사의 시범적 질문을 경험하면서 자신들이 어떤 질문을 도출해야 할지 터득하게 된다. 상호 교대 질문은 질문을 탐구하기 위한 방법으로서의 상호작용이다. 굳이 질문에 대한 답을 요구하지 않아도 학생들은 질문 탐구를 통하여 학습 내용을 확인할 수 있게 된다. 질문에는 텍스트의 내용을 포함하는 기본적인 지식과 정보가 포함되어 있으며, 질문 도출을 하는 과정에서 학습자들은 자연스럽게 학습의 동기를 유발하게 된다.

학습 목표를 확인한 후에 학생과 교사는 주어진 텍스트를 읽는다. 이때 질문 도출을 위한 텍스트 읽기의 양은 교사가 정해주는 것이 효과적이다. 대개의 경우 한 단락을 단위로 하여 해당 단락의 양을 읽을 수 있는 시간을 확보한 후에 질문을 유도하는 것이 좋다. 묵독을 할 경우에는 교사나 학생 서로가 글을 완전히 읽었는지 확인하기 힘들기 때문에 교사나 학생 모두 작은 소리를 내어 주어진 단락을 읽었는지 확인할 필요가 있다. 학생들의 경우에는 한꺼번에 소리 내어 읽는 것보다는 대표학생 또는 번호순 등의 순서로 읽도록 하는 것이 좋다.

질문은 교사의 시범으로부터 시작된다. 물론 학생이 질문을 먼저 도출할 수도 있지만, 완전히 숙달된 학습자들의 경우가 아닐 경우에는 어떤 질문을 해야 할지에 대하여 곤혹스러워한다. 따라서 최초의 질문은 교사가 먼저 하는 것이 좋다. 학생의 질문 또한 모든 학생들이 일제히 한꺼번에 하는 것이 아니라 다양한 방법으로 순서를 정하여 질문을 도출하도록 해야 한다.

상호 질문은 즉시적인 사고를 촉발하기 위한 것이라는 점에서 때로는 학습 내용과 일치하지 않는 질문이 유발되는 경우가 많이 발생한다. 이럴 때에는 질문에 대한 수정을 교사가 즉시적으로 해주어야 한다. 또한 능숙한 학습자와 미숙한 학습자들의 차이를 고려하여 질문의 질과 양에 대한 배려가 있어야 한다. 미숙한 학습자들의 경우 질문을 도출하지 못하는 경우가 있으므로 이럴 때에는 교사의 개입이 도움이 된다.

[ReQuest의 실행 단계]

단계	활 동
읽기	• 주어진 텍스트를 학생과 교사가 동시에 읽는다. 묵독을 할 경우에는 교사가 학생의 입장에서 글을 읽는 시간을 감안하여 다음 단계로 넘어갈 수 있도록 안내한다. • 소리 내어 읽을 때에는 교사와 학생이 번갈아 가면서 읽거나, 학생들을 일정한 순번을 정하여 읽도록 한다. 교사가 학생을 지목하여 읽게 할 수도 있다. 학생들이 소리 내어 읽는 경우에는 학생의 음독 속도에 따라 읽는 시간이 다르다는 것은 고려해야 한다.
교사 질문	• 일정한 양의 읽기가 끝나면 교사가 먼저 읽은 부분과 관련하여 질문을 도출한다. 교사의 질문은 학생들의 답을 요구하는 것이 아니다. 읽은 부분으로부터 어떤 문제를 탐구할 수 있을 것인지에 대한 질문이기 때문이다. • 질문의 수준을 반드시 고려해야 한다. 전체 학생을 대상으로 하는 경우 학습자들의 대다수가 질문을 이해할 수 있어야 한다. 질문의 답을 요구하지는 않지만 교사의 질문을 듣는 순간 많은 학습자들이 그 질문에 대한 답을 일시적으로 떠올리기 때문이다.
학생 질문	• 교사의 질문에 이어서 학생들이 질문을 한다. 학생들의 질문 순서는 교사가 지목하는 경우와 일정한 순번을 정하여 교대로 질문하는 경우가 있다. 순번을 정하여 질문을 하도록 할 경우에는 자신의 차례가 아닌 경우 집중력이 떨어지는 단점이 있으므로 이를 고려하여야 할 것이다. 학생의 즉시적인 사고 활동을 촉진하기 위한 것이기 때문에 가급적이면 무작위로 진행하는 것이 좋다. • 능숙하지 않거나 집중하지 않은 학생의 경우에는 질문을 바로 도출하기가 쉽지 않을 것이다. 이런 경우의 학생들은 주어진 텍스트의 한 문장을 그대로 읽는 경우가 있거나 머뭇거린다. 충분한 질문의 시간을 줄 수 없지만 그렇다고 너무 빠른 속도의 질문 도출을 요구해서도 안 된다. • 처음에는 학생들의 질문 도출 속도가 느리지만 이러한 상호 질문 방식의 수업을 지속적으로 수행하다보면 즉시적인 질문 도출이 가능해진다. 질문이 즉시적으로 도출된다는 것은 학생들의 사고가 그만큼 활성화 돼있다는 것을 의미한다.

<table>
<tr><td>질문 평가</td><td>• 질문은 자신들이 탐구할 과제에 대한 도출이기 때문에 그 질문이 본시 학습의 목표나 내용과 부합되는지 또는 문제를 해결할 방법이 가능한지, 탐구 주제로서 적합지에 대해 판단한다.</td></tr>
</table>

6) DR-TA

DR-TA(directed reading-thinking activity, Richardson, J. S. Morgan, R. F. & Fleener, C. 2006 : 311, Unrau. N. 2008 : 183~186)의 핵심은 교사가 개념어를 미리 학생에게 안내한다는 것이다. 일반적으로 학습을 위한 읽기 과정에서 학습자들이 텍스트에서 중요한 개념어를 탐색하는 것은 매우 중요한 활동이다. 개념어를 탐색하는 과정을 통하여 학생들은 자신들이 무엇을 알아야 하는지를 파악할 수 있으며, 학습 목표와 관련된 주제와 내용을 인지할 수 있게 된다. 그러나 내용교과에서의 언어적 활동이 내용교과 수업 전체를 차지할 수는 없다. 현실적으로 수학이나 과학과의 경우 언어적 활동은 제한적이며, 텍스트가 주어지는 경우에 한하여 부분적으로 수행된다. 따라서 언어교육을 전공하지 않은 내용교과 교사들에게 있어서 언어적 수업을 위주로 자신의 교과 수업을 진행하기를 요구하는 것은 무리이다. 이런 경우 교사는 수준별 어휘 학습을 위하여 준비한 제1수준 또는 제2수준의 어휘를 미리 제시한다. 교사가 미리 제시한 개념어들을 통하여 학습자들이 개념어 선별과 탐색 과정에서의 시행착오나 시간적 낭비를 줄일 수 있는 것이다.

DR-TA가 학습자들의 주도적 활동을 저해하는 것은 아니다. 학습자들이 시행착오를 겪는 동안의 시간적 소모를 감안한다면 내용교과 수업에서 교사의 안내를 통한 개념어 인지와 정확한 개념어를 인지한 상태에서 개념어에 대한 사전적 의미나 교과 맥락적 의미 또는 관련 지식과 정보를 얼마든지 탐색하게 할 수 있으므로 제한된 수업 시간의 활용 측면에서는 효과를 볼 수 있다.

학생들은 교사가 미리 제시한 해당 교과 시간의 개념어들이 주어진 텍스트 내에서 어떤 지식과 정보를 담고 있는지를 탐색하여야 한다. 텍스트 내에서 개념어의 개념을 정확하게 파악할 수 없을 경우 학생들에게 제공할 별도의 텍스트가 마련되어 있어야 한다. 즉, 교사는 학생들에게 안내한 개념어들에 대한 자료를 충분히 준비하고 있어야 하며, 수업 시간의 효율적인 안배를 위하여 학생들이 개념어들에 대한 지식과 정보를 탐색하는 데에 들이는 시간을 줄이도록 노력하여야 한다. 이때 가장 중요한 것은 교사의 자료이다. 사진, 영상은 물론 다양한 텍스트 자료를 준비하여 학생들이 반드시 알아야 하는 개념어들에 대한 정보를 갖추어야 한다.

7) TOAST

TOAST(test-organize-anchor-say-test)는 Dana. C. & Rodriguez. M.(1992 : 78~84)가 제안한 방법을 토대로 학습자들의 핵심 어휘 즉, 개념어를 파악하고 이해하는 데에 도움을 주는 학습 활동이다. TOAST를 통하여 학생들은 자신이 잘 알고 있지 못하거나, 익숙하지 않은 개념어 또는 반드시 알아야 하는 것들에 대하여 스스로 점검하고 평가할 수 있다.

질문하기의 실제에서 TOAST를 활용하는 것은 학습자의 주도적 자기과제학습 활동과 맥을 같이 한다. 교사의 안내 없이 자기 스스로 자신이 알고 싶고, 알아야 하지만 알고 있지 못한 개념이 무엇인지 점검하게 한다. 비교적 능숙한 읽기 학습자들이 자신의 수준을 넘어서는 텍스트를 접했을 경우에 가능한 활동이며, 의도적으로 보다 상위의 지식과 정보를 탐색하기 위하여 질문의 단계에서 수행하는 활동이다. 비교적 많은 시간과 검색 자료를 필요로 하기 때문에 충분한 시간적인 여유와 검색 환경을 갖추어야 한다.

[TOAST의 실제]

과 정	활 동
Test	• 텍스트 안에서 자신이 알고 있지 못하는 어휘 즉, 개념어들이 무엇인지 확인한다. 어휘에 집중하면서 글을 읽고, 정확한 개념을 파악할 수 없는 것들에 밑줄을 긋거나 따라 적어둔다. • 주어진 텍스트에 대한 어휘 지식의 자기 평가이므로 보다 솔직하고 정확한 점검과 검토를 해야 한다.
Organize	• 1차 테스트를 통하여 확인된 어휘들을 분류하여야 한다. 수준별 어휘 분류 방식에 준하여, 글을 이해하는 데에 반드시 결정적인 역할을 하는 제1수준의 어휘와 그렇지 않은 어휘들을 구분하여야 한다. • 어휘를 분류하고 조직하는 것은 글 읽기의 의도와 목적에 부합하는 개념들을 선별하는 선행 작업이며, 이러한 분류를 통하여 자신이 알아야만 하지만 알고 있지 못하는 어휘들에 대한 구체적이고 명확한 개념을 조사하는 기준이 된다.
Anchor	• 분류 조직한 어휘에 대한 개념을 탐색하여 기억, 저장, 기록 등의 방법을 통하여 배경지식화 한다. 가능하면 자신의 기억에 저장하는 것이 가장 좋지만, 만일을 위하여 별도의 공책에 적어두거나. 파일로 저장하여 두는 것이 좋다. • 어휘의 개념을 파악하기 위하여 다양한 탐색 자료를 동원하여야 한다. 신문이나 미디어, 백과사전이나 인터넷 등 접근 가능한 모든 수단을 동원하여야 한다. 그러나 가장 객관적이고 신뢰성이 있는 어휘의 개념을 탐색하는 것이 관건이므로, 다양한 자료에 공유된 정보를 활용하도록 한다.
Say	• 지식을 기억하고 습득하는 가장 효과적인 방법은 자신이 알게 된 것을 다른 사람에게 전달하는 것이다. 공개 발표는 자신의 개념적 지식을 재확인하며, 다른 사람에게 전달하는 과정을 통하여 기억을 보다 견고하게 간직할 수 있게 한다. • 교실 공간이 아닌 자기주도적 과제학습의 경우에는 다양한 소통의 공간을 활용하도록 한다. 최근에는 인터넷 홈페이지나, 카페, 블로그 등을 통하여 자신의 정보를 공유할 수 있으며, UCC를 활용하여 다른 사람들이 볼 수 있도록 저작물을 생산하는 것도 효과적이다.
Test	• 앞의 과정을 모두 거친 후에 처음 읽었던 텍스트를 다시 읽으면서 자기 평가를 다시 한다. • 새롭게 알게 된 개념을 바탕으로 텍스트를 보다 효과적으로 이해할 수 있는지를 확인하고 점검한다.

3. 내용영역 읽기능력 향상을 위한 질문생성 전략의 효과

내용영역 일기능력 향상을 위한 질문생성 전략은 읽기 과정의 가장 기본적이고 핵심적인 학습자 실행 활동이다. 주제를 파악하는 읽기능력은 질문생성 전략 실행을 통하여 형성되는 읽기능력 향상 요인이다(김선민, 2008 :

118). 질문생성 능력을 통하여 학습자들은 자신의 글 읽기 목적과 의도를 분명하게 인식하고, 글의 주제를 파악할 수 있게 된다. 질문생성 전략 실행 과정의 기본적인 활동은 단어와 어휘를 중심으로 하는 개념의 이해이다. 개념을 이해하기 위해서는 핵심어와 핵심문장을 파악하여야 한다. 핵심어와 핵심문장을 파악하는 활동은 단순히 어휘의 의미를 인지하는 것이 아니라 글을 읽는 목적과 관련하여 자신이 원하는 지식과 정보를 얻기 위한 일련의 초석이 되는 의미 습득 과정이다.

다음의 선행 연구(김선민, 2008 : 121~127) 결과는 질문생성 전략이 학습자들의 읽기능력에 어떤 영향을 미치는지 보여준다. 질문생성 전략을 통하여 향상시킬 수 있는 읽기 능력의 세부 영역에 대한 연구가 후속적으로 진행되어야 하지만 읽기능력과 읽기능력의 세부 영역에 대한 평가가 객관적 신뢰성을 확보하기란 쉽지 않다. 여기 제시된 주제파악과 관련된 검사 결과는 질문생성 전략의 모든 성과를 포함하고 있는 것은 아니다. 다만 질문생성 전략 활동을 통하여 학습자들이 글의 주제를 얼마나 더 잘 파악하고 이해하였는가에 대한 비교 검사 결과이다. 이 검사 결과가 질문생성 전략의 모든 성과를 대표하지는 않지만 질문생성 전략을 수행한 학습자들이 읽기를 효과적으로 수행하는 데에 도움이 될 수 있다는 일편의 증거로 유효하다.

[주제파악 검사 결과]

사전검사				사후검사			
비교집단		통제집단		비교집단		통제집단	
평균	표준편차	평균	표준편차	평균	표준편차	평균	표준편차
1.77	3.19	5.90	2.07	8.27	1.58	6.57	3.01

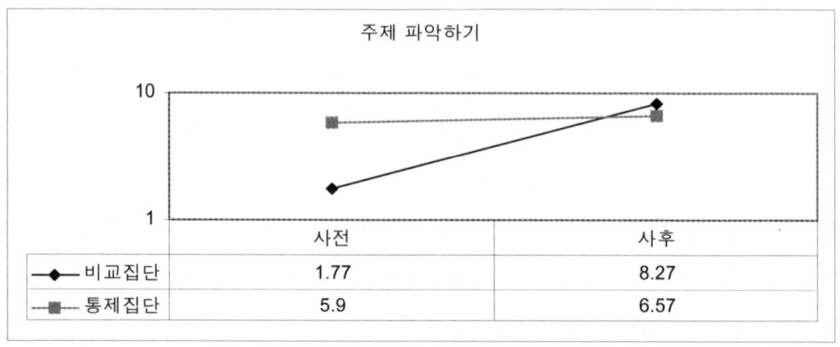

	사전	사후
비교집단	1.77	8.27
통제집단	5.9	6.57

　읽기능력을 향상시키기 위한 질문생성 전략을 통하여 학습자들은 자신이 의도하고 목적한 지식과 정보를 효과적으로 습득할 수 있다. 자신이 원하는 정보가 무엇이고, 주어진 문제를 해결하는 데에 필요한 지식이 무엇인지를 명확하게 인식하고 있다는 것은 학습자들이 자신에게 주어진 문제를 해결하기 위한 방법을 찾아가는 길을 알고 있다는 것을 의미한다. 내용영역의 읽기는 학습자들의 유목적적인 문제해결과 관련이 있다. 학습을 위한 글 읽기이며, 학업 수행과 평가를 위한 읽기이다. 초등학교 학생에서 일반 직장인이나 학자들에 이르기까지 내용영역의 글 읽기는 현재의 우리 실생활과 관련이 있는 읽기이다. 따라서 내용영역 읽기능력의 향상은 실생활의 삶의 질 개선과 맥을 같이 한다.

　질문생성 전략의 수행을 통하여 학습자들의 내용영역 읽기능력의 향상을 가져올 수 있다는 것은 학습자들의 삶의 질 개선과 보다 효과적인 지식과 정보의 창출을 의미한다. 새로운 지식과 정보는 기존의 지식과 정보를 기반으로 한다. 기존의 지식과 정보를 이해하고 분석하기 위해서는 왜 그 지식과 정보를 읽는가에 대한 구체적이고 명확한 인식이 선행되어야 한다. 질문생성 전략은 바로 그러한 선행활동이다.

—「내용영역 읽기능력 향상을 위한 질문생성 전략」, 『교과교육연구』 제1권 2호,
고려대학교 교과교육연구소, 2009. 3. 16.

1. 읽기와 교육연극

읽기 이론과 전략이 어느 정도 보편화되어 초등학교 현장에 적용되었는가? 현행 국어과 교육과정에서 읽기영역이 차지하는 비중은 다른 영역에 비하여 넓다. 내용을 살피기 이전에 '읽기' 교과서가 별도로 구성되어 있다는 것을 보면 외형적으로도 쉽게 인지할 수 있을 것이다. 5차 교육과정 이전의 국어교육은 거의 읽기 중심이었다고 하여도 과언이 아니다. 그만큼 읽기는 국어교육을 지배하는 중심 영역이었으며, 현행 교육과정 운영과 학교 현장 수업 운영을 살펴보았을 때에도 그것을 부정하기가 쉽지 않다.

학습자의 교육 활동 대부분은 읽기를 통하여 이루어진다고 하여도 과언이 아니다. 읽기 교육의 필요성은 학습자의 읽기를 보다 효과적으로 수행하기 위한 전략과 방법을 제공하기 위함이다. 그러나 읽기의 대상이 되는 텍스트는 매우 다양하다. 그럼에도 불구하고 모든 텍스트 읽기에 적용이 가능한 교수·학습방법은 있는 것일까? 이론의 축적이 어느 정도에 와 있는가를 논의하기 전에 학교에서 이루어지는 읽기 교육 활동에 적용이 가능한 방법은 아직도 부족하며 실천적 연구가 요구된다. 즉, 현장에 적용이 가능한 방법을 모색하려는 이론적 접근이 필요하다. 결국 학생들에게 주어진 거의 모든 텍스트는 제한적인 전략과 방법의 지배를 받을 수밖에 없으며, 제한적인 전략과 방법은 교수·학습목표 도달의 한계를 가져온다.

학습자 중심의 읽기 교육은 자발적 흥미와 욕구의 선행으로부터 출발한다. 동기 유발은 자기주도적 읽기를 유도한다. 교수·학습전략과 방법은 전체적으로 읽기 교육을 지배하고 있으나 부분적으로는 학습자의 동기를 유발하는 자극체여야 한다. 때문에 교사와 학습자가 공유할 수 있는 전략과 방법이 구안되어야 한다.

교사는 학습자의 자기주도적 읽기를 가능하게 하는 전략과 방법을 알고 있어야 하며 그것을 실천적으로 적용하여야 한다. 그러나 전략과 방법이 모든 텍스트를 지배하지 못한다면 한계에 도달한다. 따라서 현장에서 학습자와 교사가 함께 공유하고 자극받을 수 있는 교수·학습전략과 방법의 다양성이 요구된다. 텍스트마다 각기 다른 교수·학습방법을 적용하여야 할 때가 있으며 동일한 텍스트에서 몇 가지의 전략과 방법이 적절한 효과를 발휘하기도 한다. 학교 현장의 교수·학습은 다양한 선택 조건을 갖추었을 때에 유효적절한 성과를 거둘 수 있다. 이것이 읽기의 방법을 세분화하고 그것을 총체적 교수·학습으로 발전시키려는 시도가 필요한 이유이다.

여기서는 초등학교 고전소설 읽기에 대하여 알아보고 교육연극의 읽기 요소와 관련하여 논의할 것이다. 교육연극을 활용한 초등학교 고전소설 읽기 교수·학습방법의 구안은 현장 적용을 기본으로 하고 있으며 다양한 읽기 교수·학습방법과 병행하는 또 하나의 선택 조건이 될 것이다. 앞서 언급하였듯이, 학교 교육의 모든 텍스트 읽기를 통제하는 교수·학습방법이 존재하지 않는 한, 읽기 교육의 성과를 높일 수 있는 방법이 꾸준히 구안되고 실천되어야 하며 이 연구는 바로 그중 하나인 것이다.

2. 초등학교의 고전소설 읽기

제7차 교육과정의 국어과 목표에는 '…국어의 발전과 민족의 언어문화 창달에 이바지할 수 있는 능력과 태도를 기른다.'라고 명시되어 있다. 이러한 명시적 표현은 우리의 전통문학의 소중함과 가치를 알고 그것을 우리의 언어생활과 연계하여 교수·학습하여야 한다는 것을 의미한다. 또한 민족어의 감수성을 계발하고 민족어에 대한 사랑을 갖게 하고 민족어의 사용 능력을 신장해주는 목표를 상정할 수 있게 한다.[1]

고전소설은 우리민족의 삶의 모습을 담고 있다. 우리민족의 삶의 모습은 당시의 정서와 생활상뿐 아니라 우리 민족이 사용한 언어를 체험할 수 있게 한다. 우리 민족의 생활상과 정서 그리고 글 속에 나타난 민족 언어의 체험은 문학을 통하여 우리 언어에 대한 자긍심과 언어가 갖고 있는 문화적인 속성을 이해할 수 있다는 것과 맥을 같이 한다.

초등학생들의 고전소설[2] 읽기는 다양한 환경에서 이루어진다. 어린이들은 스스로 문자를 이해하는 시기 이전에 가족 관계를 통하여 문학적 경험을 한다. 누군가 소리 내어 읽어주는 경우가 대표적이다. 여기에는 상당수의 고전소설이 포함되어 있다. 고전소설의 문학적 체험은 타인의 읽기나 매체[3] 읽기로 출발하여 자신의 문해력을 동원한 선택적 읽기에 이르기까지 다양하다.

고전소설의 문학적 경험이 다른 장르 혹은 다른 문화에서 생산된 글과 차이가 나는 것은 고전소설의 내용 특성과 사회적 속성에 근거한다. 민족적

---

1) 구인환 외(1996), 『문학교육론』, 삼지원, p.266.
2) 초등학교 교육과정 또는 교과서와 교사용 지도서에는 고전소설이라는 용어를 사용하지 않는다. 교과서에는 '옛글'로 표기하고 있다. 교과서에는 <장끼전>의 본문 일부가 유일하게 수록되어 있을 뿐이며, 더 읽어볼 자료로 <구운몽>, <사씨남정기>, <금오신화>, <호질>, <허생전>, <흥부전>, <별주부전>, <춘향전>, <홍길동전> 등을 교사용 지도서에 목록으로 안내하고 있을 뿐이다.
3) 그림과 함께 제공되는 상업출판물과 전문가들에 의하여 제작된 녹음 자료 등.

정서와 삶의 모습이 드러나 있는 내용과 문자언어 발생 이후 현재까지 이어지는 구전 문화는 읽기의 문화 체험 과정을 들여다 볼 수 있게 한다. 대다수의 초등학생들은 고전소설의 구전 경험을 자신의 읽기 경험과 연관하여 생각할 뿐 아니라, 그것을 자신의 체험적 상상을 통하여 새로운 양상으로 발전하여 나아가기를 원한다. 즉, 글의 내용을 이해하고 파악하며 해석하고 비판하는 데에서 멈추는 것이 아니라 새로운 장르 형식으로 변용을 시도한다.

초등학교 교과서에 수록된 고전소설은 그 명칭이 '옛글'로 표기되어 있을 뿐 아니라 본문 일부가 초등학생 수준에 맞추어 다시 쓰인 것은 <장끼전>이 유일하다. 그럼에도 불구하고 읽기의 일반적 교수·학습과 차별하여 고전소설 읽기의 특징을 구분할 필요가 있을까? 6년 동안 단 두 차시 분량의 교수·학습활동에서 어떤 특징 요인이 발생하며 그것은 또한 어떤 교수·학습방법의 구안과 생산을 위한 것인가? 고전소설의 특징 요인과 그것의 발생을 고려한 교수·학습방법의 실천적 적용이 얼마나 가치 있는 것인가. 또한 이것은 읽기의 전략 그리고 방법과 맥을 같이 하여 의미를 부여할 수 있는가?

태초 이래 문학은 인간과 더불어 있어 왔고, 앞으로도 인간과 함께 있을 것이다. 문학은 인간에 의해서 만들어져 왔고, 또 인간은 그것을 끊임없이 즐겨 왔다. 그런데 문학을 만들고 즐기는 현상에 대한 연구는 있어 왔지만 그것을 어떻게 만들고 즐길 것인가 하는 방법에 대한 연구는 아직도 욕구를 충족시키기에 부족한 면이 있다(김대행 외, 2002 : 352).

다음에 제시한 초등학교 고전소설 읽기의 특징들이 앞의 미숙한 의문에 대한 답이 되리라곤 확신하지는 않으나 최소한 고전소설의 문학적 가치와 그 가치에 의미를 부여할 수 있는 방법의 동기를 제공한다는 데에 의의를 둘 수 있지 않을까?

첫째, 우리 민족의 정서와 삶을 수용할 수 있게 한다.
둘째, 민족어의 특질을 경험하게 한다.
셋째, 사회적 속성(구전)을 통한 체험적 읽기를 가능하게 한다.
넷째, 자기주도적인 통합언어 교수·학습활동의 동기를 유발한다.

3. 고전소설 읽기와 교육연극

읽기는 무엇인가? 관점과 정의에 따라 교수·학습의 구안이 달라질 수 있다. 읽기를 가치 지향적·유목적적 행위로서 인간 문화현상에서 매우 중요한 부분을 담당하고 있는 하나의 '실체적 현상'(최현섭 외, 1997 : 247)이라고 정의하기도 하며, 듀이(Dewey)의 말처럼 읽기를 '성장을 구성할 수 있는 경험'(이성영, 1996 : 81~82 재인용)이라고 할 수도 있다. 물론 이러한 읽기의 정의는 다양한 방법을 통하여 실현되는 과정적 결과를 예측하여 말하는 것이다. 결국 읽기는 인간의 성장을 구성하는 문화적 경험이라고 정의할 수 있다.

초등학교 고전소설 읽기의 특징 중 '민족의 삶과 정서 수용', '민족어 특질의 경험'은 민족 문학에 대한 가치 지향적이며 유목적적인 행위로 볼 수 있을 것이다. 또한 '구전을 통한 체험적 읽기'는 민족 문화의 실체적 현상으로 대입할 수 있다. 이러한 실체적 현상을 통하여 학습자의 성장을 구성할 수 있는 경험의 기초를 마련하기 위한 방법 중 하나가 교육연극이다.

고전소설은 다른 장르의 문학에 비하여 연극적인 요소를 많이 갖고 있다. 여러 편의 고전소설이 판소리의 형태로 대중에게 전파되었다는 것이 연극적 요소를 갖추고 있다는 것을 증명한다. 연극적인 요소는 매우 다양하다. 연극을 종합예술이라고 하는 이유는 연극이 다양한 형식의 문화예술을 포함하기 때문이다. 따라서 고전소설은 문자 장르문학뿐 아니라 다양한 문화예술을 포함하는 매우 가치 있는 문학이다.

　연극은 작품을 지원하는 수많은 부분들의 유기적 결합을 통하여 대중을 감동시킨다. 배우들의 연기와 더불어 무대, 의상, 조명, 음악 등 거의 모든 예술이 총체적으로 결합하고 있다. 전문적인 공연을 목적으로 하지 않는 한 교육 현장에서는 이러한 연극적인 요소들의 상당부분을 교수·학습활동에 도입하여 적용할 수 있을 것이다.

　교수·학습 적용이 가능한 연극 요소와 교육적 성격이 결합한 것을 교육연극이라고 정의할 수 있다. 교육연극은 문학작품의 읽기와 매우 깊은 관계가 있다. 대본은 연극의 기본 요소이다. 대본은 문학 작품의 하나이며 원작일 수도 있지만 개작을 통하여 생산된다. 따라서 문학작품의 읽기가 학습자에게 보다 직접적이고 유목적적인 읽기 활동이 되기 위해서는 적극적인 반응을 통하여 다양한 활동을 모색하여야 한다. 교육연극은 읽기에 대한 적극적인 반응이며 그러한 모색의 하나이다.

1) 고전소설 읽기의 교육연극 요소

　교육연극을 활용한 고전소설 읽기 교수·학습의 장점은 무엇보다 학습자에게 상상력과 창의력을 발현하게 한다는 것이다. 고전소설은 이야기 문학이다. 이야기 문학은 창조적 상상력을 동원하여 이를 다른 인물, 배경이나 상황, 사건의 전개로 전환하여 표현하는 것이며, 상상력의 발현은 작품에 내재된 작가의 상상력을 수용하는 것은 물론 학습자 스스로 상상력을 발현한다는 데에 가치가 있다(김대행 외, 2002 : 168). 이러한 상상력은 작품을 그대로 받아들이는 것에서 멈추는 것이 아니라 새로운 모색을 한다는 측면에서 학습자의 창의성을 자극하여 그것을 드러나게 한다.

(1) 이미지 생성

　이미지 생성은 고전소설 작품에 등장하는 인물, 또는 작품을 구성하는 모든 사건 요소들을 추출하는 것으로 시작한다. 예를 들어 '장끼전'에 등장하는 인물은 사람이 아니라 의인화된 꿩, 장끼와 까투리이다. 이것을 보다 확장하여 장끼의 눈에 띈 콩이나 수풀 혹은 교과서 본문에 등장하지 않은 사냥꾼이나 이어질 이야기의 다른 어떤 인물이나 사물을 유추할 수도 있다. 매우 자유로운 경우에는 그날의 기후나 장면 장면의 시간조차도 등장인물로 추출할 수 있다.

이미지 생성은 자유로운 사고 활동이어야 한다. 자유로운 사고 활동은 상상력과 창의력 발현의 기본이다. 보다 확장된 사고를 바탕으로 자기주도적으로 작품의 장면을 유추하거나 구성할 수 있는지에 대한 가능성을 탐색하는 것이다.

등장인물의 추출은 자유롭게 이미지 생성을 위한 성격 대입으로 이어진다. 장끼와 까투리의 성격을 구분하는 것은 그리 어렵지 않을 것이다. 그러나 이야기의 전체 흐름을 자신의 상상력과 창의력에 의존하여 구성하기 위해서는 새로운 성격을 대입하는 것이 필요하다. 학습자들이 여러 가지 사물—사건이나 배경조차도—들에 대한 성격을 대입하고 그것이 서로 어떤 관계를 갖고 있는지를 파악함으로써 작품에 대한 새로운 해석과 이야기 재구성의 초석이 된다.

(2) 음성 언어 탐구

연극 대본이나 시 등으로 변용된 고전소설 작품은 상호성을 갖고 있다. 즉 화자와 청자 사이의 긴밀한 교감을 형성하는 판소리의 형식을 갖고 있다. 모든 작품이 판소리로 구전되었던 것은 아니지만 춘향전이나 흥부전의 경우에는 매우 익숙하기 때문에 별도의 자료를 구성하여 경험하게 하면 고전소설의 음성언어적 특성을 이해하는 데에 도움이 된다.

이야기를 할 때 우리는 두 가지의 공동체, 즉 이야기하는 사람과 듣는 사람 그리고 이야기하는 사람과 자기 자신이라는 두 집단을 구성한다. 이 두 집단은 동시에 작용하지만 다른 기능을 한다. 이야기하는 사람은 마치 자신이 이 이야기를 원래부터 알고 경험하였던 것처럼 원작품에는 없는 이야기를 만들어 내거나 새로운 사건을 생성하여 이야기를 발전시켜 간다(King, N., 1996 : 222).

작품을 이해하고 해석하여 새롭게 구성된 내용을 이야기의 형태로 구연한다는 것은 작품을 이해하고 해석하는 화자의 입장과 그 내용을 듣는 청자 사이에서 또 하나의 새로운 의미가 생성됨을 의미한다.

(3) 이야기 변용

이미지 생성을 바탕으로 각각의 이미지에 대입된 성격은 새로운 이야기의 요소가 된다. 자유롭고 개방적인 이미지 생성은 학습자의 상상력과 창의력을 발현하게 하며 그 결과, 거의 모든 작품 구성 요소들의 이미지를 생성하고 각각의 이미지에 대입된 성격들은 새로운 이야기를 구성한다.

즉, 인물 요소, 배경 요소, 사건 요소 등의 모든 이야기 구성 요소들의 성격을 새롭게 배열하거나 조합하여 이야기를 만들어가는 것이다. 이런 과정을 통하여 새로운 극본이 만들어지고 그것은 원래의 이야기와는 사뭇 다른 전개와 사건을 구성한다. 즉, 학습자의 상상력과 창의력이 발현된 결과인 것이다.

상황과 조건에 따라 다양한 형식의 글로 변용하는 활동을 권장할 수 있다. 이야기의 한 장면을 인물의 이미지와 관련지어 어느 날의 일기로 구성하거나, 작품의 이미지와 자신의 이미지를 대입하여 자서전을 쓴다거나 원작품 내에서 그다지 중요하지 않은 등장인물을 관찰자로 설정하여 시나 소설을 쓸 수 있다.

2) 고전소설 읽기의 교육연극 교수·학습방법

앞서 읽기와 관련된 몇 가지 의문점들을 열거하면서 명확한 답을 얻지 못했던 것처럼 읽기 교수·학습방법으로 교육연극을 적용한다는 것은 답이라기보다는 과제의 성격 혹은 실험적 대안으로 보아야 할 것이다. 왜냐하면 기존의 교육과정 편성 운영에 의거한 고전소설 읽기 교수·학습방법이 현장에서 실패를 거듭하거나, 별다른 교육적 부작용이 발생하고 있다는 보고가 들리지 않을뿐더러 현재의 교수·학습과정에 시비를 걸만한 이론적 결함을 발견할 수도 없기 때문이다.

그럼에도 불구하고 고전소설 읽기의 특징을 교육연극 요소와 연관하여 새로운 교수·학습을 구안하려는 의도는 무엇인가? 모든 교수·학습방법은 어떤 의도를 갖고 있는가와 연관하여 생각해 볼 필요가 있다. 어떤 것은 매우 유효적절하게 적용되어 상당한 효과를 볼 수 있으나 어떤 방법은 그 적용의 부적응으로 인하여 효과는커녕 학습자를 혼란에 빠뜨리게 할 수도 있다. 듣기영역에서는 모둠 토의 학습보다 개별 학습이 효과적일 수 있으며, 쓰기에서는 토의와 대화를 통하여 보다 나은 글을 생산할 수도 있다. 국어과에 적용이 가능한 교수·학습방법들은 모든 영역에 적용이 가능한 것은 아니다. 결국 해당 차시 교수·학습과정에 적용을 하였을 때 가장 좋은 효과를 나타내는 방법을 선택하는 것이 최선의 길이다.

차시 교수·학습활동을 성공적으로 수행하는 교사의 특질은 그들이 수많은 교수·학습전략과 방법들을 매우 유효적절하게 적용한다는 데에 있다. 그들은 스스로 전략을 구안하거나 방법을 생산하는 활동에 종사하기보다는 현장에 적용이 가능한 방법들을 찾아내고 그것을 반복 적용하여 가장 좋은 상황과 조건을 산출한다.

여기 제시하는 교육연극 교수·학습방법은 다양성의 측면에서 접근하여야 한다. 출발부터 읽기의 범위를 고전소설로 제한하여 교육연극을 활용한 교수·학습을 구안하려는 의도는 교수·학습의 다양성에 대한 접근이었다. 따라서 현장 교육 활동의 대표적인 지침서인 교사용 지도서의 교수·학습을 상세히 열거한 후에 그것과 교육연극 교수·학습이 무엇이 다르고 제한적이나마 어떤 효과를 생산할 수 있는지를 비교할 수 있을 것이다.

(1) 교사용 지도서의 교수·학습

초등학교 국어과에 등장하는 고전소설은 6학년 1학기 대단원 '다섯째 마당'의 소단원 '1. 소중한 우리말'의 '장끼전'이 유일하다. 교과서에 실린 '장끼전'에 관한 교사용 지도서의 안내 자료를 보면 다음과 같다.

〈장끼전〉

작자와 창작 연대가 밝혀지지 않은 고대소설로, '장끼타령'을 소설화한 작품이며 한글로 쓰였다. 내용은 영·정조 때 사람인 송만재의 「관우희(觀優戱)」에 나타난 것으로 보아 영·정조 시대를 배경으로 한 인간 세계를 풍자하고 있다. 타인의 충고를 받아들일 것과 분수에 넘친 욕심을 부리지 말라는 교훈과 여성의 정조 관념에 대해 풍자적 해학적으로 보여주고 있다.

초등학교 교육과정 운영상의 국어과 배당시간은 1, 2학년의 도덕 통합 교과운영을 포함하여 총 1289시간이다. '장끼전'은 대단원의 총 9차시 분량의 교수·학습활동 단위 시간 중 2차시 분량을 차지하고 있으며 교수·학습과정은 다음과 같다.

✔ 대단원 교수·학습계획

■ 왜 가르치는가?

이 대단원은 "다양한 읽을거리를 찾아 읽는 태도를 지닌다."는 교육과정에 근거하여 설정되었다. 이 대단원에서는 주변의 다양한 읽을거리 중에서 특히 우리 조상들이 쓰거나 즐겨 읽은 옛글과 외국 작품을 접하게 함으로써, 학생들로 하여금 그러한 글들을 찾아 읽는 계기를 마련하고자 하였다. 또 옛글과 외국 작품을 통하여 조상들의 삶을 바탕으로 우리의 현재 삶을 이해하고, 외국 사람들의 삶과 문화를 간접 경험함으로써 경험과 사고의 폭을 깊고 넓게 만드는 데 도움이 됨을 깨닫게 하였다.

■ 무엇을 가르치는가?

'1. 소중한 우리말'에서는 여러 가지 읽을거리 중 조상들이 즐겨 읽었던 옛글에 대하여 알아보고, 옛날 작품의 하나로 '장끼전'을 읽고 조상들의 삶을 느낄 수 있는 작품을 더 찾아 읽도록 하였다.

- 옛글을 읽으면 좋은 점 알기
- 옛글을 읽고, 옛 사람들의 삶과 오늘날의 삶을 비교하기

✔ 소단원의 특성

우리 주위를 살펴보면 다양한 읽을거리들이 많이 있다. 그중에서 특히 조상들이 즐겨 읽었던 경서, 설화, 소설, 시가, 일기 등 옛글들을 찾아 읽도록 하기 위하여 설정하였다. 옛글을 접함으로써 작품에 담겨 있는 조상들의 슬기를 알고 친숙해지는 계기가 될 수 있다.

1차시에는 '소학언해'와 '연오와 세오'의 일부를 읽고 옛날에 쓰인 글을 읽으면 좋은 점을 알도록 하였고, 2차시와 3차시에는 옛글 중에서 '장끼전'의 일부를 읽고 조상들의 삶과 생각을 알아보도록 하였다.

✔ 지도상 유의점

- 다양한 읽을거리라 할 때에는 우리 주변에 있는 모든 것이 다 해당되나, 이 단원에서는 동·서양의 고전이나 좋은 책을 찾아 읽도록 유도한다.

- 옛글을 찾아 읽도록 할 때에 지나치게 교훈적인 것을 강요하는 것은 독서 흥미를 떨어뜨릴 수 있다. 이 단원에서는 학생들에게 읽고 싶은 욕구를 불러일으키는 것이 중요하므로 교사가 다양한 작품들을 소개하는 역할을 해야 한다.
- 옛글이라는 것은 옛날에 쓰인 모든 글이 될 수 있으나, 이 단원에서는 우리 조상들이 즐겨 읽거나 쓴 글로 제한하였다.

✔ **수업 목표**
- 옛 사람들의 삶을 생각하며, 옛글을 읽을 수 있다.

✔ **수업 전개**
■ 읽기 전 활동하기
- 그림 살펴보기
  - 장끼와 까투리에 대하여 아는 바를 말하여 봅시다.
  - 교과서 186쪽의 그림은 어떤 장면입니까?
- 내용 예측하기
  - 교과서 186쪽 그림에서 장끼가 죽은 까닭은 무엇이겠습니까?
- 옛글을 읽을 때 주의할 점 알기
  - 옛글을 읽을 때 주의할 점을 말하여 봅시다.
- 학습목표 확인하기
  - 옛 사람들의 삶을 생각하며, 옛글을 찾아 읽어 봅시다.

■ 읽기 중 활동하기
- 글 읽기
  - 어떤 내용인지 생각하며 '장끼전'을 읽어 봅시다.
- 어려운 낱말 뜻 알기
  - 어려운 낱말의 뜻을 이해하며 글을 읽어 봅시다.
- 중심 내용 찾기
  - 시로 표현된 부분에 나타난 내용은 무엇인지 정리하며 글을 읽어 봅시다.

－장끼와 까투리의 행동을 비교하며 글을 읽어 봅시다.

－장끼와 까투리의 말과 행동을 통해 옛사람들의 삶과 생각을 알 수 있는 부분에 주의하며 글을 읽어 봅시다.

※ 이 활동들은 글을 읽는 과정에서 학생들에게 적절하게 질문할 수도 있고, 미리 교사가 그러한 활동을 하도록 주지시킬 수도 있다. 단, 학생들이 이해하는 활동에 방해가 되어서는 안 된다.

■ 읽기 후 활동하기

• 내용 파악하기

　－장끼와 까투리의 모습을 설명한 부분은 어디입니까?

　－꿩이 살아가면서 겪는 어려움은 무엇입니까?

　－콩을 본 장끼와 까투리는 각각 어떻게 생각하였습니까? 그렇게 생각한 까닭은 무엇입니까?

　－장끼와 까투리의 성격은 어떠합니까?

　－각각의 성격이 잘 나타나 있는 부분은 어디입니까?

• 옛 사람들의 삶의 모습과 생각 찾아 비교하기

　－옛 사람들의 삶의 모습과 생각을 알 수 있는 부분은 어디입니까?

　－'장끼전'의 내용과 우리의 삶을 비교하여 봅시다.

■ 일반화하기

• 옛글의 제목과 주제 정리하기

　－옛글 중에서 내가 읽은 글의 제목과 주제를 말하여 봅시다. (금오신화, 홍길동전, 사씨남정기, 구운몽, 흥부전, 별주부전, 호질, 허생전 등)

　－여러 친구들이 말하는 내용을 교과서에 적고 주제별로 작품을 정리하여 봅시다.

※ 꼭 교과서에 쓸 필요 없이 모둠 학습을 통하여 많은 작품들을 정리하여 보도록 한다. 본문 학습을 줄이고 이 부분에 많은 시간을 배당하는 것도 옛날 작품을 많이 생각해 보게 하는 한 방법이 될 수 있다.

(2) 교육연극을 활용한 교수·학습

고전소설 읽기 교수·학습의 교육연극 활용은 방법의 다양성 추구와 동시에 차시별 교육과정 운영에 적합한 내용 구안을 의미한다. 학습자에게 읽기의 자발적 욕구를 불러일으키기 위해서는 무엇을, 왜, 어떻게 읽을 것인지에 대한 동기가 있어야 한다. 읽기는 매일 반복되는 생활의 일부이다. 도구적인 국어과의 성격상 교육 활동 중에 일어나는 언어활동의 상당부분은 읽기로 이루어진다. 분명 국어과의 읽기는 도구적 성격보다 기능적 성격에 가깝다. 이러한 기능성에 문학교육의 측면을 강조할 때에 다양한 시도가 요구되는데 그중 하나가 교육연극이다.

고전소설 읽기 교수·학습의 방법으로 교육연극을 동원하는 가장 합리적인 이유는 무대 상연이다. 교실 수준의 상연을 전제로 하는 읽기는 읽기의 보편적 전략과 큰 차이가 나지 않는다. 다만 연극 구성 과정을 통하여 읽기의 일반적 절차에 연극적 요소와 현상이 투입된다.

교육연극을 활용한 고전소설 읽기 교수·학습이 이전의 것과 달리 완전히 새로울 수는 없다. 현장의 특성상 교사는 교육과정의 틀, 교육과정 운영과 관련된 자료의 범위를 넘어서기가 쉽지 않기 때문이다. 완전히 새로운 방법은 완전히 새로운 사고와 환경 적응이 요구된다. 이론적으로 타당한 것일지라도 그것을 현장에 적용하여 검증을 거치기 위해서는 많은 시간과 노력이 필요하다. 매일 각각 다른 차시 교육과정 운영을 위하여 투입되는 시간의 부족을 감수하면서까지 완전히 새로운 것을 받아들이려고 하지 않기 때문에 현장의 실천적 적용이 가능한 교수·학습의 구안은 기존의 과정과 충돌하지 말아야 한다.

현행 교육과정은 교육과정의 재구성을 적극 권장하고 있다. 시·도 단위의 교육과정에서 학교단위 교육과정 그리고 학년과 학급 단위의 교육과정으로 내려갈수록 현장과 환경에 적합한 교육과정의 재구성이 요구된다. 교

과별 교육과정 운영도 이와 마찬가지이다. 따라서 국어과의 영역별 교육과
정을 교사의 연구와 자율적 의지에 의하여 재구성하는 활동은 교육과정의
이념을 수행하는 것이다. 학급담임은 교과별, 영역별, 차시별 교육과정 운
영을 수시로 재구성할 수 있다. 읽기와 교육연극의 유기적 결합은 바로 차
시 교육과정의 재구성과 맥을 같이 한다.

여기서는 현행 교육과정의 이념과 재구성 방향 그리고 영역 간의 유기적
관련을 맺은 통합적 활동에 근거하여 교수·학습과정을 순차적으로 제시하
도록 한다. 앞서 제시한 교사용 지도서의 개관은 별도로 제시하지 않고 아
래의 본시 교수·학습과정을 중심으로 설명하기로 한다.

[고전소설 읽기의 교육연극 교수·학습과정]

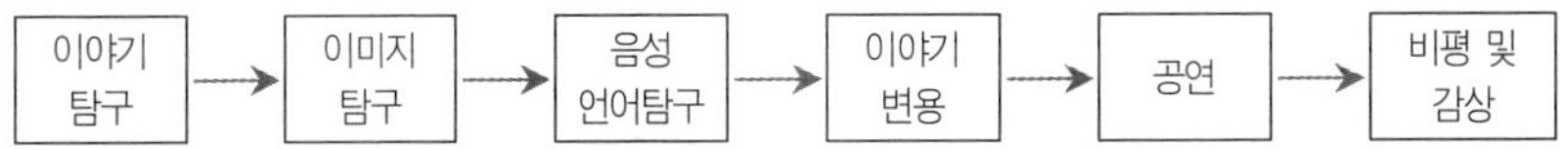

❶ 이야기 탐구

초등학교 교과서에 수록된 유일한 고전소설은 <장끼전>이다. 본문의 출
처가 명확하지 않을뿐더러 고전소설의 특징을 파악하기에 어려움이 있다.
따라서 <장끼전>과 관련된 자료를 탐색하여 관련된 내용을 탐구하는 것이
요구된다. 이야기 탐구 활동은 주로 고전소설의 특징을 파악할 수 있는 자
료들을 중심으로 전개된다.

교육연극 교수·학습활동은 해당 작품의 공연을 전제로 하기 때문에 읽
는 동기와 전략 그리고 방법을 달리할 필요가 있다.

첫째, 작품과 관련된 역사적 배경과 시대적 상황을 탐구한다. 해당 작품
이 생산된 시기, 작품이 나오게 된 배경과 작품 속의 시대적 상황에 대하여
알아본다.

둘째, 동일한 내용의 다른 작품과 비교한다. 교과서에는 전문이 수록되어

있지 않기 때문에 학습자와 교사가 동일한 제목의 고전소설을 탐색하여 읽어보고 비교한다. 원작품을 다시 쓴 경우가 대부분이기 때문에 어떤 경우에는 등장인물, 배경, 사건 등에서 차이를 보이는 경우가 있다. 어떤 것이 옳은지에 대한 판정을 내리려는 것이 아니라 여러 글을 비교하면서 가장 유효한 작품을 선택하기 위함이다.

셋째, 구전된 내용과의 비교 및 평가이다. 대개의 고전소설은 학습자의 영·유아기 때부터 누군가의 입에서 입으로 전해 내려오는 내용이 많이 있다. 자신의 기억을 더듬어 친구들과 상호 경험한 내용을 교환하는 활동 등 모둠 활동과 대화를 통하여 내용을 비교하고 평가하여 기존의 작품을 검토 수정할 수 있다.

❷ 이미지 탐구

이미지는 작품 구성의 모든 요소를 포함한다. 사람과 동물은 물론 소품과 자연배경 등에서까지 이미지를 탐구할 수 있다. 공연 장소가 마땅하지 않은 경우, 교실에서 이루어지는 간단한 공연일 경우, 무대장치를 할 수 없는 열악한 환경에 처했을 경우 이미지 탐구는 유용하다. 즉, 무대와 사건을 구성하는 모든 요소를 이미지화하여 대사로 처리할 수 있기 때문이다.

첫째, 주인공을 중심으로 하는 등장인물 탐구 : 주인공은 이야기 탐구 과정을 통하여 주도적으로 해석된 학습자의 상황에 따라 다를 수 있다. 따라서 여기서는 얼마든지 주인공의 이미지를 변화시킬 수 있으며, 변화된 이미지에 따라 다양한 사건의 발생을 유도할 수 있다.

둘째, 주인공을 둘러싼 주변 인물들에 대한 탐구 : 주변 인물들에 대한 탐구는 사건의 과정과 매우 중요한 관계를 갖고 있다. 주변 인물들과 이야기의 전개 과정에서 사건을 일으키고 해결의 열쇠를 쥐고 있을 수 있다. 여기 주변 인물들이라고 하는 것은 대상이 인간에 국한되어 있는 것이 아니라 모든 사물을 통틀어서 지칭한다.

셋째, 주인공과 주변 인물로 인하여 발생하는 사건 이미지 탐구 : '이야기의 사건을 새롭게 해석하여 그것을 등장인물과 동일한 수준의 이미지를 생성한다는 것은 애매모호할 뿐 아니라 무슨 필요가 있겠는가?' 하는 의문을 갖게 한다. 이야기는 사건 때문에 재미있으며 그렇지 않을 수 있다. 어떤 인물이 어떤 주변인물들과의 관계 속에서 사건을 만들어내고 일으키는지가 궁금하지 않을 수 없다. 사건의 이미지를 생성하기 위해서는 사건을 둘러싼 요인들에 대한 분석이 선행되어야 한다. 그런 후에 하나의 사건을 집약할 수 있는 이미지를 생성할 수 있을 것이다.

넷째, 사건 전개에 따른 배경 이미지 탐구 : 이것은 회화적 표현을 다양한 언어로 변용할 수 있게 하는 활동이다. 제한된 공간에서 전문적인 배경을 만들어낼 수는 없다. 그러나 이야기 탐구를 통하여 얻는 특징 요인들과 이야기의 배경을 관련하여 하나의 이미지를 생성하고 그 이미지를 다른 언어로 대치한다. 이러한 사건의 전개에 따라 변하는 배경을 하나의 이미지로 생성하였을 때, 다양한 읽기의 접근이 가능할 뿐 아니라 연극적 활동에만 치우치는 오류를 감소할 수 있다.

❸ 음성 언어 탐구

고전소설의 특징 중 하나는 사회적 환경에 의하여 구전된다는 것이다. 특히 판소리로 구전되는 몇몇 고전소설들은 듣고 말하는 의사소통보다는 읽기의 성격에 가깝다. 음성언어는 일시적이나 이것이 문자화된다는 것을 인식하고 있는 한, 내용을 이해하고 해석하는 활동으로서 매우 효과적이다.

교육연극 교수·학습에서 음성언어 탐구는 주로 이미지 탐구를 통하여 생성된 각각의 이미지들의 대사를 생성하는 과정이다. 앞서 생성된 이미지들의 대사를 생성하는 작업은 그리 쉬운 일이 아니다. 이 작업은 읽기를 중심으로 하는 듣기, 말하기, 쓰기 활동이 유기적으로 통합되어야 효과적이다. 따라서 음성언어 탐구 과정은 고전소설 읽기 교수·학습에 교육연극 방법이 구체적으로 적용되는 과정을 보여준다.

또한 이야기 탐구와 이미지 탐구 등이 개별학습으로도 가능하다면 음성 언어 탐구는 보다 조직적인 협동학습을 통하여 효과를 증대할 수 있을 것이다. 교육연극 교수·학습을 통하여 얻을 수 있는 부가적인 효과가 바로 협동학습 기회와 그것을 통한 학습자 상호 간의 주도적 학습활동이다.

❹ 이야기 변용

차시 교육과정 재구성 요인이 발생하는 대표적인 활동이다. 이야기 변용은 앞서의 과정에서 생성된 모든 내용을 체계적으로 정리하는 작업을 말한다. 이야기 탐구, 이미지 탐구 그리고 음성언어 탐구를 통하여 생성된 대사는 다음 단계인 공연을 위하여 새롭게 구성되어야 한다.

순수한 읽기 활동의 측면에서 이야기 변용은 문학적인 표현으로 생각할 수 있다. 그러나 이야기 변용 과정은 읽기 교육의 통합적 재구성의 이념을 수행하는 것이며, 이러한 통합적 활동은 학습자의 읽기 욕구를 자극하는 동기유발 요인으로 작용한다. 또한 모든 읽기 활동은 독해 중심이 아니기 때문에 읽기를 표현 활동과 구분지어 생각할 수 없는 일이다.

이야기 변용은 탐구 과정을 통하여 생성된 이미지들의 대사를 또 하나의 읽을거리로 만들어 가는 과정이다. 또 하나의 읽을거리가 공연을 위한 극본임에는 말할 나위가 없다. 그렇다면 공연을 위하여 변용된 이야기는 새로운 이야기를 생산하는 것이고 그로 인하여 새로운 작품이 탄생할 수 있다. 물론 원작품을 대상으로 재구성한 것이지만 거기에는 학습자 주도의 이야기 탐구와 이미지 탐구 과정이 선행되었기 때문에 비평적 읽기와 해석을 통한 작품 구성의 창조적 변용이 가능하다. 이러한 과정은 바꾸어 말하면 창조적인 읽기를 가능하게 하는 것이다.

❺ 공연

교육연극을 활용한 고전소설 읽기 교수·학습은 공연을 전제로 하여야 한다. 공연을 전제로 한다는 것은 학습자의 읽기 욕구를 자극하는 것이며, 유목적적이고 가치 있는 읽기 활동을 자기주도적으로 할 수 있는 동기를 유발한다. 물론 학습자들은 국어과의 다른 어떤 종류의 글보다 극본 읽기를 좋아한다.[4)]

극본 읽기를 좋아한다는 것은 작품을 체험하고 싶은 학습자 욕구의 표현이다. 고전소설은 우리 민족의 정서와 삶의 모습이 그대로 담겨져 있다. 또한 민족어의 특질을 체험할 수 있는 매우 효과적인 문자언어이다. 오랫동안 가족적인 환경에 의하여 학습자 자신에게 구전되어 온 고전소설을 공연한다는 것은 당대의 삶의 모습과 정서 그리고 우리 조상이 사용했던 언어를 경험할 수 있는 기회이다.

❻ 비평 및 감상

교육연극 교수·학습과정을 거쳐 공연에 이르기까지 고전소설의 출발은 '읽기'였다. 고전소설의 특성상 학습자들의 읽기 활동을 촉진할 수 있는 다양한 방법 중의 하나가 교육연극 교수·학습방법이다. 일반적인 작품의 이해와 해석의 과정은 원작품의 변용이나 새로운 이미지의 생성 등에 영향을 받지 않는다. 그러나 교육연극을 활용한 교수·학습방법이 적용된 경우에는 원작품을 대상으로 한 새로운 형식의 작품이 만들어진다.

원작품을 대상으로 하였으나 변용된 작품은 전혀 다를 수도 있다. 왜냐하면 이야기 탐구, 이미지 탐구, 음성언어 탐구 등의 과정을 거치면서 학습

---

4) 초등학교 학생들 대부분은 소리 내어 읽기 좋아하는 글로 '극본'을 꼽는다. 그러나 이것이 꼭 좋아하는 독서의 대상이 되는 것은 아니다. 하지만 소리 내어 읽기를 좋아하는 극본의 특성을 살려 일반적인 문학작품의 읽기 활동과 관련하여 교수·학습 계획을 구안한다면 매우 효과적일 것이다.

자의 주도적인 읽기 활동이 수행되었으며, 그 과정을 통하여 새로운 해석과 적용의 결과가 나타났기 때문이다.

두 작품은 상호성을 갖고 있다. 학습자들에게 두 작품은 자신들의 교수·학습과정을 되짚어볼 수 있는 동기를 마련한다. 두 작품을 비교하여 학습자 자신의 활동과 작품의 변용 혹은 이미지 생성 등에 관하여 비평할 수 있다. 각각의 작품들은 서로에게 감상의 기회를 제공하며 그것은 다른 문학 작품에 적용할 수 있는 가능성을 마련하는 것이기도 하다.

앞의 여섯 과정은 순환적이다. 각각의 과정은 유기적으로 연관을 맺고 있다. 이야기 탐구와 이미지 탐구는 동시에 수행될 수 있으며 두 단계가 지속적으로 반복될 수 있다. 학습자는 이미지 탐구 활동에서 음성언어 탐구를 통하여 생성된 이미지들의 대화를 유발하고 정리한다. 이러한 활동은 공연과 동시에 원작품과 새로 구성된 작품을 비교하고 자신의 읽기 기능과 주도성에 관하여 되돌아 볼 수 있게 한다.

제7차 국어과 교육과정은 학습자가 의미 있는 국어 학습 경험을 하여 창조적인 국어사용 능력이 향상되도록 교수·학습계획을 수립할 때의 몇 가지 유의 사항을 열거하고 있다. 학습목표는 교육과정의 '3. 내용', 학습자의 학습 능력과 성취 수준 등을 종합적으로 고려하여 설정하되, '듣기', '말하기', '읽기', '쓰기', '국어지식', '문학' 영역의 학습목표가 유기적으로 연관되도록 하고 있다. 학습 내용 또한 각 영역별 특성을 살려 학습목표 달성에 적합하게 선정하되, 특히 영역별 학습 내용 간의 관련성을 강조하고 있다.

고전소설 읽기 교수·학습방법에 교육연극을 활용하는 것은 교육과정이 강조하는 영역별 목표와 내용 간의 유기적 관련이다. 현장 중심의 교수·학습활동은 하나의 영역을 독립적으로 분리하여 지도하는 데에 무리가 있다는 것을 시사한다. 실제로 교과서와 교사용 지도서의 편제는 각각의 영역들이 유기적으로 연관된 목표를 설정하고 그것을 지도하는 내용과 교수·학습과정으로 구성되어 있다.

교육연극 교수·학습방법의 적용은 다양한 과정 중의 하나이다. 학습자의 자발적 읽기를 자극하는 동기유발 조건이며 이해 중심의 읽기 과정을 해석과 비판으로 유도하는 자기주도적 활동이다. 고전소설의 특징과 교육연극의 요소를 유기적으로 결합하여 해당 차시에 적용이 가능한 교수·학습방법을 구안하려는 것은 학습자뿐 아니라 교수자에게 선택의 폭을 넓히기 위한 시도이다.

훌륭한 교수·학습전략은 현장의 실천적 적용이 가능한 방법을 통하여 실현된다. 현장은 구체적 방법에 익숙할 뿐 아니라 방법의 적용에 따른 반응이 즉시적이다. 알려진 많은 국어과 교수·학습방법들은 현장 적용을 통하여 검증된 것들이며 그것들은 다시 현장 실천을 통하여 지속적인 변화와 개선을 거듭한다. 그만큼 현장 교육에는 많은 교수·학습방법이 등장한다. 어떤 것은 유행처럼 번지다가 어느새 사라지고, 새로운 것이 등장하는가 하면 그 또한 이전의 절차를 밟아가는 경우가 많다. 그럼에도 불구하고 새로운 교수·학습방법의 구안이 요구되는 것은 이전의 교수·학습방법들이 남기고 간 흔적을 기초로 하여 새로운 시도가 이루어지기 때문이다. 교육연극을 활용한 고전소설 읽기 교수·학습의 구안과 적용도 바로 그런 시도이다.

최근 읽기의 방법에 대한 연구가 활성화되면서 이론 연구에 치중한 학자들이 이제야 현장의 중요성을 인식하기 시작하였다. 초등학교 현장 교육의 중요성은 이론적 연구와 그 성과들이 어떻게 적용되어 실효를 거두고 있는지를 증거하는 데에 있다. 아무리 훌륭한 연구를 바탕으로 한 이론과 전략도 현장 적용을 바탕으로 하지 않으면 실효성을 잃게 된다.

학자와 현장 교사의 교류는 훌륭한 이론과 방법적 적용의 성과를 가능하게 하는 열쇠이다. 이론을 연구하는 학자와 현장 경험이 있는 일선 교사들—최근에는 상당수의 교사들이 전문 영역의 학위를 취득하여 연구하고 있다—의 연계를 통하여 교육적 발전을 거듭할 수 있다. 따라서 이론을 연구하는 학자는 현장을 바탕으로 하여야 하며 현장 연구자들은 이론적 근거를 토대로 현장 교육에 임하여야 한다. 이러한 상호 존중 및 협조 관계를 통하여 교육의 발전을 도모하여야 한다.

—「교육연극을 활용한 초등학교 고전소설 읽기 교수-학습」, 『한국어교육』 제22호,
한국어문교육학회, 2005. 8. 30.

제3부 국어교육의 쓰기 방법

제1장

작문교육의 창의성 발현 교수·학습

제7차 교육과정에 제시된 국어과의 교육 목표 '나.' 항을 보면 '정확하고 효과적인 국어 사용의 원리와 작용 양상을 익혀, 다양한 유형의 국어 자료를 비판적으로 이해하고, 사상과 정서를 창의적으로 표현하는 능력을 기른다.'라고 되어 있다. 이 말은 제7차 국어과 교육과정이 학습자의 '창의적 국어사용 능력 향상'을 국어교육의 궁극적인 목표로 설정하고 있다는 것을 의미한다(교육부, 1998 : 15).

학습자의 사상과 정서를 창의적으로 표현하는 능력은 개인의 창의성[1]에 근거한다. 작문교육에서 창의성은 작품의 독창성은 물론 기본적인 언어사용 능력, 개인의 생각과 느낌을 효과적으로 표현할 수 있게 하는 지적이고 이성적인 능력이다. 하나의 작품이 창의성에 의하여 생산될 때 그것은 작품으로서의 독창성을 확보할 수 있으며 독창성으로부터 새로운 창의성이 발현된다. 작품의 완결성은 창의성을 바탕으로 하고 있으며 창의성은 작문 교육의 뿌리가 되어야 한다.

학교 작문 교육의 문제는 학습자의 창의성과 관련된 것이 대부분이다. 자

---

1) 창의성에 관한 이념적인 정의는 창의성의 본질에서 구체적으로 논의하나 이 글에서는 창의적인 능력, 창의적인 성향, 독창성, 창조적 수행, 새로운 발견 등을 포괄적으로 함유하는 교육 활동의 기재로 인식한다.

의든 타의든 학교에서 생산되는 모든 작품의 우열 이면에는 그것이 얼마나 개인의 창의성에 근거한 독창적 작품인가라는 고정 관념이 내재한다. 최근에 더욱 심한 양상을 보이고 있는 대부분의 작문 교사와 작문에 열성적인 교사들은 학습자에게 독창적인 작품을 생산할 수 있도록 하기 위하여 창의성에 집착하는 현상을 보인다. 이러한 현상은 학습자에게 직접적인 영향을 미칠 수밖에 없다. 구체적이고 현실적인 방법의 제시와 개방적이고 허용적인 개인의 창의성에 대한 인식 없이 접근되는 이러한 교육방식은 결과적으로 매우 극단적인 양상을 유발한다. 작문 능력이 매우 뛰어난 소수의 학습자를 제외한 거의 대다수의 학생들이 창의성을 포기하는가 하면 아예 작품 활동 자체에 대하여 혐오감을 느끼고 스스로 영역 바깥으로 이탈해 버리는 현상이 발생한다. 현장의 교사들은 누구나 다 아는 사실이 그것을 증명한다. '한 장을 쓰기보다 한 권을 읽을 것이다', '내가 가장 좋아하는 작문의 장르는 시이다', '시를 쓰는 것보다는 낭송하는 것이 훨씬 좋다', 이와 같은 대답은 저학년에서 고학년으로 갈수록 빈도가 높다. 무심코 살펴보면 학생들은 읽기와 낭송을 즐겨하고 시 쓰기를 좋아한다고 생각할 수 있다. 그러나 여기에는 부정적인 학습 심리가 작용하고 있다. 즉, 작문에 대한 의도적인 거부감이 암세포처럼 생성되고 있다는 것과 어쩔 수 없이 쓸 상황이라면 짧은 시간 내에 짧은 글을 쓰고 말겠다는 인식이 있는 것이다. 더구나 이러한 인식이 교사나 학부모에게서 발견되기도 하며 오히려 더욱 심한 경우가 있다는 것이다.

학교에서의 작문 교육이 올바르게 수행되기 위해서는 여러 가지 복합적인 요인이 작용하는 것이 사실이다. 그러나 표현 활동으로서의 작문 교육은 창의성을 바탕으로 하지 않을 수 없다. 창의성이야말로 작문 활동의 뿌리이며 개인의 사상과 정서의 핵이다. 문제는 창의성이 작문 교육 공간에서 어떻게 인식이 되고 적용되는가에 있다. 자발적이고 능동적인 작문 활동에서 생성되는 창의성은 개인의 독창성은 물론 작문 활동에 대한 흥미와 동기를 유발한다. 극소수의 경우를 제외한 대부분의 타의적 학교 작문 교육은 학생의 창의성을 요구하며 그것이 개개인의 작품에 발현되기를 기대한다. 다만 그것이 어떻게 구현되어지고 어떤 과정을 통하여 나타나는가에 초점을 맞추어야 한다. 또한 창의성에 대한 교육 주체의 올바른 인식과 개방적이고 허용적인 수용을 통하여 적극적인 작문 활동을 유도하여야 한다. 개개인의 수준과 능력을 재고하여 그에 알맞은 창의성의 발현에 노력하여야 한다.

이 글은 작문 교육의 창의성에 대한 올바른 이해와 적용을 통하여 학습자의 자발적인 작문 활동을 자극할 수 있는 동기를 마련하는 데에 목적이 있다. 따라서 창의성에 관한 본질과 선행 이론을 살펴보고 학교 현장의 자발적 작문 활동을 저해하는 창의성 억제 요인에 대하여 언급한 후에 학습자의 자발적 작문 활동을 유도하는 창의성 교수 · 학습에 관하여 논의하기로 한다.

1. 작문 교육과 창의성

창의적인 작문 교육이 학교 현장에서 성공적으로 수행되기 위해서는 무엇보다 창의성이 무엇인지에 관한 올바른 이해와 수용이 요구된다. 창의성에 관한 기존의 이론들은 역사적으로 돋보이는 인물들의 특성에 관한 조사를 바탕으로 하고 있기 때문에 결과를 그대로 따라가려고 할 때에는 오히려 학습자에게 심적인 부담을 유발할 가능성이 높다. 따라서 기존의 이론을 학교 교육에 접목시키기 위해서는 보다 유연한 수용적 태도가 요구된다.

1) 창의성 이론과 본질

창의성에 관한 연구는 창의성을 발현하는 사람이나 특정 부류의 사례를 근거로 하여 시작된 것이지만 실제로는 그 가치를 어떻게 적용할 것인지에 대한 관심으로 시작되었다. 창의성이 신비주의적인 것이 아니라면 분명히 교육을 통하여 일반인에게 적용이 가능할 것이며 그런 가능성이 보다 나은 자아실현과 성취감을 가져올 수 있다는 기대감이었다.

창의적 사고는 문제해결의 사고과정일 뿐 아니라, 인간의 행동을 지배하는 요인이었으며 정서와 사상을 창출하는 기재이다. 따라서 최근의 창의성 이론은 단순히 창의적인 인간의 특성을 분류하고 분석하는 것이 아니라 교육 활동에 효과적으로 적용할 수 있는 과학적인 근거를 제시하고 있다. 그러한 창의성은 '창의성의 문제해결 사고과정 이론', '창의성의 특성 이론', '창의성의 자아실현 이론'(서울특별시교육연구원, 1996 : 14~28) 그리고 '창의성의 심상 이론'(Reed, S. K, 2000 : 481~487)으로 설명할 수 있다. '창의성의 문제해결 사고과정 이론'은 창의적 사고의 과정을 단계별로 구체화하여 그것이 어떻게 발현되어지고 어떻게 적용되는가에 초점을 맞추었다. 월러스(G. Wallas)2)를 중심으로 전개된 문제해결 사고과정 이론은 창의적인 사고가 발현되는 단계를 매우 구체적으로 명시하여 실제로 교육 활동에 적용할 수 있는 근거를 마련하였다. 길포드(Guilford)는 창의성에서 한 문제에 대하여 다양한 아이디어를 산출하는 능력으로서의 확산적 사고(divergent thinking)와 하

---

2) 월러스(Wallas, G.)는 창의적 사고를 '준비단계', '부화기', '발현단계', '검증단계'로 나누어 다음과 같이 설명하였다.
  ① 준비단계 : 문제를 분명하게 정의하는 단계로서의 '준비단계'는 문제를 의식하고 여러 각도에서 분석함으로써 그 문제를 정의하고 원인을 탐구한다. 구체적인 방법으로는 '반복하여 문제를 재조립한다', '공간적으로 상징화한다', '문제를 시각 이외의 방법으로 정의한다', '필요한 자료를 수집한다', '유추와 전개를 한다', '발견적 방법을 적용한다', '자주적 질문을 적용한다', '특히 좋아하는 방법을 사용한다', '원거리나 거시적인 시점에서 생각한다' 등이 있다.
  ② 부화기 : '부화'란 문제해결에 대한 지속적인 관심이며 무의식적인 활동을 의미한다. 봉착한 문제를 해결하기 위한 노력과 휴식의 시간, 문제를 마음속에 떠올리는 재현, 해결의 욕망과 필요성 혹은 충동의 복합적인 긴장 상태, 문제해결에 대한 암시, 해결의 실마리가 보이는 단서의 선택, 좋은 감정의 반응이 의식되는 통찰의 의식화가 요구된다.
  ③ 발현단계 : 부화가 충분히 이루어져서 새로운 생명체가 탄생하듯이 보이지 않던 새로운 것이 돌출하는 단계로 직관적이며 자연발생적이기도 하고 노력에의 반복을 통하여 얻어지기도 한다.
  ④ 검증단계 : 창의적 사고의 지속성을 이어가기 위한 타당성의 음미이며 사상과 철학의 완성을 위한 노력이다.

나의 답으로 집중하는 방식의 수렴적 사고(convergent thinking)를 강조하였다 (Sternberg, R. J. & Williams, W. M., 2002 : 112). 작문 교육에서의 창의성 발현을 위해서는 학습자의 다양한 사고 작용을 유발하고 문제에 대한 새로운 생각을 자극하여야 한다. 따라서 길포드의 확산적 사고는 학습자의 창의성을 발현하는 기재로 작용한다.

창의적인 사람들은 그 나름의 특성을 갖고 있다는 전제로 시작된 '창의성 특성 이론'은 창의적인 사람들을 추출하여 그들이 갖고 있는 특성을 조사하여 구분하였다. 그러한 특성들은 '지적 요인'으로서 기억, 인지, 평가, 수렴적 사고, 확산적 사고, '동기적 요인'으로서 용기, 일에 대한 헌신, 풍부한 전략, 일반적인 문제에 대한 열정, 현상을 질서 있게 정리하기, 뭔가를 발견하려는 열망, '인성요인'으로서 독립심, 자부심, 불확실한 문제에 매달리는 인내심, 작업에 대해 가지는 자신감 등을 들고 있다. 이러한 특성들은 학습자의 사고 작용과 요인을 분석할 수 있는 근거를 제시하고 있으며, 창의성 교육의 적용을 학습자 위주로 접근할 수 있는 자료를 제공하고 있다. 창의성 작문 교육 활동의 사전 진단으로서의 학습자 특성에 대한 분석은 매우 중요하며 장기적으로 학습의 성패를 좌우한다. 따라서 학습자의 창의성 특성을 분석하고 그것을 본시 학습의 근거자료로 활용할 수 있다는 데에 의의가 있다.

'창의성의 자아실현 이론'은 창의성이 단순히 훈련이나 교육적 통제에 의하여 성취되는 것이 아니라 학습자의 자발적인 참여로 발현된다는 교육적 의미를 제공한다. 교육 공간에서 흔히 발생하는 학습자의 창의성 억제 요인은 바로 학습자의 자발적인 의지와 욕구의 결여에 기인하고 있다는 사실을 부인할 수 없다. 이런 현상은 학습자 요인임과 동시에 교사나 교수·학습 요인에 기인하고 있다. 따라서 창의성의 자아실현 이론은 학습자를 자극하고 격려하는 것이 성공적인 창의성 발현의 지름길이라는 것을 암시하고 있다. 즉, 창의성은 다른 어느 누구를 위한 것이 아니라 궁극적으로 자신의 발전을 위한 행동이라는 것이다. 무엇보다 자신을 표현할 수 있는 용기를 가져야 하며 그 용기를 통하여 새로운 것을 창출하고 그것을 바탕으로 새로운 사회에 도전할 수 있는 의지를 갖게 된다는 것이다. 창의적인 인간은 신비주의적인 인간이 아니라 스스로 건강하고 자신을 표현할 줄 아는 적극적인 평범한 자연인이라는 인식을 가져야 한다. 창의적인 사람은 자신이 가진 만큼의 능력을 있는 그대로 발휘하는 것이며 앞을 향해 나아가는 사람이라는 것이다. 그들은 스스로를 발휘하고 확장하고 발전시키며 성숙해간다. 이러한 모든 것은 처음부터 갖고 있는 것이 아니라 꾸준히 자기 성찰과 노력을 통하여 성취되는 것이며 교육 활동이 이루어지는 공간에 존재하는 모든 유기체들의 결속과 상호 공조를 통하여 이루어진다.

이러한 자아실현 이론은 학습활동의 정의적인 측면에서 매우 중요하며 작문이 표현 활동이라는 점에서 매우 시사하는 바가 크다. 학습자의 특성에 대한 면밀한 분석과 창의성의 문제해결 과정을 효과적으로 적용하여 학습자의 자발적인 용기를 자극하고 격려한다면 창의성의 발현은 성공적일 뿐 아니라 매우 의미 있는 가치를 생산할 것이다.

창의성 이론에 관한 가장 최근의 연구는 핀케(Finke)를 중심으로 하는 '심상'과 관련된 연구이다(Reed, S. K., 2000 : 481~486). 이것은 인간의 마음속에 그려지는 특정 모델이나 현상 혹은 가설적 상상을 통하여 보이는 관념적 실험이나 일상생활에 익숙한 모양의 연상을 통하여 창의성이 발현된다는 이론이다. 예를 들어, 아인슈타인은 자신의 실험적 가설을 토대로 광속으로 여행하는 상상을 지속적으로 수행하여 상대성 이론을 탄생시킬 수 있었다는 것이다. 어떤 문제에 봉착하였을 때 그것을 해결하기 위해서는 신비한 능력이 요구되는 것이 아니라 자신의 마음속에 그려지는 다양한 형태의 연상 작용과 무한한 상상을 통하여 그 답이 도출될 수 있다는 것이다. 그것들은 일상생활에 익숙한 경험을 바탕으로 하는 것이며 자신의 마음속에 그려지는 모든 것들을 자유롭게 해체하고 결합하는 과정을 통하여 습득된다. 이러한 심상 이론은 작문 교육에 있어 학습자의 작문 구성이 단순히 언어적인 활동으로만 가능한 것이 아니라 다양한 일상의 경험과 재료를 통하여 연상되는 수많은 현상들을 재조직하고 적용하는 과정을 통하여 성공적으로 수행된다는 것을 암시한다. 결국 창의적인 작문 활동이라는 것은 자신의 마음속에 그려지는 모든 현상들에 대한 언어적인 표현을 통해서 가능하며 무한한 상상이야말로 창의성 발현의 근간이라는 것을 의미한다.

창의성(creativity)이란 문제의 해결책이 옳다는 것뿐 아니라 그 해결책이 유용하며 고상하다는 의미도 갖는다. 우리는 창의적인 해결책이란 어떤 천재적인 능력을 요구하는 신비의 과정에 의해 생성된 것이라고 믿고 그러한 해결책을 경의롭게 생각하기도 한다. 그러나 최근의 인지 과학 연구 결과는 창의성을 우리가 기대했던 것보다 덜 신비스런 것이라고 암시한다.[3]

작문 교육에서의 창의성은 천재적인 능력에 의한 신비의 과정에 의하여 생성되는 것이 아니라 보다 보편적인 일상으로부터 출발한다. 즉, 창의성에 의하여 생산된 작품은 그 결과가 새롭다는 것이다. 결과물이 새롭다는 것만으로도 우리는 충분히 독창적이라고 할 수 있을 뿐 아니라 작가의 창의성이 돋보인다고 말할 수 있을 것이다. 그것이 전혀 새로울 수도 있지만 부분적일 수도 있다. 독창적이라는 것은 우리가 전혀 기대하지 않은 모든 예측 불가능한 것의 결과물일 수도 있지만 어느 정도는 예측이 가능한 결과물일 수도 있다. 즉, 창의적인 생산물은 그 결과를 생산하게 하는 과정에서의 제한점들을 충족시켜 주는 것을 말한다(Sternberg, R. J. & Williams, W. M. 2002 :

---

3) Reed, S. K, 2000 : 447.
   Weiberg(1993)는 그의 저서 *Creativity : Beyond the of Genius*에서 창의적인 아이디어의 효과는 비상하지만, 그러한 아이디어가 생성되는 과정은 그렇지 않다고 주장한다.
   "많은 창의적 산물이 비상한 것은 사실이다. 그것들은 희소하고 전 생애에 걸친 힘든 노력의 결과물일 때도 있으며, 수세기에 걸쳐 사람들을 당혹하게 만들었던 질문에 대한 답일 수도 있고 때로는 만들어 낸 사람이 기대했던 것보다 훨씬 더 큰 영향력을 가지기도 한다. 창의적 산물의 효과가 이토록 지대할진대, 그런 산물이 생성되는 과정 역시 비상할 것이라는 생각이 당연시되곤 했다. 그러나 이러한 논리가 반드시 성립되는 것은 아니다. 창의적 성취가 비상한 것은 그것이 생성된 과정이 비상하기 때문이라기보다는 그 산물의 효과가 비상하기 때문이다."

111~112). 작문 교육과정에서의 창의성은 주어지거나 봉착한 문제에 대하여 학습자 스스로 해결하여 나가는 합리적인 노력을 통하여 발현되는 것이며, 그것은 학습자 자신에 대한 일종의 신념이라고 생각할 수 있다(King, N., 1998 : 71). 자신이 봉착한 문제에 대하여 꾸준한 노력을 하는 과정을 통하여 새로운 생각과 느낌이 떠오르는 것이며 그것이 때로는 전혀 예측하지 못했던 사상과 철학으로 발전하는 것이다. 따라서 창의성은 이런 것이라고 할 수 있다. 창작인은 옛 아이디어들로 되돌아가 거기서 방황하다가, 그것들을 끄집어내어 이렇게 저렇게 끼워 맞춰서 새 아이디어로 써본다. 그 새로운 아이디어가 유망성을 간직하고 있을 수 있다. 창작인은 그 아이디어를 시험삼아 탐색해 본다. 옳다. 그것은 쓸 만하다. 창의성은 무엇인가가 가능성을 보여줄 때까지 이런 식으로 민감하게 해보는 탐색과 시도일 수 있다. 이것을 보다 심리학적인 용어로 말하자면, 창의성은 주로 검색과 선택 과정이며 성공은 검색 과정의 적절한 표적설정(Targeting)과 선택의 민감성에 좌우된다(Sternberg, R. J. & Smith, E. E., 1996 : 345~377).

창의성의 본질은 궁극적으로 보편성을 기반으로 하고 있다. 그것은 신비주의를 배제하며 작문 교육 활동 과정을 통하여 제기된 문제에 대한 해결책을 찾으려는 학습자의 고민과 노력에 의하여 발현되는 것이다. 다양한 탐색과 시도를 통하여 겪게 되는 시행착오의 과정을 통하여 산출되는 새로움이며 자신의 생각과 느낌을 개방적으로 표현할 수 있는 신념이다. 또한 창의성은 교수·학습활동을 통하여 수행될 수 있는 교육적인 행동이다. 창의성은 자신에게 주어진 문제에 대한 자료와 정확한 정보를 수집하여 분류하고 분석하는 과정을 통해서 산출되는 과정중심의 사고 활동이다. 따라서 창의성은 그 자체로 하나의 교육 활동 과정을 갖고 있다고 해도 과언이 아니다.

2) 작문 교육의 창의성 이론

창의성에 관한 기존의 이론은 '창의적인 작문 교육' 혹은 '작문 교육에서의 창의성 발현'과 관련하여 매우 유익한 정보를 제공한다. 작문 활동 중에 일어나는 학습자의 반응은 대부분 창의성 이론의 협조를 받아야 마땅하다. 작문 과정은 궁극적으로 새로운 것을 창출하는 수행 활동이다. 무엇을 쓸 것인지 생각하는 순간부터 학습자는 창의적 활동에 들어가게 된다. 학습자의 창의성은 작문 활동 과정 전반을 지배하는 매우 중요한 요인이다.

기존의 이론을 종합 분석하여 작문 교육과 관련된 학습자의 창의성 요인을 적용하면 다음과 같다.

첫째, 확산적인 사고를 자극하여야 한다. 학교 작문 교육의 일반적인 현상 중의 하나는 주어진 글감이나 주제에 대한 객관적 인식의 틀을 벗어나는 것에 대하여 부정적인 편견을 갖고 있다는 것이다. 예를 들어 '봄'이라는 글감에는 으레 아지랑이, 새싹, 개나리, 진달래 등을 연상하여야 한다는 것이다. 그러나 학습자의 사고의 폭을 보다 확산시킬 수만 있다면 '봄'은 전혀 새로운 이미지로 탈바꿈하게 된다.

둘째, 수용적인 태도를 길러야 한다. 무엇이든지 전혀 새로운 것을 찾기 위하여 몰두하기 시작하였다고 해서 다 이루어지는 것은 아니다. 학습자의 수준과 성취 능력에 따라 그것은 천차만별일 뿐만 아니라 무엇을 쓰려고 하는가에 따라서 생산의 양과 질은 달라진다. 따라서 새로운 것을 창출하기 위해서는 기존의 문화를 겸허하게 수용하는 태도가 필요하다. 새로운 것은 이전의 새로움으로부터 탄생하는 것이다. 있는 것을 받아들이고 그것으로부터 자신의 새로움을 발견하는 것이 중요하다.

셋째, 생산적인 사고를 유지하여야 한다. 대부분의 학교 작문 교육은 불만족의 상황으로부터 시작된다. 교사는 일방적으로 글감이나 주제를 던지고 학습자는 정해진 시간 내에 요구된 양을 채워야 한다. 이때 학습자는 자신에게 주어진 모든 상황으로부터 이탈하고 싶어 한다. 불행하게도 학교 현장은 그것을 용납하지 않기 때문에 학습자는 원하든 원하지 않든 주어진 과정을 따라가야 한다. 이때 학습자는 불만족한 현재의 상황에 대하여 만족한 상황으로 나아가려는 의지가 요구되는데 그것이 바로 생산적인 사고이다. 작문 활동이 단순한 과제 유형이 아니라 자신의 자아를 실현하고 의지를 표현할 수 있는 문화의 생산적 활동임을 느낄 수 있게 하여야 한다.

넷째, 표현의 용기를 자극하여야 한다. 다인수 작문 교육 활동에서 봉착하는 가장 심각한 학습자 간의 문제는 객관적 성취도가 낮은 작문 학습자의 자포자기에 있다. 그들은 스스로를 열악한 능력의 작문가라고 여긴다. 따라서 그들은 스스로 무엇을 표현하려는 의지나 동기를 갖고 있지 않으며 심지어 해당 활동 자체를 거부하는 현상을 유발한다. 이것은 작문 활동의 기본 충족 요소인 어휘력, 맞춤법, 글의 형식 등과 관련된다. 심지어는 자신의 글씨체에 대한 비관이 작문 활동에 심각한 영향을 주는 경우를 발견하기도 한다. 기본적인 언어사용 능력이 부족하다고 해서 창의성이 결여되어 있거나 작문 활동에 참여할 수 없는 정도는 아니다. 빈번하지는 않지만 오히려 능숙한 학습자들에게서는 볼 수 없는 새로움과 독창성을 발견할 때가 있다. 다만 그들은 자신의 생각과 느낌을 자신 있게 표현하고자 하는 용기를 스스로 억누르고 있을 뿐이다.

창의성 요인을 근거로 창의적인 작문 교수·학습과정을 단계별로 분류하여 나타내면 다음과 같다.

> ① **준비단계** : 준비단계는 무엇을 쓸 것인지에 대하여 창작 주체가 분명하게 인식하는 단계이다. 주어진 글감이나 주제, 혹은 자신이 의도하였던 생각과 느낌을 다양한 각도에서 분석하고 타당성을 확보하는 단계이다. 무엇을 쓸 것인지에 대한 분명한 인식은 학습자에게 글을 계속 써 나갈 수 있는 확신을 갖게 한다. 때문에 작문 활동의 가장 기본적이며 성공적인 출발의 밑거름을 마련하기 위해서는 글감이나 주제에 대한 자신의 생

각과 느낌, 나아가 사상과 철학을 조명할 수 있는 기틀을 마련하여야 한다. 그러기 위하여 작문 교육 활동에 참여하는 교사와 학생은 공통적인 인식을 갖고 있어야 한다. 그것은 '글감이나 주제에 대한 재인식과 가능성 파악', '필요한 자료의 수집과 검증', '새롭게 접목이 가능한 글의 형식과 표현 방법', '다양한 텍스트의 도입', '확산적 사고에 의한 새로운 발상', '자신이 가장 좋아하는 유형의 글 형식과 표현 양식' 등이다.

② **적용단계** : 글감과 주제에 대한 창작 주체의 분명한 인식은 구체적인 창의적 사고의 적용을 가능하게 한다. 준비단계에서 이루어진 자료의 수집과 타당성의 확보는 객관적인 창의성을 확보할 뿐 아니라 자신의 생각과 느낌을 확산적으로 표현할 수 있게 하며 무엇보다 창의적 표현의 용기를 자극한다. 준비된 자료의 적용은 이전의 것에 새로움을 더하는 것으로부터 전혀 새로운 독창적 아이디어의 생성을 유도한다. 이것은 순간적이고 폭발적일 수도 있으나 점진적이고 잔잔할 수도 있다. 작문 교육 활동은 학생만의 것이 아니라 교사와 학생이 서로 공조하는 관계에 놓여 있는 상호 공간 활동이다. 따라서 창의성의 구현은 다양한 발현의 양태를 인정하여야 한다. 특히 다인수 학급에서의 창의성 구현은 학습자의 성취 수준과 능력에 따라 구현의 시간과 방법에 차이가 있기 때문에 교사, 학생 모두의 인내와 허용적 태도가 요구된다.

③ **수용단계** : 작문 교육에서의 창의적 사고의 단계에서 가장 중요한 것은 객관적 준비단계에서 확보한 객관적 타당성을 근거로 자신이 적용한 창의성에 대한 적극적 수용의 자세이다. 이것은 교사와 학생에게 매우 중요하다. 창의성 요인의 하나이면서 학교 작문 교육 활동 실패 요인으로 작용하는 창의적 용기와 관련이 있다. 미숙한 학습자들에게 자주 발견하게 되는 자신의 창의성에 대한 불확실성과 신념의 결여는 지속적인 창의적 사고의 구현을 저해한다. 따라서 어떠한 방식으로 표현하였던지 간에 그것을 절대적으로 수용하는 자세가 매우 필요하다. 물론 창의성에 대한 객관적인 타당성을 확보하는 것 또한 중요하다. 일단 준비단계에서 수집된 자료의 타당성과 적용단계에서의 창의성 구현은 이미 작품의 완성에 기여한다. 때문에 앞서 적용한 것들에 대하여 적극적으로 수용하고 스스로 인정하는 자세는 장기적으로 창의성의 발현을 자극하고

새로운 것을 더욱 새롭게 만드는 용기를 자극한다.

④ **검증단계** : 창의성의 가치는 객관성의 확보를 획득하여야 한다. 따라서 작문 주체의 최종 결과물인 작품의 창의성을 인정받기 위해서는 그것이 얼마나 독자의 요구를 충족시킬 수 있는가와 직결된다. 창의성의 검증은 완성된 작품에 대한 평가 과정이다. 작문 교실의 학습자 간 상호 평가와 검토를 바탕으로 자신의 작품에 내재된 가치를 인정하는 것이다. 이것은 창의성이 추구하는 자아실현과 신념의 성취이다. 잘못된 것을 가려내는 평가절하의 단계가 아니라 드러나지 않은 아주 작은 것을 찾아내어 인정하고 격려하는 동기유발의 단계이다. 작문 교실 공간에서 드러나는 다양한 새로움의 발견과 창조적인 발현의 체험은 그 순간 새로운 사고의 발전을 거듭하여 또 다른 창의성의 발현을 도모한다.

2. 창의성 발현을 위한 작문 교육

1) 창의성 억제 요인

창의성의 발현을 위해서는 우선 자연발생적인 가능성마저 제거되는 억제 요인을 분석하는 것이 중요하다. 실제로 교육을 통하여 발현이 가능한 창의성보다는 자연스럽게 드러나는 것들조차 몇 가지 요인에 의하여 억제되는 경우가 많다. 의도적이든 의도적이지 않든 간에 억제 요인은 작문 교육과정에 빈번하게 작용하는 것들이기 때문에 창의성의 발현을 위해서는 억제 요인에 대한 분석이 요구된다. 억제 요인에 대한 인식을 바탕으로 창의성을 발현할 수 있는 학습활동을 구안하고 효과적인 교육 방법을 적용하여야 한다.

(1) 교사 요인

교사는 작문 교육 공간에서 학생의 가장 근접한 협조자이어야 함에도 불구하고 대부분 지배적일 수밖에 없는 현실에 처해 있다. 이로 인해 학습자들에게 요구하는 교수·학습활동의 내용은 일방적인 요구와 전달이 대부분이다. 이로 인하여 발생하는 학생과의 의사소통 단절과 상호 협조 체제의 붕괴는 과제수행 형식의 무의미한 작문 교육 활동을 유발한다.

창의성은 교육을 통하여 충분히 습득될 수 있는 행동이다. 그럼에도 불구하고 창의성에 대한 일방적인 강요와 잘못된 인식으로 인하여 학생들의 창의성이 발현되기는커녕 억제되거나 손실되기 쉽다. 다음에 열거한 사항은 교사들의 잘못된 인식과 일방적인 전달에 의한 창의성 억제 요인이다.

① 창의성은 정해진 시간 안에 가능한 한 많은 어휘와 문장을 창출하는 것이다.
② 창의성은 이전의 어떤 작품보다 독창적인 작품을 생산하는 능력이다.
③ 창의성은 기성 작품의 형식과 이미지를 타파하는 혁신이어야 한다.
④ 창의성은 비판적 사고와 병행하여 작품의 객관적 타당성을 가늠할 수 있어야 한다.
⑤ 창의성의 발현은 작문 성취도가 능숙한 학습자에게서 보인다.
⑥ 창의적인 작문 활동은 기본적인 언어 수행 능력을 갖춘 상태에서 가능하다.
⑦ 창의적인 작문 활동을 수행하기 위해서는 다방면에 걸친 배경지식과 풍부한 사회적 경험 그리고 해박한 문제해결 능력을 갖추고 있어야 한다.
⑧ 창의성의 개인차가 너무 크기 때문에 다인수 학급에서의 창의적인 작문 교육은 불가능하다.

이러한 억제 요인을 제거하기 위해서 교사는 부단히 자기 개선의 노력을 하여야 한다. 다음과 같은 인식의 전환과 개선 의지를 통하여 창의성은 발현된다.

① 단 하나의 낱말이라도 학습자의 창의성을 존중할 것.
② 학습자의 창의성은 교육적인 모방을 통하여 창출된다.
③ 독창성은 점진적이며 개인차가 크기 때문에 인내심을 갖고 기다려야 한다.

④ 창의성은 반드시 언어수행 능력과 비례하지 않는다. 언어수행 능력이 부족한 학습자에게는 다른 텍스트로의 창의성 발현을 유도할 필요가 있다.
⑤ 풍부한 배경지식과 경험이나 문제해결 능력이 창의성에 도움이 되는 것은 사실이다. 따라서 미숙한 학습자의 창의성 발현을 위하여서는 먼저 교사의 인도적 노력이 선행되어야 한다.
⑥ 오히려 다인수 학급에서의 창의성 발현의 현상은 매우 다양하며 학습자 상호 협동학습을 통한 성공적인 활동을 경험할 수 있다.

(2) 학습자 요인

창의성이 억제되는 학습자 요인의 근원은 사실 학생 자신에게서 유발된 것이 아니라 교육 활동을 통하여 무의식적으로 내재된 것들이 대부분이다. 앞서 열거한 교사 요인은 최근의 교실 개방화(열린교육이 실천되는 교실)의 추세에도 불구하고 여전히 전통적인 교실에서의 편향적인 전달 교육이 누적되어온 때문이다. 특별하게 제공된 작문 시간(특별활동, 재량활동, 대회 등)을 제외하고는 거의 대부분이 교과 시간을 통하여 운영되어 왔다. 교과 시간에 작문 교육 활동이 운영된다는 것은 자발적인 작문 활동이기보다는 주어진 시간 안에 주어진 문제에 대하여 요구하는 분량과 내용을 양산하는 형태의 일방적 수업이었다.

때문에 대부분의 학습자들은 좋은 작품을 생산하기 위하여 보다 많은 노력을 기울여야 하는데 그 노력의 대부분은 주어진 시간 내에 무엇이든 완성하는 것이었다. 개인의 생각과 느낌을 솔직하게 표현하거나 사상과 정서를 구축하여 가는 것이 아니라 일정한 양식에 따라 정해진 틀에 언어를 끼워 맞추는 재미없는 퍼즐 게임 같은 활동을 반복하게 된다. 능숙한 학습자들은 생존을 위한 훈련을 통하여 게임의 공식을 이해하고 있을 뿐만 아니라 어떤 방향으로 작문의 결과를 도출해야 할지 잘 알고 있기 때문에 제도권 교육이 요구하는 목표에 도달할 수 있으나, 미숙한 학습자들은 요구하는 목표의 도달은커녕 작문 활동의 의미를 이해할 수도 수긍할 수도 없는 딜

레마에 빠지게 되고 만다. 외형적으로 보기에 능숙한 학생들의 작문 활동에는 그들의 창의적인 사고가 스며들어 있는 듯이 보일지 모르나 그것은 포장된 상자에 불과하다. 상자의 뚜껑을 여는 순간 그 속에는 수없이 많은 수학 공식과도 같은 작문 요령만이 가득할 뿐이다. 아무리 좋은 작품을 만들었다 하여도 자신의 작품에 대한 자아실현 성취감이나 창의적 사고에 대한 신념이 보이지 않는다면 그것은 창의적이지도 않으며 무의미한 것이다.

대부분의 학습자 억제 요인은 교사의 요인으로 비롯된 것이지만 학습자들이 느끼는 특징적인 창의성 억제 요인을 열거하면 다음과 같다.

① 창의성은 선천적으로 글을 잘 쓰는 아이들의 전유물이다.
② 남의 글을 흉내 내는 것은 쉬운데 새로운 것을 만들기는 힘들다.
③ 독창적인 작품을 만들기 위해서는 천재적인 아이디어가 필요하다.
④ 내가 새롭게 생각한 것들은 대부분 엉뚱하거나 우습게 보인다.
⑤ 창의성은 뛰어난 예술가나 과학자들에게 필요한 것이다.

창의성의 발현을 억제하는 학습자 요인을 그들 스스로 해결하기란 쉽지 않다. 학습자들의 억제 요인은 근본적으로 교사 요인과 맞물려 있다. 교사의 억제 요인이 학습자들에게 전이되어 온 것이 대부분이다. 따라서 학습자 억제 요인의 해결은 교사의 격려와 지속적인 관심을 통하여 가능하다. 교사는 학습자에게 인내심을 갖고 다음과 같은 창의성 발현의 가능성을 인식할 수 있도록 자극하고 격려하여야 한다.

① 잘 쓴 글이 창의적인 것은 아니다. 창의성은 자신감과 용기로부터 나온다. 즉, 자신의 생각을 표현할 수 있는 적극성을 기르고 그것이 무엇이든 간에 스스로 만들어낸 것이라는 자부심을 갖는 것이 중요하다. 무엇보다 시작이 중요하다.
② 모든 위대한 작품은 다른 어떤 작품과 반드시 연관성을 갖는다. 창작은 모방으로부터 시작한다.

③ 내가 지금 생각한 것이 가장 독창적인 나만의 것이며 그것이 어떤 때
   는 누구도 생각하지 못한 천재적인 아이디어일 수 있다.
④ 창의성은 우리 주변의 일상적인 일이며 누구나 발견할 수 있고 생각할
   수 있는 것이다.

(3) 교수·학습요인

교사와 학생의 창의성에 대한 적절한 인식과 경험에도 불구하고 실제 교
수·학습활동에서는 효과적으로 발현되지 않는 경우가 많다. 그것은 작문
교육이 대부분 전통적인 교실 환경을 벗어나지 못하고 있기 때문이다. 또한
작문이 자신의 생각과 느낌을 창의적으로 표현하거나 사상과 정서를 담아
내는 철학적 사고의 과정이 아니라 평가와 수상을 목적으로 하거나 단원학
습목표 도달과 교육과정 시간 이수를 위한 것일 때 창의성은 상실되고 공
식만 존재하게 된다. 다음의 경우가 대표적인 창의성 억제 요인이다.

① 교육과정에 명시되어 있는 교과 영역 시간 내에 작문 활동이 완결되어
   야 한다.
② 모든 학생들이 학습목표에 도달하여야 한다.
③ 창의성은 주제의 흐름을 벗어나지 말아야 한다.
④ 창의성을 자극하기 위한 교수·학습자료가 빈약하다.
⑤ 교사는 전달자이고 학생만이 활동의 주체이다.

이 밖에 창의성에 대한 과도한 맹신이나 가치의 절상, 경직된 학교 교육
과정의 운영 등이 창의성의 발현을 억제하는 부가 요인으로 작용한다. 따라
서 이러한 요인을 해소하기 위해서는 보다 거시적이고 적극적인 대책과 보
완이 요구된다. 교사와 학습자의 노력이나 이해만으로는 어렵다. 특히, 최근
에는 교육 활동의 중심 영역에 근접한 학부모 집단과 지역 사회의 영향으로
인하여 보다 폭넓은 교섭과 이해가 필요할 뿐 아니라, 교육과정의 융통성
있는 운영과 교실 환경의 자율성 확보를 위해 이들 간의 공조가 절실하다.

따라서 교육과정 운영에 대한 교사의 자율성과 융통성을 보장하고 학습 환경 개선을 위한 적극적인 투자와 배려가 선행되어야 한다. 또한 간섭과 통제를 위한 학부모, 지역 사회 집단이 아닌 지원과 교육 공동체 집단으로서의 인식 전환이 요구되며 교과서적인 고전적 인식으로부터 벗어나야 할 것이다.

2) 창의성의 발현

창의성 발현을 위한 작문 교육을 위해서는 무엇보다 창의성의 본질을 정확하게 파악하고 그것을 일반화하기 위한 허용적인 수용태도가 요구된다. 교사나 학생에게 있어 창의성은 모든 교육을 통하여 자연스럽게 발현되고 동화되는 친근한 사고 작용이라는 인식이 필요하다. 그러기 위해서는 창의성 발현의 목표를 최고치에 두는 것이 아니라 최저 수준의 요구로부터 출발하여야 한다. 물론 궁극적인 목표는 인류 역사와 문화를 선도하는 새로운 사상과 철학의 탄생에 둘 수 있으나, 교육 환경의 학습자에게 요구되는 창의성은 마치 자신의 생각을 그림으로 표현하듯이 매우 쉽고 자연스러우며 친근한 상황으로부터 출발하는 것이어야 한다. 따라서 창의성 발현을 목적으로 하는 작문 교육 활동에서는 다음과 같은 인식이 선행되어야 한다.

첫째, 지금 내 머릿속에 떠오르는 단어와 어휘 혹은 문장이 가장 새롭고 참신한 것이며 그것이 가장 훌륭한 창의성이라는 신념을 갖고 있어야 한다.

둘째, 창의적인 언어표현은 기존의 역사와 문화를 통하여 생산되는 것이다. 모방과 흉내는 새로운 것의 시작일 뿐 죄책감의 원인이 아니다.

셋째, 독창적인 생각은 때로 엉뚱하고 우스우며 고집스럽고 불만족스럽기까지 하다. 그것이 언젠가 새로운 모습으로 나타날 것이라는 기대를 버리지 말아야 한다.

넷째, 타인의 생각과 판단에 흔들리지 말아야 한다. 창의성은 객관적으로 타당성을 확신할 수 있어야 하지만 그것은 최종의 목표이다. 현재의 내 것

이 가장 훌륭하다는 자신감을 가져야 하며 숨기거나 억제하지 않고 표현할
수 있는 용기가 필요하다.

다섯째, 아홉 가지 오류에 실망하지 말고 한 가지 성취를 격려하여야 한
다. 오류에 대한 실망과 분노는 결국 작문 활동의 포기를 유발한다. 따라서
한 가지의 성취를 찾아 격려하고 창의성의 가치를 부여하여야 한다.

여섯째, 표현 방법의 다양성을 인정하여야 한다. 모든 작문 활동이 문자
언어를 통하여 이루어질 수밖에 없는 것은 아니다. 의사소통이 가능한 다양
한 텍스트(그림, 소리, 이미지, 몸짓, 조형 등)를 동원하도록 자극하여야 한다.

일곱째, 작문 교육 활동에서의 교사와 학생은 일방적인 소통의 관계가
아니라 상호 협력하는 유기적인 관계여야 한다. 작문 활동에서의 창의성의
발현은 학습자에게서만 일어나는 것이 아니라 교사의 창의성에 대한 신념
과 표현이 자연스럽게 학습자에게 전이된다. 그것은 교사와 학습자가 서로
다른 공간에 존재하는 것이 아니라 같은 공간 안에서 서로를 의지하고 존
중하는 동등한 인격체임을 인정할 때 가능하다.

여덟째, 창조적으로 산다는 것은 삶의 한 방식이며 우리의 소망과 희망,
꿈을 이룩하는 것에 대한 자기 존중에서 나온다는 것을 명심하여야 한다.
그것은 어떤 문제에 대한 해결 방안을 전문가나 권위자, 프로에게 구하기
전에 우리 자신에게 먼저 구한다는 것을 의미한다. 우리는 우선 자신의 내
적 가능성을 가지고 할 수 있는 일을 최대한 수행하고 나서 자신에게 부족
하다고 느낀 정보를 남들에게 요청해야 한다.[4] 이와 같은 창의성에 대한 인

---

4) Nancy King(1996), *Playing Their Part-language and Learning in the classroom*, 황정현 역
   (1998), 『창조적인 언어사용 능력을 위한 교육연극 방법』, 평민사, pp.72~73.
   낸시 킹은 창의성을 발현하는 방법을 다음과 같이 구체적으로 제안하고 있다.
   • 작은 도전이나 능력 이상의 도전에 직면했을 때 자신의 말에 귀 기울이고 자신의 감정
     에 주의를 기울여라. 자신의 반응에 대한 평가를 내리지 말고 관찰하라.
   • 여러분 자신이나 친구에 대해 어떻게 자동적으로 반응하는지 기술하라. 그리고 자신의
     기술에 당신이 어떻게 반응하는지 주목하라.
   • 여러분으로 하여금 새로워진 내적 가능성과 독창성을 가지고 반작용하고 반응하게 하는
     습관적인 반응을 다시 생각하게 하는 접근 방법을 고안하라.

식을 바탕으로 학습자의 성취 능력을 파악하여 적정 수준을 수용하고 실현할 수 있도록 하여야 한다.5)

3) 창의적인 작문 교수·학습

제7차 국어과 교육과정은 국어과의 교수·학습계획에 관한 안내를 통하여 창조적인 국어사용 능력의 향상을 위한 유의점을 제시하고 있을 정도로 학습자의 창의성에 대한 실질적인 학교 현장 교육에 무게를 두고 있다.6) 이

- 아이디어들, 혁신적인 생각을 가지고 당신 혼자서 또는 친구들과 함께 놀 수 있는 가능성들을 발견하라.
- 낡은 문제를 다루는 새로운 방법을 계획하라. 그 과정에서 기쁨을 맛보아라.
- 어떤 새로운 가능성을 선택하라. 그리고 그중 어떤 것을 실제로 하기 전에 상상해 보아라.
- 자신의 경험에 대해 평가하지 말고 반성하라. 자신의 행동을 통해 배웠던 것을 분명하게 표현하라.
- "할 수 없어"를 "할 수 있어"로 변화시키는 것이 무엇인지 발견하라.
- 연구 기획으로 당신의 학생들과 함께 창조력을 발달시키는 방법을 탐구하라. 그들의 내적 가능성을 풍부하게 만들기 위해 서로를 평가하지 말고 경험을 공유할 수 있도록 격려하라. 경험으로부터 얻을 수 있는 것이 무엇인지에 대해 항상 초점을 맞추면서 평가가 언제 필요하고 적절한지 가르쳐 주어라.

5) 테일러(C. Tayler)가 제안한 5단계 창의성 수준
 ① 표현된 창의성 : 창의성의 결과 나타난 질적인 면을 고려하지 않고 창의성의 표현에만 관심을 두는 수준.
 ② 생산적 창의성 : 주변 환경을 이용하여 목표물을 산출해내는 창의성의 수준.
 ③ 창작 창의성 : 이미 알고 있는 지식 내용을 새롭게 이용하는 수준.
 ④ 혁신적 창의성 : 새로운 아이디어나 원리가 개발되는 수준.
 ⑤ 발현 창의성 : 통상적으로 제시되는 경험 속에 빠져들어 완전히 다른 것을 만들어 내는 수준.

6) 제7차 국어과 교육과정에서 제시하는 창조적인 국어사용 능력 향상을 위한 교수·학습계획의 유의점은 다음과 같다.
 (가) 학습목표는 교육과정의 '3.내용', 학습자의 학습 능력과 성취 수준 등을 종합적으로 고려하여 설정하되, '듣기', '말하기', '읽기', '쓰기', '국어지식', '문학' 영역의 학습목표가 유기적으로 연관되도록 한다.
 (나) 학습 내용은 '듣기', '말하기', '읽기', '쓰기', '국어지식', '문학'의 각 영역별 특성을 살려 학습목표 달성에 적합하게 선정하되, 특히 영역별 학습 내용 간의 관련성, 학년별 학습 내용 간의 연계성과 보충·심화의 수준을 고려한다.
 (다) 학습자가 정확하고 효과적인 국어 생활을 하는 데 반드시 알아야 할 지식과 실제의 국어사용 활동을 유기적으로 연관시킨다.

것은 과거의 학교 교육과정이 일관되게 추진해온 지식과 내용의 수용만으로는 가치 있는 국어교육을 실현할 수 없다는 것을 의미한다. 실제로 하이퍼텍스트의 급속한 발전으로 인하여 학습자들의 언어생활은 그 어느 때보다 심각한 상황에 처해 있다. 극도로 단순화된 의사 교환 방식과 기계적이고 건조한 비언어적 표현의 난무는 학습자의 기본적인 언어생활은 물론 사고 작용을 경직되게 하고 있다. 따라서 교육과정이 추구하는 창조적인 국어 사용 능력의 향상을 위해서는 보다 적극적인 창의적 작문 활동 교육이 이루어져야 할 것이다.

작문 교육 활동이 이루어지는 교실 공간에서의 창의성의 발현은 보다 구체적인 교수·학습과정을 통하여 이루어진다. 앞서 논의한 바와 같이 창의성은 신비스러운 선천적 재능이 아니라 학습을 통하여 습득할 수 있는 기재이기 때문에 교사, 학생, 교수·학습요인이 상호 유기적으로 결합하여 창의성의 본질을 올바로 이해하고 최저 수준의 표현을 유도할 수 있을 때 성공적인 작품 생산이 가능하다.

교사와 학생이 일대일 대면을 통하여 학습을 할 수만 있다면, 얼마든지 시행착오를 겪으면서 창의적인 작문 활동을 수행할 수 있으나 현실은 하나의 교사를 바라보는 다인수 학생의 환경에 속해 있기 때문에 부득이 일정한 틀을 설정하여 운영할 수밖에 없다. 교사나 학생에게 틀은 일종의 구속이며 억제 요인이기도 하다. 그러나 학습자 수준의 다양성을 수용하고 학습자 상호 간의 협조와 동기유발을 격려한다면 다인수 학급의 학습 과정 또한 효과적일 수 있다. 때문에 교육은 꾸준히 여러 부류의 학생들에게 효과

(라) 학습 상황에 능동적으로 참여하여 언어 자료(음성언어, 문자언어, 시각 언어)를 비판적으로 이해하는 활동과 자신의 사상과 정서를 창의적으로 표현하는 활동을 강조한다.
(마) 학습 과제의 성격, 과제 해결을 위한 기본 절차와 방법, 사전 지식의 활용, 학습활동, 피드백 등을 세부적으로 제시한다.
(바) 학습 효과를 극대화할 수 있도록 각종 시청각 자료와 기구, 영상 매체의 언어 자료, 학습자가 사용하는 언어 자료를 적절히 활용하도록 한다.

적으로 학습할 수 있는 방법을 제시하고 있는 것이다.

(1) 창의적 작문 교수·학습활동의 사례

창의성은 국어교육의 내용이 아니라 학습자 위주의 실제 교수·학습활동이다. 창의성은 특정 교과나 영역에 한정되어 있는 것이 아니라 모든 교과 활동 및 실생활의 광범위한 사고 작용이다. 따라서 국어과 교육과정의 영역에 제시된 내용을 적용하는 것도 중요하지만 다른 교과 활동이나 특별활동 혹은 일상생활의 경험이나 문화적인 기반을 활용하는 것이 좋다. 다음은 타 분야나 교과와 관련하여 창의성을 발현할 수 있는 작문 활동의 예이다.

[창의성 발현 교사 작문활동]

영 역		활 동 사 례
교과	국 어	• 텍스트의 변용, 새로운 형식의 글 만들기. • 글과 글의 연관성 찾아 또 다른 글 만들어 내기.
	사 회	• 지도를 글로 나타내기, 역사적인 인물의 전기나 무용담 쓰기. • 고장의 문화재나 지리적 특성에 관해 추론하기.
	수 학	• 수학적인 문제를 담고 있는 짧은 글 쓰기. • 수학의 역사나 아이러니에 대해 보고서 쓰기.
	과 학	• 가상의 세계를 상상하여 긴 글로 표현하기. • 과학적인 현상을 예측하거나 추측하여 에세이로 표현하기.
	체 육	• 새로운 스포츠를 창안하여 경기 장면을 나타내기. • 운동 기구의 생김새나 쓰임을 인물에 비유하여 표현하기.
	예 술	• 리듬이나 가락을 듣고 가사 짓기. • 그림에 담겨 있는 내용을 소설이나 희곡으로 나타내기.
재 량 활 동		• 몸과 마음이 불편한 장애우의 숨겨진 생각을 글로 표현하기. • 미래의 나의 모습을 시리즈로 구성하기.
특 별 활 동		• 취미 활동의 장단점을 조사하여 새로운 것을 창출하기. • 여러 가지 광고 문구를 작성하여 꾸미기.
생 활 경 험		• 다친 경험을 기억하여 그 원인과 방지 대책을 수립하기. • 고적답사 계획과 일정 작성하기.
문 화		• 잘 알려지지 않은 고전을 읽고 현대적으로 개작하기. • 원시 세계 문명의 언어를 상상하여 한 장면을 기술하기.

위의 항목들은 학교 작문 교육 활동의 대표적인 사례들이다. 창의성은 그 자체가 무한성을 갖고 있기 때문에 어떤 교과와 영역에 국한되지 않고 발현될 수 있다. 또한 각각의 교과와 영역은 다른 것들과의 유기적인 관계 속에서 창의성이 발현될 수 있다. 때문에 창의적인 작문 교수·학습활동이 성공적으로 이루어지기 위해서는 다양한 문화 체험 그리고 교과 간의 연계가 이루어져야 한다. 창의성이 다양성과 깊은 관련이 있는 것도 이 때문이다. 특히 학교 교육 현장에 속해 있는 학생들은 지속적인 변화와 무궁한 체험을 통하여 자신의 생각과 느낌을 표현하고 자유롭게 사상과 정서를 표출한다.

(2) 창의적 작문 교수·학습활동 계획안

여기서는 학습자의 창의성 발현을 자극하기 위한 텍스트 변용 활동을 예로 들었다. 다양한 언어의 생산을 목적으로 소리를 도입하였으며 소리를 통해 학습자의 자연스러운 창의성 발현을 유도한다. 소리는 다양한 형태로 변용될 수 있다. 즉, 문자로 표현될 수도 있지만 이미지나 그림 혹은 상징적인 표상이 가능하다.

준비단계와 적용 및 수용단계는 교수·학습전략의 측면에서 가변적 다양성을 추구한다. 교사, 학습자, 교실 환경 등의 변인에 따라 창의적인 표상 활동의 조절이 가능하며 차시별로 운영할 수 있는 계획을 사전에 마련하여야 한다.

창의성 작문 교수·학습과정의 단계별 분류에 따른 실제 차시 계획안을 바탕으로 다인수 학급에 적용이 가능한 활동을 예시하기로 한다.

[창의성 작문 교수·학습과정]

준비단계	적용·수용단계			검증단계
	청취	표상	생산	
자료수집 타당성 신념 확산적 사고	소리	언어적 표상, 시각적 표상 경험적 표상, 상징적 표상	어휘 문장	검토 낭독 출판 자아실현 재생산
	학습자의 창의성 발현에 의한 다양한 텍스트 표현과 이미지 구축			

- 교육과정 내용 : 〔5-문-(5)〕 작품의 일부분을 창조적으로 바꾸어 쓴다.
- 본시 학습목표 : 소리를 창의적으로 바꾸어 표현할 수 있다.
- 교수·학습활동

단계		교수·학습활동
청취		• 다음의 소리를 귀 기울여 들어봅시다. 교사 : 녹음기를 이용하여 귀뚜라미 소리를 들려준다. 처음엔 아주 짧게(약 5초간), 다음엔 조금 길게 들려준다. 2회 반복을 기준으로 하지만 필요한 경우 반복할 수 있다.

창의적
표상
		• 소리를 듣고 생각나는 것을 여러 가지로 표현하여 봅시다.
		교사 : 소리를 듣고 생각나는 것을 말하여 봅시다.
		학생 : 귀뚜라미, 매미, 메뚜기, 자전거 등
		  (간혹 엉뚱한 반응을 보이는 학습자가 있다. 장난이건 실제로 소리를 정확하게 파악하지 못했던 간에 학생의 생각을 존중해야 한다. 창의적인 발현의 초기 단계로 인정하여야 한다.)
		• 어떤 방식으로 표현할 것인지 생각하여 봅시다.
		  −학습자의 능력에 따라 미리 부여하거나 소집단별로 과제를 부여하여 협동학습을 하게 한다.
		학생 : 자신의 능력에 맞는 활동을 선택하여 소리를 어떻게 표상할지 생각한다(개별 학습이나 협동학습의 경우 수준별 표상 활동에 의해 미리 정할 수도 있다).

	언어적 표현	• ‘귀뚤귀뚤’, ‘또르르 또르르’, ‘띠리리리리리’. • ‘삐리리릭’, ‘위잉 위잉’, ‘뚜르륵 뚜르륵’. • ‘가늘게 떨림’, ‘요란한 울림’.
	시각적 표현	• 짙은 갈색의 몸 색깔에 두 개의 기다란 더듬이와 커다란 두 눈 그리고 가슴에 투명 날개를 달고 있음. • 우주에서 날아온 날개 달린 외계인. 두 개의 더듬이 눈이 길게 뻗어 있고 여러 개의 다리가 달려 있다.
	경험적 표현	외할머니 댁에 갔을 때 밤에 화장실에 가려고 밖으로 나왔더니 무슨 소리가 들렸다. 조약돌이 구르는 소리 같기도 하고 자전거 바퀴 돌아가는 소리 같기도 하였다. 무서워서 방에 들어갔더니 어머니께서 귀뚜라미 소리라고 하셨다. 호기심이 생겨 다시 밖으로 나가보니 장독대에서도 부뚜막에서도 들렸다. 다행히 화장실에는 없었다.
	상징적 표현	‘시냇물을 구르는 조약돌의 합창’, ‘고물 자전거를 타고 장독대를 여행하는 귀뚜라미’, ‘잎사귀를 떨어뜨리는 가을의 속삭임’, ‘나무가 타면서 타닥거리는 불씨 소리’
창의적 생산		• 여러 가지 방법으로 표현한 것 중에서 맘에 드는 단어나 어휘를 만들어 봅시다. −단어로 제한하지 말고 어휘나 문장 수준으로 확대하여도 좋다. 자유로운 발현에 초점을 맞춘다.
	언어	‘귀뚤귀뚤’, ‘또르르 또르르’, ‘투명 날개’, ‘더듬이’ 등.
	시각	‘자전거’, ‘바퀴’, ‘조약돌’, ‘더듬이’, ‘날개’, ‘곤충’ 등.
	경험	‘할머니 댁’, ‘조약돌’, ‘자전거 바퀴’, ‘장독대’, ‘부뚜막’ 등.
	상징	‘조약돌의 합창’, ‘가을의 속삭임’, ‘자전거’, ‘따릉따릉’ 등.

지금까지 창의성에 관한 이론을 검토하여 그 본질을 올바로 이해한 후 창의성 억제 요인을 분석하고 효과적인 창의성 작문 교수·학습활동에 관하여 논의하였다.

자발적이고 능동적인 작문 활동에서 생성되는 창의성은 개인의 독창성은 물론 작문 활동에 대한 흥미와 동기를 유발한다. 소수의 경우를 제외한 대부분의 학교 작문 교육은 학생의 창의성을 요구하며 그것이 개개인의 작품에 발현되기를 기대한다. 하지만 그 성과는 기대에 미치지 못하고 있는 게 현실이다. 따라서 그것이 어떻게 구현되어지고 어떤 과정을 통하여 나타나는가에 관심을 갖고 효과적인 해결 방안을 모색하여야 한다. 또한 창의성에 대한 교육 주체의 올바른 인식과 개방적이고 허용적인 수용을 통하여 적극적인 작문 활동을 유도하여야 한다.

제7차 교육과정이 추구하는 창조적인 언어사용 능력의 함양은 학습자의 자발적인 창의성 발현으로부터 가능하다. 학습자의 자발적인 창의성 발현은 구체적이고 실천적이기 이전에 개방적이고 허용적인 인식을 기반으로 하여야 한다. 완전히 새로운 것을 창출한다거나 처음부터 독창적인 것을 요구한다면 그것은 창의성 이전에 학습자의 심리적인 부담으로 작용하여 억제 요인을 유발할 것이다. 학습자의 마음에 드는 가장 쉽고 편한 것으로부터 시작하는 언어활동이야말로 창의성 작문 활동의 초석이 된다.

창의적인 작문 교육 활동은 다른 교과나 영역과 유기적인 관계를 통하여 성공적으로 수행된다. 학습자에게 다양한 동기를 제공하고 무궁한 상상의 기재를 동원하였을 때 창의성은 자연스럽게 발현된다. 또한 창의성의 발현을 억제하는 교육 활동 요인을 분석하여 순화하고 제거하는 작업 또한 매우 중요하다. 최근의 창의성 교육이 현장에서 실패하는 원인의 대부분은 창의성에 대한 과도한 집착과 평가절상에 있다. 따라서 창의성의 본질을 올바로 이해하고 학습자의 수준에 맞는 최저 수준의 활동을 구안하는 것과 학습자의 최저 수준의 표현을 수용하는 태도가 요구된다.

작문 교육의 창의성은 학습자 중심의 활동이어야 하지만 학습자가 교사와 함께 공존하는 상호 활동이어야 한다. 창의적인 교사의 작문 교수·학습이 학습자의 창의성을 자연스럽게 발현하며, 학습자의 자연스러운 창의성 발현은 작문 교육의 성공적인 생산을 결정할 것이다.

학습을 위한 내용영역의 쓰기

내용교과의 쓰기는 이전의 쓰기와 달리 지식과 정보에 대한 학습자의 반응을 전제로 한다. 글쓰기의 기능적인 측면을 바탕으로 자신이 알고 있는 지식과 정보를 표현하는 기초 능력으로부터 이미 알고 있는 지식과 정보를 재구성하여 새롭고 창의적인 지식과 정보를 재구성할 수 있는 능력을 의미한다. 내용교과의 쓰기는 이미 오래전부터 있어온 쓰기의 한 활동이지만 보다 체계적이고 분석적인 접근을 통하여 학습자의 문식 능력을 발달시키는데 효과적으로 작용하여야 할 것이다.

여기에서 '내용'이 무엇을 의미하고 있는지 먼저 생각해 보아야 한다. '내용'은 어떤 것을 갖추고 있는 것이다. 교육과정의 '내용'을 생각해 보면 '내용'이 무엇인지 알 수 있다. '내용'은 학습자가 알아야 할 지식이나 정보이다. 내용에 담겨 있는 지식이나 정보는 다시 세분화될 수 있겠지만 일반적으로 우리가 교육과정에서 말하는 내용은 바로 그런 것을 말한다. 중요한 것은 '내용'이 '영역'과 어울려 '내용교과'가 되었을 때, 여기서의 '내용'은 '기능'이라는 말과 대립되어 사용될 수 있다는 것을 알 수 있다. 일반적으로 교과를 분류할 때에 내용교과와 기능교과로 나누어서 생각해 볼 수 있을 것이다. 어떤 교과도 완전히 내용을 담고 있거나 완전히 기능을 담고 있는 것만은 아니다. 국어과의 경우 학습자의 언어사용 능력을 신장시켜 다른 교과 학습활동을 효과적으로 수행할 수 있도록 하는 기능적 측면이 강하다. 물론 국어과의 모든 영역이 다 기능적 측면이 강한 것은 아니다. 문법이나 문학영역은 기능적 측면보다는 내용적 측면이 강하다. 사회과나 과학과의 경우도 사회나 과학 수업을 통하여 얻은 지식을 다른 교과에 활용하기보다는 각각의 교과에 담겨 있는 지식이나 정보 그 자체에 가치를 두는 것이다. 따라서 내용교과의 차원은 교과로서의 수학, 과학, 사회, 역사 등으로 분류할 수 있으며 교과에 담긴 지식 유형에 따라 사실적, 개념적, 절차적, 메타적으로 구분할 수 있고 텍스트에 따라 책, 신문, 방송, 인터넷, 미디어 등으로 구분할 수 있다.

결국 내용교과의 쓰기는 내용, 즉 지식과 정보가 담겨 있는 영역(교과, 지식, 텍스트)의 학습과 관련된 쓰기 활동을 말한다. 내용교과의 학습과 관련된 쓰기는 당연히 내용교과 학습활동을 효과적으로 수행하기 위한 쓰기 과정일 것이다. 쓰기는 결과로서의 표현이 아니라 과정으로서의 수행이다. 학습활동 중에는 다양한 쓰기 활동을 수행하여야 한다. 단순히 교사의 질문에 대한 답을 종이 위에 쓰는 것으로부터 질문에 대한 해결 방법이나 새로운 문제를 발견한 것을 설명하기, 또는 문제를 해결하는 것 등의 쓰기 활동을 수행한다. 내용교과의 쓰기는 내용교과의 지식과 정보를 습득하는 과정에서 학습자가 수행하는 활동이며 그것은 학습활동 결과물의 산출뿐 아니라 학습활동 전의 계획서 작성, 활동 중의 개요 및 흐름도 작성 등, 학습을 효과적으로 수행하기 위한 활동인 것이다.

내용교과의 쓰기(content area writing)를 다른 말로 '학습을 위한 쓰기(writing to learn)'로 말하기도 한다. 이것은 앞서 언급한 바와 같이 단순히 결과로서의 표현 활동이 아니라 해당 영역의 지식과 정보를 효과적으로 습득하기 위하여 행하는 학습의 한 과정이기 때문이다. 그런 면에서 학습을 위한 쓰기(writing to learn)는 쓰기 학습(learning to write)과는 차이가 있다. 쓰기 학습은 보통 언어 학습과 관련하여 수행된다. 일반적인 글쓰기 활동이 어떤 결과물을 산출하기 위한 방법이나 절차 또는 전략과 관련된 기능을 습득하는 과정이라면, 학습을 위한 쓰기는 보다 깊이 있는 학습의 수행뿐 아니라 내용교과의 지식 및 정보를 의미 있게 구축할 수 있게 한다(Fisher & Frey, 2004 ; Knipper & Duggan, 2006에서 재인용). 학습을 위한 쓰기는 학습자들로 하여금 그들이 학습하는 주제에 대하여 이미 알고 있는 것과 더 알고 싶은 것은 무엇인지 기억하고 명료화하며 자문하게 한다(Knipper & Duggan, 2006, 462~463).

1. 내용교과 연구의 동향

쓰기와 관련된 국내의 연구는 활발하게 이루어지고 있지만 그것은 대부분 쓰기 학습(learning to write)과 관련이 있다. 학습을 위한 쓰기(writing to learn) 즉, 내용교과의 쓰기(content area writing)에 대한 국내 연구는 아직 미진한 상태이다. 다만 내용교과의 읽기와 관련하여 몇 가지 방법이 국내에 소개되었기는 하지만 그 역시 내용교과의 전반을 소개하기에는 부족함이 없지 않다.

내용교과의 동향[1]을 살펴보는 것은 내용교과의 쓰기 연구에 대한 흐름뿐 아니라 내용영역의 읽기와 그 둘을 포괄하는 내용 문식성에 관한 연구를 살펴보는 것이기도 하다. 실제로 내용교과에서의 쓰기는 내용교과의 읽기와 밀접한 관계가 있으며 쓰기의 모든 과정이 읽기의 과정과 연관을 맺고 있기 때문에 그 둘을 따로 분리하여 설명하는 것 또한 무리가 있다. 무엇보다 내용교과의 쓰기 활동에 선행하는 것이 내용교과의 지식과 정보에

---

1) 이 부분의 내용은 주로 'Jeanne Swafford & Mary Kallus, Content Literacy : A Journey into the Past, Present, and Future, *Journal of Content Area Reading*, 2002'와 'Thomas W. Bean, Reading in the Content Areas : Social Constructivist Dimensions, *Handbook of Reading Research Volume Ⅲ*, pp.629~644', 'Diane LApp, JAmes Flood & Nancy Farman, *Cintent Area Reading and Learning Instruction Strategies*, 2004, pp.3~14'를 참고하였음.

대한 효과적인 습득과 의미 구성이기 때문에 내용영역 전반에 관한 연구 동향을 살펴봄으로써 내용교과의 쓰기의 흐름을 파악할 수 있을 것이다.

메소포타미아 벽화에는 당시의 천문 관측이나 전쟁, 의료, 상거래 등에 관한 내용이 생생하게 기록되어 있으며 알렉산드리아 시대에는 읽기와 쓰기를 중시하여 다양한 내용의 기록들을 도서관에 보관하였다. 이러한 것들은 단순히 문학적인 서사 기록보다는 수학, 과학, 역사, 문화 등의 내용영역에 대한 기록의 중요성을 인식한 것이라고 볼 수 있다. 이러한 기록의 역사는 현대의 내용교과의 연구와 맥을 같이 하고 있으며 내용영역의 연구가 어느 날 갑자기 자연 발생한 것이 아니라 인간의 문명과 역사를 같이 하고 있다는 것을 증명한다. 결국 내용교과 문식성은 인간의 요구에 의해 구성되는 학문이라고 볼 수 있다. 20세기 초의 유명한 읽기 연구자였던 그레이 (Gray, W. S.)는 내용 문식성과 관련하여 다음과 같은 말을 하였다.

> 읽기는 역사, 지리, 수학, 과학, 문학 등 모든 내용교과의 기본이다. 내용교과의 급속한 발달은 학습자들로 하여금 보다 독립적이고 지적인 읽기 능력을 폭넓게 갖추도록 요구한다. 이러한 능력은 학습자들이 학교에서 수행하는 모든 읽기 활동에서 요구되는 기술과 습관 그리고 태도 등을 개선하고 세련되게 함으로써 얻어진다.

그레이의 이러한 말은 두 가지를 강조하고 있다. 첫째는 학습을 위한 읽기의 중요성이며 둘째는 읽기를 통하여 풍부한 지식을 효과적으로 습득할 수 있게 하는 내용교과 읽기 교수법의 중요성이다. 뿐만 아니라 무어(Moore), 리덴스(Readence) 그리고 리클만(Rickelman)의 연구에 의하면 휴이(Huey)와 쏜다이크(Thorndike) 같은 저명한 과학자들도 내용교과의 읽기 교수의 중요성에 대하여 동의하였다고 한다. 20세기 중반 각기 다른 분야의 읽기에 대한 연구들이 진행되면서 학습을 위한 읽기에 대한 관심은 그와 함께 가감을 병행하였다. 1970년대에 들어서 처음으로 내용교과 읽기 교수법에 관한 책이

출판되었는데 그것은 해롤드 허버(Harold Herber)의 획기적인 저서인 『*Teaching Reading in Content Areas*』였다. 이 책은 읽기의 기술과 텍스트의 내용을 연결하는 내용영역 읽기의 새로운 관점을 보여주었으며 이후의 연구에 많은 영향을 주었다.

스와포드(Swafford)와 칼루스(Kallus, 2002)는 내용교과의 읽기(content area reading), 내용교과의 문식성(content area literacy) 또는 내용교과의 읽기 교수법(content area reading instruction)에 관한 내용이 들어 있는 51권의 책2)을 분석하였다. 그들은 각각의 연구자들이 자신들의 저서를 통하여 내용교과 연구에서 어떤 것을 중점적으로 정의하고 연구하였는지에 대하여 관심을 가졌다. 그들은 공통된 요소들을 추출하여 두 개의 내용교과 문식성에 대한 범주를 구분하였다. 첫 번째 범주는 의미구성 읽기이며 두 번째 범주는 텍스트를 통한 학습(learning from text)과 학습을 위한 읽기(reading to learn)였다.

첫 번째 범주인 의미구성으로서의 읽기에 대한 연구는 1970년 허버(Herber)의 것이 대표적이다. 그는 학습자들이 주지 교과의 지식이나 정보를 이해하도록 돕는 교수법에 대해 관심을 가졌다. 1981년 배카(Vacca)는 그의 저서에서 "내용교과 읽기의 핵심은 텍스트의 이해"라고 언급하였으며, 1989년 듀퓨어스(Dupuis)와 리(Lee), 배디알리(Badiali), 애스코프(Askov) 등도 텍스트의 이해를 내용교과 읽기의 핵심으로 생각하였다. 1990년대 중반에 접어들면서 내용교과의 연구는 읽기 중심에서 쓰기에 관심을 갖기 시작하였다. 1993년 브라운(Brown), 필립스(Phillips) 그리고 스테픈스(Stephens)의 연구에서 같은 해 맥케나(McKenna)와 로빈슨(Robinson)의 연구, 배카와 배카의 연구, 1994년 앨버만(Alvermann)과 펠프스(Phelps)의 연구, 같은 해 옐린(Yellin)과 블레이크(Blake)의 연구에서 의미 구성에 관한 내용교과의 쓰기를 언급하였다. 이러한 연구는 텍스트에 존재하는 의미에 중점을 두는 것이 아니라 텍스트로부터 독자가 의미를

---

2) 'Jeanne Swafford & Mary Kallus(2002), Content Literacy : A Journey into the Past, Present and Future, *The Journal of Content Area Reading*.'의 부록을 참고할 것.

직접 구성하는 것을 내용 읽기의 중점으로 보도록 하는 데에 영향을 주었다.

내용교과 연구의 두 번째 범주인 텍스트로부터의 학습과 학습을 위한 읽기에 관한 연구들은 앞서 열거한 첫 번째 범주인 의미 구성과 밀접한 관련을 갖고 있다. 차이점은 학습자가 읽기를 통하여 텍스트를 이해하거나 의미를 구성하는 것보다는 읽기를 통하여 학습의 효과를 가져 올 수 있다는 데에 주목하였다. 여기서의 두 번째 범주에 포함된 텍스트로부터의 학습은 완전히 새로운 것은 아니다. 이미 1909년 맥머리(McMurry)가 텍스트로부터의 연구(studying from text)와 관련된 글을 발표한 적이 있었다.

1993년 발표된 배카(Vacca, R. T)와 배카(Vacca, J. L)의 『Content area reading』 제4판에서 그들은 내용교과의 읽기에 대한 새로운 관점을 제시한다. 이전의 3판에서 그들은 내용교과의 읽기에 대하여 "교재로부터의 학습(learning from text)"이라는 견해를 밝혔다. 이러한 생각은 학습자들의 내용교과 정보 수용의 피동성과 텍스트로부터의 의미구성이 교재로부터 학습자에게로 이행하는 일방적 관점이었다. 그러나 제4판에서는 "교재와 함께하는 학습(learning with text)"이라는 표현을 하였다. 이것은 전과 다르게 교재와 학습자 간의 일방적 소통이 아니라 교재와 학습자가 상호 교섭하는 소통 상황을 나타내는 것이었다. 교재로부터 의미를 일방적으로 전달받는 것이 아니라 내용교과의 읽기를 통한 텍스트의 의미를 파악하기 위하여 스스로 활동하고 몰입하며 전략적 구성자로서의 역할을 하는 쌍방향의 상호 교섭적 내용 읽기를 표방하는 것이었다. 즉, 그들은 '~으로부터(from)'라는 용어 대신 '~과 함께(with)'라는 용어를 대치함으로써 정보의 일방적 수용이 아닌 상호 작용을 통한 학습의 개념을 사용하게 되었다.

1993년 허버(Herber, H. L)과 허버(Herber, J. N)은 『*Teaching in Content Areas with Reading, Writing and Reasoning*』을 통하여 내용교과의 학습을 위한 읽기와 쓰기 이외에 추론(reasoning)을 추가하였다. 그들은 내용교과를 가르치는 교사들이 교과학습 상황에서 학생들의 읽기, 쓰기 및 추론 능력을 향상시킬 수 있는 내용교수 전략이 무엇인지에 초점을 맞추었다. 이러한 시도는 내용교과의 연구 분야의 확장을 의미하는 것이기도 하며 내용교과의 범주를 설정하는 단초이기도 하다.

비슷한 시기 일군의 다른 연구자들도 자신들의 연구물을 통하여 '내용교과의 읽기(content area reading)'를 '내용교과 문식성(content area literacy)'으로 대치하거나 확장하여 사용하기 시작하였다. 1993년과 1997년의 맥케나(McKenna, M. C)와 Robinson, R. D의 『*Teaching through text : A content literacy approach to content area reading*』 제1판과 제2판의 제목에 'literacy'를 넣어서 이전의 내용교과 읽기의 범주를 확대하였다. 이와 더불어 내용교과 문식성의 범주를 네 가지 언어 기능 영역으로 설정하려는 시도가 등장하였다. 1993년 배카(Vacca, R. T)와 배카(Vacca, J. L)은 『*Content area reading*』 제4판에서 내용 문식성과 함께 보다 폭넓은 언어사용 맥락을 고려해야 할 것을 언급하였다. 이러한 시사점은 내용 문식성의 범주를 설정함에 있어서 읽기와 쓰기는 물론 말하기(speaking)와 듣기(Listening)를 명시적으로 포함하는 것을 의미한다.

이 외에 1998년 라이더(Ryder, R. J)와 그레이브스(Graves, M. F)는 『*Reading and learning content areas*』에서 'viewing to learn'이라는 말을 언급하면서 내용교과 읽기의 한 가지 범주를 추가하였다. 또한 이들은 내용교과 읽기와 관련된 몇 가지 기술을 다음과 같이 소개하였다.

> 텍스트로부터 의미를 구성하는 과정에서 학습자들은 다양한 방법을 동원하여야 한다. 그 방법들은 말하기, 듣기, 읽기, 쓰기 및 평가(viewing)를 통합하는 기술이며 이러한 방법적 기술은 수많은 정보와 또 다른 예측 가능한 정보를 이해하기 위한 것이다. 이러한 방법들은 학습자들의 사회적 맥락에서의 학습활동을 통하여 실현된다.

메리 칼루스(Mary Kallus, Jeanne Swafford & Mary Kallus, 2002)는 내용교과 전문 연구자들과의 이메일 교환을 통하여 최근의 내용교과 문식성에 관한 몇몇 전문가들의 견해를 정리하였다. 도나 앨버만(Donna Alvermann), 토마스 빈(Thomas Bean), 미라클 맥케나(Micheal McKenna), 데이빗 무어(David Moor), 마사 루델(Martha Ruddell) 그리고 리차드 배카(Richard Vacca)가 메리 칼루스(Mary Kallus)의 문의에 대하여 내용문식성에 대한 그들의 정의나 개념을 말해주었다. 도나 앨버만은 내용교과 읽기와 내용교과 문식성을 전문 학술 용어로 사용하였으며 새롭게 청소년 문식성(adolescent literacy)이라는 용어를 사용하였다. 이러한 용어의 등장은 청소년들의 학교 안 문식성과 학교 밖의 문식성에 대한 구분이었으며 청소년들이 사용하는 다양하고 다변적인 언어사용에 대한 이해와 연구를 촉구하는 것이었다. 더불어 도나 앨버만은 문식성이라는 것이 항상 변화의 선상에 놓여 있다고 생각했다. 그 이유는 사회적, 문화적 맥락의 변화로 인한 텍스트 의미의 변화와 새로운 과학 기술 문명으로 인한 읽기 및 쓰기 개념의 변화 때문이라는 것이었다.

토마스 빈도 내용교과 문식성의 현재 흐름과 미래의 전망을 예견하면서 다음과 같이 언급하였다.

> 내용교과 문식성은 인지적, 사회적 경험이다. 이러한 경험은 다양한 형태의 출판물(print)에 관하여 읽고 쓰고 이해하고 비평하기를 원하는 학습자들의 요구와 능력에 관한 것이다. 다양한 형태의 출판물이란 교과서, 소설, 잡지, 인터넷 매체 그리고 사회문화적인 기호체계를 지칭하는 것이다. 이러한 출판물들은 감상에서 비평에 이르기까지 다양한 정보와 정서적 내용 그리고 아이디어들을 전달할 수 있는 매체들인 것이다.

내용교과 문식성에 관한 미래의 전망과 관련하여 빈(Bean)은 과학 기술의 발달 특히, 음성학과 관련된 영역의 발달로 인하여 구두언어 사용과 의사소통 기술을 더욱 강조하는 시대가 올 것이라고 전망하였다.

'『*Journal of Reading*』(1990)'의 공동 저자인 마이클 맥케나(Micheal McKenna)는 당초 그의 공동 저서에서 내용 문식성(content literacy)을 '주어진 문제로부

터 새로운 내용을 습득하기 위한 읽기와 쓰기'라고 정의하였으나, 최근의 (2000년 9월 Mary Kallus와의 이메일 교신에서) 견해에서는 '문식성을 통한 배경지식의 구성'과 '구성된 배경지식을 통한 학습 내용의 깊이 있는 이해 및 적용'을 밝히고 있다.

데이빗 무어의 경우에는 내용 문식성에 읽기와 쓰기는 물론 탐구하기, 경험하기, 수행하기, 노작하기 등을 포함시킬 것을 제안하였다. 전통적인 문식성의 영역 범주는 학교의 학습자와 관련된 것이었으나 그는 경찰이나 정치가, 사업가나 노동자 등의 다양한 계층에서 사용하는 내용영역의 읽기에도 관심을 가졌다. 마사 루델은 모든 교사들이 그들이 가르치는 모든 교과목에서 모든 학습자들이 전략적이고 성공적인 학습활동을 하여야 하며, 그러기 위해서는 교사가 학습자들의 내용 문식성을 발달시키기 위한 안내자의 역할을 하여야 한다고 주장하였다. 그러기 위하여 ① 동료 학생과 교사와의 공조를 통하여 학습활동의 열성적 참여와 능력 향상이 있어야 하고, ② 교사에 의해 안내된 읽기 및 쓰기는 내용 학습에 통합적으로 조화를 이루어야 하며, ③ 다양한 미디어 매체, 구두 자료, 대화, 작문 등을 통한 의미의 조정과 근거 설정의 기회를 마련하여야 하고, ④ 학생들이 현재 알고 있는 지식을 바탕으로 보다 깊이 있는 학습에 참여하도록 하며, ⑤ 모든 학급의 활동에서 학생들이 초인지적인 경험을 할 수 있도록 하여 내용 문식성을 발달시키도록 해야 한다고 말한다. 더불어 그녀는 현재의 내용교과 문식성에 대한 정의들은 영속하는 것이 아니라 사회, 문화, 과학 기술의 발달과 더불어 변화하게 될 것이라고 언급하고 있다. 내용 문식성의 범주는 인터넷과 과학 기술의 발달로 인하여 더욱 확장되고 변화될 것이며 이러한 범주의 확장과 변화는 교사와 연구자들로 하여금 학습과 내용 학습 그리고 문식성 학습에 보다 많은 관심을 갖게 할 것이라고 말하고 있다.

리차드 배카는 내용교과 문식성과 관련하여 '학습을 위한 읽기 및 쓰기 능력'이라는 기존의 개념을 확장하여 다양한 언어사용 개념을 도입하였다.

즉, '내용 문식성은 텍스트를 통한 학습에 동원되는 언어사용 능력'이라고 말하고 있다. 이 말은 내용교과 학습활동에서의 듣기와 말하기의 중요성을 언급한 것이다.

지금까지 살펴본 내용교과 연구의 동향을 종합하여 보면 각각의 연구자들이 내용교과 연구에서 각기 다른 용어를 사용하여 상이한 정의를 내리고 있지만 실상 이러한 것들은 완전히 별개의 것들이 아니라 상호 유기적으로 연결되어 있다는 것을 알 수 있다. 기본적으로 대부분의 연구자들은 내용 문식성이 사회 구성주의와 사회문화적 이론에 의해 영향을 받았으며 내용 문식성이 사회 구성적으로 형성된다고 생각한다. 그렇기 때문에 빈과 배카의 생각처럼 내용교과를 읽기와 쓰기로 한정하는 것이 아니라 말하기와 듣기를 포함하는 언어의 포괄적 사용으로 보아야 한다는 것이다.

루델은 구두언어의 중요성과 함께 시각자료(visual representation)의 중요성을 언급하였으며, 앨버만은 제도권 내의 학교 교육과 그렇지 않은 상황의 문식성에 대한 명확한 한계를 설정하여야 한다고 생각하였다. 전통적으로는 학교 안의 문식성 연구에 대한 관심이 많았지만 지금은 학교 안과 학교 밖의 문식 상황에 대한 한계가 불투명하여 그것들을 명확하게 구분하여 연구할 필요성을 느낀 것이다. 학교 밖의 문식성 교육에 대하여 명확한 연구 성과를 보이지는 않았지만 무어나 루델 그리고 맥케나 등은 내용교과의 학습과 내용교과의 읽기 능력을 향상시키기 위한 학교 밖의 경험과 배경지식의 중요성에 대하여 공감하였다. 이전까지는 학교 밖에서의 문식성 교육을 합리적으로 생각하지 않았기 때문에 학생들의 배경지식과 경험이 어떤 가치가 있으며, 그것들이 학교 교육과 학교 밖의 환경에서 어떻게 습득되는지에 대한 연구가 부족했던 것이다. 그러나 이들 모두가 공감했던 것은 더 이상 내용교과의 문식성이 고정된 것이 아니라 지속적으로 변화를 거듭하고 있으며 변화와 더불어 내용교과 문식성의 범주와 대상이 확대되어 간다는 것이다.

최근의 연구에 있어서 두드러지는 것은 정보의 팽창과 사회문화의 발달로 인하여 문식성에 대한 개념의 재정립 요구가 거세지고 있다는 것이다. 루(Leu, 2000)는 그의 논문 「Literacy and Technology : Deictic consequences for literacy education in information age」에서 '문식성의 개념은 항존하는 것이 아니라 정보와 소통을 위하여 지속적으로 변화하는 요구와 새로운 기술에 의하여 늘 재정의되어야 한다.'고 말하고 있다.

> 정보와 소통을 위한 새로운 기술은 사용자들의 보다 새로운 기대와 기술적 요구로 인하여 지속적으로 변화한다. 이러한 변화는 문식성의 기능과 형태의 변화를 가져왔으며 문식성에 대한 재정의를 필요로 한다.

급속도로 변하는 과학기술은 전 세계의 통신망과 인터넷을 통하여 보다 효과적으로 정보를 공유하게 하였다. 이러한 변화는 독자로 하여금 온갖 정보의 더미로부터 유용한 정보만을 선택적으로 사용할 수 있는 능력을 갖추도록 요구하고 있다. 매니(Many, 2000)는 독자들이 수많은 정보와 텍스트로부터 자신에게 필요한 것들을 추려낼 수 있는 능력이 요구되며, 그러한 능력을 바탕으로 자신이 원하는 정보들로부터 의미를 구성해낼 수 있는 비판적 안목을 길러야 한다고 생각했다. 즉, 비판적 읽기 교수법이 내용 문식성 교수법의 기본적인 전제가 되어야 하며, 21세기의 내용 문식성 교육은 학교 안팎의 문식 환경은 물론 어린이와 청소년이 생활하는 환경에서의 문식성 교육에 대한 욕구와 기대가 조화를 이루었을 때에 가능하다고 주장한다.

2. 내용교과의 범주

읽기와 달리 쓰기는 문식 대상이 존재하는 것이 아니라 생산적, 구성적으로 접근하여야 하는 창조적 과정이다. 읽기에서의 내용교과의 범주 설정은 주어진 텍스트를 분석하는 것으로 가능하지만 쓰기에 있어서는 어떤 내용교과의 범주로 접근할 것인지 난감할 때가 많다. 일반적인 쓰기 상황에서 목적과 대상을 고려하는 것도 쉬운 일이 아닌데, 목적과 대상을 전제로 내용교과를 다시 내용(content)과 영역(area)으로 구분하는 일은 더더욱 어려운 일이다. 따라서 내용교과의 범주를 몇 가지 차원에서 구분하여 생각해 볼 필요가 있다.

내용교과의 범주를 차원화하여 구분하는 것은 내용교과의 쓰기와 일반적인 쓰기에 차이가 있음을 인식하는 것이다. 쓰기의 기능을 향상시키기 위한 방법적 접근이 아니라, 내용구성 차원의 쓰기 활동과 쓰기를 통한 학습의 효과적 수행을 도모하기 위한 것이다. 그러나 실제로는 쓰기를 포함한 읽기, 말하기, 듣기 등의 내용교과의 문식성을 모두 포괄하는 차원으로 보아야 한다.

1) 환경 차원3)

내용교과의 연구 범위가 학교 안으로부터 학교 밖의 환경을 포괄적으로 수용하고 있음은 내용교과 연구의 동향에서 이미 언급되었다. 따라서 내용교과의 범주를 환경 차원에서 생각하는 것은 학교 내에서의 전통적인 내용교과의 연구 범위를 확대하여 내용교과 문식성 교육의 다변화를 시도하는 것이다. 환경 차원의 구분은 ① 개인, ② 사회, ③ 학교의 차원에서 생각해 볼 수 있다(Margaret Gallego & Sandra Hollingsworth, 2000 : Norman Unrau, 2004, p.11에서 재인용).

---

3) 이 내용은 'Norman Unrau(2004), *Content Area Reading and Writing : Fostering Literacies in Middle and High School Cultures, Second Edition*, Pearson Education Inc, pp.10~13'을 참고하였음.

(1) 개인

개인 차원의 내용교과 범주는 개인이 속한 학교와 사회를 모두 포함하는 시간 공간에서의 개인의 지적, 인지적 인식에 따른 구분이다. Yvette, Eva 그리고 Cindy는 개인 영역 차원의 중요성은 내용교과의 텍스트 해석에 가장 큰 영향을 미치는 요인이라고 생각하였다. 즉, 학습자 개인이 속한 학교와 사회에서 습득한 배경지식이 내용교과의 텍스트 이해에 가장 큰 영향을 미친다는 것이다. 즉, 개인의 내용교과 범주는 개인이 속한 학교와 사회에서의 지적, 경험적 배경지식에 의해 결정되는 것이며 이러한 개인의 내용교과는 각기 다른 언어와 문화의 영향을 받는다.

학교에 속한 개인의 경우에는 개인이 학습하는 교과와 지식에 영향을 받을 것이다. 만일 개인이 학교 밖의 문식 환경에 속해 있을 경우에는 그 환경에 영향을 받는다. 학교 밖의 교양 교육이나 직업 교육 또는 학교 밖에서 행해지는 모든 지적, 경험적 학습활동이 개인의 내용교과에 해당한다. 초등학교 학생이 휴일에 야영을 하면서 야영지에서 익혀야 하는 각종 기술이나 생존 전략 등이 바로 개인의 내용교과에 해당하는 것이다. 또한 학교생활을 하면서 지켜야 하는 기본 생활 습관이나 규칙에 관한 것들을 익히는 것 역시 개인의 내용교과 범주에 속한다.

(2) 사회

사회 환경의 내용교과 차원은 학교 밖의 문화를 모두 포함한다. 학교 밖의 환경은 어떤 면에서 학교 안의 내용교과에 영향을 미친다. 학교 밖의 내용교과는 학교 안의 것보다 광범위하다. 내용교과의 연구 범위가 학교 안으로부터 학교 밖의 내용교과 연구로 확산되어 가고 있는 이유는 학습자들이 처한 내용교과 문식 환경이 사회문화적 변화와 과학기술의 발달로 인하여 다변화되어 가고 있기 때문이다. 또한 학교 안의 내용교과 차원은 교과 차원에 국한되어 있기 때문에 급속도로 팽창하는 현대의 지식과 정보를 수용하기에는 한계가 있기 때문이다. 따라서 사회에서의 내용교과 문식성에 대한 관심과 학습자의 능력을 기르기 위한 전략의 요구가 발생한다.

한 개인은 학교를 떠나면 곧바로 사회에 귀속된다. 가정에서의 교육이나 직장에서의 직업 교육 그리고 문화 교양 교육 등이 사회의 내용교과에 해당된다. 교과 차원의 학교 환경에 비하여 사회의 내용교과 범주는 훨씬 더 세분화되어 있을 뿐만 아니라 광범위한 것이 사실이다. 공원의 안내도를 보고 관람 내용을 정하는 것이나 새로 산 가전제품의 사용 설명서를 읽어보고 작동을 하는 것, 요리책을 보고 식구들을 위한 맛있는 음식을 만드는 것, 새로운 업무의 시행 방침과 행동 강령 등을 익히는 것 등이 바로 사회에서의 내용교과 범주에 해당한다. 최근 학교가 사회 교육의 일부를 담당하게 된 것도 이러한 사회 환경의 중요성을 인식한 때문이다.

(3) 학교

학교의 내용교과 환경은 단순히 읽고 쓰는 등의 인지 과정 차원뿐만 아니라 사회, 문화, 정치적인 상황을 고려해야만 한다. 학교에서의 내용교과 범주와 정치적 상황을 고려한다는 말이 생소할지 모르나 우리나라도 미국과 같이 다문화 사회로 변화되어 가고 있는 현실에서 학교 또한 다문화 교실 상황에 대비하여야 한다는 것이다. 이미 미국에서는 다민족 문식 교육에 대한 연구와 교육을 실시하여 왔다. 우리나라는 그런 상황에 대한 인식이 부족할 뿐 아니라 현실적으로 다문화 교육에 대한 준비가 전혀 이루어지지 않은 상태였다. 대도시 인근의 지방 소도시에서는 이미 학교의 다문화 교육이 중요한 과제로 부상하고 있다. 이러한 것은 사회문화적인 측면뿐 아니라 정치적인 면에서의 고려가 필요하다. 즉, 우리와 다른 문화권 자녀나 우리 문화와 다른 문화가 결속한 가정의 자녀들에게 어떤 교육적 장치를 마련할 것인지에 대한 정책적 배려가 요구된다. 또한 우리나라의 학교 상황에 속한

다문화 가정 자녀들의 부모 국가에 대한 문화적 교육도 배려해야 한다는 목소리가 높아지고 있다.

무엇보다 학교 환경의 내용교과 범주는 기본적으로 국가 교육과정에 근거한 학교의 교재와 교육 내용 그리고 그것을 감싸는 주변 교육자료 등을 일컫는다. 내용교과 범주의 기본이 학교 환경을 근간으로 하고 있다는 것은 학교에서 학습자들의 학습활동이 가장 왕성하게 일어나며 학교를 통하여 일상생활에 필요한 지식과 정보를 습득하기 때문이다. 그렇지만 학교의 내용교과 범주는 보다 전문적인 지식과 경험을 습득하기에는 한계가 있는 것이 사실이다. 그렇기 때문에 내용교과 연구자들은 내용교과 범주를 학교(in-school)로부터 사회(out-of-school, community)로 확대하려고 한다. 궁극적으로 내용교과의 문식성은 보다 폭넓고 깊이 있는 지식과 정보를 습득하는 데에 목적을 두고 있다. 또한 변화하는 사회의 급속한 정보 팽창에 대응하기 위한 전략이기 때문에 보다 다양한 영역 범주의 학습을 통하여 학습자의 창조적인 지식 습득을 추구하고자 한다.

2) 교과 차원

내용교과 연구 영역이 읽기뿐만 아니라 쓰기, 말하기, 듣기를 포함하게 되면서, 학습 상황에서의 지식 및 정보 습득은 물론 효과적인 전략의 구안에까지 이르게 되었다. 따라서 내용교과의 범주를 구분하는 가장 기본적이고 현실적인 방법은 교과를 기준으로 하는 것이다.

교과는 해당 학년의 교육과정에 근거한 각 과목을 일컫는 것이며 해당 학년에서 이수해야 할 교과목이 내용교과의 범주가 된다. 초등학교의 경우 도덕, 국어, 수학, 사회, 과학, 체육, 음악, 미술, 실과, 영어 등의 교과목이 있다. 중등학교는 사회나 과학 과목을 세분화하여 과목의 수가 증가하고 대학은 학생의 전공 영역과 관련된 과목들이 세분화될 수 있을 것이다. 교과 차원의 내용교과 범주는 결국 학습자가 처한 학습 환경의 교재와 관련이 있는 것이다.

교과 차원의 내용교과 범주를 확대 해석하면 학교 안의 제도권 교육뿐 아니라 제도권 밖의 교육을 포함할 수 있을 것이다. 직장이나 직업 교육 또는 교양 교육의 교과목도 내용교과의 교과 차원에 해당될 것이다. 만일 자동차 정비사가 되기 위한 교육을 제도권 교육 이외의 시간과 공간에서 받고 있다면, 해당 학습자가 처한 교육 환경에서 쓰이는 교재가 교과 차원의 내용교과 범주로 구분될 것이다. 만일 자동차를 정비하기 위한 정비 지침을 알기 위해서는 자동차 정비와 관련된 지식과 정보가 담겨 있는 교재들이 다양하게 동원될 것이다. 따라서 이러한 교육 환경에 처한 교사와 학생은 직업 교과 차원의 내용교과 학습을 하고 있는 것이다. 요리 강습 학원에서 쓰이는 교재도 교과 차원의 내용교과 범주에 속하며 직장에서의 직업 교육 교재도 교과 차원의 내용교과 범주에 들어간다. 이처럼 교과 차원의 내용교과 범주는 학습자가 처한 교육 환경에서 쓰이는 교재와 그 교재를 지지하는 교육과정 차원과 맥을 같이 한다고 볼 수 있다.

그러나 내용교과의 범주를 교과 차원으로 한정할 경우에는 주어진 교재와 교육과정이 갖고 있는 한계로 인하여 다양하고 폭넓은 내용교과 문식성을 향상시키는 데 어려움이 있다. 특히 교재의 내용이—학교 밖의 문식 환경의 경우—좋지 않을 경우에는 학습자들의 흥미를 떨어뜨리는 것은 물론 학습 효과를 감소시키는 결과를 가져올 수 있기 때문에 교재를 중심으로 하는 교과 차원의 내용교과 문식성 교육은 다양하고 전문적인 교재의 보충 및 경험을 통하여 수행되는 것이 효과적이다(Diane Lapp, James Flood & Nancy Farnan, 2004, p.32). 결국 학교 환경에서의 내용교과 범주는 교과 차원이 가장 기본적인 구분이나 다른 차원의 내용교과 범주를 적절히 도입하여 수행하여야 할 것이다.

3) 텍스트 차원

내용교과의 범주가 학교에서 사회로 확대되면서 내용교과 연구나 문식력 신장을 위한 교재의 범위도 확대되고 있다. 급속도로 발전하는 과학 기술과 다변화되는 사회문화 구조로 인하여 정보는 양적, 질적으로 팽창하고 있다. 내용교과의 전통적인 텍스트 차원은 내용교과를 가르치는 교사들이 사용하는 교재가 중심이었다. 그러나 이러한 전통적 차원은 학습자들의 정보 수용 능력을 최대한으로 발휘하는 데에 제한점이 있을 뿐만 아니라 새로운 지식을 습득하는 데에 한계를 가져왔다. 특히, 사회나 과학의 경우에는 변화하는 지식과 정보를 내용교과 교재에 모두 담아낼 수 없는 한계가 드러나기 시작하였으며 21세기 디지털 시대에 들어오면서 다양한 텍스트의 동원이 현실화되었다.

텍스트 차원의 내용교과는 단순히 텍스트를 기준으로 내용교과의 범주를 설정하는 차원이라기보다는 내용교과 문식성을 함양하기 위한 교재로서의 조건을 마련하는 것이기도 하다. 학생들은 내용교과의 텍스트로부터 최소한 다음의 네 가지 조건을 만족하는 결과를 얻을 수 있어야 한다. ① 깊이 있는 지식과 정보, ② 다양한 관점의 제시, ③ 내용 문식력의 향상 ④ 사고의 계열화(David W. Moor, Sharon Ather Moor, Patricia M. Cunningham & James W. Cunningham, 2006, pp.63~65)가 바로 그것이다.

먼저, 깊이 있는 지식과 정보를 제공받을 수 있는 내용교과의 텍스트들은 그 자체가 내용교과의 텍스트 차원의 범주를 구성함과 동시에 내용교과 학습에 도움이 되는 텍스트로서의 역할을 하여야 한다. 과학이나 역사 수업 중 학습자들에게 보다 깊이 있는 지식과 정보를 제공할 수 있어야 한다. 학교에서는 교과서의 내용을 보조할 수 있는 것이어야 하며 학교 밖에서는 교양 과목이나 전문 직업 과목의 내용에 대한 추가 지식과 정보를 보다 깊이 있게 전달할 수 있는 텍스트여야 한다. 둘째, 다양한 관점을 제시할 수 있는 텍스트는 특정한 지식이나 정보에 대한 진정성, 가치, 유용성 등을 판단할 수 있는 근거 자료로서의 역할을 하여야 한다. 현대 사회의 지식과 정보는 양적인 면에서 급속도로 팽창하기 때문에 어떤 것이 진정한 가치를 갖는 것인지 분별하기 쉽지 않은 경우가 있다. 학습자는 내용 교재가 제공하는 지식과 정보를 비판적으로 수용하고 반응할 수 있는 능력을 갖추어야 한다. 비교하고 분석하는 과정을 통하여 자신에게 필요한 것들을 정제할 수 있을 것이다. 이때 학습자의 올바른 분석과 판단을 도울 수 있는 텍스트가 동원되어야 한다. 또한 이러한 텍스트들은 하나의 편중된 시각으로 나타난 것이 아니라 학습자들로 하여금 다양한 각도로 생각하고 분석할 수 있는 기회를 제공해 주어야 한다. 셋째, 내용교과 텍스트는 내용교과의 문식 능력을 향상시킬 수 있는 역할을 하여야 한다. 최근 정제되지 않은 채 범람하는 텍스트의 지식과 정보들은 때로는 학습자들의 문식성 함양에 치명적인 영향을 끼치기도 한다. 어린 학습자들일수록 자신이 접한 텍스트가 자신에게 어떤 도움을 주고 있는지 정확하게 판단할 수 없는 경우도 있다. 학습자의 내용 문식력을 향상하기 위한 텍스트는 깊이 있는 지식과 정보를 제공하는 것은 물론 학습자들에게 다양한 관점을 제공하는 것이어야 하며, 사고를 체계화하고 정련할 수 있는 역할을 하여야 한다. 이러한 텍스트들은 학습자들 스스로 선별하는 것이 가장 이상적이지만 그러한 능력을 갖추지 못한 어린 또는 미숙한 학습자들에게는 교사 또는 능숙한 학습자들의 협조가 필수적이다. 마지막으로 사고를 체계화하고 계열화할 수 있어야 한다. 텍스트 차원의 내용교과 범주는 단순히 텍스트의 종류를 구분하는 것이 아니라 텍스트를 통하여 사고력을 함양하는 것과 관련이 있다. 학습자의 사고력 함양은 내용교과의 텍스트가 갖고 있는 질적으로 우수한 지식과 정보이다. 텍스트 차원의 내용교과 범주를 구분하는 가장 큰 이유 중의 하나가 바로 학습자의 사고력 함양이다. 전통적으로 학교의 내용교과 교재를 중심으로 하는 학습활동은 단순히 교과서의 내용을 이해하는 수준이었으나 최근의 내용교과 교재의 범위는 학교 안에서조차 다양한 텍스트의 동원으로 확대되어 가고 있는 추세이다. 교과서를 중심으로 하는 내용교과 텍스트의 차원은 학습자의 사고 범위를 축소시킬 우려가 많다. 팽창하는 지식과 정보를 교과서에 모두 담을 수 없기 때문에 교과서의 내용과 관련된 다양한 지식과 정보를 얻을 수 있는 교재의 동원을 통하여 내용교과 수업을 진행하여야 한다. 이러한 과정은 학습자의 제한된 사고 영역을 확장시키는 결과를 가져오게 된다. 결국 학습자의 사고를 보다 폭넓게 자극하고 체계화하고 계열화하는 텍스트들은 앞의 세 가지 조건을 만족시키는 것과 동시에 변화하는 지식과 정보를 담아낼 수 있는 다양한 텍스트여야 한다.

텍스트 차원의 내용교과 범주는 환경이나 교과 차원과는 달리 보다 명시적이고 세분화되어 있다. 전통적인 내용교과 텍스트인 내용교과 교재(교과서)는 하나 또는 지도서 정도의 제한적인 것이었으나 최근에는 각종 광고 팸플릿, 잡지, 백과사전, 참고서, 간행물, 설명서 등을 포함(Diane Lapp, JAmes Flood & Nancy Farman, 2004, p.7)할 뿐 아니라 신문이나 방송 그리고 인터넷을 통한 자료의 활용에 이르기까지 확대되었다. 이러한 현상은 모든 학교의 인터넷 시설 확충으로 인하여 실시간으로 신문이나 방송 등 변화하는 지식과 정보를 순간순간 선별하여 수업 시간에 활용할 수 있게 되었기 때문이다. 이러한 현상은 교과차원의 내용교과 범주를 통합하여 텍스트 차원의 내용교과 범주로 이행하는 조건을 마련해주는 것이기도 하다. 교과통합적인 내용교과의 범주들은 지식과 정보의 경계가 허물어지는 미래 사회에서 보다 유용하게 활용될 것이며, 텍스트 차원의 내용교과는 학교는 물론 학교 밖의 모든 내용교과 문식성 교육에 효과적으로 적용될 것이다.

3. 내용교과의 쓰기 교수·학습

　내용교과의 교사들은 자신이 담당하는 과목에서의 쓰기 활동을 단순히 내용교과 학습활동의 한 부분이라고 생각한다. 그러나 내용교과 학습활동의 대부분은 읽기와 쓰기, 말하기와 듣기이다. 조금 더 관심을 갖고 수업 장면을 상상하거나 실연하여 보면 내용교과 수업은 지식과 정보의 내용이나 구조가 다를 뿐 어떤 면에서는 언어 수업과 전혀 다를 바가 없어 보이기도 한다. 따라서 내용교과의 학습활동이 성공적으로 이루어지기 위해서는 내용교과 교사와 학생 그리고 교재의 언어적 소통이 효과적으로 수행되어야 할 것이다.

　그러나 대부분의 내용교과 교사들은 해당 교과의 내용을 학생들에게 전달하는 데에 수업을 집중하지 학생들의 읽기나 쓰기, 말하기나 듣기 등의 언어적 활동에는 거의 관심을 갖지 않는다. 다음의 장면을 통하여 내용교과 교사들이 내용교과의 언어활동에 대해 어떤 생각을 하고 있는지 파악할 수 있을 것이다.

　　"나는 과학교사이지 읽기교사가 아닙니다. 그러니 아이들의 읽기 능력을 향상시키는 것이 나의 임무가 아니라 내 과목을 잘 가르치고 평가하는 것이 가장 중요하지요. 즉, 학생들에게 내 과목의 전문적 지식을 습득할 수 있도록 지도하는 것입니다."
　　"만일 선생님께서 선생님이 가르치는 과목을 학생들이 잘 알아들을 수 있기를 바란다면 아이들을 선생님 교과에서의 능숙한 독자로 만들어야 합니다. 그렇지 않으면 학생들은 선생님의 수업 내용을 효과적으로 이해하지 못할 것입니다. 한 번 생각해 보세요. 선생님의 과목을 들을 때에 학생들이 학습 내용을 잘 이해하고 숙지하며 점검하기를 바라지 않나요?"(Amy Benjamin, 2007, pp.12~13)

이 장면은 읽기뿐 아니라 쓰기에도 해당되며 다른 언어활동과도 연관이 있는 것이다. 즉, 내용교과의 교사들은 해당 교과목을 지도할 때에 언어적 활동을 배제하는 경향이 강하며 언어적 활동에 치중하지 않고서도 내용교과의 지식과 정보를 학습자들에게 잘 전달할 수 있을 것이라고 단언한다. 그러나 조금 더 관심을 갖고 내용교과 학습활동의 효율성을 생각한다면 해당 교과 학습활동에서 차지하는 언어적 활동의 중요성을 알게 될 것이다.

내용교과의 쓰기 교수·학습은 바로 내용교과의 지식과 정보를 효율적으로 습득하고 평가하는 과정이다. 내용교과의 학습활동이 말하기, 듣기, 읽기, 쓰기를 모두 포함하는 활동이며 각각의 언어활동은 상호 유기적이다. 즉, 내용교과의 쓰기는 결국 내용교과의 지식과 정보를 제대로 이해하고 습득하였는지를 평가하는 쓰기로 보아야 할 것이다. 학습자 수준에서 내용교과의 쓰기는 선행 학습과 관련이 있으며 내용교과의 학습 내용을 학습자의 이해 수준으로 표현하는 것이다. 내용교과의 학술적 쓰기 활동은 가치 있는 지식과 정보가 담겨 있는 텍스트를 생산하는 것이다. 그렇지만 학습자 수준에서 내용교과의 텍스트를 생산해내는 일은 결코 쉬운 일이 아니다. 내용교과를 통하여 습득한 지식과 정보 이해 그리고 평가 수준에서의 쓰기 활동이 선행되어야 한다.

1) 내용교과 쓰기의 유형

NAEP(the National Assessment of Education Progress)에서는 학교에서의 쓰기를 ① 이야기(narrative), ② 정보(informational) 그리고 ③ 설득(persuasive)의 세 가지 범주로 구분하였다(Greenwald et al, 1998, Norman Unrau, 2004, p.221에서 재인용). 이러한 구분은 내용교과를 포함하는 학교에서의 학습자들의 쓰기 범주를 기존의 수사적인 장르개념으로부터 실질적인 쓰기의 유형으로 범주화한 것이다. 이러한 범주의 구분은 기존의 문학적 장르개념으로부터 실제 학습 상황과 관련된 쓰기 개념의 도입이라고 볼 수 있다.

내용교과의 쓰기는 형식면에서 일반적인 쓰기와 차이가 있다. 내용교과의 쓰기는 일반적인 글쓰기에 비하여 ① 글의 길이가 짧고(short), ② 자발적(spontaneous)이며, ③ 탐구적(exploratory), ④ 비형식적(informal), ⑤ 개인적(personal)이고, ⑥ 초고의 형태(one drafted)로 ⑦ 비편집(unedited), ⑧ 비등급(ungraded)화(Harvey Daniels, Steven Zemelman & Nancy Steinke, 2007, pp.22~23) 되어 있다. 즉, ① 평가질문이나 조건에 따라 쓰기의 상황이 전개되기 때문에 많은 시간이 주어지지 않는다. 일반적인 글쓰기의 경우에는 충분한 시간이 주어지기 때문에 내용이 그만큼 풍부(substantial)한데 비하여, 작은 메모장이나 학습지 등을 이용하여 필요한 만큼의 쓰기를 하기 때문에 글의 길이가 짧을 수밖에 없다. ② 일반적인 글쓰기의 경우에는 쓸 내용을 미리 구상하고 내용을 조직하며 되돌아보고 출판하는 과정 등이 미리 계획(planned)되어 있지만, 내용교과의 쓰기는 미리 계획할 만한 시간적 여유가 없다. ③ 일반적 쓰기의 내용이 때로는 권위적(authoritative)인데 비하여 내용교과는 교과 시간과 관련된 내용이 주를 이루기 때문에 탐구적이고 분석적이다. ④ 또한 정해진 절차와 과정에 의하여 작성된 형식적(conventional) 글에 비하여 다양한 과목이나 교재 또는 텍스트의 지식과 내용에 근거하기 때문에 비형식적이고 ⑤ 의도적으로 독자를 고려(audience centered)한 글쓰기에 비하여 지식이나 정보를 확인하고 재인 분석하는 등의 개인적 인지 과정의 표현이기 때문에 개인적이라고 할 수 있다. ⑥ 일반적인 글쓰기는 여러 번의 쓰기 과정을 통하여 잘 정제된 초고(drafted)의 형태를 갖추고 있음에 비하여 내용영역의 쓰기는 제한적인 조건에 의하여 최초의 초고(one drafted)가 최종의 내용이 된다. ⑦ 수정과 보완이라는 편집(edited)을 통하여 보다 양질의 정제된 작품을 만들어 내는 일반적 글에 비하여 내용교과의 쓰기 활동에서의 편집은 거의 상상하기 힘들 것이다. 이러한 내용교과 쓰기 결과물들은 일반적인 글이 평가(assessable)나 감상 활동의 대상이 되는 것과는 달리 불필요하게 등급을 나누어 평가의 대상으로 삼지 않을 수도 있다.

내용교과의 쓰기는 세 가지 유형으로 구분할 수 있다. ① 제한적 쓰기, ② 내용 요약, ③ 분석적 쓰기(Norman Unrau, 2004, p.218)가 그것이다. 제한적 쓰기는 주로 학생들이 학습한 내용을 얼마나 잘 인지하고 있는지 평가하는 것이다. 내용학습활동에서 습득한 지식과 정보를 얼마나 잘 이해하고 있는지 알아보기 위한 질문에 대한 예증인 것이다. 삼국의 통일 과정에 대한 사회과 수업을 하였을 때, 정리 단계에서 교사가 학생에게 "삼국 통일의 주역이 된 인물과 그 인물이 한 일에 대하여 기술할 것"이라고 한다면 학생은 수업 중에 학습 한 내용을 머릿속에서 꺼내어 글로 써야 할 것이다. 내용 요약은 수업 시간 중에 습득한 지식이나 정보 중에서 중요한 것들을 모아 간략하게 정리하는 쓰기이다. 내용교과 수업 시간이 제한적인 것은 당연할 뿐 아니라 수업 시간 중에 이루어지는 내용교과의 쓰기는 보다 제한적이고 시간적인 여유가 없다. 따라서 내용을 요약하는 쓰기 활동은 내용교과 쓰기의 매우 중요한 능력이다. 제한적 쓰기와 내용 요약에 비하여 분석적 쓰기는 보다 체계적이고 완성도 있는 텍스트를 생산해 낸다는 점에서 내용교과 쓰기 활동이 지향하는 바이다. 수업 시간에 습득한 지식과 정보를 바탕으로 하여 다른 내용교과의 지식과 정보를 비교, 분석, 통합, 평가하는 과정을 거쳐서 하나의 완성된 텍스트를 생산해 낼 수 있을 것이다.

2) 내용교과 쓰기의 과정

내용교과의 쓰기 과정은 ① 쓰기 전, ② 쓰는 중, ③ 쓴 후(David W. Moor, Sharon Ather Moor, Patricia M. Cunningham & James W. Cunningham, 2006, pp.186~191)의 활동이 유기적으로 연결되었을 때 학습 효과를 나타낼 수 있다. 내용교과의 쓰기가 주로 교과 시간 내에서 이루어지기 때문에 제한적 조건을 충족하여야 한다. 쓰기의 제한적 조건은 특히 시간과 자료의 동원과 관련이 있다.

제한된 시간 안에서 주어진 문제를 해결하기 위해서는 단 시간 안에 세 가지 과정이 유기적으로 이루어져야 한다. 이 과정 안에서 피드백 또한 이루어져야 하기 때문에 내용교과의 쓰기는 매우 빠른 시간 안에 학습자의 인지 과정이 이루어져야 한다.

(1) 쓰기 전

학습자의 배경지식을 최대한 효과적으로 동원하는 것이 쓰기 전에 학습자가 하여야 할 가장 중요한 인지전략이다. 또한 쓰기 동기를 최대한 활성화시키는 것도 중요하다. 이때 학습자들이 할 수 있는 활동은 ① 사고확장(brainstorming), ② 도안(charting), ③ 생각 그물 작성(webbing), ④ 탐색하기(researching), ⑤ 토론(discussing) 등이다. 이러한 활동을 통하여 내용교과 시간에 습득한 지식과 정보를 정련하고 관리하여 자신의 배경지식으로 구성할 수 있을 것이다.

학습자들의 배경지식을 활성화하고 쓰기 활동에 몰입할 수 있는 조건을 형성하기 위하여 교사는 쓰기 전에 빔프로젝터나 대형 스크린 등의 시각적인 자료를 동원하여 내용을 다시 한 번 정리하여 줄 수 있다. 또한 교사가 한 가지 예를 들어서 직접 시범을 보여주는 것도 좋은 방법이다. 만일 특정한 양식—과학실험 보고서나 견학 기록문 등—에 작성을 하여야 하는 경우에는 해당 양식을 사용하는 방법을 알려주어야 할 것이며, 양식의 사용법을 이미 학생들이 알고 있을 경우에는 잘 작성된 예시문을 보여주는 것도 효과적이다. 이러한 기본적인 안내를 통하여 학생들이 특정한 양식의 활용을 아는 데에 소비되는 시간을 절약할 수 있을 것이며 그 대신 사고를 활성화하여 보다 좋은 내용을 쓸 수 있을 것이다. 다양한 예시 자료와 설명을 통하여 학습자들은 쓰기 전에 자신이 학습한 내용을 바탕으로 무엇을 써야 할지를 결정할 수 있게 된다.

(2) 쓰는 중

무엇을 써야 하는지 알고 있으며 무엇을 써나가야 하는지 방향을 결정하면 학생들은 바로 주어진 문제를 해결하기 위한 글을 작성한다. 글을 쓰는 과정에서는 ① 모둠 활동, ② 자료 활용, ③ 형식을 고려해야 한다. 내용교과의 쓰기 활동이 주로 교과 학습 시간 중에 이루어진다는 점을 감안한다면, 학습자의 독립적인 활동이라기보다는 학습자 상호 간의 활동을 고려해 보아야 한다.

개별 학습자의 평가를 위한 쓰기일 경우를 제외하고는 공동의 과제를 수행하는 경우도 상당히 많다. 이러한 경우 일정한 수의 학습자들을 하나의 모둠으로 구성하여 상호 협동에 의한 쓰기 활동을 고려해보아야 한다. 공동 과제 수행은 학습자 개개인의 생각과 의견을 상호 교환함으로써 사고를 확장하고 보다 양질의 내용을 생산할 수 있게 한다.

과거와 달리 최근의 교실은 과학기술 발달에 따른 최신의 교육적 장치들이 구비되어 있다. 전자 칠판은 물론 학습자들이 자유롭게 이용할 수 있는 컴퓨터와 인터넷 통신 장치가 놓여 있다. 인터넷을 동원한 자료의 활용은 내용교과 쓰기의 혁명을 일으켰다고 해도 과언이 아니다. 학습자들은 제한된 시간과 공간 안에서 인터넷을 이용하여 다양한 자료를 동원할 수 있게 되었다. 뿐만 아니라 종이 위에 연필로 글을 쓰는 전통적인 방식으로부터 워드프로세서를 이용한 문서의 작성이 용이해졌기 때문에 보다 빠른 시간에 글을 쓸 수 있을 뿐만 아니라 다양한 형식이나 양식을 자유롭게 검색하여 활용할 수 있게 되었다. 인터넷을 이용한 자료의 활용은 시간이 갈수록 보다 자유롭고 수월하며 양적, 질적으로 팽창할 것이다.

내용교과의 쓰기는 해당 교과목의 지식과 정보의 유형에 따라 특정한 형식이나 양식이 제공되는 경우가 많다. 과학실의 실험 보고서라든지 수학교과의 문장제 만들기 등은 해당 교과의 형식과 양식을 조건으로 써야 하는 경우이다. 그렇기 때문에 글을 쓰는 중에는 주어진 문제를 주어진 형식과 양식에 맞게 작성할 수 있어야 한다. 더불어 철자와 맞춤법을 정확하게 구현하는 것도 매우 중요한 일이다. 문학적 글쓰기의 경우에는 학습자의 상상력과 창의성을 발현하기 위하여 형식이나 양식에 구애되지 않는 자유로운 글쓰기가 허용되지만 내용교과의 쓰기는 해당 교과의 지식과 정보를 표현하는 것이기 때문에 정확한 철자와 맞춤법이 요구된다. 예를 들어 '현무암은 화산활동으로 형성된 암석이다.'라는 내용에서 '현무암'을 '연무암'이라고 잘못 표기할 경우 잘못된 과학적 지식과 정보를 잘못 전달하는 것이기 때문에 매우 큰 문제를 야기한다. 따라서 내용교과의 글을 쓰는 중에는 글을 쓰는 형식이나 양식에 맞추어 쓰는 것은 물론 문법 규칙을 지키는 것도 매우 중요하다.

(3) 쓴 후

일반적인 글쓰기 활동 후에는 교정 작업이나 출판을 위한 편집 또는 감상 활동을 주로 하지만 내용교과의 글을 쓴 후에는 작성한 내용을 되돌아보는 활동이 가장 중요하다. 해당 교과의 지식과 정보를 배경지식으로 하여 필요한 조건에 맞게 제한된 시간 내에 작성한 글은 평가의 대상이 되거나 내용 이해의 정도를 파악하는 데에 필요한 피드백 자료로 활용된다. 따라서 학습자들은 자신이 쓴 내용이 문제해결에 적합한 것인지 확인하여야 한다. 만일 모둠 학습을 하였을 경우에는 상호 검토하면서 잘못 이해한 내용에 대한 수정, 보완을 하여야 한다.

내용교과의 쓰기를 통하여 산출된 결과물을 통하여 학습자들이 해당 수업 시간에 습득한 지식과 정보의 오류를 발견할 수 있을 것이다. 충실한 교사는 매 차시 자신의 수업 내용과 관련된 평가를 시행한다. 이러한 평가는 등급을 위한 것이 아니라 해당 수업 과정을 통하여 습득한 학습자들의 지식이나 정보 등의 오류를 수정하기 위한 것이다. 교사는 학습자들이 쓴 결과물을 바탕으로 보충 학습이나 차시 학습 계획을 마련할 수 있을 것이며, 학습자들이 수행한 학습활동이 얼마나 성공적이었는지 교사 스스로 평가할 수 있는 기회가 될 것이다.

내용교과의 쓰기 결과물은 일반적인 쓰기의 결과물이 편집이나 출판 등을 고려하는 것과 달리 해당 교과 시간의 활동으로 종료되는 경우가 대부분이다. 해당 학습 시간에 습득한 지식과 정보에 대한 학습자의 이해 수준을 파악하기 위한 것이기 때문에 쓰기의 결과물은 거의 일시적이다. 일시적이라는 것은 내용교과의 쓰기를 통한 산출물이 더 이상 어떤 가치를 만들어내지 못한다는 것이다. 제한된 시간 내에 만들어낸 결과물이기는 하지만 그것은 학습자들의 노력이 담겨 있는 것이다. 별도의 편집이나 출판 과정을 거치지 않을지라도 차후에 학습자들에게 어떤 도움이 될 수 있는 역할을 하도록 해야 할 것이다. 이러한 노력을 통하여 거의 매 차시마다 이루어지는 내용교과 시간의 쓰기 활동이 단순히 학습자를 평가하기 위한 것이 아니라는 인식을 갖도록 해야 한다. 매 차시의 내용교과 쓰기가 자신의 이해도를 평가하기 위한 도구로 쓰인다고 생각되면 그것은 기계적인 반복 행위로 인식되고 학습 동기를 저하시킬 것이다. 따라서 해당 교과 시간을 통하여 산출된 결과물을 모아두는 것도 매우 중요하다.

3) 내용교과 쓰기의 방법

내용교과의 쓰기 방법은 매우 다양하다. 어떤 환경에서 어떤 교과목(내용)의 어떤 주제에 대하여 쓰는지에 따라 각기 다른 방법을 적용할 수 있을 것이다. 여기서는 대표적인 내용교과의 쓰기 방법 몇 가지에 대하여 알아보기로 한다.

(1) 시간제한 쓰기(Timed Writing)

학습자들이 교과 시간 중에 수행하는 거의 모든 쓰기는 제한된 시간 내에 이루어진다. 특히 평가와 관련된 쓰기 활동은 주어진 시간이 관건이다. 미국의 SAT나 ACT가 그렇듯이 우리나라의 대입 논술이 그렇다. 동일한 조건에서 동일한 주제를 가지고 주어진 시간 내에 누가 더 좋은 내용을 쓰는가에 따라 합격 여부가 결정된다. 따라서 매 차시 내용교과 시간에 행해지는 쓰기 활동은 해당 교과 시간이 종료되면 쓰기도 종료된다. 따라서 학습자는 주어진 시간 내에 자신이 이해한 해당 교과의 지식과 정보를 최대한 효과적으로 표현하는 것이 매우 중요하다.

학습자들 스스로 어떤 주제에 대하여 글을 쓸 때에 시간을 정해 놓고 그 시간 내에 일정한 길이의 내용을 작성할 수 있는 능력을 기르는 것은 매우 중요하다. 뿐만 아니라 내용교과 교사도 학습자들이 쓰기 활동을 수행할 때에 시간을 주고 해당 시간 내에 글을 쓸 수 있도록 지도해야 할 것이다. 학습자들의 능력이 각기 다른 만큼 능숙한 학습자와 미숙한 학습자를 고려하여 시간을 배정하여야 할 것이다. 능숙한 학습자들과 미숙한 학습자들 간의 시간적 차이를 주어 개별화를 시도하는 것이 효과적이다.

시간제한 쓰기는 학습자의 배경지식의 활성화를 앞당기는 활동이기도 하다. 거의 같은 수준의 배경지식과 쓰기 능력을 갖고 있다고 하더라도 한 학습자는 자신에게 주어진 30분 내에 자신의 쓰기 능력을 발현하여 주제에 어울리는 글을 쓰는 반면, 다른 학습자는 앞의 학습자와 같은 수준의 배경지식과 쓰기 능력을 갖고 있음에도 불구하고 30분이 아닌 50분에 주제에 어울리는 글을 쓴다고 한다면 분명 시간의 초과로 인한 불이익을 감수해야 할 것이다. 시간제한 쓰기 능력을 향상시키는 방법은 반복 훈련에 의한 숙달이다. 단순히 글자를 지면에 표기하거나 타자 속도를 향상시키는 것은 물론 단 시간에 주제에 어울리는 배경지식을 동원할 수 있는 인지적 능력을 향상시킬 수 있을 것이다. 그런 면에서 개인용 타이머를 별도로 준비하는 것도 좋은 방법이다.

(2) RAFT

RAFT는 더그 뷰엘(Doug Buel)에 의해 연구된 것으로 역할(Role), 독자(Audience), 형식(Format), 주제(Topic)의 머리글자를 따서 이름을 붙인 내용교과 쓰기의 방법이다. 학습자들이 내용교과 수업 시간을 통하여 습득한 내용을 얼마나 깊이 있게 알고 있으며 그것을 어떻게 효과적으로 표현하는지에 대한 방법이다(Harvey Daniels, Steven Zemelman & Nancy Steinke, 2007, p.159).

역할은 자신이 습득한 지식과 정보를 표현하는 데에 있어서 어떤 역할을 담당해야 하는지 또는 자신을 내용교과의 어떤 인물이나 사물과 대치하여 생각해 보는 것이다. 예를 들어 과학 수업을 하였을 경우에는 과학자의 입장이 되어 본다거나 곤충이나 벌레의 입장이 되어서 해당 지식이나 정보에 대하여 생각해 보는 것이다.

누가 나의 글을 읽을 것인지 생각해 볼 필요가 있을 것이다. 또는 누구를 설득하기 위하여 내가 글을 쓰는지 생각해 보아야 한다. 내용교과의 쓰기는 대부분 교과 시간에 이루어지기 때문에 학교의 경우 교사가 주 대상일 것이며 직장에서는 상관, 학교 밖의 교양 교육 기관에서는 또 다른 독자를 예상할 수 있을 것이다. 독자를 고려한다는 것은 내가 습득한 지식과 정보를 어떻게 효과적으로 타인에게 전달할 것인지에 대한 전략을 모색하게 한다. 결국 독자를 고려한다는 것은 자신의 역할을 정하는 것과 관계가 있으며 독자에 따라 자신의 역할이 정해지기도 한다. 이러한 독자의 역할과 상황은 교사의 주도하에 학습자에게 제공될 수도 있다. 전문적인 지식을 습득하는 교과 내용의 경우에는 해당 지식과 관련된 전문적인 과학자의 역할을 맡아 강의실의 학생이나 다른 과학자들을 독자로 생각하여 글을 쓸 수 있을 것이며, 역사 과목의 경우에는 역사 속의 인물이 되어서 동료나 가족을 독자로 생각하고 글을 쓸 수 있을 것이다.

내용교과의 쓰기 형식은 매우 다양하다. 보고서, 읽기, 논문, 연설문, 견학 기록문 등 해당 교과의 지식이나 정보를 표현하는 수단이면 어떤 것이든지 유용한 형식에 해당될 것이다. 여기서의 형식은 바로 해당 영역의 지식과 정보를 저장할 수 있는 도구로서의 역할을 효과적으로 수행하는 모든 것들을 지칭한다.

주제는 지금 자신이 무엇에 대하여 쓰고 있는지와 관련이 있는 모든 것이다. 해당 교과의 지식과 내용이 그 핵심이 될 것이며 교사에게 의하여 주어진 과제일 수도 있다. 글을 쓰는 목적이 바로 주제가 될 것이다. 궁극적으로 내용교과의 쓰기 활동은 주제에 대한 표현 활동이며 주제는 내용교과의 지식과 정보를 포괄적으로 또는 함축적으로 드러내는 것이어야 한다. 대부분의 경우 내용교과 교사에 의하여 주제가 정해지지만 학습자 스스로 주제를 정해야 할 경우에는 해당 내용교과로부터 습득한 지식과 정보를 기반으로 하여야 한다.

내용교과의 쓰기는 궁극적으로 학습자의 학습 능력을 향상시키는 데에 목적이 있다. 내용교과의 쓰기를 학습 쓰기(writing-to-learn)라고 달리 부르는 이유가 그것이다. 교과서의 내용을 보다 효과적으로 이해하게 하고 사고력을 향상시킴으로써 내용교과의 지식과 정보를 효과적으로 습득하게 한다. 따라서 내용교과의 교사들은 자신들의 수업 시간 중에 수행하는 학습자들의 읽기 및 쓰기 발달을 국어교사의 책임으로만 돌리지 말아야 한다(Kathy J. Knipper & Timothy J. Duggan, 2006, p.468). 언어사용 기능을 신장시키는 것이 국어교사의 중요한 임무이고 학습자들은 국어시간을 통하여 언어사용 기능을 익히는 것이 사실이지만 종종 국어시간에 배운 언어사용 기능이 내용교과의 학습활동과 별개로 수행되는 것을 발견한다. 언어사용 기능의 신장은 학습자의 사고 발달과 직접적인 관련이 있다. 내용교과에서의 언어사용 기능 신장은 내용교과의 사고력을 신장시키는 것이며 동시에 학습 효과를 극대화할 수 있는 것이다.

내용교과의 연구가 읽기로부터 모든 언어사용 기능을 포함하는 학습으로 확장되어 가고 있는 것은 지식과 정보의 팽창을 가져오는 과학기술의 발달과 다변화하는 사회구조에 기인한다. 학교 안에서 습득하는 지식과 정보는 결국 학교 밖의 실생활과 관련된 것이다. 최근에는 학교 안의 교육 못지않게 학교 밖의 교육 활동이 중시되고 있기 때문에 수많은 지식과 정보를 효과적으로 습득하고 그것을 효과적으로 활용하기 위해서는 내용교과의 언어사용 기능 향상에 대한 연구가 지속되고 확대되어야 한다. 지식과 정보의 팽창은 결국 지식과 정보의 전문성과 세분화를 유도할 것이다. 세분화된 전문적 지식과 정보의 습득을 위해서는 효과적인 언어 학습 전략이 요구된다. 그런 측면에서 내용교과의 언어사용 기능 향상은 학습자들이 갖추어야 할 필수 조건인 셈이다.

내용교과의 쓰기에 관한 연구는 교과와 지식 차원에서 보다 구체적으로 연구되어야 할 것이다. 기존의 내용교과 학습활동에서 수행하는 각종 쓰기 형식과 양식을 교과와 지식의 차원에서 분류하고 분석하여야 한다. 기존의 형식과 양식은 팽창하는 지식과 정보를 모두 담아내기에는 턱없이 부족할 것이다. 내용교과의 쓰기가 제한적이고 비형식적이기는 하지만 비형식의 조건 안에 수많은 형식들이 다양하게 존재한다는 것을 인식하여야 한다. 특히 초등학교에서부터 내용교과의 쓰기에 관한 훈련을 지속하여야 할 것이다. 언어사용 기능이 급속도로 향상되는 초등학교에서의 내용교과 쓰기 능력의 습득은 곧 전문적인 지식과 정보를 담아낼 수 있는 학술적인 쓰기로 발전할 것이다. 초·중등학교에서의 쓰기 능력이 대학에서 전혀 쓸모없어진다는 작금의 현실은 바로 내용교과 쓰기의 조기 지도가 얼마나 절실한지 증거하는 것이다.

학습자의 정의적인 측면을 중시하는 문학적 글쓰기 능력의 향상과 더불어 학습활동을 효과적으로 수행할 수 있는 내용교과의 쓰기 능력 향상은 학교 안이나 학교 밖에서도 더욱 중시되어야 할 것이다. 지식과 정보는 머무르는 것이 아니다. 학습자의 학습 능력 또한 그러한 변화에 적응하여야 한다. 문학적 정서 함양을 위한 글쓰기의 중요성과 더불어 학습 능력 향상을 위한 내용교과의 쓰기는 미래 사회의 인간이 갖추어야 할 필수적인 능력인 것이다. 교과와 지식 차원의 전략적 접근과 더불어 교사 차원의 교육을 병행하는 것도 내용교과 쓰기 능력 발달을 위한 중요한 전제조건이 될 수 있다. 여전히 내용교과 교사들은 자신들의 과목에서 수행되는 언어사용 기능이 교과의 지식과 정보 습득에 어떤 영향을 미치는지 정확하게 인지하고 있지 못하다. 따라서 내용교과의 언어사용 기능을 향상시키는 것이 학습자들의 내용교과 학습 능력 향상에 유효한 영향을 미친다는 가시적 결과를 바탕으로 구체적인 실행 전략과 방법에 대한 연수를 실시하여야 할 것이다. 언어 교사가 일상의 언어사용 기능 신장에 중점을 두는 것과 같이 내용교과 교사들은 담당과목의 내용을 학습자들이 효과적으로 습득할 수 있는 언어사용 전략과 방법을 학습자들에게 알려주어야 한다.

내용교과의 지식과 정보를 효과적으로 습득할 수 있는 방법과 전략을 향상시킬 수 있는 국어과 교육과정 운영의 필요성을 생각해 볼 수 있다. 일상생활은 물론 다른 내용교과의 학습 능력을 향상시킬 수 있는 교육과정의 내용구성은 단순히 언어를 익히고 사용하는 측면에서의 도구적 성격을 한 단계 격상시킬 수 있는 기반이 될 것이다. 그러기 위해서는 국어과에서 교과와 지식 차원으로 내용교과를 구분하여 각각의 차원에 맞는 언어사용 기능을 익히도록 하여야 할 것이다. 예를 들어 수학의 문장제와 관련된 쓰기 및 읽기의 방법을 국어과에서 지도하는 방법을 생각해 보아야 한다. 수학 문장제 읽기와 쓰기의 능력을 향상시킬 수 있는 교육 내용을 교육과정에 편성하여 국어 수업 시간에 내용교과의 지식과 내용을 효과적으로 습득할 수 있는 방법과 전략을 배우고 익힐 수 있도록 해야 할 것이다.

내용교과의 언어사용 기능의 신장은 국어과의 언어사용 기능의 신장과 맥을 같이 하여 학습자의 교과 학습을 지원할 수 있는 국어과의 도구적 성격을 가치 있게 만든다. 그리고 내용교과의 언어사용 기능 신장을 통하여 학습자는 변화하는 시대의 팽창하는 지식과 정보를 효율적으로 습득할 수 있는 능력을 형성하게 될 것이다. 따라서 내용교과의 쓰기는 물론 읽기, 말하기, 듣기를 포함하는 언어 기능 전반에 관한 연구가 지속되어야 할 것이다.

—「내용영역의 쓰기에 관한 개념적 접근」, 『한국초등국어교육』 제36집,
한국초등국어교육학회, 2008. 4. 30.

제3장

학문적 글쓰기의 유형, 구조, 지도 단계

학문적 글쓰기는 필자의 목적과 표현 수준이 명확하다. 학문적 글쓰기는 자신이 알고 있는 지식과 정보를 간단하게 정리하는 수준의 요약하기부터 새로운 지식을 구성하는 창의적인 글쓰기에 이르기까지 광범위하고 발전적이며 전문적이고 상세적이다. 특히 대학에서 실시하는 시험을 통하여 학문적 글쓰기가 수행되는 경우 상당수의 평가자들은 학생들이 학문에 쏟아 부은 노력과 주제에 관하여 알고 있는 바를 구체적이고 명시적으로 나타내지 못한다고 생각한다. 게다가 학생들은 자신들의 평가 점수에 대하여 어떤 기준으로 등급화되는지에 대하여 의문을 갖고, 좋은 점수를 받기 위해서는 어떤 방식으로 글을 써야 하는지 궁금해 한다(Hartwell. P. 1986 : 248~249).

고등학교를 졸업하고 대학에 들어서는 순간 학생들은 더 이상 자신의 글쓰기 행위에 구속받지 않으려고 시도할지 모른다. 우리나라 학생들의 글쓰기는 등급화를 위한 또는 입시에 구속된, 어떤 면에서 일정한 틀에 의하여 제한되어 있었기 때문에 대학에서의 글쓰기는 훨씬 더 자유롭고 분방하리라고 기대한다. 하지만 그런 생각은 대학의 강의실에 들어서는 순간 사라지게 된다. 대학의 글쓰기는 더욱 더 엄격하고 규범적이며 그것은 전문적인 자신의 학문 분야와 직접적으로 관련이 있음을 알게 된다.

대학의 글쓰기는 학문적 문제를 해결하기 위한 과정 활동이며 그것은 전문 지식의 습득을 통한 학문적 표현의 성과여야 한다. 대학은 전문적인 지식인을 육성하는 사회적이면서도 수사적인 맥락이 지배하는 공간이다. 글쓰기는 철저히 사회적·수사적 맥락 안에서 의미를 구하는 과정이다. 대학의 사회적·수사적 맥락을 고려한 작문이야말로 학문적 글쓰기의 질적 가치를 인정받는 것이다. 때때로 작문 과제, 강의실 또는 학문적 작업 상황, 독자 등의 이러한 힘들은 직접적인 수사적 맥락을 구성한다. 또 필자 자신의 글쓰기 목표, 필자가 지닌(또는 지니고 있지 않은) 지식, 주제에 대한 생각을 표출하는 언어 등과 같은 것들도 수사적 맥락에 영향을 미치는 힘으로 작용할 수 있다. 또한 우리의 문화적·사회적 배경으로부터 도출되는 또 다른 영향력들은 대학의 학문과 문화적 배경을 공유하는 표현 요소로 작용한다(Flower, L., 1998 : 44~45). 이러한 영향력들은 대학생들이 자신이 속한 대학이라는 사회적·문화적 공간 안에서의 언어적 소통으로의 작문이 사회적·수사적 맥락 안에서 어떻게 의미가 구성되는지 생각해 볼 수 있을 것이다. 대학이라는 사회적·수사적 맥락은 학문적 담화 공동체[1]의 소통을 전제로 한다. 따라서 필자와 독자는 교수, 학생 모두를 포함한다. 그러나 필자의 의식과 독자의 의식은 자신의 작문 목적과 의도 그리고 학문적 영역과 상세 기술의 측면에 따라서 달라진다. 또한 텍스트를 생산하는 필자의 표상이나 텍스트를 수용하는 독자의 표상은 그들이 처한 학문적 담화 공동체의 수사적·사회적 맥락에 따라서 달라질 것이다.

만일 수학 교육을 전공하는 학생이 피타고라스의 정리를 학생들에게 효과적으로 전달할 수 있는 방법의 학기말 보고서 제출 요구를 받았다고 할

---

1) 학문적 담화 공동체는 교수와 학생, 교수와 교수, 학생과 학생 등 학문적인 소통이 이루어지는 모든 필자 또는 독자를 대상으로 한다. 때로는 강의실의 보고서가 될 수 있고 때로는 학술대회의 논문이 될 수 있으며 때로는 학보사의 논설이나 학회지의 문예비평이 될 수도 있을 것이다. 이러한 대학의 사회적·수사적 맥락은 대학이라는 학문적 공동체 구성과 직접적인 관련이 있으며 문화적인 것을 포함하여 다양한 소통이 이루어진다.

때에, 학생은 텍스트를 생산하는 필자의 입장에서 독자의 표상에 대하여 고민할 것이다. 이때 학생의 의식은 독자의 표상을 어떻게 형성할 것인지에 대하여 고민하면서 두 대상을 떠올릴 것이다. 한 독자는 피타고라스의 정리를 직접 수용하는 가상의 독자인 학생이며 또 다른 독자는 자신의 피타고라스 정리가 학생들에게 잘 전달되도록 효과적으로 구성되었는지를 평가하는 교수이다. 현명한 필자는 두 독자의 입장에서 독자의 표상을 고려할 것이며 텍스트는 독자를 고려하여 작성될 것이다. 이와 같이 하나의 의도된 글은 독자의 의식 및 독자의 표상을 고려하는 계획적인 과정에 의하여 생산되어야 한다.

  학문적 글쓰기는 매우 계획적이며 문제해결적이다. 그런 면에서 대학의 글쓰기는 필자가 속한 학문적 담화 공동체의 역할과 사회적 지향점에 의거하여 계획적이며 문제해결적이라고 할 수 있다. 대학은 학문적인 담화 공동체로 형성되어 있으며 사회적·수사적 맥락 안에서 의미를 구성하는 소통의 장이다. 최근 대학 작문 교육의 필요성이 다시 대두되면서 학문적 글쓰기의 교육 내용구성 방향에 대한 새로운 시각이 요구되고 있다. 대학의 작문은 기본적으로 학문적으로 전문화, 세분화된 지식 생산 과정이어야 한다. 그러기 위하여 텍스트의 유형을 구분하고 구조를 상세화하여 체계적인 작문 교육 내용을 구성하여야 할 것이다. 또한 대학생을 위한 학문적 글쓰기 지도는 텍스트의 유형과 구조에 따라 기초 단계에서 상위의 단계로 나아가야 한다.

1. 학문적 글쓰기 텍스트의 유형

학문적 글쓰기에서의 텍스트 유형은 텍스트 구조와 맥을 같이 한다. 학문적 글쓰기의 텍스트 구조는 또한 지도 단계와 함께 고려되어야 한다. 따라서 여기 제시된 텍스트의 유형은 구조 및 지도 단계와 상호성을 갖고 있으며, 이와 관련된 교재를 구성할 때에 매우 중요한 의미를 갖게 된다.

1) 요약문

요약문은 학문적 글쓰기 유형의 가장 기본적인 표현 양식이다. 요약문은 주로 객관적인 사실을 전달하는 데에 목적이 있다. 주관적이고 근거가 없는 내용을 작성하는 것이 아니라 객관적인 지식과 정보를 근거로 하여 작성되어야 한다. 또한 나의 생각과 의견을 간추려서 전달하는 것이다. 요약문은 핵심적인 내용을 중심으로 하여 제한된 공간과 시간 내에 마련하여야 한다. 보통 주어진 내용의 10~20% 정도로 요약문을 작성하는 것이 좋다. 예를 들어 1000자의 제시문을 읽고 요약문을 작성할 경우에는 100~200자 정도로, 60초의 구술 내용을 요약할 경우에는 6~12초 정도로 줄이는 것이 좋다. 이러한 제한적 요약문 작성 훈련은 작문 평가에서 매우 유용하다.

요약문은 중요한 내용을 중심으로 간추리는 것이지만 무엇이 중요한지 찾아내기란 그리 쉬운 일이 아니다. 말과 글의 주제가 무엇이고 내가 대상에게 전하려고 하는 생각과 의견의 핵심이 무엇인지 정확하게 파악하고 있어야 한다. 대부분의 작문은 주제와 제시문이 주어진 상황이기 때문에 어떤 주제에 대한 내용인지, 그 내용을 핵심적으로 이끌어가는 핵심어와 핵심문장은 무엇인지 정확하게 파악하여야 한다. 이러한 핵심어와 핵심문장을 중심으로 요약문을 작성하여야 한다.

요약문을 작성하는 연습은 상위의 다른 어떤 양식의 글쓰기보다 중요하다. 요약을 하는 훈련은 작문의 단계에서 지속적이고 장기적으로 인내심을 갖고 연습할 것을 안내한 바 있다. 요약을 통하여 내용을 이해할 수 있기 때문에 요약 훈련은 작문의 가장 초석이 되는 활동이다. 따라서 미숙한 학습자나 저학년 작문 학습자들은 요약문을 작성하는 연습을 게을리 하지 말아야 한다.

2) 설명문

설명문은 어떤 사실에 대한 객관적인 지식과 정보를 전달하는 표현 양식이다. 요약문에 비하여 설명문은 사물과 현상을 대상이 잘 이해할 수 있도록 보다 적극적인 표현 방법을 동원하여야 한다. 요약은 있는 그대로를 함축적으로 표현하는 것이지만 설명문은 대상이 사물과 현상에 대하여 구체적으로 이해하고 받아들일 수 있도록 안내하여 주어야 한다. 즉, 사물과 현상에 대한 설명을 할 때에 이미 존재하는 객관적인 지식과 정보는 물론 자신이 알고 있는 지식과 정보를 덧붙여서 표현하는 것이 효과적이다.

3) 설득문

설득문은 학문적 글쓰기 유형의 중핵이라고 할 수 있는 표현 양식이다. 앞서 글쓰기의 개념에서 언급하였듯이 학문적 글쓰기는 기본적으로 나의 생각과 의견을 대상이 이해하고 받아들일 수 있도록 설득하는 표현이어야 한다. 설득은 객관적인 사실을 그대로 대상에게 전달하는 이전의 단계에서 나의 의지를 보다 강하게 표현하는 주장의 단계 또는 그 이상의 창의적인 것에 이르기까지 가장 중심에 있는 표현 양식이라고 할 수 있다. 설득의 양식은 사회구성원들로 하여금 가장 합리적으로 나와 너의 생각과 의견을 공유할 수 있도록 하는 보편적이고 윤리적인 소통체제이다.

설득을 통하여 나의 생각과 의견을 상대방이 수용하고 이해하였을 때 지식과 정보는 상호 교섭적이고 공유의 가치가 발생한다. 일방적인 소통과 대립의 관계는 부정적인 요소가 더 많다. 논쟁을 통한 관철과 일방적인 지식 전달의 소통은 편협한 담화 공동체를 만들어간다. 따라서 설득의 양식을 생활화하는 것은 작문의 기본적인 능력을 갖추는 것과 동시에 사회적 소통의 도덕성을 확보하는 데에도 크게 기여한다.

4) 논설문

어떤 경우보다 강력한 개인의 의지가 설득력을 갖출 수도 있다. 집단에 대한 개인의 의지를 확고하게 전달하기 위한 일종의 모험적인 표현 양식이라고 할 수 있다. 논설문은 대상과 다를 수 있는 자신의 생각과 의견을 보다 직선적으로 전달하려는 의지를 내포하고 있다. 따라서 논설문은 주장을 중심으로 논의가 전개된다. 그러나 논설문의 주장하는 내용이 일방적인 자기주장만을 담고 있어서는 안 된다. 주장을 하는 데에는 그만한 이유가 반드시 존재하고 있어야 한다. 주장을 하는 이유와 목적이 분명해야 나와 생각이 다른 대상을 설득할 수 있을 것이다. 그래서 주장에 대한 근거를 조목조목 제시하여야 한다. 논설문의 주장과 근거는 보통 기존의 것을 개선하거나 잘못된 것들을 바로 잡으려는 개혁적 의지가 강하다. 따라서 논설문은 문제들에 대한 자신의 생각과 의사를 표명하기 위한 양식이다.

5) 논증문

논설이 자신의 생각을 보다 강력하게 대상에게 전달하기 위한 양식이라면 논증문은 주장과 근거를 보다 객관적으로 뒷받침할 수 있는 다양한 자료들을 제시하여 자신의 생각과 의견이 옳다는 것을 입증할 수 있어야 한다. 나와 생각이 다른 사람들을 설득하기 위해서는 강력한 의지와 목적이 선행되어야 하지만 그것들을 뒷받침할 수 있는 신뢰성 있는 자료들을 추가로 제시할 수 있어야 한다. 논증한다는 것은 나의 생각과 의견이 옳다는 것을 증명하고 그것을 다른 사람이 수용할 수 있도록 설득하는 작문인 것이다.

논증의 양식은 다른 글쓰기와 달리 자료 검색 및 자료 선정 등의 능력이 특별이 더 요구되는 표현 활동이다. 학술적인 연구를 하는 학자들에게 논증문은 일반적인 작문 양식이다. 논증을 통하여 자신의 연구 분야를 드러낼 수 있으며 기존의 것을 대체하거나 새로운 발견에 대한 의사 개진을 할 수 있다. 학자들의 논증문이 그렇듯이 주장을 하기 위해서는 수많은 자료의 동원과 동원된 자료의 신뢰성을 확보하여야 한다. 그만큼 논증문은 매우 전문적인 능력과 지식이 요구되는 작문 양식이다.

6) 창의문

학문적 글쓰기 유형의 가장 최상위인 창의문은 학문적 글쓰기 유형의 하위 모든 양식을 포괄적으로 함유하는 초인지적인 표현 형태이다. 창의적인 내용을 포함하고 있어야 하며 창의적인 내용이 대상을 설득할 수 있는 구조를 갖추고 있어야 한다. 논증이 자신의 주장을 설득하기 위하여 신뢰성 있는 자료들을 동원하여 증명하는 것임에도 불구하고 새로운 지식과 정보를 생산하는 것은 매우 어려운 일이다.

우리가 일반적으로 창의적이라고 하는 것은 이전의 것보다 새로운 것이어야 한다. 이전에 존재하지 않았던 것이라면 더욱 좋겠지만 이전의 것이 갖고 있는 단점을 보완하거나 개선할 수 있는 것이어도 창의성은 돋보인다. 실제로 창의적인 지식과 정보는 완전히 새롭다기보다는 기존의 지식과 정보를 재구성하여 보다 세련되고 진보적이며 창조적인 미래사회를 이끌어 나아갈 수 있는 단초를 마련하는 것이어야 한다. 그런 면에서 창의문은 작문의 가장 상위일 뿐 아니라 인류 사회의 보고가 되는 지식과 정보의 창고이다.

2. 학문적 글쓰기의 텍스트 구조

학문적 글쓰기는 내용과 표현으로 나누어 구조를 설명할 수 있을 것이다. 표현은 글쓰기의 주체가 어떤 인지적 과정을 통하여 글을 쓰는지에 대한 구조이며, 내용은 인지적 과정을 통하여 생산된 결과물이 어떤 지식을 담아 내고 있는가에 대한 구조이다. 즉 글쓰기의 주체자가 자신이 알고 있는 것(내용 : 지식, 경험, 정보)을 어떤 생각이나 의도(표현 : 인지 과정, 전략, 방법)로 구성하는가에 대한 유목과 분류이다.

1) 표현 구조

표현 구조는 학습자의 인지 과정을 중심으로 생산되는 학문적 글쓰기의 구조를 설명하는 것이다. 표현 구조는 다시 '재생적 표현', '이해적 표현', '적용적 표현', '분석적 표현', '평가적 표현', '창의적 표현'으로 분류하여 설명할 수 있다.

(1) 재생적 표현

재생적 표현은 학습자의 기억에 의존하는 표현 구조이다. 글쓰기의 가장 기초 단계에 속하며 이러한 재생적 표현은 학습자의 인지 과정이 기억에 의존하고 있음을 보여준다. 재생이라고 하는 것은 어떤 장면이나 상황, 사물이나 현상에 대한 기억을 되살려 그것을 그대로 표현하는 것이다. 예를 들어 하루 중에 있었던 일을 기억하여 그것을 시간의 순서대로 열거하는 것은 재생적 표현의 대표적인 경우이다. 일기 쓰기는 자신의 하루 일과를 기억하는 재생적 표현의 대표적인 글쓰기 방식이다. 글을 읽거나 말을 들은 후에 그 내용을 요약하는 것도 재생적 표현의 일부에 속한다. 물론 요약이 글의 형태로 표현되면 이해적 표현에 속하지만 자신의 이해과정보다 기억에 의존하는 요약의 형태는 재생적 표현에 속한다.

재생적 표현은 학습자의 인지 과정 중 가장 하위이며 초보적이고 기초적인 단계이지만 재생적 표현을 통하여 학습자의 기억력을 향상시킬 수 있다는 측면에서는 매우 중요한 과정이기도 하다. 있었던 일을 기억해내는 것은 단기 기억 능력을 향상시키고 장기 기억의 재생을 활성화하여 이후의 인지 과정 활동을 원활하게 수행할 수 있는 뇌기능 향상에 기여한다. 학문적 글쓰기는 기본적으로 인지 과정의 발달과 맥을 같이 한다. 학습자의 인지 발달 수준에 적합한 글쓰기 과정을 적용하였을 때 표현 능력도 동시에 발달할 수 있다.

(2) 이해적 표현

어떤 사물이나 현상 또는 말과 글에 대하여 이해한 내용을 표현하는 것이 이해적 표현이다. 이해적 표현은 기본적으로 재생적 표현 능력을 갖추어야 한다. 어떤 글을 읽었거나 말을 들었을 때, 또는 어떤 사물이나 현상에 대하여 관찰하거나 경험한 것에 대하여 기억을 하고 있어야 한다. 기억한 내용을 단순히 재생적으로 표현하는 것이 아니라 그것을 자신의 이해한 내용대로 표현하는 것이다.

재생적 표현이 기억을 바탕으로 그대로 드러나는 것임에 비하여 이해적 표현은 보다 구체적이고 명시적이며 독자나 청자가 그 내용을 다시 이해할 수 있는 수준이어야 한다. 이해적 표현의 대표적인 경우가 설명문이다. 독후감이나 요약문의 형태도 어느 정도는 이해적 표현에 속한다. 어떤 글이나 말을 듣고, 자신이 이해한 것을 요약하여 정리하는 것은 단순히 어떤 것을 기억하여 재생하는 수준을 넘어서야 한다. 전체적인 내용을 정리하여 또 다른 독자와 청자에게 효과적으로 전달하기 위해서는 구체적이고 명시적인 내용을 이해한 대로 표현하여야 한다. 독후감 또한 자신이 읽은 책의 이야기나 지식, 정보 등을 이해한 대로 간략하게 정리하여 느낌을 담아내기 때문에 이해적 표현에 해당한다.

설명문은 무엇을 이해하고 그것을 조리 있게 표현하는 글이다. 설명문은 어떤 사물이나 현상에 대하여 다른 사람이 잘 이해할 수 있도록 표현하여야 한다. 설명문은 있는 그대로의 모습이나 현상을 표현하고 있지만 표현하는 이의 이해 수준에 따라서 전달받는 독자나 화자의 이해 수준이 결정된다. 따라서 설명문은 필자의 이해 수준과 정도에 따라서 그 결과물의 질이 결정된다. 말과 글을 요약하여 조리 있게 전달하는 것과 사물이나 현상을 구체적이고 자세하게 묘사하는 방식 또한 설명문이 갖추어야 할 요소이다.

이해적 표현의 수준은 이미 글쓰기 주체자로서 갖추어야 할 기본적인 인지 능력과 과정을 수행하였다고 볼 수 있을 것이다. 기억 능력을 바탕으로 전달하고자 하는 대상을 설명할 수 있는 능력은 자신의 이해 수준을 타인에게 전하는 것과 더불어 자신의 생각을 담아 다른 사람을 설득할 수 있는 근거를 마련하기 때문이다.

(3) 적용적 표현

기억을 바탕으로 어떤 내용을 요약하거나 사물이나 현상을 설명할 수 있는 이해적 표현의 인지 과정을 거치면 자신이 이해한 내용에 자신의 생각과 의견을 담아낼 수 있다. 객관적인 사실이나 현상을 전달하는 과정에서 그 현상과 사실에 자신의 생각이나 의견을 보태어 이해의 각도를 달리할 경우에는 본래의 사실과 현상이 다르게 표현될 수 있을 것이다. 자신이 기억하고 이해한 것에 자신의 생각과 의견을 자기 주도적으로 적용하여 생산해내는 글쓰기가 바로 적용적 표현이다. 적용한다는 것은 말 그대로 자신이 알고 있는 것을 무엇과 관련짓는다는 것이다.

설득문은 적용적 표현을 대표하는 학문적 글쓰기의 유형이다. 자신의 생각과 의견을 담아서 표현하는 것이며 자신의 생각과 의견을 다른 사람이 잘 이해하고 받아들이도록 하는 것이 설득문이다. 설득한다는 것은 나의 생각과 의견을 받아들이도록 하는 적극적 표현 양식이다. 설득을 하기 위해서는 내가 알고 있는 것들을 최대한 동원하여 상대방의 생각과 의견에 접근하도록 다양한 방식으로 적용하는 것이다. 알고 있는 것만으로, 알고 있는 것을 설명하는 것만으로는 상대방으로 하여금 나의 생각과 의견을 받아들일 수 있도록 하기에는 불충분하다. 상대방의 취향과 의도, 목적 등을 고려한 다각도의 적용을 통하여 나의 생각과 의견을 전달할 수 있을 것이다. 즉, 기억하고 이해한 것을 나의 의도와 목적에 어울리게 적용하는 표현 활동을 통하여 보다 상위의 인지적 표현 활동을 수행할 수 있다.

(4) 분석적 표현

재생적, 이해적, 적용적 표현에 비하여 분석적 표현은 지식과 정보를 함유하는 자료의 수집과 활용 면에서 보다 광범위하고 깊이가 있다. 분석적 표현은 알고 있는 어떤 것에 대하여 자신의 의견과 생각을 담아내는 것 이외에 비판적 사고력을 증가시켜 표현의 전달력을 강화하는 것이 특징이라고 할 수 있다. 분석적 표현이 가능하기 위해서는 표현하는 주체자가 스스로 무엇을 분석할 수 있는 능력을 갖추어야 할 것이다. 완성된 분석적 표현의 구조는 부분과 부분을 분석하고 그것들을 유의미하게 결속하여 구체적이고 세밀한 요소까지 파고드는 방식의 보다 과학적인 접근이 필요하다.

분석적 표현의 글쓰기 양식은 무엇보다 다양하지만 텍스트의 내용으로 보았을 때에는 논설문의 유형이 가장 분석적 표현을 대표한다고 볼 수 있다. 설득문에 비하여 보다 강력한 어조로 자신의 생각과 의견을 주장하는 표현 방식의 논설문은 기본적으로 자신의 주장을 뒷받침할 수 있는 근거에 대한 확신이 있어야 한다. 자신의 주장과 근거에 대한 확신은 기존의 지식과 정보를 수집하고 통합하여 필요한 조건에 맞게 분석하는 작업을 요구한다. 자료의 분석은 해당 자료를 적절하게 사용하고 있는가에 대한 타당성을 검증하는 지표이기도 하다. 적용적 표현이 알고 있는 지식을 어떤 관계와 접속하여 유기적인 연결 관계를 가지려고 하는 것이라면 분석적 표현은 알고 있는 것과 관계된 모든 것들을 유기적으로 통합하고 재조직하는 과정이 포함된 일련의 고등 사고 기능의 표현이다.

논설문의 주장이 다수의 동의를 확보하기 위해서는 기존의 지식과 정보를 분석하여 의도하는 독자들에게 적합한 수준과 양식으로 재구성되어야 한다. 일반적으로 학교 글쓰기의 최종 목표를 논설문에 두고 있는 것은 분석적 표현이 학습자가 도달할 수 있는 인지 과정의 충분조건이라고 생각하기 때문이다. 실제로 분석적 표현은 언어적으로도 상위의 사고를 요구하지만 과학적인 사고와 적용 능력이 발휘되어야 하기 때문에 결코 만만한 표현 과정은 아니다. 초등학교의 경우에는 적용적 표현 또는 분석적 표현의 초기 정도에서 학습자의 인지 과정 조건을 만족하면 될 것이다.

(5) 평가적 표현

평가적 표현은 일반적으로 우리가 인식하는 평가와 다른 관점에서 이해하여야 한다. 시험이나 측정 도구로서의 평가가 아니라 수정과 보완, 점검과 검증 등의 의미에 초점을 두어야 한다. 즉, 평가적 표현은 자기 자신을 평가할 수 있는 인지적 능력의 산출이다. 자신을 평가하기 위해서는 자신이 활용하는 지식과 정보가 적절한지 알아야 하며 그러한 지식과 정보가 전달되는 대상에게 적합한지와 유효하게 작용하고 있는지 등을 확인할 수 있어야 한다. 평가적 인지 능력은 기억이나 이해, 적용이나 분석 등의 활동으로부터 유입되거나 생산된 모든 지식과 정보를 관리하여 질적 수준이 높은 결과물을 산출하도록 한다.

학문적 글쓰기의 모든 산출물이 학습자들의 평가적 인지 능력을 요구하지만 모두 그런 것은 아니다. 인지 과정의 특성상 학습자의 인지 수준이 해당 과정에 도달하기 전에는 실제로 자기 조정 능력이나 점검 또는 통제 능력으로서의 평가적 인지 능력을 갖추기가 쉽지 않다. 또한 자기 평가적 능력은 메타 인지능력과 맥을 같이 하고 있으며, 메타 인지능력은 인지 과정뿐 아니라 내용 구조에서 조차도 가장 상위의 능력을 요구하기 때문에 평범한 학습자들이 수행하기에는 무리가 따른다. 특히 평가적 표현 유형인 논증문의 경우는 학문적 글쓰기의 대표적인 유형이며 학문적 글쓰기에서 추구하는 가장 이상적인 표현활동이기 때문에 인지 능력은 물론 학습의 기간과 양, 지식과 정보의 축적 등에 상당한 영향을 받는다.

학문적 글쓰기 유형으로서의 논증문은 논설문에 비하여 자신이 전하고자 하는 메시지의 정당성을 뒷받침해 줄 수 있는 객관적이고 신뢰성이 있는 자료를 명시적으로 동원하여야 한다. 기존의 지식과 정보, 자신의 주장과 맥을 같이 하는 다른 논의 그리고 반대 입장의 논의들까지 속속들이 파악하고 있어야 한다. 뿐만 아니라 이미 검증된 자료들을 바탕으로 자신의 입지를 확고히 할 수 있는 논거들을 마련하여 자신의 타당성에 대하여 신뢰를 구축하여야 한다.

평가적 표현의 맥락에서 보았을 때 학습자들의 글쓰기는 꾸준한 자기 점검과 보완의 과정이라고 해도 과언이 아니다. 단순히 기억을 되살리는 표현으로서의 재생적 표현도 어떤 면에서는 자기의 기억이 정확하고 올바른 것인지에 대한 점검이 요구되고 어떤 사실과 상황의 이해에 대한 설명을 하는 과정이나, 자신의 생각과 의견을 상대방이 수락하도록 설득하는 적용적 표현에 있어서도 평가적 상황은 지속적이야 하며 피드백되어야 한다. 평가의 수준과 정도가 어느 정도인가에 따라 차이가 날 뿐이지 낮은 차원의 인지 과정에서도 평가적 인지 활동을 수행한다면 상위의 평가적 표현이 가능할 것이다.

(6) 창의적 표현

'창의적이란 무엇인가'에 대한 설명이 아직까지 일반화되지 않은 상황에서 창의적 표현을 생각하는 것은 지나치게 앞선 구조로 나아가는 것이 아닌가 하는 의문을 갖게 될 수 있을 것이다. 그러나 창의적 표현을 다른 측면에서 생각해 본다면 얼마든지 가능한 인지 과정이며 학습자들로 하여금 도달할 수 있는 영역이라는 자신감을 형성할 수 있다. 완전히 새롭거나 어느 날 갑자기 하늘에서 뚝 떨어진 것이 아닌 다음에야 우리가 사는 세상의 모든 지식과 정보는 기존의 지식과 정보의 재구성이라는 사실에 동의하여야 한다. 언어가 진화하듯이 지식과 정보도 진화하며 문명사회의 원동력이 된다. 진화한다는 것은 이전의 것을 보다 새롭게 하거나 이전의 것으로부터 어떤 아이디어를 산출할 수 있다는 것이다. 창의적 표현은 이전의 모든 것들을 바탕으로 재조직, 재구성하는 것이다. 그러나 분명 창의적이라는 것은 그 쓰임이 언젠가는 분명하게 가능하리라는 기대감을 형성하고 있어야 한다. 새롭지만 전혀 쓸모없거나 일반화될 수 없는 것은 우리가 창의적이라고 거론하기에는 무리가 있으며 창의적 표현의 질적 수준을 결정하는 데에 결격 요소로 작용할 것이다. 따라서 창의적 표현은 이전의 모든 인지 과정을 바탕으로 새로운 인지적 요소를 산출하는 것이라고 보아야 한다.

창의적 표현의 텍스트 유형인 창의문은 이전의 다른 모든 유형의 글을 포함하고 있다고 볼 수 있다. 창의문은 기본적으로 아주 작은 기억으로부터 출발하여 기억의 조각들이 형성한 이해와 적용, 분석, 논증의 과정을 거쳐 탄생한 인지 과정의 재구성이다. 평가적 표현으로서의 논증문에 비하여 창의문은 보다 추상적이고 무형의 것이기도 하다. 생각하기에 따라 어떤 것은 독특하고 참신한 아이디어일 수 있지만 다른 시각에서 보았을 때에는 엉뚱하고 망상적인 표현일 수도 있기 때문이다. 따라서 창의적 표현의 구조를 갖고 있는 글쓰기 유형은 모든 유형의 글쓰기를 포함하고 있다고 해도 무리가 아니다. 어느 날 밤의 꿈을 기억하여 새로운 발명품을 고안해낼 수 있는 것처럼 창의적 표현은 작은 기억의 조각으로부터 출발한다.

기억으로부터 창의적 표현이 출발한다고 말하는 데에는 창의적 표현의 인지 과정이 각각 독립적이고 단속적인 것이 아니라 통합적이고 연속적이라는 것을 설명하기 위함이다. 창의적 표현뿐 아니라 평가적 표현이나 분석적 표현, 적용적 표현이나 이해적 표현, 재생적 표현 등이 모든 표현 주체의 인지 과정 속에 포함된 것이며 그것들이 유기적으로 연결되어 하나의 표현 구조를 형성하는 것이다. 각각은 상하의 인지 과정과 결속하고 있으며 ―예를 들어 분석적 표현 과정이 평가적 표현이나 적용적 표현과 상호성을 갖는 것― 그러한 결속은 상호 교섭적일 뿐 아니라 순환적이라고 할 수 있다. 인지 과정 간의 상호교섭과 순환을 통하여 표현 능력이 향상되는 것은 물론이요, 상위 인지 능력 형성을 위한 밑거름이 되는 것이다.

2) 내용 구조

내용 구조는 학습자의 표현 구조에 의하여 생산된 학문적 글쓰기 결과물의 내용을 지식 차원으로 구분하여 설명하는 것이다. 내용 구조는 다시 '사실적 내용', '개념적 내용', '절차적 내용', '메타적 내용'으로 나누어 설명할 수 있다. 표현 구조가 어떤 인지 과정을 거친 표현 형식인가에 대한 구분이라면 내용 구조는 그 표현 구조가 담아내고 있는 이야기 또는 지식이나 정보의 형태에 대한 분류이다. 궁극적으로는 글쓰기의 표현 구조가 어떤 지식의 구조를 담아내고 있는가에 대한 분류라는 것이 더 설득력이 있을 듯하다.

학문적 글쓰기의 내용을 별도의 구조로 분류하여 설명하는 것이 글쓰기 교육에 얼마나 작용할 것인지 생각해 볼 필요가 있다. 글쓰기는 단순히 개인의 생각이나 의견의 표현이 아니라 질적으로 우수한 지식과 정보의 산출을 기대하는 일련의 학습활동으로서의 가치를 갖고 있다. 따라서 학습자의 인지 과정에 의한 표현 활동과 그 표현 활동에 적합한 지식의 구조를 연계하여 내용을 생성하려는 노력은 글쓰기 교육이 추구하는 학습자의 사고력 함양과 창조적 지식 생산이라는 두 가지 목표에 부합하는 것이다.

학문적 글쓰기의 내용을 지식이나 정보의 형태와 관련하여 세분하기에는 작문 영역이 매우 다양하기 때문에—글쓰기의 영역을 각 교과별로 분류하고 그것을 다시 교과 영역으로 분류한다면 그 수는 너무나 많아서 지식을 세분화하는 데에 어려움이 있다. 따라서 영역별 지식의 구분은 블룸[2]의 지식과 인지 과정 부분을 참고하면 될 것이다.—영역별 지식의 구분은 교과 통합적으로 접근하기로 하고, 교과 통합적 지식을 근거로 한 내용에 대하여 설명하기로 한다.

(1) 사실적 내용

어떤 사물이나 현상 또는 지식이나 정보에 대하여 있는 그대로의 상태를 전달하려는 목적의 작문 내용 구조를 '사실적 내용' 구조로 분류한다. 사실적 내용은 글쓰기 주체자의 개인적 의도나 목적이 개입되지 않은 상태의 구조를 갖고 있다. 사물이나 현상 또는 지식이나 정보에 대한 사실적 내용은 독자나 청자로 하여금 무엇이 어떠한지 상상할 수 있으며 즉시 이해할 수 있는 형태로 구성되어야 한다. 따라서 사실적 내용은 사실적 지식과 정보를 근거로 한다. 사실적 지식이나 정보는 어떤 지식이나 정보의 가장 기

---

2) Lorin W. Anderson & David R. Krathwohl, *A Taxanomy For Learning Teaching And Assessing-A Revision of Bloom's Taxanomy of Educational Objectives Abridged Edition*, Addison Wesily Longman, Inc, 2001, pp.63~91.

본적인 요소들을 포함하고 있다. 지식이나 정보의 가장 기본적인 요소들은 학생들이 학습을 수행할 때에 반드시 알아야 하는 내용들이다. 객관적이고 구체적이며 기초적인 정보와 지식으로 구성된다.

사실적 내용의 기본적인 요소들은 매우 많기 때문에 일일이 열거하기 힘들다. 때문에 학습자들이 모든 교과 학습활동에 담겨 있는 사실적 지식과 정보를 모두 학습하는 것은 쉽지 않은 일이며 그러한 지식과 정보를 사실적인 내용으로 구성한다는 것 또한 쉽지 않다. 때문에 사실적 내용구성의 가장 기본이 되는 것은 학습자의 스키마 형성이 얼마나 광범위하고 깊이 있으며 견고하게 구성되어 있는가이다. 결국 사실적 내용구성을 효과적으로 수행하기 위해서는 학습자의 스키마 구성을 위한 다양한 독서 활동이 요구되는 것이다.

(2) 개념적 내용

사실적 내용을 뒷받침하는 것들 속에는 수많은 개념들이 응집되어 있다는 것을 알 수 있을 것이다. 하나의 사실이 다수의 인식에서 객관적 신뢰성을 확보하기 위해서는 그 사실을 지지하는 개념의 형성이 선행되어야 한다. 사실적 내용이 있는 그대로의 사물이나 현상 또는 지식이나 정보에 대한 것이라면, 개념적 내용은 사실을 구성하는 각각의 요소에 대한 분석적 내용이 추가된다. 이러한 분석은 지식이나 정보를 유목화하고 분류하며 비교하는 것들을 포함한다. 특정한 지식이나 정보가 어떻게 조직되고 구성되었으며 어떻게 정보와 정보가 또는 지식과 지식이 서로 연결되고 체계적으로 조직 및 구성되었는지에 대한 내용구성이다. 개념적 내용은 그런 면에서 사실적 내용의 준거이며 사실적 내용이 존재하는 타당성과 신뢰성을 확보한다. 예를 들어 우리나라의 사계절은 봄, 여름, 가을, 겨울임을 알고 있으면서 동시에 계절이 네 가지로 구분되는 것들에 대한 원인을 알고 각각의 계절이 갖고 있는 특색들을 비교하면서 보다 차원 높은 지식을 형성하여 가는 것과 같다. 따라서 개념적 내용구성은 지식과 정보를 분류하고 연결하여 조직화하는 과정이 요구된다. 사실적 내용이 '무엇은 무엇이다.'라면, 개념적 내용은 '무엇은 왜 무엇인가?'에 대한 답과 같은 것이다.

(3) 절차적 내용

사물이나 현상 또는 지식이나 정보를 효과적으로 전달하기 위해서는 그것을 상대방이 잘 받아들일 수 있는 전략과 방법이 동원되어야 한다. 절차적 내용은 필자와 독자, 또는 화자와 청자 사이의 전략적 교섭이 내재된 것이어야 한다. 즉, 절차적 내용은 어떤 것들에 대한 방법이나 절차에 관련된 지식이나 정보를 담고 있다. '자동차는 운송 수단이다.'라는 사실적 지식, '자동차는 수많은 동력 전달 장치에 의하여 움직인다.'라는 개념적 내용 그리고 '자동차의 동력 전달 장치 기능을 향상시켜서 운송 능력을 높이기 위한 방법'이라는 절차적 내용의 예처럼 절차적 내용은 단순한 방법이나 절차에서 '글쓰기 능력을 향상시키기 위한 인지 전략의 구상'이라는 고차원적인 절차까지 다양한 내용으로 구성된다. 또한 절차적 내용에는 이러한 방법이나 절차들을 언제, 어디서, 누가, 어떻게 효과적으로 수행할 것인지에 대한 내용까지 포함한다.

사실적 내용과 개념적 내용이 지식이나 정보에 대한 것임에 비하여 절차적 내용은 그 지식이나 정보를 어떻게 활용할 것인지에 대한 절차적 지식과 정보로 구성되어야 한다. 즉, 절차적 내용은 '과정'에 관한 지식을 반영하고 있는 반면, 사실적 내용과 개념적 내용은 산출된 지식이나 정보의 '결과물' 그 자체가 중심 내용을 이룬다. 또한 메타적 내용과 달리 절차적인 내용은 구체적인 교과나 학문 분야에 해당되는 것이 많다. 따라서 교과 특수적인 또는 영역 특수적인 기술, 알고리즘, 기법, 방법 등에 관한 내용으로 이루어져 있다.

(4) 메타적 내용

내용 구조에 있어서 메타적 요소는 자기 점검과 창의성의 발현에 근거한다. 메타적이라고 하는 것은 기존의 내용 구조와 표현 형식을 새롭게 통합, 재조직, 재구성하는 것을 말한다. 뿐만 아니라 작문 주체자의 의도와 목적이 독자나 청자에게 부합되게 하기 위한 전략의 구상, 구성, 적용, 평가, 조정, 수정, 보완 등의 모든 활동들이 통합적으로 일어나야 한다. 그렇게 형성된 메타적 내용은 다른 내용을 구성하는 창조적 생산 기능을 갖고 있어서 마치 살아 움직이는 생물체처럼 하나의 내용이 새로운 내용을 구성해간다.

메타적 내용구성은 학문적 글쓰기 내용 구조의 최상위에 있을 뿐만 아니라, 글쓰기 주체자의 인지 과정으로서의 최상위에 있기 때문에 메타적으로 내용을 구성한다는 것은 처음부터 가능한 일이 아니다. 메타적 내용이 정확히 무엇인지를 규명하는 것이나 그 실체를 밝히는 것도 만만한 작업은 아니다. 그러나 학습자의 인지 과정을 스스로 점검하고 조절하는 능력을 갖고 있는 매우 능숙한 학습자들에게서 보이는 고차원적인 학습 과정을 근거로 교육이 가능한 영역을 추출하여 글쓰기 능력을 기르고 그러한 능력을 바탕으로 내용을 구성하는 것을 메타적 내용구성이라고 말할 수 있다.

메타적 내용구성은 어떤 면에서 매우 추상적이고 비현실적일 수 있으나 그 근거의 신뢰성을 바탕으로 창의성이 인정되어야 한다. 결국 학생 메타적 내용에서 구현된 자신의 지식과 사고를 인식하고 책임질 수 있어야 한다는 것이다. 메타적 내용구성이 가능하다는 것은 신 피아제 모형의 학습관으로부터 인지 정보처리 모델, 비고츠키 이론이나 문화적·상황적 학습 모형에 이르기까지 다양한 관점에 근거를 두고 있다. 그러나 이러한 이론적 관점과 상관없이, 연구자들은 일반적으로 학생들이 자신의 인지에 관한 인식뿐만 아니라 자신의 인지 과정을 스스로 통제하고 조절하며 점검하고 수정, 보완할 수 있다는 능력을 갖추고 있다는 데에 동의한다. 따라서 작문 내용구성의 최종 목표는 메타적이어야 하며, 메타적인 내용구성을 위한 학습자의 인지 과정에 관심을 갖고 지도하여야 할 것이다.

[학문적 글쓰기의 유형, 구조, 지도 단계]

표현구조 \ 내용구조	사실적 내용	개념적 내용	절차적 내용	메타적 내용
재생적 표현	요약문			
이해적 표현		설명문		
적용적 표현			설득문	
분석적 표현				논설문
평가적 표현				논증문
창의적 표현				창의문

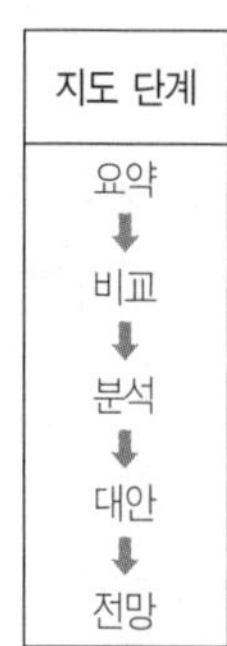

　위의 그림은 앞서 설명한 글쓰기 과정의 맥락과 상호성의 관계를 나타낸 것이다. 학문적 글쓰기의 구조가 인지적이고 분석적인 접근이라면 학문적 글쓰기의 단계는 학습자가 실제 작문 평가 상황에 대처하는 실천적 접근이다. 학문적 글쓰기의 구조에 유형을 분류하여 놓은 것은 학문적 글쓰기의 구조와 유형이 어떤 결속 관계를 갖고 있는지 보여주기 위함이다. 여기의 표는 학문적 글쓰기 구조의 인지적 표현 영역과 지적 내용영역의 구분을 명확하게 하고 있으나 실제로는 그 경계선을 넘나들 수 있다는 것을 글쓰기 지도의 실행을 통하여 알 수 있을 것이다. 다만 이러한 분류와 구분은 작문 교육을 보다 체계적으로 이해하고 실행하려는 노력의 발판으로 보아야 할 것이다. 과정과 실천을 통하여 각각의 경계선이 무너지거나 모호한 것을 발견하고 그것을 평가하여 수정, 보완하는 작업이 뒤따라야 한다.

3. 학문적 글쓰기의 지도 단계

학문적 글쓰기의 지도 단계를 구분하는 것은 수준 높은 내용을 구성하기 위한 과정 훈련이다. 학문적 글쓰기의 텍스트 유형은 기초적인 형태부터 학자 수준의 유형까지 다양하다. 미숙한 학습자에서 유능하고 탁월한 학습자로 나아가기 위해서는 글쓰기 과정의 단계를 고려한 인지적 훈련이 요구된다. 미숙한 학습자에게 상위 단계를 지도할 때 그 역효과는 설명하지 않아도 알 수 있을 것이다. 글쓰기 지도 실패의 가장 큰 원인 중 하나가 학습자의 인지적 과정을 고려한 글쓰기의 단계를 무시한 채 상위 구조를 일방적으로 연습시키려고 하는 것이다. 여기서는 학문적 글쓰기의 단계를 초보적인 단계에서 유능한 단계까지 구분하여 알아보기로 한다.

1) 요약

요약은 말 그대로 이미 존재하는 어떤 내용의 핵심적인 것들을 모아 줄이는 활동이다. 요약은 나의 생각과 의견을 전달하기 전에 주어진 내용을 이해하고 있는가를 연습하는 것이다. 글쓰기는 모든 경우에 있어 주제가 존재한다. 대부분의 경우는 개인적인 주제가 아니라 다수가 공유할 수 있는 주제이다. 내가 어떤 주제를 갖고 나의 생각과 의견을 다른 사람에게 전달할 것인지 정확하게 알고 있지 못하면 아무리 좋은 말과 글을 표현한다고 하여도 그것을 전달받는 대상은 절대로 나의 생각과 의견을 수용할 수 없을 것이다.

요약은 글의 내용을 함축하는 작업이다. 표현을 하기 위한 활동이기보다는 주제를 이해하고 주제와 관련된 지식과 정보를 습득하는 과정에서 절대적으로 요구되는 가장 핵심적이고 기초적인 능력이다. 요약하는 연습은 작문 능력을 기르는 가장 좋은 훈련 방법이기 때문에 저학년일수록 미숙한 학습자일수록 요약하는 연습을 오랫동안 꾸준히 하여야 한다. 글의 내용을 이해하고 주제와 핵심어들을 선별하고 추출하는 능력으로서의 요약뿐 아니라 주제와 관련된 나의 생각과 의견을 함축적으로 전달하려는 표현 결과로서의 요약 훈련은 매우 중요하다.

대체로 요약하는 연습은 주어진 글의 10분의 1 정도의 분량으로 말을 하거나 글로 쓰는 활동이다. 요약은 기억과 이해를 바탕으로 하고 있기 때문에 글의 내용을 잘 기억하고 있어야 하며 글의 내용 중에서 중요한 것들을 추려낼 수 있는 능력이 있어야 한다. 독해력이 뛰어난 학습자들의 요약 능력이 우수한 것은 바로 글의 내용을 잘 기억하는 것은 물론이요, 글의 내용을 정확하게 이해하고 있기 때문이다. 요약은 작문 표현의 기장 기초적인 활동으로서 매우 중요하고 가치 있으며 반복 훈련해야 하는 것이기도 하지만 작문 표현의 배경지식을 형성하는 지식과 정보를 습득하기 위하여서도 반드시 갖추어야 할 능력이다.

2) 비교

둘 이상의 말과 글의 내용이 어떤 차이점과 공통점이 있는지를 구분할 수 있는 능력은 글 내용의 타당성과 신뢰를 구축하는 데에 기본적인 요소로 작용한다. 만일 어떤 주제와 관련된 둘 이상의 글이 있다면 그 글들은 주어진 주제에 대하여 어떤 입장을 취하고 있는지 알아야 한다. 두 개의 글이 같은 입장의 의견을 표명하고 있을 수도 있고 서로 다른 견해를 피력하고 있을 수도 있다.

주제와 관련된 둘 이상의 제시문을 주고 그것이 주제와 어떤 관련이 있는지를 알아보는 것이 중요하다. 둘 이상의 글의 내용을 비교하여 보고 공통점과 차이점을 구분할 수 있어야 하며 각각의 글을 비교하여 어떤 내용들이 핵심적으로 표현되었는지를 알아야 한다. 글의 내용을 비교하는 것은 주제와 관련된 핵심 요소를 추출하고 관련 내용을 근거로 하여 나의 생각과 의견을 전개하기 위한 과정이다.

주어진 글이나 화제에 대한 내용을 나의 생각이나 의견과 비교하는 것 또한 매우 중요하다. 주어진 제시문이나 화제에 대한 내용들과의 비교를 통하여 나의 생각과 의견이 주어진 내용과 어떤 차이점과 공통점이 있는지를 발견하고 그러한 공통점과 차이점을 기본으로 하여 대상을 나의 생각이나 의견과 공유할 수 있도록 설득할 수 있는 표현 전략을 구축하는 노력이 필요한 것이다. 따라서 비교 단계에서는 두 개 이상의 텍스트 내용을 이해한 후에 각각의 내용을 서로 비교하고 나의 생각과 의견을 다시 해당 텍스트의 내용과 비교하여야 할 것이다. 또한 나의 생각이나 의견도 다른 사람에게 전달되는 순간부터 비교된다는 것을 반드시 숙지하고 있어야 한다.

3) 분석

주어진 말과 글의 내용을 이해하고 공통점과 차이점을 기본으로 내용을 비교한 후에는 각각의 것들이 어떤 특징적인 지식과 정보를 담고 있는지 알아보아야 한다. 주제와 관련된 글이나 말에는 그 주제를 가장 핵심적으로 표현하고자 하는 지식과 정보가 담겨 있다. 어떤 것에는 확연하게 드러나 있기도 하지만 어떤 글이나 말에는 겉으로 드러나지 않고 숨겨져 있는 것들이 있다. 또한 주제와 직접적으로 관련이 있는 내용이 있는 것만이 아니라 불필요한 정보를 제공하여 듣거나 읽는 사람들의 이해를 혼동하게 하는 것들도 있다. 따라서 내용을 이해하고 비교한 후에는 주제와 관련된 지식과 정보들이 내용 속에 어떻게 존재하고 있는지 분석하여야 한다.

주제와 관련된 핵심어와 핵심문장을 찾고 각각의 핵심어와 핵심문장이 상호간 어떻게 연결이 되고 있으며 주제와 관련하여 어떤 역할을 하고 있는지 어떤 가치를 갖고 있는지 알아보아야 한다. 분석의 과정은 상위 능력을 갖추기 위한 보다 전문적인 글쓰기 능력이다. 분석력을 갖추기란 그리 쉬운 일이 아니다. 따라서 요약과 비교의 꾸준하고 지속적인 연습을 통하여 글의 내용을 이해하고 주제와 관련된 내용의 공통점과 차이점을 구분하는 과정 속에서 핵심적인 지식과 정보를 추출하는 능력이 길러진다.

4) 대안

말과 글의 내용을 요약하고 비교한 후에 주제와 관련된 핵심적인 지식과 정보를 추출하는 분석 과정은 개인의 주관적 능력이나 판단에 의하기보다는 사회적 담화 공동체의 다수가 납득할 수 있는 사실적이고 객관적인 지식과 정보를 근거로 한다. 요약, 비교, 분석의 단계까지는 개인의 주관적인 경험이나 판단을 근거로 자신의 생각과 의견을 전달하려고 하여서는 안 된다. 어떤 면에서 요약, 비교, 분석의 단계까지는 개인의 생각이나 의견을 담아내는 것이 쉽지 않은 일이다. 실제로 주어진 주제와 관련된 말과 글의 내용을 이해하고 비교하고 분석하는 활동은 주어진 내용에 충실한 것이지 나의 생각이나 의견을 제시하기 위한 활동은 아니다. 따라서 대안의 단계부터 나의 생각과 의견을 담아낼 수 있는 표현 활동이 가능하다고 보아야 한다.

대안은 말 그대로 무엇을 대신할 수 있는 보다 효과적이고 가치 있는 지식이나 정보, 활동이나 방법 등을 마련하는 것이다. 무엇을 대신한다는 것은 이미 존재하는 것에 대한 문제점을 발견하고 그것을 해결할 수 있는 보완책이나 완전히 새로운 것을 구축하는 생산적인 과정이다. 작문의 궁극적인 목표는 창의성을 발현하는 것이다. 작문을 통하여 창의성을 향상시키고 창의성을 바탕으로 나와 대상 모두에게 유용하고 가치 있는 지식과 정보를 창출하는 것이다. 작문의 교육적인 가치가 바로 여기에 있는 것이다.

분석의 과정을 통하여 기존의 지식과 정보를 해석하고 재조직할 수 있는 능력이 갖추어진 학습자들은 기존의 주제와 관계있는 지식과 정보를 바탕으로 새로운 지식과 정보를 마련하려는 노력을 하여야 한다. 그것이 바로 대안적 지식과 정보이다. 어떤 것을 대신할 수 있는 즉, 이미 존재하고 있는 지식과 정보의 문제점을 수정 및 보완하여 새롭게 재구성할 수 있는 지식과 정보의 생산은 개인이 그동안 쌓아온 수많은 배경지식의 동원을 필요로 한다. 대안이라는 것이 나에게만 어울리는 것이 아니라 대상에게도 어울리는 것이기 위해서는 개인이 속한 담화 공동체 내의 모든 구성원들이 인정하고 수용할 수 있는 것이어야 한다. 따라서 대안적 지식과 정보는 기존의 지식과 정보를 재구성하는 작업을 통하여 마련되어야 한다. 대안적 지식과 정보는 기존의 것들을 완전히 대신하는 것으로부터 시작하기보다는 작지만 한 가지를 통하여 참신하고 의욕적인 시도라는 인상을 받을 수 있을 때에 그 가치를 인정받을 수 있다.

5) 전망

대안이 기존의 무엇을 대신할 수 있는 지식과 정보, 활동과 방법이라면 전망은 보다 미래지향적이고 창의적인 것이라고 할 수 있다. 대안이 현재의 방법을 대신한다면 전망은 현재에 존재하지는 않으나 다가올 미래 또는 먼 미래의 지식과 정보를 예측하고 추론할 수 있는 능력이라고 볼 수 있다. 대안이 기존의 지식과 정보를 바탕으로 나의 배경지식이 동원된 재구성적 표현 능력이라면, 전망은 기존의 지식과 정보를 뛰어넘거나 이전에 존재하지 않았던 완전히 새로운 것일 수도 있다는 가정이 존재한다.

전망이 보다 미래지향적이고 더욱 창의적인 것이라고 하여도 그것은 어느 정도의 실현 가능성이 있는 것이어야 한다. 인류 역사를 통틀어 과거에는 꿈조차 꿀 수 없었던 것들이 현재에는 실현되고 있는 것이 상당 부분 존재하기는 하지만 작문에서의 전망은 그런 꿈도 꿀 수 없는 것들에 대한 전망이어서는 안 된다. 거기에는 나에게 주어진 주제가 있을 뿐 아니라 그 주제와 관련된 사회 구성원들의 기존 인식이 명확하게 표현되어야 한다. 기존 인식의 수준과 범위를 통제할 수 없는 수준으로까지 뛰어넘는다면, 그것이 아무리 미래에 실현되더라도 현재의 우리들에게는 그리 설득력이 있어 보이지 않을 것이다. 작문은 철저하게 현재 지금 존재하는 구성원들과의 소통이기 때문이다. 따라서 나의 전망이 사회 구성원들의 공감을 형성할 수 있는 수준에서의 전망이 될 때, 가장 의미 있고 유리한 것이 될 것이다.

창조적 지식 기반 사회에서의 지식과 정보는 보다 세분화 및 전문화되어 간다. 자신이 무엇을 알고 있으며 그것을 가치 있게 사용하기 위해서는 자신의 생각과 의도에 적합한 표현 방식과 능력을 갖추어야 한다. 학문적 글쓰기는 대학은 물론 사회 일반이나 청소년들의 학습 영역에까지 적용되는 표현 능력이다. 그런 의미에서 학문적 글쓰기의 방법과 전략은 매우 구체적이고 명시적이어야 한다. 그러기 위해서는 청소년들의 학습을 위한 글쓰기, 대학생이나 연구자들을 위한 학술적 글쓰기, 사회 각 분야의 유목적적인 글쓰기 능력을 길러주기 위한 기본적 바탕이 즉, 교재의 구성이 선행되어야 한다. 학문적 담화 공동체는 곧이어 직업 문식성으로 이어지기 때문에 개인의 삶의 질과 관련이 있으며 사회 발달과 맥을 같이 한다. 정보사회에서의 표현 능력은 창조적인 지식과 정보의 공유와 재생산이라는 측면에서 보다 가치 있는 것이다. 따라서 자신의 전공 학문 분야의 지식과 정보에 대한 이해를 바탕으로 해당 직업에서도 유능하게 수행할 수 있는 글쓰기 능력을 갖추게 하는 것이야말로 우리의 작문교육이 나아가야 할 방향의 하나이다.

장기적인 관점에서 청소년, 대학생, 직장인을 위한 작문 교육은 그들이 접한 학문적 상황에 대한 발전적이고 생산적인 지식의 생산과 재구성의 측면에서 의미 있게 부각되고 실천되어야 한다. 국내의 한 대학이 자신들의 대학 작문 교육을 위하여 선진국의 글쓰기 연구 센터를 찾아 연구 기틀을 마련하고자 하였던 학문적 지혜는 우리가 앞으로 어떻게 청소년과 대학생 그리고 직업인을 위한 글쓰기에 대하여 관심을 갖고 지도하여야 할지에 대한 모델이 되어 준다. 기존의 작문 교육이 잘못되었다는 것이 아니라 지식의 전문화와 세분화에 대응하는 학생 중심의 작문 교육을 통하여 창조적 지식과 정보를 습득하고 창조적인 지식과 정보의 공유를 통하여 더 나은 지식과 정보를 재생산할 수 있는 능력을 길러주기 위한 노력의 중요성에 대하여 공감하자는 것이다.

나아가 학문 영역의 언어적 소통에 적합한 세부 전공별 작문 교육 시스템을 구축하는 연구도 병행되어야 할 것이다. 그러기 위하여 대학을 포함한 청소년 및 직업인을 위한 글쓰기 지원 연구 센터 및 전공 영역별 언어 소통 맥락에 대한 프로젝트 연구를 지원하여야 할 것이다. 또한 학문적 글쓰기 교육을 담당할 수 있는 전문 연구자들의 양성은 물론 청소년, 대학, 직장인의 글쓰기와 관련된 전문 연구자를 학문 영역별로 배치하여야 한다. 학문적 글쓰기 교육에 대한 관심은 당국의 노력과 관련 연구자들의 상호 지원이 있어야 발전할 것이다. 글쓰기 연구자들의 훌륭한 연구는 결국 작문 교육의 발전을 가져올 것이며 이러한 노력은 글쓰기 연구자들의 연구 능력 향상은 물론 양적, 질적인 연구 성과물의 축적으로 이어질 것이다.

—「학문적 글쓰기의 유형, 구조, 지도단계」, 『한국초등국어교육』 제38집,
한국초등국어교육학회, 2008. 12. 31.

제 4 장

교육과정 재구성을 통한 논술 교육

　논술이 교육현장의 중요한 교육 내용으로 대두되면서 체계적이고 이론적인 논술 교육의 기반과 지도 방법이 요구되고 있다. 대학 입시의 평가 도구로 자리매김한 논술은 초등학교 교육과정 재편의 움직임까지 보이고 있다. 그러나 현실적으로 초등학교에서 학생들을 체계적으로 지도할 수 있는 방법의 부재로 인하여 논술 교육에 대한 부정적 인식과 혼란의 양상이 나타나고 있다. 논술 지도 방법의 부재는 근본적으로 논술에 대한 교육적 인식의 부재와 맥을 같이 하고 있다고 보아야 한다. 논술이 대학 입시의 수단으로만 인식되었을 때, 학교에서의 논술 교육은 입시를 위한 잘못된 방향으로 나아갈 수밖에 없다.

　아직 자리를 잡지 못한 논술 교육은 기존의 논술이 교육 현장에서 어떤 문제를 갖고 있는지에 대한 원인 점검을 선결의 과제로 삼아야 한다. 무엇보다 '논술은 무엇인가?'라는 것에 대한 가장 근본적인 물음으로 시작하여 학교 현장에서 교사와 학생 그리고 학부모가 공동으로 인식하고 있는 문제가 무엇인지 알아보고 문제점을 해결할 수 있는 방법을 모색하여야 한다. 논술에 대한 개념적 이해와 지식이 없이 교육이 이루어질 수 없다. 또한 입시에 초점을 둔 논술 지도 방법으로는 학교의 논술 지도가 사설 학원의 그것과 다를 바가 없으므로 학교의 논술 교육은 의미를 상실하게 된다. 정확한 개념 정의와 논술 교육 내용의 부재 그리고 실천적인 지도 방법이 없는 상태에서 학교의 논술 교육은 정상적으로 실행될 수 없다. 따라서 지금까지의 학교 논술 교육의 문제점을 바탕으로 논술의 개념을 명확하게 정의하고 현행 교육과정과 맥을 같이 하는 실천적인 교수·학습내용의 구성과 교수·학습방법의 구안 등 교육과정 재구성을 통한 현장 실천이 가능한 새로운 논술 교육의 방향을 제안하기로 한다.

1. 논술 교육의 문제[1)]

논술을 정식 교과목으로 인정하거나 정규 수업 시수를 확보하여 지도해야 한다는 목소리가 높아지고 있는 것은 그만큼 논술에 대한 관심이 높아지고 있다는 것을 증명한다. 사실 이런 관심은 학교 현장에서 상당한 논쟁을 일으킨다. 근본적으로 논술을 지도할 필요가 있는가에 관한 것이다. 상급 기관의 지시로 인하여 논술을 지도하게 되는 현실이 왔을 때는 어떤 내용을 가지고 어떤 방법으로 지도해야 하는가에 대한 문제도 현재로서는 미궁에 빠진 상태이다.

1) 논술 교육의 필요성

논술 교육의 필요성에 대한 생각은 입장에 따라 차이가 있다. 학교 교육은 해당 교육청의 영향권 내에 있기 때문에 교육청의 의지가 절대적으로

---

1) 필자는 이 논의의 진행을 위하여 서울시내 7개 학교에 근무하는 교사들과 10여 차례 면담을 수행하였다. 면담 내용과 필자가 근무하는 초등학교 교사들에 대한 기초 설문 조사를 근거로 하여 여기서의 논의를 전개한다.

학교에 반영된다. 교육청의 의지는 학교 기관장에게 직접적으로 영향을 주기 때문에 교사들은 교육청과 기관장의 의지에 따라 교육 활동의 상당 부분을 본인의 의지와는 다른 방향으로 수행하여야 할 경우도 생긴다. 물론 학교에는 학년 교육과정과 담임교사 주도의 학급 교육과정이 엄연히 존재하지만 상위 교육과정의 영향권 내에서 가능한 것이지 완전히 독립적인 것은 아니다. 그런 면에서 교육청의 의지는 교사들의 교육 활동에 많은 영향을 미칠 수밖에 없고 교사들은 자신의 교육관과 다른 교육 내용이나 방법을 수용할 수밖에 없다.

학교는 학생을 최우선으로 생각하는 교육 공간이지만 교육과정 실행의 측면에서는 교사의 역할이 월등히 중요한 것은 익히 아는 사실이다. 논술 교육의 현실에서 본다면 교육청과 기관장은 필요성 확보의 중심에 위치한다. 논술 교육의 필요성을 확보한다는 것은 현장 교사들에게 학생 교육 활동의 일환으로 논술 교육을 수행하기를 권하는 것이다. 더 이상 교사 중심의 교육과정 실행은 존재하지 않는다고 보아야 한다. 학생과 학부모, 더불어 지역사회를 포괄하는 수요자 중심의 교육 활동은 서비스의 개념을 갖고 있다고 해도 과언이 아니다. 교육청과 교육기관은 수요자들의 교육 욕구를 최대한 만족시키기 위한 서비스를 제공해야 한다. 교사는 교육 서비스를 요구하는 수요자와 교육 수요자의 요구를 충족시키기 위한 서비스 관리자 사이의 실질적인 제공자 역할을 한다.

교육 수요자의 요구와 서비스 관리자의 입장이 같은데 서비스를 제공하는 교사의 생각이 다르다면 현실적인 충돌을 피할 수 없다. 학교의 논술 교육의 필요성은 이런 역학 관계 속에서 교사들 간의 논쟁으로 확대되고 있다. 일부 소수의 교사들은 학생과 학부모 요구의 수용 측면에서 필요성을 강조한다. 나머지 대다수의 교사들은 현재 상황에서 논술 교육을 실시한다는 것에 대하여 필요성을 인정하지 않는다. 논술 교육의 필요성을 인정하는 교사들은 논술이 갖고 있는 교육적인 가치의 발굴과 활용, 학생과 학부모를 위한 공교육 논술 교육의 활성화, 사교육 시장의 왜곡된 논술 교육의 정상화, 교육과정 중심의 논술 교육 내용과 방법의 모색 등의 의지를 갖고 있다. 반면 논술 교육의 필요성을 인정하지 않는 교사들은 논술의 공교육 실행으로 인하여 발생할 수 있는 논술 사교육 시장의 활성화,[2] 논술 교육의 정식 교과목 설정 및 정규 시간 확보의 가능성에 따른 교육과정 실행의 문제, 논술 교육의 내용과 방법의 부재, 논술 평가 도구의 개발과 평가 기준 등의 문제를 들고 있다. 두 집단의 의견은 어느 것도 부정할 만한 내용이 아닌 현실적인 문제이다. 학교 논술 교육을 찬성하는 입장에서 바라보는 것과 대립적인 입장은 논술을 완전히 부정하지는 않는다는 것이다. 논술 교육의 긍정적인 측면을 인정한다는 전제에서 보면 한 쪽에서는 보다 나은 방향으로 나아가야 한다는 것이며, 다른 한 쪽에서는 기존의 교육과정 내용에 속해 있는 논술 관련 내용을 이미 지도하고 있다는 입장이다.

2) 논술 교육의 내용과 방법

논술 교육의 필요성을 수용한다는 전제 또는 교육청의 지시에 의하여 학교 단위의 논술 교육이 현실화되었을 때, 학교는 어떤 방법으로 학습자의 요구를 충족시킬 수 있는 논술 교육을 실행할 수 있을지에 대하여 의문을 갖게 된다. 논술을 기존의 교육과정 내용과 맥을 같이 하는 교육 활동으로 인식한다면 문제는 없을 것이다. 그러나 논술을 강조하는 학교의 논술 교육은 논술 교육의 필요성을 인정하지 않는 교사들의 생각을 지지하지 않는다. 결국 새로운 교육 내용과 방법을 동원하여 논술 교육을 실행하여야 한다. 이때 봉착할 수밖에 없는 문제는 기존의 교육과정이 제공하는 교육 내용과

---

2) 이러한 우려는 학교의 성취도평가 시행을 근거를 들고 있다. 서울시 교육청이 학교에서의 정기적인 성취도평가 시행과 공개를 지시한 이후, 주지 교과를 지도하는 학원에 다니는 학생의 수가 급격히 증가했던 과거의 현실을 근거로 논술 교육이 공교육에 편입될 경우 논술 사교육 시장의 잠식은커녕 오히려 더 시장의 팽창을 부추길 것이라고 생각한다.

지도 방법, 교수·학습전략과 지도 자료, 학교 현장에 적용이 가능한 논술 교과서와 교사용 지도서 등의 부재와 관련이 있다. 서울특별시 교육청은 이러한 문제를 해결하기 위하여 논술 지도 장학 자료를 발간하였다. 그리고 그 자료를 근거로 하여 연수를 진행하였다. 하지만 이러한 장학 지도 자료와 6시간의 연수가 현재 진행형인 논술 교육의 문제를 포괄적으로 수용하기에는 내용이나 방법의 측면에서 아쉬운 점이 많다. 논술 교육의 지도 방법과 관련된 주요 쟁점은 논술의 개념 정의가 불확실하다는 것, 학교 논술 교육의 목적이 무엇인지 명확하게 제시되지 않았다는 것, 정확한 개념 정의와 목적이 불확실한 상태에서 대학이나 사교육이 요구하는 논술 교육 내용을 수용해야 하는가 등이다.

학교 논술 지도 방법에 관한 자료가 없는 것은 아니다. 교육청과 대학기관의 교사 연수에서 제공하는 논술 교재와 지도 방법은 다분히 대학 입시 평가 도구로서의 논술을 바라보는 시각에 편중되어 있다. 현장의 교사들이 가장 거부감을 갖고 논술 교육을 대하는 것이 바로 이 점이다. 논술의 가치와 장점을 수용하기보다 사교육 열풍과 대학입시 정책에 휘말리는 상황을 더 우려하는 것이다. 결국 기존의 논술 지도 자료를 가지고 학교에서 논술 교육이 가능한지에 대한 의문을 제기하지 않을 수 없는 것이며, 논술지도 방법이 구체적이고 명시적으로 제공되지 않은 상태에서 학교 논술 교육을 시행하였을 경우 오히려 부작용[3]을 초래할 것이라고 생각한다.

---

3) 초등학교 교사뿐만 아니라 중·고등학교의 적지 않은 교사들이 논술 지도 능력에 대한 자문을 한다. 교수·학습 능력의 부재라기보다는 잘못된 논술 교육 방법을 공교육이 그대로 따라갈 수 없다는 심정 내지는 대입 논술 수준의 논술 교육의 어려움에 대한 자문인 것이다. 결국 공교육의 논술 교육이 파행을 맞을 것이고 공교육 현장 교사들이 전적으로 그 책임을 져야 할 것이라고 생각하는 것이다.

3) 논술의 개념

박영목(1994)은 '논술은 고도의 의사소통 수단으로서 비판적으로 현상을 이해하고 논리적으로 생각을 전개하고 창의적으로 문제를 해결하는 과정을 의미한다.'고 하였다. 원진숙(1995)은 『논술교육론』을 통하여 논술을 학문의 장으로 옮겨와 문제해결적 작문 이론을 적용하였으며 논술문을 '보이지 않는 독자를 상정하여 자신의 신념이나 의견을 수용자에게 설득시키는 글'로 정의하였다. 이인제(1998) 또한 '논술은 아이디어를 발견하고 조직하고 표현하는 심리적 활동임과 동시에 지식을 구조화하는 인지적 과정을 본질로 하는 글쓰기 방식'이라고 정의하였다.

논술의 개념을 정의하는 것은 논술 교육의 방향을 결정짓는 첫 걸음임에도 불구하고 일찍이 거론된 앞서의 개념 정의들은 여전히 현장 교사들에게 낯설게 다가왔다. '비판적 현상', '논리적 생각', '창의적 문제해결', '보이지 않는 독자', '자신의 신념', '지식의 구조화', '인지적 과정' 등을 이해하고 적용하는 데에 어려움이 있었던 것이다. 말을 그대로 풀어 '논리적인 서술'이라고 하였을 때조차 논리와 서술을 속 시원하게 받아들이기 힘들다. 서술을 말이나 글로 표현하는 행위라고 이해할 수 있지만 '논리적이라는 것은 도대체 무엇인가?'라는 문제에 봉착한다. 결국 '논리적'이라는 말을 이해하기 위하여 논설문의 내용과 형식을 가져와 논술 교육에 적용하게 되었다. 이러한 논술 개념은 학교 논술 교육의 필요성을 억제하거나 학습자를 표현 중심의 쓰기 활동에 편중되게 한다.

학교급별 개념 정의에 대한 생각도 해보아야 할 것이다. 초등학교는 '초등 논술'이라는 표현을 쓰고 있다. 이것은 초등학교에서의 논술은 중등이나 고등 또는 대학 논술과 구별되는 내용, 방법, 절차 등이 요구된다는 것을 의미한다. 서울특별시 교육청(2006)의 논술 자료에 의하면 '초등학생을 대상으로 지도하는 논리적인 표현'으로 초등 논술의 개념을 정의한다. 그렇다면 초등학생을 대상으로 지도하는 논리적인 표현 교육에 적합한 내용, 방법, 절차가 있음직한데, 그 안을 들여다보면 '문제해결 능력', '논제 분석력', '독해력', '논증 능력', '논리적 사고', '비판적이고 창의적인 쓰기 능력', '정보의 신뢰성과 타당성 판단' 등으로 논술을 설명하고 있어 앞서의 개념 정의와 어떤 차이가 있는지 고민하게 한다. 수준의 차이가 있기는 하지만 실제로는 내용, 방법, 절차의 면에서 큰 차이를 보이지 않는다. 막대한 인적, 물적 자원을 들여 지도 자료를 만들고 연수를 하면서도 특성화된 초등 논술을 표방하기란 쉽지 않을 것이다. 그러나 앞의 모든 쟁점 사항을 포괄할 수 있는 학교 논술 교육의 중심에 서 있는 현장 교사들이 공감할 수 있는 개념의 정의가 있어야 할 것이다.

2. 교육과정 재구성을 통한 논술 교수·학습방법

논술과 관련된 문제점은 곧바로 논술 교육이 나아가야 할 방향이 무엇인지를 제공하는 단서가 되어 준다. 초등학교 논술 교수·학습 방법의 제안은 학교 밖의 요구를 수용하려는 적극적인 의지의 표명이다. 제안된 교수·학습방법은 현장 교사들이 실천할 수 있는 것이어야 한다. 논술에 대한 개념을 재정의하고 현장 교사들의 거부감을 불식할 수 있는 논술 교육 내용을 마련하여야 하며 그것은 현행 교육과정 운영과 맥을 같이 하는 것이어야 한다. 또한 실천 방법과 전략적인 모형의 구안 그리고 교육과정 실행의 측면을 고려한 교수·학습방법을 제시하여야 한다.

1) 논술의 개념 정의

바람직한 논술 교육을 실천하기 위해서는 논술을 보다 쉽게 이해할 수 있는 개념으로 정의하여야 한다. 논술은 단순히 표현의 개념이 아니라 소통의 개념이다. 너와 나의 소통이다. '나' 중심의 일방적인 소통이 아니라 '너'를 배려하는 상호 교섭적 소통 양식이다. '너'는 다른 사람이다. 다른 사람은 나의 표현을 전달받는 사람이다. '다른 사람'은 논술을 왜곡하는 가장 주된 변인이기도 하다. 입시를 생각한다면 다른 사람은 대학 입시 평가자인 대학의 교수 또는 초·중·고등학교의 교사, 학원 강사 등을 떠올릴 수 있다. 이런 특정인을 대상으로 하는 논술은 교육적 의미가 없다.

논술은 필자의 의도와 목적에 따라 다양한 대상을 고려하여야 한다. 다른 사람을 설득하기 위한 소통 양식은 상호 교섭적이기 때문에 나의 생각을 이해할 수 있도록 배려하여야 한다. 그러한 배려는 나의 생각 속에 담겨 있어야 한다. 나의 생각 속에는 전하려는 내용만 담겨 있는 것이 아니라 그 내용을 다른 사람이 잘 이해할 수 있도록 배려하는 방법과 절차도 담겨 있어야 한다. 앞서 살펴보았던 선행 연구자들의 개념 속에 들어 있는 '비판적 현상', '논리적 생각', '창의적 문제해결', '보이지 않는 독자', '자신의 신념', '지식의 구조화', '인지적 과정' 등을 포괄하는 것이 바로 나의 생각이다. 이런 것들을 종합하여 알기 쉽게 정리하면 논술이란 '다른 사람에게 나의 생각을 이해하도록 설득하는 말과 글의 표현'이 될 것이다. 기본적으로 논술은 '나'를 중심으로 하는 것이 아니라 '너'라고 하는 나의 글을 읽는 대상을 배려하는 표현 양식이다. 타인을 배려하는 표현 양식은 타인에게 나의 생각을 이해하도록 일방적으로 강요하는 것이 아니라 타인이 나의 생각을 스스로 수용하고 이해할 수 있도록 하는 전략이 담겨 있는 글이어야 한다. 일방적이지 않으면서도 나의 생각을 타인이 이해하고 수용할 수 있는 양식의 '설득'이다. 강요하는 양식이 아니라 설득하는 양식을 통하여 나의 생각의 의도를 타인에게 전달하려는 노력이 바로 논술이다.

2) 논술 교수·학습 내용

학교 논술 교육은 학습자를 위한 것이지만 논술 교육의 주체는 교사이다. 학교 밖의 요구가 학교 안에서 수용되지 않았던 가장 큰 이유 중의 하나는 논술 교육의 내용이 무엇인가에 대한 엇갈린 판단 때문이었다. 현장의 교사들은 현행 교육과정 내용에 논술이 포함되어 있다는 것이고 학교 밖의 생각은 그와 전혀 다른 것이었다. 논술이 명시되지 않은 교육과정 내용만으로는 학생들의 논술 능력을 향상시킬 수 없다고 생각하는 것이다. 학교 안의 판단이나 밖의 요구가 서로 충돌하지만 어느 한 쪽의 손을 들어줄 수는 없는 일이다. 아무리 학교 밖의 요구가 거세지더라고 논술 교육을 실천하는 현장 교사들이 움직이지 않는 한 공교육의 논술 교육은 불가능한 일이다. 교육과정의 충실한 수행이 논술 교육의 지름길이라는 것에 반대할 교사들은 없다. 그러나 자의적인 수준의 판단보다는 '교육과정의 어떤 내용을 어떻게 교육하고 있다'는 등의 검증 가능한 근거를 마련하는 것이 선행되어야 한다. 실제로 논술 교육에 적극적인 교사들은 교육과정 내용의 상당 부분이 교육청이나 학교 밖의 요구와 맞물려 있다고 생각하며 그 내용에 초점을 두어 논술 교육을 실천하고 있다. 따라서 현행 교육과정 범위 내에서 학교 밖의 요구를 수용할 수 있는 실행 가능한 논술 교육 내용을 구성하는 것이 바람직한 방향일 것이다.

논술 교육은 편협한 표현관[4])을 지양하고 이해와 표현 활동이 유기적으로 연결된 설득관을 지향하여야 한다. 그러기 위해서는 논술과 관련된 읽기

---

4) 노명완(2007)은 쓰기 활동을 두 가지로 구분하여 설명하고 있다. 필자 중심의 일방적인 전달형 쓰기 관점을 '표현관', 독자를 배려하는 쓰기 관점을 '설득관'이라 한다. 논술에 대한 오해는 바로 쓰기 활동이 표현관에 편중되어 있음을 지적한다. 이러한 쓰기 활동은 선조적이지 않고 회귀적이며 문제해결적 쓰기라 말한다.

활동 내용을 선정하여야 하며 읽기에서 습득한 선험지식을 바탕으로 대상을 설득할 수 있는 말하기와 쓰기 활동을 해야 한다. 따라서 논술 교육 내용은 '읽기-말하기-쓰기(독서-토론-논술)'를 유기적으로 연합하여 활동할 수 있는 것이어야 하며, 범교과적이어야 한다. 모든 교과의 교육과정 내용의 재구성을 통하여 논술 교육 내용을 구성하여야 한다. 교육과정 내용의 재구성을 통한 논술 교육 내용구성은 현장 교사들의 논술 거부감을 상쇄할 수 있을 뿐만 아니라 논술의 교과 독립이나 계획 시수의 확보 없이도 학부모의 요구 수용과 논술 시장의 왜곡을 시정할 수 있을 것이다.[5]

서울시 교육청(2006)은 논술 교육과 관련하여 세 권의 장학 자료를 교사들에게 제공하였는데 그것은 '독서', '토론', '논술'이 각각 분리된 것이었다. 기존의 교육과정 내용을 충실히 이수하는 것만으로도 논술 교육을 실천할 수 있다고 주장하는 교사들에게 주어진 세 권의 장학 자료는 심적 부담을 안겨주기에 충분하다. 물론 선택적 활용이 가능하도록 풍부한 지도 내용으로 구성한 것이라는 의도를 모르는 바는 아니지만 현장 교사들의 인식은 교육청의 의도와 다를 수밖에 없었다. 게다가 그 내용이 '독서 : 토론 : 논술'의 형태로 단절적인 데에 가장 큰 문제가 있었다. 따라서 '독서-토론-논술'의 형태와 같이 그것들이 상호 유기적으로 연결되었을 때, 또한 그것이 교육과정의 충실한 이수와 직접적인 관련이 있을 때에 학교 논술 교육이 현실화된다.

학교는 교육과정에 근거한 교육 활동을 하였을 때 가장 바람직한 모양을 갖춘다. 교육과정 이외의 활동은 교사들의 지도 능력 범위를 벗어난 것이라고 보아야 한다. 그렇기 때문에 논술의 교과 독립적 내용이나 계획 시수 확보는 당연히 받아들여지기 힘든 것이 된다. 또한 학교 논술 교육이 학교 밖

---

5) 필자가 직접 면담한 교사들에 의하면, 서울시 교육청의 논술 관련 교재의 활용이 거의 이뤄지지 않고 있었다. 그 이유는 첫째, 별도의 논술 교재 구성은 별도의 교과적 성격을 띤다는 거부감. 둘째, 계획 시수 확보 없이 실행이 불가능한 과중한 내용. 셋째, 논술의 교과적 성격과 계획 시수 확보는 별도의 논술 지도 능력이 요구된다는 심적 부담감 등이다.

의 것과 구별되기 위해서는 반드시 교육과정의 범위 내에서 실행되어야 한다. 공교육은 공교육의 모습을 갖추고 있어야 한다. 논술 교육 내용의 교육과정 재구성이 바로 그런 모습의 실현이다. 교육과정의 내용 중에서 논술과 관련된 것을 교과별 영역별로 추출하여 재구성하는 작업이 결코 쉬운 작업은 아니다. 일단 교육과정의 내용을 재구성한다 하여도 교실 수업의 실행은 교과서와 교사용 지도서에 의존하기 때문에 실제 수업 활동에 적용하기 위해서는 해당 내용과 관련된 단원을 추출하여야 한다.

논술 교육 내용은 학교 교육과정 실행 방법을 염두에 두고 재구성하여야 한다. 별도의 논술 교육 시간이 계획되어 있지 않은 상황의 논술 교육 내용의 구성은 기존의 교과 운영 시간에 의존하여야 하기 때문에 제한적이다. 그렇지만 재량시간이나 특별활동 방과 후 활동 등의 계획 시수 확보가 가능한 경우에는 폭넓고 다양한 논술 교육 내용으로 재구성할 수 있을 것이다. 제한적이거나 선택의 폭이 넓은 논술 교육 내용의 구성 방향은 학년, 교과, 영역, 차시 등의 영향을 받지 않는 상황을 말한다. 별도의 계획 시수를 확보한 상황에서의 논술 교육은 어떤 방식의 재구성 내용이라도 상관이 없지만 기존의 교과 시간 운영을 통한 논술 교육은 고려해야 할 변수가 많다. 기존의 교과 수업 시간 중에 운영되는 논술 교육 내용은 해당 학년, 교과, 영역이 우선되며 해당 수업 시간과 관련된 학년, 교과, 영역 등의 내용을 연계하여 지도해야 한다는 것을 염두에 두고 재구성되어야 한다.

다음은 필자가 제7차 교육과정의 내용을 근거로 논술 교육의 내용을 재구성한 것이다. 이밖에도 학교의 실정과 학습자, 교사, 지역사회의 요구를 포괄하는 다양한 형식의 논술 교육 내용을 구성할 수 있을 것이다. 현재 각 학교에서 학년 초에 수립하는 학교 교육과정 계획의 일환으로 모든 교사가 참여하는 내용구성을 생각해 볼 필요가 있다.[6]

---

[6] 모든 학교는 신학년도 학교 교육과정 계획을 수립하기 위하여 교육과정 협의회를 구성하여야 한다. 이때 논술 교육 내용을 학교 교육과정의 한 부분으로 설정하여 기존의 교육과

[그림 1] '읽기-말하기-쓰기' 활동 모형 중심의 내용구성

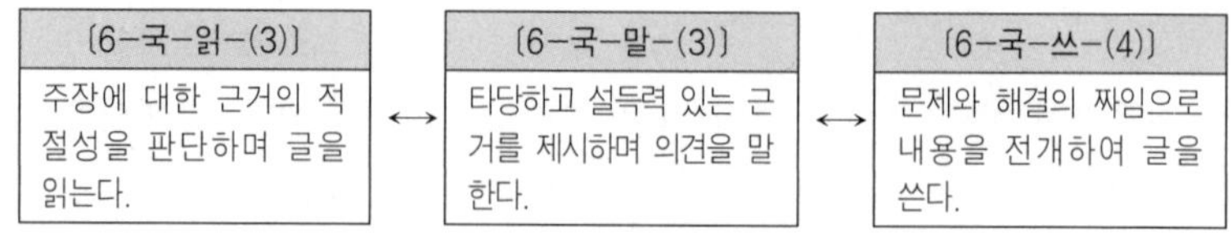

[그림 2] 학년 및 교과 통합형 내용구성

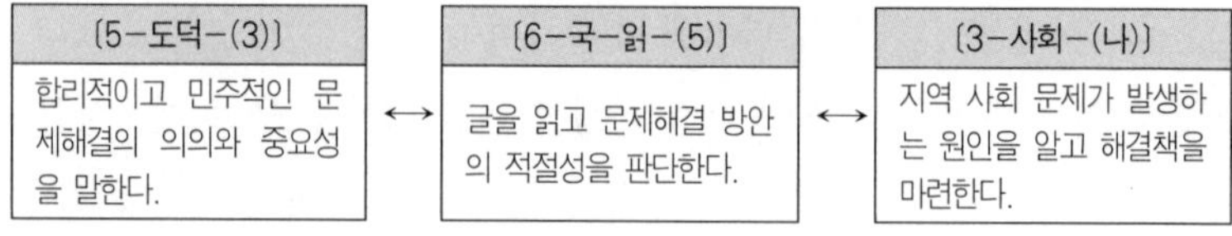

3) 논술 교수·학습방법

논술 교육 방법은 세 가지 측면에서 생각할 수 있다. 첫째는 논술 교육 내용의 지도 방법과 관련된 측면이고 둘째는 논술 능력 향상을 위한 전략적 측면이며 셋째는 교육과정 실행의 측면이다. 먼저 논술 교육 내용의 지도 방법에 대하여 앞서 제안한 논술 교육 내용구성의 유형을 예로 살펴보기로 하자. [그림 1]의 내용구성은 논술 능력 향상을 위한 활동 중심의 내용구성의 예이다. 동일한 학년의 동일한 교과이지만 영역과 차시가 다르기 때문에 어떻게 운영할 것인지에 대한 고민을 하지 않을 수가 없다.

[그림 1]은 각각이 논술 교육과 관련되어 있기 때문에 독립적으로 운영될 수 있는 내용이면서 서로 통합적 활동이 가능한 관계를 갖고 있다. 그림의 '↔'는 각각의 내용이 상호 유기적인 관계를 갖고 있으면서 선행 우선순위에 관계없이 자유롭게 변형하여 적용할 수 있다는 것을 의미한다. 각각의

정 내용을 재구성하여 문서화하는 생각해 볼 필요가 있다. 학교 수준의 교육과정은 실천적이고 자세할 뿐 아니라 현장 교사들의 수준과 능력 범위를 초과하지 않을뿐더러 지역사회의 특성과 학교의 특색을 다양한 형태로 반영할 수 있기 때문이다.

내용은 한 차시 분량의 내용이다. 때문에 같은 비중을 두어 수업을 진행하는 것은 세 차시 분량의 수업을 하는 것과 같은 것이다. 그렇기 때문에 어느 한 영역을 우선으로 하고 다른 내용은 수업의 일부로 전개해야 한다. 예를 들어 지금 6학년 국어 읽기 셋째 마당. 5차시 '주장에 대한 근거의 적절성을 판단하며 글을 읽는다.'를 학습 한다고 하자. 이때 가장 단순한 방법은 이 시간의 학습활동이 논술의 읽기 능력과 관련된 것임에 초점을 두어 이 내용만 독립적으로 운영하는 것이다. 보다 적극적인 논술 교육을 실시하고자 할 때에는 [그림 1]의 두 번째 내용을 연계하여 지도할 수 있을 것이다. 세 가지 논술 교육 내용은 유기적인 관계에 있다. 어떤 내용을 우선으로 하는가에 따라 나머지는 해당 차시 수업 전개 과정에 포함될 수 있다.

[그림 2]는 보다 적극적인 통합 내용구성이다. 학년, 교과, 영역, 차시 등이 서로 다르지만 논술 교육과 관련된 내용 요소로 연계되어 있다. 5학년 도덕 시간에는 6학년 국어 또는 3학년 사회 과목의 내용을 수업 전개 과정에 적용할 수 있을 것이다. 마찬가지로 6학년 국어 시간에는 3학년 사회 또는 5학년 도덕과의 내용을 논술과 연계하여 지도할 수 있다. 다만 3학년의 경우 상위 학년과 연계된 것이어서 능숙한 학습자를 대상으로 하지 않으면 모든 학습자들에게 적용하기는 어렵다. [그림 1]과 [그림 2]의 논술 교육 내용은 일단 교육과정의 모든 내용들을 분석하여 논술과 관련된 요소를 추출하고 그것들을 학년, 교과, 영역, 차시 등을 고려하여 재구성하여 놓으면 모든 학년에서 각각의 내용들을 변용하여 적용할 수 있을 것이다.

논술 능력 향상을 위한 전략으로서의 두 번째 방법은 '읽기−말하기−쓰기' 모형7)의 적용이다. 독서와 토론을 기반으로 논술 교육을 하지 않으면

---

7) 노명완(2007)은 '읽기−이야기하기−쓰기(reading−talking−writing)'의 모형을 제안한다. 이 모형은 단순하지만 학습자의 언어사용 능력을 향상시키는 데에 매우 효과적이고 말한다. 이와 비슷한 연구가 이미 있어 왔으며 이 모형을 변형하여 다양한 언어교육 활동에 적용할 수 있다고 한다. 예를 들어 '이야기−읽기−이야기하기', '질문−읽기−답하기'의 과정은 읽기의 능력을 향상시키는 데에 효과적이며 '이야기하기−쓰기'는 쓰기의 능력을 향상

교육적 효과가 없다는 것은 이미 잘 알고 있는 사실이다. 그렇지만 '독서 : 토론 : 논술'의 형식과 같이 서로 병립하는 것이 아니라, '독서-토론-논술'의 모형처럼 유기적으로 연계된 활동이어야 진정한 교육적 효과를 유발할 수 있다. 초등학교의 경우에는 교과 교육과 관련하여 '읽기-말하기-쓰기'의 활동 모형을 제안할 수 있다. '읽기-말하기-쓰기'의 기본 모형을 중심으로 여러 가지 형태의 변형 모형을 구안하여 적용할 수 있을 것이다. 예를 들어 '말하기-읽기-말하기', '말하기-쓰기-말하기', '쓰기-말하기-쓰기', '읽기-말하기-읽기' 등의 변형이 가능하다. 세 가지 활동을 모두 연계하여 적용할 수도 있지만 내용의 양이나 제한적인 시간 운영을 고려하여 '말하기-읽기', '말하기-쓰기', '읽기-말하기', '쓰기-말하기' 등의 축소 변형도 가능하다. 그러나 '읽기-말하기-쓰기'의 과정을 한 번에 수행하는 것은 읽기가 쓰기에 종속되거나 쓰기가 읽기에 종속되는 결과를 초래할 수도 있기 때문에 각기 다른 세 가지 영역 활동을 한 차시에 일률적으로 적용하는 것을 재고하는 것이 좋을 것이다. 또한 학년, 교과, 영역, 차시 목표와 교수·학습활동 내용에 적합한 변형 모형을 적용하여 해당 수업 시간을 운영하면 의미 있는 결과를 기대할 수 있을 것이다.

[그림 1]의 예를 들어 '읽기-쓰기-말하기'의 모형을 변형하여 적용하면 다음과 같다.

[예 1] '읽기-말하기'의 축소 변형 모형

〔6-국-읽-(3)〕		〔6-국-말-(3)〕
주장에 대한 근거의 적절성을 판단하며 글을 읽는다.	↔	타당하고 설득력 있는 근거를 제시하며 의견을 말한다.

시키는 데에 효과적이라고 한다. 다만 '읽기-이야기하기-쓰기'를 한 번에 적용하는 경우에는 읽기가 쓰기에 종속되어 단순한 기억이나 재생적 표현의 쓰기 결과를 유발할 수 있다고 지적한다. 여기 제시된 모형은 바로 이 모형의 변형이다.

[예 2] '말하기-쓰기'의 축소 변형 모형

〔6-국-말-(3)〕		〔6-국-쓰-(4)〕
타당하고 설득력 있는 근거를 제시하며 의견을 말한다.	↔	문제와 해결의 짜임으로 내용을 전개하여 글을 쓴다.

[예 3] '읽기-말하기-읽기'의 변형 모형

〔6-국-읽-(3)〕		〔6-국-말-(3)〕		〔6-국-읽-(3)〕
주장에 대한 근거의 적절성을 판단하며 글을 읽는다.	↔	타당하고 설득력 있는 근거를 제시하며 의견을 말한다.	↔	주장에 대한 근거의 적절성을 판단하며 글을 읽는다.

[예 4] '말하기-읽기-말하기'의 변형 모형

〔5-도덕-(3)〕		〔6-국-읽-(5)〕		〔5-도덕-(3)〕
합리적이고 민주적인 문제해결의 의의와 중요성을 말한다.	↔	글을 읽고 문제해결 방안의 적절성을 판단한다.	↔	합리적이고 민주적인 문제해결의 의의와 중요성을 말한다.

[예 5] '말하기-쓰기-말하기'의 변형 모형

〔5-도덕-(3)〕		〔3-사회-(나)〕		〔5-도덕-(3)〕
합리적이고 민주적인 문제해결의 의의와 중요성을 말한다.	↔	지역 사회 문제가 발생하는 원인을 알고 해결책을 마련한다.	↔	합리적이고 민주적인 문제해결의 의의와 중요성을 말한다.

　마지막은 논술 교육의 교육과정 실행 방법에 관한 것이다. 논술 교육 내용의 구성과 지도 방법의 구안은 현장 실천 적용이 가능할 때에 의미가 있다. 학교 교육과정은 '교과', '재량', '특별활동'으로 구성되어 있다. 현재 논의되고 있는 논술의 교과 독립은 현실적으로 불가능하리라고 생각된다. 따라서 현행 교육과정 운영 범위 안에서 논술 교육을 실행할 수 있는 방법을

강구해야 할 것이다. 먼저 교과 시간을 통한 논술 교육을 생각해 볼 수 있다. 앞서 내용구성과 방법에서 제안하였듯이 별도의 계획 시수가 마련되지 않은 상황에서 기존의 교과 시간을 논술로 대체하기도 힘든 상황이다. 어떤 교과목의 시수를 논술로 대체할 것인지에 대한 논란이 있기 때문이다. 더구나 통합 논술이 시작되면서 논술은 모든 교과에 해당하는 범교과적인 활동으로 인식되었다. 특정 교과목의 시수를 논술로 대체하였을 때, 해당 교과 운영의 부실을 충족시킬 대안이 없다. 결국 현행 교육과정의 교과 교육 운영 시간을 활용하여야 할 것이다. 현행 교육과정 운영 시수의 증감이 없이 논술 교육을 실행할 수 있는 방법은 논술 내용구성과 방법에서 이미 설명하였다.

다음으로 재량 시간을 활용한 논술 교육 실행에 관하여 생각해 볼 수 있다. 재량 시간의 운영은 학부모와 지역사회의 요구를 수용하여 적절하게 운영될 수 있다. 대개의 경우 학교에서는 주당 2시간 정도의 재량 시간을 교과와 관련된 재량 시간으로 운영하고 있다. 영어, 독서, 컴퓨터 등의 교과 관련 내용 학습을 위하여 재량 시간을 확보하여 운영하고 있다. 학교의 특색을 살린 재량활동을 운영할 수도 있다. 따라서 논술 교육 시간을 일정 시수 확보할 수 있는 방법 중의 하나가 바로 재량 시간의 운영이다. 재량 시간은 교과로서의 성격을 갖고 있지는 않지만 교과와 관련된 내용 학습을 정해진 시간에 할 수 있다는 장점이 있다. 다만 논술 교육을 재량활동으로 편입하기 위해서는 기존의 재량활동이 감축되는 현실을 감수해야 한다. 이미 재량활동 시간의 자리를 굳건하게 지키고 있는 내용 학습의 경우에는 논술 못지않은 학부모의 요구가 있었기에 쉽게 변경하기는 힘들 것이다. 재량활동 운영은 학교 교육과정 협의회를 통하여 의논되고 결정된다. 규칙적인 시간을 확보하여 논술 교육 시간을 운영하고자 하는 학교에서는 재량활동 시간 일부를 논술 교육 시간으로 편성하는 것을 고려해볼 만하다.

특별활동 시간을 논술 교육 시간으로 운영하기는 쉽지 않다. 특별활동이라 함은 학생들의 자기계발을 위한 시간이기 때문에 학습 내용의 성격이 강한 논술을 특별활동 내용으로 편성하기는 어려울 것이다. 다만 연간 계획 시수 중 일부를 논술 내용을 적용한 활동으로 대체할 수 있을 것이다. 그러나 이러한 제한적인 시간 편성은 바람직한 논술 교육의 방향은 아닌 것 같다. 교육과정 편성 시간 이외에 아침자습 시간을 이용한 활동을 생각해 봄직하다. 등교 제한 시각부터 1교시 수업 전까지는 10분의 시간이 있다. 이 시간을 활용하기 위하여 학교와 교실은 매우 다양한 활동을 구안한다. 영어를 하기도 하고 신문을 보기도 하며 한자를 외우거나 독서를 하기도 한다. 짧은 10분인 것 같지만 아동들의 등교시각이 서로 다른 것을 감안한다면 최소 10~30분 정도의 아동 자율 학습 시간이 생기는 것이다. 요즘은 '10분 독서' 또는 '아침 독서' 활동을 학교 특색 사업의 일환으로 운영하는 경우가 많다. 이러한 독서의 중심 교육은 논술 교육과 무관하지 않다.

방과 후 학교를 활용한 논술 교육도 생각해 볼 만하다. 최근 사교육비 절감의 측면에서 학교에서 교과와 관련된 내용을 교사 또는 외부 강사를 초빙하여 교육하고 있다. 논술은 매우 중요한 방과 후 학교 활동 중의 하나로 인식되기도 한다. 외부 강사 초빙에 의한 운영일지라도 학교의 논술 교육 내용과 방법에 근거한 논술 교육을 실시하도록 해야 할 것이며 학교의 통제와 관리 하에 공교육의 바람직한 모습을 보여주어야 할 것이다. 이밖에도 논술 교육 전문가를 초빙한 정기적인 교사 교육과 학부모 연수를 고려해 보아야 할 것이다. 궁극적으로 논술 교육의 정상화는 교사 주도로 이루어져야 할 것이다. 교사의 전문성 함양과 학부모를 대상으로 한 학교 논술 교육의 바람직한 방향을 안내하는 것이 학교의 역할과 의무이다. 학생을 중심으로 형성된 교육 공동체로서의 학교, 교사, 학부모의 유기적인 결속과 지원은 학생의 논술 능력 향상에 기여할 것이다.

학생, 교사, 학부모가 동의하는 바람직한 논술 교육의 방향을 제시하는 일환으로서 논술 교육의 문제점을 분석하고 기존의 교육과정과 맥을 같이 하는 교육과정 재구성을 통한 실천적인 논술 교수·학습방법의 구안을 목적으로 이 논의를 시작하였다. 논술은 학교가 적극적으로 수용하고자 노력해야 하는 중요 쟁점 중의 하나이다. 현장의 교사들은 정상적인 교육과정을 이수하는 것만으로도 학교에서의 논술교육이 충분히 이루어진다고 생각하는 반면 학부모와 지역사회는 학교에서의 적극적인 논술 교육 실행을 요구하는 상반된 양상을 보여 왔다. 이러한 양 극단의 배경에는 양측의 생각을 포괄할 수 있는 논술 교육 내용과 방법의 부재라는 문제가 현존하고 있었다. 교육청의 적극적인 논술 교재 개발, 보급, 연수 등의 노력에도 불구하고 교사들의 인식과 학부모의 요구를 충족시키지 못하였다. 그 이유는 논술을 새로운 교과목으로 만들려고 하거나, 교육과정 이외의 시수를 추가로 확보하는 데에 따른 문제점 그리고 교육과정 운영의 현실적인 문제를 감안하지 못한 일방적 교육정책이 한 몫을 한 때문이다.

현재 진행형인 초등학교 논술 교육의 바람직한 방향을 제안하기 위하여 현행 교육과정 내용의 재구성을 통한 논술 교육 내용의 구성과 교수·학습 방법의 구안은 생각보다 절실한 상황이다. 논술 교육은 현장 교사들을 배제한 상태에서 이루어질 수 없다. 현재로서는 교과 독립이나 시수 확보 등의 현실적인 어려움을 극복할 수 있는 대안이 마련되어 있지 않다. 따라서 현행 교육과정 운영 범위 안에서 학교 밖의 요구를 수용하고 교사들의 반발을 최소화하며 교사들의 능력 범위 안에서 실천 가능한 방법을 모색하는 것이 최선의 길이라는 것을 인식하여야만 한다. 그것이 바로 교육과정 재구성을 통한 논술 교수·학습이다. 지금까지 제안한 논술 교수·학습내용과 방법은 현장 교사들이 쉽게 이해하고 적극적으로 활용할 수 있는 실천 가능한 것들이다. 무엇보다 현행 교육과정 내용의 재구성을 통한 논술 교육 내용의 구성 및 논술 교수·학습 방법의 구체적 제안 그리고 논술 능력 향상 방법 및 교육과정 실행 방법을 학교 교육과정 범위 내에서 제안한 것에 의미가 있다.

후속하여 제7차 현행 교육과정은 물론 제7차 개정 교육과정의 내용을 재구성하여 학교 현장에서 적용이 가능한 논술 교육의 내용을 국어과는 물론 다른 내용교과와 관련하여 세부적인 항목으로 마련하여야 할 것이다. 또한 학교 교육과정 실행과 현장 교사들의 지도 능력 범위 안에서 활용이 가능한 방법과 전략, 모형 등을 교수·학습활동의 실제 적용 사례를 바탕으로 구안하여야 한다. 더 나아가 교육청, 학교, 교사, 학부모, 학생, 지역사회 등이 연계된 학교 논술 교육 프로그램의 개발과 보급, 교사 연수와 학부모 강좌 등의 개방형 학교 교육 시스템을 적극 운영하여야 할 것이다. 교육청 단위의 일률적 연수나 강좌보다는 지역이나 학교 단위의 자율적인 연수와 학교 논술 전문 교사를 지원한 학부모 강좌를 지속적으로 실시하여 학교 논술 교육의 적극적인 의지와 사교육의 왜곡을 시정하려는 노력을 기울여야 할 것이다. 이러한 노력과 연구적 논의가 의의를 갖기 위해서는 논술에 대한 부정적인 인식을 버리고 장기적인 안목에서 학습자의 능력을 향상시킬 수 있는 논술 교육의 가치와 교육적 효능을 창출하여야 할 것이다.

남의 것이기는 하지만 우리가 학생들에게 왜 읽고 쓰는 것을 가르쳐야 하며 논술 교육의 바람직한 방향이 무엇인지를 이해할 수 있게 하는 하버드 대학의 교육 목표를 되새기는 것으로 논의를 맺는다.

- All of our students should know how to interpret a great humanistic text.
- All of our students should know how to compose a literate and persuasive essay.

—「교육과정 재구성을 통한 논술 교수·학습에 관한 연구」, 『한국초등국어교육』 제34집,
한국초등국어교육학회, 2007. 8. 30.

제 5 장

소리 표상을 통한 시어 생산 교수·학습

소리는 우리의 주변을 맴도는 현상이다. 너무나 일상적이어서 매우 특별한 경우—비명이나 총성, 혹은 소방차의 경적 등—가 아니면 소리에 대하여 특별한 관심을 갖지 않는다. 그러나 그 소리 하나 하나는 언제나 이유가 있는 소리이며 고유의 명칭을 갖고 있다. 시어는 시를 이루는 부분이자 전체이다. 시어를 중심으로 연결된 생각의 고리들이 아름다운 한 편의 시를 구성한다. 한편의 시를 구성하는 시어의 생산을 위해서 우리가 할 수 있는 일은 무엇인가? 시어를 생산할 수 있는 요인은 무엇이며 어떤 자극과 동기에 의하여 창작 욕구가 유발되는가? 시어 생산을 위한 효과적인 교수·학습방법과 전략은 무엇인가?

아이들은 시인의 영감이나 직감, 고도의 정신집중력이나 언어구사력 대신에 천진난만한 상상력과 무궁무진한 창의력으로 무장하고 있다. 아이들의 말과 행동을 조금만 주의 깊게 관찰하면 누구나 그런 생각에 동의할 것이다. 그런 아이들의 말과 행동을 문자언어로 표현할 수 있는 방법은 무엇인가? 아이들의 상상력과 창의성을 자연스럽게 발휘할 수 있는 방법은 무엇인가?

이 글의 궁극적인 목적은 초등학생들에게 적용이 가능한 시 창작 교수·

학습전략의 구안과 실천적 적용에 있다. 소리의 표상을 통한 시어의 생산은 그 하위 전략에 속한다. 따라서 '소리' 표상을 통하여 시어를 생산할 수 있게 하는 요인을 알아보고 소리 표상의 유형을 구체적으로 분류하여 현장에 적용할 수 있는 실천적인 교수·학습전략에 관하여 논의하기로 한다.

1. 소리 표상의 시어 생산 요인

소리의 표상은 학습자 중심의 시어 생산 전략 활동이다. 소리는 다양한 정보를 담고 있다. 소리의 정보는 작가의 창의적 상상력에 의하여 새로운 탄생을 거듭한다. 그것은 언어적·시각적·경험적·상징적 변용의 과정을 거친다. 시어 생산을 위한 교수·학습전략은 학습자에게 제공될 수 있는 다양한 소리의 정보를 탐색하고 창작하는 활동이다. 여기서는 소리의 표상에 작용하는 요인을 상상력과 창의성 면에서 논의하기로 한다.

1) 상상력

프라이(Northrop Frye)는 상상력이란 '인간의 경험을 토대로 하여 있음직한 본보기(model)를 구성하는 힘'이라고 하였으며 '어려운 단어들과 고전적 암시(Classical allusion)들을 면밀히 검토하고 이미지와 표현법(diction)—어법에 따른 낱말들이 무엇을 의미하는가를 배우고 이해하는 데에 소용되는 것'이라고 하였다(Frye, N., 2000 : 14~21). 르네 웰렉과 오스틴 워렌(Rene Welleck & Austine Waren)은 문학예술의 핵심을 이루는 요소의 대상이 곧 '상상력의 세계'라고 할 만큼 상상력은 문학을 이루고 구성하는 과정의 필수 요인이라 생각하였다(Welleck, R. & Waren, A., 1988 : 28).

상상력의 의미를 생활 영역으로 확대하여 '학습자의 인지적 능력과 감성을 포함한 배경지식의 창의적 언어 구성 능력'이라고 상정한다면. 상상력은 실재하거나 실재하지 않았던 모든 일들을 마음속으로 재구성하는 것이며 새로운 사고로 재인식하는 작용이다. 또한 과거에 체험했던 일들을 존재하는 사물의 이미지를 통해서 대입하여 표현할 수 있는 사고 능력이며 문학 작품의 세계를 형상화하는 이성적 작용이다.

상상력은 문학에서는 주로 언어적인 상상력을 전제로 한다. 언어적 상상력은 이성과 정서를 함께 포괄하는 종합 정신 능력이므로 소리를 표상하는 기술이나 방법 혹은 경험과 상징의 발현을 유도하는 심적인 구성 능력이라고 볼 수 있다. 따라서 소리 표상 과정의 상상력의 실체는 학습자의 경험과 배경지식에 근거한 창의적인 사고 작용이다.

상상력은 소리의 표상 능력을 확대한다. 상상력은 하나의 사물이나 현상에 대하여 새로운 사물이나 현상을 대입할 수 있는 상징적 기능을 갖고 있다. 또한 상상력은 소리에 대하여 언어적 표상은 물론 시각적으로 표상할 수 있게 하며 배경지식의 활성화와 사고의 확장을 통해서 경험적 표상과 상징적 표상을 가능하게 한다.

상상력에 의한 표상은 소리의 정보와 의미를 재발견할 수 있게 한다. 소리의 표상이 일회적으로 끝나는 것이 아니라 2차 표상을 가능하게 하며 표상된 언어에 대한 평가와 재구성을 가능하게 한다. 즉, 상상력은 소리를 끊임없이 변화할 수 있게 하는 시어 생산의 능동적 변용 요인이다. 왜냐하면 상상력은 창의성을 바탕으로 하고 있을 뿐만 아니라 유동적 생산성이 있으며 다양한 경험적 사고를 동원하여 소리를 유연하게 만들기 때문이다. 결국 상상력에 의해 소리의 표상이 가능하며 상상력에 의한 지속적인 표상은 시 창작의 완결성을 확보할 수 있게 한다. 기성 작가의 작품일지라도 작품에 존재하는 소리의 표상에 대한 지속적인 변용이 가능하며 학습자의 창의적인 상상력으로 인해 새로운 시어가 생산되기 때문이다.

2) 창의성

창의성(creativity)이란 문제의 해결책이 옳다는 것뿐 아니라 그 해결책이 유용하며 고상하다는 의미도 갖는다. 우리는 창의적인 해결책이란 어떤 천재적인 능력을 요구하는 신비한 과정에 의해 생성된 것이라고 믿고 그러한 해결책을 경이롭게 생각하기도 한다. 그러나 최근의 인지 과학 연구 결과는 창의성은 우리가 기대했던 것보다 덜 신비스런 것이라고 암시한다(Reed, S. K., 2000 : 477~478).[1] 즉, 창의성은 매우 특별하거나 선천적인 것이 아니라 평범한 사람에게서 언제든지 발현이 가능한 기재이다.

창의성은 상상력과 깊은 관련이 있다. 소리 표상을 통해 시어를 생산하고 그 시어를 중심으로 하나의 새로운 시가 탄생하기까지는 여러 단계의 순차적 표상 과정을 거쳐야 한다. 순차적 표상의 과정에는 상상력이 동원되고 순차적 표상을 통해 재구성되는 시어들은 학습자의 창의성에 근거한다.

기존의 관념이나 사고의 틀을 벗어나 지식의 범위를 확대하는 인류가 지닌 무한한 가능성의 보고요, 어떤 문제에 대해서도 만족스럽고도 독창적인 방법으로 해결할 수 있는 소중한 능력인 창의성은 표상의 정당성을 인정할 수 있는 요인으로 작용한다(신헌재, 1991 : 38~41). 또한 창의성은 소리에

---

1) Weisberg는 그의 저서 *Creativity* : Beyond the Myth of Genius에서 창의적 아이디어의 효과는 비상하지만, 그러한 아이디어가 생성되는 과정은 그렇지 않다고 주장한다.

> 많은 창의적 산물이 비상한 것은 사실이다. 그것들은 희소하며 전 생애에 걸친 힘든 노력의 결과물일 때도 있으며 수세기에 걸쳐 사람들을 당혹하게 만들었던 질문에 대한 답일 수도 있고 때로는 만들어 낸 사람이 기대했던 것보다 훨씬 더 큰 영향력을 가지기도 한다. 창의적 산물의 효과가 이토록 지대할진대, 그런 산물이 생성되는 과정 역시 비상할 것이라는 생각이 당연시되곤 했다. 그러나 이러한 논리가 반드시 성립되는 것은 아니다. 창의적 성취가 비상한 것은 그것이 생성된 과정이 비상하기 때문이라기보다는 그 산물의 효과가 비상하기 때문이다.

"천재의 신비"에 관한 Weisberg의 관점은 창의적 인물에 관한 그의 분석에 부분적인 기초를 두고 있다. 그는 창의적 인물들의 발견도 보통의 사고 과정으로 설명될 수 있다고 느꼈던 것이다. 보통의 사고는 과거의 성취를 능가한다. 그러나 이런 성취는 새로운 정보를 축적함으로써 이루어진다. 거기에는 갑작스런 도약도 무의식적인 깨달음도 없다.

대한 학습자의 주체적인 표상 활동을 돕는다. 소리 표상 요인으로서의 창의성은 소리를 표상하는 언어를 선별하고 수용하는 과정에서 학습자의 주체성을 확보할 뿐 아니라 텍스트의 분석과 적용을 통해 효과적인 변용 활동을 수행한다. 결과적으로 창의성을 바탕으로 하는 텍스트에 대한 새로운 이해의 결과는 문학 작품의 미적 체험과 정서의 함양은 물론 작품의 내면화에 영향을 준다.

학습자의 주체적인 시어 생산 교수·학습활동은 창의성을 바탕으로 하는 소리의 표상에 기인하며 창의성에 의한 시어의 생산은 학습자의 창작 결과물에 가치를 부여한다. 소리의 표상을 통한 시어의 생산은 단순히 소리를 흉내 내어 기존의 작품을 모방하거나 개작하는 것이 아니라, 창의성을 바탕으로 하는 소리의 표상을 통해 창작성을 확보할 수 있는 것이다. 시어 생산이 시 교육 활동의 과정으로 인식되고 효과적인 교수·학습방법의 모색을 필요로 한다면 소리의 표상은 그 방법이며 창의성은 방법의 질적 가치를 부여한다.

퍼킨즈(D. N. Perkins)는 다음과 같이 창의성에 대하여 설명하고 있다.

창작인은 옛 아이디어들로 되돌아가 거기서 방황하다가 그것들을 끄집어내어 이렇게 저렇게 끼워 맞춰서 새 아이디어로 써본다. 그 새로운 아이디어가 유망성을 간직하고 있을 수 있다. 창작인은 그 아이디어를 시험 삼아 탐색하여 본다. 옳다. 그것은 참 쓸 만하다. 창의성은 무엇인가 가능성을 보여줄 때까지 이런 식으로 민감하게 해 보는 탐색과 시도일 수 있다. 이것을 심리학적 용어로 말하자면, 창의성은 주로 검색과 선택 과정이며 성공은 검색과정의 적절한 표적 설정(targeting)과 선택의 민감성에 좌우된다.[2]

---

2) D. N. Perkins, 「창의성과 그 기제에 대한 추구」, Robert J. Steinberg & Edward E. Smith, 이영애 역, 『인간사고의 심리학』, 교문사, 1996, p.345.

창의성은 교수·학습활동 과정에서 작용할 수 있는 모든 탐색과 시도, 고민과 방황, 아이디어의 적용과 유망성, 적절한 목표 설정 등으로부터 출발한다. 따라서 창의성은 다양한 탐색과 발상, 적용과 검증의 과정을 통하여 소리를 표상할 수 있게 하는 창작 주체의 생산 요인으로 작용한다.

2. 소리 표상의 유형

물체의 진동이 파동의 형태로 청각을 자극하는 소리에 조금만 관심을 갖는다면 그것이 매우 다양한 정보를 갖고 있음을 알게 된다. 소리는 비언어적이고 감각적인 것이지만 언어로 표현된 것보다 훨씬 더 풍부한 언어적 속성을 갖는다. 소리에 담긴 풍부한 언어적 속성을 표상하기 위해서는 소리와 관련된 다양한 지식과 경험을 동원해야 한다. 익숙하지 않은 소리에 대해서는 상상할 수 있는 모든 가능성을 개방하여야 하며 예측과 추론을 통해서 공감을 형성할 수 있는 표상을 마련해야 할 것이다. 어떤 소리는 매우 익숙하여 간단한 언어나 그림으로 표상이 가능하지만 경험하지 못한 소리에 대해서는 최대한의 상상력을 동원하여야 한다.

> 사람들이 "내가 뭘 말하려고 하는지는 알겠는데, 그걸 어떻게 언어로 표현해야 할지 모르겠다."라고 말할 때, 이것은 무엇을 의미하는가? 표현할 수 없는 것을 정말 '안다(Know)'고 말할 수 있는가? 이에 대한 한 가지 답변은 이 경우 당신이 그 무엇인가를 정말 '아는 것'이 아니라 단지 막연한 직관이나 느낌 같은 것을 가지고 있을 뿐이라는 것이다. 이에 대한 또 다른 답변은, 그러한 직관 내지는 비언어적인 앎(Knowing)이야말로 언어로 표현된 지식보다 훨씬 더 심오하면서도 바람직한 것이라는 점이다.[3]

---

3) Linda Flower, 황정현·원진숙 공역, 『글쓰기의 문제해결 전략』, 1998, p.128.

어떤 소리를 듣고 그것이 무슨 소리인지는 알고 있으나 어떻게 표현해야할지 모를 때, 이것은 막연한 직관이나 느낌을 갖고 있는 것이며 그것은 심오하면서 바람직한 것이다. 바로 그 심오한 직관이나 느낌을 언어로 나타내기 위한 활동이 표상이다.

표상(Representation)은 눈앞에 존재하지 않거나 스스로 표현하지 못하는 실물(entity)을 표현하는 행위 혹은 대리(代理)하는 행위를 가리킨다.4) 존재하지 않는 것을 존재하게 하거나 스스로를 표현하지 못하는 실물을 비유적으로 나타내는 행위를 통해서 소리의 정보는 이해되고 해석된다. 소리는 다음과 같은 표상의 방법을 통해서 구체화된다.

[표상의 유형]

언어적 표상	현상의 언어적 기술
	소리체의 언어적 기술
시각적 표상	소리체의 사실적 표상
	현상의 시각적 표상
경험적 표상	
상징적 표상	

1) 언어적 표상

언어적 표상은 소리의 현상을 기술하는 것과 소리체5)에 대하여 설명하는 것이다. 소리의 현상을 기술하기 위해서는 소리를 가장 잘 흉내 낼 수 있는 근접한 문자를 표기하거나 그 소리를 인식할 수 있는 어휘들을 종합하여 표현하는 것이다. 소리체 자신뿐 아니라 다른 사람들에게도 익숙한 소

---

4) Joseph Childers & Gary Hentzi, 황종연 역, 『현대 문학·문화 비평 용어사전』, 문학동네, 1999, pp.367~368.

5) 스스로 소리를 내는 생명체나 사물, 스스로 소리를 내지 않으나 외부 조건에 의하여 소리가 나는 물체 등 소리와 관련된 모든 것을 '소리체'라 부르기로 한다.

리일 경우에는 보편적인 어휘를 동원하여 기술하는 것이 가능하지만 그렇지 않은 경우에는 보다 다양한 언어를 구사해야 할 것이다.

(1) 현상의 언어적 기술

소리의 현상을 언어적으로 기술하는 데에는 소리의 청각 신호를 문자언어로 표기하는 것과 소리의 현상을 설명하는 두 가지 방법이 있다. 소리의 청각 신호를 문자언어로 표기하는 것은 주로 소리를 흉내 내는 방법이다. 예를 들어 강아지는 '멍멍', 고양이는 '야옹' 등의 의성어를 그대로 표기하는 것이다.

그러나 보편적으로 쓰이는 의성어로 표기하기엔 부족함이 있거나 구체적이고 사실적인 설명이 필요하거나 보편적인 표기방식에서 벗어나는 소리의 현상일 경우에는 다른 언어적 기술이 요구된다. 옆집 진돗개 새끼의 소리를 구체적으로 기술하기 위해서라든가 익숙하지 않은 소리 현상에 대한 기술이 그렇다. 이런 경우에는 그 소리의 현상을 언어적으로 기술하기 위해 단순히 소리를 흉내 내는 것이 아니라 그 소리를 연상할 수 있는 관련 어휘들을 종합하여 표상하여야 한다. 다음과 같은 표현을 예로 들 수 있다.

- 옆집에서 들리는 어린 진돗개 소리
  - 큰 개가 짖는 소리에 비하여 높은 음의 가는 소리이며 그 크기도 작다.
- 숲 속의 큰 새 소리
  - 소리는 고음의 날카로운 쇳소리를 내며 매의 소리와 비슷하게 들림.

(2) 소리체의 언어적 기술

소리체를 사실적으로 표현하는 언어적 기술은 그것의 생김새나 특징 등에 관하여 설명하는 소리의 표상이다. 소리의 현상은 소리체와 깊은 관계가 있다. 소리의 현상을 통해서 소리체의 모양과 특징을 상상할 수 있으며 소리체를 통해서 소리의 현상을 유추할 수 있다. 소리체의 언어적 기술은 구체적이고 명시적이어야 한다. 또한 과학적이고 학술적인 지식을 요구하기 때문에 뛰어난 배경지식이나 조사 관찰이 필수적이다. 이러한 소리체의 언어적 기술은 생물학 도감이나 전자 제품의 설명서 등을 통해서 용례를 살펴볼 수 있다. 다음은 왕귀뚜라미에 대한 소리체의 언어적 기술이다.

> 귀뚜라미는 머리에 긴 더듬이를 가지고 수컷의 앞날개에 소리를 내는 기관을 가지는 점과 앞다리의 종아리마디에 청음 기관을 가지는 점 등이 여치과와 공통점이 있지만, 다리의 종아리마디가 3마디인 점…… 몸 색깔은 갈색 도는 흑갈색이고 광택이 있다. 머리는 크고 검으며 더듬이 위에서 겹눈 위로 흰색 띠무늬를 가져서 눈썹처럼 보인다. 앞가슴은…

2) 시각적 표상

소리를 언어적으로 기술하는 것에 비하여 시각적인 표상은 회화적이다. 소리를 시각적으로 표현할 수 있는 것은 소리의 시각적 정보가 존재한다는 것을 의미한다. 이것은 마치 우리의 뇌가 발화에 구조를 부여하기 위해서 발화음의 연속과 그것들을 배합하여 단어와 문장을 만드는 지식을 기호화하는 것과 같다(Jackendoff, R., 2000 : 100). 소리는 궁극적으로 기호화가 가능한 발화음이며 그것은 단어와 문장을 만드는 지식을 기호화하는 것처럼 시각적인 형태로 표현될 수 있다.

(1) 소리체의 사실적 표상

소리를 듣고 연상되는 모양을 표현하는 것이다. 제품의 설명서나 생물학 도감에는 실제 사진을 제시해서 그 생김새를 정확하게 확인할 수 있다. 그러나 실재 모양을 보지 않은 상태에서 표현하는 것은 그리 쉬운 일이 아니다. 여기에는 청각을 통해 전달된 소리의 정보가 음운의 형태로 바뀌고 음운의 형태로 바뀐 소리의 정보를 통해 상상된 모양을 시각적인 영상 정보로 변환하는 일련의 과정을 경험해야 한다. 즉, 귀뚜라미의 울음소리를 듣고 소리의 현상을 '귀뚤귀뚤'로 표상함과 동시에 '귀뚜라미'의 실체를 연상한다. 이윽고 귀뚜라미의 생김새에 대한 배경지식을 동원하여 시각적인 표상이 가능해진다.

다음은 소리체의 시각적인 표상을 백과사전이나 인터넷 자료로 표현한 것과 스스로 특징을 잡아 그린 결과이다. 소리의 시각적인 표상은 시어를 생산하는 중간 단계이므로 소리체를 표현하는 데에 너무 많은 시간과 노력을 투자하지 않도록 해야 할 것이다. 직접 그리는 방식은 미술의 크로키처럼 특징적인 모양을 재빠르게 나타내도록 하는 것이 효과적이다.

[소리체의 사실적 표상]

(2) 현상의 시각적 표상

소리는 눈으로 확인할 수 있는 것이 아니다. 현상의 언어적인 표현은 보편화된 의성어나 그와 유사한 소리를 흉내 내거나 그 소리와 관련된 인접 어휘를 종합하여 표현할 수 있다. 그러나 소리의 현상을 눈으로 확인할 수 없기 때문에 그것을 시각적으로 표상하기 위해서는 여러 가지 기호나 선 혹은 도형 등을 이용하여 표현하거나 그래프의 형식으로 나타낼 수 있다. 예를 들어 심장의 박동 소리를 숫자 혹은 직선 그래프로 표시한다거나 곤충의 울음소리를 곡선과 점의 중첩으로 나타낸다거나 하는 식이다. 소리 현상의 시각적 표현 방식은 학습자의 상상력에 따라 매우 다양하다. 특별한 기호를 부여하지 않더라도 아이들은 기발한 아이디어를 동원하여 소리의 현상을 표현한다.

[현상의 시각 표상]

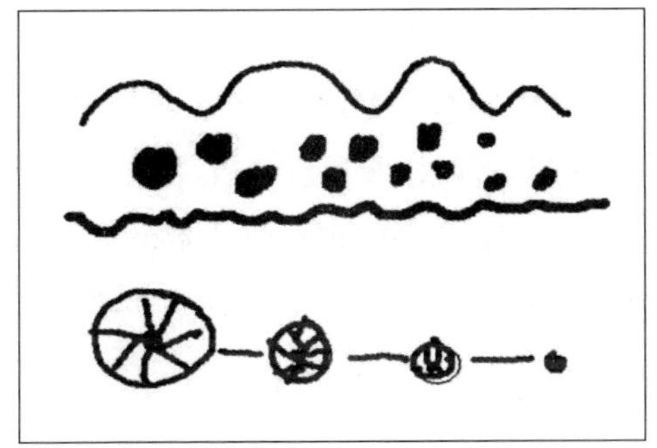

3) 경험적 표상

소리의 경험적 표상은 그것이 언어로 표현된다는 면에서는 언어적 표상과 맥을 같이 하나 소리의 현상과 소리체를 표현하는 것이 아니라 소리와 관련된 경험을 언어로 표현한다는 점이 다르다. 물론 언어적 표상도 소리에 대한 경험과 배경지식이 없이는 불가능하다. 그러나 경험적 표상은 듣는 이의 자유로운 상상력을 밑바탕으로 하기 때문에 표상의 한계가 광범위하고 주관적이다. 한 가지 소리에 대한 경험이 다르면 그 소리에 대한 표상도 다르다.

호랑이의 포효에 대한 경험적 표상을 생각해 보자. 동화책에서 읽었던 '곶감을 무서워하는 호랑이'와 텔레비전에서 보았던 '밀림의 제왕'인 호랑이의 모습은 근본적으로 다르다. 즉, 어떤 경험을 상상하는가에 따라 표상의 형태가 달라진다.

경험적 표상은 소리에 의해 연상된 과거의 경험을 재현하는 것이기 때문에 소리의 2차적 표상이라고 할 수 있다. 자신의 경험을 설명하기 위해서는 스토리텔링(Storytelling)이나 만화 등의 표현 기법을 동원할 수 있으며 언어적 기술과 시각적 표상을 혼합할 수도 있다.

때때로 소리의 경험적 표상은 학습자의 창의적인 상상력에 의하여 실재하지 않은 경험의 표상을 유발하기도 한다. 의도적이지는 않지만 소리를 통해서 과거의 경험을 기억해내고 경험의 재구성 과정을 통하여 새로운 장면이 추가되거나 삭제된다. 이러한 활동은 소리 표상의 발전적 형태이다. 왜냐하면 경험적 표상은 일차적 소리 표상 이외에 일차 표상과 관련된 또 다른 장면을 표상하기 위하여 더 많은 단어와 어휘 혹은 시각 정보를 동원해야 하기 때문이다.

4) 상징적 표상

소리의 현상이나 소리체의 모습을 우회적으로 나타내거나 다른 것에 비유하여 표현할 수 있다. 상징적인 표상은 감각적이고 은유적이기 때문에 소리의 속성이나 특징이 겉으로 드러나지 않고 숨어 있는 경우가 많다. 충분한 사고의 확장과 상상력을 동원할 때 상징적 표상은 세련되어진다. 거기엔 다양한 경험과 배경지식이 스며들어 있으며 시적인 감성과 순환적 표상의 증거가 녹아 있다.

소리를 상징적으로 표상한다는 것은 상상적 영역과 실재적 영역을 포함하는 언어의 표현을 의미한다. 상징은 우주(universe)이다.[6] 소리를 상징적으

---

6) Dylan Evans, 김종주 역, 『라깡 정신분석 사전』, 인간사랑, 1998, pp.178~181.
   상징계가 모든 것을 포함하는 결과로 인해 라깡은 상징을 우주라고 말한다 : "상징계에서 전체는 우주이다. 처음부터 상징계는 보편적 특성을 지닌다. 그것은 조금씩 조금씩 구성

로 표상한다는 것은 이미 존재하는 우주의 보편적 특성을 표현하는 것이다. 상징적 표상은 경험적 표상의 발전적 형태이다. 상징적 표상은 소리의 경험을 창의적으로 상상하여 나타낸 표상의 2차적 표상이다. 따라서 상징적 표상은 소리를 통해서 연상할 수 있는 다양한 경험과 지식, 기억과 직관에 의해 변용된 결과이다. 따라서 상징적 표상은 경험의 표상에 대한 순환적인 결과이며 학습자의 창의적인 상상력이 발휘된 재창조이다. 상징적 표상은 그 자체로 시적이며 시적인 언어로 표현되어지며 시어 생산 전략의 가장 고차원적인 활동이다.

3. 시어 생산 교수 · 학습전략

시어 생산 교수 · 학습전략은 시 창작 교육의 한 부분이다. 일반적인 쓰기 교수 · 학습전략을 시어 생산 활동에 적용할 수는 없으나 그 이론적인 기반은 맥을 같이 한다. 즉, 전략 중심의 쓰기 교육의 이론적 기반 위에 시 창작 교수 · 학습방법의 구안과 적용이 가능하다.

시어를 생산하는 활동에 적용이 가능한 교수 · 학습모형을 다음과 같이 구안할 수 있다. 이와 같은 모형은 일반적인 시 창작 교육 학습에 적용이 가능하다. 소리 표상을 통한 시어 생산 교수 · 학습전략에 관한 부분은 시 창작 교육의 차시 단위 교육 활동에 해당한다. 따라서 이러한 모형을 근거로 하여 차시 단위별 활동이 가능한 전략을 적용하여야 한다.

된 것이 아니다. 상징이 나타나자마자 거기에는 상징의 우주가 있다."

소리의 상징적 표상과 라깡의 상징에 대한 견해를 동일시하는 것은 아니다. 그러나 소리의 상징적 표상이 이미 존재하는 우주의 보편적 특성을 표현하는 것이며 전혀 새로운 것의 창출이 아니라 우리가 생각할 수 있는, 항상 있어왔던 것으로의 대리(代理)라는 측면에서 받아들일 수 있을 것이다.

[시어 생산 교수·학습모형]

계획	시어 생산 교수·학습전략			발전
수준별 능력편성 자료준비 집단구성	청취	표상	시어생산	시어생산 공동창작 낭독 출판 공유
	자연인공	언어적 표상, 시각적 표상 경험적 표상, 상징적 표상	낱말 어휘	
	학습 능력 및 집단별로 표상의 방법을 달리하여 활동할 수 있다.			

여기서는 시어 생산 교수·학습전략 부분에 대한 구체적인 방법과 절차에 대하여 살펴보기로 한다.

1) 청취

학습자에게 어떤 소리를 들려준 것인지에 대한 판단은 학습자의 창작 동기를 유발할 수 있는 요인과 깊은 관계가 있다. 일반적인 글쓰기와 달리 시어를 생산하기 위한 소리는 호기심을 자극할 수 있는 것이어야 한다.

초등학생들의 호기심을 자극할 수 있는 소리는 익숙하고 분명해야 한다. 가급적이면 일상생활이나 주변에서 접할 수 있는 것들을 대상으로 하는 것이 경제적이고 효과적이다. 소리를 표상하기 위해서는 학습자의 상상력과 창의력이 동원되어야 한다. 경험과 지식이 풍부한 성인의 경우에는 보다 신속하게(정확성과는 달리) 소리에 반응한다. 그러나 초등학생들은(저학년으로 갈수록) 소리에 대한 집중(능력보다는 태도 면에서)이 성인 집단에 비해 강하다. 그것은 아무리 익숙한 소리일지라도 그와 관련된 언어와 경험의 장면, 시각적인 이미지와 상징으로 대치하는 데에 어려움을 겪기 때문이다. 따라서 소리에 익숙하지 않거나 명확하지 않을 경우에는 소리와 관련된 시어를 생산하는 데에 힘을 기울이기보다는 소리의 정체를 밝히는 데에 신경을 쓴 나머지 본시 학습목표와는 다른 방향으로 수업이 전개될 수도 있다.

청취에 사용되는 소리는 '자연의 소리'와 '인공의 소리'로 구별할 수 있다. '생물', '무생물'의 구분이나 '도시', '농촌'의 소리 등으로 제시할 수도 있다. 한 가지 소리를 들려줄 수도 있지만 두 가지 이상의 소리를 같이 들려줄 수도 있다. 소리에 대한 표상의 반응이 빠른 능숙한 학습자일수록 소리의 수는 많아진다. 여러 가지 소리를 같이 들려줄 경우에는 각각의 소리들이 서로 관계를 갖는 것이 좋다.

청취 과정은 일반적인 글쓰기의 아이디어 생성의 과정[7]과 맥을 같이 한다. 따라서 다음과 같은 사항에 유의하여야 한다.

① 청취 시간을 충분히 주고 2회 이상 반복한다.
② 현장감 있는 소리의 재생과 분위기를 조성한다.
③ 다양한 경험의 재생과 창의적 상상력을 동원할 수 있도록 격려한다.

2) 표상

소리를 표상하기 위해서는 소리와 관련된 경험과 지식을 동원하여야 한다. 또한 상징적 표상을 위해서는 창의적인 상상력이 요구된다. 소리는 정보를 함유한 의미 있는 텍스트이기 때문에 그것을 표상하는 방법 또한 다양하다. 즉, 소리는 표현할 수 있는 모든 텍스트로의 변용이 가능하다.

표상의 방법은 학습자의 능력과 집단의 구성에 따라 다양하게 적용할 수 있다. 미숙한 학습자일수록 소리의 현상에 대한 표상을 선호한다. 즉, 소리

---

7) 경인초등국어교육학회의 전략중심 쓰기 지도 모형의 최초 단계에 해당하는 '생각 꺼내기' 활동시 클라크(B. L, Clark)의 견해에 따른 다음의 세 가지 사항에 유의하도록 한다. 첫째, 충분한 시간을 줄 것. 둘째, 편안한 마음을 가지게 할 것. 셋째, 비구조적인 탐색방법과 구조적인 탐색방법을 구사. 여기서 비구조적인 탐색(unstructured exploring)은 듣기, 브레인스토밍하기, 자유스럽게 써보기, 자유스럽게 이야기나누기, 자유스럽게 스케치하기, 전에 쓴 글을 읽어보기 등의 활동을 의미하고 구조적인 탐색은 비교하기, 육하원칙에 따라 생각해 보기 등이다.

를 그대로 흉내 내는 언어적 표상이나 곡선 혹은 직선을 이용한 시각적 표상에 집착한다. 흉내 내는 말도 시에서는 매우 효과적인 시어로 작용한다. 그렇지만 소리를 여러 가지 형태로 표상하여 보다 세련된 시어를 생산하기 위해서는 다양한 변용이 필요하다. 따라서 표상 활동의 효과적인 수행을 위해서는 학습자와 교사, 학습자와 학습자 간의 공동 노력이 필수적이다.

어떻게 표상할 것인지는 학습자의 창작 수행 능력 수준과 집단별로 다르게 결정된다. 저학년일수록, 미숙한 학습자일수록 소리의 현상을 문자로 흉내 내어 표상하는 것을 좋아하고 능숙한 학습자일수록, 고학년일수록 언어로 표상하는 방법을 택한다. 표상의 방법은 계획 단계에서 학습자와 교사의 상호작용에 의하여 결정된다. 미숙한 학습자와 능숙한 학습자 간의 상호 협동 작업을 통하여 집단 간의 표상 방법을 선택할 수도 있다. 그러나 경험적·상징적 표상의 방법은 보다 능숙한 학습자에게 적용이 가능하기 때문에 이때에는 교사의 시범이나 능숙한 학습자가 모델이 되어 활동을 보여줄 수 있다. 또한 기존의 시에 표상되어 있는 소리들을 감상하여 보면서 자신이 할 수 있는 표상의 방법과 수행 활동의 도움을 얻는다.

소리에 반응하는 학습자들에 따라 표상의 방법과 수준이 다르다. 능숙한 학습자의 경우에는 네 가지 표상 방법을 모두 동원할 수 있으며 미숙한 경우에는 단순한 시각 표상에 그칠 수도 있다. 학습자 간의 인지적 발달 영역 내에서의 협동학습도 능숙한 학습자를 위한 배려가 있어야 효과적이다. 학습자는 여전히 학습자의 역할을 수행한다고 생각하기 때문에 언제나 미숙한 학습자를 위한 헌신을 강요할 수는 없는 일이다. 따라서 교사는 학습자 상호 간의 공동 학습 과제를 마련하는 것과 동시에 능숙한 학습자를 위한 깊이 있는 학습 과제를 준비하여야 한다. 일반적으로 상징적 표상은 능숙한 학습자에게 효과적인 활동이므로 상징적 표상 활동 과제를 추가로 제시하는 것이 효과적이다.

소리의 표상은 시어를 생산하기 위한 직접 전략이다. 따라서 소리의 표상을 통해 시어를 생산하기 위해서는 앞서 제기한 세 가지의 표상 요인이 유효적절하게 작용되어야 한다. 우선 소리의 텍스트성에 대하여 교수자의 정확한 이해와 설명이 뒷받침되어야 한다. 소리가 정보를 함유하고 있으며 다른 형태의 텍스트로 변환될 수 있는 언어적 특성을 갖고 있음에 주안점을 두고 지도하여야 한다. 학습자 중심의 교수 · 학습전략 추구라는 기본적인 틀을 벗어나지 않는 범위에서 충분한 설명과 예시가 있어야 한다. 다음은 세련된 시어의 생산을 위해서 학습자의 상상력을 충분하게 발휘할 수 있도록 격려하여야 한다. 단순히 소리의 현상을 문자로 흉내 내거나 소리체를 사실적인 그림으로 표현하는 것은 시어의 생산 전략 측면에서 그 의미가 매우 적다. 따라서 소리를 표상할 수 있는 다양한 방법을 동원하도록 해야 한다. 소리를 흉내 내는 말과 언어적 기술을 보다 창의적으로 변형할 수 있으며, 시각적인 표상 또한 사물을 그대로 묘사하는 것보다는 새로운 것을 상상하여 그려보는 것이 시어 생산의 효과적인 활동이다. 다양한 경험을 표상하기 위하여 기억을 활성화하고 창의적인 상상력을 발휘하여 세련된 상징을 표상하도록 격려하여야 한다. 또한 구조적 탐색과 비구조적 탐색 활동을 병행하면서 학습자의 수준에 적합한 표상 활동이 이루어지도록 인도하여야 한다. 그러기 위해 다음과 같은 교수자의 계획이 요구된다.

① 표상의 방법을 능력별, 집단별로 구분하여 적용한다.
② 표상의 결과는 과정에 근거한다(소집단 활동, 공동 창작, 수준별 상호 협동, 아동의 인접발달 영역, 창의적 상상력을 위한 동기 유발과 자극).
③ 미숙한 학습자와 능숙한 학습자를 위한 별도의 과제를 준비한다.
④ 다양한 표상의 결과를 포트폴리오 하여 언제라도 안내할 수 있어야 한다.

3) 시어 생산

시어 생산은 소리의 표상을 시어로 문자화하는 활동이다. 동시에 시 텍스트 구성의 전 단계에 해당한다. 여기서는 시어의 생산 전략에 초점을 맞추고 있으나 시 창작 교육 전반의 과정 중에서 가장 핵심적인 활동이라고 할 수 있다. 따라서 시어 생산 활동은 전·후 학습활동과 유기적인 관계를 맺고 있어야 한다. 시어를 생산하기 이전의 표상 활동은 어떤 면에서 시 텍스트의 완결성과 비교될 수 있다. 능숙한 학습자의 경우 소리를 표상하는 과정에서 이미 어느 정도의 모양을 갖춘 시 텍스트가 완성되기도 한다. 이러한 경우에는 시어 생산 전략이 무의미해진다. 표상 활동을 통해서 시 텍스트가 완성되고, 완성된 작품으로부터 시어를 추출해야 하는 상황이 발생하기도 한다. 때문에 시어의 생산 활동은 분명한 목표를 갖고 있어야 한다.

시어 생산은 궁극적으로 작품을 창작하기 위한 전략이기도 하지만 작품의 감상 능력을 향상시키는 활동이기도 하다. 교수·학습활동 중에 자주 발생하는 것은 시어 생산 활동 과정이 표상 활동과 작품화 과정 사이에서 양쪽의 활동 내용과 중첩된다는 것이다. 왜냐하면 대부분의 시어는—시각적인 표상의 경우에는 문자언어화 과정을 한 번 실행—표상 활동에서 발생한 낱말이나 어휘와 별로 다르지 않고, 완성된 작품에서 추출된 시어도 표상 과정에서 생산된 언어와 같거나 비유적이기 때문이다.

시어란 시를 시답게 만드는 언어 또는 시라는 작품 속에서 독특하게 작용하는 언어의 기능과 역할, 이러한 시적 언어 수행을 말하는 것이다(홍문표, 1997 : 19). 시어 생산 과정을 소홀히 할 경우에는 자칫 표상의 결과를 작품화하는 오류를 범하게 되고 그러한 오류 활동으로 인해 구성된 작품은 시답지 않은 인상을 지울 수 없게 된다. 따라서 시어 생산 과정은 학습자의 배경지식과 경험 그리고 창의적인 상상력이 최대한 발휘되는 활동이어야 한다. 소리를 표상하기 위하여 사용된 낱말과 어휘를 그대로 시에 적용할 수도 있지만 표상을 함축적으로 담아낼 수 있는 낱말과 어휘를 중심으로 시어를 생산하는 것이 바람직하다.

4) 교수·학습활동의 실제

여기서는 앞에서 제시한 모형을 실제 수업 현장 적용이 가능한 교수·학습활동의 예를 들어 살펴보기로 한다. 현장성에 근접하기 위하여 학습 지도안의 양식과 흐름을 위주로 하였으며 학습자의 예상되는 활동을 제시하였다.

각 단계와 적용 방법은 교수·학습전략의 측면에서 가변적 다양성을 추구한다. 교사, 학습자, 교실 환경 등의 변인에 따라 표상 활동의 조절이 가능하며 차시별로 운영할 수 있는 계획을 사전에 마련하여야 한다.

네 가지 소리 표상 활동을 보여주기 위하여 5학년을 대상으로 하였다. 저학년의 경우에는 소리를 흉내 내는 활동으로부터 시작하기 때문에 소리의 표상과 시어의 생산 활동이 제한적으로 이루어진다. 활동 목표는 국어과 교육과정의 학년별 내용을 중심으로 설정하는 것이 효과적이다. 교과서에 제시된 단원 활동 내용을 그대로 따라가는 것이 교육현장의 일반적인 현실이지만 사전 계획에 의해 다양한 교수·학습방법을 적용하여야 한다.

여기에 제시된 교수·학습활동의 예는 본시 학습 전에 이루어지는 '계획' 단계와 본시 학습 이후의 '발전' 단계는 생략되어 있다. 소리의 표상을 통한 시어 생산 교수·학습활동에 해당하는 차시별 활동을 제시하였다. 본시 학습목표의 제시와 함께 수행평가 문항을 앞서 제시하는 것도 학습목표 도달을 위한 효과적인 방법 중의 하나이다. 일반적으로 해당 차시 직전이나 후에 수행평가를 하는 것이 일반적이나 그럴 경우 학생들은 창작 활동을 평가를 위한 활동으로 인식하기 때문에 점차 활동에 흥미를 잃게 될 지도 모른다. 따라서 무엇을 위하여 본시 활동을 하는지를 분명하게 각인하기 위하여 수행평가 내용을 미리 제시하는 것이 좋다. 물론 학생에게는 '평가'라는 용어를 사용하지 않는 것이 보다 효과적이다.

한 가지 소리—여기서는 귀뚜라미 소리—를 대상으로 활동을 할 수 있지만 두 가지 이상의 소리를 혼합하여 활동할 수 있다. 두 가지 이상의 소리는 따로 분리하여 들려줄 수도 있고 혼합하여 들려줄 수도 있다. 만일 각각의 소리들이 서로 유기적인 관련이 있다면—예를 들어 '갈매기 소리', '뱃고동', '파도소리' 등—둘 이상의 소리 표상을 통해서 생산된 시어들이 서로 관련되기 때문에 한편의 작품을 구성할 수도 있다. 고학년으로 갈수록, 능숙한 학습자일수록 두 가지 이상의 소리에 반응하는 활동이 효과적이며 소리를 분리하여 따로 따로 들려주는 것보다는 서로 관련이 있는 소리들을 혼합하여 들려줌으로써 보다 현실감 있는 상상력과 경험의 재생 효과를 가져온다. 미숙한 학습자들의 경우에도 소리에 반응하는 활동에 익숙해지면 두 가지 이상의 소리를 적절하게 혼합하여 활동하는 것이 학습자의 호기심을 자극한다.

- 교육과정 내용 : [5-문-(5)] 작품의 일부분을 창조적으로 바꾸어 쓴다.
- 본시 학습목표 : 소리를 듣고 분위기에 어울리는 시어를 찾아보자.
- 교수·학습활동

단계	교수·학습활동			
청취	• 다음의 소리를 귀 기울여 들어봅시다. 교사 : 녹음기를 이용하여 귀뚜라미 소리를 들려준다. 처음엔 아주 짧게(약5초간), 다음엔 조금 길게 들려준다. 2회 반복을 기준으로 하지만 필요한 경우 반복할 수 있다.			
표상	• 소리를 듣고 생각나는 것을 여러 가지로 표현하여 봅시다. 교사 : 소리를 듣고 생각나는 것을 말하여 봅시다. 학생 : 귀뚜라미, 매미, 메뚜기, 자전거 등(간혹 엉뚱한 반응을 보이는 학습자가 있다. 장난이건 실제로 소리를 정확하게 파악하지 못했던 간에 학생의 생각을 존중해야 한다. 일종의 경험과 상징에 의한 것일 수 있다.) • 어떤 방식으로 표현할 것인지 생각하여 봅시다. −학습자의 능력에 따라 미리 부여하거나 소집단별로 과제를 부여하여 협동학습을 하게 한다. 학생 : 자신의 능력에 맞는 활동을 선택하여 소리를 어떻게 표상할지 생각한다(개별 학습이나 협동학습의 경우 수준별 표상 활동에 의해 미리 정할 수도 있다).			
	언어	현상	'귀뚤귀뚤', '또르르 또르르' '띠리리리리리'	소리체
			'가늘게 떨림' '요란한 울림'	
	시각	현상		소리체
	경험	외할머니 댁에 갔을 때, 밤에 화장실에 가려고 밖에 나왔더니 무슨 소리가 들렸다. 조약돌이 구르는 소리도 아니고 자전거 바퀴 돌아가는 소리 같기도 하고, 무서워서 방에 들어갔더니 어머니께서 귀뚜라미 소리라고 하였다. 다시 나가니 장독대에서도 부뚜막에서도 들렸다. 다행히 화장실에는 없었다.		
	상징	'시냇물을 구르는 조약돌의 합창', '고물 자전거를 타고 장독대를 여행하는 귀뚜라미', '잎사귀를 떨어뜨리는 가을의 속삭임', '나무가 타면서 타닥거리는 불씨 소리'		
생산	• 여러 가지 방법으로 표현한 것에서 시어를 찾아 봅시다. −시어를 하나의 낱말로 제한하지 말고 어휘나 문장 수준으로 확대하여도 좋다. 초등학교에서는 시어에 대한 개념이 구체적이지 않기 때문에 자유로운 발상에 초점을 맞춘다.			
	언어	'귀뚤귀뚤', '또르르 또르르', '투명 날개', '더듬이' 등		
	시각	'자전거', '바퀴', '조약돌', '더듬이', '날개', '곤충' 등		
	경험	'할머니 댁', '조약돌', '자전거 바퀴', '장독대', '부뚜막' 등		
	상징	'조약돌의 합창', '가을의 속삭임', '자전거', '따릉따릉' 등		

(소리체) 짙은 갈색의 몸 색깔에 두 개의 기다란 더듬이와 커다란 두 눈 그리고 가슴에 투명 날개를 달고 있음.

•수행평가

문제 : 소리를 듣고 생각한 낱말을 이용하여 보기와 같은 시를 써 보세요

관점 : ① 소리를 흉내 내는 낱말을 쓸 수 있다.

　　　② 소리의 현상이나 사물과 관련된 낱말을 나열할 수 있다.

　　　③ 소리를 통해 생산된 시어를 이용하여 한 편의 시를 쓸 수 있다.

〈보기〉

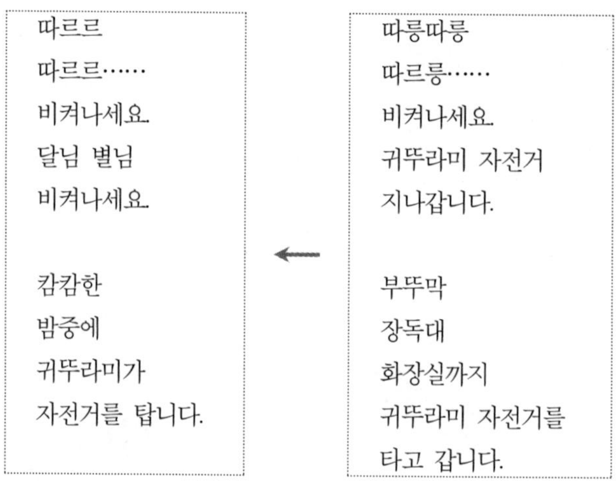

　　지금까지 소리의 표상을 통한 시어 생산 교수·학습전략을 마련하기 위하여 '① 소리 표상의 시어 생산 요인, ② 소리 표상의 유형, ③ 시어 생산을 위한 교수·학습전략'에 대하여 논의하였다.

　　소리 표상의 시어 생산 요인을 학습자의 상상력과 창의력에 근거하여 표상과 생산에 영향을 미치는 각각의 상관성에 관하여 살펴보았다. 소리 표상의 유형을 언어적 표상·시각적 표상·경험적 표상·상징적 표상으로 분류하여 구체적인 적용 방법을 설명하고 예를 들었다. 각각의 표상 방법은 시어 생산 전략의 이론적 기반을 형성할 뿐 아니라 소리의 표상 방법을 구체화함으로써 현장 적용의 용이성에 접근하였다. 현장 교육에 실천적으로 적용할 수 있도록 하기 위하여 교수·학습전략을 방법적인 단계로 분류하여

교과 교육 상황과 관련지어 논의하였다.

분명한 것을 전하기 위하여 얼마나 많은 논거와 실증을 제시해야 하는가. '소리'에 집착한 나머지 천진난만한(진심으로, 무궁무진하고 헤아릴 수 없을 정도의 상상력과 창의력을 겸비한) 어린이들이 만들어낸 우연의 결과를 나르시소스적 환상으로 풀이하려는 것은 아닌가. 하필이면 왜 '소리'인가.

'시에만 쓰이는 언어', '시에 쓰이는 언어', '시에 쓰인 모든 언어'를 포괄하여 시어를 정의하였을 때, '소리'는 독자의 심금을 울리기엔 너무나 작은 몸부림에 불과하다. 그럼에도 불구하고 우리의 주변에서 소멸되지 않는 소리의 표상을 통해 시어를 생산하려는 저의는 어린이들의 천진난만함을 시 작품에 담아 오래 간직할 수 있게 하기 위함이다.

몰두할수록 환상은 사라지고 소리의 정체는 무엇이며 표상을 통한 시어 생산의 진정한 의미와 가능성은 어디에 있으며, 효과적인 교수·학습활동 전략의 모색은 누구의 몫인가를 자문한다.

—「소리표상을 통한 시어 생산 교수·학습 전략」, 『국어교육』 111,
한국어교육학회, 2003. 6. 30.

제4부 국어교육 방법의 쟁점

제 1 장

문법교육의 국어과 통합 교수·학습

말과 글이 제 모습을 갖추고 뜻을 이루어내기까지 문법이라는 언어적 장치가 없었다면 인간의 사고는 지금보다 훨씬 덜 진보하였을 것이다. 자유롭고 창의적인 사고를 함양한다는 미명 하에 문해기에 들어 선 아동들의 언어활동을 무질서하게 방목한 일군의 교육자가 있다면 '문법'에 사죄를 해야 마땅하다. 이 땅의 말과 글이 저마다의 모양을 갖추고 뜻을 담기 시작할 때부터 문법은 제 역할을 다하기 위하여 무질서의 격랑 속에서 굳건한 돛을 달고 항해를 지속하였다. 이 배의 책임은 언어 학습자들을 안전하게 목적지까지 데려다 주는 것이다. 문법은 언어의 바다를 지나는 함선이다. 말과 글이 요동치는 바다를 헤쳐 나아가는 불멸의 함선이어야 한다. 육지를 향하나 육지에 오를 수 없다. 배는 말과 글의 바다에 떠 있을 때 그 모습이 당당하다. 아무리 멋진 함선일지라도 박물관의 모형이거나 호숫가의 레스토랑이어서는 안 된다. 말과 글이 실제 사용되는 상황에서 문법은 그 실용성과 교육적 가치를 인정받을 수 있다. 문법은 언어사용자의 실제 언어생활에 작용하여 언어의 품격을 높인다. 또한 문법이 작용한 실제 언어사용 맥락을 통하여 학습자들은 고차원적인 사고를 기를 수 있다. 창의는 무질서한 혼돈이 아니라 질서와 규칙의 재구성이다. 문법은 바로 말과 글의 질서와 규칙을 조정하는 메타언어 장치인 것이다.

이 연구는 문법 영역의 국어과 통합 교육 방법에 관한 논의이다. 문법 영역은 국어과의 다른 영역, 내용, 활동, 평가와 구별되거나 고립된 것이 아니다. 문법은 국어과의 '듣기', '말하기', '읽기', '쓰기', '문학' 등의 영역, 내용, 활동, 평가와 유기적인 관계를 갖고 있다. 그러나 실제로 언어교육이 행해지는 교실에서의 문법 교육은 통합적이라기보다는 '기능 영역을 통한' 또는 '기능 영역의 하위' 교육 내용이라는 인식을 갖게 한다. 마치 언어의 바다에 가라앉은 수면의 학습자에게는 보이지 않는 난파선이거나 잠수함 같은 느낌이다. 문법을 가르치는 교사들에게 더더욱 문법 영역은 빙산의 일각으로 받아들여진다. 이러한 인식은 문법 교육의 부실을 가져올 가능성이 많을 뿐만 아니라 장기적으로 언어의 질서와 규칙을 혼란스럽게 하여 언어의 질적 가치를 저하시키는 상황을 초래할 것이다. 따라서 문법 교육의 의의와 가치, 실제 언어사용 상황에서의 문법의 효용성 등을 모든 언어사용자들이 올바르게 인식하기 위해서는 문법 영역의 통합 방법에 관하여 다양한 측면의 논의가 있어야 할 것이다.

1. 문법 영역의 국어과 통합 교육의 필요성

문법 영역의 내용 학습이 학습자의 실제 언어생활에 효과적으로 작용하는가에 대한 질문은 국어과의 기능적 성격과 맞물려 자주 회자되어 왔다. 여전히 문법은 국어과의 지식 내용을 구성하고 있다는 인식이 강하며 학습자들의 주도적 활동이나 문제해결적 학습이 아닌 지시 전달과 암기 위주의 학습이 주를 이루어왔다고 하여도 과언이 아니다. 이러한 문제의 극복은 문법 그 자체만으로는 해결될 수 없다. 문법이 존재하는 이유는 보다 양질의 언어사용을 위함이다. 언어는 언제나 규칙과 질서가 있기 때문에 그 규칙과 질서 안에서 고급 언어사용자가 존재하는 것이며 일반 언어사용자들의 고급 언어사용 지향성을 권장함으로써 언어의 가치가 돋보이는 것이다.

학교 문법 교육이 단순 암기 지식으로서의 내용이 아니라 학습자들의 실제 언어사용에 효과적으로 작용하기 위해서는 통합의 길을 선택하여야 한다. 실제 언어사용 맥락에서 문법적 언어사용은 언어의 고급화를 지향함과 동시에 의사소통능력의 향상과 담화 공동체의 소통 양식을 보다 효과적으로 정련한다. 때문에 문법 교육의 국어과 통합 교육은 두 가지 측면에서 논의할 수 있다. 보다 거시적인 측면에서의 '교육과정의 통합'과 '교수 · 학습의 통합'을 생각해 볼 수 있을 것이다. 두 가지 측면에서의 통합의 필요성은 보다 세분화하여 구체적인 방법으로 논의될 것이다.

1) 교육과정의 측면

교육과정이 개정될 때마다 문법은 다른 어떤 교과의 어떤 영역보다 논란의 대상이 되었다. 문법 영역의 존립에서부터 그 명칭에 이르기까지 교육과정의 측면에서 문법 교육은 늘 좌불안석이었다. 그 이유는 첫째, 모국어 문법은 이미 취학 전에 습득되는 것인데 굳이 학교에서 교육시킬 필요가 있는가, 둘째, 실생활의 언어생활에 효과적으로 작용하는가, 그리고 문학이나 다른 기능 영역의 학습과 달리 학습자의 흥미를 유발할 수 있는가에 대한 의문 때문이었다(이관규, 2006 : 21~22). 문법 교육에 대한 이러한 기능주의적 입장은 문법 교육의 실용성에 대한 논의로 확장되었으며 제5차 국어과 교육과정기 이후 국어교육학자들의 공통적인 인식을 형성하게 되었다.[1]

---

1) 제5차 교육과정 이후 20년 간 현장의 교사들은 국어과의 도구 · 기능적 성격을 적극적으로 수용하기에 이르렀다. 초등학교의 경우에는 실제 언어사용을 목적으로 의사소통 기능의 신장이라는 교육의 지향점을 고수하면서 문법 교육의 불필요성에 동조한다. 기본적인 문법 양식과 태도는 학습자들의 실제 언어사용 상황을 통하여 자연적으로 습득된다는 변형생성문법 이론을 그대로 수용하고 있는 인상이다.

교육과정의 측면에서 문법 영역의 국어과 통합 교육을 논의하는 것이 자첫 문법 영역의 불필요 입장에 동승하는 것으로 비춰질 수 있다. 그러나 문법 영역이 교육과정에 별개의 내용영역으로 존재하는 한 교육과정 측면에서의 통합의 필요성은 문법 영역의 존재를 보다 확고하게 하고 그 존재 가치를 인식시키기 위한 의도적 인식이다. 교육과정의 측면에서 문법 영역의 통합은 교과 간 통합 교육의 거시적인 측면과 국어과 영역 간 통합이라는 미시적인 측면에서 살펴볼 수 있다.

먼저 교과 간 통합 교육의 필요성은 국어과의 도구·기능적 성격과 관련이 있다. 국어과의 언어사용 기능은 다른 교과의 학습을 지원하는 중요한 기능이다. 단순하게 문자를 해독하는 것으로부터 지식과 정보를 습득하고 활용하는 과정에 이르기까지 국어과는 다른 교과의 학습을 지원한다. 이때 국어과의 여섯 영역 중에서 어떤 영역이 다른 교과의 학습에 보다 큰 영향을 미치는가를 따져볼 수 있을 것이다. 대체로 '읽기'와 '쓰기' 영역을 가장 중요한 영역이라고 생각한다. 내용교과의 읽기는 지식과 정보를 습득하는 과정에서 유용하게 쓰일 것이고 지식과 정보를 전달하기 위하여 문자로 표현하는 쓰기 활동이 또한 중요한 영역으로 인식될 것이다. '말하기'와 '듣기' 또한 그와 같은 수준에서 내용교과의 학습을 지원하는 중요한 기능 영역으로 인식된다. 그렇다면 문법 영역은 내용교과의 학습에 어떠한 영향도 주지 못하는 것인지 생각해 보아야 할 것이다. 이 질문이 바로 문법 영역의 교과 간 통합 교육의 필요성을 설명하는 것이다.

문법 교육의 교과 간 통합 교육은 내용교과 학습활동을 하면서 발생하는 학습자들의 언어적 이해와 표현에 작용하는 문법적 기능과 태도의 점검과 적용이다. 특히, 문법의 '형태론'적 기능은 내용교과의 지식과 정보를 습득하는 데에 매우 유용하게 작용될 수 있다. 내용교과의 지식과 정보는 개념어를 중심으로 하는 어휘로 구성되어 있으며 개념어 이해를 통한 개념적 지식의 습득은 내용교과 학습의 중심이 된다. 내용교과의 어휘는 국어과의 어휘와는 달리 학습자의 의도와 사용 목적에 따라 차이가 있다. 국어과의 일상 언어생활 어휘와 달리 내용교과의 어휘는 개념적 지식을 함유하고 있기 때문에 학습자들이 이해하는 데에 어려움이 있다. 뿐만 아니라 내용교과의 지식과 정보를 전달하는 문장과 담화는 더욱 그렇다. 때문에 문법적인 지식과 기능을 바탕으로 내용교과의 지식과 정보를 보다 효율적으로 습득할 수 있을 것이다.

　문법 교육의 국어과 영역 간 통합 교육의 필요성은 국어과의 내용과 교수·학습활동의 효율성을 강조하는 데에 중점을 둔 인식이다. 문법 교육의 영역 독립성은 교육 내용이나 활동의 개별성을 보장하는 것이 아니다. 문법 교육의 영역 독립적 성격은 문법 교육 내용이 독립 영역으로서의 교수·학습가치가 존재하는 상황에서 다른 영역과 유기적으로 연계될 수 있는가와 관련이 있다. 하나의 영역이 다른 영역에 귀속되는 것이 아니라 하나의 영역이 다른 영역과 대등한 관계에서 해당 영역의 학습에 도움을 줄 수 있는 역할을 수행할 때에 비로소 그 영역의 교육적 효과가 입증되는 것이다. 국어과의 영역별 특징을 살려 해당 기능을 학습자들이 잘 수행하도록 도움을 줄 수 있는 영역으로서의 문법 교육 내용은 실제로 교수·학습활동 과정에서 유기적으로 연결되어 있어야 한다. 제7차 교육과정 및 개정 7차 교육과정에서의 문법 영역의 내용과 활동은 다른 영역과 유기적인 관계를 맺으면서 지도되어야 한다고 명시되어 있다. 이러한 영역 간 내용과 활동의 통합은 학습자들의 언어사용 능력의 신장은 물론 실제 언어사용 맥락에서 문법적 지식과 내용이 단순히 암기 위주의 습득이 아닌 실사용의 측면에서 인식될 것이다.

2) 교수·학습의 측면

교육과정 측면의 필요성에 비하여 교수·학습 측면의 필요성은 교실에서 실천이 가능한 보다 미시적인 관점의 통합이라고 볼 수 있다. 교수·학습은 당연히 교육과정과 국어과 교육과정의 영역 범위 내에서 이루어진다. 교수·학습 측면에서 문법 영역의 통합 교육이 필요한 이유는 교수·학습활동 및 평가와 관련이 있다. 문법 교육 내용이 실행되는 교실에서는 교육과정에 명시된 교육 내용보다 훨씬 구체적이다. 이러한 교육 내용이 교과서와 교사용 지도서를 통하여 학습자들에게 전달될 때에는 학습자들이 실제 수업 장면에서 활동이 가능한 것이어야 한다.

교수·학습활동은 한 차시의 학습이 어떤 과정으로 이루어지는가에 따라서 문법 교육이 실행되는 양상을 가늠할 수 있다. 교육과정의 문법 교육 내용은 궁극적으로 활동과 평가의 통합을 전제로 구성된 내용이다. 그렇지만 교과서에 실현된 문법 교육과정의 내용을 살펴보면 그것이 얼마나 분절적이고 개별성을 띄고 있는지 알 수 있다. 교육과정에서 조차 문법 교육 내용이 다른 영역의 활동과 통합적으로 이루어져야 한다는 것을 명시하고 있음에도 불구하고 교과서의 활동은 완전하게 분절적으로 구성되어 있다. 물론 교과서의 구성상 문법 영역의 내용이 보다 명시적으로 나타나 있기를 바라는 것의 표현일지 모른다. 하지만 문법 영역의 내용이 해당 차시의 학습활동과 전혀 관계가 없는 것이라면 학습자들은 문법 내용을 습득하는 과정에서 혼란을 겪게 될 것이다. 실제로 교사용 지도서 부록의 모범 학습 지도안을 보면 그러한 사례가 극명하게 드러나고 있다.[2] 문법 영역의 교육 내용이

---

2) 4학년 국어과 교사용 지도서의 부록이 모범 지도안을 보면 '정리' 단계에서 표준 발음 지도가 나온다. 해당 차시의 학습 내용이나 목표와 전혀 관계가 없는 문법 교육 내용이 정리 단계에 등장하는 것이다. 본시 학습 내용과 아무런 관계가 없는 내용이 느닷없이 등장하여 그 수업을 정리한다는 것이 얼마나 황당한 일이겠는가? 바로 이런 사례가 문법 영역의 활동 통합의 필요성을 느끼게 하는 것이다.

학습자의 언어사용 능력과 실생활의 의사소통 기능 향상에 기여하기 위해서는 교수·학습활동의 통합 교육이 필요하다.

가끔 문법 영역의 평가 문항이 가장 출제하기 쉽다는 인식이 팽배하다. 이러한 인식은 문법 영역의 교육 평가가 실제 언어사용 맥락과 관련이 있는 기능 평가가 아니라 내용 중심의 지식 평가를 위주로 이루어지기 때문이라고 생각된다. 단순 암기 지식을 평가하듯이 문법 영역의 교육 내용을 평가한다면 그것은 문법 교육의 본래 목표와 기능을 상실하는 것이다. 문법 영역의 평가는 다른 영역의 평가와 유기적인 관계를 이루는 상태에서 통합적으로 시행되어야 한다. 문법 영역의 교육 활동이 다른 영역의 학습활동에 효과적인 도움을 줄 뿐 아니라 학습자의 실제 언어사용 능력을 향상시키는 데 도움이 된다면, 평가 또한 학습자들의 실제 언어사용 맥락과 관련된 문제를 출제하여야 할 것이다. 평가의 통합은 학습자의 문법 지식의 평가가 아니라 문법 기능 즉, 학습자의 고급 언어사용 능력을 향상시키기 위한 과정으로서의 평가가 되어야 하는 것이다.

2. 문법 영역의 국어과 통합 교육의 원리

문법 영역의 국어과 통합 교육의 원리는 두 가지로 생각할 수 있다. 첫째, '언어사용 기능 신장의 원리', 둘째, '교수·학습활동 중심의 원리'이다. 문법 영역의 국어과 통합 교육의 필요성에서 논의한 교육과정 중심의 통합은 이 논의에 비하여 범위가 넓을 뿐만 아니라 학제 간 합의의 필요성을 포함하고 있다. 또한 교육 정책의 거시적 안목과 연구가 선행되어야 할 부분이기 때문에 여기서는 교육과정이 실행되는 현장 교육의 입장에서 그 원리에 대하여 논의하기로 한다.

1) 언어사용 기능 신장의 원리

문법 영역은 국어교육의 한 영역이다. 국어과의 목표는 학습자의 언어사용 기능의 신장에 있다. 학습자의 언어사용 기능의 신장을 통하여 일상생활의 의사소통을 원활하게 하여 준다. 국어과의 언어사용 기능 신장은 당연히 학습자 중심의 원리이다. 누구의 언어사용 기능을 신장시킬 것인지 생각해 보면 알 수 있다. 따라서 문법 영역의 국어과 통합 교육의 원리는 학습자의 언어사용 기능을 신장시켜 주는 방향으로 운영되어야 한다.

문법 영역의 지식 그 자체는 하나의 내용으로서 분명한 가치가 있다. 또한 문법적 지식의 습득이 고급 언어 생활에 도움이 되는 것도 인정한다. 그러나 초기 언어사용자들에게 있어서 문법적 지식은 반드시 언어사용 기능 신장에 도움이 되는 것이어야 한다. 국어가 기능 교과이면서 내용교과의 측면을 갖고 있는 것은 바로 이러한 고급 언어사용 기능 신장을 위한 방법적인 내용 또는 교수·학습적 내용을 함유하고 있기 때문이다. 문법 영역의 내용 지식은 국어과의 내용교과적 측면을 뒷받침해주는 영역이기도 하다. 따라서 문법 영역의 국어과 통합 교육의 원리로서의 언어사용 기능 신장은 국어과의 기능 영역과 내용영역의 유기적 결속과 상호작용적 체제로서의 장치이다.

2) 교수·학습활동 중심의 원리

문법 영역의 교육 내용이 지식 중심의 암기 학습이 아니라 학습자의 실제 언어사용 능력의 신장과 의사소통 능력의 향상에 기여하기 위해서는 활동 중심의 통합 교육이 이루어져야 한다. 문법 교육이 정적이고 단선적이며 개별적이고 분절적일 때 학습자들은 동기를 부여받지 못한다. 학습 과정에서 가장 우선되어야 하는 것은 학습자의 흥미이다. 학습자의 흥미를 유발할

수 없는 내용의 활동은 학습자의 활동 의욕을 저하시킬 뿐 아니라 활동 목
표나 내용의 구성조차 힘들다. 따라서 활동 중심의 문법 통합 교육의 운영
은 학습자의 동기와 흥미를 유발하는 것은 물론 교사의 지도 의욕을 동시
에 고취시킨다.

문법 영역의 내용은 지식 중심이어서 암기를 하는 것보다 더 효과적인
방법이 없다고 생각하는 경우가 있다. 이러한 인식은 지금까지의 문법 교육
이 활동 중심이 아닌 내용 중심이었기 때문이었다. 다양한 활동을 통한 문
법 교육은 학습자들의 실제 언어사용 능력을 향상시키는 것은 물론 기존의
문법 교육의 편향적 인식을 바꾸어 놓는다. 교수・학습활동 중심의 통합 교
육은 문법의 지식이 기능의 영역으로서 다른 한 영역의 교수・학습에 효과
적으로 작용한다는 것을 인식케 하여 문법 영역의 존재 이유와 가치를 공
고히 한다.

3. 문법 영역의 국어과 통합 교육 방법

문법 교육의 측면에서 본다면 보다 거시적인 통합 유형을 제안할 수 있
다. '교과 간 통합', '교육과정의 통합', '교수・학습모형의 통합' 등이 바로
그것이다. 문법 교육의 거시적 통합 논의는 현장성보다는 정책성에 가깝다.
따라서 현행 교육과정 범위 내에서 현장 실천이 가능한 통합의 유형에 대
하여 논의할 필요가 있다.

1) 영역의 통합

국어과는 '듣기', '말하기', '읽기', '쓰기', '문법', '문학'[3]의 여섯 영역으
로 구분되어 있다. 각각의 영역은 독립적인 것이 아니라 유기적으로 관련되

어 있다. 영역의 기능적 특징을 중심으로 다른 영역과 관련된 내용이나 활동을 유기적으로 통합하여 학습하는 것이 교육과정의 기본 목표이며 정신이다. 실제로 초등학교의 국어 교과서는 '말하기・듣기', '읽기', '쓰기', '말하기・듣기・쓰기'의 네 가지로 구성되어 있다. '문법' 교과서가 따로 존재하지 않기 때문에 어떤 방식으로든 다른 영역과의 유기적인 관계 속에서 학습활동이 이루어지지 않고서는 해당 영역의 목표 도달은 물론 내용의 습득이나 기능 학습을 할 수 없다.

그렇다면 문법 영역의 교수・학습활동이 다른 영역과 통합적으로 이루어지고 있는지 생각해 볼 필요가 있다. 4학년 문법 영역 중 '용언의 기본형을 안다.'라는 국어과 교육과정의 문법 영역 내용을 살펴보기로 하자.

이 내용은 용언의 기본형을 아는 학생들이 국어사전에서 용언을 잘 찾을 수 있다는 점을 중시하여 설정하였다. 이 내용은 개념 알기, 기본형의 개념 알기, 활용의 개념 알기, 우리말 활용의 여러 종류 알기 등에 대한 학습을 의도하고 있는 것으로, 국어사전을 자유롭게 이용할 수 있는 능력을 기를 수 있도록 학습활동을 계획한다.

기본 활동은 모양이 바뀌지 않는 낱말과 모양이 바뀌는 낱말을 구별하고 모양이 바뀌는 낱말의 기본형을 써 보게 함으로써 여러 유형의 용언의 기본형을 알게 하는 것인 데 비하여, 심화 활동은 모양이 바뀌는 낱말의 뜻을 사전에서 찾아봄으로써 사전에서 용언을 찾을 수 있는지를 확인하고자 하는 활동이다.

[기본] 모양이 바뀌지 않는 낱말과 모양이 바뀌는 낱말을 구별하고 모양이 바뀌는 낱말의 기본형을 쓴다.

이 활동은 한 문단 정도의 짧은 글을 제시하고 모양이 바뀌지 않는 낱말과 모양이 바뀌는 낱말을 구별하게 한 다음, 기본형을 만드는 방법을 알

---

3) 제7차 교육과정은 '문법'이 '국어지식'으로 되어 있다. 여기서는 고시된 개정 7차 교육과정을 따르기로 한다. 그러나 교과서와 교사용 지도서는 아직 출판되지 않았으므로 기존의 제7차 교육과정 교과서를 중심으로 논의를 전개한다.

려 주고 모양이 바뀌는 낱말의 기본형을 쓰게 하여 여러 유형의 용언의 기본형을 알게 하는 데에 지도의 중점이 있다.

[심화] 모양이 바뀌는 낱말의 뜻을 사전에서 찾는다.

이 활동은 모양이 바뀌는 여러 유형의 낱말의 기본형을 쓰게 하고 그 낱말을 사전에서 찾아 뜻을 확인해 보게 하여 사전에서 용언을 찾을 수 있는지를 확인하는 데에 지도의 중점이 있다.

교육과정 개발자와 연구자들은 그들의 노력이 학교 현장에 잘 반영되기를 기대한다. 이러한 기대는 학습자들의 학습 능력 향상과 맥을 같이 한다. 그런 기대를 감안하고 현장에서 위의 문법 영역 내용 요소가 효과적인 교수·학습활동으로 전개되었을 때 학습자들은 용언의 기본형에 대하여 잘 알게 되었다고 간주할 수 있을 것이다. 그러나 현장의 교사들이 교육과정의 모든 내용을 효과적으로 지도하였다고 볼 수 있는지에 대한 의문을 갖지 않을 수가 있다.

첫째, 교육과정의 모든 내용이 교과서에 온전하게 반영되어 있는가? 앞에 제시한 교육과정의 내용을 근거로 들자면 '아니다'이다. 교육과정에 보다 관심이 있는 교사들은 그가 무엇을 어떻게 가르쳐야 할지를 자세하게 알기 위하여 교육과정의 내용을 살펴본다. 그리고 그것이 교과서에 어떻게 반영되어 있는지 확인하고 싶어 한다. 그렇지만 앞의 내용은 교과서의 어느 곳에 반영되어 있는지를 알기 힘들다. 둘째, 교육과정의 내용이 교과서에 반영되었을 때 그것을 지도할 수 있는 방법이 구체적인가? 현장의 교사들이 교육과정의 내용이 반영된 교과서를 학생들에게 지도할 때에 가장 많이 활용하는 것이 바로 교사용 지도서이다. 그러나 교사용 지도서에는 앞의 문법 영역 내용에 대한 지도 사항이 안내되어 있지 않다. 따라서 별도의 연구나 지도안을 구성하기 전에는 이러한 교육과정 내용을 온전하게 지도할 수 없다. 셋째, 문법 교육과정의 내용이 온전하게 교수·학습되었을 때의 성공적인 결과는 학습자의 실제 언어사용 상황과 맥을 같이하는가? 실제 학습자들이 사용하는 언어 상황 맥락에서 유용한 문법 교육 내용이어야 그것이 학교 교육으로서 유용한 가치를 지니고 있다고 할 수 있다. 그렇다면 이러한 문법 교육 내용은 다른 기능 영역과 유기적인 관계를 갖고 통합적으로 지도되어야 한다. 만일 앞의 내용이 교과서에 잘 반영되어 있을 뿐만 아니라 교사들의 지도를 안내하는 자료가 완전하게 구성되어 있다고 하여도 실제 언어사용 상황과 관련을 갖고 있지 않을 경우에는 그 교육 활동이 매우 분절적이고 무의미한 교육이었다는 것을 추측할 수 있다.[4]

용언의 기본형을 아는 것이 학습자들의 언어생활과 어떤 관련이 있는지 면밀하게 고려하지 않은 상태에서 이루어지는 교육 활동은 무의미하다. 특히 초등학교에서의 문법 교육은 학습자들의 언어생활과 직접 관련이 없을 경우에 더욱 그렇다. 용언의 기본형을 아는 것과 언어생활과의 괴리는 단순히 평가를 위한 교육으로 전락할 수밖에 없을 것이다. 문법 교육의 영역 통합 교수·학습의 당위성은 바로 여기에 주안점이 있다.

예를 들어 '어린왕자는 슬픈 표정을 지었습니다.'의 '슬픈'의 기본형을 학생들에게 알려주려고 할 때에, 그 기본형이 '슬프다'이고 앞에 제시한 교육과정 내용처럼 용언의 기본형에 대한 개념과 그 활용의 개념을 알려주고 사전에서 뜻을 찾았다고 하자. 이러한 활동을 통하여 용언의 기본형과 기본형의 개념 그리고 기본형을 활용하여 사전을 찾는 방법을 익혔다면 그것이 학습자들의 언어생활과 어떤 관련이 있는지에 대한 지도가 수반되어야 한

---

4) 많은 교사들은 그들이 교과서에 반영된 문법 영역의 교육 내용을 정확하게 인지하지 않은 상태에서 학습 내용을 지도하고 있다. 문법 교육에 대하여 잘 모르고 있다는 것이 아니라 문법 영역의 교육과정 내용이 교과서나 교사용 지도서에 온전하게 반영되어 있지 않은 결과로 인하여 문법 영역의 교육은 사실상 명시적으로 드러난 활동에만 의지하고 있다. 그러나 문법 영역의 교육과정 내용은 국어 교과서의 다른 영역 활동과 관련하여 매우 다양하게 적용되어 있다. 이렇게 반영된 문법 영역의 교육과정 내용이 현장의 교사들이 실제로 인지하는 상태에서 학습자들에게 효과적으로 전달되기 위해서는 문법 영역의 교육과정 내용이 다른 기능 영역의 어떤 단원과 관계가 있는지를 명시적이고 구체적으로 제시해 주는 방안이 요구된다.

다. 그런데 이러한 문법 교육과정 내용은 모양이 바뀌는 낱말을 사전에서 찾는 것을 최종 목표로 하여 활동의 끝을 맺는다.

학습자들은 용언의 기본형을 알고 사전을 찾는 방법을 익힌 것이 자신들의 언어생활과 어떤 관련이 있는지 알지 못한다. 기말 성취도평가에 그런 문제가 나올 것이라는 불안감 때문에 학습하였을지도 모른다. 결국 피동적 학습에 의한 단순 지식의 암기 정도에 지나지 않는 학습활동을 한 것이 되고 한 시간의 활동은 무의미해진다. 이러한 영역 분절적 문법 교육이 문법 교육의 정당성과 효용성을 떨어뜨리는 결과를 낳는다. 아이들은 용언의 기본형이 자신들의 언어생활에 어떤 영향도 미치지 않는다고 생각하는 경우가 많다. 4학년 학생의 다음과 같은 질문과 해당 교사의 대답이 그것을 말해 준다.

학생 1 : 선생님, 우리는 말할 때, '나는 슬픈 표정을 지어요.'라고 말하지 '나는 슬프다 표정을 지어요.'라고 말하지 않잖아요. 그런데 왜 '슬픈'의 기본형이 '슬프다'라는 것을 꼭 알아야만 해요?

교 사 : 응, 그건 말이다. '슬픈'이라는 낱말의 뜻을 사전에서 찾기 위해서는 기본형을 알아야 하거든.

학생 2 : 선생님 '슬픈'이라는 낱말의 뜻은 사전을 찾지 않아도 알 수 있는 낱말인데요?

교 사 : 그렇지만 어려운 낱말이 나왔을 때에는 어떡하지? 음…… 예를 들어…(아이들의 수준을 넘어서는 낱말을 생각한다. 잘 생각이 나지 않는다) 음… 그래. 예를 들어 '저 아이는 가련한 아이다.'라고 할 때에 '가련한'이란 낱말의 뜻은 좀 어렵지 않겠니? 이럴 때 '가련한'의 낱말 뜻을 알려면 '가련하다'라는 기본형을 사전에서 찾아봐야 하는거야.

학생 3 : 전자 사전이나 컴퓨터 사전은 그냥 낱말을 치기만 하면 자기가 다 알아서 찾아줘요.5)

---

5) 컴퓨터나 전자 사전은 용언의 기본형과 상관없이 관련 단어를 검색하면 자동으로 기본형

이런 학생들에게 용언의 기본형을 아는 것은 단지 시험을 대비하기 위한 것이지 언어생활의 효율적인 도구가 아니라는 생각을 갖게 한다. 따라서 보다 설득적인 목적을 달성하기 위해서는 학습자들이 실제 언어생활에 어떻게 적용되고 작용하는지에 대한 경험적 활동이 수반되어야 한다. 문법 교육 내용의 영역 통합적 교수·학습 방법은 바로 이러한 학습자들의 문법에 대한 분절적 수용 태도를 통합적 반응 태도로 전환케 하는 활동인 것이다.

일상생활의 대화 상황이 학습자들에게는 매우 직접적인 학습활동 장면이 된다. 교실에서 용언의 기본형을 알고 그 뜻을 사전에서 찾아보게 하는 장면을 연출하기란 쉽지 않다. 그렇지만 말하기·듣기 시간에 자주 적용되는 역할놀이 학습은 용언의 기본형을 알아야 한다는 것을 실제로 느끼게 하는 경험적 활동이며 영역 통합적인 활동이다. 4학년 학생들이 이해하기 어려운 낱말이 들어간 대화 장면을 미리 준비하여 학습에 활용하는 것이다. 신문이나 잡지 또는 교과서의 내용과 관련된 영역 통합적 방법도 효과적이다. 특히 내용교과의 지식이나 정보를 담고 있는 낱말의 기본형을 알고 사전적 의미를 아는 것은 더욱 효과적이다.

앞서 제시한 한 가지 문법 영역 교육과정 내용이 모든 문법 교육을 대표하는 것은 아니나 현장의 교수·학습활동을 예로 하여 영역 통합적 교육이 얼마나 절실한가를 설명하는 것이다. 문법 교육의 영역 통합적 교수·학습 방법은 문법 교육의 당위성뿐 아니라 기능 영역의 올바른 학습과 학습자들의 올바른 언어생활을 위하여 반드시 필요한 활동이다. 교육과정이 제시하는 좋은 교수·학습 방법의 운영임에도 불구하고 현장에서의 실천이 적극적으로 이루어지고 있지 않은 이유는 여러 가지가 있겠으나 가장 문제가 되는 것은 문법 영역의 교육과정 내용을 구체적, 명시적으로 인지하지 못하고 있기 때문이다. 이러한 문제를 해결할 수 있는 방법은 다시 논의하기로 한다.

으로 글자가 바뀌면서 단어의 뜻이 검색된다.

2) 내용의 통합

문법 교육 내용의 통합과 관련하여 두 가지 견해에 대하여 논의할 필요가 있다. 첫째는 문법 교육 내용이 별도의 교육과정 영역으로 명시되어야 한다는 것과 둘째, 문법 교육 내용이 영역 통합적 운영 즉, 기능 영역의 내용에 포괄적으로 반영되어야 한다는 것이다. 앞의 견해는 문법 영역의 내용 측면을 강조하는 것이고 두 번째는 문법 영역의 기능적 측면을 강조한 것이다. 문법 영역의 내용 측면을 강조하였을 때 문법의 내용은 활동 중심이라기보다는 지식 중심의 교육이 될 가능성이 많다. 또한 문법 영역의 기능 측면을 지나치게 강조하였을 때에는 문법 교육의 무용론이 대두될 가능성으로 인하여 국어과에서의 문법 교육의 위치는 매우 약화되어 결국 문법 영역의 삭제로 갈 가능성이 많다. 그럼에도 불구하고 문법 영역의 내용은 다른 영역의 통합을 시도할 필요가 있다.

국어과의 도구·기능적 성격의 지나친 강조로 인하여 국어과의 내용이 없다는 비판은 국어과의 존립 가치와 관련이 있다. 이와 관련하여 내용이 없는 문법 교육은 문법 영역의 존재 가치를 상실하게 할 수 있다. 따라서 문법 영역의 내용 통합은 지식과 기능이 유기적으로 연결된 통합이어야 한다. 문법 영역의 내용이 독립적으로 존재하든, 다른 영역에 포괄적으로 반영되어 있든 결국 문법 교육 내용은 어떤 식으로든 통합 운영되어야 한다.

국어과 교육과정의 영역 내용을 분석하여 보면 각각의 내용이 영역별 구분의 성격을 갖고 있기보다는 매우 유기적으로 연결되어 있음을 알 수 있다. 영역 간 유기적 관계를 통한 영역 통합적 교수·학습의 측면에서 바라보면 이러한 영역 간의 중복된 내용 요소들이 상호작용적 교수·학습의 관계에 있다고 생각할 수 있겠지만, 교수·학습 내용의 효율적인 운영에서 볼 때에는 그다지 효과적이지 않다는 것이다. 제7차 국어과 교육과정의 문법 영역의 내용 중 '[4-국-(1)] 용언의 기본형을 안다.'는 '[4-읽-(2)] 국어사전에서 낱말의 뜻을 찾는다.'와 내용을 통합하여 운영할 필요가 있다. 이러한 7차 교육과정의 영역별 내용의 중복성은 개정 7차 교육과정의 실제 운영에서는 개선되어야 마땅할 것이다.

문법 영역의 내용을 '듣기', '말하기', '읽기', '쓰기'의 영역에 포괄적으로 통합하여 적용하는 방안도 생각해 보아야 할 것이다. 특히, 초등학교의 경우에는 기초적인 언어사용 능력의 함양과 실제 언어사용 맥락을 중시하는 기능 중심의 교육과정 운영을 지향하고 있다. 이러한 현실에서 문법 영역의 내용이 독립적으로 존재한다는 것은 자칫 언어사용 기능의 신장이 지식의 습득이라는 측면으로 치우칠 경향이 있다.[6] 현행 및 개정 7차 국어과 교육과정에서의 초등학교 문법 교육의 운영은 교육과정 내용의 재구성이라는 방법으로 내용의 통합을 시도할 필요가 있다. 실제 상당수의 초등학교에는 문법 영역의 교육과정 내용의 교수·학습활동을 기능 영역에 포괄적으로 적용하여 운영하는 경우가 많다. 문법 교육의 내용이 분명 중요하다. 그렇지만 학교급별 문법 교육 내용의 통합적 재구성을 통한 교수·학습활동이 이루어지기를 기대하는 것이다.

3) 활동의 통합

주당 국어 시간은 정해져 있다. 초등학교의 경우에는 편의상 국어 시간을 '말하기·듣기', '읽기', '쓰기'의 세 가지 시간으로 나누어 운영하고 있다. 문법은 국어과의 한 영역임에도 불구하고 별도의 운영 시간을 갖고 있지 않은 것처럼 보인다. 그러나 실제로는 해당 시간 운영과 통합하여 문법

---

6) 현장 교사와의 면담 설문에 의하면, 모든 교사들이 국어과 교육과정의 문법 영역의 구분에 대하여 반대 의사를 표명하고 있다. 중등학교에서는 문법적 지식을 바탕으로 고급 언어사용을 위한 능력을 향상시키기 위하여 문법적인 지식과 기술이 요구되지만 초등학교에서는 기본적인 언어생활과 일상생활의 의사소통 능력을 신장시키기 위한 것이 국어과의 기본 목표라는 것임을 전제로 문법 교육 내용의 별도 영역 구분에 대하여 반대한다.

영역의 교육 활동을 수행할 수 있도록 한 것이다. 이러한 교수·학습의 운영은 문법이 독립적으로 운영되는 것이 아니라 다른 영역의 교수·학습활동과 통합하여 운영되어야 함을 암시하는 것이다.

문법 교육 내용의 교수·학습활동이 실제로 통합적으로 운영되고 있는지 점검하기 위하여 다음과 같은 4학년 1학기 '말하기·듣기·쓰기' 교과서의 내용을 교사용 지도서의 해설을 중심으로 살펴보기로 한다.

표준 발음

○ <ㅙ>와 <ㅔ> 소리 정확하게 발음하기

·<ㅙ>와 <ㅔ> 소리를 비교하며 낱말의 소리를 들어 봅시다.

·<ㅙ>와 <ㅔ> 소리를 정확하게 발음하여 봅시다.

※ <ㅙ>와 <ㅔ>는 이중 모음이다. 이중 모음은 발음하는 동안 음성 기관의 상태가 변하는 모음을 말한다. 따라서 <ㅙ> 소리는 <ㅜ> 소리로 바꾸어 발음해야 한다. 또한 <ㅔ> 소리로 바꾸어 발음해야 한다.

·<ㅙ>와 <ㅔ> 소리에 주의하며 문장을 정확하게 읽어 봅시다. 그리고 발음이 정확한지 친구와 함께 입 모양을 서로 살펴봅시다.

위의 문법 교육 내용은 표준 발음을 지도하기 위한 것이다. 이 내용은 4학년 국어 둘째마당 단원 '2. 나라면 이렇게'의 정리 부분이다. 총 9차시로 운영되는 이 단원 학습의 5차시 또는 5~6차시 운영의 정리 부분에 해당된다. 이 단원의 5~6차시 교수·학습목표는 '이야기를 읽고, 이어질 내용을 상상하여 쓸 수 있다.'이다. 얼핏 보면 해당 차시에 속해 있는 문법 영역의 교육 내용이 해당 차시 교수·학습활동 과정의 한 부분을 차지하고 있기 때문에 활동의 통합이라고 생각될 수도 있을 것이다. 그러나 앞에 제시한 교과서와 교사용 지도서의 활동 내용으로 보아 해당 차시 전체의 교수·학습활동과 통합적으로 수행되지 않고 있다. 해당 차시의 활동과 통합적으로 교수·학습활동이 이루어졌다면 위의 문법 교육 활동이 해당 차시의 목표와 맥을 같이 하는 활동으로 수행되어야 할 것이다. 즉, 위의 문법 교수·학습활동이 해당 차시의 목표인 '이야기를 읽고, 이어질 내용을 상상하여 쓸 수 있다.'는 목표와 관련이 있는 활동이어야 한다.

활동의 통합이 이루어지지 않으면 학습자들에게 있어서 문법 교수·학습 내용은 학습자의 실제 언어사용 능력 향상을 위한 활동으로서의 내용이 아니라 단순히 암기할 지식으로서의 내용으로 인식된다. 한 차시의 수업 과정에서 정리 부분은 해당 차시 전체의 활동을 마무리하는 과정이다. 그런데 느닷없이 표준 발음에 관한 문법 교수·학습활동이 정리 부분에 등장하여 학습자들의 본시 학습목표 수행에 혼란을 가져오고 있다. 단순히 다른 영역의 교수·학습 과정의 한 부분에 끼어들어서 활동을 하는 것이 아닌, 해당 차시의 교수·학습목표 도달을 위한 동반자로서의 문법 활동이 수행되어야 한다.

4) 평가의 통합

문법 영역의 평가는 다른 영역의 평가에 비하여 개별 평가의 성향이 강하다. 개별 평가라는 것은 다른 영역과의 관련성이 적은 평가 문항을 작성한다는 것을 의미한다. 일반적으로 교사들에게 있어 문법 영역의 평가는 문법적인 지식이나 언어의 분절적 사용 기능을 측정하는 것으로 인식되어 있다. 만일 문법 영역의 평가를 문법 영역에 한정하여 실행할 경우에는 문법 영역의 평가가 다분히 지식의 평가에 치우칠 우려가 많다. 때문에 문법적인 지식이나 단순 기능을 평가하는 것은 학습자들의 언어사용 능력 신장에 아무런 도움이 되지 못할 뿐만 아니라 평가 결과를 바탕으로 피드백할 수 있는 동기가 형성되지도 않는다. 다음과 같은 평가 문항이 바로 그런 경우이다.

문제 : 다음 낱말을 국어사전에 실려 있는 순서대로 써 보시오.
　　　[오전, 공휴일, 소지품, 보관함]
　　　　　(　　　　　　　　　　　　　　　　　　　　　　　）

　위의 문제는 국어사전을 찾을 때에 어떤 순서대로 찾는지 알고 있는가를 평가하는 문항의 예이다. 이러한 평가는 문법 영역의 개별적이고 독립적인 평가 문항의 대표적인 경우이다. 이런 평가 문항은 문법 교육이 평가 위주의 지식 전달 교육이라는 인상을 갖게 할 뿐 아니라, 학습자들의 문법 교육에 대한 필요성을 인지하는 데에 도움을 주지 못한다. 평가는 학습의 결과이기도 하지만 학습자들의 학습 과정에서 어떤 교육적 효과가 발생하였는가를 알아보는 것과 동시에 이러한 평가 결과를 근거로 학습자들의 언어사용 능력이 얼마나 향상되었는가를 판별할 수 있게 하는 것이다. 국어사전에 실릴 낱말의 순서를 확인하는 것이 학습자들의 실제 언어생활과 어떤 관계가 있는지 의문을 갖지 않을 수 없는 것이다.

　평가의 통합은 학습자들의 문법 교육과정이 실제 언어생활에 사용되기 위한 피드백 장치로 활용되어야 한다. 문법 영역 자체의 내용만을 독립적으로 평가하는 것은 학습자들에게 문법 영역의 교육 내용이 실제 언어생활에 도움이 되는 것이 아니라 평가를 위한 교육 내용으로 인식된다. 실제 사용되는 학습자들의 언어생활 속에서 발현되는 어휘를 대상으로 사전 찾기와 관련된 평가 문항을 출제하는 것이 결과적으로 문법 교육 내용의 가치를 부여하는 것이다.

　평가의 통합이 모든 문법 교육 내용을 온전하게 평가한다고 볼 수는 없을 것이다. 어떤 경우에는 분절적이고 개별적인 문법 내용의 평가가 필요한 경우도 있을 것이다. 그러나 궁극적으로 실제 언어생활과 관련된 기능 영역과의 평가 통합이 이루어지지 않고서는 실제 학습 상황이 올바로 수행될 수 없을 것이다. 평가는 학습 과정의 평가이며 차기 수행 교수·학습과정 수행의 가능성을 점검하는 것이다. 따라서 문법 내용의 통합적인 평가는 국어과의 언어사용 기능의 신장은 물론 학습자들의 실제 언어사용 상황과 관련되어야 할 것이다. 그런 평가의 통합이 문법 교육 내용의 실질적인 사용 가치를 상승시킬 것이기 때문이다.

문법 영역은 단순히 국어과의 한 내용영역이 아니라 학습자의 언어사용 기능의 신장을 위한 언어사용 지식과 언어사용 기능 습득의 내용을 제공하는 영역이다. 지식의 암기나 방법적 지식의 훈련을 통한 언어사용 기능의 신장은 실제 언어사용 맥락에서 유의미한 결과를 생산하지 못한다. 문법 영역의 교육 내용은 학습자의 실제 언어사용 맥락에서 유의미하게 작용하여 보다 규범적이고 좋은 언어를 사용하여 담화 공동체의 고급 언어사용자로서의 역할을 수행하는 데에 도움을 주어야 한다. 그러기 위하여 문법 영역은 개별적이고 독립적이며 분절적이고 단속적이 아닌, 유기적이고 상호적이며 연속적이고 총체적인 통합 언어 교육과정의 영역이어야 한다.

문법 영역의 교육과정 내용이 학습자의 언어사용 기능 신장에 기여하기 위해서는 통합 교육의 방법이 마련되어야 한다. 지금까지 문법 교육은 지식과 내용의 습득이라는 인식으로 인하여 활동 중심이라기보다는 내용 중심의 지식 습득 교육이 이루어져 왔다. 이러한 문법 교육의 폐단은 교육과정이 의도한 바와는 다르게 현장에서의 문법 영역의 불필요성에 대한 논의를 발의하게 만들 정도였다. 연구자뿐 아니라 일선 교사들이 문법의 필요성을 부정하는 것은 아니지만 기존의 내용 지식 습득을 위한 암기 중심의 문법 교육은 시간의 투자에 비하여 그리 효과적이지 않다는 인식이었다. 특히 초등학교 학생들의 경우에는 문법 교육이 기능 교육과 연계되지 않는 한, 교육의 필요성이 없다는 인식이 일반적이다. 이러한 인식이 잘못된 것은 아니다. 또한 이러한 인식이 일어나게 된 배경이 문법 교육의 책임이라는 것도 아니다. 다만 문법 교육이 일상생활의 언어사용으로 더욱 가까이 다가가야 한다는 것이다.

학습자의 언어생활과 관련된 문법의 효용성은 국어과의 통합 교육 방법의 구안과 맥을 같이 한다. 국어과의 문법 영역이 개별적이고 분절적인 암기 중심의 내용을 담고 있다는 인식을 지우기 위해서는 통합 교육의 방법을 구안하여 적용하여야 한다. 여기서는 문법 영역의 교육과정 내용이 실행되는 현장 교육의 입장에서 논의하였다. 문법 영역의 국어과 통합교육의 필요성은 교육과정의 측면과 교수·학습의 측면에서 논의를 전개하였다. 교육과정의 측면은 교과 간 영역 간 통합의 필요성이며 교수·학습의 측면에서 통합 교육의 필요성은 교수·학습활동과 평가 통합에 관한 것이다. 이러한 필요성에 근거하여 문법 영역의 국어과 통합 교육의 원리를 '언어사용 기능 신장의 원리', '교수·학습활동 중심의 원리' 두 가지로 제시하였다. 문법 교육이 지식 중심의 내용영역이 아니라 학습자의 실제 언어사용과 관련된 활동 중심의 기능 영역의 성격을 갖고 있음에 초점을 둔 것이다. 이 두 가지 원리를 근거로 정책적 교육과정 운영과 관련된 통합이 아닌 현장의 실행에 바탕을 둔 네 가지 통합 교육 방법을 제안하였다. 그것은 '영역의 통합', '내용의 통합', '활동의 통합', '평가의 통합'이다. 이 네 가지 통합 방법은 현행 교육과정 및 개정 7차 교육과정이 추구하는 문법 교육의 방향과 맥을 같이 한다.

문법 교육을 통합의 측면에서 논의하는 것이 교수·학습의 측면에서 얼마나 효과적인가에 대한 의구심을 가질 수 있다. 왜냐하면 지금까지의 교육과정이 문법 교육의 필요성과 당위성을 완전히 배제하지 않았기 때문이다. 다만 문법 영역의 교육과정 내용이 실행되는 과정에서 문법 영역 고유의 교육 내용과 방법의 실천 방향이 잘못 전개되어 왔기 때문이다. 때문에 이 논의는 너무나 당연한 것을 재론하는 수준의 것인지도 모를 일이다. 그렇지만 문서상의 문법 교육과정이 실행되는 양상에서 본래의 목적과 가치를 상실한다면 수시로 재론하여 방법을 모색하고 점검해볼 필요가 있다. 그런 면에서 이 논의는 연구자와 현장의 문법 교육이 나아가야 할 방향에 대한 제 안으로서의 가치가 있다고 하겠다.

—「문법 영역의 국어과 통합 교육 방법에 관한 연구」, 『한국어교육』 제26호,
한국어문교육학회, 2007. 8. 30.

제2장

창의력과 상상력 발현을 위한 창작 교육

상상력과 창의력이 발현되지 않는 한 어떤 글도 자신의 것이 될 수 없다. 초등학교 2학년 『쓰기』에 '그림을 보고 이어질 내용을 상상하여 마무리하라.'는 학습활동이 있다. 그림의 배경이 된 이야기는 대부분의 어린이들이 읽었을 전래 동화의 하나이기 때문에 상당수의 아이들은 어떤 내용이 그 다음에 이어질지를 안다. 따라서 상당수의 아이들이 표현한 결과가 비슷하다는 것을 느낄 수 있다. 어떤 현장 교사는 이러한 결과에 대하여 교육적인 실패로 인식하고 원인이 무엇인지를 탐색하여 해결점을 찾으려고 노력할 수 있겠지만 궁극적으로는 그 비슷한 내용은 단순히 어떤 장면을 그대로 모사(模寫)하거나 다른 아이들의 생각을 흉내 낸 것이 아니라 어린이들 각자의 상상력이 발현된 결과임을 인정해야 한다.

우리는 때때로 상상력이 사실적인 표현이나 논리적 진술에 불리한 영향을 줄 것이라는 생각을 한다. 상상력은 창작 행위에 요구되는 학습자의 부분적인 능력이며 신비로운 환상을 자아내는 심리적 표현 양상이라고 생각하기도 한다. '실제로 경험하지 않은 현상이나 사물에 대하여 마음속으로 그려보는 힘'(국립국어연구원, 2000 : 3283)일 것이라는 사전적 해석을 근거로 경험이나 사물의 표현에 상상력을 동원하는 것이 지적 낭비라는 단정을 내리기 쉽다. 그러나 창작 교육에서 상상력의 발현을 자극한다는 것은 학습자가 구성하는 작품의 내용을 풍성하게 할 뿐 아니라 독창적인 아이디어의 생성을 가능하게 한다. 상상력은 배경지식을 활성화하여 사실적인 표현을 구체화시킨다. 상상은 또한 허무맹랑한 것만이 있는 것이 아니라 논리적인 타당성을 차근차근 엮어나가게 하는 순차적인 지식의 두뇌 활동이다. 따라서 상상력을 발현할 수 있는 요인을 분석하고 학습 환경에 적합한 교수·학습활동을 통하여 동기를 부여할 때 창작 교육의 성취도는 높아진다.

제7차 교육과정에 제시된 국어과의 교육 목표 '나' 항을 보면 '정확하고 효과적인 국어사용의 원리와 작용 양상을 익혀 다양한 유형의 국어 자료를 비판적으로 이해하고 사상과 정서를 창의적으로 표현하는 능력을 기른다.'라고 되어 있다. 이 말은 제7차 국어과 교육과정이 학습자의 '창의적 국어 사용 능력 향상'을 국어교육의 궁극적인 목표로 설정하고 있다는 것을 의미한다(교육부, 1998 : 15).

창작 교육에서 창의력은 문학 작품의 비판적 수용은 물론 기본적인 언어 사용 능력, 개인의 생각과 느낌을 효과적으로 표현할 수 있게 하는 지적이고 이성적인 능력을 포함한다. 창작 교육이 올바르게 수행되기 위해서는 여러 가지 복합적인 요인이 작용하는 것이 사실이다. 창작 교육의 표현 활동은 창의력을 바탕으로 하지 않을 수 없다. 창의력이야말로 표현 활동의 뿌리이며 개인의 사상과 정서의 핵이다. 문제는 창의력이 교육 공간에서 어떻게 인식이 되고 적용되는가에 있다. 자발적이고 능동적인 창작 활동에서 생성되는 창의력은 개인의 독창성은 물론 표현과 이해에 대한 흥미와 동기를 유발한다. 다만 그것이 어떻게 구현되어지고 어떤 과정을 통하여 나타나는가에 초점을 맞추어야 한다. 또한 창의력에 대한 교육 주체의 올바른 인식과 개방적이고 허용적인 수용을 통하여 적극적인 표현 활동을 유도하여야 한다.

이 글은 창작 교육의 상상력·창의력에 대한 올바른 이해와 적용을 통하여 학습자의 자발적인 창작 활동을 자극할 수 있는 동기를 마련하는 데에 목적이 있다. 따라서 창작 교육에 작용하는 상상력과 창의력의 본질 및 발현 요인에 대하여 논의한 후 효과적인 교수·학습 방법을 제시하기로 한다.

1. 창작 교육과 상상력

상상력은 무의식적인 정신작용이 아니라 필요에 의하여 발현되는 지적인 활동이다. 특히, 과학적인 상상력은 인류 역사 발전의 원동력이었다. 인간이 달에 갈 수 있었던 가장 큰 계기가 상상력의 발현이었으며 빛의 속도보다 빠르게 움직여서 시간을 초월할 수 있는 과학적 근거를 마련한 아인슈타인의 학설도 상상력의 발현에 의한 것이었다. 상상력은 실제로 경험하지 않은 현상이나 사물에 대하여 마음속으로 그려보는 것이지만 그것은 때로 현실로 일어나기도 하며 지극히 생생한 장면으로 살아 움직이기도 한다. 때문에 상상력은 가장 효과적인 문학 요소 중의 하나임에 틀림이 없다. '밀림의 왕자 레오'라는 만화 영화에 등장하는 사자는 아프리카의 열대 우림을 돌아다니면서 갖가지 험난한 상황을 해결하는 밀림의 영웅이다. 그러나 사자가 밀림에서 살지 않는다는 실제의 사실을 감안한다면 그것은 완전히 허구에 지나지 않는다. 하지만 수많은 어린이들이 — 심지어 지식이 풍부한 어른까지도 — 그 만화에 매료될 수밖에 없었던 것은 실제로 사자가 밀림에서 생활을 하는가에 대한 과학적인 규명이 내용을 지배한 것이 아니라 어린 사자의 눈부신 활약상에 열렬히 반응한 것이었다.

문학의 상상력은 백일몽의 세계로 도피하는 것을 의미하지는 않는다. 인간 보편의 상상세계에 주체적으로 참여하여 자아실현의 체험을 함으로써 자기 확인의 기회를 갖는 것이 문학 교육을 통한 상상력의 교육이다(구인환, 1999 : 67).

상상력은 마음속으로 그리는 힘임과 동시에 현상과 사물에 대한 창조적인 반응이다. 있는 그대로를 뒤집어 볼 수 있는 새로움과 동시에 다양한 시각의 활성화를 가능하게 하는 기제이다. 작문 교육이 필요로 하는 상상력은 본질적으로 작품의 내용과 구조를 형성한다.

1) 상상력의 본질

우리는 어느 정도 낱말(word) 속에서 생각할 뿐 아니라 이미지(image), 태도(attitude), 감각(sensation) 속에서 생각한다. 만일 어떤 사람이 강력한 동물의 이미지를 떠올리고 그를 향해 돌진해 오는 황소에 대해 말한다면 그는 황소의 색깔·체취·힘·사나움과 그 자신의 두려움 그리고 도망치려는 그의 욕망 등을 상상할 수 있다(Scholes. R & Kiaus. C. H, 1972 : 31). 우리는 종종 '상상력'을 비현실적인 현상이나 사물에 대한 인식이라고 여기는 경향이 있다. 그러나 상상력은 때로 매우 구체적인 지식을 확보하기 위한 지적인 작용으로 발현된다. 즉, 돌진해 오는 황소를 기억하고 문자로 표현하기 위해서는 그가 경험한 현실을 보상할 수 있는 수많은 현상과 사물에 대한 기술이 요구된다. 그러기 위하여 적절한 이미지를 동원하여야 하며 이미지의 재생을 통하여 경험을 재구성할 수 있는 효과적인 수단을 마련하여야 한다. 이 때 작가는 가능한 모든 배경지식을 동원하여 재구성하려고 하며 재구성에 적합한 언어를 찾기 위하여 몇몇 단어들을 생각하고 배열할 것이다. 결국 상상력은 언어를 통하여 사물이나 현상을 구체화하는 것이며 풍부한 상상력은 풍부한 언어를 생산해낸다.

일 년 중 과학을 강조하는 계절이 되면 아이들은 어김없이 과학 상상화 그리기대회를 치른다. 상급 기관의 통제 하에 실시되는 이 일상적인 대회를 지배하는 아이들의 상상력은 거의 미래에 대한 동경과 그리움이다. 화려한 우주선을 타고 다른 행성으로 여행을 간다거나 외계인과 한 운동장에서 로봇들의 축구경기를 관람한다든가 아무런 장치도 없이 해저 도시를 순회하는 낭만적인 미래 도시의 모습이 대부분을 차지한다. 가끔은 지구를 지배하였던 공룡의 모습을 리얼하게 묘사하는 재치를 보이기도 하지만 여전히 불행이 없는 행복한 상상의 일색이다. 왜 그럴까? 어떤 주제나 자료도 제시하지 않은 과학 상상화 그리기대회이지만 아이들의 내면세계는 하나의 상상계를 구성하고 있는지도 모를 일이다. 그렇기 때문에 라이트 형제가 언덕에 올라 하늘을 나는 새를 보면서 그들도 새처럼 하늘을 나는 상상을 하루도 거르지 않고 한 결과, 비행기라는 상상 속의 날개를 발명할 수 있었던 것이 아닐까?

무언가를 마음속으로 그린다는 것은 자신의 욕망을 해결하려는 의지의 필요성에 의하여 동기화된다. 자신이 무언가를 원하고 있으며 원하는 것이 무엇인지를 내면의 세계에서 구체화하는 것이 상상력이며 그것이 행동으로 옮겨졌을 때 상상은 현실이 되는 것이다. 따라서 상상력이란 인간의 경험을 토대로 하여 있음직한 본보기(model)를 구성하는 힘이다(Frye. N, 1964 : 20).

창작 교육의 핵심은 학습자의 생각과 느낌을 활성화하는 것이다. 그것이 어떤 형식과 방법을 통하여 표현되어지든 간에 생산적 사고와 결합하여 하나의 글을 완성한다고 하면 성공의 열쇠는 상상력의 발현에 달려 있다고 할 수 있다. 사물이나 현상에 대한 학습자의 느낌이나 생각의 활성화는 그것을 구체화할 수 있는 것들을 동원하려는 상상력의 촉발로부터 가능하다. 아무런 생각이나 느낌이 없이 무엇을 표현하려고 하는 것은 가능하지 않을 뿐더러 그런 결과에 의한 작품이 있다 하더라도 그것은 모사에 불과할 뿐이다. 따라서 상상력의 발현을 통하여 자신의 생각과 느낌을 활성화하고 창의적이고 생산적인 사고 작용에 의하여 작품의 틀을 구성하여 갈 때 창작 교육의 가치가 생성된다.

상상력은 쓰면 쓸수록 강해지고 유연해지는 근육이다(King. N, 1996 : 69). 몸을 지탱하고 움직이는 근육은 쓸수록 가치를 더해간다. 상상력은 창의적이고 생산적인 사고에 의하여 자신의 생각과 느낌이 완성된 글로 재생산되도록 하는 실체이다. 그러나 상상력의 작용은 사용의 빈도에 비례한다. 사물이나 현상에 대한 지속적인 의문과 발상을 통하여 상상력은 발현되어지고 유연하게 작용한다. 상상력의 지속적인 발현을 통하여 현상이나 사물에 대한 언어를 생산할 수 있으며 생산된 언어로 표현된 글은 독창성을 확보하게 된다.

상상력의 발현은 가능성에 대한 인정으로부터 출발한다. 비현실적이고 엉뚱한 상상이라고 일축되었을 때 학습자는 자신의 상상력 발현에 대한 자신감을 상실해 버린다. 문학적인 상상력은 학습자의 모든 생각과 느낌을 인정하는 것으로부터 출발하여야 한다. 학교 창작 교육은 학습자의 자유로운 생각과 느낌의 표출을 유도하는 데에 힘을 기울여야 한다. 상당수의 학생들이 자신의 생각을 자유롭게 표출하기보다는 일반적으로 용납될 수 있는 '정답'을 찾는 데에 노력을 기울이는 경향이 있다. 특히 창작 활동이 입시에 커다란 영향을 미치기 시작한 이후 학생들은 객관적으로 허용되는 것들에 자신의 모든 사고를 집중한다. 정확한 근거에 의한 사실을 논리적으로 표현하는 데에 집중한 나머지 자유로운 상상과 표출은 엄두도 낼 수 없는 지경에 이르렀다. 입시의 부담이 없는 초등학교의 경우에도 저학년에서 고학년으로 갈수록 상상력의 발현에 대한 의지나 표현 양식이 매우 단순화되는 경우를 볼 수 있다. 이것은 학생들의 상상력이 경직되어 가는 것을 의미한다.

상상이 사실을 논리적으로 표현하는 데에 전혀 도움이 되지 않을 것이라는 판단은 잘못된 것이다. 오히려 자유로운 상상을 통하여 현상과 사물을 비판하고 해석할 수 있는 용기와 자신감이 생기며 그러한 용기와 자신감을 바탕으로 표현된 글이야말로 창의적인 것이라 할 수 있다. 상상은 때로 매우 정교하고 전문적인 지식을 포괄하고 있기 때문에 주어진 조건과 상황에 어울리도록 재조직되는 상상력은 작품의 완결성을 추구할 뿐 아니라 글의 힘과 조직력을 높인다. 상상력은 글의 힘과 조직력에서 가장 우선적으로 고려되어야 하며 그러한 고려를 바탕으로 문맥을 구성하고 나아가 객관적인 사실로서의 인증을 획득하도록 하여야 한다. 학습자의 배경지식을 재생하여 창조적으로 구성하여 나아가는 비판적 상상력의 기능이 이에 속한다. 일상의 사실과 현상들을 유기적으로 결합하여 설득력 있는 가설을 세우고 적절한 예측과 검증을 통하여 자신의 상상력을 견고하게 구축하여 나아가는 과정은 매우 논리적인 전개방식의 하나이다.

인간이 하는 일 중에 가치 있는 모든 일은 일종의 구성(construction)이다. 그리고 상상력은 순수한 구성을 가져오기 위해 즉 구성 그 자체를 위하여 자유로워진 정신의 구성적인 힘이다. 구성의 단위들은 반드시 언어이어야 하는 것이 아니라 숫자나 소리이거나 색채나 벽돌이거나 대리석 조각일 수 있다. 상상이 언어 이외의 다른 단위들을 가지고 어떻게 작용하는가를 보지 않고는 언어를 가지고 무얼 하고 있는가를 이해할 수가 없다(Frye. N, 1964 : 1).

상상력의 진정한 가치가 창작 교육 공간에서 발현되는 순간은 학습자의 수준이나 능력과는 무관하게 자신의 생각과 느낌을 최대한 발휘하였을 때이다. 그것은 언어적 표현의 결과로서뿐 아니라 다른 어떤 현상이나 사물에 의하여 표현되어졌을 때이다. 학습자의 상상력이 무한하다는 것은 그들의 구성적 잠재력이 무한하다는 것을 의미한다. 언어 중심의 창작 교육에서는 이러한 학습자의 구성 능력을 자극하기 위하여 그들의 상상력을 표현하는 방법의 다양성을 추구할 필요가 있다. 아이들의 놀이는 그런 면에서 매우 중요한 표현의 하나이다. 그들은 언어만을 이용하지 않고 모든 환경 조건을 동원하여 그들의 흥미를 유발하는 놀이를 구성하고 서로를 설득하고 견제하여 나아가면서 즐거움을 찾는다. 창작 활동이 아이들의 놀이처럼 그들에게 자발적인 동기 유발 조건을 부여한다면 매우 훌륭한 작품이 탄생할 수 있을 것이다.

때로는 다양한 환경 조건을 구성하는 것이 요구된다. 그들의 상상력이 표현될 수 있는 자유로운 공간과 여건을 확보하는 것이 상상력 발현의 최대 쟁점이다. 문학 작품의 주인공을 상상하여 표현하는 결과는 반드시 언어이기보다는 몸짓이거나 기호이거나 도구이거나 그냥 소리일 수도 있다. 간혹 그들은 어떤 무언의 표정으로 주인공의 특징을 표현하기도 한다. 이러한 모든 것들은 자유로운 상상력의 발현이 새로운 현상이나 사물을 구성할 수 있다는 증거이다.

2) 상상력의 유형과 기능

상상력의 효과적인 발현을 유도하기 위해서는 상상력이 어떤 경우와 필요에 의하여 작용하는지를 알아야 한다. 우리는 때로 상상이라는 것이 너무나 자유롭고 통제 불가능한 것이기 때문에 그것을 어떻게 발현할 것인지에 대한 의문을 갖게 된다. 그러나 주어진 학습 조건과 환경에 의하여 학습자의 상상력은 효과적으로 통제될 수 있다. 창작 교육 활동에 요구되는 상상력의 쓰임이 효과적이기 위해서는 상상력의 유형을 인식하고 적용할 수 있어야 한다.

상상력은 언어를 기반으로 하는 이성적인 사고 작용이며 정서적인 표현 능력이다. 상상력을 구성적 능력으로 규정하고 나면 그것이 어떻게 작용하는가에 따라 상상력의 종류를 구분해 볼 수 있다. 우리는 언어를 통하여 세계에 대한 인식, 인식을 통해 발견된 세계의 실상에 적응하기 위한 세계와의 조정 작용, 세계와의 상호작용을 검토하면서 가능한 모델을 구축하는 지향적 단계에 이르게 되는 것이다. 언어와 상상력의 관계는 이처럼 복잡하게 얽혀 있는 것이다. 이러한 관계를 고려하여 상상력의 종류를 ① 인식적 상상력(imagination of awareness)으로 세계에 대한 형식화 기능, 문학을 통한 세계

개시의 능력, ② 조응적 상상력(imagination of world ordering)으로 현실에 대한 비판기능, 문학을 통한 세계와의 상호 조정 작용, ③ 초월적 상상력(imagination of world making)으로 가능한 모델 창조의 기능, 세계에 대한 비전으로 세계를 재구성하는 능력으로 구분하기도 한다(구인환, 1996 : 68).

프라이(Frye. N, 1964 : 13~48)는 '상상력이란 인간의 경험을 토대로 하여 있음직한 본보기(model)를 구성하는 힘이다'라고 하였다. 이러한 상상력은 문학 작품에 나타난 어려운 단어들과 고전적인 암시(Classical allusion)들을 면밀히 검토하고 이미지와 표현법(diction)에 따른 낱말들이 무엇을 의미하는가를 배우고 이해하는 데에 소용되는 것이라고 하였다. 문학의 언어가 연상적이고 상상력은 주로 동일성의 발견과 관계가 있다는 것은 인간의 욕망이 언어를 통하여 새로운 본보기를 구성하여 가는 과정을 인유하는 것이다.

그는 언어의 사용과 관련하여 일상 회화의 언어, 실용적 기술의 언어, 문학의 언어로 구분하여 논의하였다. 상상력이 언어와 관련이 있으며 자신의 욕망과 필요의 동일시에 의하여 발현된다는 것을 암시하였을 때 언어의 사용은 상상력의 발현과 관련이 있다는 것을 의미한다. 따라서 상상력을 언어의 사용과 관련하여 그 유형을 '일상적 상상력', '실용적 상상력', '문학적 상상력'으로 나누어 볼 수 있다. 일상적 상상력은 우리의 생활과 관련되는 모든 일상의 현상과 사물에 대한 인식을 의미한다. 그것은 이미 존재하는 것이며 존재의 표현을 언어적으로 가능하게 하는 정서와 사고의 작용이다.

'일상적 상상력'은 자연스런 의사소통의 기능을 위하여 필요한 것이며 보다 풍부한 언어적인 발상과 전달을 위하여 존재한다. 일상적 상상력이야말로 인간 생활의 가장 기본적인 생각의 열쇠이다. '실용적 상상력'은 일상 생활의 기본 요소를 충족하는 보다 상위의 전문적인 상상력이라고 할 수 있다. 응용과학이나 순수과학에서 없어서는 안 되는 것이다. 이러한 실용적인 상상력은 마음속에 경험의 모델을 만들고 예감이 들어 그것을 끝까지 추구하고 가설을 세워 가볍게 움직여 보는 등의 구성력이다(Frye. N, 1964). 전

문적인 분야에서 이루어지는 사고 작용은 때로 우리의 기초 지식을 넘어서
는 매우 고차원적인 영역 바깥의 것일 수 있다. 특정 분야에 종사하는 사람
들에게 요구되는 실용적인 상상력은 사회 발전의 원동력이 되기도 한다. 그
들은 일상의 상상력을 확산하여 새로운 것을 창출하기 위한 상상에 몰두하
며 그것이 실제로 가능하게 될 때까지 하나의 모델을 구성하여 나아간다.
그것이야말로 전문가들에게 요구되는 실용적인 상상력이다. '문학적 상상
력'은 작가의 세계를 수용하고 받아들이는 허용적인 상상력이다. 문학의 세
계는 인간의 상상력이 만들어낸 실재(reality) 이외에는 어떤 실재도 존재하지
않는 세계이다. 우리는 그 속에서 우리가 알고 있는 생활을 생생하게 상기
시켜 주는 것을 많이 본다. 그러나 바로 그 생생함 속에는 무엇인가 비현실
적인 것이 있다. 문학은 긍정적이든 부정적이든 일상생활과 일치하는 관련
을 갖고 있지 않다. 그러므로 문학은 정말 생활로부터의 도피요, 꿈의 세계
처럼 자기 충족적인 세계이며 노동의 세계와 균형을 이루기 위한 놀이 또
는 가공의 세계라고 말할 수 있다. 이처럼 문학적인 상상력은 문학의 놀라
운 세계를 허용적으로 받아들이게 하는 독자의 힘이다.

문학이 문화를 생산한다는 측면에서 상상력은 단순히 기억을 일깨우는
'재생적 상상'과 '생산적 상상'으로 나누어 볼 수 있다. 이를 연상적 상상과
창조적 상상으로 표현하기도 한다. 그리고 여기에 해석적 상상을 추가하기
도 한다(홍문표, 2006 : 65~73). 재생적 상상이란 지난날에 겪었던 이미지가 변
화 없이 그대로 다시 나타나는 경우이고, 생산적 상상은 지난날에 겪었던
이미지들에서 선택된 여러 가지 요소들을 결합하여 새로운 이미지의 통일
체를 만들어 내는 것이다. '해석적 상상'은 우리가 어떤 사물의 이미지를
마음속에 그릴 때에 그 이미지에는 지은이의 정서와 사상이 반영된다. 또한
이미지들을 결합하여 어떤 통일체를 구성할 때에도 지은이의 정서와 사상
이 개입될 수밖에 없는 것이다. 우리는 사물에 직면하게 될 때 먼저 객관적
으로 그것을 인식하게 되고 연상 작용을 통하여 인식을 확대할 뿐만 아니

라 나와 인생과 세계와 어떤 관계, 어떤 의미가 있는가를 생각하게 되는데 이처럼 상상의 과정에서 인생에 대한 보다 깊은 가치 인식이나 사상을 조화시켜 보는 경우를 '해석적 상상'이라고 한다.

지금까지 살펴본 상상력의 유형과 기능을 바탕으로 창작 교육에서 상상력이 최대한 발현되기 위해서는 다음과 같은 노력이 요구된다.

첫째, 경험적 상상력의 발현을 도모하여야 한다. 상상력은 자신의 경험을 바탕으로 새로운 현상과 사물에 대한 모델을 구성하는 것이다. 이전의 경험에 대한 배경지식은 주어진 현상이나 사물에 대한 연상을 가능하게 하며 연상을 통하여 문학 작품을 수용하고 작품에 내재된 이미지를 자신의 삶에 투영하여 새로운 문학의 세계로 자신을 이주시킨다.

경험적 상상력의 발현은 다양한 경험을 통해서 가능하다. 다양한 경험은 학습자의 직접 경험에 의한 것보다는 간접 경험에 의한 영향이 더 크다. 독서를 통한 학습자의 간접 경험은 대단히 중요하다. 그것은 시대와 역사를 뛰어넘는 것이며 자신이 처한 세계를 과거와 미래로 전송하여 새로운 사실의 예측과 상상을 가능하게 하는 것이다. 따라서 경험적 상상은 자신의 삶을 통한 직접 경험보다는 독서를 통하여 발현의 가능성을 획득하게 된다. 프라이의 다음과 같은 진술은 문학적인 경험의 인식을 잘 보여주고 있다.

그러므로 문학적 경험은 둘로 나눠진다. 상상은 우리가 살고 있는 일상 세계보다 더 좋은 세계와 나쁜 세계를 양쪽 다 보여주며 양쪽 모두를 차근차근 지켜 볼 것을 요구한다. …… 그리고 예술은 세계를 좋아하는 것과 좋아하지 않는 것의 절반으로 갈라놓는 경향이 있는 정서의 길을 따르는 것이라고 말했다. 문학은 꿈의 세계가 아니다. 그러나 만일 우리가 둘로 나뉜 한쪽 절반만을 갖고 있다면 문학은 꿈의 세계일 것이다. 만일 우리가 해피엔딩의 로맨스와 희극 외에 아무것도 갖고 있지 않다면 문학은 소망 성취의 꿈만을 표현할 것이다. 어떤 사람은 세상이 그토록 비극으로 가득 차 있는데 왜 시인들이 비극을 쓰고 싶어 하는가라고 묻는다. 그리고 그런 일을 즐기는 것은 그것을 바라보며 즐기는 뭔가 병적인 데가 있다고 말한다. 그렇지 않다. 그러나 만일 문학이 그런 것 외에 아무것도 없다면 그렇게 말할 수 있을 것이다(Frye. N, 1964 : 76).

둘째, 비판적 상상력의 발현을 유도하여야 한다. 주어진 현상과 사물을 그대로 받아들이는 것은 어떤 상상도 유발하지 않는다. 상상력의 발현은 의문과 예측에 의하여 발현되며 그것은 현상과 사물을 새로운 모습으로 변하게 한다. 문학 작품의 세계를 현실로 그대로 옮겨놓을 수 있는 절대적인 방법은 없다. 어떠한 것도 문학 작품 속에서는 가능하지만 그것이 정말 현실로 이행될 가능성은 없다. 그와 유사한 경험을 기억할 수는 있으나 사실 문학의 세계는 매우 가변적이기 때문에 그대로 모사할 방법은 없는 것이다. 왜냐하면 문학의 세계는 존재와 동시에 유연한 변형의 세계이기 때문이다.

문화의 성취는 상상력의 교육에서 가능하다. 상상력이 교육을 통하여 발현될 수 있다면 문화는 상상력의 발현을 통하여 생산되고 발전된다. 상상력의 발현을 통하여 문화를 생산할 수 있다는 가능성은 이전의 문화를 보다 긍정적인 방향으로 인도하는 것이다. 이러한 상상력은 현실을 조명해보는 비판적 성격의 상상력이라고 해야 할 것이고 문학의 교육과 결부하여 상상력이 가질 수 있는 효용은 자신의 존재를 되묻는 스스로의 문제를 찾아내는 것과 관련되는 것이라고 보아야 한다. 결국 우리의 지향점으로서의 세계, 당위의 세계에 대한 물음을 제기하기 위한 초석을 마련하기 위한 단계의 상상력이라고 할 수 있는 것이다(구인환 외, 1997 : 71~72).

셋째, 창의적 상상력의 발현을 자극하여야 한다. 상상력은 존재하지 않는 사물이나 현상에 대하여 마음속에 그리는 것이라는 생각이나 자신의 경험과 느낌에 의존한 나머지 지적인 사고의 작용을 저해하는 불필요한 심리작용이라는 생각, 도저히 수긍할 수 없는 것들에 대한 상투적 발상으로 인하여 정상적인 수용과 반응을 억제하는 비교육적 기제라는 인식으로 인하여 학습자들은 자신의 생각이나 느낌을 좀처럼 드러내려 하지 않는다. 그러나 우리는 에디슨이나 아인슈타인의 일화를 통하여 당시에는 누구도 인정하려 들지 않았던 상상력이 인간의 문명을 얼마나 가치 있게 만들었는지를 너무나 잘 알고 있다. 그럼에도 불구하고 교실의 상상력은 여전히 수준 이하로 배타 당하기 일쑤다. 상상력이 창의력을 획득하기 위해서는 교육 환경에 속한 모든 구성원의 인내와 허용이 지극히 요구된다. 즉, 쉽게 받아들여지지 않는 상상력을 창의력으로 수용하여야 한다. 또한 학습자는 자신의 생각과 느낌을 창의적으로 표현할 수 있는 상상력을 발현하여야 한다. 교사와 학생의 관계로 상호 유기적인 수용체로서 교육 활동에 임해야 한다. 상상력이 창의력을 획득하기 위해서는 꾸준히 자신의 생각과 느낌을 표현할 수 있는 기회가 제공되어져야 하며 그런 기회를 통하여 격려하고 자극받으면서 동기를 유발할 수 있는 교수·학습활동이 전개되어야 하는 것이다. 상상력 발현의 빈도는 창의력 획득과 비례하는 것이다. 상상력이 교육을 통하여 발현될 수 있듯이 창의력은 상상력의 꾸준한 발현을 통하여 가능하다.

2. 창작 교육과 창의력[1]

창의적인 문학 교육이 학교 현장에서 성공적으로 수행되기 위해서는 무엇보다 창의력이 무엇인지에 관한 올바른 이해와 수용이 요구된다. 창의력에 관한 기존의 이론들은 역사적으로 돋보이는 인물들의 특성에 관한 조사를 바탕으로 하고 있기 때문에 결과를 그대로 따라가려고 할 때에는 오히려 학습자에게 심적인 부담을 유발할 가능성이 높다. 따라서 기존의 이론을 학교 교육에 접목시키기 위해서는 보다 유연한 수용적 태도가 요구된다.

---

1) 이 부분의 내용은 김선민(2003 : 329~354)의 '「작문교육의 창의성에 관한 연구」, 『어문연구』 119호, 한국어문교육연구회'의 내용을 참고로 하였으며, 일부는 중복 전제되었다.

1) 창의력의 본질

새로운 것이라고 해서 모두 창의적이라고 할 수는 없다. 새로운 것이면서
도 인간다워야 하고 인간의 삶에 의의가 있는 것이라야 한다. 창의력이라는
말에 긍정적인 가치를 부여하는 것도 바로 이 때문이다. 언어활동은 문화의
중핵적인 요소 가운데 하나이며 특히, 문학은 인류의 문화 자체이면서 촉진
제이고 매체가 되어 왔다. 창의력에 이르고자 하는 사고가 문학을 기반으로
할 때 의미 있는 것이 된다는 점이 여기서 드러난다(김대행, 2000 : 269~270).

창의력에 관한 연구는 창의력을 발현하는 사람이나 특정 부류의 사례를
근거로 하여 시작된 것이지만 실제로는 그 가치를 어떻게 적용할 것인지에
대한 관심으로 시작되었다. 창의력이 신비주의적인 것이 아니라면 분명히
교육을 통하여 일반인에게 적용이 가능할 것이며 그런 가능성이 보다 나은
자아실현과 성취감을 가져올 수 있다는 기대감이었다.

창의력(creativity)이란 어떤 문제에 직면하였을 때에 기존의 지식과 정보를
바탕으로 그 문제를 해결할 수 있는 새로운 문제해결적 방법을 구안할 수
있는 능력을 일컫는다. 우리는 그러한 창의력이 매우 신비로운 것이며 어떤
경우에는 하늘로부터 내려 받은 선천적이고 기질적인 능력이라고 생각한
다. 그러나 최근의 인지심리학이나 뇌과학 또는 행동주의 심리학에서조차
창의력은 얼마든지 육성될 수 있으며 후천적으로 생성되어 발현될 수 있는
능력이라고 여겨진다. 창작 교육에서의 창의력은 천재적인 능력에 의한 신
비의 과정에 의하여 생성되는 것이 아니라 보다 보편적인 일상으로부터 출
발한다. 즉, 창의력에 의하여 생산된 작품은 그 결과가 새롭다는 것이다. 결
과물이 새롭다는 것만으로도 우리는 충분히 독창적이라고 할 수 있을 뿐
아니라 작가의 창의력이 돋보인다고 말할 수 있을 것이다. 그것이 전혀 새
로울 수도 있지만 부분적일 수도 있다. 독창적이라는 것은 우리가 전혀 기
대하지 않은 모든 예측 불가능한 것의 결과물일 수도 있지만 어느 정도는

예측이 가능한 결과물일 수도 있다. 즉, 창의적인 생산물은 그 결과를 생산하게 하는 과정에서의 제한점들을 충족시켜 주는 것을 말한다(Sternberg. R. J & Williams. W. M, 2002 : 111~112).

창작 교육과정에서의 창의력은 주어지거나 봉착한 문제에 대하여 학습자 스스로 해결하여 나가는 합리적인 노력을 통하여 발현되는 것이며 그것은 학습자 자신에 대한 일종의 신념이라고 생각할 수 있다. 자신이 봉착한 문제에 대하여 꾸준한 노력을 하는 과정을 통하여 새로운 생각과 느낌이 떠오르는 것이며 그것이 때로는 전혀 예측하지 못했던 사상과 철학으로 발전하는 것이다. 따라서 창의력은 이런 것이라고 할 수 있다. 창작인은 옛 아이디어들로 되돌아가 거기서 방황하다가 그것들을 끄집어내어 이렇게 저렇게 끼워 맞춰서 새 아이디어로 써본다. 그 새로운 아이디어가 유망성을 간직하고 있을 수 있다. 창작인은 그 아이디어를 시험 삼아 탐색해 본다. 옳다. 그것은 쓸 만하다. 창의력은 무엇인가가 가능성을 보여줄 때까지 이런 식으로 민감하게 해보는 탐색과 시도일 수 있다. 이것을 보다 심리학적인 용어로 말하자면, 창의력은 주로 검색과 선택 과정이며 성공은 검색과정의 적절한 표적설정(Targeting)과 선택의 민감성에 좌우된다(King. N, 1996 : 71).

창의력의 본질은 궁극적으로 보편성을 기반으로 하고 있다. 그것은 신비주의를 배제하며 창작 교육 활동 과정을 통하여 제기된 문제에 대한 해결책을 찾으려는 학습자의 고민과 노력에 의하여 발현되는 것이다. 다양한 탐색과 시도를 통하여 겪게 되는 시행착오의 과정을 통하여 산출되는 새로움이며 자신의 생각과 느낌을 개방적으로 표현할 수 있는 신념이다. 또한 창의력은 교수·학습활동을 통하여 수행될 수 있는 교육적인 행동이다. 창의력은 자신에게 주어진 문제에 대한 자료와 정확한 정보를 수집하여 그것을 분류하고 분석하는 과정을 통해서 산출되는 과정중심의 사고 활동이다. 따라서 창의력은 그 자체로 하나의 교육 활동 과정을 갖고 있다고 해도 과언이 아니다.

2) 창의력의 유형과 기능

창의적 사고는 문제해결의 사고과정일 뿐 아니라, 인간의 행동을 지배하는 요인이었으며 정서와 사상을 창출하는 기재이다. 따라서 최근의 창의력 이론은 단순히 창의적인 인간의 특성을 분류하고 분석하는 것이 아니라 교육 활동에 효과적으로 적용할 수 있는 과학적인 근거를 제시하고 있다. 그러한 창의력은 '창의성의 문제해결 사고과정 이론', '창의성의 특성 이론', '창의성의 자아실현 이론'(서울특별시교육연구원, 1996 : 14~18) 그리고 '창의성의 심상 이론'(Reed. S. K, 2000 : 461~487)으로 설명할 수 있다. '창의력의 문제해결 사고과정 이론'은 창의적 사고의 과정을 단계별로 구체화하여 그것이 어떻게 발현되어지고 어떻게 적용되는가에 초점을 맞추었다. 월러스(G. Wallas)를 중심으로 전개된 문제해결 사고과정 이론은 창의적인 사고가 발현되는 단계를 매우 구체적으로 명시하여 실제로 교육 활동에 적용할 수 있는 근거를 마련하였다(서울특별시교육연구원, 1996 : 14~14).[2] 길포드는 창의력에서 한 문제에 대하여 다양한 아이디어를 산출하는 능력으로서의 확산적 사

---

[2] 서울특별시교육연구원(1996), 『미래를 여는 창의력 교육』, 지은문화사, pp.14~16.
　월러스(G. Wallas)는 창의적 사고를 '준비단계', '부화기', '발현단계', '검증단계'로 나누어 다음과 같이 설명하였다.
　① 준비단계 : 문제를 분명하게 정의하는 단계로서의 '준비단계'는 문제를 의식하고 여러 각도에서 분석함으로써 그 문제를 정의하고 원인을 탐구한다. 구체적인 방법으로는 '반복하여 문제를 재조립한다.' '공간적으로 상징화한다.' '문제를 시각 이외의 방법으로 정의한다.' '필요한 자료를 수집한다.' '유추와 전개를 한다.' '발견적 방법을 적용한다.' '자주적 질문을 적용한다.' '특히 좋아하는 방법을 사용한다.' '원거리나 거시적인 시점에서 생각한다.'
　② 부화기 : '부화'란 문제해결에 대한 지속적인 관심이며 무의식적인 활동을 의미한다. 봉착한 문제를 해결하기 위한 노력과 휴식의 시간, 문제를 마음속에 떠올리는 재현, 해결의 욕망과 필요성 혹은 충동의 복합적인 긴장 상태, 문제해결에 대한 암시, 해결의 실마리가 보이는 단서의 선택, 좋은 감정의 반응이 의식되는 통찰의 의식화가 요구된다.
　③ 발현단계 : 부화가 충분히 이루어져서 새로운 생명체가 탄생하듯이 보이지 않던 새로운 것이 돌출하는 단계로 직관적이며 자연발생적이기도 하고 노력에의 반복을 통하여 얻어지기도 한다.
　④ 검증단계 : 창의적 사고의 지속성을 이어가기 위한 타당성의 음미이며 사상과 철학의 완성을 위한 노력이다.

고(divergent thinking)와 하나의 답으로 집중하는 방식의 수렴적 사고(convergent thinking)를 강조하였다. 창작 교육에서의 창의력 발현을 위해서는 학습자의 다양한 사고 작용을 유발하고 문제에 대한 새로운 생각을 자극하여야 한다. 따라서 길포드의 확산적 사고는 학습자의 창의력을 발현하는 기재로 작용한다.

창의적인 사람들은 그 나름의 특성을 갖고 있다는 전제로 시작된 '창의성 특성 이론'은 창의적인 사람들을 추출하여 그들이 갖고 있는 특성을 조사하여 구분하였다. 그러한 특성들은 '지적 요인'으로서 기억, 인지, 평가, 수렴적 사고, 확산적 사고 '동기적 요인'으로서 용기, 일에 대한 헌신, 풍부한 전략, 일반적인 문제에 대한 열정, 현상을 질서 있게 정리하기, 뭔가를 발견하려는 열망 '인성요인'으로서 독립심, 자부심, 불확실한 문제에 매달리는 인내심, 작업에 대해 가지는 자신감 등을 들고 있다. 이러한 특성들은 학습자의 사고 작용과 요인을 분석할 수 있는 근거를 제시하고 있으며 실제로 학교 현장에서의 창의력 교육의 적용을 학습자 위주로 접근하게 하는 자료를 제공하고 있다. 창의력 창작 교육 활동의 사전 진단으로서의 학습자 특성에 대한 분석은 매우 중요하며 장기적으로 학습의 성패를 좌우한다. 따라서 학습자의 창의력 특성을 분석하고 그것을 본시 학습의 근거자료로 활용할 수 있다는 데에 의의가 있다.

'창의력의 자아실현 이론'은 창의력이 단순히 훈련이나 교육적 통제에 의하여 성취되는 것이 아니라 학습자의 자발적인 참여로 발현된다는 교육적 의미를 제공한다. 교육 공간에서 흔히 발생하는 학습자의 창의력 억제 요인은 바로 학습자의 자발적인 의지와 욕구의 결여에 기인하고 있다는 사실을 부인할 수 없다. 이런 현상은 학습자 요인임과 동시에 교사나 교수·학습 요인에 기인하고 있다. 따라서 창의력의 자아실현 이론은 학습자를 자극하고 격려하는 것이 성공적인 창의력 발현의 지름길이라는 것을 암시하고 있다. 즉, 창의력은 다른 어느 누구를 위한 것이 아니라 궁극적으로 자신의 발전을 위한 행동이라는 것이다. 무엇보다 자신을 표현할 수 있는 용기를 가져야 하며 그 용기를 통하여 새로운 것을 창출하고 그것을 바탕으로 새로운 사회에 도전할 수 있는 의지를 갖게 된다는 것이다. 창의적인 인간은 신비주의적인 인간이 아니라 스스로 건강하고 자신을 표현할 줄 아는 적극적인 평범한 자연인이라는 인식을 가져야 한다. 창의적인 사람은 자신이 가진 만큼의 능력을 있는 그대로 발휘하는 것이며 앞을 향해 나아가는 사람이라는 것이다. 그들은 스스로를 발휘하고 확장하고 발전시키며 성숙해간다. 이러한 모든 것은 처음부터 갖고 있는 것이 아니라 꾸준히 자기 성찰과 노력을 통하여 성취되는 것이며 교육 활동이 이루어지는 공간에 존재하는 모든 유기체들의 결속과 상호 공조를 통하여 이루어진다.

이러한 자아실현 이론은 학습활동의 정의적인 측면에서 매우 중요하며 창작이 표현 활동이라는 점에서 시사한 바가 매우 크다. 학습자의 특성에 대한 면밀한 분석과 창의력의 문제해결 과정을 효과적으로 적용하여 학습자의 자발적인 용기를 자극하고 격려한다면 창의력의 발현은 성공적일 뿐 아니라 매우 의미 있는 가치를 생산할 것이다.

창의력 이론에 관한 가장 최근의 연구는 핀케(Finke)를 중심으로 하는 '심상'과 관련된 연구이다(Reed. S. K, 2000 : 481~486). 이것은 인간의 마음속에 그려지는 특정의 모델이나 현상 혹은 가설적 상상을 통하여 보이는 관념적 실험이나 일상생활에 익숙한 모양의 연상을 통하여 창의력이 발현된다는 이론이다. 예를 들어 아인슈타인은 자신의 실험적 가설을 토대로 광속으로 여행하는 상상을 지속적으로 수행하여 상대성 이론을 탄생시킬 수 있었다는 것이다. 어떤 문제에 봉착하였을 때 그것을 해결하기 위해서는 신비한 능력이 요구되는 것이 아니라 자신의 마음속에 그려지는 다양한 형태의 연상 작용과 무한의 상상을 통하여 그 답이 도출될 수 있다는 것이다. 그것들은 일상생활에 익숙한 경험을 바탕으로 하는 것이며 자신의 마음속에 그려지는 모든 것들을 자유롭게 해체하고 결합하는 과정을 통하여 습득된다. 이러한 심상 이론은 창작 교육에 있어 학습자의 창작 구성이 단순히 언어적인 활동으로만 가능한 것이 아니라 다양한 일상의 경험과 재료를 통하여 연상되는 수많은 현상들을 재조직하고 적용하는 과정을 통하여 성공적으로 수행된다는 것을 암시한다. 결국 창의적인 창작 활동이라는 것은 자신의 마음속에 그려지는 모든 현상들에 대한 언어적인 표현을 통해서 가능하며 무한한 상상이야말로 창의력 발현의 근간이라는 것을 의미한다.

3. 창작 교육의 상상력 · 창의력 발현 요인

문학 교육의 상상력 · 창의력 발현을 위해서는 우선 자연발생적인 가능성마저 제거되는 억제요인을 분석하는 것이 중요하다. 실제로 교육을 통하여 발현이 가능한 상상력이나 창의력보다는 자연스럽게 드러나는 것들조차 몇 가지 요인에 의하여 억제되는 경우가 많다. 의도적이든 의도적이지 않든 간에 억제 요인은 창작 교육과정에 빈번하게 작용하는 것들이기 때문에 상상력과 창의력의 발현 요인은 억제 요인과 대립하여 분석하는 것이 효과적이다.

1) 교사 요인

교사는 창작 교육 공간에서 학생의 가장 근접한 협조자이어야 함에도 불구하고 대부분 지배적일 수밖에 없는 현실에 처해 있다. 이로 인해 학습자들에게 요구하는 교수 · 학습활동의 내용은 일방적인 요구와 전달이 대부분이다. 이로 인하여 발생하는 학생과의 의사소통 단절과 상호 협조 체제의 붕괴는 과제수행 형식의 무의미한 창작 교육 활동을 유발한다.

창의력은 교육을 통하여 충분히 습득될 수 있는 행동이다. 그럼에도 불구하고 창의력에 대한 일방적인 강요와 잘못된 인식으로 인하여 학생들의 창의력이 발현되기는커녕 억제되거나 손실되기 쉽다. 다음에 열거한 사항은 교사들의 잘못된 인식과 일방적인 전달에 의한 창의력 억제 요인이다.

① 상상력·창의력은 정해진 시간 안에 가능한 많은 어휘와 문장을 창출하는 것이다.
② 상상력·창의력은 이전의 어떤 작품보다 독창적인 작품을 생산하는 능력이다.
③ 상상력·창의력은 기성 작품의 형식과 이미지를 타파하는 혁신이어야 한다.
④ 상상력·창의력은 비판적 사고와 병행하여 작품의 객관적 타당성을 가늠할 수 있어야 한다.
⑤ 상상력·창의력의 발현은 창작 성취도가 능숙한 학습자에게서 보인다.
⑥ 상상력·창의적인 창작 활동은 기본적인 언어 수행 능력을 갖춘 상태에서 가능하다.
⑦ 상상력·창의적인 창작 활동을 수행하기 위해서는 다방면에 걸친 배경지식과 풍부한 사회적 경험 그리고 해박한 문제해결 능력을 갖추고 있어야 한다.
⑧ 상상력·창의력의 개인차가 너무 크기 때문에 다인수 학급에서의 창의적인 창작 교육은 불가능하다.

이러한 억제 요인을 제거하기 위해서 교사는 부단히 자기 개선의 노력을 하여야 한다. 다음과 같은 인식의 전환과 개선 의지를 통하여 창의력은 발현된다.

① 단 하나의 낱말이라도 학습자의 상상력·창의력을 존중할 것.
② 학습자의 상상력·창의력은 교육적인 모방을 통하여 창출된다.
③ 독창성은 점진적이며 개인차가 크기 때문에 인내심을 갖고 기다려야 한다.
④ 창의력은 반드시 언어수행 능력과 비례하지 않는다. 언어수행 능력

이 부족한 학습자에게는 다른 텍스트로의 상상력·창의력 발현을
유도할 필요가 있다.
⑤ 풍부한 배경지식과 경험이나 문제해결 능력이 상상력·창의력에 도
움이 되는 것은 사실이다. 따라서 미숙한 학습자의 상상력·창의력
발현을 위하여서는 먼저 교사의 인도적 노력이 선행되어야 한다.
⑥ 오히려 다인수 학급에서의 상상력·창의력 발현의 현상은 매우 다양
하며 학습자 상호 협동학습을 통한 성공적인 활동을 경험할 수 있다.

2) 학습자 요인

상상력·창의력이 억제되는 학습자 요인의 근원은 사실 학생 자신에게서
유발된 것이 아니라 교육 활동을 통하여 무의식적으로 내재된 것들이 대부
분이다. 앞서 열거한 교사 요인은 최근의 교실 개방화(열린교육이 실천되는 교
실)의 추세에도 불구하고 여전히 전통적인 교실에서의 편향적인 전달 교육
이 누적되어 왔기 때문이다. 특별하게 제공된 창작 시간(특별활동, 재량활동,
대회 등)을 제외하고는 거의 대부분이 교과 시간을 통하여 운영되어 왔다.
교과 시간에 창작 교육 활동이 운영된다는 것은 자발적인 창작 활동이기보
다는 주어진 시간 안에 주어진 문제에 대하여 요구하는 분량과 내용을 양
산하는 형태의 일방적 수업이었다. 때문에 대부분의 학습자들은 좋은 작품
을 생산하기 위하여 보다 많은 노력을 기울여야 하는데 그 노력의 대부분
은 주어진 시간 내에 무엇이든 완성하는 것이었다. 거기에는 개인의 생각과
느낌을 솔직하게 표현하거나 사상과 정서를 구축하여 가는 것이 아니라 일
정한 양식에 따라 정해진 틀에 언어를 끼워 맞추는 재미없는 퍼즐 게임의
연속과도 같은 활동을 반복하게 된다. 능숙한 학습자들은 생존을 위한 훈련
을 통하여 게임의 공식을 이해하고 있을 뿐만 아니라 어떤 방향으로 창작
의 결과를 도출해야 할지 잘 알고 있기 때문에 제도권 교육이 요구하는 목
표에 도달할 수 있으나, 미숙한 학습자들은 요구하는 목표의 도달은커녕 창

작 활동의 의미를 이해할 수도 수긍할 수도 없는 딜레마에 빠지게 되고 만다. 외형적으로 보기에 능숙한 학생들의 창작 활동에는 그들의 창의적인 사고가 스며들어 있는 듯이 보일지 모르나 그것은 포장된 상자에 불과하다. 상자의 뚜껑을 여는 순간 그 속에는 수없이 많은 수학 공식과도 같은 창작 요령만이 가득할 뿐이다. 아무리 좋은 작품을 만들었다 하여도 자신의 작품에 대한 자아실현 성취감이나 창의적 사고에 대한 신념이 보이지 않는다면 그것은 창의적이지도 않으며 무의미한 것이다.

대부분의 학습자 억제 요인은 교사의 요인으로 비롯된 것이지만 학습자들이 느끼는 특징적인 상상력·창의력 억제 요인을 열거하면 다음과 같다.

① 상상력·창의력은 선천적으로 글을 잘 쓰는 아이들의 전유물이다.
② 남의 글을 흉내 내는 것은 쉬운데 새로운 것을 만들기는 힘들다.
③ 독창적인 작품을 만들기 위해서는 천재적인 아이디어가 필요하다.
④ 내가 새롭게 생각한 것들은 대부분 엉뚱하거나 우습게 보인다.
⑤ 상상력·창의력은 뛰어난 예술가나 과학자들에게 필요한 것이다.

상상력·창의력의 발현을 억제하는 학습자 요인을 그들 스스로 해결하기란 쉽지 않다. 학습자들의 억제 요인은 근본적으로 교사 요인과 맞물려 있다. 교사의 억제 요인이 학습자들에게 전이되어 온 것이 대부분이다. 따라서 학습자 억제 요인의 해결은 교사의 격려와 지속적인 관심을 통하여 가능하다. 교사는 학습자에게 인내심을 갖고 다음과 같은 상상력·창의력 발현의 가능성을 인식할 수 있도록 자극하고 격려하여야 한다.

① 잘 쓴 글이 창의적인 상상력에 의한 것은 아니다. 상상력·창의력은 자신감과 용기로부터 나온다. 즉, 자신의 생각을 표현할 수 있는 적극성을 기르고, 그것이 무엇이든 간에 스스로 만들어낸 것이라는 자부심을 갖는 것이 중요하다. 무엇보다 시작이 중요하다.
② 모든 위대한 작품은 다른 어떤 작품과 반드시 연관성을 갖는다. 창

작은 모방으로부터 시작한다.
③ 내가 지금 생각한 것이 가장 독창적인 나만의 것이며 그것이 어떤
   때는 누구도 생각하지 못한 천재적인 아이디어일 수 있다.
④ 상상력·창의력은 우리 주변의 일상적인 일이며 누구나 발견할 수
   있고 생각할 수 있는 것이다.

3) 교수·학습 요인

교사와 학생의 상상력·창의력에 대한 적절한 인식과 경험에도 불구하고
실제 교수·학습활동에서는 효과적으로 발현되지 않는 경우가 많다. 그것
은 창작 교육이 대부분 전통적인 교실 환경을 벗어나지 못하고 있기 때문
이다. 또한 창작이 자신의 생각과 느낌을 창의적으로 표현하거나 사상과 정
서를 담아내는 철학적 사고의 과정이 아니라 평가와 수상을 목적으로 하거
나 단원학습목표 도달과 교육과정 시간 이수를 위한 것일 때 상상력·창의
력은 상실되고 공식만 존재하게 된다. 다음의 경우가 대표적인 상상력·창
의력 억제 요인이다.

① 교육과정에 명시되어 있는 교과 영역 시간 내에 창작 활동이 완결되
   어야 한다.
② 모든 학생들이 학습목표에 도달하여야 한다.
③ 상상력·창의력은 주제의 흐름을 벗어나지 말아야 한다.
④ 상상력·창의력을 자극하기 위한 교수·학습 자료가 빈약하다.
⑤ 교사는 전달자이고 학생만이 활동의 주체이다.

이밖에 상상력·창의력에 대한 과도한 맹신이나 가치의 절상, 경직된 학
교 교육과정의 운영 등이 상상력·창의력의 발현을 억제하는 부가 요인으
로 작용한다. 따라서 이러한 요인을 해소하기 위해서는 보다 거시적이고 적
극적인 대책과 보완이 요구된다. 교사와 학습자의 노력이나 이해만으로는

어렵다. 특히, 최근에는 교육 활동의 중심 영역에 근접한 학부모 집단과 지역 사회의 영향으로 인하여 보다 폭넓은 교섭과 이해가 필요할 뿐 아니라, 교육과정의 융통성 있는 운영과 교실 환경의 자율성 확보를 위해서는 이들 간의 공조가 절실하다.

따라서 교육과정 운영에 대한 교사의 자율성과 융통성을 보장하고 학습 환경 개선을 위한 적극적인 투자와 배려가 선행되어야 한다. 또한 간섭과 통제를 위한 학부모, 지역 사회 집단이 아닌 지원과 교육 공동체 집단으로서의 인식 전환이 요구되며 교과서적인 고전적 인식으로부터 벗어나야 할 것이다.

4. 창작 교육의 상상력·창의력 발현 교수·학습

상상력·창의력 발현을 위한 창작 교육을 위해서는 무엇보다 상상력·창의력의 본질을 정확하게 파악하고 그것을 일반화하기 위한 허용적인 수용 태도가 요구된다. 교사나 학생에게 있어 상상력·창의력은 모든 교육을 통하여 자연스럽게 발현되고 동화되는 친근한 사고 작용이라는 인식이 필요하다. 그러기 위해서는 상상력·창의력 발현의 목표를 최고치에 두는 것이 아니라 최저 수준의 요구로부터 출발하여야 한다. 물론 궁극적인 목표는 인류 역사와 문화를 선도하는 새로운 사상과 철학의 탄생에 둘 수 있으나, 교육 환경의 학습자에게 요구되는 창의력은 마치 자신의 생각을 그림으로 표현하듯이 매우 쉽고 자연스러우며 친근한 상황으로부터 출발하는 것이어야 한다. 따라서 상상력·창의력 발현을 목적으로 하는 창작 교육 활동에서는 다음과 같은 인식이 선행되어야 한다.

첫째, 지금 내 머릿속에 떠오르는 단어와 어휘 혹은 문장이 가장 새롭고 참신한 것이며 그것이 가장 훌륭한 상상력·창의력이라는 신념을 갖고 있어야 한다.

둘째, 창의적인 상상력에 의한 언어표현은 기존의 역사와 문화를 통하여 생산되는 것이다. 모방과 흉내는 새로운 것의 시작일 뿐 죄책감의 원인이 아니다.

셋째, 상상력에 의한 독창적인 생각은 때로는 엉뚱하고 우스우며 고집스럽고 불만족스럽기까지 하다. 그것이 언젠가 새로운 모습으로 나타날 것이라는 기대를 버리지 말아야 한다.

넷째, 타인의 생각과 판단에 흔들리지 말아야 한다. 상상력·창의력은 객관적으로 타당성을 확신할 수 있어야 하지만 그것은 최종의 목표이다. 현재의 내 것이 가장 훌륭하다는 자신감을 가져야 하며 숨기거나 억제하지 않고 표현할 수 있는 용기가 필요하다.

다섯째, 아홉 가지 오류에 실망하지 말고 한 가지 성취를 격려하여야 한다. 오류에 대한 실망과 분노는 결국 창작 활동의 포기를 유발한다. 따라서 한 가지의 성취를 찾아 격려하고 상상력·창의력의 가치를 부여하여야 한다.

여섯째, 표현 방법의 다양성을 인정하여야 한다. 모든 창작 활동이 문자 언어를 통하여 이루어질 수밖에 없는 것은 아니다. 의사소통이 가능한 다양한 텍스트(그림, 소리, 이미지, 몸짓, 조형 등)를 동원하도록 자극하여야 한다.

일곱째, 창작 교육 활동에서의 교사와 학생은 일방적인 소통의 관계가 아니라 상호 협력하는 유기적인 관계여야 한다. 창작 활동에서의 창의력의 발현은 학습자에게서만 일어나는 것이 아니라 교사의 창의력에 대한 신념과 표현이 자연스럽게 학습자에게 전이된다. 그것은 교사와 학습자가 서로 다른 공간에 존재하는 것이 아니라 같은 공간 안에서 서로를 의지하고 존중하는 동등한 인격체임을 인정할 때 가능하다.

여덟째, 창조적으로 산다는 것은 삶의 한 방식이며 우리의 소망과 희망, 꿈을 이룩하는 것에 대한 자기 존중에서 나온다는 것을 명심하여야 한다. 그것은 어떤 문제에 대한 해결 방안을 전문가나 권위자, 프로에게 구하기 전에 우리 자신에게 먼저 구한다는 것을 의미한다. 우리는 우선 자신의 내적 가능성을 가지고 할 수 있는 일을 최대한 수행하고 나서 자신에게 부족하다고 느낀 정보를 남들에게 요청해야 한다(King. N, 1996 : 72~75). 이와 같은 상상력·창의력에 대한 인식을 바탕으로 학습자의 성취 능력을 파악하여 적정 수준을 수용하고 실현할 수 있도록 하여야 한다.

제7차 국어과 교육과정은 국어과의 교수·학습 계획에 관한 안내를 통하여 창조적인 국어사용 능력의 향상을 위한 유의점을 제시하고 있을 정도로 학습자의 상상력·창의력에 대한 실질적인 학교 현장 교육에 무게를 두고 있다. 이것은 과거의 학교 교육과정이 일관되게 추진해온 지식과 내용의 수용만으로는 가치 있는 국어교육을 실현할 수 없다는 것을 의미한다. 실제로 하이퍼텍스트의 급속한 발전으로 인하여 학습자들의 언어생활은 그 어느 때보다 심각한 상황에 처해 있다. 극도로 단순화된 의사 교환 방식과 기계적이고 건조한 비언어적 표현의 난무는 학습자의 기본적인 언어생활은 물론 사고 작용을 경직되게 하고 있다. 따라서 교육과정이 추구하는 창조적인 국어사용 능력의 향상을 위해서는 보다 적극적인 창의적 창작 활동 교육이 이루어져야 할 것이다.

창작 교육 활동이 이루어지는 교실 공간에서의 상상력·창의력의 발현은 보다 구체적인 교수·학습과정을 통하여 이루어진다. 앞서 논의한 바와 같이 상상력·창의력은 신비스러운 선천적 재능이 아니라 학습을 통하여 습득할 수 있는 기재이기 때문에 교사, 학생, 교수·학습요인이 상호 유기적으로 결합하여 상상력·창의력의 본질을 올바로 이해하고 학습자의 표현을 유도할 수 있을 때에 성공적인 작품 생산이 가능하다.

교사와 학생이 일대일 대면을 통하여 학습을 할 수만 있다면 얼마든지 시행착오를 겪으면서 상상력에 의한 창의적인 창작 활동을 수행할 수 있으나, 현실은 하나의 교사를 바라보는 다인수 학생의 환경에 속해 있기 때문에 부득이 일정한 틀을 설정하여 운영할 수밖에 없다. 교사나 학생에게 틀은 일종의 구속이며 억제 요인이기도 하다. 그러나 학습자 수준의 다양성을 수용하고 학습자 상호 간의 협조와 동기유발을 격려한다면 다인수 학급의 학습 과정 또한 효과적일 수 있다. 때문에 교육은 꾸준히 여러 부류의 학생들에게 효과적으로 학습할 수 있는 방법을 제시하고 있는 것이다.

1) 상상력 · 창의력 교수 · 학습과정

상상력 · 창의력에 관한 기존의 이론은 '창의적인 창작 교육' 혹은 '창작 교육에서의 상상력의 발현'과 관련하여 매우 유익한 정보를 제공한다. 창작 활동 중에 일어나는 학습자의 반응은 대부분 상상력 · 창의력 이론의 협조를 받아야 마땅하다. 창작 과정은 궁극적으로 새로운 것을 창출하는 수행 활동이다. 무엇을 쓸 것인지 생각하는 순간부터 학습자는 창의적인 상상 활동에 들어가게 된다. 학습자의 상상력 · 창의력은 창작 활동 과정 전반을 지배하는 매우 중요한 요인이다.

기존의 이론을 종합 분석하여 창작 교육과 관련된 학습자의 상상력 · 창의력 요인을 적용하면 다음과 같다.

첫째, 확산적인 사고를 자극하여야 한다. 학교 창작 교육의 일반적인 현상 중의 하나는 주어진 글감이나 주제에 대한 객관적 인식의 틀을 벗어나는 것에 대하여 부정적인 편견을 갖고 있다는 것이다. 예를 들어 '봄'이라는 글감에는 으레 아지랑이, 새싹, 개나리, 진달래 등을 연상하여야 한다는 것이다. 그러나 학습자의 사고의 폭을 보다 확산시킬 수만 있다면 '봄'은 전혀 새로운 이미지로 탈바꿈하게 된다.

둘째, 수용적인 태도를 길러야 한다. 무엇이든지 전혀 새로운 것을 찾기 위하여 몰두하기 시작하였다고 해서 다 이루어지는 것은 아니다. 학습자의 수준과 성취 능력에 따라 그것은 천차만별일 뿐만 아니라 무엇을 쓰려고 하는가에 따라서 생산의 양과 질은 달라진다. 따라서 새로운 것을 창출하기 위해서는 기존의 문화를 겸허하게 수용하는 태도가 필요하다. 새로운 것은 이전의 새로움으로부터 탄생하는 것이다. 있는 것을 받아들이고 그것으로부터 자신의 새로움을 발견하는 것이 중요하다.

셋째, 생산적인 사고를 유지하여야 한다. 대부분의 학교 창작 교육은 불만족의 상황으로부터 시작된다. 교사는 일방적으로 글감이나 주제를 던지고 학습자는 정해진 시간 내에 요구된 양을 채워야 한다. 이때 학습자는 자신에게 주어진 모든 상황으로부터 이탈하고 싶어 한다. 불행하게도 학교 현장은 그것을 용납하지 않기 때문에 학습자는 원하든 원하지 않든 주어진 과정을 따라가야 한다. 이때 학습자는 불만족한 현재의 상황에 대하여 만족한 상황으로 나아가려는 의지가 요구되는데 그것이 바로 생산적인 사고이다. 창작 활동이 단순한 과제 유형이 아니라 자신의 자아를 실현하고 의지를 표현할 수 있는 문화의 생산적 활동임을 느낄 수 있게 하여야 한다.

넷째, 표현의 용기를 자극하여야 한다. 다인수 창작 교육 활동에서 봉착하는 가장 심각한 학습자 간의 문제는 객관적 성취도가 낮은 창작 학습자의 자포자기에 있다. 그들은 스스로를 열악한 능력의 창작가라고 여긴다. 따라서 그들은 스스로 무엇을 표현하려는 의지나 동기를 갖고 있지 않으며 심지어 해당 활동 자체를 거부하는 현상을 유발한다. 이것은 창작 활동의 기본 충족 요소인 어휘력, 맞춤법, 글의 형식 등과 관련된다. 심지어는 자신의 글씨체에 대한 비관이 창작 활동에 심각한 영향을 주는 경우를 발견하기도 한다. 기본적인 언어사용 능력이 부족하다고 해서 창의력이 결여되어 있거나 창작 활동에 참여할 수 없는 정도는 아니다. 빈번하지는 않지만 오히려 능숙한 학습자들에게서는 볼 수 없는 새로움과 독창성을 발견할 때가 있다. 다만 그들은 자신의 생각과 느낌을 자신 있게 표현하고자 하는 용기를 스스로 억누르고 있을 뿐이다.

상상력·창의력 요인을 근거로 창작 교수·학습 과정을 단계별로 분류하여 나타내면 다음과 같다.

[상상력·창의력 발현 창작 교수·학습 과정]

① **준비단계** : 준비단계는 무엇을 쓸 것인지에 대하여 창작 주체가 분명하게 인식하는 단계이다. 주어진 글감이나 주제, 혹은 자신이 의도하였던 생각과 느낌을 다양한 각도에서 분석하고 타당성을 확보하는 단계이다. 무엇을 쓸 것인지에 대한 분명한 인식은 학습자에게 글을 계속 써 나갈 수 있는 확신을 갖게 한다. 때문에 창작 활동의 가장 기본적이며 성공적인 출발의 밑거름을 마련하기 위해서는 글감이나 주제에 대한 자신의 생각과 느낌, 나아가 사상과 철학을 조명할 수 있는 기틀을 마련하여야 한다. 그러기 위하여 창작 교육 활동에 참여하는 교사와 학생은 공통적인 인식을 갖고 있어야 한다. 그것은 '글감이나 주제에 대한 재인식과 가능성 파악', '필요한 자료의 수집과 검증', '새롭게 접목이 가능한 글의 형식과 표현 방법', '다양한 텍스트의 도입', '확산적 사고에 의한 새로운 발상', '자신이 가장 좋아하는 유형의 문종과 표현 양식' 등이다.

② **적용단계** : 글감과 주제에 대한 창작 주체의 분명한 인식은 구체적이고 창의적인 상상력의 적용을 가능하게 한다. 준비단계에서 이루어진 자료의 수집과 타당성의 확보는 객관적인 창의력을 확보할 뿐 아니라 자신의 생각과 느낌을 확산적으로 표현할 수 있게 하며 무엇보다 창의적 상상력 표현의 용기를 자극한다. 준비된 자료의 적용은 이전의 것에 새로움을 더하는 것으로부터 전혀 새로운 독창적 아이디어의 생성을 유도한다. 이것은 순간적이고 폭발적일 수도 있으나 점진적이고 잔잔할 수도 있다. 창작 교육 활동은 학생만의 것이 아니라 교사와 학생이 서로 공조하는 관계에 놓여 있는 상호 공간 활동이다. 따라서 상상력·창의력의 구현은 다양한 발현의 양태를 인정하여야 한다. 특히 다인수 학급에서의 창의력 구현은 학습자의 성취 수준과 능력에 따라 구현의 시간과 방법에 차이가 있기 때문에 교사, 학생 모두의 인내와 허용적 태도가 요구된다.

③ **수용단계**: 창작 교육에서의 창의적 상상 단계에서 가장 중요한 것은 객관적 준비단계에서 확보한 객관적 타당성을 근거로 자신이 적용한 상상력·창의력에 대한 적극적 수용의 자세이다. 이것은 교사와 학생에게 매우 중요하다. 상상력·창의력 요인의 하나이면서 학교 창작 교육 활동 실패 요인으로 작용하는 창의적 용기와 관련이 있다. 미숙한 학습자들에게 자주 발견하게 되는 자신의 창의력에 대한 불확실성과 신념의 결여는 지속적인 창의적 사고의 구현을 저해한다. 따라서 어떠한 방식으로 표현하였던지 간에 그것을 절대적으로 수용하는 자세가 매우 필요하다. 물론 창의력에 대한 객관적인 타당성을 확보하는 것 또한 중요하다. 그러나 일단 준비단계에서 수집된 자료의 타당성과 적용단계에서의 창의력 구현은 이미 작품의 완성에 기여하였기 때문에 앞서 적용한 것들에 대하여 적극적으로 수용하고 스스로 인정하는 자세는 장기적으로 창의력의 발현을 자극하고 새로운 것을 더욱 새롭게 만드는 용기를 격려한다.

④ **검증단계**: 상상력과 창의력은 어느 면에서 객관적 수용을 요구한다. 따라서 창작 주체의 최종 결과물에 대한 상상력과 창의력을 인정받기 위해서는 그것이 얼마나 독자의 요구를 충족시킬 수 있는가와 직결된다. 상상력·창의력의 검증은 완성된 작품에 대한 평가 과정이다. 창작 교실의 학습자 간 상호 평가와 검토를 바탕으로 자신의 작품에 내재된 가치를 인정하는 것이다. 이것은 상상력·창의력이 추구하는 자아실현과 신념의 성취이다. 잘못된 것을 가려내는 평가절하의 단계가 아니라 드러나지 않은 아주 작은 것을 찾아내어 인정하고 격려하는 동기유발의 단계이다. 창작 교실 공간에서 드러나는 다양한 새로움의 발견과 창조적인 발현의 체험은 그 순간 새로운 사고의 발전을 거듭하여 또 다른 상상력·창의력의 발현을 도모한다.

2) 상상력·창의력 발현을 위한 교수·학습활동의 예

상상력·창의력은 국어교육의 내용이 아니라 학습자 위주의 실제 교수·학습활동이다. 상상력·창의력은 특정 교과나 영역에 한정되어 있는 것이

아니라 모든 교과 활동 및 실생활의 광범위한 사고 작용이다. 따라서 국어
과 교육과정의 영역에 제시된 내용을 적용하는 것도 중요하지만 다른 교과
활동이나 특별활동 혹은 일상생활의 경험이나 문화적인 기반을 활용하는
것이 좋다. 다음은 타 분야나 교과와 관련하여 상상력·창의력을 발현할 수
있는 창작 활동의 예이다.

[상상력·창의력 발현의 위한 교수·학습활동의 예]

영 역		활 동 사 례
교과	국어	• 텍스트의 변용, 새로운 형식의 문종 만들기 • 인물 중심의 독서를 통한 새로운 작품 생산하기 • 소리 표상하기, 소리 듣고 창의적으로 상상하여 쓰기 • 몸짓이나 무언극을 대화로 표현하기
	사회	• 실재의 역사를 새로운 시각으로 나타내기 • 역사적인 인물의 전기나 무용담을 패러디하기 • 미래에 남을 문화재나 유산에 대하여 상상하기
	수학	• 새로운 수학적 공식이나 문제를 만들어 보기 • 현재의 수 이전의 수나 미래의 수에 대하여 상상하기 • 간단한 계산 문제를 응용하여 이야기 구성하기
	과학	• 가상의 세계를 상상하여 긴 글로 표현하기 • 과학적인 현상을 예측하거나 추측하여 에세이로 표현하기
	체육	• 새로운 스포츠를 창안하여 경기 장면을 나타내기 • 운동 기구의 생김새나 쓰임을 인물에 비유하여 표현하기
	예술	• 리듬이나 가락을 듣고 가사 짓기 • 그림에 담겨 있는 내용을 소설이나 희곡으로 나타내기
재량활동		• 몸과 마음이 불편한 장애우의 숨겨진 생각을 글로 표현하기 • 미래의 나의 모습을 시리즈로 구성하기
특별활동		• 취미 활동의 장단점을 조사하여 새로운 것을 창출하기 • 여러 가지 광고 문구를 작성하여 꾸미기
생활경험		• 다친 경험을 기억하여 그 원인과 방지 대책을 수립하기 • 고적답사 계획과 일정 작성하기
문 화		• 잘 알려지지 않은 고전을 읽고 현대적으로 개작하기 • 원시 세계 문명의 언어를 상상하여 한 장면을 기술하기

위의 항목들은 학교 창작 교육 활동의 대표적인 사례들이다. 상상력·창

의력은 그 자체가 무한성을 갖고 있기 때문에 어떤 교과와 영역에 국한되지 않고 발현될 수 있다. 또한 각각의 교과와 영역은 다른 것들과의 유기적인 관계 속에서 상상력·창의력이 발현될 수 있다. 때문에 창의적 상상력 발현 창작 교수·학습활동이 성공적으로 이루어지기 위해서는 다양한 문화 체험 그리고 교과 간의 연계가 이루어져야 한다. 상상력·창의력이 다양성과 깊은 관련이 있는 것도 이 때문이다. 특히 학교 교육 현장에 속해 있는 학생들은 지속적인 변화와 무궁한 체험을 통하여 자신의 생각과 느낌을 표현하고 사상과 정서의 자유로운 분출이 이루어진다.

자발적이고 능동적인 창작 활동에서 생성되는 상상력과 창의력은 개인의 독창성은 물론 창작 활동에 대한 흥미와 동기를 유발한다. 소수의 경우를 제외한 대부분의 학교 창작 교육은 학생의 창의력과 상상력을 요구하며 그것이 개개인의 작품에 발현되기를 기대하지만 현실은 그렇지 못하다. 따라서 그것이 어떻게 구현되어지고 어떤 과정을 통하여 나타나는가에 관심을 갖고 효과적인 해결 방안을 모색하여야 한다. 또한 상상력과 창의력에 대한 교육 주체의 올바른 인식과 개방적이고 허용적인 수용을 통하여 적극적인 창작 활동을 유도하여야 한다.

제7차 교육과정이 추구하는 창조적인 언어사용 능력의 함양은 학습자의 자발적인 상상력·창의력 발현으로부터 가능하다. 학습자의 자발적인 상상력·창의력 발현은 구체적이고 실천적이기 이전에 개방적이고 허용적인 인식을 기반으로 하여야 한다. 완전히 새로운 것을 창출한다거나 처음부터 독창적인 것을 요구한다면 그것은 성공적인 결과 이전에 학습자의 심리적인 부담으로 작용하여 억제 요인을 유발할 것이다. 학습자의 마음에 드는 가장 쉽고 편한 것으로부터 시작하는 언어활동이야말로 창의력과 상상력이 최대한 발현되는 창작 활동의 중핵이다.

창의적인 상상력에 의한 창작 교육 활동은 다른 교과나 영역과 유기적인 관계를 통하여 성공적으로 수행된다. 학습자에게 다양한 동기를 제공하고 무궁한 상상의 기재를 동원하였을 때 상상력과 창의력은 자연스럽게 발현된다. 또한 상상력과 창의력의 발현을 억제하는 교육 활동 요인을 분석하여 순화하고 제거하는 작업 또한 매우 중요하다. 최근의 상상력·창의력 교육이 현장에서 실패하는 원인의 대부분은 상상력과 창의력에 대한 과도한 집착과 신비주의에 있다. 따라서 상상력과 창의력의 본질을 올바로 이해하고 학습자의 수준에 맞는 활동을 구안하는 것과 학습자의 표현을 수용하는 태도가 요구된다.

창작 교육의 상상력과 창의력은 학습자와 교사가 공존하는 상호 활동이어야 한다. 창의적인 상상력에 의한 교사의 창작 교수·학습이 학습자의 상상력·창의력을 자연스럽게 발현하며 학습자의 자연스러운 상상력·창의력 발현은 창작 교육의 성공적인 생산을 결정할 것이다.

—「창작교육의 상상력·창의력 발현에 관한 연구」, 『한국초등국어교육』 제23집,
한국초등국어교육학회, 2003. 12. 31.

제3장

국어과의 교수·학습목표 진술 방법

교실이라는 교수·학습활동 공간 내에는 교사와 학습자가 존재한다. 최근에는 학부모가 참여하는 공개수업이 월 단위로 확산되어 가는 추세에 있기도 하지만 교수·학습은 주로 교사와 학습자 중심으로 보아야 한다. 이때 교사와 학습자에게 동일한 교수·학습조건 하에서 도달하여야 하는 성취 기준이 마련되어 있어야 하며 양자가 평등하게 공유할 수 있는 진술이 있어야 한다. 그것이 교수·학습목표이다.

초등학교 현장 교사를 대상으로 조사한 바에 의하면 교수·학습목표의 진술은 두 가지로 나뉜다.1) 하나는 '목표'이고 다른 하나는 '문제'이다. 이 두 가지는 '학습목표', '교수목표', '교수·학습목표', '학습문제', '공부할 문제', '탐구문제', '생각할 문제' 등의 다른 용어와 함께 칠판이나 멀티미디어 기재를 통하여 수업 시간에 게시된다. 이와 같이 동일한 교과의 동일한 단원에 관한 수업임에도 불구하고 수업을 계획하고 시행하는 교사에 따라 진

---

1) 서울시내 초등학교 교사 100명을 대상으로 한 국어과 교수·학습목표의 진술 방법에 관한 용어 사용 설문조사에 의하면 53%의 교사가 '학습문제', '공부할 문제', '생각할 문제', '탐구문제' 등의 '문제' 중심으로, 25%의 교사가 '학습목표', '교수·학습목표', '교수목표', '활동목표' 등의 '목표' 중심으로, 나머지 22%의 교사는 해당 차시의 교수·학습활동 내용에 따라 '목표', '문제', '내용', '활동' 등의 혼용된 진술 방법을 적용하고 있다.

술 방법이 다르다.

일방적 지식 전달 교육 체제에서의 '목표'는 교사만 알고 있어야 하는 비밀스런 것이었다. 목표의 공개는 수업의 질—계획, 과정, 평가 등의 모든 교사 활동—을 공개하는 것과 같다. 바꾸어 말하면 목표를 학습자에게 공개하지 않는 한 학습자는 자신의 성취 수준과 도달도를 스스로 알 수 없는 것이다. 목표를 공개하지 않는다는 것은 목표가 없을 수도 있다는 것이며 목표가 없다는 것은 수업 계획이 없다는 것일 수 있으며 수업 계획이 없다는 것은 결국 수업의 질, 학습자의 성취도를 비롯하여 교사의 질 등이 동시에 추락할 수 있는 빌미가 되는 것이다. 그러나 최근의 학생 중심 교육과정은 '목표'를 교사 일방의 것이 아니라 교육 활동 공간 내의 모든 구성원이 평등하게 공유하는 도달점으로 인식하게 하였다. 따라서 목표의 진술은 교사뿐 아니라 학생에게도 교수·학습활동 내용 못지않게 매우 중요한 위치를 차지하게 되었다. '목표'의 진술은 교사뿐 아니라 학습자가 충분히 이해할 수 있는 용어를 사용하여야 하며, 그 용어는 해당 교과의 교육 목적과 내용에 적합하여야 한다.

초등학교 6년 과정 동안 서로 다른 선생님과 수업을 진행하는 학습자의 입장에서 생각하였을 때, 학습자의 충분한 이해가 없는 상태에서 서로 다른 선생님이 사용하는 용어의 차이는 수업의 효율성을 저해하는 요인으로 작용할 수 있다.[2]

이 논의는 교수·학습목표의 진술 방법에 관하여 이론적인 논거를 마련

---

[2] 이 연구의 출발 요인은 현장 실습을 다녀온 3학년 교육대학생의 질문이었다. 그 학생은 현장 교사들의 목표 진술 방법이 '목표'와 '문제'로 양분되어 있으며 교사들에 따라 진술 방법의 기준이 다르고 충분한 이론적 근거를 들을 수 없었다고 문의하였다. 또한 교생 자신뿐 아니라 매 수업시간마다 달라지는 목표 진술 방법은 궁극적으로 학습자에게 성취 기준과 도달점이 무엇인지 분명하게 인식할 수 없게 만든다는 것이었다. 또 어떤 경우 교수·학습 지도안에는 '목표'라는 용어를 사용하고 학습자에게 제시하는 진술에서는 '문제'라는 용어를 사용하면서도 그 근거가 이론적 혹은 논리적으로 설명되지 못한 데에 대한 불만도 갖고 있었다. 결국, 이 학생은 아무 근거와 설명을 듣지 못한 채 해당 학교의 배정 학급 담임 교사가 사용하는 용어를 선택할 수밖에 없었다고 하였다.

하여 현장에서의 실천적 사용이 가능한 목표 진술 방법을 구안하는 데에 있다. 우선적으로 현장에서 사용하는 용어 즉, '목표'와 '문제'의 개념과 사용의 논거를 밝히는 것에 초점을 둔다. 현장 중심의 목표는 국어과의 영역별 진술의 예를 들어 효과적인 방법을 안내하고 목표의 상세화가 생산하는 교수·학습성과에 대하여 논의하기로 한다.

1. 용어의 개념과 논거

교수·학습목표의 효율적인 진술 방법을 제시하기 위해서는 현장에서 쟁점이 되고 있는 용어 사용에 대한 정확한 개념과 논거를 파악하는 것이 우선이다. 무엇보다 교육현장의 관습적 용어 사용에 대한 올바른 이해가 성립되었을 때 효과적인 교육목적을 달성할 뿐 아니라 학습자와 교수자 모두가 동의하는 교수·학습활동이 이루어진다.

1) 개념

사전적 의미를 먼저 살펴보기로 하자. 목표는 '① 어떤 목적을 이루려고 지향하는 실제적 대상으로 삼음. 또는 그 대상, ② 도달해야 할 곳을 목적으로 삼음. 또는 목적으로 삼아 도달해야 할 곳, ③ [심]행동을 취하여 이루려는 최후의 대상.' 문제(問題)는 '① 해답을 요구하는 물음, ② 논쟁, 논의, 연구 따위의 대상이 되는 것, ③ 해결하기 어렵거나 난처한 대상. 또는 그런 일, ④ 귀찮은 일이나 말썽, ⑤ 어떤 사물과 관련되는 일'(국립국어연구원, 2000 : 2108~2290).

만일 어떤 교사가 수업 시간에 '목표'라는 용어를 사용하였다면 그것은 '교육 목적을 이루려고 지향하는 단위 수업 시간의 최후 도달점'이었을 것이며 '문제'라는 용어를 사용하였다면 '단위 수업 시간의 해답이 요구되는 논의나 연구 쟁점 대상'이었을 것이다. 물론 다른 의도일 가능성도 충분히 있다.

어떤 용어를 사용할 것인지에 대한 논의는 용어를 사용하는 주체의 논리와 의도에 달려 있다. 모든 수업에는 도달하여야 할 성취 기준이 있다고 여긴다면 '목표'라는 용어를 게시할 것이다. 모든 수업은 해답을 요하는 논의나 연구의 대상이어야 한다면 '문제'를 게시할 것이다. 경우에 따라 다르다면 두 가지를 바꾸어 가면서 사용할 것이다.

분명한 것은 용어가 갖고 있는 함유성이다. '목표'의 경우 '문제'을 포괄적으로 함유하고 있지만 '문제'는 '목표'를 포함할 수 없다. 다시 논의하겠지만 수업 상황과 조건에 따라 '목표'는 '문제'를 제시하여 도달점을 진술할 수 있으나 만일 그 수업 상황과 조건이 어떤 교육적 목적을 지향한다고 하였을 때 '문제'는 '목표'를 포함할 수 없다는 것이다.

도달할 목표가 동일하지 않은 경우의 수업 상황에서 목표의 진술은 무의미하다. 즉, 다양한 교과 수업을 동시에 진행하는 학습자 자유 형식의 열린 교육 상황에서 단일 목표의 게시는 무의미하다. 똑같이 '문제'를 게시하는 것도 이러한 상황에는 아무런 의미가 없다.

2) 논거

(1) 목표[3]

'목표'의 교육적 이념은 무엇보다 우리가 무엇을 배우고 가르칠 것인가에 대한 증거라는 것이다. 무엇을 배울 것인가에 대한 증거를 갖고 있다는 것은 학습자가 어떤 동기를 갖고 수업에 임할 것인가에 대한 확신이 있다

---

3) '목표', 교수·학습목표, 목표는 동일한 의미를 갖는다. 이 연구는 현장 중심의 용어 사용과 진술을 다루고 있기 때문에 각 용어의 학술적 의미보다 교사 언어에 비중을 두고자 한다. 또한 '문제', 학습문제, 교수·학습문제 등의 용어 사용도 동일한 의미로 본다.

는 것이며 무엇을 가르칠 것인가에 대한 증거를 갖고 있다는 것은 그 증거를 확인하기 위하여 계획하고 분석하며 평가하고 반성하는 일을 게을리 하지 않는다는 것이다. '목표'라는 용어의 사용은 목표 진술의 교육적인 가치를 선명하게 각인하는 데에 매우 중요한 역할을 한다. 다음에 제시된 이론적 논의들은 우리가 현장에서 왜 목표를 진술하여야 하는지에 대한 직접적 논의 이면에 '목표'라는 용어 사용의 정당성을 지지하고 있다.

교실 칠판 좌측 상단에 '학습목표'라고 지울 수 없는 글씨가 있다. 칠판에 진술된 학습목표는 대단히 유용한 가치를 지닌다. 학생들이 단순하게 읽은 학습목표는 학생들로 하여금 이 시간 또는 다음 시간에는 무엇을 학습해야 되는지를 예측하게 한다(김진호 외, 2002 : 197). 꼭 칠판이 아니더라도 멀티미디어 자료를 활용하여 매 수업 시간마다 목표를 제시하여야 한다. 전통적인 교실의 칠판에는 지워지지 않는 글씨로 '단원'과 '학습목표'가 쓰여 있으며, 그곳에 목표를 제시하던 관습이 있었다.

목표가 있어야 우리가 있는 곳에서 우리가 가고자 하는 곳까지 갈 수 있는 계획과 전략을 마련할 수 있다(Miller, Galanter & Pribram, 1960, 1986, Sternberg, R. J & Williams, W. M, 2002 : 263에서 재인용). 현대의 교육 활동은 일방적인 전달 체계에 의한 유통이 아니라 상호 정보를 교환하는 공유의 체제이다. 즉, 교육은 수요와 공급의 법칙에 준하는 구조를 갖추게 되었고 그에 따라 교사의 역할은 더 이상 교육적 권위의 상징이 아니라 학습자와 동등한 입장에서 교육적 가치를 생산하고 공급하는 공조자로서의 의미로 전환되었다. 따라서 교육 활동이 요구하는 목표는 학습자에게 동기와 의욕을 불러일으키는 중요한 요소이며 그것을 학습자에게 유효적절하게 제시함으로써 교육적인 효과를 증대할 수 있는 것이다.

일반적인 교육이념으로서 교육의 방향을 시사한 추상적인 교육목적이 아니라 한 단원 과정의 교수·학습과정에 직접적인 지침이 되고 이를 평가하기 위한 검사 제작 기준이 되는 수업 목표를 교수목표라고 부른다(김종서,

1983 : 179).

학생들에게 최적의 각성 수준을 유지하고 최상의 학습 준비를 시켰다면 학생들의 동기를 이끌고 높이기 위한 다음 단계를 진행시켜야 한다. 효과적인 목표 사용이 그것이다. 목표는 성취하기 위해 노력하는 어떤 것이다. 효과적인 목표 설정이 성공하는 학생들과 실패하는 학생들을 나눌 수 있다. 활동을 지속적으로 하는 학생들은 목표를 설정하여 지속성 있게 일을 하며 활동을 그만 둔 학생들은 마음속에 그 활동을 위한 명확하고 바람직한 목표를 갖고 있지 않다.

교수목표란 교사의 입장에서는 가르쳐야 할 목표이며 학습자의 입장에서는 수업을 통해서 성취해야 할 학습목표이다. 이것은 일종의 교사와 학생 간의 약속이라 할 수 있다. 교수목표가 공개적으로 드러남으로써 교사는 그 목표를 학생으로 하여금 달성케 하기 위하여 최선의 교수 활동을 할 것이며 학습자도 그 목표의 달성을 위하여 열심히 학습할 것이다(김진호 외, 2002 : 138).

(2) 문제

'문제'라는 용어의 등장은 존 듀이(John Dewey)의 반성적 사고를 바탕으로 하는 문제해결학습법(problem solving method)에 근거를 둘 수 있다. 이것은 문제의 제시, 문제의 정의, 가설의 형성, 증명이라는 사고의 순차적 과정을 밟고 있다. 문제해결법은 문제를 제시하여 이를 해결하는 과정에서 기존의 배운 내용이나 지식을 사용하여 문제를 파악하고 분석하며 해결책을 고안하는 등 지식, 기능, 태도 등을 종합적으로 획득하도록 하는 학습방법이다.

브루너(Bruner)의 발견학습(discovery learning)에서도 찾을 수 있다. 발견학습이란 사실이나 문제의 파악, 가설의 설정, 가설의 검증과 확인, 실제에의 적용 등의 과정으로 이루어진다. 즉, 추리와 직관을 통하여 지식을 발견하고 한 교과의 기본적인 지식의 구조를 이해하여 나가는 과정이다. 교사가 학습자들에게 일련의 문제를 제시하게 되면 학습자들은 그 문제와 유사한 문제들을 해결하였을 때 사용했던 법칙이나 방법으로 주어진 문제를 탐구하게 된다. 따라서 교사는 과학자들이 어떤 개념이나 이론을 발견하였을 때 사용하였던 사고과정과 유사한 탐구 사고를 할 수 있도록 지도해야 한다. 그 결과 학습자들은 자료를 재조직하거나 분류하게 된다. 그리고 그들은 거기에서 여러 개념들 간에 어떤 관계를 발견하게 되며 그 개념들을 부호화 체계 속으로 조직하게 된다(김진호 외, 2002 : 49).

2. '목표' 진술에 관한 인식

1) '목표'는 공유해야 한다

교수·학습과정안에는 '목표'를 진술하였음에도 불구하고 학습자에게—칠판이나 멀티미디어 등을 이용한 가시적인 문자 형태—'문제'를 표기하여 교수목표와 달리 학습문제를 제시하는 경우가 있다. 즉, 해당 수업 과정과 활동에서 이루어지는 교수자와 학습자의 인식이 다른 것이다.

최근엔 학습자 중심 교육을 강조하고 있다. 교사 중심의 일방적인 지식 전달 방식의 교육을 지양하고 학습자의 다양한 사고를 자극하는 교육 활동을 중시하고 있다. 이러한 교육방식의 전환은 수업 상황을 교사 중심의 '지도'가 아닌 교사와 학생이 같이 활동하는 '교수·학습'으로 인식하게 하였다. 교사 중심 교육에서 학습목표를 학생과 공유한다는 것은 있을 수 없는 일이었다. 학생들은 교사가 수립한 계획에 의하여 따라가기만 하면 되었다. 때문에 교사의 목표와 학생의 목표는 공유할 수도 공유될 수도 없었다. 그러나 현재의 학생중심 교육과정 체제의 교수·학습은 교사와 학생이 동시에 인식하는 목표의 설정과 계획을 요구하게 되었다.

제7차 교육과정은 '4. 방법'에서 다음과 같이 명시하고 있다.

(가) 학습목표는 교육과정의 '3. 내용', 학습자의 학습 능력과 성취 수준 등을 종합적으로 고려하여 설정하되……

학습자의 학습 능력과 성취 수준 등을 종합적으로 고려하여 설정한다는 것은 목표의 도달점뿐 아니라 목표의 진술 또한 학습자를 고려하여 학습자가 정확하게 자신이 도달해야 할 목표가 무엇인지 인식할 수 있게 하라는 것이다.

교사와 학생이 목표를 공유해야 하는 이유는 최근의 교육과정 운영 및 교육목표 달성을 위한 교수·학습 전략과 맥을 같이 하고 있다. 거의 모든 교수·학습전략에서의 교사 역할은 학습자의 역할과 대등하거나 보조자이다. 또한 학습자의 안내자이며 학습자의 발달을 구성하는 발판(Scaffolder) 역할을 하는 것이다. 따라서 목표는 오히려 학습자에게 중요한 의미를 갖고 있다고 보아야 한다.

2) '목표'는 도달점을 구체화한다

'문제'라는 용어의 사용을 옹호하는 이들 중에는 '목표'라는 용어의 사용이 학습자의 특성을 무시한 채 한 방향으로만 이끌어가는 획일적 표상이라고 주장하는 이도 있다. 즉, '목표'는 결과가 일정하지만 '문제'는 일방적 목표 결과보다는 학습자의 자율성을 바탕으로 다양한 결과를 도출할 수 있다는 장점을 제기한다. 이러한 주장은 목표 진술 방법에 대한 이해의 부족에 기인한다. 또한 목표를 진술하는 방법과 내용은 교수·학습활동의 유형과 지식에 따라 다르다. 목표의 진술 방식에 따라 학습자의 활동 과정은 매우 다양하다. 또한 어떤 목표도 학습자를 동일한 결과로 유도하지 못한다. 궁극적으로 교육은 의도하는 목적을 달성하기 위하여 목표를 설정한다. 설정된 목표에 도달하기 위하여 교수·학습계획을 수립하고 효과적인 전략과 방법을 구안한다. 새로운 교육 이론과 교수·학습전략의 구안 그리고 다양한 방법의 적용 등이 요구되는 이유는 바로 학습자들을 보다 많이, 보다 효과적으로 우리가 의도하는 교육목표 달성으로 나아가게 하기 위함이다.

교육은 목적한 바를 달성하기 위하여 목표를 설정하고 가장 효과적인 방법을 통하여 학습자를 발달시키기 위하여 노력한다. 목표에 도달하는 전략과 방법은 매우 다양할 뿐만 아니라 교수·학습상황과 조건에 따라 다르다. 따라서 목표의 제시가 학습자를 일방적으로 이끌어간다고 하는 주장은 보편적인 교수·학습활동의 과정을 이해하지 못하고 있는 것과 다름이 없다. 최근의 과정 중심 교육은 이를 잘 증명하여 주고 있다. 과정 중심 교수·학습전략 모형에서 학습자의 과정을 중시하는 것은 바로 학습자가 도달하여야 할 목표가 명시적이고 구체적이기 때문이다. 즉, 목표에 도달하는 과정은 매우 다양하다. 어떤 전략과 방법을 적용하는가에 따라 다르다. 과정이 중요시 되는 것은 도달해야 하는 목표가 분명하기 때문이다. 만일 도달해야 할 목표가 없다면 학습자의 과정은 변별력을 상실하게 될 것이다.

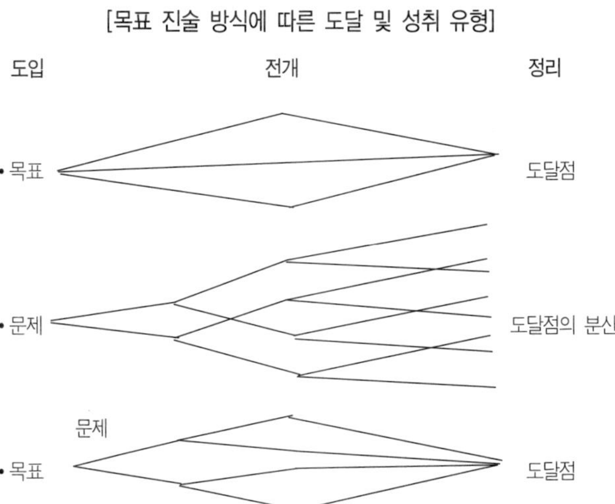

[목표 진술 방식에 따른 도달 및 성취 유형]

목표를 제시하여 학습자와 교사가 동시에 인식하고 교수·학습과정을 전개하는 경우에는 동일한 목표 인식과 동일한 도달 의식을 갖고 있지만 학습자의 수준과 조건 그리고 교사의 역할에 따라 매우 다양한 형태의 학습활동이 수행된다. 특히 협동학습을 하는 경우에는 협동학습의 유형과 방법에 따라서 매우 다양하다. 그러나 그들은 모두 같은 목표를 지향하기 때문에 목표 도달의 일관성을 보인다. 따라서 차시별 성취 수준의 신뢰와 변별이 가능하고 도달 수준에 따라 심화 및 보충 학습을 계획할 수 있으며 평가의 기준이 명확하여 차시 학습 계획에 효과적이다.

문제를 제시하는 경우 도입에서와 달리 학습자들은 스스로의 문제해결 방법을 찾아 다양한 활동을 수행한다. 학습자들의 사고는 매우 활동적이며 자유롭다. 그러나 목표를 인식하지 않은 상태에서의 교수·학습활동은 새로운 문제를 발생시킨다. 때문에 학생들은 계속해서 새로운 문제 사태에 봉착하게 되면 새로운 문제를 해결하기 위한 또 다른 해결책을 마련하며 그에 따라 교수·학습방법을 구안하고 적용해야 하는 교사의 역할이 요구된다. 이러한 학습의 형태는 극도의 제한적 수업에서 가능하다. 브레인스토밍이 대표적인 학습방법이라고 할 수 있다. 사고 활동을 자극하는 과정중심의 수업에 매우 효과적이라고 할 수 있다. 그러나 이러한 수업이 지속될 수는 없다. 모든 교과의 교수·학습계획에는 목표가 수립되어 있다. 따라서 문제의 제시도 어떤 교육적인 목적을 달성하기 위한 것이지 모든 교과의 모든 시간에 확산적 사고를 조장할 수만은 없는 일이다.

목표 제시 후에 문제를 제시하는 활동의 경우는 '문제해결학습법'이 대표적인 경우이다. 교사와 학생이 동일한 목표의 인식을 출발하여 목표를 해결하기 위한 사고의 확산을 꾀한다. 목표에 도달하기 전에 문제 상황을 인식하여 학습자 스스로 문제를 해결할 수 있는 다양한 방법을 모색한다. 이러한 과정을 통하여 학습자들의 사고는 매우 활성화되며 다양한 해결방법의 모색 과정을 통하여 가장 효과적인 목표 도달 방법을 찾게 된다. '문제해결학습법'은 학습자의 사고력 확장과 다양한 방법을 적용하는 교수 · 학습방법으로서 매우 효과적이다.

3. 교수 · 학습목표 진술의 당위성

교수 · 학습목표는 교육 활동 공간에 위치한 모든 구성원들이 공유하여야 할 도달 수준이며 성취 기준이다. 교수 · 학습목표의 진술은 일차적으로 교수 · 학습계획의 최우선 과제이며 계획을 실천하기 위한 필수 요소이다. 따라서 목표 진술의 당위성은 해당 차시 수업 활동을 보다 의미 있게 만든다.

1) 교수 · 학습목표의 진술은 내용을 구체화하여 학습의 효율성을 높인다

교육과정의 교과 영역별 내용은 단원별로 구성되어 있다. 초등학교의 국어과 단원은 영역별로 차이가 있기는 하지만 적게는 4차시에서 많게는 8차시 분량으로 이루어져 있다. 즉, 1주에서 3주간에 걸쳐 수업이 진행되는 단원의 교육 내용이 교육과정에 명시되어 있는 것이다. 따라서 초등학교 국어과 교육과정의 모든 교육 내용을 한 눈에 파악할 수 있다는 것은 매우 힘든 일이다. 그러나 이러한 교육 내용을 영역별, 단원별, 차시별로 분류하여 목표를 진술하였을 경우 해당 영역과 단원은 물론 차시별 수업의 내용을 구체적으로 파악할 수 있다.

교사용 지도서에 진술된 차시별 목표의 진술은 해당 차시의 교육 내용을 목표로 구체화하여 놓은 것이다. 교사는 수업의 진행에 앞서 목표를 확인함으로써 해당 차시의 교육 내용을 파악할 수 있으며 이것을 수업 계획에 적용하여 진행할 수 있다. 또한 학습자도 목표를 사전 인지하여 해당 차시의 교수 · 학습활동의 동기를 부여하고 성취를 위하여 노력할 수 있는 것이다.

2) 교수·학습목표의 진술은 방법과 전략 구안의 기초가 된다

목표는 교수·학습과정의 흐름을 좌우한다. 즉, 교육 활동 주체의 수행 방향을 결정하는 것이다. 모든 교육과정은 해당 교과 영역별 교육 내용을 제시하여 놓았고, 이것을 골격으로 현장의 교수·학습활동이 수행된다. 모든 교수·학습은 도달점이 있고 성취의 기준이 마련되어 있다. 따라서 목표가 없다는 것은 방향이 없다는 것이며 방향이 없다는 것은 문제를 해결하려는 전략과 방법이 부재하거나 난무하다는 것을 의미한다.

목표 진술 방법의 '문제제기형'을 주장하는 경우 교수·학습과정에서의 산발적인 시행착오를 중요한 활동 과정으로 생각할 수 있으나 현실적으로 제한된 40분의 시간은 결코 그러한 시행착오 과정을 허용하지 않는다. 그렇다고 문제제기형 목표 진술이 언제나 부적절하다는 것은 아니다. 문제 제기 방식의 진술도 일종의 목표 진술이다. 이것은 앞서 논의하였던 과정중심의 교수·학습활동 영역 내에서 의미 있는 것이기는 하나 매 차시마다 유용하거나 그 의미가 지속적이지는 않다.

목표의 진술은 교수·학습과정의 방향을 결정하고 정해진 차시에 성취해야 할 기준을 알게 하고 도달하여야 할 곳이 어딘지를 결정한다. 따라서 유효적절한 방법과 전략을 탐색하여 적용할 수 있게 한다. 이러한 방법과 전략의 적용은 교수·학습계획 시 고려하여야 할 중요한 요소 중의 하나이다. 정해진 시간에 정해진 목표를 달성하기 위해서는 이미 효과적인 방법과 전략이 구안되어야 한다. 효과적인 교수·학습방법과 전략의 구안은 해당 차시의 목표를 기초로 마련된다. 따라서 목표 진술의 타당성과 효율성은 해당 차시의 교수·학습방법과 전략의 타당성, 효율성과 비례한다.

3) 교수 · 학습목표의 진술은 교수자와 학습자에게 성취동기를 부여한다

매 차시 교수자와 학습자가 목표를 공유한 상황에서 수업이 진행되는 경우와 그렇지 않은 경우의 수업은 과정 활동에서 차이를 보인다. 보다 현실적으로 현장에 접근하여 보면 그 사실을 확연히 알 수 있다. 교육과정에 명시된 교과 교육 내용을 중심으로 하는 차시별 교수 · 학습과정의 계획과 수립은 당연히 교사의 몫이다. 교사는 매 차시 수업 계획을 수립하여 적용하여야 하는 것이다. 그런데 현실적으로 그게 쉽지 않다. 특히 초등학교의 경우에는 더욱 심각하다. 한 과목을 담당하는 중등과는 달리 초등학교는 거의 모든 과목을 담당하여야 하기 때문에 매 시간 서로 다른 과목의 차시별 계획을 수립한다는 것은 도저히 불가능하다. 그렇기 때문에 다양한 보조 교수 자료를 활용한다.

그중 대표적인 것이 교육부에서 발행한 교사용 지도서이다. 교사용 지도서에는 차시별 교수 · 학습과정이 비교적 구체적으로 서술되어 있다. 당연히 목표의 진술이 교육 내용을 구체화하여 제시되어 있다. 당연히 교사는 해당 차시 교수 · 학습활동 전에 해당 교육 내용 목표와 과정을 인지한다. 그렇다고 해서 목표를 매 차시마다 학습자와 공유하는 것은 아니다. 그렇지만 공개수업의 경우에는 교사 자신뿐 아니라 수업을 참관하는 이들과 더불어 학습자에게도 목표는 공개되고 동일 공간에 자리한 모든 사람과 공유된다. 이때의 교수 · 학습과정은 사뭇 다르다. 진지할 뿐 아니라 활동적이고 보다 자율적인 수행이 이루어진다.

물론 상당 부분 준비되어 있었기 때문이기도 하지만 이러한 공개수업의 경우에서 볼 수 있는 특징은 목표를 매우 강조한다는 것이다. 목표를 통하여 교사는 자신이 어떤 수업을 진행할 것인지 학습자는 물론 참관인 모두에게 공개하고 공유하기를 바라는 것이다. 뿐만 아니라 학습자는 자신의 무엇을 해야 할지를 명확하게 인식하였기 때문에 방향을 잃지 않고 효과적인 방법과 전략을 동원하려고 한다. 따라서 학습자는 교수·학습 성취동기를 적극적으로 부여받는 효과를 발생하는 것이다.

4) 교수·학습목표의 진술은 성취도평가의 기준이 된다

평가 방법은 매우 다양하다. 교육과정의 변천은 평가의 다양화와 도구의 발전을 가져왔다. 또한 일제평가를 지양하고 수시 평가 체제 즉, 수행평가 중심이 되었다. 일 년에 정해진 몇 차례의 일제고사를 통하여 산출된 평가 결과는 다른 어떤 기준이 필요치 않은 것들이었다. 그러나 수행평가 중심의 교육과정 내용의 성취 기준의 변별은 매우 복잡할 뿐만 아니라, 어떤 것을 기준으로 하여야 하는지에 대한 고민을 유발하였다. 특히, 국어과와 같이 계량화할 수 없는 언어활동의 경우에는 더욱 골칫거리였다.

과거 하나의 교과에 대하여 한 가지 평가를 하였던 경우와는 달리 현재는 하나의 교과에 대하여 여러 영역을 평가하는 것은 물론이요, 각 영역별로 세부적인 평가를 서로 다른 방법과 도구를 사용하여야 하기 때문에 현장의 혼란이 가중되었던 것이 사실이다. 그런데 이런 문제를 해결할 수 있던 열쇠가 목표의 상세화이다. 즉, 해당 교과의 영역별 내용 목표를 기준으로 단원별 목표를 분류하고 다시 해당 단원의 차시별 목표를 상세화하여 평가의 기준이 되는 척도를 추출하였다. 결국 국어과의 영역별 단원 목표로부터 상세화된 차시별 목표를 선별하여 평가 기준을 마련할 수 있게 된 것이다.

4. 초등학교 국어과 교수·학습목표 진술 방법

일반적인 현장 수업의 진행은 교사용 보조 자료를 활용하여 이루어진다고 하여도 과언이 아니다. 초등학교의 경우 현장의 교사가 한 학급 전체를 맡아 운영하기 때문에 매 차시에 적용하기 위한 교수·학습과정안을 작성한다는 것은 현실적으로 불가능하다. 한 교과의 한 차시 분량의 교수·학습계획을 수립하는 데에도 적지 않은 시간과 노력이 요구되기 때문이다. 그러나 최근의 공개수업의 활성화는 교사들에게 보다 많은 교수·학습계획 수립의 조건을 유발하였다.

공개수업은 과거 학교 중심의 폐쇄적인 연중행사에 불과하였으나 최근에는 그 방법을 다양화할 뿐 아니라 공개의 폭을 대폭 확산하여 양질의 교수·학습과정안을 낳게 하였다. 대표적인 경우가 지역사회 공개수업이다. 이것은 교사 중심의 참관 대상에서 학부모 또는 나아가 지역사회의 누구든 수업을 참관할 수 있도록 개방한 결과이다. 이러한 공개수업은 교사들을 자극하여 새로운 교수·학습방법과 전략에 대하여 고민하고 연구할 수 있게 하였으며 학습자의 자발적 동기와 흥미를 유발하게 하였다. 여기서는 공개수업을 중심으로 하는 현장 중심의 교수·학습목표 진술 방법에 대하여 논의하기로 한다.

1) 교수·학습목표 진술을 위한 준비 활동

어떤 면에서 '목표'는 의도하는 교수·학습활동의 결정체라고 할 수 있다. 교사의 계획은 목표에서 출발하여 목표로 끝이 난다고 하여도 과언이 아니다. 따라서 교수·학습과정안의 목표 진술은 해당 차시의 교과 영역별 교육 내용, 해당 시간의 교수·학습과정 그리고 성취도를 변별하기 위한 평가와 맥을 같이 하여야 한다. 미숙한 교사에 대한 질타가 '목표-내용-과정-평가'의 불일치와 일맥상통한다는 것이 그것을 증명한다. 따라서 교수·학습과정안의 수립에서 가장 심도 있게 분석하여 진술하여야 하는 것이 바로 '목표'이다. 이러한 목표 진술은 내용과 일치하여야 하며 수업 장면 과정에서 드러나야 하고 평가의 기준이 되어야 한다.

(1) 내용 분석

해당 차시 수업 내용 분석은 목표 진술의 출발이다. 정확히 무엇을 가르치고 배울 것인지에 대한 과제가 분명하게 설정되어야 한다. 수업은 주어지는 것이 아니라 만들어가는 것이다. 따라서 교사는 먼저 어떤 내용을 학습자에게 제공할 것인지에 대한 분석을 철저하게 하여야 한다. 물론 대부분의 경우 교육과정의 내용을 벗어나지 않지만 어떤 경우에는 별도의 내용을 구성해야 하는 경우가 있다. 일반적으로 참관자와 학습자가 공감하는 내용은 교육과정을 벗어나지 않는다고 하였을 때, 교사는 최상위 교육 내용을 시발로 하여 순차적인 분석의 과정을 거쳐야 한다.

먼저 해당 교과의 목표를 분석하여야 한다. 그다음 영역 목표를 확인한 후에 교육과정에 명시된 내용을 분석하여야 한다. 교육과정에 명시된 내용은 단원을 구성하는 중요한 핵심 내용이다. 따라서 해당 단원의 교육 내용을 벗어나지 않는 한에서 교사가 주도하는 자율적인 차시별 내용을 구성하여야 한다.

여기서의 내용 분석은 분석 이전에 일종의 내용 생성이라고 보아야 할 것이다. 주어진 교수 자료에 제시된 학습 내용을 재현하기보다 새로운 내용을 학습자에게 제공하려는 의지가 있다면 무엇보다 차시별 내용을 생성한 후에 그것을 교육과정 내용과 연계하여 분석하여야 한다. 이때 내용 분석 절차는 다음과 같다.

① 교과 목표 분석
② 영역 목표 분석
③ 교육과정 내용 분석
④ 단원 구성 확인
⑤ 차시별 내용 생성
⑥ 상위 단계와의 연계 분석

(2) 과정 분석

상당수의 교사들은 목표를 진술한 후에 내용을 생성하고 그 내용을 바탕으로 과정을 수립하고 분석한다. 과정을 분석한 후에는 평가 도구와 방법을 마련하고 평가 기준을 설정한다. 이것은 교육현장의 일반적인 절차이기 때문에 경험적 관습을 바꾸기란 쉽지 않다. 그러나 모든 교수·학습과정이 그렇듯이 교수·학습계획 수립 과정 역시 순환적이어야 한다. 순환을 통하여 보완하고 조정하며 순환을 통하여 탄력을 얻고 탄력을 바탕으로 융통성 있는 교수·학습과정을 생성할 수 있다.

교수·학습과정은 교육과정 목표를 달성하기 위한 실천적 수행이다. 따라서 해당 차시의 과정 분석은 목표와 상호보완적인 관계에 있다. 즉, 목표를 이미 진술한 후에도 교수·학습과정은 다른 방향으로 계획 및 수립될 수 있다. 이 때 교수·학습과정이 보다 교육적인 효과를 생산한다고 하였을 때에는 과감하게 이미 진술된 목표를 수정할 수 있어야 한다.

교수·학습과정은 교육 내용을 기본으로 하고 있기 때문에 별도의 내용 수정이 필요 없는 경우가 많다. 하지만 내용을 효과적으로 수행하기 위하여 다양한 교수·학습 자료를 동원할 수 있으며 색다른 방법과 효율적인 전략을 구안하는 과정에서 새로운 목표가 도출될 수 있다. 만일 그 목표가 기존의 상위 교과, 영역, 단원 목표와 충돌하지 않는다면 기존의 목표를 수정하고 새로운 목표를 진술하여 보다 성공적인 교육적 성과를 기대할 수 있을 것이다.

때로 과정 분석은 목표 진술에 상당한 영향을 미치기 때문에 다양한 목표 진술이 도출되는 경우가 있다. 간혹 미숙한 교사의 경우 한 차시 공개수업에 주어진 40분 단위의 수업 시간에 달성하기 힘든 목표를 두세 가지 열거하는 경우가 있다. 이러한 경우 계획 목표를 달성하기 위하여 교수·학습과정을 무리하게 계획하여 수업 전체의 맥이 흔들리는 결과를 낳기도 한다.

따라서 과정 분석은 매우 신중하게 이루어져야 하며 반드시 목표 진술을 염두에 두고 실시하여야 한다. 또한 내용 분석의 경우와 마찬가지로 과정 분석의 경우에서도 과정을 분석하는 단계 이전에 과정을 생성하는 단계에서 목표 진술과의 상호성에 배치되지 않도록 유의해야 한다.

필요한 경우 과정 분석은 내용 분석과 통합하여 계획할 수 있다. 과정은 내용을 중심으로 전개되는 활동이며 내용을 바탕으로 구안된 방법과 전략의 수행 과정이기 때문이다.

(3) 평가 분석

대부분의 초등학교 현장 교사들은 국어과의 평가를 가장 어렵게 생각한다. 그 이유 중의 하나는 언어활동이 통합적으로 수행되기 때문에 영역별로 분절하여 평가하는 것이 매우 힘들다는 것이다. 뿐만 아니라 교육과정은 평가에 관한 개괄적 명시를 하였을 뿐 어떤 도구를 어떤 방법으로 어떤 장면에서 활용할 것인지에 관하여 언급하고 있지 않다. 이것은 학교 현장의 자율성을 인정하려는 의도로 볼 수 있겠지만 현장의 교사들은 다른 교과와 달리 국어과에서 상당한 난관에 부딪히게 된다.

듣기와 말하기의 평가는 더욱 애매하다. 의사소통 과정에서 발생하는 학습자의 언어활동을 수시로 평가하여 서술 기록하여야 하는 교사의 입장에서는 한 학급당 40명 내외의 다인수 구성도 문제가 되겠지만 분명한 기준이 마련되어 있지 않다는 것이 가장 큰 문제이다. 그래서 학습자는 어떤 교사에게는 듣기·말하기의 최고 평점을 받을 수 있으나, 다른 어떤 교사에게는 산만하고 소란스러운 아이로 낙인이 찍혀서 최하위의 평점을 받을 수도 있다.

목표 진술과 평가 분석은 상호 의존적이라고 보아야 한다. 과정 분석이 목표 진술과 상호보완적이라고 하였다면 평가 분석은 목표 진술을 바탕으로 성취 기준을 마련하기 위한 일종의 사전 분석이라고 보아야 할 것이다.

그럼에도 불구하고 목표 진술의 준비단계에서 평가 분석을 하여야 하는 이유는 목표 진술이 평가에 상당한 영향을 미치기 때문이다. 즉, 평가의 신뢰성과 타당성 그리고 객관성과 변별력을 확보하기 위해서는 목표 진술이 평가 기준에 부합되어야 한다는 것이다.

그렇다면 평가 분석 이전에 이미 목표가 진술되어야 하는 것인가? 평가 분석은 평가 기준의 확정이 아니다. 즉, 가장 합리적인 평가 기준을 마련하기 위하여 사전 분석을 하는 것이다. 이러한 사전 평가 분석은 내용 분석이나 과정 분석 등과 통합하여 효과적인 목표 진술을 도출할 수 있게 한다. 따라서 이러한 평가 분석은 <평가분석→목표진술→평가기준>의 과정을 거쳐 효과적이고 합리적인 평가 기준을 마련할 수 있게 하는 장치가 되는 것이다.

2) 교수·학습목표 진술 방법

초등학교 국어과는 '듣기·말하기·읽기·쓰기·국어지식·문학'의 여섯 영역으로 되어 있다. 교과서와 교사용 지도서는 1~3학년까지는 ≪듣기·말하기≫, ≪읽기≫, ≪쓰기≫의 세 권으로 4~6학년까지는 ≪듣기·말하기·쓰기≫, ≪읽기≫의 두 권으로 구성되어 있다. 각 권에는 단원별 차시별 내용에 따른 교수·학습목표가 진술되어 있으며 목표 도달을 위한 방법과 전략이 적용된 과정 그리고 평가 도구와 문항 등의 기준이 안내되어 있다.

그러나 이러한 주어진 교육 활동을 그대로 공개수업에 적용하는 경우보다는 교육과정을 바탕으로 새로운 내용을 구성하여 학습자에게 제공하여야 한다. 따라서 국어과의 영역별 교수·학습목표 진술에 대하여 살펴볼 필요가 있다.

교육과정 또는 교실 수업의 차시 운영이 교과서 체제와 동일하게 매 차시가 각 영역별로 명확하게 구분이 되지 않는다. 언어사용의 특성상 각각의 영역은 유기적일 뿐 아니라 통합적이기 때문에 특정 영역의 교수·학습목표를 추출하기란 쉽지 않다. 그럼에도 불구하고 영역별 교수·학습목표의 진술 방법에 대하여 논의하는 까닭은 각 영역의 교수·학습목표 진술 방법을 토대로 하여 언어사용이 통합적으로 이루어지고 유기적인 맥락을 지속할 수 있기 때문이다.

개별 영역의 목표 진술은 도달점 행동이 가능한 목표 진술보다는 문제 제기형 혹은 청유형 진술로 이루어진다. 그러나 개별 영역 목표가 다른 영역과 통합하였을 때에는 도달점 행동이 구체적으로 명시된다. 이것은 국어과가 갖고 있는 언어사용의 특성과 맥을 같이 한다. 즉, 한 가지 언어영역만을 교수·학습한다는 것은 매우 어려울 뿐만 아니라 실제적인 언어사용 능력을 신장시키는 데에 한계가 있다는 것을 의미한다. 대부분의 언어사용은 각각의 영역들이 유기적으로 통합하였을 때 효과적이며 목표 또한 영역 간의 유기적 결속을 통하여 성취 가능한 진술을 할 수 있게 된다.

여기서는 한 차시를 기준으로 영역별 진술과 통합 진술의 예를 들어 설명하기로 한다. 해당 영역의 교수·학습방법과 전략에 따라 차이가 있을 수 있다는 것을 염두에 두어야 할 것이다. 하지만 국어과는 다른 교과와 달리 목표 지향성을 갖고 있어야 한다. 언어는 과학이나 사회적인 현상과는 다르다. 일정한 궤적이 있다. 정해진 목표를 중심으로 도달점을 향해 나아가야 한다. 따라서 국어과에서 인정하는 방법과 전략의 적용에 따른 목표 진술의 차이는 그것이 갖고 있는 전개 과정에서의 학습자 사고 확산을 의미하는 것이지 도달점의 다양성을 의미하는 것은 아니다.

언어활동이 활발하게 일어나는 것은 의사소통 능력을 신장하는 데에 매우 유익하다. 자칫 목표를 이탈한 다발성 시행착오를 효과적인 교수·학습 방법으로 오인할 수 있다. 새로운 과학적 발견과 새로운 언어의 탄생은 사뭇 다른 양상이기 때문에 언어활동에서는 지양해야 할 것이다.

① 듣기

  <개별 목표 진술>

  • 낭독하는 이야기를 듣고 주인공의 성격을 알 수 있다.

  <통합 목표 진술>

  • <u>낭독하는 이야기를 듣고</u> <u>잘못 발음한 것을</u> <u>두 가지 이상 말할 수 있다.</u>
  　　듣기　　　　　　　국어 지식　　　　　　　말하기

  • <u>낭독하는 이야기를 듣고</u> <u>다른 갈래로</u> <u>쓸 수 있다.</u>
  　　듣기　　　　　　　문학　　　쓰기

② 말하기

  <개별 목표 진술>

  • 전시회에 친구를 초대하는 말을 할 수 있다.

  <통합 목표 진술>

  • <u>전시회에 친구를 초대하는 말을</u> <u>형식에 맞게 글로 쓸 수 있다.</u>
  　　말하기　　　　　　　국어 지식　　　　　쓰기

  • <u>전시회에 친구를 초대하는 말을</u> <u>주고받으며</u> <u>잘못된 표현을</u> <u>고쳐 쓸 수 있다.</u>
  　　말하기　　　　　　듣기　　　국어 지식　　　쓰기

③ 읽기

  <개별 목표 진술>

  • 조상의 슬기를 생각하며 옛글을 읽어보자.

  <통합 목표 진술>

  • <u>옛글을 읽고,</u> <u>조상의 슬기에 대하여 시조로</u> <u>다시 써 보자.</u>
  　　읽기　　　　　　　문학　　　　　　쓰기

  • <u>옛글을 읽고,</u> <u>조상의 슬기에 대하여 말할 수 있다.</u>
  　　읽기　　　　　　말하기

④ 쓰기

  <개별 목표 진술>

  • 운동회의 경험을 글로 쓸 수 있다.

  <통합 목표 진술>

  • <u>운동회의 경험을 시로 써서</u> <u>낭송할 수 있다.</u>
  　　쓰기　　　　　　　말하기

• <u>운동회의 경험을 글로 써서</u> <u>친구들과 바꿔 읽어 본 후</u> <u>틀린 곳을 찾아 수정할 수 있다.</u>
　　쓰기　　　　　　　　　　　읽기　　　　　　　　　　　국어 지식

⑤ 국어지식

<개별 목표 진술>

• 주어진 문장에서 맞춤법이 틀린 낱말을 찾을 수 있다.

<통합 목표 진술>

• <u>주어진 문장에서 맞춤법이 틀린 낱말을 찾아</u> <u>정확하게 발음할 수 있다.</u>
　　　　　　　국어 지식　　　　　　　　　　　　　말하기

• <u>이야기를 듣고,</u> <u>잘못 발음한 낱말을 찾아</u> <u>고쳐 말할 수 있다.</u>
　듣기　　　　　국어 지식　　　　　　　　말하기

⑥ 문학

<개별 목표 진술>

• 가족의 소중함을 일깨울 수 있는 작품을 찾아 읽을 수 있다.

<통합 목표 진술>

• <u>가족의 소중함을 일깨우는 작품을 읽고,</u> <u>줄거리를 말할 수 있다.</u>
　　　　　　문학(읽기)　　　　　　　　　　말하기

• <u>가족의 소중함을 일깨우는 작품을 읽고,</u> <u>이어질 내용을 상상하여 쓸 수 있다.</u>
　　　　　　문학(읽기)　　　　　　　　　　쓰기

이 논의의 출발은 '목표'와 '문제'라는 용어 사용의 논쟁으로부터 시작되었다 그러나 용어에 대한 집착은 비생산적일 뿐 아니라 교수·학습활동과는 무관한 논의임에 틀림없다. 그럼에도 불구하고 이 연구의 앞부분에서 용어에 대하여 짚고 넘어가지 않을 수 없었던 것은 현장에서의 쓰임이 다양할 뿐 아니라 그 사용의 목적이나 논거가 분명하지 않은 데에 이유가 있다.

이 논의는 현장에 실존하는 문제를 이론적으로 접근하여 합리적인 해결을 찾으려는 시도이다. 현장에서의 쓰임이 이론적으로 배치된다고 하여서 그것이 교육적인 효과를 발휘하지 못하는 것은 아니다. 또한 이론적으로 뛰어난 가치를 발휘하는 연구가 있다고 하여서 그것이 현장에서 그대로 빛을 발하는 것은 아니다. 현장과 학계의 연구가 상호 이해하고 협조하며 보완하

는 관계에 있을 때 양자의 가치가 발휘된다.

현장의 '문제'라는 용어의 사용에 대한 합리적 방향을 제시하기 위하여 '목표'와 '문제' 두 용어에 대한 개념과 논거를 설명하였다. 그리고 '목표' 사용의 근거를 확보하기 위하여 용어 사용의 타당성을 전제로 목표 진술 방법에 대하여 논의하였다.

후반부의 목표 진술 방법에 대한 논의는 상당부분 반론의 여지가 있다. 그 이유는 첫째, 교수·학습목표 진술 방법이 교과별로 심지어는 영역별로 상세화할 필요가 있는지에 대한 논의이다. 기존의 교육학 이론만으로 교과 교육의 목표 진술과 영역별 목표 진술은 얼마든지 가능할 뿐 아니라 차시 별 목표의 상세화가 가능하기 때문이다. 둘째, 용어 사용과 관련하여 '학습 문제'라는 용어를 칠판에 게시하였을 때, 해당 차시 교육 내용에 대하여 어떠한 성취나 도달점을 찾을 수 없다는 것이 설득력이 있는가에 대한 의문이다. 실제로 현장에서는 '학습목표'보다는 '학습문제'라는 용어를 칠판이나 멀티미디어 기재에 공개 진술하는 경우가 많기 때문이다. 셋째, '개별 목표 진술'과 '통합 목표 진술'을 현장에 적용하였을 경우 어느 정도의 실효 성과 실천성이 있는가에 대한 검증의 문제이다.

수시 교육과정 체제로의 교육 정책 변화와 수요자 중심의 다양한 교육적 요구는 양질의 교육 내용과 교수·학습과정 그리고 평가 기준의 생산을 필요로 한다. 교과 영역별 목표 진술의 상세화는 그러한 생산 욕구를 충족시킬 수 있는 하나의 교육과정 전략이다. 따라서 새로운 이론과 연구를 바탕으로 목표 진술 방법을 구체화하고 검증이 가능한 교과 영역별 목표 상세화 전략에 대한 논의가 꾸준히 전개되어야 할 것이다.

제4장

인터넷 기반 국어교재의 필요성과 개발 방향

　교실은 변했다. 여전히 교사의 말과 몸짓이 가장 훌륭한 교수·학습자료라는 데에는 이견이 없지만 과학 기술의 발달과 문화 문명의 다변화로 인한 학습자의 인식의 변화는 전통적인 환경의 교실보다 새로운 세계를 대표하는 장치에 관심을 보이거나 보다 우호적이다. 음성을 녹음하여 들려주는 기계가 최초로 교실에서 교사의 음성을 대신하기 시작한 이래 몸짓을 대체하는 영상 출력 장치가 등장하고 급기야 복합적인 기술을 동원한 멀티미디어 자료들이 교실의 전면을 장식하기 시작한 지도 벌써 20여 년이 다 되어 간다. 그때만 해도 온갖 멀티미디어 자료들이 교실과 책꽂이를 채우고 있었지만 이젠 그런 자료들이 단순화되고 한가지로 통합되었다. 무엇보다 가장 강력한 교수·학습 자료의 등장은 컴퓨터였으며 컴퓨터 출력 교수·학습 자료가 더 이상 제한적이고 일률적인 것이 아니라 개방적이고 무한 공유적인 형태로 진화되었다.

　인터넷의 등장은 더 이상 무엇이 또 교실을 점령할 수 있을지에 대한 미래 예측조차 불가능하게 할 만큼 획기적인 것일 뿐 아니라 사용의 측면이 다양하다. 인터넷을 활용한 교육 활동은 교실을 한 번 더 획기적으로 변하게 할 것이며 교실의 변화는 미래의 수업 형태가 어떻게 진화할지 알게 한다. 맥루언이 예언한 전자시대의 개막과 함께 전자교재의 예언은 가능했다. 기존의 인쇄 매체를 대신할 수 있는 다양한 전기 장치적 매체를 개발하는 데에 열을 올린 과학의 결과는 초박형 영상 출력, 저장 장치의 개발과 데이터 전송 시스템을 구축하였다. 전자시대는 이제 디지털 미디어 시대라는 보다 진화된 세계를 향하여 달려가고 있으며 보다 작게, 보다 가볍게, 보다 자유롭게 이동 및 이용할 수 있는 장치와 데이터의 개발 및 보급이 확산되어 가고 있다. 디지털 미디어 시대의 학교는 인터넷을 이용하여 시간적 공간적 제한을 극복한 전자 학습 시스템의 구축이 일반화될 것이다. 이미 교재의 전자화는 CD 타이틀이나 인터넷을 특정 교육 사이트를 통하여 급속하게 확산되어 가고 있다. 이러한 교재의 전자화는 학습자의 요구에 부응하는 서비스를 제공하는 측면에서 구축될 것이며 교과서의 전자화는 시급한 당면 과제이다. 인쇄 교과서에 대한 전통적인 선호도와 심리적 안정감을 완전히 극복할 수는 없지만 급속히 증가하는 정보의 양과 시대적 요구는 기존의 교과서에 대한 인식을 점진적으로 바꾸어 놓을 것이다. 기존의 교과서는 인쇄 매체의 정적인 특성상, 정보의 저장 방식이 단선적이고 제한적이지만 전자교재는 기존의 교과서의 한계를 완전하게 극복하는 것은 물론이요, 미래지향적인 학습 내용과 정보를 보다 역동적이고 생동감 있게 담아낼 수 있다.

교과서의 전자화는 모든 교과목을 통하여 급진전되어 왔으며 국어과에 비하여 타 교과에서보다 빠르게 보급되어 왔다. 교과 간 전자화의 경쟁적 관계를 논하기 이전에 국어과의 특성상 다른 어떤 교과보다 전자화가 선행되었어야 하는 이유는 국어과의 성격이나 교수·학습 특성과 관련이 있다. 국어과의 도구적 기능은 다른 교과의 학습을 가능하게 하는 언어적 활용의 전자화를 기반으로 한다. 전자시대의 언어가 현재의 언어와 별다를 게 없을 거라고 예상한다면 국어과의 전자교재 개발은 별 의미가 없을 것이다. 그러나 미래의 언어가 인간의 사고와 육성에만 의존할 거라고 단정하는 미래학자는 없다. 인간의 언어는 기계의 언어와 동시에 진화할 것이다. 현재 사용하는 인간의 언어는 기계적 장치의 전달 시스템을 적극 활용할 것이며 그것이 국가 고유의 언어적 체계를 유지할 것이라고 생각하지 않는다. 언어전달 장치의 진화는 곧 언어의 단순화를 초래할 것이며 인간의 언어는 언어전달 장치의 진화와 함께 동시적이고 공시적으로 환생할 것이다. 즉, 국가 고유의 언어는 인간의 육성을 통해서만 발성되며 그 의미의 전달은 언어전달 장치에 의하여 자동 변환되어 인간의 뇌에 저장될 것이다. 결국 언어가 대상이며 수단이고 목적인 국어과에서의 전자교재 개발과 보급은 타 교과의 학습을 선도하는 것은 물론이요, 미래의 언어 전달 시스템의 변화에 적응하는 순리일 것이다.

이 글은 국어과 교육 내용의 저장과 전달 방식이 새로운 형태로 변화되어야 할 필요성에 대한 검토이다. 교과서는 지식의 저장고일 뿐만 아니라 교수·학습의 도구이며 의도된 교육과정을 실현하기 위한 주된 매체이다(정혜승, 2002). 교육과정을 실현하는 주된 매체로서의 교과서는 지식을 저장하고 실현하는 과정을 지속적이고 효과적으로 개선해야 하는 요구를 담고 있다. 매체의 특성상 어떤 도구와 장치를 사용하는가에 대한 근거는 지식을 담아내는 시대의 과학적 발달 수준과 관련이 있다. 이미 전자교재의 개발과 활용에 대한 논의는 인터넷 관련 학문 분야에서 오래전부터 있어왔으며 실제로 상용화되어 있는 것도 많이 있다. 최근에는 거의 모든 문자 정보를 여러 가지 유형의 전자교재의 형태로 공유할 수 있게 되었다. 이런 시점에서 새삼스럽게 전자교재에 대한 논의를 한다는 것이 시대에 뒤떨어진 것이라고 할 수 있을지 모르나, 모든 교육의 기초가 되는 국어과 교육의 실행 측면에서 논의하여 보는 것도 의미 있는 것이라 생각된다. 언어사용 기능의 신장을 목표로 하는 국어과 교육과정의 실행을 시대의 발달과 병행하여 선도하는 것도 국어교육이 담당해야 할 부분이기 때문이다. 또한 내용을 전달하는 것도 중요하지만 내용을 어떻게 효과적으로 전달할 것인지에 대한 고민도 충분히 해야 할 필요가 있기 때문이다.

여기서의 논의는 상당부분 인터넷 관련 연구 분야의 검토가 이루어진 것이다. 그럼에도 불구하고 국어과에서 관심을 갖고 대응해야 할 부분을 추출하여 디지털 미디어 시대에 부응하는 인터넷 기반의 국어교과서 전자화 필요성과 활용에 대하여 논의할 것이다. 최근의 디지털 미디어 시대의 인터넷 환경을 개괄적으로 살펴본 후의 인터넷 기반 전자교재의 개념, 특징, 유형에 대한 논의는 바로 그런 점에서 국어 교과서의 전자화를 앞당겨야 할 자극이 될 것이다. 활용 측면은 국어과 교육과정의 실행이 전자화를 통하여 보다 효과적으로 수행될 것임을 설명한다. 그러나 이 글의 한계는 인터넷 기반의 국어교과서 전자화에 기여하는 기술적인 측면에 대한 논의를 할 수 없다는 것이다. 이 부분은 학제 간 연구를 통하여 공유하고 협력하여 해결될 것이라고 생각한다.

1. 인터넷 기반 전자교재의 환경, 개념, 유형, 효용

1) 인터넷 기반 국어과 전자교재의 디지털 미디어 환경

미디어 환경 변화의 속도는 다른 어떤 것도 따라 잡을 수 없을 만큼 발빠르다. 1990년대 중반 이후 폭발적으로 확산된 인터넷은 직장, 가정, 교육 현장에 급속히 침투하여 우리의 일, 놀이, 학습, 쇼핑부터 사람과의 만남이나 정치 참여, 사회 참여 등에 이르기까지 커뮤니케이션의 수단을 변화시켜 가고 있다. 지구상에 깔려 있는 네트워크는 장소나 공간을 가볍게 뛰어넘어 사용자의 세계 정보 접속이나 쌍방향 커뮤니케이션을 가능케 했다. 기존의 매스미디어의 필터를 통하지 않고 개인, 단체가 자유롭게 정보를 발신할 수 있게 되었다. 미디어의 송신자와 수신자라고 하는 전통적인 구조에도 변화를 가져왔다. 문자, 음성, 화상, 영상이 디지털로 융합되어 멀티미디어를 통하여 세계를 돌아다닌다.

최근 국내의 유명한 포털 사이트들이 앞 다투어 경쟁하는 상품이 있다. 아직 유료화되어 있지는 않지만 UCC(User Create Contents)의 소통 공간 확보와 생산적인 유통 시스템의 확보이다. 인터넷 공간에서는 생산과 소비가 구분되어 있지 않다. 프로슈머(prosumer : produce+consumer)의 등장은 바로 전통적인 생산과 소비의 구조를 흔들어 놓았다. 인터넷의 보급과 확장은 소비자에게 생산의 욕구를 자극하였다. 오프라인 상에서는 꿈도 꾸지 못한 생산적 활동이 온라인 상에서는 자유로울 뿐 아니라 무한대로 가능하게 되었다. 프로슈머들은 자신들이 소비한 수많은 자료들을 마음대로 조작 및 재구성하여 생산 활동에 들어간다. UCC는 바로 프로슈머들의 생산과 소비를 융합하는 미디어 시대의 대표적인 변화를 보여주는 것이다. 기업들은 프로슈머의 UCC를 보다 가치 있는 정보로 활용하기 위하여 차세대 정보 구축 장치를 고안하고 있다. WWD(World Wide Database)는 전 세계의 모든 정보를 한 곳에 모아 유통시킬 수 있는 시스템이다. 차세대를 이끌어갈 정보 유통 장치로 명명된 WWD는 프로슈머들의 UCC는 물론 전 세계의 모든 정보를 통합하여 필요한 정보의 검색은 물론 정보를 새롭게 구성할 수 있게 할 것이다.

교실의 활동 모습이 달라질 것이다. 이제 학생들은 음악을 들으면서 뮤직비디오를 보고 문자를 전송한다. 연필 세대들에겐 너무나 버거운 세 가지의 활동이 동시에 이루어지고 있다. DMB(Digital Multimedia Broadcasting)는 이동 중에서도 방송을 볼 수 있는 가장 최근의 멀티미디어 장치이다. 저장된 영상을 재생하여 보는 것이 아니라 송출 전파를 수신하여 방송을 볼 수 있는 것이다. 소리만 주고받던 시절에서 문자는 물론 영상의 송수신이 가능해진 것이다. 교실은 소리 없는 디지털 미디어 기기로 가득할 것이다. 장치는 더욱 작아지고 기능은 막강하여 역동적이고 생동감 있는 교육 정보가 학습활동을 자극할 것이다. 교실 전면의 대형 DMB 스크린을 통하여 또는 책상 위의 소형 액정 스크린을 보면서 자신이 원하는, 자신의 수준에 맞는 교육 활동을 하는 모습은 더 이상 현실세계와 멀지 않다. 교사는 MMS(Multimedia Messaging System)를 이용하여 학습 자료를 UCC로 만들어 WWD를 통하여 저장하고 공유하며 전 세계의 교육 공간에서 활동할 것이다.

2) 인터넷 기반 전자교재의 개념

기존의 전자교재는 전자매체를 동원하여 교육 내용을 학습활동에 활용하는 것을 의미한다. 디지털 미디어 시대의 전자교재는 이전의 것에 비하여 상당히 진화되었다. 기존의 전자교재는 개인용 컴퓨터에 전자책을 읽을 수 있는 프로그램을 다운로드 받아 교육 내용이 담긴 정보 저장 장치를 실행하여 학습하는 것을 말한다. 그러나 디지털 미디어 시대의 진화된 전자교재는 인터넷을 기반으로 하여 교육 내용의 저장과 이동이 용이할 뿐 아니라 언제 어디서나 공유가 가능하다는 것이다. 특히 정보의 저장과 이동 및 공유가 질적, 양적으로 발전함에 따라 기존의 인쇄 교과서가 갖고 있는 한계를 극복하는 것은 물론 교과서와 관련된 다양한 정보를 간접 체험할 수 있게 하였다.

인터넷 기반 전자교재가 디지털 미디어 시대에 효과적으로 적응하기 위해서는 교육과정 내용, 교수·학습자료, 교육 환경 등의 측면을 모두 만족하여야 한다. 기존의 인쇄 교과서가 교육과정의 내용을 담고 있지 않았던 것은 아니다. 그러나 인쇄문화의 특성상 교육과정의 내용이 고정될 수밖에 없을 뿐만 아니라 변화하는 시대에 부응하는 교육과정의 내용을 발 빠르게 적응하기에는 한계가 있다. 그렇기 때문에 최근 교육과정과 관련된 세미나에서 교육과정의 탄력 있는 운영을 강조하고 있다. 인터넷 기반의 전자교재는 수시 교육과정[1]의 요구에 어울리는 교육 내용을 담고 있어야 한다. 인터넷 기반의 전자교재는 데이터의 중앙 집중과 체계적인 네트워크의 형성을 통하여 언제든 수시 개정 및 보완이 가능하다. 교수·학습 자료의 측면에서 인터넷 기반의 전자교재는 정보의 질과 양적인 측면에서 제한이 없어야 하며 이동이 자유롭고 시공을 초월한 공유가 가능하며 동시적이어야 한다. 전통적인 교수·학습 자료들이 갖고 있는 이동 및 공유의 한계를 완전하게 극복하는 인터넷 전자교재의 교수·학습 활용 가치는 학습자의 자기주도적 활용이 가능하다는 데에 더 큰 의미가 있다. 기존의 교재는 교사 중심의 단선적이고 피동적인 활동이 위주였으나 인터넷 기반의 전자교재는 무제한적 반복 활용이 가능하기 때문에 학습자가 언제든지 자신의 능력과 수준에 맞게 활용할 수 있다. 인터넷 기반 전자교재는 교육 환경을 새롭게 구성한다. 과학 기술의 발달은 전자장치를 보다 고급화하였을 뿐 아니라 다양한 정보를 생동감 있게 전달할 수 있게 한다. 직접 체험할 수 없는 교육 활동은 원격 통신을 활용하여 학습자들에게 보다 쉽게 다가갈 수 있게 한다. 교사와 학생은 칠판과 책상을 대신하는 스크린과 모니터를 이용하여 학습자 개개인의 요구와 수준에 적합한 교육 활동을 실시할 수 있게 한다.

디지털 미디어 시대의 인터넷 기반 전자교재는 우리가 상상하는 것보다 훨씬 더 진보적으로 진화할 것이다. 그러나 현재 우리가 추구해야 하는 것은 진보하는 사회에 적응하는 전자교재를 구안하고 실천하는 것이다. 특히 국어과에서의 전자교재 필요성은 그 어느 때보다 시급하다. 국어과가 선도하지 않은 전자교재의 활용은 언어적 기반과 학습 내용의 언어적 오류를 유발할 것이다. 국어과의 앞선 전자교재는 타 교과의 전자교재 개발의 시안이 될 것이다. 과거, 현재, 미래 사회에서 불변 영속하는 것은 인간의 언어가 유일할 것이다. 사고를 전송하는 장치가 개발된다고 하여도 결국 인간의

---

1) 교육과정은 내용의 변화에 따른 꾸준하고 지속적인 수정, 보완을 필요로 한다. 이전의 정기적이고 획일적인 교육과정의 개정이 아니라 교육 공동체의 요구와 시대적 요구에 한걸음 앞서 나아가는 양상을 보여야 할 것이다. 따라서 앞으로의 교육과정은 일률적, 순차적, 획일적 교육과정이 아닌 지속적이고 효율적인 수정 및 보완이 가능한 수시 교육과정이 되어야 할 것이다.

사고는 인간의 언어와 밀접하게 관련하여 발달하는 것이기에 결코 언어는 소멸되지 않을 것이다. 디지털 미디어 시대의 국어과 전자교재는 저장, 이동, 통신, 공유가 자유로운 학습자 중심의 교재이어야 한다. 기술적인 측면은 날로 진보하는 과학의 몫이며 과학기술의 진화에도 불구하고 타 교과를 선도할 수 있는 영속적 가치의 전자교재를 구안하여 한 발 앞선 수정과 보완을 거듭하여야 할 것이다.

3) 인터넷 기반 전자교재의 유형

(1) 온라인 교재와 오프라인 교재

온라인(on-line)은 정보통신 기술과 전자교재의 매체적 성격이 유기적으로 결합된 가장 이상적인 전자교재의 형태이다. 통신 기술은 정보의 이동을 자유롭게 하였다. 생산되거나 저장된 정보는 시간과 장소의 제한 없이 이동할 수 있으며 공개를 제한하지 않는 이상 언제 어디서나 정보를 획득할 수 있는 장점이 있다. 특히 온라인 형태의 교재는 통신이 가능한 곳이면 어떤 곳에서도 학습이 가능하다는 장점을 갖고 있다.

온라인 교재의 막강한 위력은 동일한 교육 내용을 어디서나 동시에 공유할 수 있다는 것이다. 전자교재는 온라인 시스템에 의하여 학습자의 요구에 의하여 공유된다. 그러나 오프라인 교재는 온라인 교재와는 다른 형태의 저장 장치이다. 전자매체를 이용하여 교과서의 내용을 학습할 수는 있으나 전자교재를 재생할 수 있는 장치가 있어야 한다. 물론 최근에는 휴대용 컴퓨터가 보편화되어서 오프라인 교재의 이용도 이전에 비하여 훨씬 간편해진 것은 사실이다. 오프라인 교재의 보급은 이미 멀티미디어 교육의 활성화를 시작하던 80년대 후반부터 본격적으로 개발되기 시작하였다. 통신 기술이 보편화되기 이전의 오프라인(off-line) 전자교재는 학습 혁명의 하나였다. 교과서가 담지 못하는 상당한 양의 정보를 담아낼 수 있었다. 뿐만 아니라 CD-ROM 형태의 전자교재는 엄청난 양의 정보를 담아내어 교과서의 내용은 물론 교과서가 담을 수 없었던 음성, 동영상 등의 자료를 제공할 수 있었다. 오프라인 전자교재의 개발은 어떤 면에서 온라인 전자교재를 활성화하기 위한 훌륭한 초석이었던 것이 사실이다. 오프라인 교재는 기본적으로 온라인에서 작동이 가능하기 때문에 온라인 전자교재의 발판이 된다. 그러나 보다 빠르고 많은 양의 정보를 이동할 수 있는 통신 기술의 발달로 인하여 온라인 전자교재의 활성화가 가속화될 것이다.

(2) 지시적 교재와 주도적 교재

학교 교육에 도입된 최초의 전자교재는 CAI였다. 개인용 컴퓨터의 보급이 시작되면서 컴퓨터를 활용한 학습 시대가 열린 것이다. 물론 그때까지만 해도 컴퓨터의 역할은 교과서의 내용을 학습하는 보조 자료로 인식되었다. 컴퓨터를 활용한 학습은 컴퓨터 프로그램에 따라 지시적으로 따라가는 수준이었다. 따라서 학습자의 주도적인 역할은 거의 없이 컴퓨터 프로그램에 의한 보조 학습 수준에 지나지 않았다. 이후 컴퓨터의 기능이 향상되면서 컴퓨터를 활용한 전자교재의 활용은 보다 광범위하고 양적, 질적인 발전을 거듭하였다. 그러나 여전히 남은 과제는 전자교재가 담고 있는 엄청난 정보와 다양성을 단순히 학습자에게 지시적으로 전달하는 수준에 머문다는 단점을 보완하는 것이었다.

주도적 교재는 지시적 전자교재가 갖고 있는 단점을 해결하여 주었다. 물론 의도적으로 제작된 전자교재는 여전히 지시적 정보를 담고 있으나 학습자가 필요한 정보를 선택적으로 공유할 수 있는 길을 열어주었다. 결정적으로 전자교재의 역할이 매체중심의 지시적 역할에서 학습자 중심의 주도적 역할로 이양하게 된 데에는 통신 기술의 발달이 가장 큰 영향을 주었다. 즉, 인터넷을 이용한 전자교재의 개발은 학습자로 하여금 필요한 정보를 선택적으로 공유하고 수용할 수 있는 길을 열어놓은 것은 물론이요, 학습자의 수행을 점검할 수 있는 방법을 제공하는 자기 조정 기능을 첨가하게 되었다. 인터넷을 활용한 전자교재는 마치 생각하는 로봇교사처럼 학습자를 지시하는 것과 동시에 학습자의 역할을 주도적으로 수행할 수 있도록 다양한 조정 기능을 내장한 것이다.

(3) 제한적 교재와 생산적 교재

5차 교육과정기의 국어교과서는 기존의 교과서관을 뒤엎는 일대 변혁이었다. 교육과정을 실행하고 내용을 담는 지식 저장고로서의 역할을 하는 교과서는 그것을 대하는 것만으로 지식 그 자체였다. 그러나 5차 교육과정기의 국어교과서는 분책을 통하여 기존의 교과서가 갖고 있었던 신성불가침 영역을 과감하게 탈피하는 시도를 하였다. 즉, 기존의 교과서가 갖고 있었던 제한적 공간을 개방하여 생산적 교과서를 생산하게 된 것이다. 워크북 (work-book) 개념의 교과서가 등장한 것이다. 교과서는 내용을 담는 지식의 저장고임과 동시에 학습자의 학습활동을 담아내는 생산적 교과서로의 전환을 가져온 것이다.

제한적 전자교재는 이전의 내용저장 중심의 교과서와 같은 개념으로 보아야 할 것이다. 학습자는 전자교재의 내용을 지시적으로 전달받는 수준에 머무른다. 물론 정보의 다양성과 풍부함은 분명 존재하지만 학습자가 정보를 분석하고 종합하여 재구성하거나 평가할 수 있는 여지가 마련되어 있지 못하였다. 기록을 저장하는 매체의 한정된 공간으로 인하여 학습자의 생산적 활동을 가능하게 하는 프로그램을 동시에 저장할 수 있는 기술적인 측면이 부족하거나, 해당 학습 내용을 구성하는 데에 들어가는 기술적, 경제적 문제를 해결하지 못한 데에서 오는 한계였다.

생산적 전자교재는 제한적 전자교재가 갖고 있는 지시적, 일방적, 폐쇄적 단점을 극복하는 매우 유용한 전자교재로 통용된다. 생산적 전자교재가 제한적 전자교재와 궁극적으로 다른 점은 학습자가 학습한 활동을 기록할 수 있다는 것이다. 뿐만 아니라 기록한 내용을 바탕으로 자기 평가와 점검이 가능하고 수정과 보완이 가능하다. 이것은 마치 5차 교육과정기의 워크북의 개념과 흡사하다. 학습자는 단순히 교과서의 내용을 받아들이는 것에 머무르는 것이 아니라 학습한 내용을 바탕으로 자기 학습 결과를 기록하고 평가하며 수정, 보완할 수 있게 된 것이다. 생산적 전자교재의 가장 훌륭한 점은 학습자로 하여금 학습 내용을 생산할 수 있도록 한다는 것이다. 학습한 내용을 바탕으로 자신의 지식과 경험을 재구성하여 또 다른 지식을 생산해낼 수 있는 기회를 부여한다. 학습을 통하여 학습을 구성할 수 있는 기회를 주는 것은 학습자의 창의성 발현을 유도하는 가장 중요한 활동이다. 생산적 전자교재는 미래의 교과서가 구현하여야 할 가장 핵심적인 과제이다. 기술의 발달은 생산적 전자교재의 시대를 앞당길 것이다. 학습자는 더 이상 피동적이고 지식적인 교육 내용의 수용자가 아니라 자신의 지식을 구성하여 나아가는 미래의 지식인으로 인정받아야 한다. 그러기 위해서는 교과서의 구조를 학습자 중심의 생산적 구조로 편찬하여 나아가야 할 것이다.

4) 인터넷 기반 국어과 전자교재의 효용

(1) 교육과정 실행의 측면

국어과 교육과정은 언어를 중심으로 실행이 된다. 언어사용과 기능의 측면이 강조되는 국어과 교육과정의 실행은 학습자의 다양한 언어활동 경험을 통한 언어사용 기능의 신장을 최우선의 목표로 삼고 있다. 따라서 국어과 교육과정의 각 영역의 실행에 있어서 가장 효과적이고 역동적인 내용과 실천을 가능하게 한다. 끊임없이 변화하는 시대의 요구에 부응하기 위해서는 국어과 교육과정 내용의 수시 개정이 필요하다. 문서화된 교육과정은 유동적이고 자율적이며 개방적이어야 한다. 교육 공동체의 요구와 학습 내용에 적합한 교육과정의 실행이 이루어지기 위해서는 수시로 개정과 보완이 필요하다. 교육과정 내용의 수시 개정은 교과서의 내용 개정을 요구한다. 인터넷 기반의 국어과 전자교재는 인쇄 교과서는 물론 CD 형태의 보다 진보된 교과서에 비하여 더욱 유연하고 자유롭다. 또한 집중 저장 공간에서의 통제된 내용 수정 및 보완을 통하여 새로운 교육과정 내용에 적응할 수 있다.

(2) 교수·학습자료 활용의 측면

가상공간에 저장된 방대한 교육 내용은 통제된 관리를 전제로 하였을 때 교수·학습자료 활용의 측면에서 그 어떤 것도 따라올 수 없을 만큼 효용성이 크다. 기존의 전자교재는 소프트웨어의 형태로 장치를 이동하여야 하는 불편함이 있다. 그러나 인터넷 기반의 전자교재는 이동과 공유가 자유롭기 때문에 국어 교과서의 내용뿐 아니라 관련된 내용을 적극 활용할 수 있다. 기존의 자료들이 학습자에게 획일적으로 제공되는 반면 인터넷을 기반으로 한 전자교재의 관련 자료들은 통신 네트워크를 이용하여 학습자 개개인의 요구와 수준에 적합하게 적용시킬 수 있다. 이러한 자료 활용의 효용성은 교실 공간은 물론 학교 공간, 교육 공동체의 공간 확보에도 지대한 역할을 할 것이다. 자료로 가득한 학교의 특별실과 한쪽 구석에 가득 나열된 교실의 자료들이 사라지고 공동 스크린과 개별 테이블 액정 장치를 통한 자료의 이동 및 공유가 가능하기 때문이다.

(3) 생태학적 측면

거시적인 측면에서 전자교재의 필요성은 환경과 밀접한 관계가 있다. 일년에 생산되고 파기되는 종이의 양은 실로 엄청나다. 아무리 재활용을 한다고 하여도 인쇄에 동원되는 종이의 양과 화학약품의 소비는 자연환경을 파괴하는 데에 한 몫을 한다. 아직도 전통적인 인쇄 매체를 선호하는 사람들이 많이 있는 것이 사실이다. 책은 종이로 봐야 제 맛이라는 말도 수긍을 한다. 아직까지 전자교재의 심리적 부담감과 육체적 피로를 해결할 수 없다는 현실은 전자교재의 등장을 지연하는 요인이기도 하다. 그러나 장기적으로 보았을 때 종이의 질감과 느낌을 완벽하게 재연할 수 있는 전자교재 장치가 등장하리라고 믿는다. 우선적으로 전자교재의 개발이 실행된다면 당연히 그러한 기계적인 문제는 해결될 것이다. 그렇다면 종이의 불필요한 소비를 줄일 수 있을 것이다.

2. 인터넷 기반 국어과 전자교재의 기능과 활용

1) 인터넷 기반 국어과 전자교재의 기능

인터넷을 기반으로 한 국어과 전자교재의 기능은 언어사용의 측면에서 살펴보아야 할 것이다. 전자교재의 활용이 기존의 인쇄 교재에 비하여 월등하게 유익한 것은 언어사용 기능의 신장에 효과적인 기술을 지원할 수 있는 점이다. 인간의 언어를 기계가 그대로 대신하기란 쉽지 않을 것이다. 인간의 언어는 기계적인 언어표현에 사고와 정서가 함께 들어 있기 때문이다. 그러나 언어의 기초적 기능을 갖추기 위한 반복 학습이나 언어 표현 맥락을 구현하는 영상 등의 기계적 기술 등은 매우 폭넓게 활용될 수 있다. 특히 초기 언어 학습자들에게 있어서 전자교재의 반복 기능은 더욱 효과적이다.

(1) 언어사용 기능 신장

전자교재는 기존의 교과서가 수행할 수 없는 기능을 갖고 있다. 특히 전자교재의 막강한 저장 능력은 정적인 내용을 제공하는 것이 아니라 동적이고 생동감 있는 자료를 제공한다. 국어과의 가장 핵심적인 목표는 언어사용 기능의 신장이다. 과거에는 언어사용 기능의 신장을 위한 보조 교재로 비디오나 음성 재생기 등을 사용하였다. 특히 그러한 전자교재는 이러한 모든 기능을 하나로 모아서 제공할 뿐만 아니라 더욱 효율적이고 추가된 기능을 내장하여 학습자의 언어사용 기능 신장에 기여한다.

전자교재는 문자 정보를 담고 있는 수준에 머무르는 것이 아니라 교과서의 내용을 음성을 포함한 동영상 체제로 구성할 수 있다. 또한 학습자의 주도적인 학습활동을 가능하게 하여 학습자 스스로 전자교과서의 내용을 선택적으로 수용하여 언어사용 활동에 활용할 수 있다.

(2) 듣기 능력의 신장

기존의 교과서는 보조 장치를 활용하거나 교사가 직접 전달하는 방식의 듣기 교수활동이 진행되었다. 인간의 언어만을 대상으로 하는 듣기 활동의 경우에는 교사와 학습자, 학습자와 학습자 간의 대화만으로 듣기 활동이 가능했지만 초등학교 저학년의 경우에는 다양한 소리를 구별하는 활동을 포함하고 있다. 뿐만 아니라 여러 가지 대화 상황을 전제로 하여 듣기 수업을 하는 경우에는 실제와 비슷한 상황을 만들어서 듣기 활동을 하여야 한다. 기존의 교과서는 문자의 형태로 듣기 상황을 제시하는 데에 그쳤다. 아니면 카세트테이프 재생기를 이용하여 문자와 소리가 따로 구분되어 재생되는 활동을 통하여 듣기 활동을 하였다.

전자 교과서는 기존의 교과서에서는 볼 수 없는 듣기 활동의 모든 보조 매체를 포함한다. 전자교과서는 문자를 보여줌과 동시에 음성을 송출할 수 있다. 뿐만 아니라 교과서의 내용을 실제 동영상 자료로 제작하여 별도 공간에 저장할 수 있다. 따라서 실제의 대화 상황을 동영상으로 재생하여 듣기 활동을 수행할 수 있다. 듣기 활동은 다양한 청취 상황을 고려하여야 한다. 이런 측면에서 전자교과서의 음성 동영상 기능은 학습자의 듣기 활동에 매우 유익하다.

(3) 말하기 능력의 신장

말하기는 듣기와 연계하여 수업이 이루어지는 것이 효과적이다. 듣기와 마찬가지로 말하기 활동에서도 실제와 같은 상황을 부여하면 학습자의 말하기 학습동기가 유발된다. 기존의 교과서는 말하기 학습에 필요한 조건만 부여한다. 실제로 학습자들은 스스로 말하기가 어떤 상황에서 이루어져야 하는지에 대한 상상을 하는 데에 매우 어려움을 겪게 된다. 그러나 전자교과서를 통한 동영상의 실제 장면 구현은 학습자의 말하기 활동을 효과적으로 수행할 수 있도록 유도한다.

특히, 자기주도적이고 생산적인 전자교과서의 경우에는 학습자의 말하기 상황을 실제의 상황으로 재구성하여 볼 수 있다. 기존의 전자교과서는 학습자의 활동을 보조하는 수준의 동영상을 제공하고 있지만 진보된 전자교과서는 학습자의 활동을 생산적으로 구현할 수 있도록 도와준다. 즉, 전자교과서는 학습자의 말을 인식하여 학습자의 대화 상황을 수정하거나 보완하여 저장할 수 있게 한다. 학습자는 자신의 발화 상황을 재생하여 실제 상황과 비교한다. 학습자는 스스로 전자교과서에 저장된 자신의 발화 상황을 비교하여 보고 바로 수정, 보완할 수 있다.

뿐만 아니라 온라인 전자교과서를 이용하여 실제 인물과 대화를 할 수도 있다. 이러한 기능은 최근 서울 시내 초등학교 일부에 보급되어 국어시간에 실제로 활용되고 있다. 예를 들어 병원을 찾아가서 의사와 대화하는 학습활동이 있다고 하자. 과거의 경우에는 교과서의 상황을 상상하여 보거나 학습자가 역할놀이를 하면서 대화하는 연습을 하였다. 그러나 최근의 초등학교 원격 통신 시스템을 이용하여 실제 병원에 있는 의사와 대화를 하는 수업을 가능하게 하였다. 이와 같은 온라인 전자교과서의 기능은 학생들이 말하기 기능을 교실 안에서 교실 밖의 실제 상황으로 안내하는 역할을 수행한다.

(4) 읽기 능력의 신장

기존의 교과서와 전자교과서의 읽기는 어떤 면에서 비슷하다. 주어진 문자를 인식하고 이해한다는 인지적 측면에서는 별 차이가 없어 보인다. 그러나 전자교과서의 읽기 기능은 종이에 비하여 매우 다양한 정보를 제공한다. 기존의 교과서는 한정된 지면을 통하여 제한된 내용을 문자로 기록할 수밖에 없었다. 특히 원문이 매우 긴 텍스트의 경우에는 지면의 한계로 인하여 부분적인 내용만을 수록할 수밖에 없었다. 그러나 전자텍스트의 경우에는 원문을 모두 저장할 수 있다. 물론 해당 교과 시간에 필요한 정보만큼의 텍스트를 기본적으로 제공하고 나머지는 별도의 공간에 저장하여 필요한 경우 원문을 모두 사용할 수 있다.

무엇보다 전자교과서는 종이 교과서의 정보 수록 제한을 완전히 해결하였다는 면에서 국어과적인 특징을 나타내고 있다. 정보를 충분히 저장할 수 있다는 것은 학습자가 원하는 정보를 제공할 수 있다는 교육서비스의 조건을 충족하는 것이다. 특히, 기존의 교과서에서는 할 수 없었던 해당 텍스트와 관련된 참고 자료를 별도의 공간에 수록할 수 있다는 것이다.

(5) 쓰기 능력의 신장

5차 교육과정기의 워크북이 가져온 교과서의 변화를 넘어서는 전자교과서의 국어과적 변혁이 바로 쓰기 기능의 확충이다. 전자교과서는 지면의 한계를 완전히 극복하였을 뿐만 아니라 자판과 전자펜 또는 음성 인식기 등을 이용하여 수시로 쓰고 수정하는 것을 반복할 수 있다는 것이다. 글을 여러 번 쓰고 수정할 수 있다는 것은 쓰기 기능을 향상시킬 수 있는 최대의 장점이다.

컴퓨터와 자판에 익숙한 학습자들은 보다 빠르고 다양한 방법으로 자신의 생각을 표현한다. 특히 기존의 종이와 연필을 동원한 쓰기에 비하여 매우 빠르게 자신의 생각을 표현한다. 단순히 사고의 표현이 빨라지는 것뿐만이 아니라 자신의 생각을 비교하여 보고 잘못된 것을 바로 수정하고 보완하는 자기조정 능력을 기를 수 있게 된다.

전자교과서의 쓰기 기능은 학습자의 쓰기 기능을 향상시키는 반복 기능뿐 아니라 학습자의 쓰기 활동을 통하여 생산된 글을 온라인 상에서 평가받고 공유할 수 있게 한다. 궁극적으로 쓰기 활동은 독자를 예상하고 고려하는 것이다. 온라인 전자교과서의 쓰기 기능은 학습자의 글쓰기가 단순히 학습활동의 일부로 이루어지는 단순교육이 아니라 자신의 생각을 표현하고 예상된 독자로부터 반응을 이끌어낼 수 있는 생산적 활동임을 인식하게 한다.

(6) 문학과 문화

국어과의 언어사용 기능 신장을 위한 내용들 중에는 문학 작품과 문화적 요소가 상당부분 포함되어 있다. 언어사용 기능 신장을 기르기 위한 문화와 문학 작품에 대한 인식을 돕기 위한 자료를 제공하기 위하여 기존의 교과서는 그림과 사진을 동원하였다. 그러나 문학작품의 배경지식을 단순히 그림과 사진으로 이해한다는 것은 너무나 어렵다. 내용을 설명하기 위한 다양한 문화에 대한 정보는 더욱 궁색하기 짝이 없다.

학습자의 사고를 촉진하기 위해서는 직접 경험이 가장 효과적이지만 그것을 대체할 수 있는 정보를 동영상으로 제공하는 것이 바로 전자교과서이다. 전자교과서는 기존의 교과서가 담을 수 없었던 문학적인 배경지식을 충분히 제공할 수 있다. 작가와 작품, 작품에 담긴 여러 가지 내용의 배경지식 등을 다양한 자료의 형식으로 제공한다.

국어교과서의 문화적인 요소 또한 전자교과서의 동영상 기능으로 제공할 수 있다. 문화적 상황은 학생들이 체험할 수 있는 시간적, 경제적 제한이 많다. 따라서 문자로 제공하는 문화적 상황을 전자교과서의 기능으로 보완할 수 있다.

(7) 문법

자기주도적이고 생산적인 전자교과서는 학습자의 활동을 수정, 보완하는 기능을 갖고 있다. 학습자의 표현 활동에서 발생하는 문법적 오류를 지적하고 수정할 수 있는 기능을 갖추고 있는 전자교과서의 등장은 학습자의 문법적 기능을 향상시켜줄 수 있을 것이다. 이러한 전자교과서의 문법 오류 수정, 보완 기능은 이미 워드프로세서에서 사용되어지고 있다.

그러나 전자교과서의 문법 오류 수정, 보완 기능은 워드프로세서의 단순 지적 기능과는 차이가 있다. 전자교과서의 음성 인식 기능과 문자 정보 오류 수정 기능은 학습자의 오류에 대하여 지적하는 것과 동시에 학습자의 수정된 사항을 이전의 것과 비교하여 분석한다. 학습자는 전자교과서의 일방적인 지시를 통하여 자신의 오류를 수정하는 것이 아니라 전자교과서가 제공하는 비교자료를 바탕으로 학습자 자신이 무엇을 잘못하였는지 확인하여 반복 수정한다. 이러한 과정을 통하여 학습자의 문법적 기능이 향상된다.

2) 인터넷 기반 국어과 전자교재의 활용

(1) 인터넷 기반 국어과 전자교재 활용의 의의

첨단기술의 발전과 함께 인터넷이 필수적인 의사소통 수단의 하나로 자리매김하고 있는 상황에서 그리고 인터넷 사용 인구가 급속하게 증가하고 있는 상황에서 교육 분야에서도 인터넷을 활용하여 수업을 시도하려는 노력이 활발히 논의되고 있거나 이미 시행되고 있다. 이러한 변화에 발맞추어 국어교육에서도 인터넷을 이용한 수업에 관한 논의가 활발하게 이루어져야 한다.

인터넷 학습은 전통적인 교실 공간과 책 그리고 교사가 어우러져서 만들어내는 물리적 공간을 벗어나서 좀 더 폭넓은 학습 공간 속에서 무한의 자료와 부딪치며 학습해 나가는 교육 공간을 제공한다. 또한 단순한 지식의 암기나 수동적인 학습 자세에서 벗어나 새롭게 문제를 바라보고 사고하며 학습자 스스로 자신이 필요한 자료를 스스로 찾아내어, 다듬고 맞추어서 필요한 정보와 지식으로 이끌어낼 수 있는 능력을 기를 수 있다.

학습자가 글을 읽을 때 겪는 어려움 중의 하나가 글의 저자가 전제하고 있는 문화적 배경지식의 결핍이다. 학습자가 문화적 배경지식을 배양할 수 있도록 도와줄 수 있는 방법 중 하나는, 문화를 직접 혹은 간접적으로 학습할 수 있는 다양한 자료를 활용하는 것인데 이때에도 첨단 매체인 인터넷을 활용함으로써 좀 더 효과적이고 효율적으로 이를 실현할 수 있다. 예를 들어 음식 문화에 대해 알아보는 학습단원이 있다고 했을 때, 백과사전, 비디오 등의 기존 자료나 매체를 활용할 수도 있지만 인터넷을 활용했을 때 기존의 인쇄 매체로는 구현할 수 없는 소리, 동영상 정보, 양방향적 상호작용 등을 통하여 훨씬 더 생생하고 다면적인 학습 정보를 제공해 줄 수 있는 것이다. 음식 문화에 대해 배우고자 하는 학습목표는 어느 방식을 택해도 성취 가능하지만 인터넷과 같은 첨단 매체를 활용했을 때 그 효과나 효율성은 달라질 수 있다.

한편, 학습자의 자발적인 학습을 위해서 그의 경험, 흥미, 능력에 적합한 내용을 선정하여 가르칠 때 학습자도 능동적으로 수업에 참여하고 즐겁게 배울 것이다. 하이퍼텍스트 체제의 인터넷 읽기 학습은 자율적이고 탐구적인 학습 환경을 학습자들에게 제공하여 주기 때문에 능동적이고 자율적으로 읽기 학습에 참여하도록 유도하고 있으며 제시된 수많은 정보 중에서 학습자 스스로 자신의 지적 능력, 흥미도, 필요성에 따라 정보를 구성할 수 있어서 자기 주도의 자율적 학습을 가능하게 한다. 또한 학습자가 언어사용 기능을 습득할 때 이해 가능한 입력의 제공이 이상적이라고 하였는데, 인터넷이 가진 하이퍼텍스트 기능은 학습자에게 상황에 근거하여 이해할 수 있는 언어 입력을 충분히 제공해 줄 수 있다. 읽기와 같은 이해 학습은 학습자의 배경지식을 바탕으로 한 적절한 스키마가 활성화될 때 촉진되므로 그림, 동영상, 소리와 같은 비언어적 수단이 동원되는 인터넷 학습은 읽기 학습으로서의 그 의의가 매우 크다고 할 수 있다.

따라서 인터넷 인프라의 비약적인 발전과 정보화 구축이 잘 되어 있는 현재의 상황에서 인터넷을 국어교육에 도입하는 것은 매우 유용하면서도 경제적이고 능률적인 방안이 될 수 있을 것이다.

(2) 인터넷을 활용한 국어과 전자교재의 활용 방법

인터넷은 유용한 자료가 풍부하며 생동감 있는 정보를 다양한 방식으로 제공하기 때문에 최근 들어 인터넷을 학습에 활용하려는 관심과 노력이 증가하고 있는 상황이다. 인터넷을 활용할 수 있는 학습 방식으로는 다음과 같은 것을 들 수 있다.

첫째, 의사소통 기능 학습이다. 전자우편의 활용이나 온라인 실시간 대화(채팅) 등이 이 영역에 포함된다. 컴퓨터 통신기술은 어느 누구에게나 시간과 공간을 초월하여 동시적 또는 비동시적으로 다양한 사람들과 자유로이 의사소통을 할 수 있는 환경을 제공한다. 교실이라는 테두리 안에서 주로 교사와 학생들 또는 학생들 간에만 의사소통이 이루어지던 전통적인 교육 형태에서 벗어나, 다양한 계층의 사람들과의 의사소통을 추가시킴으로써 상호교류가 보다 폭넓은 교육이 가능하게 될 것이다.

둘째, 협력 학습이다. 전통적인 교실 수업에서는 주로 개인적인 성취가 강조되어 왔으나 인터넷 환경은 학습자들에게 동료, 전문가, 교사 또는 지역사회 인사와의 협력이 이루어질 수 있는 환경을 제공함으로써 자연스럽게 협력 학습 방법을 익힐 수 있게 한다. 컴퓨터 통신을 매개로 한 협력 학습의 특징은 구성원 간의 관계가 수직적이 아닌, 수평적인 관계를 형성함으로써 진정한 협력 학습이 이루어질 수 있다는 것이다. 다시 말해서, 하나의 목적 달성을 위해 전문가와 학생이 동료 의식을 갖고 함께 학습하는 관계를 형성하게 된다는 것인데, 이러한 방식은 새로운 교수·학습 방식을 열어줄 수 있을 것이다.

셋째, 상황 학습이다. 전통적인 교수 방법은 미리 짜인 교수 자료나 시험 등을 통해 단편적인 사실들을 주로 강조함으로써 학생들로 하여금 암기 위주의 학습을 하도록 유도하여 왔다. 그러나 지식이란 특정한 맥락, 상황, 문화를 바탕으로 하는 살아 있는 실체이기 때문에 지식이 사용되는 복잡한 실제 상황과 함께 습득되어야 하며 그래야만 실제로 사용 가능한 유용한 지식을 습득할 수 있다. 인터넷과 같은 컴퓨터 통신환경은 학습자들을 실제적인 과제에 직·간접적으로 참여하게 함으로써 이러한 필요성을 충족시켜 줄 수 있는 강력한 도구라고 할 수 있다. 이러한 점에서 외국어 학습에서 특히 주목해야 할 학습유형이다.

넷째, 문제해결 학습이다. 학습자가 주어진 과제나 관심 있는 문제를 해결하기 위하여 필요한 정보를 수집·분석함으로써 그 해결 방안을 모색하는 것을 의미한다. 이 과정에서 학습자는 인터넷의 다양한 자료원에 접근하여 필요한 정보를 검색하게 하는 탐구 활동을 하게 되는데, 이러한 과정에서 인터넷망은 정보검색과 수집의 도구가 되기 때문에 학습자들은 주어진 문제에 대한 해결책을 찾기 위하여 적극적, 비판적, 창의적으로 사고한다. 학습자들이 흥미를 가지고 도전하게 되는 학습 영역이다.

다섯째, 통합 학습이다. 하이퍼텍스트 응용기술의 원리를 도입한 인터넷 환경에서는 주제를 중심으로 내용이나 소재들이 자연스럽게 상호 연결되므로 주제 중심의 통합 학습이 가능한 것이다. 또한 언어영역별 통합 학습도 자연스럽게 이루어질 수 있어 효율적인 학습이 가능하다.

여섯째, 웹 기반의 개별화 학습이다. 개별 학습자는 주어진 과제를 이해하고 해결해 나가기 위해 서로 다른 학습 전략을 사용하여 학습하게 된다. 이러한 점에서 학습도구로서의 인터넷은 다양한 학습형태와 전략을 조성해 줄 수 있기 때문에 개인의 다양한 학습 양식과 요구를 충족시켜 줄 수 있다. 뿐만 아니라 자료 내용을 조절함으로써 읽기를 비롯한 각 영역별 개별 학습까지 가능하다. 웹 기반의 개별화 학습은 궁극적으로 자기주도적인 학습을 가능하게 한다. 장치와 기술의 발달은 학습자의 자기주도적 학습이 가능한 환경을 현실화할 것이다. 교사의 안내와 지시 없이 학습자 스스로 장치의 계획된 프로그램에 의하여 학습할 수 있다. 이러한 웹 기반의 자기주도적 개별화 학습 시스템은 장기적으로 교사의 역할을 축소시킬 것이 분명하다. 특히 내용교과의 경우 더 이상 교사의 안내와 지시 없이 보다 효과적인 교육 활동을 수행하게 될 것이다.

마지막으로 정보 획득 학습이라는 측면에서도 활용 가치가 있다. 컴퓨터 통신망에 떠있는 수많은 정보, 데이터베이스, 멀티미디어 자료 등은 누구에게나 필요한 자료를 쉽게 획득할 수 있는 환경을 조성하고 있다. 인터넷을 통해 가장 최신의 자료와 멀티미디어 형태의 생동감 있는 자료를 얻을 수 있게 되었으며 이는 앞으로 읽기 교수·학습에 크게 기여할 것으로 보인다.

전자시대의 교육이 멀티미디어 시대에 밀려 사라지기도 전에 디지털 미디어의 물결이 교육 환경을 엄습하고 있다. 교육 현장은 교과서의 내용을 잘 전달하는 것만으로 학습자의 요구를 충족시킬 수 없게 되었다. 종이와 칠판을 대치할 수많은 장치의 등장과 그 장치를 연결하는 내용들은 교육의 전통을 마냥 고수하고 있기에는 부담이 너무 크다. 손바닥보다 작은 기계를 들고 다니며 음악과 영화를 감상하고 독서를 하고 새로운 소식을 접하는 세상 속에서 더 이상 인쇄 문명이 교육의 전유물인양 교실을 폐쇄적 공간으로 만들 수만은 없는 일이다. 공교육을 주축으로 하는 국어과 전자교재의 필요성은 향후 반세기 안에 일어날 교실 혁명을 예측하면 그리 이른 요구가 아니다. 이미 개발된 쌍방향 무선통신이 가능한 통합 스크린과 학생 개인 책상에 설치된 개인 모니터 책상은 학생과 학생, 교사와 학생은 물론 원하는 정보를 수시로 공유할 수 있는 시스템을 갖추고 있으며 학습자의 수준별 교육을 가능하게 한다. 물론 아직 설치 보급되지는 않았지만 공교육의 적극적 투자만 있다면 언제든지 실행이 가능한 것들이다. 또한 전자교재의 정부주도 개발이 이루어지고 있는 현실을 감안할 때 장치의 기술적 발달은 보다 급속하게 진화할 것이 분명하다. 그렇다면 교실의 혁명은 단순히 기술과 장치에 의한 교육 효과의 극대화뿐 아니라 교사의 궁극적 역할에 대한 회의가 대두될 것이다. 즉, 교사의 역할을 대신하는 교육 장치가 학교를 장악할 것이다. 공교육의 설비투자비용을 교사의 인건비로 대체할 가능성을 배제할 수 없는 것이다.

과학 기술의 발달을 예측할 수 없으나 분명한 것은 우리의 상상을 뛰어넘으리라는 것이다. 그렇다면 기계가 인간의 모든 것을 다 감당할 수 있겠는가? 이 물음에 대한 한 가지 분명한 대답은 있다. 바로 국어교육이다. 기계가 인간의 언어를 사용할 수는 있을 것이다. 그러나 인간의 언어사용을 완전하게 대신할 수는 없을 것이다. 언어는 사고를 발달시키고 사고의 발달은 인간을 발달시키기 때문이다. 인간의 언어활동은 과학 기술의 발달과는 별개의 문화로 존재할 것이며 국어교육은 그 어떤 미래에서도 사라지지 않을 것이다. 인터넷을 기반으로 하는 국어과 전자교재의 필요성은 단순히 활용의 측면을 넘어선다. 기계가 인간의 언어를 대신할 수 없는 한 인류의 언어는 국어교육을 통하여 영속될 것이다. 국어교육의 영속은 언어의 영속과 궤를 같이 할 것이며 시대의 변화에 한 발 앞선 대응과 적응을 통하여 가능할 것이다. 더 이상 타 교과의 뒷전에서 따라가는 국어교육이 아니라 교육과정의 실행, 교수·학습의 활용, 교육 환경의 개선을 선도하는 국어과의 역할에 대하여 심각하게 고민하여야 할 것이다. 오직 장치에 의존한 내용교과 교수·학습 활동이 현장에 도입될 것이라는 사실은 시기의 문제이지 불보듯 뻔한 미래의 교실 모습이다. 다만 국어 교사만이 학교 교육의 중심에 홀로 남아 인류의 꺼지지 않은 위대한 문화유산으로서의 언어를 가르치고 있을 것이다.

제 5 장

국어교육과 미디어 문식성

미디어를 피할 수는 없다. 미디어는 교육의 가장 중요한 도구이며 장치이다. 미디어가 내용을 담아내기 시작하면서 미디어 문식성은 소극적 수용의 수준을 넘어 비판적 해석과 창조적 생산이라는 능동적 반응을 의미하게 되었다. 미디어 기술의 발달이 초래한 미디어 문식성의 개념 확장은 미디어의 기계적인 측면을 고려하는 데에서 미디어가 담아내는 다양한 양식의 내용에 관심을 갖는다. 미디어는 그 자체로서 내용을 생산할 수 없지만 미디어를 이용하여 생산된 내용은 단순히 장치를 통한 발산이 아니라 지식과 정보를 담은 메시지로서의 격식을 갖추게 되었다.

원시시대의 벽화에서 쌍방향 통신 시대에 이르기까지 미디어는 발달의 간극을 급격하게 좁혀오면서 인류의 문화와 교육 시스템을 변화시키고 있다. 미디어의 발달은 미디어가 차지하는 전통적인 생활방식의 점유를 가속화시켜 미디어를 생활의 일부가 아닌 전체로 인식하게 할 것이다. 교육은 미디어를 외면할 수 없을 뿐만 아니라 미디어를 교육의 가장 핵심적인 도구이거나 내용 산출의 장치로 활용할 것이다. 따라서 미디어를 올바르게 이해하고 그것을 유효적절하게 활용할 수 있는 인간의 능력을 계발하기 위하여 교육은 발 빠르게 움직일 필요가 있을 것이다.

미디어 문식성의 흐름을 논의하는 것은 두 가지를 전제로 한다. 첫째, 미디어 문식성의 교육은 국어과가 담당해야 한다는 것과 둘째, 미디어 문식성의 미래가 가져올 변화에 맞설 수 있는 교과는 국어과뿐이라는 것이다. 때문에 다소 무모하긴 하지만 미디어 문식성의 과거와 현재를 바탕으로 미래를 예측하려는 시도를 한다. 이전의 것들은 사실적 기록과 경험을 바탕으로 점검할 수 있으나 미래를 예측하는 일은 쉽지 않다. 전자시대의 미디어 문식성을 예고한 1960년대의 맥루언 시대와 지금은 그 변화의 속도가 너무 다르기 때문이다. 특히 현대의 미디어는 기술 발달 경쟁의 척도이기 때문에 관련 기술에 종사하지 않는 인문학 연구자들의 예측은 당연히 한계가 있을 것이다. 그럼에도 불구하고 이미 늦었을지도 모를 전망을 통하여 미래의 미디어 문식성의 전망과 국어교육의 역할에 대하여 논의한다.

1. 미디어 문식성의 흐름

미디어와 문식성의 개념이 합하여 새로운 개념인 '미디어 문식성'으로 정의되기 위해서는 지금까지 미디어 문식성이 어떻게 연구되어 왔는지를 이해할 필요가 있다. 미디어 문식성의 역사는 곧 미디어 문식성의 개념을 정의하는 초석이며, 연구 내용 분석과 성찰을 통하여 보다 나은 비판적 개념을 형성할 수 있을 것이다. 여기서는 선행 연구를 기초로 정의된 개념들을 정리하고 연구 역사를 통하여 미디어 문식성의 흐름에 대하여 논의하기로 한다.

1) 미디어 문식성의 개념

미디어 문식성은 텔레비전 시청 기술(television viewing skill), 수용 기술(reception skill), 미디어 문식성(media literacy), 텔레비전 이해 훈련(television awareness training), 미디어교육(media education), 비판적 시청 기술 훈련(critical viewing skills training)을 포함한다.

이들은 모두 우리나라에서 통용되고 '미디어교육'과 같은 뜻을 지닌 용어들이다. 이 중 미디어교육(media education)은 미디어교육이 활발히 진행되고 있는 영국에서, 미디어 문식성(media literacy)은 미국이나 캐나다에서 주로 사용되고 있다(김대행 외, 2004 : 36). 명칭에 따라 개념의 차이가 존재하지만, 이러한 개념의 통합과 목표 및 이념에서 합의를 이루려는 시도도 이루어지고 있다.

여기서는 '미디어교육'의 개념이 어떻게 변화하였는지 살펴보기 위해 미디어교육에 대한 정의들을 살펴보기로 한다. 1973년 유네스코 국제영화텔레비전심의회(IFIC, International Film and Television Council)는 다음과 같이 미디어교육을 정의하였다(UNESCO, 1984 ; 최창섭, 1998 재인용).

> 미디어교육이란 현대의 커뮤니케이션에 대해 배우고 가르치는 연구로서, 커뮤니케이션과 표현매체를 교육의 이론과 실천 안에 있는 전문적이고도 독자적인 지식의 영역으로 다루어져야 한다. 따라서 수학, 과학, 지리학과 같은 다른 지식의 영역을 가르치거나 배우는 데 보조로 사용되는 것과는 뚜렷이 구분되는 영역이다.

이는 미디어교육을 '(매스미디어를 이용한) 커뮤니케이션'과 '교육학'의 합으로 설명하고 있다. 이러한 미디어교육은 사람들에게 적절한 미디어 문식성을 제공해 주고, 매스미디어가 일반 대중들에게 제시하는 정보를 알아내는 방법에 대한 지침서를 제공하는 데 목적이 있다.

카나반(Canavan, 1975)은 미디어교육에 대해 다음과 같이 정의한다.

> 미디어교육의 궁극적 목적은 미디어를 이용함에 있어 진리를 선별해서

추구할 줄 아는 사람으로 개발시키는 것이다. 즉, 새로운 언어인 미디어를 잘 이해하고 미디어 언어를 통하여 전해지는 것들을 제대로 감상, 비판할 줄 알고 선별력 있는 독자와 시청자로 성장하는 데 도움을 주며 자기 자신의 완성과 발전을 위하여 새로운 언어로써 말을 하고 쓸 줄 아는 무장된 사람을 길러내는 데 근본적인 목적이 있다(Canavan, 1975 ; 최창섭, 1998 재인용).

이때 '새로운 언어'인 미디어는 텔레비전을 가리키는 말로서 이를 잘 이해, 감상, 비판할 수 있는 시청자를 길러내고자 하는 것이다.

그리고 브라이언트(J. Bryant)와 앤더슨(Anderson)은 미디어교육을 통해 "수용 기술(reception skill)"을 얻을 수 있다고 정의하였다.

> 미디어 수용 기술(reception skill)의 목적은 지식을 이용할 수 있는 소비자로서 분석을 위한 공통의 기술의 필요와 미디어 특성에 따른 이해와 수용의 기술 그리고 내용상의 특성을 이해하는 능력을 기르는데 있다(김양은 · 안정임, 2004 : 8 재인용).

초기 미디어교육은 텔레비전을 대상으로 그것의 부정적 영향력에 대해 비판적 수용력을 기르고자 하였다. 즉 어떻게 하면 텔레비전이 이야기하는 것을 제대로 읽어낼 것인가의 문제를 해결하기 위해 미디어가 매개하는 정보에 대한 이해와 미디어를 이용할 수 있는 방법들을 제시하고자 하였다.

이후 미디어 환경이 변화함에 따라 미디어교육이 변화해야 한다는 주장이 제기되었다.

> ① 미디어가 사회 전반에 침투해 있고 미디어의 소비가 급증하고 있으며, ② 미디어의 이데올로기적 중요성 및 의식산업으로서의 영향력이 크다. ③ 정보산업이 발달하고 있다. ④ 선거와 같은 많은 민주주의의 절차에 미디어가 관여하는 정도가 커지고 있다. ⑤ 모든 영역에서 영상커뮤니

케이션과 영상미디어의 중요성이 점점 커져가고 있다. ⑥ 미디어교육은 현재와는 확연히 다른 미래에 대해 학생들을 준비시키는 과정으로서 필요하다. ⑦ 정보의 사유화 경향이 증가되고 있다(Masterman, 1985 : 1~17, 김양은, 2005 : 37 재인용).

이러한 필요성을 바탕으로 영국영화연구소(BFI)와 프랑스정보교육센터(CLEMI)는 1990년 프랑스에서 개최한 회합인 "New Direction In Media Education"을 개최하고 '미디어교육의 목적과 방법론에 합의가 이루어질 수 있겠는가? 또 합의가 이루어져야만 하는가? 다양한 문화적 전통과 세계 각국의 다양성을 수용할 수 있는 미디어교육자의 책임은 무엇인가'에 대한 논의를 하였다.

> 다양한 종류의 교육과 마찬가지로 미디어교육의 이론과 정책을 공유하기는 어렵다. … 미디어교육은 여러 가지 방식으로 확립될 수 있다는 다양성을 전제로 하고 있다. … 미디어교육의 기능은 어린이를 방어하는 것도 아니고 미디어 이용을 규제하거나 제한하는 것도 아니라는 점이다. 강조해야 할 점은 미디어교육이 비판적이고 지적인 자유를 위한 것이어야 한다는 것이다(Bazalgette, Bevort & Savino, 1992 : 6 ; 김양은, 2005 : 36 재인용).

이를 통해 미디어교육의 이론과 정책, 방법에 대한 다양한 논의를 인정하려는 시도를 하였으며 미디어교육을 비판적 능력 신장에 두고 있다는 의의를 찾을 수 있다. 이 회합을 바탕으로 미디어교육에 대해 다음과 같은 새로운 정의를 제시하였다.

> 미디어교육은 라디오, TV, 비디오, 사진, 컴퓨터와 같은 미디어와 전통적인 재래식 정보와 커뮤니케이션 매체인 신문과 같은 미디어와 관련해 노소를 불문한 개개인들의 비판적인 지적 능력을 자극하고 증대시키려는 데 목적을 두고 있다. 이러한 교육은 다음과 같은 질문에 답하려고 노력해야 한다. : 미디어는 어떻게 작동하는가? 미디어가 어떻게 의미를 생산하는가? 미디어는 어떻게 조직되었는가? 수용자는 어떻게 미디어를 지각하

고 있는가? 사회, 문화적 맥락에서 미디어를 가장 잘 이용하도록 소비자를
어떻게 도울 수 있는가?(최창섭, 1998 재인용)

이와 같이 미디어교육의 목적을 미디어 텍스트를 분석함으로서 수용자의
비판적인 지적 능력과 창조 능력을 신장시키는 데 기대를 거는 것은 이후
영국의 미디어교육학자인 버킹험(Buckingham, 2003)에서도 찾아 볼 수 있다.

> 미디어 리터러시는 분석(analysis), 평가(evaluation), 비판적 성찰(critical
> reflection)을 포함하는 일종의 비판적 리터러시이다. 미디어 리터러시는 다양
> 한 커뮤니케이션의 형식과 구조를 설명하는 수단인 '메타언어'의 습득을 필
> 요로 하며 커뮤니케이션의 보다 광범위한 사회적, 경제적, 제도적 맥락과
> 이러한 맥락이 사람들의 경험과 실천에 어떤 영향을 끼쳤는지 이해하는 능
> 력과도 관련되어 있다(Buckingham, 2003 ; 기선정·김아미 역, 2004 : 72~73).

그리고 미디어교육을 미디어에 국한시킬 것이 아니라 사회와의 소통 문
제로 확대시키려는 경향을 찾아볼 수 있는데, 이러한 논의는 '영상 문식성
(visual literacy)'이라는 개념을 도입함으로써 시작되었다. 메스리(Messries, 1994)는
미디어교육 영역에 문자 중심의 텍스트 분석이 아니라 문식성 개념의 확대
를 통해 영상 언어에 대한 해독을 다루어야 한다는 영상 문식성의 중요성
을 강조하였다. 제틀(Zettle, 1995)도 영상 언어에 입각한 미디어 미학의 중요
성을 언급하면서 미디어 문식성을 문학적 평가보다는 미학적 평가에 두어
야 한다는 주장을 제기하였다.

미디어교육을 보다 혁신적인 교육 개념과 결합, 발전시킨 것은 메이로비
츠(Meyrowitze, 1996)이다. 그는 '통합 문식성(multiple literacy)'이라는 개념을 통해,
미디어 문식성은 복합적인 개념으로 정의되어야 하고 다수의 문식성들을
포함시킬 수 있어야 하며 학생들의 분석의 범위를 확대시킬 수 있는 개념
으로 정의되어야 한다고 주장하였다. 이는 미디어교육이 현재의 이데올로

기적, 정치·경제적 이슈들을 미디어가 말하는 방법에 대한 텍스트 분석에 그쳤던 것에서 벗어나 미래에 대한 새로운 능력으로 인간의 근본적인 리터러시와 관련되어야 함을 말해주고 있다.

전통적인 미디어교육의 목표가 단지 미디어 중심의 '미디어 문식성'의 이해에 주된 목적을 두었다면 보다 확장된 개념의 미디어교육은 사회와 환경에 대한 이해를 일차적 목적으로 삼는 개념으로 확장되었다(김양은, 2005 : 39).

독일의 대표적인 미디어교육학자인 배케(Baacke, 1997)는 미디어교육이 환경론적 패러다임으로 변화하는 것으로 보고 사회에서의 정치 참여 및 교육, 정보 불평등의 문제해결에 필요한 요소라 주장하였다.

> 미디어교육은 전반적인 교육과 정치, 문화에 대한 고찰과 각종 사회적 현상에 대한 태도 그리고 개인의 직업적 발전 가능성 여가 시간과 원만한 가족관계, 정치의 장에 직접 참여하고 자신의 의견을 표출하는 일 등에 직접적 영향을 미친다. 왜냐하면 팽창되고 있는 정보 및 의사소통 기술은 이 모든 기회와 가능성에 점점 더 큰 영향을 미칠 것이기 때문이다(김양은, 2005 : 39~40).

이때의 미디어 문식성은 인간이 태어나면서 획득해야 할 능력인 미디어 능력(media competence)으로까지 확대되었다. 그리고 컴퓨터가 도입, 발달하고 커뮤니케이션 수단이 개인화되면서 개별 커뮤니케이션이 확장되고 사회에서 요구하는 정보력의 확대는 인간 능력의 확대를 요구하였다. 이에 최근 미디어교육은 다양한 기타 학문 영역과의 통합을 통해 매스미디어 즉 매스 커뮤니케이션에 대한 이해에서 커뮤니케이션 일반에 대한 이해로 이동되고 있다. 다시 말해, 개별 미디어들을 이해하고 그것을 다루는 능력인 미디어 능력을 커뮤니케이션 능력으로 확대하였으며, 이는 사회와 환경의 변화에 적응할 수 있는 평생교육 개념으로의 확대를 요구한다.

홉(Hobb, 1998)은 다양한 미디어 문식성의 영역을 통합하여 '멀티미디어 문식성'을 언급하면서, 미디어교육이 본질적으로 커뮤니케이션을 원활하게 하고 나아가 창조적 의미의 생산에까지 이르러야 한다고 강조하였다.

> 미디어교육이란 미디어 즉, 텔레비전, 영화, 비디오, 라디오, 사진, 대중음악, 인쇄물, 컴퓨터 소프트웨어 등에 대한 어린이들의 비판적인 이해 능력을 향상시켜 주고자 하는 것이다. 인쇄 또는 청각, 비디오 또는 멀티미디어의 메시지에 접근하여 이를 분석, 평가 그리고 소통할 수 있는 능력과 나아가 스스로 이러한 메시지를 만들 수 있는 능력을 기르는 것을 의미한다(Hobb, 1998 : 16~32).

이와 같이 다양한 미디어교육에 대한 개념 정의를 정리해 보면, 미디어교육은 수용자에게 '다양한 형태의 메시지에 접근하고 그것을 분석하고 평가하며 커뮤니케이션하는 능력(media literacy)'을 갖추도록 하는 것이다(Christ & Potter, 1998 ; 김대행 외, 2004 : 36 재인용). 뿐만 아니라 미디어나 수용자들이 한 사회 내에 존재한다는 점에서 수용자들이 사회 체계 내에서 비판적이고 이성적인 '힘을 가진 시민의 양성'이나 '민주 시민의 형성'도 미디어교육의 목표라 할 수 있다.

사회가 변화, 발전함에 따라 다양하고 새로운 미디어가 등장하면서 인간에게 다양한 능력이 요구된다. 새로운 미디어를 통한 소통 능력은 인간이 미디어를 다룰 수 있는 능력뿐만 아니라 미디어를 둘러싼 환경에 대한 이해, 삶에 필요한 의사소통 능력인 것이다. 이에 미디어교육은 사회와 인간의 변화, 소통 환경의 변화에 적응할 수 있는 능력을 기르는 것을 목적으로 해야 하며 이는 다양한 미디어를 해독, 평가, 분석할 수 있는 능력뿐만 아니라 미디어를 제작, 생산하고 미디어 문화를 즐길 수 있는 것까지 포함하는 개념이 되어야 할 것이다

2) 미디어 문식성의 역사

미디어교육의 역사적 배경을 검토함으로써 미디어교육의 목표를 명확히 하는 데 도움을 받을 수 있다. 미디어교육의 필요성, 역할, 방법에 대한 논의는 오랜 시간에 걸쳐 다양하게 이루어져 왔다.

안정임, 전경란(1999)은 문화를 타락시키는 기제로서의 미디어(예방적인 접근법, 1930~1960년대), 대중문화로서의 미디어(1960~1970년대), 학습 도구 및 지식 전달자로서의 미디어(1970년대), 표상 체계·상징 체계로서의 미디어(1980년대)로 나누어 제시하였다. 그리고 김양은(2005)은 미디어교육의 패러다임을 대중예술적 관점, 기술·도구적 관점, 미디어 환경론적 관점으로 나누어 제시[1]하였다. 이를 바탕으로 미디어교육이 초기의 매스미디어에 대한 교육이라는 관점에서 포괄적인 미디어 전반에 대한 논의로 확대되어 가고 있으며 미디어교육이 인간과 환경에 대한 관계를 설명하는 데 이용되고 있다고 주장하였다.

여기서는 미디어교육의 역사를 김대행(2004)의 '보호주의적 접근방법', '비판적 텍스트 분석 접근방법', '문화연구적 접근방법', '성찰적 미디어교육 접근방법'으로 살펴보고자 한다.

(1) 보호주의적 접근방법

레비스(Leavis)와 톰슨(Thompson, 1933)은 문화의 구제로서, 문화라는 이름으로 구체화되고 재현되는 문화적인 유산, 언어, 가치, 국가의 건강성(health of nation)들을 보존해 나가야 한다고 주장하여 최초의 보호주의적 시각을 제시

---

1) 안정임(2005)에서는 미디어교육의 3가지 패러다임을 다음 표와 같이 정리하였다.

패러다임	대중예술적 관점	기술·도구적 관점	미디어 환경론적 관점
교육목적	보호주의, 예방적 차원	개인의 자율규제 능력	환경적응능력=미디어능력 (환경과의 상호능력)
미디어 정의	대중예술	미디어 산업	일상 환경
요구 능력	선별적 미디어 수용 메시지 분별	적극적 미디어 수용 메시지 해독	적극적 미디어 생산과 창조 메시지 창조
인간형	수동적 인간	능동적 인간	창조적 인간

한 학자이다.

이러한 관점은 해롭고 강력한 미디어의 영향으로부터 어린이와 청소년을 보호해야 한다는 입장으로, 어린이와 청소년에게 미디어 내용에 대한 비판적 인지(critical awareness)를 키워주고자 한다. 미디어의 상업주의와 그로 인해 생성되는 대중문화로부터 어린이와 청소년을 면역시킴으로써 미디어의 악영향으로부터 이들을 보호하고자 하는 것으로 미디어교육이 '예방 접종(innoculation)'의 역할을 담당하며 도덕적이고 규범적인 것으로 보았다.

(2) 비판적 텍스트 분석 접근방법

비판적 텍스트 분석 접근방법은 미디어 텍스트 자체에 의미가 담겨 있고 수용자는 그 의미를 수동적으로 받아들인다는 전제를 갖는다. 또한 미디어를 지배 이데올로기를 생산하고 유통시키는 근거지로 파악한다. 그러므로 학생들은 수용하는 미디어 이미지가 누구에 의해, 어떤 목적으로, 누구를 대상으로 생산된 것인지, 우리 눈에 쉽게 보이지 않게 제시된 억압된 혹은 대안적인 이미지는 어떤 것이 있는지 생각해 보아야 한다는 것이다. 이를 위해 바트(Barthes)의 신화 분석 방법을 활용한다. 즉 우리가 당연한 것으로 받아들이고 있는 광고, 신문, 라디오 등의 사회적 현상과 관련된 다양한 의미 작용 형식 속에 내재해 있는 가치를 '신화'라 하고 이러한 형식에 대한 분석을 통해 내재된 가치를 분석하고자 하는 것이다.

이러한 접근방법의 대표학자인 마스터맨(Masterman)은 학생들이 특정 텔레비전 프로그램에 나타나는 이미지들을 비판적으로 읽어내어 그 안에 내포되어 있는 사회적 가치나 이데올로기를 읽어낼 수 있는 방법을 가르쳐야 한다고 주장하였다.

(3) 문화연구적 접근방법

문화연구적 접근방법은 텍스트 중심주의 접근방법에서 미디어 텍스트의 의미가 텍스트 자체에 담겨 있다는 주장에 반대한다. 즉 미디어 텍스트의 의미는 텍스트와 수용자가 만나는 관계 속에서 생산되는 것으로 보는 것이다. 수용자가 어떤 사회적 위치(social position)에서 미디어 텍스트를 해석하는가? 어떤 사회적 맥락(social context)에서 특정한 미디어 텍스트를 접하게 되는가? 누구와 어떤 사회적 관계(social relations) 속에서 이야기하면서 의미를 생산하게 되는가? 미디어 텍스트가 어떻게 언어적으로 묘사되고 이야기 되는가? 등을 종합적으로 고려해야만 미디어 텍스트를 정확히 이해할 수 있다고 보는 것이다.

루이스(Lewis)와 젤리(Jhally, 1998)는 미디어 텍스트 자체뿐만 아니라 텍스트 생산의 맥락을 동시에 이해해야 하며 미디어 텍스트 자체와 제작, 수용에 관한 문제까지 이해해야 한다고 주장하였다. 즉 미디어교육의 목표를 학생들이 소양 있는 소비자가 아니라 소양 있는 시민이 되도록 도와주는 것이라 제시하였다.

(4) 성찰적 미디어교육 접근방법

영국의 미디어교육학자인 버킹험(2000)은 미디어교육의 목적을 미디어를 체계적으로 분석함으로써 그 정치적 영향력으로부터 어린이와 청소년을 해방시키는 것으로 두는 것이 적절하지 못하다고 하였다. 그 이유로 아이들은 미디어 이용이나 아이들에게 미치는 미디어의 영향이 일방향적이라기보다는 어린이 나름대로 미디어에 대해 비판적 시각과 태도를 갖고 있다는 점을 들었다. 그리고 미디어교육이 비판적 시각을 키워주는 것으로 제한되기보다는 아이들이 직접 프로그램을 제작하는 적극적이고 성찰적인 수용자를 길러야 한다고 주장하였다.

즉 남들의 미디어 수용에 대해 비판하기보다는 아이들에게 비판적 능력을 길러주기 위해 자신이 미디어를 어떻게 수용하고 있는지, 미디어를 통해 자기도 모르게 갖게 된 사회문화적 가정과 관습들은 어떤 것이 있는지 등에 대해 성찰할 수 있는 기회를 제공해야 한다는 것이다. 이를 위해서는 아이들이 직접 미디어 작품을 만들어 보게 함으로써 자신의 경험과 지식, 넓은 의미에서 미디어와 관련된 문화에 대해 다시 생각하거나 성찰할 기회를 제공하는 것이다. 이러한 자기 성찰과 평가, 분석에 기초한 전체 제작 과정을 통해 학생들은 자신의 의견이나 생각을 추구하여 자신의 미디어 내용을 창조해내는 것이다.

이러한 접근 방법은 학생들이 실제 자신의 프로그램을 제작하는 데에, 미디어 현업의 실무자들과 연계를 통한 미디어 제작 교육이 이루어지는 것에 대해서는 논란의 여지가 있다. 그리고 미디어교육을 통해 미디어 제작을 가르친다는 것은 학생들의 미디어에 대한 인지(awareness)를 향상시키는 데에 방해가 될 뿐이라는 시각도 있다.

2. 미디어 문식성에 대한 교육적 요구

이미 다른 나라에서는 교육과정 속에 미디어 문식성과 관련된 과목을 넣어 가르치고 있다. 그런데 우리나라에서는 미디어 문식성과 관련된 확고한 교육과정 체계를 잡고 있기보다는 몇 개의 교과 속에서 미디어 문식성과 관련된 내용을 가르치거나 미디어(매체)를 활용하는 정도의 교육이 이루어지고 있을 뿐이다. 특히 학교 현장에서는 직접 학생들이 다양한 활동을 하면서 미디어 문식성을 높일 수 있는데 관심을 갖고 있다. 국어, 사회, 윤리, 역사 과목 등의 개개의 교과에서 인터넷, 뉴스와 가요, 영화 등의 다양한 미디어 텍스트를 이용하여 학생들의 흥미를 높이고 교육 효과를 높이려는 시도를 하기도 한다.

기존 제도권의 교과목에서 미디어를 활용하고 사용하며 각 교과별로 교과의 특성과 적절히 접목시켜 미디어 문식성을 가르치고 있는 반면에, 미디어 전공인 학자들은 미디어를 정규 교과로 만들어 학생들에게 가르쳐야 한

다는 목소리를 내고 있다. 미디어교육의 필요성에 대해서 동감하는 부분이
지만 각 교과별로는 그 교육의 목적, 방법 및 수단 등에서 차이를 보이고 있
다. 각 분야별로 미디어교육을 어떻게 바라보는지 살펴보고, 국어교과에서
는 어떻게 미디어교육, 미디어 문식성 교육을 행해야 하는지 생각해 보자.

1) 독립교과[2])와 미디어 문식성

미디어 단독 교과를 만들려는 단체들은 미디어 리터러시라는 말보다는
미디어교육이라는 말을 사용한다. 미디어교육이 단독 단일 교과가 되기 위
해서는 미디어교육이 무엇이고 그것이 결국 무엇을 가르칠 것인가가 정해
져 있어야 한다. 게다가 그것을 뒷받침하는 다양한 이론들이 있어야 하고
어떠한 흐름을 통해 미디어교육이라는 개념이 탄생하게 되었는지를 밝혀야
만 한다. 즉 '미디어교육이란 무엇인가?'라는 물음에는 단순한 정의뿐만 아
니라 개념 형성과정 그리고 그것을 뒷받침하는 다양한 이론들이 필요하다.

미디어교육은 그것을 논의하는 개인이나 단체의 특성에 따라 혹은 무엇
에 초점을 두느냐에 따라 여러 가지 명칭으로 쓰인다. 미디어교육(media
education), 미디어 문식성(독해)(media literacy), 미디어 인식 교육(media awareness
education), 비판적 보기 기술(critical viewing skills), 시각판단 능력(visual literacy), TV
지각 훈련(television awareness training), 미디어 연구(media studies), 커뮤니케이션 교
육(edu-communication) 등으로 다양하게 불린다.

미디어교육을 독립 교과목으로 인정받고 싶어 하는 미디어교육론자들은
미디어교육의 제반 문제를 두 가지로 생각한다. 그것은 교육 내적인 문제와
교육 외적인 문제로 구분 지을 수 있다. 먼저 교육 내적으로 가장 대표적인
문제점은 교육과정의 문제이다.

---

2) 여기서 독립교과란 미디어교육을 단독으로 제도화된 교육과정 속에 포함시키려는 움직임
   과 그에 따른 교과서를 임의로 나타낸 말이다.

(1) 교육 내적인 문제 – 교육과정

현재 실시하고 있는 미디어교육 프로그램의 커리큘럼은 그다지 체계적이지 못하다. 개별단체에서도 교재를 개발하였고 미디어교육학회나 언론학회에서도 관심을 가지고는 있으나 아직 역부족이다. 한국언론재단 미디어교육팀에는 미디어교사들을 지원하는 프로그램이 있다. 하지만 이 기관의 시작은 언론인 고용촉진을 위해 설립한 곳이므로 교육마인드에 있어 차이가 난다.

구체적으로 커리큘럼을 어떻게 짜야 하는지에 대해서는 아직 더 머리를 맞대고 논의해 봐야 한다. 초급반에서 영상언어를 배우기 위한 방법으로 음향과 문자, 무용, 연극 등 다른 표현 수단과 영상 표현 수단과의 공통점과 차이점을 인식하는 방법을 사용할 수 있다. 교육연극이나 색채심리 등의 내용을 병행하는 것은 상당한 효과를 볼 수 있다. 영상은 음향과 행위, 말 등을 사용하여 종합예술이라고 하기 때문에 영상언어만 독립해서 교육하는 것은 한계가 있다. 영상언어는 단순하고 쉬운 원리를 사용한 것에서부터 복잡하고 어려운 단계까지 있으므로 학년과 나이에 맞는 교재를 개발해내야 한다.

중급반은 영상을 비평적으로 감상할 수 있는 능력을 배양시키는 데 중점을 둔다. 이 단계에서는 영상의 표현 형식을 통해 드러난 내용을 파악하기 위해 비판적 안목을 훈련하는 과정이 중점적으로 이루어진다. 이때 특히 저학년일수록 영상현실과 실제현실을 혼동하므로 영상으로 표현된 사실이 현실 그 자체가 아니라 영상적으로 변형된 영상현실인 픽션이라는 점을 인식하도록 교육한다. 이 과정에서는 실질적으로 영화나 비디오, 슬라이드, 사진 등 영상작품을 보고 토론을 하며 비평문을 쓰고 타 매체로 표현되었을 때 인식에 어떤 차이가 있는지 연구하는 과정을 포함시킨다. 주제별 교과과정으로서의 미디어교육 단계다. 15분에서 20분 정도의 길이로 하나의 주제를 집중적으로 다룬 애니메이션이나 간단한 영상 등을 보고 토론을 하는 등 적극적인 미디어활용교육을 실시한다.

고급반은 직접 영상을 제작하는 단계로 영상적 표현을 통해 자신이 전달하려는 의사를 다른 사람과 영상으로 소통하는 데 그 목적을 둔다. 영상제작도 나이에 따라 난이도를 달리할 수 있다. 어릴 때부터 기계와 친해져야 영상을 쉽게 익히는 법이다. 나이별로 수준별 학습을 할 수 있는 책, 비디오, CD-ROM 등의 영상교재가 다양하게 제작되어야 한다.

영상제작은 전통적인 크레파스나 물감, 조각 등의 전통적인 미술 영역, 사진, 슬라이드, 비디오, 영화(8mm나 16mm), CD-ROM, 만화(동영상, 정지동상), 컴퓨터그래픽 등의 시각적 표현 방법을 모두 동원할 수 있다. 비디오나 영화 등 동영상을 제작하기 전에 사진이나 슬라이드 등 정지영상부터 시작하는 것이 영상적 표현 논리를 익히는 방법이 된다. 간단한 방법부터 시작해서 점차 복잡한 기술을 사용하여 제작을 익혀나가면 된다.

(2) 교육 외적인 문제 - 공교육화

공교육의 교과과정은 교육부의 정책에 의해 전문연구팀이 형성되어야 한다. 이것은 미디어교육 교사 확보와도 밀접하게 연결되어 있다. 학교 교육을 담당할 미디어교육 교사를 위해 초·중·고교 단위로 세분화된 교과과정 및 교안이 마련되어야 하고 시민단체 미디어교육 교사에 대해서도 어린이 대상, 청소년 대상, 일반인 대상, 파견교사 대상 등 다양한 대상에 따른 교과과정이 준비되어야 한다. 이러한 교과과정 개발은 전문가 개인의 차원에서 이루어질 수 없으며 언론학계와 심리학계, 청소년학계, 국어교육학회 등 각 분야 관련전문가들의 통합연구의 형태로 추진되어야 한다.

미디어교육의 제도권 진입이 만병통치약은 아니겠지만 궁극적으로 학교 안으로 들어가기 위해서는 교사교육과 교재개발 등에 대한 연구가 체계적으로 이루어져야 한다. 미디어교육이 제도권으로 들어가기 전 단계인 과도 기인 지금, 이제껏 미디어교육을 실시해온 단체들에서 해야 할 역할은 막대하다. 우선 CA활동이나 방과 후 활동에 역점을 두는 것이 좋다. 단체 미디어교육자들이 제도권 안으로 들어가 학생들을 만나는 게 수월한 방법이기 때문이다. 일반 교과목과 미디어교육은 먼저 접근방법이 다르기에 교사의 기존 수업방식과 마인드로는 접근하기 힘들다. 단체의 미디어교육자들은 맡은바 역할을 다하면서 앞으로 제도권 안으로 들어갔을 때 스스로가 어떤 역량을 발휘할 수 있을 것인지에 대해 고민해야 한다.

2) 사회과 교육과 미디어 문식성

(1) 사회의 미디어 문식성 현황

사회과 미디어교육의 현황을 고찰하기 위하여 '사회·문화' 교과서에 나타난 미디어 자료 활용 현황을 중심으로 알아보고자 한다. 고등학교 사회·문화 교과서에서 집중적으로 다루고 있는 문화 영역은 'Ⅳ. 인간과 문화 현상의 이해' 단원이다. 이에 6종 교과서[3]에 제시된 문화 영역 단원에서의 미디어 자료별 활용을 살펴보도록 하겠다.

6종 고등학교 교과서에서는 '인간과 문화 현상의 이해'에 대한 내용을 교육하기 위해 사진 기사, 관련 자료의 내용 발췌, 그림, 사진, 읽기 자료 등의 미디어를 활용한 자료를 제시하고 있다. 이를 구체화하여 6종 고등학교 교과서 문화 영역에 나타난 미디어를 사례별로 종합해 보면, 아래 표와 같다.

---

3) 김병무 외(2003), 「고등학교 사회·문화」, 대한교과서(주).
　 김태헌 외(2003), 「고등학교 사회·문화」, (주)금성출판사.
　 최현섭 외(2003), 「고등학교 사회·문화」, (주)중앙교육진흥연구소.
　 도종수 외(2003), 「고등학교 사회·문화」, 법문사.
　 노경주 외(2003), 「고등학교 사회·문화」, (주)천재교육.
　 이진석 외(2003), 「고등학교 사회·문화」, (주)지학사.

[6종 교과서 문화 영역의 미디어 자료별 통계]

교과서 \ 미디어	법문사	천재교육	지학사	금성출판사	중앙교육진흥연구소	대한교과서	계
계	30	33	43	30	24	33	193
신문	5	3	1	0	0	9	18
뉴스	0	0	0	1	0	0	1
사진	9	20	25	19	18	12	103
인터넷	3	0	0	2	0	0	5
잡지	1	0	1	1	0	0	3
읽기 자료	12	9	13	4	2	8	48
그림	0	1	3	3	4	3	14
영화	0	0	0	0	0	1	1

6종 교과서의 문화 영역에서 제시된 미디어를 통한 사례별 통계를 살펴보면, 사진과 읽기자료를 활용하는 비중이 크고 뉴스나 영화 그리고 인터넷, 잡지 등은 다른 미디어 텍스트에 비해 거의 활용하지 않고 있다.

법문사는 신문 기사나 관련 자료의 내용 발췌 및 사례 탐구로 인간과 문화 현상을 제시하는 형식으로 이루어졌고, 천재교육은 사진 자료의 비교와 이와 관련된 읽기 자료를 제시하여 탐구하는 형식으로 이루어졌다. 지학사 또한 대부분 사진을 제시한 후, 설명하는 형식으로 되어 있으며 타 교과서에 비해 미디어를 많이 사용하고 있고 사진의 비중 또한 크다. 금성출판사는 인터넷 활용을 통해 탐구하는 활동이 있었고 사진이나 관련 내용의 기술을 통해 조사하고 분석하는 활동의 형식으로 이루어졌다. 중앙교육진흥연구소는 사례 중심보다는 사진을 제시하고 그에 대한 기술 위주로 이루어졌다. 대한교과서는 타 교과서에 비해 신문 기사를 중심으로 한 탐구 활동을 제시하고 조사·발표하는 형식으로 이루어졌다.

따라서 6종 교과서에 제시된 미디어별 사례들은 대부분 사진이나 그림, 관련 자료의 내용 발췌, 신문 기사 등을 통해 제시되었고 사례에 대한 설명

과 비교, 읽기 자료, 탐구 활동을 중심으로 내용이 구성되어 있음을 확인할
수 있다.

(2) 사회의 미디어 문식성 위상과 역할

사회과에서 이야기하는 인간과 공간, 인간과 시간, 인간과 사회의 모든
영역에 있어 미디어는 다양한 측면에서 관계를 맺고 있다. 미디어를 통해
재현되는 시간과 공간, 사회의 모든 부분이 바로 사회과의 교육 내용이 될
수 있기 때문이다. 그러므로 사회과 교육의 목표인 사회와 문화의 다양성을
이해하기 위해서는 미디어가 재현하고 구성하는 시간과 공간, 사회에 대한
시각과 관점에 대한 이야기가 교육 내용으로 포함되어야 할 것이다.

또한 제7차 교육과정의 사회과 교수·학습에서는 정보화에 대처하는 학
습 지도와 시사 자료의 활용 방안을 강조하고 있다. 여기에서는 인터넷을
통하여 세계 각지의 산업과 문화, 환경 등의 최신 정보를 획득하고 전자 우
편을 통하여 다른 나라의 학생들과 토론 및 협동학습을 수행할 것을 강조
하고 있다. 또한 신문이나 잡지, 라디오, 텔레비전, 인터넷 등에서 여러 가
지 수업 자료를 정선하고 검토한 다음 학생들의 수준에 맞게 재구성하여
활용할 것을 제안하고 있다. 한편 사회과 교육에 있어 국가, 사회적 요구
사항을 지도하여야 한다고 이야기하면서 그 안에서 대중 매체 교육에 대한
부분도 명시하고 있다. 이러한 교수·학습방법에 있어서도 미디어교육과의
접목이 가능할 것이다. 학생들 스스로 정보를 찾고 이를 재구성하며 이것을
미디어가 보여주는 정보와 비교하여 선택하는 능력은 사회과 교육과 미디
어교육에 있어 모두 필요한 것이기 때문이다.

다음으로 사회과 교육과정에 있어서 고등학교 2, 3학년 학생들에게 제시
되는 여러 가지 선택 과목 중에서 사회·문화 교과에 있어 미디어교육의
적용을 생각해 볼 수 있다. 사회·문화 교과는 사회·문화 현상을 반성적으
로 탐구하고 비판적으로 분석하여 민주 복지 공동체를 이룩하기 위한 주체

적이고 능동적인 민주 시민을 육성하는 과목으로서의 성격을 가지고 있다. 이를 위한 사회·문화 과목의 내용구성을 살펴보면 사회·문화 현상의 탐구, 개인과 사회 구조, 공동체 생활과 지역 사회, 인간과 문화 현상의 이해, 현대 사회와 사회 문제, 미래 사회의 전망과 대응의 총 여섯 가지 영역으로 이루어져 있다. 이 가운데 미디어와 관련하여 현대 사회와 사회 문제의 영역에 있어 대중 매체와 대중 사회가 하나의 내용 요소로 포함되어 있다. 실제 교과서에서는 이 부분이 대중 매체의 발달이 대중 사회의 형성 과정에 미친 영향을 살펴보는 것으로 구성되어 있어 미디어교육이 직접적으로 적용된 부분은 아니지만 사회·문화 교과의 성격상 대중 매체에 대한 이야기는 빼 놓을 수 없는 것임이 분명하다. 그러므로 사회·문화 교과에서는 미디어의 관점이나 재현에 관한 문제만이 아니라 사회와 문화의 문제와 관련하여 미디어에 관한 다양한 주제를 보다 폭넓게 다룰 수 있을 것이다. 미디어의 세상에 대한 시각이나 재구성의 문제와 아울러 산업적인 측면에서의 미디어나 이러한 미디어가 사회에 미치는 영향과 관련하여 사회·문화 교과의 내용영역의 한 부분으로서 미디어를 포함시키며 이를 위해 미디어교육의 적용이 필요할 것이다.

우리는 앞에서 사회과 교육의 목표인 민주 시민 양성과 미디어교육의 연계성에 대해 살펴보았다. 여기서 논의된 미디어교육은 학생들의 정보에 대한 접근과 분석 그리고 의사소통의 기술을 강화하고 학생들에게 세계에 대한 이해가 왜 중요한지를 인식시켜 준다는 점, 또한 미디어교육은 학생들에게 민주주의 사회에서 언론이 어떠한 기능을 하는지 알려주고 시민들이 정보를 수집하고 다양한 의견에 스스로를 노출시키는 것이 왜 중요한지, 한 사회 안에서 정책 결정에 참여할 필요가 있는 사람들이 누구인지 알려준다는 점을 강조하였다. 그리고 미디어교육은 학생들이 자유롭고 책임감 있게 스스로를 표현하고 리더십의 기술을 익히며 갈등이 일어나는 상황이나 합의를 도출해야 하는 상황 속에서 어떻게 행동할 수 있는지를 생각하도록 만들어 주는 교육적 환경을 강화할 것이라는 기대를 가졌다. 뿐만 아니라 미디어교육은 학생들이 보다 다양한 정보의 출처에 접근하도록 학생들을 자극한다. 시간이 갈수록 미디어와 기술 관련 산업의 소유 집중이 심각해지는 현대 사회에서 미디어교육은 학생들이 가지고 있는 다양성에 대한 신화를 깨뜨릴 수 있는 기회를 제공하는 것이다. 또한 미디어교육은 학생들이 여러 가지 의견과 정보를 스스로 탐색하도록 도와주는 역할도 하게 된다. 따라서 사회과 교육에서 미디어교육의 위상은 바로 학생들에게 민주적이고 다양한 의견과 관점에 대해 스스로 탐색하고 분석할 수 있는 능력을 길러주는 데 있다고 볼 수 있다. 사회과 교육을 위해서 미디어교육은 '미디어를 통한' 혹은 '미디어에 관한 교육'을 통해 사회 속에서 실천할 수 있는 능력을 키워주는 데 자리매김 될 것이다.

3. 국어과 교육과 미디어 문식성

국어과에서 미디를 다루게 된 시기는 그리 오래전이 아니다. 국어교육과 미디어문식성의 관계 또는 상호성을 논의한다는 것이 아직 무리인 것이 사실이다. 그러나 미디어의 발달과 미디어 사용자의 증가는 궁극적으로 미디어 교육의 기능성을 확장하는 결과가 되었다. 이제 새 교육과정에서 미디어와 관련된 교육 내용을 찾는 것이 그리 어렵지 않다. 하지만 여전히 해결하고 지향해야 할 문제는 산적해 있다. 국어의 미디어 문식성 현황과 국어과 미디어 문식성 교육의 당위성과 현황에 대한 논의는 바로 그런 문제들의 분석과 대안을 마련하기 위한 선결 과제이다.

1) 국어의 미디어 문식성 현황

국내 미디어교육은 미디어의 역기능적 폐해를 강조하고 이를 일회적인 강의나 강좌의 과목으로 다루던 것까지를 포함하여 1973년 가톨릭교회에 의해서 국내에 처음으로 소개되었다. 그런 점에서 미디어교육의 역사는 30년 가까이 되었다고 할 수 있다(김광호, 2000).

이전에 1960년대 말부터 텔레비전이 일반화되기 시작했으나 텔레비전 문식성을 교육하는 교육과정은 찾아볼 수 없으며 시각, 영상 문식성도 거론이 되지 못한 상태였다. 다만 5차 교육과정부터 6차 교육과정까지 컴퓨터에 관한 교육은 강화되어 독립 과목으로 실시되고 있다. 그러다가 미디어 문식성 교육이 본격적으로 논의되기 시작한 것은 1997년 혹은 1998년으로, 김대행이 「매체 언어교육론 서설」을 발표한 것이 1997년의 일이었고 이듬해에는 한국국어교육연구회가 1998년도에 학술세미나 '다매체 시대의 국어교육'을 열어 매체 언어가 국어교육의 중요한 대상이라는 입장을 취하며 그 근거로 언어 환경의 변화와 문화인식의 변화, 통일의 지향과 교육의 책무를 이야기한다(홍완선, 2005 : 105). 이때까지도 미디어에 대한 개념이 불완전하여 미디어를 '조작 활동이 필요한 기계, 기기'로 해석하여 수업 중에 미디어를 활용하는 것이 고작이었다. 그리고 좀 더 나아가 교과 수업 시간에 미디어를 활용하여 교육하는 정도에서 이제는 '매체 언어', '미디어 리터러시', '멀티 리터리시'라는 용어를 사용하고 그 개념들이 확산되어지면서 학생들이 미디어를 수용 및 활용하는 정도에 머무르는 것이 아니라 비판적인 수용자, 생산자가 될 수 있는 교육을 실시해야 한다는 생각이 공유되고 있다. 그리고 지금의 7차에서는 미디어교육이 선언적, 상징적 수준 반영에 그치고 있어 미디어교육에 대해서는 따로 포함시키지 않고 있다. 그러나 새로 개정될 7차 교육과정에서는 선택 과목에서 '언어와 매체', '매체와 언어생활', '미디어 읽기'와 같은 선택 교과의 대안들이 제안되고 있다.

2) 국어과의 미디어 문식성 교육의 당위성과 방향

우리는 여러 다양한 미디어에 둘러싸여 살아가고 있다. TV의 경우, 우리나라는 4천 7백만 명의 인구에 1천 2백만 가구 정도가 있는데, 이 중 텔레비전이 없는 가정은 거의 없다. 1가구 1대의 수상기 보유를 넘어 2대 이상 가지고 있는 가정도 50%를 넘어선다. 또한 OECD(2005) 발표에 따르면 초고속인터넷 보급률이 OECD 국가 중 1위를 차지했다. 한국의 초고속인터넷 보급률이 지난해 말 기준 인구 100명당 24.9명으로 OECD 연구 결과, 한국은 4년 연속 초고속인터넷 보급률 1위를 이어가고 있으며 다른 나라에 비해 10.2배 정도 많은 인구가 인터넷을 사용한다. 사회가 발달하면서 각종 미디어 환경의 변화에 따라 사람들이 의사소통을 하는 수단의 변화가 오고 그에 따라 구성되는 의미도 달라졌다.

맥루한(1964)은 미디어라는 것이 단순히 도구로서의 역할만을 하는 것이 아니라 그 자체가 의미를 가진 메시지의 역할을 한다고 했다. 과거 최고의 미디어가 인쇄물이었다면 지금은 멀티미디어로 문자, 음성, 영상이 복합된 메시지라고 할 수 있다. 우리는 이런 메시지를 통해서 다른 사람과 의사소통을 하며 새로운 의미 구성을 하는데 이 과정에서 개개인은 자신이 생각하고 표현하고자 하는 바를 미디어를 통해서 효과적으로 구성할 수 있어야 하며 또 다른 이가 말하고자 하는 바를 정확하게 이해할 수 있는 능력이 있어야 된다. 이것은 곧 미디어 문식성이며 미디어 문식성을 미디어를 통해서 이루어지는 언어의 활용과 의사소통, 의미 구성의 차원으로 본다면 언어를 다루고 있는 교과인 국어교육에서 가르쳐야 할 것이다.

미디어 문식성 교육이 국어교과 내에서 이루어져야 하는 이유에 대해서 좀 더 살펴보면, 국어교육의 목표인 의사소통능력 신장의 차원뿐만 아니라 방법에 있어서도 다양해질 수 있다. 인터넷 상에서의 화상 채팅이나 화상 전화, 영화 만들기 등을 통해서 의사소통의 방법을 넓힐 수 있다. 또한 우리 삶에 깊숙이 자리잡은 미디어는 우리 삶을 반영하여 실제적인 국어 생활에 대해서 돌아볼 수 있게 한다. 그리고 미디어를 통해 의미를 구성하면서 당대의 사회·문화적 맥락에 따라 특정한 사회·문화적 의미를 생산하고 유통시킬 수 있으며 이런 과정들에 대해서 비판적인 눈으로 바라볼 수 있으며 여기서 더 나아가 새로운 생산자가 될 수 있다. 국어교육의 내용이 언어라는 도구를 기반으로 표현하고 이해하는 모든 영역으로 확장될 수 있기 때문에 미디어 문식성 교육은 국어 교과에서 이루어져야 한다.

미디어 문식성 교육이 제대로 이루어지기 위해서는 먼저, 미디어 문식성에 대한 개념이 설정되어야 한다. 여전히 미디어 문식성 용어 자체에 대해서도 낯설어하기도 하며 미디어 문식성(literacy), 멀티 리터러시(multi literacy), 미디어, 매체 문식성 등의 개념들이 혼용되어 사용되고 있다. 이런 개념들에 대한 설정이 우선 필요하며 개념이 설정되고 나면 우리나라 국어교과 실정에 알맞은 미디어 문식성 교육과정이 설정되어야 한다. 학년별로 체계적인 교육과정을 설정하여 미디어교육을 계획하는 단계, 미디어 수업을 국어 교과 내에서 진행하는 단계의 기초를 제공하는 커다란 틀이 마련되어야 할 것이다.

그리고 이런 교육과정에 적절한 교재를 구성하고 선정하여 가르치는 일이 중요하다. 교육과정을 제대로 구현하면서 빠르게 변화하는 미디어 환경에 부합할 수 있으며 학생들의 흥미와 동기, 욕구를 충족시킬 수 있는 교재가 선정되어야 하겠다.

또한 국어교과 내에서 미디어 문식성 교육을 잘할 수 있도록 교사 양성 특히, 대학에서부터 체계적인 교육을 받고 임용 이후에도 교사 연수 등을 통해서 계속해서 변화하는 미디어와 국어교육을 조화롭게 가르칠 수 있도록 교사를 양성해야 하겠다.

4. 미디어 문식성의 전망

지하철의 풍경이 달라지고 있다. 휴대전화에 연결된 이어폰을 귀에 꽂고 지하철 이동속도보다 더 빠르게 문자를 전송하던 학생들에게 한 가지 문명이 추가되었다. 이제 학생들은 음악을 들으면서 뮤직비디오를 보고 문자를 전송한다. 연필 세대들에겐 너무나 버거운 세 가지의 활동이 동시에 이루어지고 있다. DMB(Digital Multimedia Broadcasting)는 이동 중에서도 방송을 볼 수 있는 가장 최근의 멀티미디어 장치이다. 저장된 영상을 재생하여 보는 것이 아니라 송출 전파를 수신하여 방송을 볼 수 있는 것이다. 소리만 주고받던 시절에서 문자는 물론 영상의 송수신이 가능해진 것이다. 이제 학생들은 큰 소리로 통화하는 어른들을 경멸한다. 그들은 달리는 지하철 소리에 자신의 목소리를 얹어 요란한 소음을 자아내는 어른들의 통화 모습을 DMB 휴대폰에 담는다. 그리고는 MMS(Multimedia Messaging System)를 이용하여 UCC로 만들어 WWD로 보낸다. 그 어른은 순식간에 '개똥녀'가 되어버린다.

1) 디지털 시대의 미디어 문식성

30년 전 여름 마샬 맥루언(Marshall Mcluhan)이 『미디어의 이해―인간의 확장』을 출간하였을 때 그는 당대의 최고 예언가로 불릴 만큼 미디어의 미래에 대한 구체적 담론을 제시한 학자로 존경받았다. 당대의 비평가들은 맥루언의 텍스트를 이해하고 확장하는 데에 한계를 느꼈다. 그가 살던 시대의 '전기'는 에너지일 뿐이지 그것이 메시지를 이동하는 미디어가 되리라는 것을 예측하지 못하였던 것이다. 오늘날 맥루언을 읽는 비평가들은 그의 예측이 지금 이시대의 상황에 너무나 정확하게 맞아떨어지고 있다고 감탄한다. 그러나 그 감탄이 얼마나 갈지 우리는 알 수 없다. 맥루언의 '전자시대'가 '디지털시대'로 귀속되어 가고 있기 때문이다. 디지털시대의 미디어 문식성이 전자시대의 미디어 문식성과 다른 점은 컴퓨터 기술과 소프트웨어의 비약적인 발달에 기인한다. 디지털 시대의 미디어 문식성은 '동영상', '웹', '게임'을 통하여 논의되어야 할 것이다.

(1) 동영상 문식성

디지털시대의 개막은 개인용 컴퓨터의 발달과 맥을 같이 한다. 컴퓨터는 더 많은 기능을 추가하면서 점점 더 작아지는 추세에 있다. 또한 컴퓨터의 다양한 기능 중 하나인 화상 편집 기능은 음성이나 문자 중심의 정보를 음성과 문자를 포함하는 동영상 체제로 전환하게 하였다.

컴퓨터 화상 편집 작업은 영상을 이해하는 데에 크게 도움이 된다. 이러한 연구는 영국의 미디어교육을 주도하는 영국영화협회(BFI)가 2000년 초에 정리한 보고서 『Edit = Play』에도 잘 나타나 있다. BFI는 디지털 시대를 맞이하여 영화, TV, 인터넷, 비디오 등 미디어의 구분과 경계를 없애는 것과 동시에 모든 것을 아우르는 영상과 관련된 교육을 전개하여 나가기 위하여 '영화'라는 용어의 사용보다는 'Moving Image(동영상)'이라는 용어를 적극적으로 사용하고 있다. 디지털시대의 아이들에게 미디어 문식성은 자연적으로 몸에 배는 것이 아니라 학습이 필요하기 때문에 학교에서 말을 배우듯이 동영상이라고 하는 '언어'를 학습할 필요가 있다는 것이 이 보고서의 핵심이다.

읽고 쓰기를 배울 때 단어를 외우고 문장으로 만들어 그것을 단락으로 발전시키는 것처럼 영상에서도 이야기를 만들려면 여러 컷(cut)이 필요하고 그것이 조립되어 신(scene)으로 발전해 간다. 화상 편집은 동영상의 의미를 만드는 데 큰 역할을 하고 있다. 이것을 이해하기 위하여 디지털 기기를 사용하면 다른 어떤 것보다 더 쉽게 동영상에 대하여 학습할 수 있다고 보고서는 설명한다. 즉, 동영상의 이해는 문자의 이해에 비하여 어렵고 느리기 때문에 영상 언어를 습득해야 할 필요성이 있으며 영상 언어를 습득한 사람이라면 영화, TV, 멀티미디어, CD-ROM, 인터넷, 컴퓨터 게임 등에도 응용할 수 있다는 것이다.

이 보고서의 목적은 디지털 기기를 사용하여 이야기가 있는 동영상을 만드는 것이 동영상에 대한 이해를 얼마나 깊이 있게 할 수 있는가를 분석하는 것이며 디지털 미디어 교육과정 속에 편집이나 제작의 중요성을 일깨우는 데에 있다. 동영상을 이해하고 분석, 비판하는 전자시대의 미디어 문식성이 생산의 구조로 전환되어 가는 경로를 알려주는 신호이다. 이러한 신호는 디지털 시대의 미디어 문식성 교육과정 내용의 개편과 보완을 요구한다.

(2) 웹 문식성

웹의 정보는 양적인 면에서 무한대의 팽창을 지속할 것이다. 그러나 질적인 면을 고려한다면 인터넷을 하지 않는 편이 나을 성싶을 정도로 지식의 순도를 떨어뜨리는 것들이 정보의 가면을 쓰고 돌아다닌다. 더구나 인터넷 세계로 들어서는 순간 원하지 않는 정보들이 웹을 통하여 무조건적으로 개인의 영역을 파고든다.

인터넷이 유용한 만큼 해악도 많은 것은 누구나 알고 있다. 따라서 도움이 되지 않는 정보를 막아내기 위하여 어떤 장치나 프로그램을 사용한다 해도 결국에는 그 장치나 프로그램이 유명무실해지기 때문에 개인 스스로 판단할 수 있는 능력을 길러주어야 한다.

웹 문식성은 웹을 통하여 효과적으로 길러질 수 있다. 가장 좋은 방법은 웹 문식성 학습자들의 홈페이지를 활용하는 것이다. 만일 홈페이지가 없는 학습자라면 특정 주제를 정하고 정한 주제와 관련된 홈페이지를 대상으로 하는 것이다. 즉, 홈페이지의 정보나 디자인의 구조 등을 다양한 관점에서 분석하거나 인터넷이 사회에 어떠한 영향을 미치고 있는가를 토론한다. 수업의 최종 목적은 학생 개개인이 문자나 화상을 이용하여 홈페이지를 제작하고 자신의 생각을 발신하는 것이다.

최근에는 블로그(blog, Web+log) 형식의 개인 홈페이지가 다양한 형태로 만들어지고 있다. 전문가적인 지식과 기능을 갖추고서야 만들 수 있었던 홈페이지를 기존의 조각 양식들을 모아 자신만의 특징 있는 홈페이지를 구성할 수 있게 되었다. 이러한 활동은 컴퓨터를 사용하는 기능을 수행하는 것이 아니라 웹에 담겨 있는 정보를 비판적으로 수용할 뿐 아니라 필요한 정보를 수집하여 유용하게 재구성할 수 있게 한다.

홈페이지를 활용한 웹 문식성 활동으로 다음을 제안할 수 있다.

① 사이트의 목적을 이해한다

모든 사이트가 명확한 목적을 가지는 것은 아니지만 홈페이지를 통한 정보의 제공을 통하여 홈페이지 관리자가 얻는 것은 무엇이며 어떤 목적으로 만들었는지를 이해하여야 한다. 즉, 제품이나 서비스를 팔려는 것인지, 정보 제공을 하려는 것인지, 홍보 또는 광고를 하기 위한 것인지 등을 파악하여야 한다.

② 사이트의 신뢰성에 대하여 조사한다

기업이건 개인이건 원하는 정보의 수집을 위하여 접근하였으나 실제의 내용이 전혀 다른 경우를 접하게 될 때가 있다. 유명한 의사의 홈페이지를 찾아 그가 전공한 분야의 의료적 도움을 얻고 싶었지만 정작 동명이인의 의료기기 판매 사이트가 나오는 경우이다. 이런 경우 필요한 정보를 얻기 위해서는 다른 여러 웹을 방문하여 수많은 읽기를 수행해야 한다. 그 결과 보다 나은 정보를 얻을 수 있을 것이며 그것이 개인에게 유용한 정보로 활용될 것이다.

③ 정보의 유용성을 판단한다

수를 셀 수 없을 정도로 많은 정보들이 떠다니는 상황에서 내게 필요한 정보를 골라내기란 쉽지 않은 일이다. 또한 필요한 정보를 얻을 수 있을 것인지 의심이 갈 때도 있다. 다양한 키워드 검색과 검색 사이트 읽기를 통하여 얻은 정보가 어떻게 유용한지를 판단할 수 있어야 한다. 디지털시대의 정보는 양태가 매우 다양하여 정보를 추려내는 것부터가 쉬운 일이 아니다. 잘못하면 정보를 찾다가 시간을 허비할 수도 있다. 따라서 내게 필요한 정보를 필요한 만큼 주어진 시간 안에 찾을 수 있어야 할 것이다.

④ 내 사이트와 비교한다

어떤 형태의 어떤 정보를 담고 있는 사이트이건 간에 그것이 나의 것과 어떤 면에서 좋고 나쁜지를 생각해 볼 필요가 있다. 앞의 세 가지 측면이 비교의 기준이 될 것이다. 웹은 순간순간 변한다. 변화가 없다는 것은 이용 가치나 실적이 없다는 것을 의미하므로 비교 대상에서 제외된다. 그러나 순간순간 변하는 인터넷 세계에서 살아남기 위한 웹을 구성하기 위해서는 내 것이 다른 것과 어떻게 다르며 어떻게 좋은 방향으로 변화를 줄 수 있을 것인지에 대한 고민이 있어야 할 것이다. 다양한 사이트의 접근과 비교를 통하여 좋은 점을 수용하여 나의 것으로 재구성하는 활동이 필요하다.

(3) 게임 문식성

디지털시대의 어른들을 가장 흥분시킨 미디어는 아마도 게임일 것이다. 어른들의 화투놀이와 같은 아이들의 게임은 구슬치기나 말타기와는 전혀 다른 속성을 갖고 있다. 이전의 게임이 실제로 행하는 것이었다면 디지털시대의 게임은 아이들을 현실과 다른 어떤 세계로 이끌어간다. 간혹 어떤 아이들은 게임의 세계를 현실로 착각하는 경우도 있을 정도이다.

어른들이 이해할 수 없는 아이들의 게임 중독 현상은 다분히 게임에 대한 어른들의 무지에서 비롯된다고 할 수 있다. 어른들이 이해하지 못하는 아이들의 게임은 단순히 놀이가 아니라 체험이기 때문에 니코틴 중독으로 담배를 끊지 못하는 현상과는 전혀 다르게 이해되어야 할 뿐 아니라 새로운 교육적 접근이 요구된다.

게임을 현실로 착각한다거나 게임의 상황을 현실 세계에서 재연하려는 행위가 비극적인 사건의 발단이 된다는 것에만 집착한 나머지, 게임을 '범죄의 온상'이나 '성적저하의 주범' 정도로 인식하여 아예 시대의 논의에서 제외해 버린다면 결과는 더욱 비참해질 것이 분명하다. 결국 막을 수 없다면 교육을 통하여 게임의 해악을 줄이는 것이 필요하다. 디지털시대의 게임 문식성 교육을 실시하여야 한다.

컴퓨터 게임을 단순히 놀이로 생각하는 것이 아니라 게임을 건설적으로 비평하고 기술적인 면에서의 이해를 높여주어 실제로 게임을 디자인하는 수업을 진행할 필요가 있다. 동시에 게임과 문화의 관계에 대해서도 검토하여야 한다.

실제 수업에서는 아이들에게 익숙한 게임을 선정하여 게임의 제작 과정이나 이야기 전개 방식에 대하여 토론하고 비판하게 한다. 또한 게임 스토리의 구성을 분석하여 장단점을 구분해내고 실제로 게임의 내용을 연극적인 상황으로 재연할 필요가 있다. 또한 게임과 폭력의 관계나 게임이 왜 소년 범죄의 희생양이 되기 쉬운지, 게임이 왜 재미있는지, 좋은 영화나 좋은 책처럼 좋은 게임이 있는지, 있다면 그 기준은 무엇인지 등 게임을 다양한 측면에서 생각해 본다.

게임 디자이너, 게임 평론가, 멀티미디어 아티스트 등 현장에서 활약하는 게임 관련 종사자들을 초청하여 게임이 어떻게 만들어지고 있는지, 지금 팔리고 있는 게임의 포맷이 무엇인지, 게임 판매를 위한 전략은 무엇인지 등을 묻고 답하는 시간을 갖도록 해본다.

2) 미디어 문식성의 미래

70인치 PDP 모니터를 바라보는 아이들. 지역사회 한의사와 아이들이 양방향 커뮤니케이션 시스템을 이용하여 수업을 진행하고 있다. 원격 공간을 사이에 두고 한의사와 아이들은 전통진료에 관한 대화를 나누고 있다. 아이들은 책상으로 구성된 개인 컴퓨터 시스템을 통하여 새로운 정보를 검색하고 질문 거리를 찾고, 선생님은 교실 정면의 전자칠판에 중요한 내용을 입력하고 있다.

앞의 상황은 먼 미래의 다른 나라 이야기가 아니다. 실제로 우리 주변의 학교에서 일어나는 수업 장면의 예를 든 것이다. 미디어 문식성의 미래는 교육을 여러모로 변화시킬 것이다.

(1) 교육과정

교육과정은 미디어 문식성의 발달에 따라 수시로 개정보완을 하여야 할 것이다. 특히 매체의 발달이 초래할 변화는 미래 사회의 담론을 변화시킬 것이다. 학생들의 언어사용은 양이나 질적인 면에서 매우 위험한 수위에 다다를 것이 뻔하다. 학생들은 말하거나 쓰는 대신에 문자전송을 선호한다. 미래의 획기적인 의사소통 미디어의 등장을 대비하는 교육과정의 수시 보완은 더 이상 교육과정이 미디어의 발달을 저해한다는 소리를 듣지 않게 할 것이다.

(2) 교과서

교과서는 교육과정에 비하여 보다 발 빠르게 전방 위에서 미디어의 발달을 이끌어 나아가야 할 것이다. 교과서는 더 이상 문자 일변도의 허름한 교육 미디어로 남아서는 안 된다. 가장 앞선 기기와 소프트웨어를 동원한 교육 저장·수급·조달 장치여야 한다. 교육과정을 담아내는 그릇이 바뀌었으니 그 내용물도 바뀌는 것은 너무나 당연하다. 속은 같으니 겉모양을 바꾸는 방법도 필요하다. 어떤 경우 미래의 교과서는 교사 그 자체일수도 있다.

(3) 교사와 교실

미래의 교실은 어떤 모습일까? 지금 우리가 상상할 수 없을 정도의 진보된 미디어가 교실을 지배할 것이라는 것은 뻔하다. 20년 전만 해도 지금의 교실을 상상할 수 없었다. 20년 후를 상상할 수 없는 지금과 같은 조건이었다. 교육과정에 나오는 모든 교육 내용 인터넷을 통하여 학습할 수 있는 시대가 오리라는 것을 상상할 수 있었던 교사들이 몇이나 되었을까?

아이들을 통제할 수 있다면 책상에 가만히 앉아서 그날 시간표의 모든 교과목의 교육 내용을 아이들에게 전달할 수 있다. 하나의 모니터를 주시하는 아이들이 모두 동일한 시간에 동일한 교과목의 동일한 교육 내용을 전달받고 있다는 것이 문제이긴 하다. 한 명의 교사가 40명의 아이들에게 동일한 내용을 전달하는 것과 별다를 일이 없다. 그렇지만 40명의 학생에게 40명의 교사가 있다고 하자. 학생의 흥미와 요구, 학습 능력과 발달 수준에 맞는 교육이 가능하지 않을까? 이런 개인 교사의 역할을 수행하는 교육 시스템은 이미 개발단계에 있다. 실제로 2005년 교육박람회에서 시연된 쌍방향 교육 시스템은 부분적인 교사의 통제 하에 자기주도적 학습을 가능하게 한다.

미래의 교사는 누구일까? 학습자들은 이미 디지털 미디어 문식성의 중요성을 알고 지난 시대의 교사로부터 미디어 문식성의 비판적 수용과 반응에 관한 교육을 받았기 때문에 미디어 장치를 스스로 조정할 수 있을 뿐 아니라 미디어의 교육 내용을 자신의 능력과 적성, 필요와 요구, 흥미와 발전 가능성을 타진하면서 교수·학습할 것이다. 개인 미디어 학습실이 원형으로 배열된 공간의 중앙에 학생들을 감시하는 교도관처럼 석고기둥이 되어 앉아 있을 것이다. 아니 그마저도 로봇이 대신하지 않을까?

미디어 문식성의 미래는 어떤 면에서 인간의 교육 체계를 완전히 바꾸어 놓을지도 모른다. 미디어가 교사의 역할을 온전히 대신할 수 있는 내용과 기능을 갖춘다면, 학생들이 미디어를 올바르게 해석하여 수용하고 비판적으로 반응할 수 있는 능력을 갖추게 된다면 교사는 어떤 역할을 담당해야 하는 걸까? 학습자의 미디어 문식성 교육조차 미래의 미디어가 담당할 것인데 말이다.

결국 미래의 교실에서 유일하게 인간으로 존재하는 교사는 말과 글을 가르치는 '국어 선생님'일 것이다. 인류의 문명과 역사를 지탱하여 온 언어를 파괴할 미래는 없을 것이다. 언어는 사고이고 언어가 없으면 사고도 없기 때문이다. 사고가 없는 미래는 죽은 미래이다. 미디어 문식성의 미래는 언어를 제외한 모든 교과 교육의 미래가 될 것이며 국어교사의 역할과 국어교육의 중요성을 더욱 부각시키는 국어교육의 작은 내용영역으로 자리할 것이다.

선(線)이 없어진 WiBro(Wireless Broadband) 시대의 어른들은 학생들을 감당하기가 어렵다. 그들을 이해하기 위해서 배워야 할 것도 많다. 과거 어른들은 학생들을 가르쳐야 할 입장이었다. 그러나 선이 없어진 어느 때부터인가 어른들은 학생들에게 많은 것을 배워야 할 처지에 놓이게 되었다. 더 이상 종이로 축하 편지를 받을 수 없는 시대이기에 어른들은 최소한 자식들이 보낸 문자를 열어볼 수 있는 방법만이라도 알아야 한다. 인류에게 '문자'라는 미디어가 생겼을 때만해도 문자를 배우기 위하여 갖은 고생을 하는 어른들은 몇 안 되었을 것이다. 왜냐하면 문자가 말을 대신하기에는 문자를 담아낼 장치가 그리 편리하지 않았기 때문이다. 그러나 말을 전달하기 힘든 거리를 문자로 담아 어느 곳이든 보낼 수 있었던 '종이'라는 미디어가 발명되었을 때 문자를 배우지 못한 어른들은 매우 곤란하였을 것이다. 먼 곳에 있는 자식에게 하고 싶은 말을 하지도 못하고 듣지도 못하였기 때문이다. 그러나 어른들은 현명하여 무식을 떨쳐버리고 문자를 배우고 익혀 끝내는 학생들을 가르칠 수 있는 입장에 설 수 있게 되었다. 지금의 어른들은 종이라는 미디어의 발명이 가져다주었던 격변의 시기에 살고 있다. 지금은 그때와 달리 변화의 속도가 너무 빨라 무엇 하나를 배우고 나면 그 무엇은 사라지고 다른 무엇을 다시 배워야 하는 입장이 되지만 여전히 어른들은 과거에도 지금도 현명하기 때문에 능동적으로 대처하리라 믿어 의심치 않는다.

존 로 타운젠드(Jhon Rowe Townsend)는 『어린이책의 역사』에서 다음과 같이 말하고 있다.

　몇 년 안으로 어린이 책 작가와 일러스트레이터들과 그 뒤를 잇는 사람들은 우리들이 상상도 하지 못할 방법으로 작업하게 될 것이다. 하지만 어린이들의 관심을 끌고 상상력을 고양시켜 온 그림책이나 이야기책들은 지금까지도 꺾이지 않고 생명을 유지하고 있으며 앞으로도 그러리라 생각한다. 결국, 모든 것이 불리하지만은 않을 것이다. 몇 백만의 관객을 가지고 있는 영화나 텔레비전이 제공하는 다양성은 분명히 책보다는 떨어지지만 보다 새로운 매체와 더불어 항상 엄청난 초기 생산비를 들여야 할 것이고 대중적인 취향을 제대로 맞추는 데에 매달려야만 한다. 아무리 훌륭한 재료가 많다고 해도 반응이 신통하지 않으면 사용할 수 없다.

책은 대개의 경우 대중 매체와는 차이가 나는데 몇 천 부만 팔려도 적자는 면하고 초기 경비도 아직은 상당히 적게 드는 편이다. 그래서 특별한 독자를 위한 책들이 여전히 존재할 수 있다. 게다가 영화나 텔레비전 프로그램이나 디스크 제품과는 달리 책은 '열려' 있고 끝나지 않으며, 어린이는 자신의 생각을 보태서 이야기를 완성한다. 읽힌 책은 작가와 독자의 합작품인 것이다.

나는 책에는 계속해서 버텨 나갈 힘이 있다는 신념을 가지고 있다. 결국 끈질기게 살아남는 늙은 새와 같을 것이다. 사람들은 영화와 라디오, 텔레비전이 이 새를 죽일 것이라고 생각했지만 새는 아직도 죽지 않고 있다. 21세기가 되어 현대의 온갖 기적들과 우리가 여태까지 꿈도 꾸지 못했던 것들이 다가와도 난로 앞에 놓인 깔개 위에 혹은 깔개를 대신한 어떤 것 위에 엎드려서 주변 환경에서 몇 광년이나 떨어진 채로 책 속에 빠진 어린이가 곳곳에 남아 있으리라는 생각은 지나치게 낙관적인 상상만은 아닐 것이다.

타운젠드가 1995년 이 책을 쓸 당시의 세상은 맥루언의 세상보다 훨씬 전기적으로 발전된 상황이었다. 그럼에도 불구하고 타운젠드는 어린이들이 인터넷 게임이나 TV에 매달려 있기보다는 책이 주는 즐거움에 빠지게 될 것이라고 예견하였다. 이것은 미디어의 변화가 전통적인 형태의 독서 행위를 저해하는 일은 없을 거라는 뜻이다. 그러나 안타깝게도 요즘 아이들이 자신에게 자유롭게 주어진 시간에 책을 읽는 경우를 찾아보기가 힘들어졌다.

책도 한때는 훌륭한 미디어 역할을 수행하였다. 지금도 여전히 제 역할을 하고 있지만 인터넷 강국의 아이들은 문명을 최대한 즐기고 이용할 줄 안다. 따라서 타운젠드의 기대가 현실이 되기 위해서는 종이의 추억을 기억하도록 해야 하지만 현실은 그렇지 못하다. 따라서 미디어 문식성의 미래에 속한 어린이들이 어떻게 자신의 문화를 구성하고 전달하는지를 이해할 필요가 있다. 어쩌면 언어는 제 기능을 상실하고 말지도 모른다.

전자시대의 미디어 문식성은 디지털 시대의 미디어 문식성을 다 이해하지 못한다. 미디어의 발달에 집착을 하면 더 이상 언어사용은 필요 없다. 파장만 남을 것이다. 스티븐 스필버그의 'ET'에서 외계인과 소년이 손가락을 맞대면서 의사소통을 하는 장면은 허구가 아닐 것이다.

기술의 발달은 어느 시점에서 손가락을 마주대거나 눈동자를 마주보는 것만으로도 의사소통을 가능하게 할지 모른다. 파장이 모든 것을 해결하게 되는 세상이 오면 언어사용은 무의미해질 것이다. 아이들은 더 이상 종이와 연필을 사용하려고 하지 않는다. 강력한 기능의 이동통신 기기를 이용하여 자신의 생각을 끊임없이 주고받는다. 그러나 앞으로는 자신의 생각을 누구에게 보낼 것인지 정하고 보낼 내용을 정리하는 것만으로도 모든 의사소통이 이루질 수 있을 것이다. 언제일지는 모르지만 만화에 등장하는 외계인들은 전부 머리만 크고 입이 없다. 그렇게 될 가능성이 없지 않다. 그러나 더욱 장기적으로 생각해 본다면 언어의 고차원적인 이해와 표현의 부족으로 인하여 사고의 확장은커녕 사고의 수축을 초래하여 인류는 말도 못하는 바보들로 전락하게 될 가능성도 있다.

미디어 문식성의 미래는 문자문화시대로의 환원이 되어야 할 것이다. 학교는 더욱 강력하게 인간의 언어사용 능력을 잠식하는 미래 미디어 사용을 금지하는 데에 앞장서야 할지 모른다. 남의 말에 귀 기울이고 자신의 생각을 분명하게 말할 수 있도록 낡고 찢어진 책을 큰 소리로 읽게 하고 종이와 연필로 사랑하는 사람에게 편지 쓰는 법을 강조하고 강요해야 할 날이 멀지 않았다.

제6장

어린이문학 교육 내용구성 방안

수용의 측면에서 어린이문학은 가장 광범위한 영역을 차지하고 있다. 문학 권력의 울타리만 벗어난다면 독자의 층위나 경제적 지위 측면에서 무시할 수 없을 정도의 독자적 범주를 확보하고 있다. 문학의 문화적 가치를 감안하여 어린이문학의 경제적인 지위를 따지지 않더라도 독자가 없는 문학은 상상할 수 없다. 이러한 기본적 인식에 근거한다면 어린이문학의 위상에 대한 의심의 여지는 없을 것이다. 독자의 층위만으로 어린이문학의 위상을 결정지을 수 있는 것만은 아니다. 독자가 많다는 것이 좋은 문학을 지칭하는 것이 아니라는 것을 인정하기 때문이다. 그럼에도 불구하고 어린이문학의 독자 층위를 위상의 잣대로 삼는 것은 독자 층위가 '어린이'이기 때문이다. 어린이의 순수성을 감안한다면 어린이문학의 위상에 대한 잣대를 어린이로 상정하는 것이 타당하다.

어린이문학을 논의할 때에 어린이라는 독자 층위와 어린이 독자를 위한 구매 수요자를 생각하지 않을 수 없다. 어린이라는 독자를 대상으로 생산된 문학이 어린이를 위한 구매 수요자를 중심으로 어린이문학의 소통이 이루어진다. 어린이 독자와 어린이를 위한 구매 수요자의 관계는 계몽 또는 교육적 소통 관계로 연결되어 있다. 부모와 자식 간이거나 교사와 학생 간의 관계일 것이다. 어린이에게 읽을거리를 제공하는 사람 또는 환경이 어린이에게 미치는 영향의 중요성을 간과할 수 없다. 어린이문학이 다른 독자 층위의 문학1)과 확실하게 구분되는 것이 바로 부모와 교사 등이 개입하는 문학소통문화2)이다.

어린이문학 교육은 어린이에 의한, 어린이를 위한, 어린이의 문학을 기본 전제로 한다. 동요나 동화로 전해지는 어린이문학의 원형은 어떤 문학사적 범주보다 오래된 것이다. 어쩌면 모든 문학의 원형이 전래동요나 전래동화 같은 어린이문학의 형태로 볼 수 있을 것이다. 전래동요는 어린이들이 스스로 지어서 부르는 노래이므로 순수한 어린이문학 즉, 어린이에 의한 어린이문학이며, 전래동화는 어른들이 이야기하고 어린이들이 듣고 좋아하는 민담이므로 수용자를 기준으로 규정한 어린이들을 위한 어린이문학(조동일, 2001 : 668~569)에 속한다.3) 또한 어린이들의 계몽과 교육을 가장 우선으로 생각하였기에 이 둘을 보태어 어린이의 문학이라고 할 수 있다. 어린이문학은 어린이들에 의하여 창작되는 것을 최우선으로 생각해야 한다. 어린이들

---

1) 어린이문학을 기준으로 하여 독자의 층위를 구분할 필요가 있다. 초등학생들을 독자 층위로 하는 '어린이문학', 중·고등학생들을 층위로 하는 '청소년문학', 그리고 일반인을 층위로 하는 '성인문학'으로 구분할 수 있다. 이러한 구분은 어린이문학을 교육과정의 범주 안에서의 운영할 수 있는 단초가 되며, 어린이문학 교육내용 의 변별을 유지하기 위한 존치이다. 이러한 독자 층위를 고려한 구분은 해당 층위의 독자들에게 창작의욕을 고취시킬 수 있을 것이다.

2) 독자와 필자를 중심으로 교육과 상업이 포함된 문학소통문화는 어린이문학을 지배하는 매우 중요한 변수로 작용한다. 일단 어린이문학의 교육적 가치를 인식하고, 현실적인 교육 예산이 편성되면 그 상업적인 규모는 일반적인 문학의 규모를 훨씬 뛰어넘는다. 이러한 교육과 상업적 구조의 개입은 바로 어린이문학에 영향을 미친다. 청소년 문학소통문화가 청소년들의 자발적이고 시대취향적인 구조로 나아가는 것과 같이 어린이 문학소통문화는 어린이들의 흥미, 정서, 동기, 상상력, 창의성 등에 영향을 미친다.

3) 인용 원문에 필자의 견해가 포함되어 있어 오해의 소지가 있을 수 있다. 원문은 다음과 같다.

　동요나 동화로 전해지는 아동문학은 아주 오래 전부터 있었다. 전래동요는 아이들이 스스로 지어서 부르는 노래이니 순수한 아동문학이다. 전래동화라는 것은 어른들이 이야기해주고 아이들이 듣고 좋아하는 민담이니, 수용자를 기준으로 해서 규정하면 아동문학이다.

의 창작만으로는 채울 수 없는 계몽적 요소나 교육적 측면을 충족하는 작품의 생산과 공여를 통하여 어린이문학이 완성된다.

어린이문학의 소통문화를 살펴보고 있노라면 어린이들에 의한 소통문화를 찾아보기가 그리 쉽지 않다. 어린이문학의 교육적인 측면이 강조되고, 어린이들을 위한 문학소통문화가 상업적으로 번창하면서 진정한 어린이문학의 가치를 찾기 힘들어졌다. 사실 상당수의 어린이를 위한 문학은 문학을 가장한 학습에 가깝다. 최근의 독서교육 열풍은 어린이들의 흥미와 정서를 존중하고 상상력과 창의력을 발현하려는 본래의 의도와는 달리 선행학습이나 교과학습 발달을 위한 위장된 문학의 형태를 띠고 있는 것이 많다. 이런 문제들은 구조적으로 어린이문학의 교육적 가치가 왜곡된 결과이다. 어린이들이 문학 작품을 통하여 정서를 함양하고 올바른 인격을 형성한다는 것 자체를 시간의 낭비로 여기는 탓이다. 문학작품을 통한 상상력과 창의력의 발현을 도모하려는 것이 아니라 학습과 연계한 교과 내용의 지식과 정보 습득에 의존하려는 현상이다.

분명 현대 사회의 지식과 정보는 어린이들의 미래를 위한 매우 소중하고 가치 있는 자산이다. 교과 학습 발달을 위한 독서와 문학을 통한 지식의 축적이 어린이들의 일상생활에 중요한 영향을 미친다는 것에 대하여 반론을 제기할 사람은 아무도 없다. 그러나 지식과 정보의 축적으로 인한 학습발달과 함께 반드시 병행하여야 할 것이 바로 어린이문학 교육을 통한 정서의 함양과 바른 인격 형성이다. 지식과 정보는 유용하나 그것이 잘못 사용되면 사회의 악이 된다. 지식과 정보가 사회에 공헌하기 위해서는 올바른 인격과 정서가 요구된다. 사회에 공헌할 수 있는 지식이며, 인류를 구원하는 정보의 축적이어야 한다. 그것을 가능하게 하는 것이 바로 어린이문학 교육이다.

어린이문학 교육의 위상과 가치는 청소년문학이나 성인문학에 비하여 높은 편이다. 어린이들의 독서량이 그렇고, 어린이들의 문학수용 태도가 그렇고, 독서 동기와 흥미가 그렇다. 그런데 어린이들이 읽는 책의 소통 경로를 살펴보면, 청소년문학이나 성인문학의 소통경로와는 확연히 다른 양상을 보인다. 간단히 말해 어린이들 자신의 책 선택 범위가 제한적이라는 것이다. 어린이들의 문학소통문화는 가정, 학교, 도서관 등을 통하여 형성된다. 이러한 소통문화는 청소년이나 성인문학과 별 차이가 없다. 그러나 어린이문학 소통문화의 특징은 공여자가 명확하게 존재한다는 것이며, 공여자를 통한 소통문화가 매우 중요한 요인이라는 것이다. 미숙한 학습자와 초기읽기 학습자, 저학년 아동으로 갈수록 더욱 그렇다.

어린이문학의 중추 공여자는 부모와 교사이다. 부모와 교사의 공통점은 어린이문학의 교육적인 가치에 대한 공감하고 있다는 것이다. 어린이문학을 통하여 자신의 아이와 학생에게 교육적인 발달을 가져오기를 기대한다. 그것이 정서발달과 인격의 함양이건, 교과 학습 발달과 지식의 습득을 위한 것이건 간에 어린이문학을 통하여 교육적인 성과가 유발되기를 기대한다. 이러한 이유 때문에 어린이문학 교육을 논할 때에 학부모와 교사를 배제할 수 없는 것이다.

그간 어린이문학 교육의 필요성과 목적은 주로 어린이들에 대한 교육적 측면에 비중을 두었다. 어린이에게 어떤 문학을 제공하여 어떻게 가르칠 것인가에 관심을 갖고 있었다. 어린이문학 교육이 교과 교육과정에 별도 편성되어 있는 것은 아니지만 현장 교사들은 문학영역의 범주 안에 어린이문학이 포함되어 있다고 생각한다. 때문에 '초등학교의 문학교육은 어린이문학 교육이다.'라고 단정 짓는다. 이러한 인식은 어린이들을 위한 문학교육의 중요성을 인정하면서 동시에 어린이문학의 특성이나 요인들을 고려한 교육적 변별의 필요성을 인식하지 않고 있다는 추론을 가능하게 한다. 원인의 평가적 결론은 어린이를 문학작품 생산 주체자로 존중하는 '어린이에 의한 어린이문학', 교사와 학부모를 중심으로 공여되는 '어린이를 위한 어린이문학' 그리고, 학교 교육과정운영을 바탕으로 전개되는 '어린이의 어린이문학' 교육의 내용구성 방안이 마련되어야 하는 것이다.

어린이문학 교육 내용은 첫째, 어린이들의 창작 의욕을 고취시키고, 작품의 주도적 공유를 가능하게 하는 '어린이에 의한 어린이문학 교육 내용' 둘째, 상업적 또는 의도적 통제의 목적이 아닌 순수 어린이 교육을 위하여 존재하는 '어린이를 위한 문학교육 내용' 셋째, 가정, 학교, 지역사회의 교육 맥락에서 어린이들이 어린이문학 교육 전반에 주도적으로 참여할 수 있는 '어린이의 문학교육 내용'으로 구성되어야 한다. 먼저 어린이문학 교육 내용구성의 요인을 어린이, 교사 및 학부모, 교육과정으로 구분하여 논의할 것이다. 요인 분석을 근거로 어린이문학 교육 대상자와 영역을 구분하여 내용구성 방안을 제시하고 그에 따른 실제 수업 운영의 예를 들기로 한다.

1. 어린이문학 교육 내용구성 요인

어린이문학 교육의 내용을 구성하는 요인은 세 가지로 구분할 수 있다. 어린이, 교사와 학부모, 교육과정이 그것이다. 어린이문학에 대한 교육적 관심과 연구가 상당부분 이루어졌음에도 불구하고 현장 교육의 실행 연구는 상대적으로 부족하였다. 교실을 대상으로 하는 현장 실행 연구의 부족은 어린이는 물론 교사와 학부모를 위한 어린이문학 교육 실천의 결여로 이어질 우려가 있다. 이러한 우려는 어린이문학의 이론적 연구가 학교 교실의 실행 양상을 충분히 반영하지 못하거나 교사와 학부모의 어린이문학에 대한 교육적 관심의 부재로부터 기인한 것일 수 있다. 이러한 불일치 현상을 극복하기 위해서는 어느 한 쪽에서 어느 한 쪽을 계도하거나 인도하려는 미시적 통제 방식으로부터 벗어나야 한다. 즉, 이론이 실천을 선행한다는 수직적 연구 방식이 아닌, 교실과 연구실이 상하좌우 유기적으로 연결되는 개방적 소통 방식의 연구가 요구되는 것이다.

어린이문학의 거시적 안목은 어린이문학의 위상과 어린이문학의 특성 및 교육적 변별력을 갖추도록 하는 데에 필수적이다. 문학소통문화의 특성상 어린이문학의 교육 내용은 공여자와 교육적 환경을 배제하고 구성될 수 없다. 즉, 어린이뿐만 아니라 어린이문학의 공여자들을 위한 교육내용구성이 병행되어야 한다는 것을 의미한다. 또한 어린이와 어린이문학의 공여자를 위한 내용구성이 학교 교육과정 운영 편성과 관련하여 실행되어야 한다. 여기서는 어린이, 교사와 학부모, 교육과정의 측면에서 어린이문학 교육 내용 구성 요인에 대하여 논의하기로 한다.

1) 어린이

어린이문학 교육에서 간과한 가장 중요한 요소 중 하나는 어린이문학의 창작과 관련된 것이다. 어린이문학은 기본적으로 어린이들에 의한 작품의 생산에 중점을 두어야 한다. 어린이문학은 어린이들을 위한 것임과 동시에 어린이의 문학이어야 한다. 어린이의 문학은 어린이들 스스로 작품을 창작할 수 있는 동기 부여를 바탕으로 생산된 어린이 수준의 문학작품이어야 한다. 어린이의 언어를 이해할 수 있는 가장 쉬운 방법은 어린이의 언어를 읽는 것이다. 어린이들의 언어를 어린이들이 이해할 수 있는 것은 당연하지만 어린이들의 언어를 어른이 이해하기란 쉽지 않다. 어린이문학의 대부분이 어린이에 의해서 생산된 문학이 아니라 어른에 의하여 생산된 문학이라는 점은 바로 어린이의 언어를 이해하지 못하는 어른들의 오해로 비롯된 것이다. 어린이들은 어린이들의 언어에 보다 친근하게 반응한다. 아무리 어린이의 수준으로 맞추려고 하여도 어른의 언어는 어린이에게 쉬운 언어가 아니다. 어른의 언어를 어린이 수준에 맞추려 하고, 그것을 어린이들에게 익히도록 의도하는 것부터가 문제이다.

어린이들의 문학창작 동기와 흥미를 유발하기위해서는 어린이에 의한 어린이문학 교육을 활성화하여야 한다. 어린이들 스스로가 좋은 작품을 창작하고 그것을 공유할 수 있는 기회와 공간을 마련해 주어야 한다. 개정 7차 국어과 교육과정의 문학영역 내용체계는 어린이문학 창작교육의 기회와 공간이 다양하게 제공될 수 있는 학교 교육과정 운영의 단초를 제공하고 있다. 그간 어린이문학 창작 교육은 문학교육 범주 안에서조차 관심 밖의 일이었다. 어린이들의 문학창작은 그것이 어린이문학 교육의 대상으로 쓰이기 위한 것이 아니라 어린이들의 창작 교육을 위한 연습이나 훈련에 불과한 것이었다. 어린이들이 생산한 문학작품을 어린이문학 교육에 활용하였을 때 어린이들의 문학창작 동기와 욕구는 보다 활성화될 수 있다.

어린이문학 교육 내용구성 요인으로서의 어린이의 역할은 어른에 의하여 공여된 작품의 수용자가 아니라 작품의 '창조적 재구성'과 '작품의 창작'을 주도할 수 있는 능동적 태도를 강조한다. 어린이가 주체가 되는 어린이문학 교육이 진정한 어린이문학이라는 것은 어린이들의 입에서 만들어져서 어린이들의 입으로 전래되는 동요에서 그 기원을 찾을 수 있다. 문학사적으로 어린이문학이야말로 순수한 창작에 의하여 생산된 독자생산 중심의 문학이라는 것에 의심의 여지가 없다. 계몽과 교육의 목적으로 인하여 어린이문학의 생산 주체가 성인 중심의 공여체제로 이양되기 전까지 순수한 어린이문학은 어린이들에 의한 어린이의 문학이었다. 어린이가 주체가 되는 어린이문학은 생산적 활동을 위한 교육 내용구성에 중점을 두어야 한다.

2) 교사와 학부모

교사와 학부모를 어린이문학 내용구성의 요인으로 인식하기 위해서는 최근의 어린이문학의 상업적 소통과 학교 독서 교육의 현황을 파악하는 것으로부터 시작하여야 한다. 어린이문학 교육의 필요성과 목적은 어린이문학과 관련된 시장의 흐름과 관련이 있다. 어린이를 대상으로 하는 출판 시장의 흐름은 어린이들의 독서 양상과 관련이 있다. 출판시장은 어린이들의 흥미와 동기를 중시하던 때와 달리 어린이들에게 읽을거리를 공여하는 사람이나 기관에 관심을 더 많이 갖게 되었다. 이솝우화 전집을 자랑스럽게 들어보이던 교실의 풍경은 사라지고, 특정 교과 영역의 도서나 선행 학습을 위한 지식 관련 서적이 그 모습을 대신하고 있다. 이러한 현상은 입시 열풍과 무관하지 않다. 과거 입시열풍은 어린이들과 무관한 상황이었다. 그러나 최근의 상황은 완전히 다른 상황을 만들어내고 있다.

중학교를 시험보고 들어가던 시절에도 그렇지 않았을 법한 일들이 가정, 지역사회, 학교에서 벌어지고 있다. 어린이들의 모든 읽을거리는 교과 학습, 영재교육, 국제학교 등과 관련된 것이 대부분이다. 이런 현상은 초등학교 고학년으로 갈수록 심화되는 현상이 짙다. 초등학교 저학년도 이제는 예외가 아니다. 최근 국내에서 해리포터 시리즈보다 더 많이 팔렸다는 어린이도서인 'W' 시리즈는 초등학교 저학년 어린이들의 흥미를 자극한 선행교과 학습 내용으로 구성되어 있다. 실제로 어린이를 대상으로 하는 도서 판매량의 상당 부분은 어린이문학 작품이라기보다는 어린이문학을 위장한 교양 내지는 교과 학습 도서이다. 이런 현상은 가정이나 교실에서도 쉽게 확인할 수 있다.[4]

어린이문학 교육 내용구성 요인으로서의 교사와 학부모는 어린이들의 읽

---

4) 서울시내 한 초등학교 표집 학급의 교실과 가정의 어린이도서 소장 비율을 조사한 바에 의하면 가정과 교실 모두 비문학류의 도서가 문학류의 도서에 비하여 월등히 많으며, 특히 교과학습과 관련된 수리과학적 지식이나 선행학습 도서의 비율이 비문학류 도서의 상당 부분을 차지하고 있는 것으로 나왔다. 한 초등학교의 연간 도서 구입 내역을 분석한 바에 의하면 저학년에서 고학년으로 갈수록 비문학류 도서 구입이 상대적으로 증가하고 있으며, 구입 시기에 따라 비문학류 도서 구입이 상회하는 경우도 있었다. 해마다 차이가 있기는 하지만 문학류 도서의 구입이 비문학류 도서의 구입에 비하여 현저히 떨어지고 있다는 것을 알 수 있다. 이러한 원인 중의 하나는 도서 구입 담당 교사가 도서를 구입하기 위하여 교사들의 의견을 묻는 과정에서 발생한다. 교사들은 어린이들을 위한 도서 구입 희망 목록을 작성할 때에 어린이문학 교육과 관련된 도서 구입보다는 교과학습이나 교양 또는 지식과 정보를 공유하기 위한 도서 구입을 선호하기 때문이다.

을거리를 제공하는 공여자임과 동시에 어린이를 위한 문학교육의 실행자이기도 하다. 어린이들에게 읽을거리를 제공하는 것과 동시에 어린이들에게 제공된 책들이 어떤 효용을 발현할 것인지에 지대한 관심을 갖고 있다. 적지 않은 돈과 시간이 투입되는 것에 비하여 산출 결과가 좋지 않을 경우 언제든지 투입량을 감소하거나 삭제할 수 있다는 것을 의미한다. 학부모들은 투입된 양에 비하여 과도한 결과를 요구하는 경향이 있다. 자신의 아이들이 무엇인가를 읽을 때마다 그들은 읽은 결과가 무엇인지 궁금해 하며, 그 결과가 가시적으로 산출되기를 기대한다. 가시적인 산출물은 일반적으로 좋은 평가 결과를 의미한다. 그것은 수행평가이거나 성취도 평가 결과일 것이다. 가정에서 이루어지는 평가일 수 있으며, 지역사회나 상업적 평가 또는 학교에서 시행되는 평가일 것이다. 자식에 대한 사랑이라고 일컬어지는 과도한 기대와 결과에 대한 집착으로 인하여 아이들은 점점 더 문학적 읽기로부터 멀어지게 된다. 문학적 읽기로부터 얻을 수 있는 효과적인 가시적 산출 결과가 학습이나 평가와 그다지 관련을 갖고 있지 않기 때문이다. 물론 정서함양과 인격형성이라는 측면에서의 산출 결과를 기대할 수 있겠지만 정서함양과 인격형성이라는 결과의 산출은 단기간에 가시적으로 유발될 수 없을 뿐만 아니라 한 권의 책이 줄 수 있는 자극의 질이나 양도 한계가 있기 때문이다. 결과적으로 학부모들은 보다 효과적인 가시적 산출을 보여주는 출판물에 의존할 것이며, 아이들은 그러한 출판물에 익숙해지기 시작한다. 더 이상 어린이를 위한 문학교육의 진정성을 찾아보기 힘들어지게 될 것이다. 다만 포장되어 있을 뿐.

어린이문학 공여자로서의 교사의 역할은 부모와 차이는 있으나 분명 교육적인 환경의 지배를 받는다. 교사는 학교의 교육과정 운영의 범주 안에서 어린이문학 교육의 실행이 가능하다. 더 체계적이고 효과적인 운영의 기술을 갖고 있다. 학부모들이 단기간의 가시적 산출물을 기대하는 조건적 공여자라면 교사는 가시적 산출 결과에 의존하기 보다는 어린이들의 읽기 과정에 좀 더 관심을 갖는다. 결과 중심의 읽기 교육이 한 시대 이전의 것임을 잘 알고 있는 현장의 교사들은 어린이문학 교육을 통하여 진정한 정서의 함양과 인격 형성을 도모할 방법을 강구한다. 더불어 어린이문학 교육을 통하여 어린이들을 위한 문학적 소양 내지는 능력을 갖추도록 노력한다. 교사의 노력은 체계적임과 동시에 교육과정의 범주 안에서 효과적이라고 할 수 있다. 잘 갖추어진 어린이문학 교사는 어린이문학 교육을 통하여 어린이들이 무엇을 얻을 수 있는지 알고 있다. 어린이문학이 추구하는 가치와 이상을 알고 있으며, 어린이문학이 나아가야할 방향과 목표를 알고 있다. 교사는 어린이문학 교육 내용구성 요인의 가장 실천적인 중핵이다. 실제로 가장 성공적이고 의미 있는 어린이문학 교육의 실행은 교사로부터 비롯된다. 교사를 중심으로 한 어린이와 학부모 그리고, 교육과정을 연계한 어린이문학 교육의 실행이 가장 이상적인 형태이다. 따라서 어린이문학 교육 내용구성 요인으로서의 교사의 위치는 실천적 측면에서 가장 중요하다고 할 수 있다.

3) 교육과정

어린이문학 교육은 교육의 범주 안에 있어야 한다. 상업적 울타리에 귀속된 어린이문학 교육은 있을 수 없으며, 있어서도 안 될 일이다. 어린이문학 교육의 제도권 교육은 교육과정을 근거로 실행되어야 한다. 교육과정을 근거로 한 어린이문학 교육 내용구성은 첫째, 학교 교육과정 운영의 편제 범주에 둘 수 있으며 둘째, 교사, 학부모, 어린이를 포함하는 거시적인 교육 내용구성을 실행할 수 있고 셋째, 어린이문학 교육 내용의 변별성을 확보하여 의미 있는 어린이문학 교육을 실천할 수 있다.

어린이문학 교육을 실천하려는 교사는 교육과정의 편제 안에서 얼마든지 운영이 가능하다. 국민공통 기본 교육과정은 교과. 재량활동, 특별활동으로 구성되어 있다. 국어교과 시간을 활용한 어린이문학 교육의 실행이 가능하지만 현실적으로 초등학교에서의 어린이문학 교육을 국어교과 시간의 일정 부분을 할애하여 운영한다는 것은 무리가 있다. 그렇다고 별도의 교과로 운영하는 것은 더욱 어렵다. 따라서 재량활동과 특별활동 시간을 활용하여 어린이문학 교육을 운영할 수 있다. 교육과정 편제에 따르면 재량활동은 교과 재량 활동과 창의적 재량활동으로 하며, 특별활동 중에는 계발 활도 내용이 들어있다. 따라서 교육과정 편제와 관련하여 어린이문학 교육의 실행을 재량활동의 창의적 재량활동 그리고, 특별활동의 계발활동과 연계하여 교육하는 방법을 구안할 수 있을 것이다.

어린이문학 교육 내용구성의 교육과정 요인에서 가장 세심하게 고려해야 할 점은 국어과의 교육내용 체계와 연계하여야 한다는 것이다. 어린이문학의 제도권 교육의 타당성을 확보하는 것은 교육과정의 범주 안에서 가능하다. 이것은 교육 실천의 가능성과 함께 신뢰성을 확보하는 것이기도 하다. 다음에 제시된 개정 7차 국어과 교육과정의 문학영역 내용 체계는 어린이문학 교육 내용구성을 위한 체계와 다르지 않다.

2. 어린이문학 교육 내용구성 방안

어린이문학 교육의 내용을 효과적으로 구성하기 위해서 고려해야 될 요인들에 대하여 앞서 논의하였다. 어린이, 교사와 학부모, 교육과정은 어린이문학의 교육 내용을 어떻게 구성하는가를 결정하는 단초가 된다. 여기서 논의할 내용구성 방안은 제안된 것이기는 하지만 이러한 세 가지 요인을 포함하는 거시적인 내용의 개괄로 보아야 한다. 제안된 내용구성 방안은 다시 세부적인 분석과 내용의 구안을 통하여 실천이 가능한 교육과정 내용으로 다듬어질 수 있을 것이다.

1) 어린이문학 교육 내용구성 방향[5]

우리가 어떤 이론을 교육 현장에 도입하여 실행하려고 할 때에 많은 경우 간과하는 것이 있다. 이론과 현장이 어떻게 조화를 이룰 수 있는가에 대한 고려를 하지 않는 것이 바로 그것이다. 어린이문학을 교육적으로 이해하기 위해서는 현장 중심의 어린이문학이 어떤 근거에 기초하여 어떻게 실천될 수 있는지에 대한 현실적 고려가 충분해야 한다. 아무리 좋은 교육 내용이라고 할지라도 교육 현장의 현실 상황을 고려하지 않은 채 도입하려고 한다면 어떤 문제에 봉착하게 될 것이다. 대부분의 문제는 교육과정 운영과 관련된 것이라고 보아야 한다. 기존의 교육과정 운영 체제에 속해있는 교육내용의 경우에는 별 문제가 없지만 현행 교육과정의 범주를 벗어나거나, 범주 내에 있더라도 그 범위의 확대 또는 별도의 교육내용구성을 통하여 변별력 있는 지도를 하려고 할 때에의 문제 요소에 대하여 사전 점검을 해보아야 한다.

교육과정은 학교 현장의 가장 현실적인 문제를 반영할 뿐 아니라, 현실적인 설득력과 구속력을 갖고 있는 교육 실행 시스템이다. 다시 말해서 좋은 이론을 바탕으로 마련된 교육 내용들이 실천적 설득력을 갖기 위해서는 현행 교육과정의 범주 안에 있어야 하며, 그것이 실행되는 학교 교육과정 시스템에 적응할 수 있어야 한다. 그러기 위해서 먼저 고려해야 할 것이 바로 현행 교육과정과의 연계이다. 어린이문학 교육이 어린이들에게 필요한 교육이라는 것을 설득하기 위하여 마련된 근거들은 바로 교육과정으로부터 도출되어야 한다. 기존의 교과와 달리 새로운 교육내용을 새로운 시간에 편

---

5) 어린이문학 교육이 교과 이외의 활동으로 실천될 경우에는 재량이나 특별활동으로 운영될 수 있다. 이러한 경우 학교는 특색 있는 교육 내용구성을 시도할 수 있다. 따라서 여기 제시된 교육과정을 근거한 내용구성 방향은 학교의 교육과정 운영 특색에 맞게 새롭게 조직되거나 재구성될 수 있을 것이다. 여기 제시된 교육내용구성 방향은 필자의 분석을 기초로 구안된 것이므로 교육과정의 내용을 학교의 특색과 관련 지어 새로운 내용구성 방향을 도출하는 것이 좋을 것이다.

성하여 운영하려고 할 때에 그 근거가 객관적 타당성과 신뢰성을 확보하지 못한다면 실천 가능성은 희박하다. 겉으로 보기에 교육과정 운영의 탄력성이 매우 유연해 보이는 것 같지만 사실 학교라는 전체 시스템 속에서 하나의 새로운 교육을 구안하여 실행하기 위해서는 시스템 속의 다른 여러 조직들의 이해와 공동의 조율이 절대적으로 요구된다. 조직의 이해와 공동의 조율에 대한 객관적 타당성과 신뢰의 기준은 현행 교육과정에 준거한다. 따라서 어린이문학 교육의 내용구성 방향을 미리 설정하는 것은 학교 교육과정 운영을 통한 어린이문학 교육의 길을 열기 위한 열쇠이며, 교육과정을 기초로 한 방향의 도출은 객관적 타당성과 신뢰의 확보를 통한 문 열기이다.

다음과 같은 현행 교육과정의 '1. 성격'을 통하여 어린이문학 교육 내용구성 방향의 단초를 찾을 수 있을 것이다.

> 문학에 대한 기본적인 지식을 바탕으로 문학 작품을 수용하거나 생산하면서 인간의 다양한 삶을 총체적으로 이해하는 능력을 기르고 심미적 정서를 함양한다. 이를 통해 국어문화를 바르게 이해하고 존중하는 태도를 길러 성숙한 문화 시민의 소양을 기를 수 있다.

여기서 우리는 '심미적 정서의 함양'을 도출할 수 있다. 또한 '4. 교수·학습 방법'의 '가. 교수·학습 계획'을 통하여 '총체적 경험의 확충'이라는 내용구성 방향을 찾을 수 있다.

> 문학 작품을 통한 심미적·총체적 경험의 확충 등과 관련하여, 창조적인 국어능력이 삶의 질을 높이는 데에 기여할 수 있음을 강조한다.

심미적·총체적 경험의 확충은 어린이문학 교육 내용구성의 기본적인 방향을 제시하고 있다. '4. 교수·학습 방법'의 '가. 교수·학습 운용'의 내용을 살펴보면 또 다른 어린이문학 교육 내용구성 방향에 대하여 알 수 있다.

> 문학 지도에서는 개별 작품을 학습자의 삶과 관련지어 봄으로써 심미적
> 상상력과 건전한 심성을 계발하고 바람직한 인생관과 세계관 형성을 돕는
> 학습 활동을 강조한다. 아울러 개작, 모작, 생활 정서 표현 등 작품의 심층
> 적 감상을 돕는 학습 활동을 강조한다.

여기서 다시 '심미적 상상력과 건전한 심성의 계발' 그리고, '바람직한 인생관과 세계관 형성'에 대한 방향을 제시받는다. 이러한 교육과정의 내용을 바탕으로 다음과 같은 어린이문학 교육 내용구성 방향을 제안할 수 있다.

> 첫째, 심미적 정서와 총체적 경험의 확충을 위한 내용구성
> 둘째, 바람직한 인생관과 세계관 형성을 위한 내용구성
> 셋째, 개작, 모작, 생활 정서 표현 등을 통한 작품의 심층적 감상을 위한
>   내용구성
> 넷째, 창조적 국어사용 능력의 함양을 위한 내용구성
> 다섯째, 가치 있는 삶의 질 추구를 위한 내용구성

2) 어린이문학 교육 대상에 따른 내용구성

어린이문학 교육을 논할 때에 교육의 대상을 어린이로만 생각했던 관행은 어린이문학 교육의 연구와 실행이 불일치, 이론적 한계와 실천 토대의 부족으로 이어졌다. 어린이문학 교육의 대상은 어린이뿐만 아니라 어린이문학을 실행하는 교사 그리고, 공여자로서의 학부모를 포함하여야 한다. 또한 예비교사로서의 대학생을 위한 어린이문학 교육 내용도 구성되어야 할 것이다. 여기서는 수용자로서의 어린이를 위한 내용구성과 공여자로서의 교사, 학부모, 대학생을 위한 내용구성 방안에 대하여 논의하기로 한다.

(1) 수용자에 따른 내용구성

몇몇 대중적인 어린이문학 작품은 청소년이나 성인이 읽기에 손색이 없기는 하지만 대부분의 어린이문학은 어린이를 수용의 대상으로 한다. 이런 경우 학교에서는 일반적으로 초기 읽기 학습자(유치원), 초등학교 저학년(1~2학년), 초등학교 중학년(3~4학년), 초등학교 고학년(5~6학년)으로 구분하는 것이 일반적이며, 여기에 읽기 능력을 기준으로 미숙한 학습자, 평범한 학습자, 능숙한 학습자를 구분하여 수준별 내용구성을 고려하기도 한다.

어린이들의 읽기 능력과 학년을 고려한 내용구성은 어린이문학 교육의 본질적인 내용구성이라기 보다는 어린이문학 작품의 선정을 위한 구분으로 보는 것이 타당하다. 대개의 경우 학교에서 실행하는 어린이문학 교육의 내용은 독서교육을 중심으로 이루어진다. 학년별·수준별로 분류된 권장 도서 목록을 중심으로 일 년 동안 읽는 책의 양과 독후 활동을 중심으로 한 교육 내용으로 구성되는 경우가 많다. 최근에는 많은 학교에서 독서교육을 학교의 특색사업으로 선정하여 많은 수의 권장 도서 목록을 작성하고 다양한 방법을 활용하여 독후 활동을 실시한다. 가장 수월하고 보편적이기 때문에 많은 학교에서 이러한 독서교육을 어린이를 위한 문학교육 활동으로 실행하고 있다.

어린이문학 교육이 독서교육과 분리되어 실행될 수 없다는 것은 당연하다. 그러나 양적인 읽기와 쓰기만으로 어린이문학 교육이 효과적으로 실행되었다고 볼 수는 없다. 왜냐하면 어린이를 중심으로 하는 어린이문학 교육 내용이 구성되어 있지 않기 때문이다. 근본적인 이유는 어린이문학 교육을 위한 도서의 선정과 적용 방식에 있다. 어린이들의 읽기 능력은 학년 간 비교 단위에서 조차 상당히 역전적인 차이가 발생한다. 극단적인 예로 1학년의 어느 아동의 읽기 능력이 6학년의 어느 학생보다 우수한 경우가 있다. 학년의 격차가 좁혀질수록 이러한 현상은 양적으로 증가한다. 2학년 학생이 5학년 학생보다 우수한 경우의 비율이 5%라면 3학년 학생이 4학년 학생보다 우수한 경우의 비율이 그 이상으로 증가한다는 것이다. 이러한 현상은 한 학급을 기준으로 하였을 때에 더욱 급간의 차이를 보인다. 결국 학년을 기준으로 한 권장도서의 선정이 어떤 학생들에게는 큰 의미를 갖지 않는다.

따라서 어린이를 기준으로 하는 어린이문학 교육 내용구성은 학습자들의 인지 과정 차원에 기초하여야 함을 제안한다. 즉, 블룸의 교육과정 수업 평가를 위한 분류학6)에 기초하여 학습자들의 인지 과정에 따라 학습자들을 구분하고 해당 차원에 속해있는 학습자들에게 적합한 교육 내용을 구성하여야 할 것이다. 보다 세밀하고 분석적인 작업이 선행되어야 하는 것이 사실이다. 그러나 이러한 분류를 통하여 학생들은 보다 적합한 맞춤식 교육을 제공받을 수 있을 것이다. 뿐만 아니라 이러한 내용구성은 수준별 교육을 지향하는 현행 교육과정의 이념을 구현할 뿐 아니라 학교 특색 사업으로서의 교육적 가치를 실현하는 데에 유용하게 작용할 수 있을 것이다.

(2) 공여자에 따른 내용구성

어린이문학 교육이 진정한 가치를 지향하는 실천이 되기 위해서는 반드시 공여자들의 가치 지향적 실천이 선행되어야 한다. 아무리 좋은 음식이라도 가리지 않고 먹이는 것은 탈만 나게 한다. 문학도 음식과 다를 바 없다. 좋은 음식을 선별하여 때를 가리고 양을 조절하여 먹일 때에 보기 좋은 성장을 촉진한다. 그렇지 않은 경우 비만이나 결손을 가져올 것이 뻔하다. 어린이문학의 특성은 공여자의 권력이 지배적이라는 것이다. 공여자의 교육적 인식과 사고방식에 의하여 어린이들을 위한 문학교육이 실행된다. 어린이들의 저항은 비교육적 행동으로 인식되기 때문에 일방적 소통은 우리가 생각하는 것보다 훨씬 더 수월하게 어린이들의 자율적 동기와 흥미를 저해

---

6) 블룸의 교육목표 분류학 개정판(Anderson L. W 외 2005)에 따르면 새로운 인지 과정 차원은 '기억하다', '이해하다', '적용하다', '분석하다', '평가하다', '창안하다'로 분류되어 있다.

한다. 사실 이런 것들이 구체적으로 드러나지 않기 때문에 더욱 심각한 문제를 야기한다. 어린이들의 자아에 대한 이해와 분석이 없이 주어지는 물량 공세와 근거 없는 지적 사랑의 전이는 어린이들의 어떤 인지 과정 속에서도 자연스럽게 스며들 기색을 보이지 않는다. 그것들은 누적되어 결국 배타적 문학사상과 지적 결손 현상을 유발하게 한다.

어린이문학 공여자를 대상으로 하는 내용구성은 일차적으로 교사, 학부모, 대학생을 위한 것으로 보이지만 궁극적으로는 어린이를 위한 것이다. 갓 태어난 아이에게 젖을 먹이고, 걸음마를 시작한 아이에게 이유식을 먹이는 것과 같이 초기 읽기 학습자들에게는 그들의 흥미와 욕구에 맞는 문학 작품과 교육을 제공하고, 능숙한 학습자들에게는 그들의 문학적 사상과 생산을 촉진할 수 있도록 해야 한다. 부모가 가정에서 할 수 있는 것이 있고, 교사가 교실에서 할 수 있는 것이 있으며, 예비 교사로서의 대학생이 알아야 할 것들이 따로 있어야 한다. 대학생을 위한 어린이문학 교육 내용구성은 최소 한 학기 15주를 기본으로 하는 내용이어야 하며, 교사들에게는 60시간 기준의 일반 연수에 준하는 교육내용을 구성하여야 한다. 더불어 학교와 지역사회는 학부모를 위한 정기적인 교육을 위한 내용을 구성하여야 한다.

3) 어린이문학 교육 영역에 따른 내용구성

앞의 [표 1]과 [표 2]에서 살펴본 바와 같이 어린이문학의 내용체계를 기존의 문학 영역 내용체계를 기본으로 하여 변용 설계할 수 있다. 그러나 이러한 내용체계의 설계를 기초로 하여 세부적인 내용을 구성하는 것은 그리 만만한 일이 아니다. 교육과정의 내용체계는 수년간의 대집단 공동 연구와 분석을 통하여 도출된 것이다. 단위 학교에서 이러한 기준을 근거로 하여 어린이문학 교육 내용을 구성하는 것은 현실적으로 어려움이 많다. 따라서 어린이문학 교육의 내용을 구성하는 방안으로서 영역 중심의 내용구성을 제안한다.

재량활동이나 특별활동 또는 학교 특색 사업의 일환으로 실행되는 어린이문학 교육은 전체적인 맥락에서의 내용구성이 어려울 뿐만 아니라 실제로 내용을 구성하였더라도 연간 34주 기준으로 한 34시간 또는 최대 68시간을 통한 운영이 불가능하다고 보아야 한다. 따라서 일 년의 과정을 통한 어린이문학 교육의 내용을 구성하기보다는 3개년을 기준으로 영역 중심의 어린이문학 교육 내용을 구성하는 것이 효과적이다. 여기서는 주당 1차시 연간 34주를 기준으로 3개년 간 실행이 가능한 '창작 중심의 내용구성', '기능 중심의 내용구성', '소통 중심의 내용구성'에 대하여 논의하기로 한다.

(1) 창작 중심의 내용구성

교과서를 집필하는 연구자들에게서 들을 수 있는 공통적인 말은 교과서에 실을만한 작품이 충분했으면 좋겠다는 바람이다. 굳이 외국 작품을 싣지 않더라도 될 만큼의 양적·질적 조화를 갈구하는 것이다. 그렇다고 우리나라의 어린이문학 작품의 수준 이하를 거론하는 것은 아니다. 양적으로도 질적으로도 경쟁력을 갖추고 있는 것은 사실이지만 초등학교 6개 학년의 교과서를 모두 감당할 만큼의 충분조건을 유지하지 못한다는 것에 대한 아쉬움의 토로일 뿐이다. 수많은 도서들 중에서도 '팔리는' 것이 어린이를 위한 글임에도 불구하고 작가와 작품의 부재를 탄식하는 이유의 원천은 아무래도 이삼십년 전의 교육적 상황을 상기하는 것으로부터 찾아야 할 것이다.

창작 교육의 중요성은 창작의 중요성을 일깨우기 위한 것이라기보다는 창작 동기와 욕구를 유발하는 데에 있어야 한다. 창작 동기와 욕구는 창작 능력과 같다고 해도 과언이 아니다. 혹자는 창작 능력이 선천적인 것이기 때문에 노력에 의한 한계성을 인정하고 교육적인 작품의 창작은 타고난 능력의 작가에 의존하는 것이 훨씬 경제적 이득이라고 설파하기도 하지만 기실 그 이면에는 타고난 창작 능력조차 발현할 수 없게 만드는 교육적 현실을 위안하기 위한 도피의식이 존재한다고 생각된다.

모든 학습자들이 다 그런 것은 아니지만 블룸의 연구처럼 어떤 학습자들은 기억하는 수준에 머물고, 다른 어떤 학습자는 창안하기의 수준에 있을 수 있다. 브루너의 생각처럼 어떤 학습자들은 전문가적인 지식을 자신의 언어 수준에 적합한 텍스트를 통하여 습득할 수 있는 능력이 있으며, 비고츠키의 판단에 어울리는 지식구성의 선도적 주체 역할을 수행하는 학습자들이 존재하기도 한다. 창작 교육의 궁극적 목적이 훌륭한 작가를 양성하기 위한 것이라고 전제한다고 하여도, 미숙한 학습자들을 그냥 내버려두지는 않을 것이다. 미숙한 학습자들은 창작을 통하여 자신의 인지 과정 차원에 어울리는 지식과 정서를 습득할 것이며, 능숙한 학습자들은 창의력 발현을 통하여 미래의 뛰어난 작가로 성장할 수 있을 것이다.

창작 중심의 내용구성은 학습자들의 창작 동기와 욕구를 충족시켜줄 수 있어야 하며, 학습자들의 인지 과정 차원에 어울리는 내용으로 구성되어야 한다. 미숙한 학습자들은 모작과 개작을 통하여 창작의 과정과 기쁨을 누리게 하여야 하며, 능숙한 학습자들은 미숙한 학습자들의 귀감이 되고, 실천적 이해의 안내자가 될 수 있도록 인도해야 한다. 창작 중심의 내용구성을 통하여 어린이문학의 주체가 누구인지 인식하게 하는 것 또한 매우 중요하다. 창작의 과정을 통하여 어린이들은 자신의 작품에 대한 자긍심을 얻을 수 있게 된다. 이러한 자긍심은 미래의 작가를 탄생시키는 계기가 된다. 결국 가까운 미래에는 차고 넘치는 작가와 작품으로 구성된 교과서가 탄생할 것이며, 이를 바탕으로 청소년문학과 성인문학의 발전을 가져올 것이다.

(2) 기능 중심의 내용구성

어린이문학을 통하여 이해와 표현 기능의 향상을 도모할 수 있을 것이다. 문학을 통한 국어사용 기능의 향상은 다양한 방법으로 마련될 수 있다. 특히 어린이문학의 특성상 언어사용 기능을 향상시킬 수 있는 요인을 여러 방면에서 추출할 수 있다. 어린이문학은 어린이들의 흥미와 동기가 가장 큰 배경이 된다. 어린이들은 다른 어떤 유형의 글보다 어린이들의 수준에 어울리는 어린이들의 문학에 능동적으로 반응한다. 어린이들은 글의 인물과 사전에 반응하며, 그것과 동일시하는 전이현상을 쉽게 일으킨다. 구전문학을 통하여 어린이들의 독어습관이 형성된다는 사실은 어린이들의 언어사용 기능 향상을 위한 효과적 방법의 구안을 가능하게 한다.

기능 중심의 내용구성은 자칫 어린이들의 교과교육 부담을 가중시켜 어린이문학에 대한 거부감을 유발할 가능성이 있다. 국어과 시간을 통하여 충분히 학습한 언어사용 기능을 다시 한 번 반복한다는 의식이 지배적이라면 분명 거부감을 배제할 수는 없을 것이다. 어린이문학을 통한 읽기 또는 어린이문학을 통한 쓰기 기능의 발달은 반드시 어린이문학만이 갖고 있는 특성과 연계되어야 한다. 또한 제한적으로 내용을 구성하여야 한다. 교과교육 내용구성과 같은 형식으로 구성되는 것은 어린이문학으로서의 변별성을 갖지 못하기 때문에 안하는 것만 못하다. 반드시 어린이문학만의 특성을 살린 읽기, 쓰기 교육 내용을 구성하도록 해야 한다.

읽기 및 쓰기 기능과 달리 말하기와 듣기 기능을 향상시키기 위한 기능 중심 내용구성은 의미가 있고 유익하다. 특히 소리 내어 책을 읽는 낭독은 어린이문학 교육의 기능중심 교육 내용구성의 백미라 할 수 있다. 낭독을 통하여 어린이들은 글을 바르게 읽는 기능을 익히는 것은 물론 글의 내용을 보다 감성적으로 이해할 수 있게 된다. 감성적으로 글의 내용을 이해한다는 것이 이성적인 이해와 반하는 것으로 보일 수 있으나, 감성적인 이해는 문학적 상상력을 발현하는 데에 매우 효과적인 자극 요소이다. 낭독을 통하여 사건의 전개와 인물의 성격을 간접적으로나마 경험할 수 있으며, 심미적인 정서의 함양과 총체적인 인간 삶의 경험을 축적할 수 있게 된다.

낭독은 또한 청자로 하여금 소통의 고리를 잇게 한다. 한 권의 책이 낭독을 통하여 여러 사람을 하나의 공간에 묶어둔다. 문학은 인간의 정서적 결속을 가능하게 한다. 어린이들은 완벽하지는 않지만 낭독을 통하여 서로가 교감하며 소통한다. 완벽하지 않을지언정 어린이들의 낭독은 어른의 낭독에 버금가는 의미를 갖는다. 능숙한 낭독에 빠져들기도 하며, 미숙한 낭독을 격려하여 미숙함에 용기를 더하게 한다. 낭독은 어린이문학을 통하여 향상시킬 수 있는 가장 소중한 언어사용 기능이다. 오로지 낭독을 통한 어린이문학 교육 내용을 구성하는 것도 좋은 방안의 하나다.

(3) 소통 중심의 내용구성

소통 중심의 어린이문학 교육 내용의 구성은 다양한 매체를 동원한 활동 중심의 내용이어야 한다. 창작 중심의 내용구성 또는 기능 중심의 내용구성은 어린이들 간의 소통에 의하여 의미를 구성해 간다. 창작 동기와 흥미를 자극하기 위해서는 창작품의 소통이 병행되어야 한다. 어린이문학을 통한 언어사용 기능의 향상 또한 어린이들의 소통을 전제로 한다. 소통 중심의 내용구성은 어린이들 간의 소통 구조를 보다 다양한 매체와 연계되도록 유도하는 데에 있다.

신문, 방송, 광고, 드라마, 영화, 미술, 음악, 몸짓, 수화 등 소통이 가능한 모든 매체를 대상으로 어린이문학의 교류가 활발하게 이루어지도록 안내하여야 한다. 과정을 중시하여야 하지만 반드시 결과물도 산출되어야 한다. 어린이들에 의하여 구성된 산출물은 그것이 단순히 결과물로서의 성과가 아니라 어린이들 스스로 만족하여 유희를 느낄 수 있는 그들만의 전유물로 인식되도록 해야 한다. 어린이들은 그들만의 결속과 집단의 구성에 열광하는 경향이 있다. 이것은 어린이문학의 소통이 그들만의 결속과 집단에 제한적으로 수행되는 것을 의미하는 것이 아니라 그들만의 특성을 갖는 소통 양식의 발현과 그 소통 양식의 가치를 음미하도록 하는 것이다. 분명 자신들의 그 무엇이 어른들의 것과 다르다는 것을 깨닫고 어른들에 의하여 제공된 것에 절대 뒤지지 않는다는 것을 알게 되었을 때에 자신감과 적극적 태도가 형성된다.

4) 어린이문학 교육 내용구성의 예

앞서 논의한 바와 같이 어린이문학 교육 내용구성은 다양한 방향과 방법으로 구안될 수 있다. 대상과 영역을 변별할 수 있으며, 학교 교육과정 운영 특색에 어울리는 다른 내용구성을 생각해 볼 수도 있다. 여기서는 어린이문학 교육 대상을 중심으로 한 교육 내용과 영역 중심의 교육 내용구성의 예를 통하여 실제 어린이문학 교육의 내용을 어떻게 구성할 수 있는지에 대하여 생각해 볼 수 있을 것이다.

교사를 위한 어린이문학 교육은 주로 교육청과 학교 단위의 교사 연수를 통하여 가능하다. 현재 어린이문학 교육과 관련된 연수를 하는 기관은 많지 않다. 교육대학이나 사범대학 또는 대학의 연수 기관에서 일부 시행하고 있으나, 온전히 어린이문학 교육 전반에 관한 연수라기보다는 다른 연수와 통합된 일부의 내용으로 진행되고 있다. 이러한 현실을 극복하기 위해서는 대학의 연수 기관이나 교육청 단위의 교사 연수를 기획하여 실행할 필요가 있다. 학보모를 위한 어린이문학 교육의 중요성은 그 어느 때보다 중요하지만 실제로 이루어지고 있는 곳을 찾기란 쉽지 않다.[7]

교사와 학부모를 위한 교육 내용은 공여자의 특성과 교육적인 환경에 따라 재구성되어야 할 것이다. 교사를 위한 교육 내용구성은 보다 실천적이고 교실에서의 수행이 가능한 것이어야 하며, 어린이문학 교육의 가치와 위상

---

7) 필자의 교육청 또는 교사 교육기관을 통한 문학관련 연수의 계획 및 진행 경험으로 보아 30시간을 기준으로 하는 연수가 보편이고 효과적이라 판단된다. 학부모 연수의 경우에는 학교의 도서관이나 특별교실을 활용하여 주 2회, 일일 2시간, 1개월 16시간 과정으로 진행하는 것이 효과적이다. 어린이문학 교육과정 운영의 경우에는 특별활동 시간 및 방과 후 학교 운영계획을 기본으로 하여 구성할 수 있다.

을 존속할 수 있는 능력을 갖추도록 지원할 수 있어야 한다. 교사를 위한 어린이문학 교육은 주로 연수의 형태로 이루어진다. 기관을 중심으로 하는 자율연수와 교육청 단위의 연수 또는 학교 단위의 자체 연수 등을 생각해 볼 수 있을 것이다. 이때 최근의 연구 시스템에 적합한 내용구성은 30시간의 기본과정 내지는 60시간 정도의 일반 연수를 구안할 수 있다. 연수 강사 양성을 위한 심화과정 또는 자격연수 과정을 개설하는 것도 좋은 방법이다.

학부모를 위한 교육 내용구성은 주로 가정에서 교육 활동이 이루어진다는 것과, 전문적인 지도 능력을 갖추고 있지 않다는 것을 동시에 감안하여 학부모와 자녀가 대화를 통하여 주고받을 수 있는 내용으로 구안하여야 한다. 학부모를 위한 교육 내용의 구성은 학교와 지역사회가 학부모를 위한 어린이문학 교육을 담당한다는 것을 전제로 학부모들이 편안한 마음으로 접근할 수 있는 내용으로 구안되어야 한다. 학부모들이 가정에서 짧은 시간 동안 자녀의 교육을 위하여 기꺼이 투자할 수 있는 조건을 갖추고 있어야 하는 것은 너무나 당연한 이치이다. 가정이라는 환경에서 자녀와 부모가 직접 대면하여 실천하는 활동이므로 쉽고 간단해야 하며, 이해하기 쉽고, 부담이 없는 내용으로 구성되어야 한다.

영역 중심의 어린이문학 교육 내용구성은 재량활동이나 특별활동 시간을 배정하여 운영한다는 것을 전제로 해야 한다. 연간 34주를 기본으로 운영되는 학교 교육과정 운영 시수를 고려하여, 학기별 교육 내용구성이나 학년도별 교육 내용구성을 생각해 볼 필요가 있다. 또한 어린이들의 인지 과정 차원을 고려한 내용구성은 매우 과학적이고 합리적인 지위를 확보할 수 있을 것이다.

[교사를 위한 어린이문학 교육 내용구성의 예 - 30시간 기준]

차시	주 제	내 용
1 2	어린이문학의 본질과 특성	• 어린이문학의 대상, 범주, 속성 등 본질적 요소와 요인 • 어린이문학이 청소년 또는 성인 문학과 다른 특징
3 4	서양 어린이문학의 역사	• 서양의 어린이문학사 • 서양의 대표작품과 작가에 대한 비평적 이해
5 6	우리나라 어린이문학의 역사	• 우리나라의 대표적인 작가와 작품 이해하기 • 서양과 우리나라의 어린이문학을 비교한다.
7 8	어린이문학의 교육적 의의	• 어린이문학의 교육적 위상과 기치 • 어린이문학의 교육과정 실행 양상과 방안
9 10	어린이문학과 문학교육	• 문학의 범주로서의 어린이문학 • 어린이문학의 문학사적 위상과 가치
11 12	어린이문학과 국어교육	• 어린이문학의 국어교육적 위상과 기치 • 창조적인 언어사용 능력 향상을 위한 전략과 방법
13 14	어린이문학의 창작(서정)	• 동시, 동요, 시조의 창작 전략과 방법 • 어린이 서정문학 작품 창작
15 16	어린이문학의 창작(서사)	• 수필, 소설, 희곡의 창작 전략과 방법 • 어린이 서사문학 작품 창작
17 18	어린이문학의 비평(서정)	• 어린이 서정문학의 대표작품과 작가에 대한 서지 • 작품의 분석, 해설, 비평, 논평
19 20	어린이문학의 비평(서사)	• 어린이 서사문학의 대표작품과 작가에 대한 서지 • 작품의 분석, 해설, 비평, 논평
21 22	어린이문학 교육과정의 실제 (교육과정의 편성과 운영)	• 어린이문학 교육과정의 편성 • 어린이문학 교육과정의 운영
23 24	어린이문학 교육과정의 실제 (특별활동과 방과 후 학교 운영)	• 특별활동 시간의 어린이문학 교육과정 편성과 운영 • 방과 후 학교의 어린이문학 교육과정 편성과 운영
25 26	언어사용 기능 향상을 위한 어린이문학 교육의 실제	• 어린이문학을 통한 말하기·듣기 교육 • 어린이문학을 통한 읽기·쓰기 교육
27 28	미디어를 활용한 어린이문학 교육의 실제	• NIE를 활용한 어린이문학 교육 • 방송을 활용한 어린이문학 교육
29 30	어린이문학의 소통과 공개	• 학급·학교 문집을 통한 소통과 공개 • 인터넷을 통한 소통과 공개

[학부모를 위한 어린이문학 교육 내용구성의 예 – 16시간 기준]

주	차시	주 제	내 용
1 주	1	아이들이 좋아하는 책과	• 어린이 책의 종류와 구분
	2	아이들에게 좋은 책	• 좋은 어린이 책을 고르는 방법과 장소
	3	책만 사주는 부모와	• 학령에 알맞은 책을 구매하는 방법
	4	책도 읽어주는 부모	• 자녀들에게 책을 읽어주는 방법과 기술
2 주	1	자녀와 부모가 함께하는 동화 구연	• 자녀의 정서발달과 낭독의 중요성
	2		• 가족이 함께하는 동화 구연(동화 연극)
	3	자녀와 부모가 함께하는	• 어린이문학 창작의 중요성과 가치
	4	어린이문학 창작	• 어린이문학 창작의 방법과 전략
3 주	1	어린이문학 창작과	• 어린이문학 창작의 실제(동시, 작은 이야기 짓기)
	2	일기 쓰기	• 일기 쓰기를 통한 어린이문학 창작 지도
	3	학교 도서관과	• 학교 도서관 활용하기
	4	지역 도서관을 활용하기	• 지역 도서관 활용하기
4 주	1	미디어를 활용한 가족문학신문 만들기	• NIE를 활용한 가족문학신문 만들기
	2		• 컴퓨터를 활용한 가족문학신문 만들기
	3	인터넷과 블로그를 활용한 어린이문학	• 인터넷을 통한 어린이문학의 정보 수집
	4	의 소통과 공개	• 인터넷을 통한 어린이문학의 소통과 공개

[특별활동 또는 방과 후 학교의 어린이문학 교육 내용구성의 예 – 월 별 구성]

월	주	주 제	내 용
3 월	1	읽고 싶은 책, 읽어야 할 책 〈자신의 수준과 요구에 알맞은 도서의 선정〉	• 내가 읽고 싶은 책과 내가 읽어야 할 책 알기
	2		• 읽고 싶은 책 소개하기
	3		• 읽어야 할 책 소개하기
	4		• 친구에게 권하고 싶은 책 소개하기
4 월	1	주인공이 되자 〈등장인물의 성격 파악을 중심으로 하는 독서〉	• 주인공의 입장이 되어서 시 읽기
	2		• 주인공의 입장이 되어서 소설 읽기
	3		• 주인공의 입장의 되어서 극본 읽기
	4		• 도전 골든벨! – 독서 퀴즈
5 월	1	사건을 만들자 〈인물의 성격과 사건의 전개를 파악하는 독서〉	• 사건을 중심으로 글 읽기
	2		• 글을 읽고 인물과 사건의 관계 알기
	3		• 인물의 성격과 사건의 배경 분석하기
	4		• 도전 골든벨! – 독서 퀴즈

6월	1	지은이에게 보내는 편지 〈비평적 관점의 독서〉	• 글을 읽은 후의 생각과 느낌을 편지로 쓰기
	2		• 작품이나 작가에 대한 의문이나 질문 편지로 쓰기
	3		• 오자, 탈자, 비문 등의 문법적 오류 찾아 편지 쓰기
	4		• 도전 골든벨! – 독서 퀴즈 학기말 결선
9월	1	낭독의 기쁨 〈시 낭송, 동화 구연, 이야기 낭독〉	• 시 낭송하기
	2		• 이야기 낭독하기
	3		• 동화 구연하기
	4		• 도전 골든벨! – 독서 퀴즈
10월	1	나도 작가 〈장르별 어린이문학 창작의 전략과 방법〉	• 시 창작의 전략과 방법
	2		• 이야기 창작의 전략과 방법
	3		• 희곡 창작의 전략과 방법
	4		• 도전 골든벨! – 독서 퀴즈
11월	1	나도 작가 〈장르별 어린이문학 창작의 전략과 방법〉	• 시 창작하기
	2		• 이야기 창작하기
	3		• 희곡 창작하기
	4		• 도전 골든벨! – 독서 퀴즈
12월	1	어린이문학의 소통과 공개	• 문학신문 만들기
	2		• 문학잡지 만들기
	3		• UCC나 블로그를 통한 소통과 공개
	4		• 도전 골든벨! – 독서 퀴즈 왕중왕

3. 어린이문학 교육의 전망

지난 수십 년 간 문학 연구는 무엇이 문학이고 무엇이 문학이 아닌지를 구분하는 것(Easthope, A., 1996 : 13)과 같은 단순성에 안착되어 있는 듯 보였다. 문학이 아닌 것은 더 이상 문학의 입장에서 논의할 가치가 없으며, 문학의 입장에서 문학이 아닌 것을 솎아내는 것은 문학의 진정성과 가치를 더욱 존엄하게 만드는 작업의 일환이었을 것이다. 그런 면에서 문학이 누린 권력의 시대는 다수의 존재가 무의미할 지경이었다. 아무리 많은 수의 독자가 지지하는 것이어도 문학의 권력에 종속되어 있는 한 그것은 소수 권력의 울타리 밖으로 나갈 수도 없을 뿐더러 나가봐야 안에 있는 것만도 못한 대접을 받기 일쑤였다.

문학권력이 이동하고 있다는 것을 감지하는 것은 그리 어렵지 않다. 그들만의 이양이기는 하지만 문학권력의 지위가 기능이나 내용의 영토를 기웃거리기 시작한 지 20여 년 만에 제 자리를 찾아가는 듯해 보인다. 하지만 여전히 그들이 찾아간 영토에서 다수의 논리는 소수 권력의 가치관에 억눌려 있을 뿐이다. 소수의 문학권력자들이 차지한 영토 싸움의 결과는 기실 문학인 것과 아닌 것을 구분하던 문학의 순수 시대를 극복하지 못하고 있다. 위대한 권력은 영토의 한계를 극복한다. 정복을 통한 확장을 꾀하기보다는 흡수와 통합의 묘미로 화합을 유도한다.

어린이문학이 문학의 영토 안에 흡수 통합되어 있음을 알면서도 다수의 지배적 권리를 옹호하지 않는 소수 권력의 틈바구니에 끼어있음을 개탄하지 않을 수 없다. 어린이문학은 그저 문학일 뿐 문학이 아닌 것에 속하지 않은 것만으로도 감사해야 한다는 것에 침묵할 수만은 없다. 현장을 도외시하는-좀 더 구체적인 표현을 빌자면, 현장을 모르거나 알고 싶어 하지 않고, 아는 것을 경박하게 여기는- 문학연구자들은 그 속성상 어린이문학의 교육적 가치와 위상에 대하여 거론하려 하지 않는다. 그러다보니 어린이문학 교육의 내용구성은 엄두도 낼 수 없으며, 그 방안을 모색하는 것에 난색을 표하는 것은 너무나 자명한 사실이다. 모르는 것을 아는 체하지 않는 것만으로 감사하는 수밖에 없다. 다만 묵묵히 현장의 중요성을 인식하고 있는 문학연구자들의 헌신에 기대를 하지 않을 수 없다. 문학을 통하여 할 수 있는 일이 무한정이듯이 어린이문학을 통하여 얻을 수 있는 이득 또한 셀 수 없을 정도이다. 그러니 문학교육이나 어린이문학 교육을 통해서 우리는 더 큰 이상과 가치를 실현할 수 있을 것이다. 문학인 것과 문학이 아닌 것을 구분하는 순수성 정도만 간직해도 어린이문학의 교육적 위상과 가치에 대하여 수긍할 수 있다.

앞서 논의한 어린이문학 교육 내용구성 방안은 문학교육을 통하여 얻을 수 있는 무궁무진의 이득 중 극히 일부분이라는 것을 인정한다. 그 극히 일부분이라는 것이 사실은 문학과 문학교육의 미래라는 것은 깨닫는다면 소수 권력의 집착에서 벗어나 보다 자유롭고 평화로운 문화 영역을 확보할 수 있을 것이라고 생각한다. 문학이 문화를 지배하는 사회 현상은 현실이 되어간다. 각 계층의 문화가 문학의 영토 안에서 꽃을 피우고 번성하리라는 것은 기계문명의 몰락과 맥을 같이 한다. 문학의 쇠퇴와 기계문명의 번성을 예고하는 미래학자들과 어떤 다툼이 일어날지 모를 일이나 최소한 로봇의 지능을 뛰어넘을 수 있는 인류의 영원무궁한 방어수단으로서 문학의 존재는 영원할 것이라고 확신한다.

어린이문학의 교육 내용구성 방안을 모색하기 위하여 문학이 이룩한 업적의 혜택을 받는 것은 행복한 일이 아닐 수 없다. 문학을 등에 업고 어린이문학을 교육할 수 있는 명백한 구실과 환경이 존재한다는 것 또한 기쁘기 그지없다. 문학의 업적과 명백하게 주어진 구실과 환경 안에서 어린이에 의한, 어린이를 위한, 어린이의 문학 교육이 실행되어야 한다. 또한 어린이문학 교육은 어린이만을 대상으로 하는 미시적 인식에서 벗어나 어린이를 둘러싼 맥락을 고려하여야 한다. 어린이문학 공여자로서의 교사와 학부모에 대한 어린이문학 교육은 어린이를 대상으로 하는 어린이문학 교육보다 선행되어야 한다. 어린이문학과 관련된 모든 사람이 어린이문학 교육의 대상임을 인식하여야 한다. 어린이와 교사, 학부모가 연계된 어린이문학 교육의 실천을 통하여 어린이문학 교육은 물론 문학교육 전반의 가치와 위상을 증명해야 할 것이다.

—「어린이문학 교육 내용구성 방안」」, 『제22회 전국학술대회』,
한국초등국어교육학회, 2009. 1. 15.

제7장

초등학교 고전소설 교육의 현황과 과제

제7차 교육과정은 국민공통기본 교육과정과 고등학교 선택중심 교육과정으로 구성되어 있다. 초등학교 국어교과는 국민공통기본 교육과정에 속하며 국민공통기본 교육과정은 교과, 재량활동, 특별활동으로 편성되어 있다. 재량활동은 교과 재량활동과 창의적 재량활동으로 구분하며 특별활동은 자치활동, 적응활동, 계발활동, 봉사활동, 행사활동으로 명시하고 있다.

재량활동의 교과 재량활동은 국민공통기본 교과의 심화·보충 학습을 위한 것이며 창의적 재량활동은 학교의 독특한 교육적 필요, 학생의 요구 등에 따른 범교과 학습과 자기주도적 학습을 위한 것이다. 초등학교의 재량활동은 학교의 실정에 따라 융통성 있게 배정할 수 있으나 교과의 심화·보충 학습보다는 학생의 자기주도적 학습 능력을 촉진시키기 위한 창의적 재량활동에 중점을 둔다.

특별활동에 배당된 시간(단위) 수는 학생의 요구와 지역 및 학교의 특성을 고려하여 학교 재량으로 배정하되, 영역 간의 균형이 유지될 수 있도록 유의한다. 시간(단위) 수가 배정되지 않은 활동에는 학교의 실정에 따라 별도의 시간을 확보한다. 또한 특별활동은 학교의 필요에 따라 시간(단위) 배당 기준보다 더 많은 시간을 확보하여 운영할 수 있으며 다양한 방식으로 시간 운영을 통합하거나 분할하여 융통성 있게 할 수 있다.

[제7차 국민공통기본 교육과정 초등학교 국어 교과, 재량활동, 특별활동 시간(단위)배당기준]

구분	학교 학년	초등학교					
		1	2	3	4	5	6
교과	국어	201	238	238	204	204	204
	도덕			34	34	34	34
재량활동		60	68	68	68	68	68
특별활동		30	34	34	34	34	34
연간수업 시간 수		830	850	986	986	1,088	1,088

위의 표를 근거로 교과 교육 활동 이외에 고전소설이 다루어질 수 있는 시간은 재량활동 시간과 특별활동 시간이 가능하다는 것을 알 수 있다. 교과 교육 활동은 특수 목적교의 별도 교육과정이 계획되지 않는 한 대부분 이수 시간의 차이가 없다. 그러나 재량활동이나 특별활동은 앞서 언급하였듯이 교육 수요자의 요구와 학교의 실정 그리고 지역사회의 여건 등을 종합적으로 고려하여 시행하기 때문에 학교별로 차이가 있다.

해당 활동에 사용되는 교재의 경우 초등학교 교과 교육 활동 교재는 거의가 국정교과서로 되어 있으며 국어과의 경우는 전국의 모든 초등학교가 동일한 교재를 사용하고 있다. 그러나 재량활동이나 특별활동의 경우에는 학교 운영 위원회 혹은 학교 교육과정 위원회 심의와 의결을 거쳐 별도의 교재를 구성하거나 사용할 수 있도록 하고 있다. 따라서 초등학교에서의 고전소설 교육은 국가 교육과정을 기반으로 하는 학교 교육과정의 교과 교육 활동과 재량활동, 특별활동을 통해서 가능하다는 것을 알 수 있다.

1. 초등학교 고전소설 교육의 현황

1) 교과

초등학교 국어과에 등장하는 고전소설은 6학년 1학기 대단원 '다섯째 마당'의 소단원 '1. 소중한 우리말'의 '장끼전'이 유일하다.[1] 교과서에 실린 '장끼전'에 관한 교사용 지도서의 안내 자료를 보면 다음과 같다.

> 〈장끼전〉
>
> 작자와 창작 연대가 밝혀지지 않은 고대소설로, '장끼타령'을 소설화한 작품이며 한글로 쓰였다. 내용은 영·정조 때 사람인 송만재의 「관우희(觀優戱)」에 나타난 것으로 보아 영·정조 시대를 배경으로 한 인간 세계를 풍자하고 있다. 타인의 충고를 받아들일 것과 분수에 넘친 욕심을 부리지 말라는 교훈과 여성의 정조 관념에 대해 풍자적, 해학적으로 보여주고 있다.

초등학교 교육과정 운영상의 국어과 배당시간은 1, 2학년의 도덕 통합교과운영을 포함하여 총 1289시간이다. '장끼전'은 대단원의 총 9차시 분량의 교수·학습활동 단위 시간 중 2차시 분량을 차지하고 있으며 교수·학습과정은 다음과 같다(교육인적자원부, 2004 : 322~325).

---

1) '흥부전', '심청전', '토끼전', '춘향전' 등이 본문 게재나 작품에 대한 일체의 소개 없이 수업의 한 소재로 활용되는 경우가 있기는 하나 미약하지만 원작품의 서두 부분을 초등학생 수준에 어울리게 바꾸어 ― 교과서에는 '옛글'이라고 표현되어 있음 ― 소개한 경우는 '장끼전'이 유일하다.

교수·학습 개요

■ 읽기 전 활동하기
- 그림 살펴보기
- 내용 예측하기
- 옛글을 읽을 때 주의할 점 알기
- 학습목표 확인하기

■ 읽기 중 활동하기
- 글 읽기
- 어려운 낱말 뜻 알기
- 중심 내용 찾기

■ 읽기 후 활동하기
- 내용 파악하기
- 옛 사람들의 삶의 모습과 생각 찾아 비교하기

■ 일반화하기
- 옛글의 제목과 주제 정리하기

교수·학습 과정

✔ 수업 목표
- 옛 사람들의 삶을 생각하며, 옛글을 읽을 수 있다.

✔ 수업 전개
■ 읽기 전 활동하기
- 그림 살펴보기
  - '장끼'와 '까투리'에 대하여 아는 바를 말하여 봅시다.
  - 교과서 186쪽의 그림은 어떤 장면입니까?
- 내용 예측하기
  - 교과서 186쪽 그림에서 장끼가 죽은 까닭은 무엇이겠습니까?

- 옛글을 읽을 때 주의할 점 알기
  - 옛글을 읽을 때 주의할 점을 말하여 봅시다.
- 학습목표 확인하기
  - 옛 사람들의 삶을 생각하며, 옛글을 찾아 읽어 봅시다.

■ 읽기 중 활동하기
- 글 읽기
  - 어떤 내용인지 생각하며 '장끼전'을 읽어 봅시다.
- 어려운 낱말 뜻 알기
  - 어려운 낱말의 뜻을 이해하며 글을 읽어 봅시다.
- 중심 내용 찾기
  - 시로 표현된 부분에 나타난 내용은 무엇인지 정리하며 글을 읽어 봅시다.
  - 장끼와 까투리의 행동을 비교하며 글을 읽어 봅시다.
  - 장끼와 까투리의 말과 행동을 통해 옛사람들의 삶과 생각을 알 수 있는 부분에 주의하며 글을 읽어 봅시다.

※ 이 활동들은 글을 읽는 과정에서 학생들에게 적절하게 질문할 수도 있고 미리 교사가 그러한 활동을 하도록 주지시킬 수도 있다. 단, 학생들이 이해하는 활동에 방해가 되어서는 안 된다.

■ 읽기 후 활동하기
- 내용 파악하기
  - 장끼와 까투리의 모습을 설명한 부분은 어디입니까?
  - 꿩이 살아가면서 겪는 어려움은 무엇입니까?
  - 콩을 본 장끼와 까투리는 각각 어떻게 생각하였습니까? 그렇게 생각한 까닭은 무엇입니까?
  - 장끼와 까투리의 성격은 어떠합니까?
  - 각각의 성격이 잘 나타나 있는 부분은 어디입니까?
- 옛 사람들의 삶의 모습과 생각 찾아 비교하기
  - 옛 사람들의 삶의 모습과 생각을 알 수 있는 부분은 어디입니까?
  - '장끼전'의 내용과 우리의 삶을 비교하여 봅시다.

■ 일반화하기
• 옛글의 제목과 주제 정리하기
  − 옛글 중에서 내가 읽은 글의 제목과 주제를 말하여 봅시다.
  − 여러 친구들이 말하는 내용을 교과서에 적고 주제별로 작품을 정리
    하여 봅시다.

※ 꼭 교과서에 쓸 필요 없이 모둠 학습을 통하여 많은 작품들을 정리하여 보도록 한다. 본문 학습
  을 줄이고 이 부분에 많은 시간을 배당하는 것도 옛날 작품을 많이 생각해 보게 하는 한 방법이
  될 수 있다.

위에 전개되어 있는 '장끼전'의 교수·학습과정을 살펴보면 읽기 중심의 내용 파악이 주를 이루고 있음을 알 수 있다. 지도상의 단계는 본문의 내용을 파악한 후에 내용을 바탕으로 옛사람들의 삶에 대하여 유추하는 활동을 하고 있지만 실상 교과서 본문에 실린 서두 부분만으로는 옛사람들의 삶을 파악하기란 쉽지 않다. 뿐만 아니라 본문 지도상의 핵심은 주로 낱말 이해와 내용 해석을 중심으로 전개되어 있기 때문에 교수·학습활동은 독해 중심의 읽기임을 쉽게 짐작할 수 있다.

고전소설의 가치를 알기 위해서는 고전소설의 문학적 특성과 성격을 파악하는 것이 선행되어야 할 것이다. 다른 장르 문학에 비하여 고전소설은 우리 민족의 정서와 삶을 간직하고 있다. 고전소설의 성격과 특성을 소개하는 것은 아동들에게 국문학사적인 가치를 알리는 본질적 지식 전달이 아니라 작품에 내재된 가치를 받아들이기 위한 배경지식의 습득으로 보아야 할 것이다.

따라서 낱말의 뜻을 알고 글의 내용을 파악하는 것에 중점을 두기보다는 '장끼전'의 문학사적인 가치를 소개한 후에 이 글이 갖고 있는 특성과 성격을 파악하는 데에 중점을 두어야 할 것이다. 내용을 이해한 후에는 그 속에 담긴 민족적인 정서와 삶의 모습에 대하여 유추 해석하고 그와 관련된 다른 고전소설 작품을 대할 수 있는 기회를 마련하여야 할 것이다. 무엇보다 선행되어야 할 점은 고전소설을 별도의 단원으로 구성해야 하는 것이며

'장끼전' 이외에 초등학생 수준에 알맞은 다른 작품을 본문과 함께 수록하여야 한다는 것이다.

2) 재량활동 및 특별활동

제7차 교육과정의 국민공통기본 교육과정은 교과, 재량활동, 특별활동으로 편성한다. 이 중 재량활동은 교과 재량활동과 창의적 재량활동으로 하며 특별활동은 자치활동, 적응활동, 계발활동, 봉사활동, 행사활동으로 한다.

재량활동에서 교과 재량활동은 중등학교의 선택 과목 학습과 국민공통기본 교과의 심화·보충 학습을 위한 것이며 창의적 재량활동은 학교의 독특한 교육적 필요, 학생의 요구 등에 따른 범교과 학습과 자기 주도적 학습을 위한 것이다.

초등학교의 재량활동은 학교의 실정에 따라 융통성 있게 배정할 수 있으나 교과의 심화·보충 학습보다는 학생의 자기 주도적 학습 능력을 촉진시키기 위한 창의적 재량활동에 중점을 둔다.

특별활동에 배당된 시간(단위) 수는 학생의 요구와 지역 및 학교의 특성을 고려하여 학교 재량으로 배정하되, 영역 간의 균형이 유지될 수 있도록 유의한다. 시간(단위)수가 배정되지 않은 활동에는 학교의 실정에 따라 별도의 시간을 확보한다. 특별활동은 학교의 필요에 따라 시간(단위) 배당 기준보다 더 많은 시간을 확보하여 운영할 수 있으며 다양한 방식으로 시간 운영을 통합하거나 분할하여 융통성 있게 할 수 있다.

시·도교육청은 재량활동, 특별활동 운영을 위한 각종 교수·학습 자료를 연구, 개발하여 보급하고 교육 시설, 설비, 자료 등의 정비 및 확충에 필요한 행·재정적인 지원을 하여야 한다. 또한 지역 교육청에서는 재량활동 및 특별활동에 배당된 시간 34주의 기준에 미달되지 않도록 지역 교육청 교육과정을 편성하여야 한다.

초등학교 재량활동에서는 주제 탐구, 소집단 공동 연구, 학습하는 방법의 학습, 통합적인 범교과 학습 등 다양한 교육 프로그램을 학교와 교사, 학생의 요구와 필요에 따라 편성하여 선택적으로 운영할 수 있도록 하여야 한다. 또한 교과 중에서 주당 3시간 이상의 수업 시간 수가 배당된 교과는 주당 평균 1시간 이내에서 시수를 감축하여 학생의 요구와 학교의 필요에 따라 창의적 재량활동에 증배, 활용할 수 있도록 해놓았다. 이 경우에는 감축된 교과의 학습활동과 관련되는 직접적인 체험활동 등으로 통합, 운영하여야 한다.

특별활동에서는 각 영역이 균형 있게 운영되도록 노력하여야 하며 각 학교별로 특색 있는 중점 영역을 설정하여 육성함으로써 학교의 전통을 가꾸어 나가도록 해야 한다. 그러기 위하여 지역 사회의 인적 자원과 물적 자원을 계획적으로 활용하고 학생의 개성, 취미, 흥미, 특기 등이 충분히 신장될 수 있도록 배려해야 한다. 또한 지역 및 학교 실정과 활동 내용의 특성에 따라 집중 연속적인 이수를 할 수 있으며 다양한 방법으로 융통성 있게 운영할 수 있도록 해야 한다.

재량활동 및 특별활동과 관련하여 학교 교육과정은 모든 교원이 전문성을 발휘하여 참여하는 민주적인 절차와 과정을 거쳐 편성, 운영하여야 한다. 또한 학습 효과를 높이기 위하여 교과용 도서 이외의 교육 방송, 시청각 기·교재, 각종 학습 자료 등을 활용할 수 있으며 학교에서는 학생들이 좋은 글을 많이 읽을 수 있도록 도서 목록을 작성하고 국어과를 비롯한 각 교과 교육과 재량활동 및 특별활동에 활용할 수 있도록 해야 한다.

학교는 동학년 모임, 교과별 모임, 현장 연구, 자체 연수 등을 통해서 교사들의 교육 활동 개선이 이루어지도록 해야 하며 학생들의 자발적인 참여와 요구, 학부모의 요구를 바탕으로 방과 후 혹은 방학 중 프로그램을 개설할 수 있다.

재량활동과 특별활동 교육과정의 합리적 편성과 운영을 위하여 교원, 교육과정(교과교육) 전문가, 학부모 등이 참여하는 학교 교육과정 위원회를 구성하여 운영하며 이 위원회는 학교장의 교육과정 운영 및 의사 결정에 관한 자문의 역할을 담당하도록 한다. 또한 교원의 조직, 학생의 실태, 학부모의 요구, 지역 사회의 실정 및 교육 시설·설비 등 교육 여건과 환경이 충분히 반영되도록 노력하여야 한다.

그러나 이와 같은 제7차 교육과정의 특성과 장치에도 불구하고 초등학교의 재량활동과 특별활동에서 고전소설이 다루어지는 경우를 찾기가 매우 어렵다.[2]

2. 초등학교 고전소설 교육의 문제점

1) 교과 교수·학습내용

초등학교 6년 동안 이수하여야 할 최소의 국어 교과 시간(단위)은 1289시간(단위)이다. 이 중에서 본문의 일부를 수록하여 편성된 고전소설 교수·학습활동은 단 2시간에 불과하다. 제7차 국어과 교육과정의 국어과의 성격을 보면 '국어과는 한국인의 삶이 배어 있는……'이라고 시작한다. 고전소설은 한국인의 삶을 그대로 반영하고 있는 매우 귀중한 국어교육 내용이다. 그럼에도 불구하고 초등학교의 국어교과에 배당된 고전소설 교육의 단위 시간은 다른 종류의 내용에 비하여 현저히 빈약하다는 사실을 알 수 있다.

이런 현상의 원인은 두 가지로 생각할 수 있다. 첫째, 교육과정 계획 단

---

2) 서울시 관내 초등학교에 대한 무작위 전화 <20여 개교> 설문 조사 결과 단 한 곳도 시행하지 않았다. 초등학교의 재량활동과 특별활동은 학년말 교육과정 운영위원회의 심의를 거쳐서 결정되는 것이 원칙이다. 대부분의 학교는 교육과정 부장이 업무를 담당하고 있기 때문에 해당 부장과의 전화 설문을 통하여 재량활동과 특별활동의 시행 여부를 확인할 수 있다.

계에 참여한 연구자들의 고전소설 교육에 대한 필요성의 결여를 들 수 있다. 국어과의 장르별, 문종별 교육 내용 선정은 교육과정을 기초로 이루어진다. 교육과정의 핵심 방향이 설정되면 그 이후 교과의 내용 체계가 수립되고 그것을 바탕으로 교육 내용이 선정된다. 이 과정에서 고전소설은 고전문학의 한 부류이거나 문학 장르의 하위 내용영역으로 분류되어 그 중요성을 인정받지 못하였을 것이다. 그러나 다른 장르의 글이나 문종별 텍스트의 학년별 비율을 보면 고전소설이 얼마나 빈약한 내용을 구성하고 있는지 한눈에 알 수 있다. 즉, 전 학년을 통하여 고전소설 교육 내용은 단 한 학년인 6학년에 불과하고 그 시간 배당 또한 2시간에 지나지 않는다는 사실이 그걸 입증한다. 다른 장르의 글이 학년별로 골고루 배당된 것에 비하여 이러한 현상은 매우 심각하다고 할 수 있다. 학년별로 적용이 가능한 교육 내용을 제시하여 고전소설 텍스트를 도입할 수 있는 근거를 마련하여야 한다.

둘째, 교과서와 교사용 지도서 집필 과정에서의 고전소설의 국문학사적인 가치와 교육적 효과에 대한 인식의 부족을 들 수 있다. 교육과정의 교육 내용을 기반으로 교과서가 집필되어지고 그에 따른 교사용 지도서가 만들어진다. 이때 교과서는 교육과정의 내용을 기초로 하여 텍스트를 선정하게 되고 그것을 바탕으로 교육과정이 목표하는 바를 달성할 수 있는 텍스트 선정 기준을 마련하고 결정하게 된다. 이 과정에서 고전소설의 국문학사적인 가치를 인정하고 초등학생들에게 민족의 정서와 삶을 깨우칠 수 있는 교수·학습활동으로 인식되었다면 지금과 같은 결과는 없었을 것이다. 초등학교에 비하여 중·고등학교로 갈수록 고전소설 교육의 비중이 높아지는 현상은 고전소설 교육이 초등학생의 수준에 맞지 않는다는 관점이라기보다는 지식 중심 교육에 초점을 둔 결과라고 보아야 할 것이다.

고전소설은 중등학교에 비하여 오히려 초등학교에서 보다 우위를 차지하여야 한다. 상당수의 초등학생들의 고전소설 읽기는 초등학교 저학년이나 그 이전의 문자 해득기에서 이루어지고 있다는 사실이 그를 입증한다. 교육과정 내용 목표를 달성하기 위한 텍스트는 일차적으로 학생의 흥미와 사고를 촉진할 수 있어야 하며 창의성을 발현할 수 있어야 한다. 그런 측면에서 고전소설은 충분히 교과서 텍스트로서의 가치가 있다. 고전소설 작품을 학년 수준에 맞게 선별하고 텍스트의 길이와 난이도를 조정하는 재구성 작업을 통하여 한 학년에 한 작품 이상 게재하여야 할 것이다.

2) 재량활동(교과, 창의) 시간 확보

초등학교의 재량활동은 교과와 관련된 내용의 보충 또는 심화 학습을 위한 교과 재량활동과 학생의 창의성을 발현하기 위한 창의 재량활동으로 구분된다. 초등학교의 경우에는 주로 교과의 심화, 보충보다는 창의성을 계발하기 위한 활동에 중점을 두도록 되어 있다. 교과와 관련된 재량활동의 경우 현행 교육과정은 3시간 이상의 단위 시간이 부여된 교과에 한하여 주당 평균 1시간 이내에서 재량활동 시간으로 활용할 수 있도록 유연한 장치를 두고 있다.

고전소설은 교과와 관련된 교과 재량활동 그리고 학습자의 창의성을 계발하기 위한 창의 재량활동과 관계가 있다. 고전소설은 국어과에 속한다. 국어과는 주당 3시간의 단위 시간을 초과하는 교과이다. 주당 3시간을 초과하는 교과에 한하여 주당 평균 1시간 이내에서 재량활동으로 활용할 수 있다. 그렇다면 고전소설은 현행 국어교과의 0.0015%에 불과한 교육 내용을 재량활동을 통하여 확충할 수 있다. 또한 현행 교육과정이 명시한 국어과의 성격에 따라 한국인의 삶이 배어 있는 국어를 창조적으로 사용하는 능력을 기르기 위하여 고전소설을 교육하여야 하며 그것은 창의 재량활동을 통하여 가능하다.

교과 재량활동과 창의 재량활동은 학교 교육과정 위원회의 사전 심의와 의결을 거쳐 차기 학년도 교육과정 운영에 반영된다. 그러나 교과 재량활동으로서의 고전소설 교수·학습방법과 창의 재량활동 프로그램이 준비되어 있지 않기 때문에 대다수의 학교에서 교과 재량활동과 창의 재량활동으로 고전소설 교육을 실시하고 있지 않다.

3) 특별활동 프로그램 개발과 보급

재량활동에 비하여 특별활동 운영의 선택권은 보다 넓다. 재량활동과 마찬가지로 해당 학년도 교육과정을 편성 운영하기 위해서는 전년도의 교육과정 위원회의 심의와 의결을 거쳐야 하지만 이 경우 국가 교육과정의 제한으로부터 비교적 자유롭다. 특별활동의 부서 결정과 활동 내용 그리고 교수·학습프로그램과 자료 및 자원의 동원은 매우 다양하게 결정될 수 있다. 초등학교의 경우에는 교사의 의견이 상당부분 반영된다. 지역사회의 인적 자원을 활용하기도 하지만 학교 교사들의 능력과 자질 그리고 학생에 대한 요구를 수용하여 부서를 결정하고 활동 내용을 조직한다.

따라서 고전소설과 관련된 특별활동 프로그램의 개발, 교수·학습방법의 연구와 적용은 매우 중요하다. 다양한 프로그램을 개발하여 교사와 학생의 관심을 유발할 수 있다면 특별활동 프로그램으로서 전혀 손색이 없을 것이다. 그러나 이 또한 대다수의 초등학교에서 실시하고 있지 않다.

4) 다양한 자료 개발과 확충

초등학교 고전소설 교육의 문제점을 한눈에 알아볼 수 있는 곳은 학교의 도서실이다. 고전소설로 충실하게 채워져 있는, 우리에게 알려지지 않은 어떤 초등학교 도서실의 서가를 제외하고는 거의 대부분의 초등학교 도서실에서 고전소설을 찾기란 그리 쉽지 않다. 이유는 간단하고 극명하다. 학생이나 학부모에게 고전소설은 문자 해득기에 학생이 띄엄띄엄 읽었을 법한 혹은 부모님이 머리맡에서 읽어주던 수많은 어린이 전집 중의 한 권에 불과한 것이기 때문에 더 이상 초등학교 시절에서의 필요성을 느끼지 못하는 것이다.

또한 상당수의 초등학생들은 설화, 민담, 동화, 이야기, 역사 등을 고전소설과 혼동하여 이해하고 있기 때문에 그들 스스로 고전소설을 탐독할 만한 동기나 의욕을 고취하지 못한다는 것이다. 결국 초등학교에서의 고전소설 교육이 요원하기만 한 까닭은 궁극적으로 고전소설에 대한 인식과 자료의 부족 때문이라고 볼 수 있다.

학생들이 이미 읽었다고 기억하는 고전소설의 내용들은 우리 문학사의 고전소설이라기보다는 단순한 재미와 흥미를 유발하는 이야기 중심의 유아 자료에 불과하다는 느낌을 지울 수 없다. 또한 상당수의 책은 원전을 밝히고 있지도 않을뿐더러 해당 작품에 대한 옮긴이의 이해를 의심하지 않을 수 없는 것들이 상당수이다. 더욱 안타까운 현실은 어린이 추천도서 목록을 검색하였을 때 드러난다. 비영리 유명 단체의 추천도서 목록에 고전소설은 특정 학년의 한 두 구석을 차지하고 있을 뿐이다.

3. 초등학교 고전소설 교육의 과제

1) 교과 내용으로서의 고전소설 교육

현행 초등학교 교과 내용으로서의 고전소설 교육은 6학년 1학기 대단원 다섯째 마당의 2차시 분량 '장끼전'이 전부이다. 문제점에서 지적 하였듯이 이러한 결과는 두 가지 원인으로 볼 수 있다. 즉, 현행 교육과정 입안 과정에서 소외된 것과 교과서의 텍스트 선정 과정에서의 누락이 그것이다.

초등학교 국어과 내용면에서 고전소설 교육은 다른 장르나 문종별 텍스트에 비하여 전혀 손색이 없으며 현행 국어과 교육과정의 교육 목적과 내용 목표를 달성하기 위한 텍스트로서 보다 나은 조건을 갖추고 있다. 특히 고전소설은 한국인의 삶이 고스란히 배어 있는 생활 속의 문학이기 때문에 학년별 특성에 맞추어 적용을 한다면 매우 효과적일 수 있다. 따라서 다음과 같은 조건을 충족한다면 교과 내용으로서의 고전소설은 교육적 가치를 발휘할 것이다.

> 첫째, 새 교육과정 개편시 고전소설의 교과 내용 보강[3]
> 둘째, 학년별 수준에 적합한 고전소설의 분류 및 재구성[4]
> 셋째, 읽기와 문학 중심이 아닌 듣기, 말하기, 쓰기, 국어지식 등과 연계한 통합적인 고전소설 교수·학습과정의 개발
> 넷째, 교사용 지도서를 통한 다양한 읽기 자료 및 고전 소설에 대한 국어 지식적 안내 자료의 제공
> 다섯째, 효과적인 교수·학습전략의 구안과 현장 적용

2) 재량활동으로서의 고전소설 교육

현행 교육과정에서 교과 내용으로서의 고전소설 교육을 추가 확충한다는 것은 사실상 불가능하다. 그러나 현행 교육과정은 주당 3시간 이상의 단위 시간을 확보하고 있는 교과에 대하여 주당 평균 1시간 이내에서 재량활동

---

3) 제7차 교육과정은 이미 시행되고 있기 때문에 현행 교육과정 체제에서의 교과 내용의 확보와 교과서 텍스트의 추가는 현실적으로 불가능하다. 그러나 제8차 교육과정은 수시 교육과정으로 진행될 가능성이 높다. 2004년 12월 교육과정 평가원의 제7차 교육과정 개정에 관한 교과별 세미나를 통하여 발표된 논의들은 앞으로의 교육과정이 정부 주도의 일관적이고 전체적인 개정이 아니라 학계와 현장 중심의 수시 개정을 주 의제로 하고 있다. 따라서 고전소설 교육이 앞으로 개정될 교육과정에 대비하여야 할 필요성이 강조된다.

4) 고전소설 텍스트는 전 학년 교과서에 골고루 수록될 수 있도록 해야 한다. 고전소설이 갖고 있는 작품의 특성은 초등학생의 학년별 수준에 맞도록 내용과 텍스트의 난이도를 조정하여 재구성하여야 한다. 초등학교의 교과서 텍스트는 기존의 작품 거의 대부분을 재구성한 경우가 많다. 따라서 고전소설 작품도 내용과 난이도를 초등학생의 각 학년 수준에 맞게 조정하여 제시하면 훌륭한 읽기 자료가 될 것이다.

으로 운영할 수 있도록 명시하고 있다. 고전소설은 국어과에 해당되고 국어과는 주당 단위 시간이 3시간을 넘고 있으며 그중 한 시간을 재량활동으로 운영할 수 있도록 하고 있다. 따라서 다음의 과제를 바탕으로 고전소설은 국어과의 읽기나 문학영역과 관련지어 주당 평균 1시간 이내에서 교과 재량이나 창의 재량활동으로 운영할 수 있다.

첫째, 국어과의 교육 목표를 달성할 수 있는 교과 내용으로서의 고전소설의 지위를 확보한다.[5]

둘째, 고전소설의 특성을 살린 창의 재량활동 프로그램 및 자료를 개발하여야 한다.

셋째, 범교과적 읽기 자료로서의 고전소설 텍스트의 다양화와 창의성을 발현할 수 있는 2차 텍스트의 생산이 요구된다.[6]

넷째, 초등학교 학생들의 학년별 수준과 특성에 맞는 작품을 엄선하고 재구성하여 안내하고 보급하여야 한다.[7]

---

5) 현행 교육과정은 교과서에 의존하는 교육내용 텍스트 운영보다는 다양한 텍스트를 동원한 교육 활동을 강조하고 있다. 현행 교육과정 체제의 교과서 고전소설 텍스트는 매우 빈약하다. 따라서 고전소설이 국어과의 궁극적인 교육목적을 달성할 수 있는 지위를 확보한다면 교과 재량활동으로 얼마든지 수용이 가능하다.
이 부분은 매우 민감하기는 하나 고전소설과 관련된 학회와 학자들의 꾸준한 연구와 현장에 대한 적극적인 의지의 표출을 통하여 가능할 것이다.
6) 초등학교는 통합교육을 강조하고 있다. 또한 국어과의 경우 듣기, 말하기, 읽기, 쓰기, 국어지식, 문학의 각 영역이 분절적인 것이 아니라 유기적인 연계를 갖는 총체적인 언어활동을 강조한다. 따라서 고전소설을 단지 읽기 자료로서 혹은 문학적인 가치를 강조하는 것에 그치지 않고 모든 영역을 아우를 수 있는 자료로서의 개발이 요구된다. 특히 고전소설은 매우 해학적일 뿐 아니라 우리 민족의 정서를 고스란히 담아내고 있기 때문에 이야기 구연이나 연극 등 다양한 방법으로의 표현이 가능하다. 따라서 학습자의 사고를 자극하는 다양한 자료로서의 변용 생산이 가능하다면 창의 재량활동으로 매우 효과적이다.
7) 거의 대부분의 초등학교는 도서실을 보유하고 있다. 도서실의 운영은 방과 후 학생들이 자율적으로 이용할 수 있도록 하였지만 학교는 일정 시간을 도서실 활용에 배당하고 있다. 모든 학년의 학급은 최소한 2주일에 1회 이상 도서실을 사용하도록 학교 교육과정 운영에 반영하고 있다. 이러한 도서실 활용은 대부분 국어과 운영과 관련을 갖고 있으며 그것은 교과 재량과 맥을 같이 하고 있다. 따라서 학교 도서실에 학생들의 흥미와 관심을 유도할 수 있는 다양한 고전소설을 구비한다는 것은 매우 중요하다.

3) 특별활동으로서의 고전소설 교육

해당 학년도 특별활동을 운영하기 위해서는 전학년도의 학교 교육과정 편성과 운영에 대한 평가와 검증을 바탕으로 학교 교육과정 위원회의 자문을 받아야 한다. 학교 교육과정 위원회는 교원, 교육과정 전문가, 학부모 등이 참여할 수 있으며 교원의 조직, 학생의 실태, 학부모의 요구, 지역 사회의 실정 및 교육 시설·설비 등의 교육 여건과 환경이 충분히 반영되도록 하여 특별활동 내용을 편성 운영할 수 있다.

초등학교에서의 특별활동 운영은 교과나 재량활동에 비하여 선택의 폭이 넓다. 즉 학교, 교원의 조직, 학생의 실태, 학부모의 요구 등을 종합하여 다양한 형태의 활동을 편성하여 운영할 수 있다. 또한 학교는 학생들의 사고력과 창의력을 계발하기 위하여 특색 있는 활동을 구안할 필요가 있다. 초등학교 특별활동으로서 고전소설 교육이 활성화되기 위하여 다음과 같은 노력을 기울여야 할 것이다.

첫째, 고전소설의 특성을 살린 프로그램을 개발하여야 한다.

둘째, 교사, 학부모, 학생의 요구에 부응하는 고전소설 교육의 유익성을 지속적으로 홍보하여 학교 교육과정 위원회의 호응을 얻어야 한다.

셋째, 고전소설 관련 특별활동을 편성하고 운영할 수 있는 교사를 양성하여야 한다.

넷째, 시·도교육청 및 지역 교육청 단위의 특색사업화를 모색하여 초등학교 현장에 대한 지원을 확대하여야 한다.

4) 특기적성 및 방과 후 교육 활동으로서의 고전소설 교육

초등학교는 학부모의 사교육비 부담을 줄이고 학생의 요구를 충족시키기 위하여 특기적성 프로그램과 방과 후 교육 활동을 편성하여 운영할 수 있다. 둘은 용어의 차이가 있기는 하지만 내용이나 성격이 거의 흡사하다. 다만 두 활동 모두 주지 교과의 내용을 심화·보충하는 것이 아니라 학생의 요구와 적성에 맞는 활동을 편성하여 교원뿐 아니라 외부 전문가를 영입하여 교육 수요자의 비용 부담으로 선택적으로 운영할 수 있다.

실제로 대다수의 초등학교에서 특기적성 프로그램과 방과 후 교육 활동을 운영하고 있다. 이 활동 역시 학교 교육과정 위원회의 사전 심의와 의결을 거쳐서 차기 학년도 교육과정에 편성하여 운영할 수 있다. 특기적성 프로그램과 방과 후 교육 활동에서 고전소설 교육이 운영되기 위해서는 재량활동이나 특별활동에서 요구되는 문제의 해결과 노력이 필요하다.

5) 교사 연수를 통한 고전소설 교육

학교 교육과정 편성과 운영은 학교 교육과정 위원회의 심의와 의결을 거쳐서 시행된다. 교과, 재량활동, 특별활동 등의 편성과 운영에 있어 고전소설 교육을 도입하고 강화하기 위해서는 무엇보다 고전소설 교육의 저변 확대를 기반으로 하여야 한다. 교과 운영은 교과서와 지도서를 중심으로 운영한다고 하여도 재량활동이나 특별활동은 별도의 학교 교육과정을 편성, 운영하여야 한다. 즉, '목표→내용→방법→평가'의 일관성 있는 실천과정을 확인하고 실증적인 자료와 교수·학습프로그램을 확보하여 운영하여야 한다. 그러기 위해서는 고전소설 교육에 대한 기초적인 지식과 교수·학습 능력을 갖춘 전문 인력이 요구된다.

최근의 교사 연수 프로그램은 매우 다양할 뿐만 아니라 교사의 재교육과 인사 관리 차원에서 매우 강화되고 있다. 또한 실제로 현장에 적용할 수 있는 영역과 내용들을 중심으로 연수 프로그램을 개발하여 보급하고 있다. 과거 행정청 중심의 교사 연수 프로그램이 대폭 개선되어 일정한 기준을 갖춘 연구 단체와 기관도 교사 연수 프로그램을 운영할 수 있다.

초등학교의 경우 시·도교육청이나 지역 교육청 혹은 교육부 인가를 받은 연수 기관 등 어떤 곳에서도 고전소설과 관련된 교사 연수를 시행하고 있지 않다. 결국 교육과정 내용에 고전소설 교육을 편성할 수는 있어도 이것을 실제로 운영할 수 있는 지도 인력이 없기 때문에 운영이 불가능하다는 것을 알 수 있다.

교사 연수는 두 가지의 매우 중요한 의미를 갖는다. 무엇보다 고전소설에 대한 교사의 관심은 학생과 학부모의 관심을 유발하는 파급 효과를 낳는다. 그리고 지속적인 연수를 통한 저변 확대는 장기적으로 교육과정 내용으로서의 고전소설의 위치를 공고히 할 수 있는 기회를 마련하게 되는 것이다.

신고만으로 가능한 교원 자율 연수 프로그램으로부터 시작하여 시·도교육청 단위의 행정청 지원 연수 프로그램의 등록 등 다양한 연수 프로그램의 개설과 운영이 시급하며 이를 통하여 초등학교에서의 고전소설 교육의 저변 확대가 이루어질 것이다.

6) 지역사회 교육을 통한 고전소설 교육

더 이상 학교는 닫혀 있는 기관이 아니다. 학교는 지역사회의 일부이며, 지역사회의 지식보급과 확산을 위하여 열과 성을 다하여야 한다. 때문에 학교에서는 학부모와 지역주민을 위한 교육 프로그램을 제공하고 있다. 학교의 교육 활동을 통하여 배출된 지역사회의 인력은 다시 학교에 봉사하는 기회를 제공받는다. 결국 학교와 지역사회는 상부상조하는 관계가 된다.

고전소설 교육 활동의 운영은 학교의 교사나 전문가 집단의 것만은 아니다. 교수·학습활동을 운영할 수 있는 일정한 자격을 갖춘 인력은 언제든지 학교의 교육과정 운영에 참여하여 학생들을 지도할 수 있도록 해놓았다. 특기적성이나 방과 후 활동의 경우에는 일정의 보수를 받으며 교육 활동에 참여할 수 있기 때문에 매우 인기 있는 직종으로 인식되기도 한다.

고전소설 교육을 운영할 수 있는 지도사를 양성하는 것도 좋은 방법이다. 최근 독서 교육의 활성화는 그것을 지도하는 전문 인력의 양성을 요구하고 있다. 교육부의 승인을 받은 고전소설 전문 지도사를 양성하여 학교뿐 아니라 학교 밖 교육 활동으로 확대하는 시도를 해봄직도 하다.

4. 초등학교 고전소설 교수 · 학습방법

고전소설 작품의 초등학교 교과서 수록 비중이 상대적으로 낮은 것과는 달리 초등학생들의 상당수는 고전소설을 이미 접하였다. 초등학교 입학 전부터 다양한 자료를 통하여 고전소설을 접한다. 대표적인 것이 고전소설의 구전이다. 대개의 경우 부모에 의하여 입말로 전해지는 고전소설은 흥부전, 별주부전 등이 대표적이라 하겠다. 이와 같은 작품들은 상업출판물이며 원작품을 재구성한 것이 대부분이다. 또한 원작품을 음성 자료화하여 부모가 직접 읽어주지 않아도 아동들이 삽화를 보고 이해할 수 있도록 구성되어 있다.

고전소설은 초등학교 입학 전부터 아동들에게 매우 익숙한 내용이었다. 그럼에도 불구하고 초등학교에서의 고전소설 교육의 중요성은 다른 장르 텍스트에 비하여 양적, 질적으로 매우 열악한 상황이라고 할 수 있다.

아무리 내용이 좋은 교과 영역이라 하더라도 현장에 적용할 수 있는 효과적인 방법 없이는 무용지물이다. 교육 활동 공간에서는 내용을 어떤 방법으로 학습자에게 전달할 것인지에 대한 방법의 구안이 우선되어야 한다.

고전소설은 국어과의 다른 텍스트와 동일한 관점에서 교수 · 학습된다. 고전소설의 장르적인 특징을 살리거나 문학적인 가치를 부여한 교수 · 학습의 적용이기보다는 일반적인 교과 활동으로 수업이 진행된다. 고전소설은 현대소설이나 혹은 번역소설과의 차별화가 없는 일반적인 이야기 글로 취급된다. 이것은 고전소설만의 특징적인 교수·학습활동이 없다는 것을 의미하며 이를 뒷받침할 만한 방법도 없다는 것이다.

6학년 '장끼전'의 학습활동은 대부분 내용을 해석하는 수준에서 이루어진다. 그러나 문학영역의 교수·학습활동으로 보았을 때, 소재의 중요성을 고려하는 교수·학습전략을 강구하여야 할 것이다. 모든 이야기 글에는 소재가 있기 마련이지만 고전소설의 소재는 다른 이야기 글과는 다르다. 즉, 우리 민족의 정서와 문화적인 속성을 간직하고 있기 때문에 그 글이 다루고 있는 소재의 특성을 대상으로 교수·학습전략을 마련하는 것은 매우 중요한 일이다.

1) 이야기 구연

한동안 초등학교 현장에서 이야기 구연 혹은 동화 구연 활동이 활발하게 수행되던 시기가 있었다. 그러나 최근에는 실생활 의사소통 중심의 논리적이고 효율적인 말하기 활동의 중요성으로 인하여 이야기 구연 활동은 유치원생 중심의 활동으로 이루어지고 있다.

이야기 구연 활동은 초등학생들의 말하기 교수·학습으로 매우 중요한 역할을 한다. 자신의 의사를 전달하는 의사소통 기능으로서의 말하기에 집중하는 경우 태도와 정서적인 측면의 결여를 목격할 수 있다. 즉, 자신의 감정과 표정이 담긴 언어 표현 능력이 결여되고 기계적이고 습관적인 표현에 젖게 된다. 특히 인터넷 문화의 급속한 확산은 초등학생들의 정서표현의 부족을 초래하게 되었으며 자신의 감정과 표정이 담긴 말을 전하려는 태도를 찾아보기란 매우 힘들다. 학교 수업 시간에 학생들의 말하기 대부분은 질문에 대한 답이 고작이다.

이야기 구연은 초등학생들의 감정과 표정을 살리는 매우 중요한 말하기 교수·학습활동이다. 해당 교과 수업 시간의 소리 내어 읽기를 이야기 구연으로 변환하여 활동하는 것이다. 뿐만 아니라 특별활동에 이야기 구연을 하나의 부서로 만들어서 활동하는 것도 매우 좋은 방안이다.

이야기를 할 때 우리는 두 가지의 공동체, 즉 이야기하는 사람과 듣는 사람 그리고 이야기하는 사람과 자기 자신이라는 두 집단을 만든다. 이 두 집단은 동시에 작용하지만 다른 기능을 한다. 이야기하는 사람은 자신이 알고 있는 것처럼 이야기의 전혀 다른 부분을 이끌어내며 말하면서 이야기를 발견해 간다. 발견과 기억 그리고 경험은 연결, 세부, 감정, 강조와 형상에 영향을 미친다. 청자에게 이야기는 마술적인 시간과 공간을 창조한다. 마음의 눈으로 보면 이야기는 우리가 원하는 곳으로 데려다 준다. 우리들 사이에 공명하는 이야기는 그 안에서 안전하게 상상하고 창조하고 탐구하고 경험하게 한다. 우리들의 자아감이 깊어지며 세계를 이해하는 방법이 넓어지고 깊어짐에 따라 좀 더 잘 이해할 수 있게 된다(King. N, 1996 : 222).

고전소설을 이야기로 구연하는 활동은 단순히 자신이 알고 있는 이야기를 암송하는 것이 아니라 자신이 구연할 이야기에 대한 배경지식을 학습 집단과 공유한다는 데에 의미가 있다. 학습 집단에서의 이야기 공유는 이야기의 내용 전달뿐 아니라 이야기를 통해서 새로운 상상의 세계를 구축하고 상상을 통하여 우리 조상들의 숨결을 느낄 수 있는 계기를 마련할 수 있다.

이야기 구연은 작품 전체를 대상으로 할 필요는 없다. 자칫 작품 내용 전체를 전달하려는 데에 집착을 하다보면 교육적인 효과는커녕 학습자에게 압박감을 주어 오히려 기피 현상을 유발할 수 있다. 따라서 이야기 구연은 내용 전체를 하기보다는 구연 주체자가 원하는 부분 혹은 이야기를 분절하여 여러 명이 공동으로 구연하는 것도 좋다.

2) 교육연극

어린 아이들은 마치 숨 쉬는 것처럼 아주 쉽게 연극을 만든다(King. N, 1996 : 81). 다른 어떤 교수·학습방법보다도 연극적인 혹은 역할 놀이로 불리는 이러한 방식의 교수·학습활동은 학생들 스스로 흥미를 유발할 뿐만 아니라 학습 동기를 자극하여 자발적인 상승효과를 기대할 수 있다. 이미 연극하는 글로 제공된 대본을 가지고 활동하는 것보다는 학생들 스스로 연극 대본을 만들어보고 그것을 자신들 스스로 재구성하여 창의적으로 활동하는 것이 보다 효과적이다.

고전소설은 다분히 연극적일 뿐 아니라 재구성 효과가 뛰어나다. 고전소설은 우리의 문화를 그대로 담고 있을 뿐 아니라 어려서부터 접해왔던 익숙한 내용의 것들이다. 신비적이거나 비현실적인 것이 전혀 문제가 되지 않는 것은 고전소설을 받아들이는 학생들의 태도에 있다. 학생들에게 고전소설은 어려서부터 들어왔던 옛 이야기의 한 종류이기 때문이다. 등장인물과 사건이 한국적일 뿐 아니라 민족의 정서를 담고 있기 때문에 자연스러운 친근감을 느낄 수가 있는 것이다. 그래서 고전소설을 연극적 상황으로 재구성하는 데에 어려움을 느끼지 않는다.

연극이 지닌 몸짓의 요소는 말의 본질 즉, 고전소설의 특징적인 음성언어적 요소와 깊은 관련이 있으며 연극의 말은 그 몸짓까지를 함께 의미소로 볼 수밖에 없는 '보여주기'라는 점에서 국어교육과 상당부분 관계가 있다(김대행, 2000 : 278). 교육연극과 관련된 활동은 매우 다양하다. 고소설을 원작으로 한편의 극을 구성하기 위해서는 많은 준비 과정이 요구된다. 일단 텍스트를 극의 형태로 변형하는 것을 시작으로 배경과 소품을 준비하여 무대에 오르기까지 다양한 활동을 하게 된다. 이러한 일련의 과정들은 단순히 고전소설을 극의 형태로 바꾸어서 표현하는 것이 아니라 극을 구성하는 과정을 통해서 고전소설에 나타난 시대 상황과 민족 정서를 이해할 수 있는 계기를 마련하는 것이다.

3) 바꿔 짓기

이야기 구연과 교육연극이 음성언어 중심의 활동이라면 바꿔 짓기는 문자언어 중심의 활동이다. 이야기 구연과 교육연극 활동이 이루어지기 위해 선행되어야 할 하나의 과정이기도 한 바꿔 짓기 활동은 고전소설의 장르적 특성을 학습자의 자유로운 상상력으로 재구성하는 텍스트 변용 활동이다.

초등학교 국어과의 문학영역 수업의 가장 핵심적인 활동 중의 하나는 형식을 달리하여 글을 표현하는 것이다. 즉, 소설을 시나 극본의 형태로 바꾸어 쓴다거나 시를 이야기 형식으로 바꾸어 표현하는 등의 활동은 원작품이 갖고 있는 문학적인 특성을 훼손하지 않는 한도 내에서 자유롭게 이루어진다.

고전소설은 다른 형식의 글에 비하여 바꿔 짓기 활동이 매우 수월할 뿐 아니라 학생의 상상력을 자극하는 요소들이 많이 내포되어 있다. 따라서 원작품에 대한 이해와 경험을 바탕으로 학습자의 상상력을 자극할 수 있는 요소들을 동원한 텍스트 변용 활동이 이루어져야 한다.

고전소설을 다른 형식의 글로 바꾸어 표현할 때에는 글 전체의 내용을 변용하는 것이 아니라 특정 장면이나 사건을 대상으로 하는 것이 효과적이다. 특히 초등학교 국어 수업에 적용할 수 있는 고전소설 작품은 한정되어 있을 뿐 아니라—일부 작품의 경우 내용의 선정성이나 자극성으로 인하여 —작품 전체를 제시하는 데에도 한계가 있기 때문이다.

예를 들어 초등학교 6학년 교과서의 '장끼전'을 시나 극본으로 바꿔 표현하는 활동은 학생들로 하여금 상상력과 창의력을 발현할 수 있는 좋은 기회를 제공한다. 특히 본문 일부의 운율을 기본으로 시조 형식으로 바꾸어 표현할 수도 있으며 기존 동요 가락에 노랫말을 새롭게 만들어서 부를 수도 있다.

고전소설은 그 자체로 소중한 우리 문학적 유산이며 민족의 정서와 얼이 담겨 있는 것이지만 그것을 새롭게 학습활동에 적용하는 방법을 구안하는 것 또한 매우 중요하다. 우리 문학 작품을 통하여 다양한 교수·학습활동이 가능하며 그것이 국어사용 능력 향상에 중요한 역할을 할 수 있다면 고전소설의 위상은 보다 높아질 것이다.

4) 문화 체험

춘향전을 바탕으로 지역사회의 문화상품을 개발한 남원의 경우에서 볼 수 있듯이 고전소설은 훌륭한 문화체험 자산이다. 판소리 춘향전을 비롯하여 수없이 제작된 영화와 연극 등은 고전소설의 문화적 가치를 잘 보여주는 예이다.

고전소설은 작품 그 자체로 훌륭한 문화유산이다. 그러나 그것을 어떻게 널리 알리고 이롭게 하는가는 고전소설의 영속성과 매우 깊은 관계가 있다. 초등학교 국어과에서 차지하는 고전소설의 양적, 질적 한계가 아마도 고전소설의 문화유산적 가치를 제대로 드러내지 못한 까닭일 것이다. 초등학생들에게 적용이 가능한 프로그램을 다양화하여 그것을 지속적으로 교육 현장에 투입하였을 때 고전소설의 실질적 존재와 가치가 드러날 수 있는 것이다. 실제로 초등학교 현장에서 고전소설에 대한 초등학생들의 반응은 매우 저조할 뿐 아니라 그 존재를 인식하고 있지 못하는 경우가 대부분이다. 오히려 서양 문학 작품에 대해서는 잘 알고 있으면서도 우리 문학 작품에 대해서는 가치는커녕 존재조차도 인식하지 못한다는 것이 현실이다. 고전소설은 설화나 구전동화의 한 부분일 뿐이라고 생각한 나머지 그 진실한 가치를 알지 못한다는 것이다.

초등학생을 위한 문화체험 프로그램을 구안하고 개발하는 것은 매우 중요하다. 초등학생들의 문학작품에 대한 인식은 상급학교 학생들에 비하여 순수하다. 초등학생들에게 고전소설은 시험을 위한 지식의 대상이 아니라 정서와 인지발달을 위한 체험일 수 있다.

초등학생들이 고전소설을 직접 체험할 수 있는 기회를 마련할 수 있는 방법과 기회는 얼마든지 있다. 앞서 밝혔듯이 교과 이외의 시간을 할당하여 얼마든지 가능하다. 학교 안에서는 다양한 문화 콘텐츠를 탐색하고 구안하여 적용할 수 있으며 학교 밖에서는 고전소설과 관련된 문화 유적과 지역사회를 탐방할 수 있을 것이다. 봄, 가을로 실시되는 교외학습과 수련활동의 한 부분을 활용할 수 있으며 주 5일제 수업을 활용한 학습자 개개인의 문화체험활동 프로그램을 작성하여 안내할 수 있을 것이다.

이러한 문화체험활동은 문학 작품이 단순히 문자적인 것이 아니라 그 속에 매우 다양한 세계가 내재되어 있다는 것을 느끼고 경험할 수 있게 하는 것이다. 작품을 대하고 그 속에 내재된 많은 문화적 체험을 한다면 고전소설에 대한 가치를 보다 새롭게 인식할 수 있을 것이다.

5. 초등학교 고전소설 교육의 방향

현실성이 없는 논의는 잡담에 불과하다. 어느 학회의 집요한 노력과 성공의 사례를 통하여 고전소설 교육이 나아가야 할 방향을 짚어보는 것으로 이 논의를 맺는다.

불과 십여 년 전만 하여도 초등학교에서 한자를 가르치는 것은 교육과정 활동에 배치되는 것이었다. 철저하게 초등학교의 한글 전용을 주장해온 학자들과 단체들에 의하여 한자교육은 비집을 틈조차 없어 보였다. 그런데 어느 지역 교육청의 한 교장의 주도하에 '한자교육연구회'가 결성되었고 이 연구회를 통한 교사 연수가 진행되기 시작하였다. 이윽고, 학교 단위별 연수와 학생들을 위한 별도의 교육 프로그램이 편성되고 운영되기 시작하였다. 그때만 하여도 한 지역 교육청의 맹렬 교장에 의한 일시적인 현상이라고 일축하였다. 그런데 결과는 예상 밖이었다. 해가 갈수록 한자교육은 자연스럽게 학교 교육 활동으로 흡수되었고, 초등학생은 물론 일반인에 이르기까지 그 수요는 기하급수적으로 증가하였다. 최근에는 모 언론사로부터 막대한 부의 축적에 따른 표적의 대상이 되기도 하였다.

교육은 투기가 아니다. 투자이다. 계획적이고 장기적인 노력과 인내를 요구하는 잠재적이지만 생산적인 투자임이 분명하다. 때로 실망스런 결과를 가져올 수도 있지만 준비된 투자는 절대로 가치를 상실하지 않는다. 최근의 한자교육 붐은 바로 지속적인 인내와 노력의 결과이다. 초등학교를 시발점으로 한 한자교육은 교사 연수로부터 비롯되었다고 하여도 과언이 아니다. 또한 일선 학교 교육 책임자를 통한 부단한 설득과 홍보는 보다 확실한 결과를 창출하게 하였다. 그 이면에는 학회의 책임 있고 꾸준한 지원이 있었다. 그들은 다양한 자료와 프로그램을 개발하였다. 아직도 초등학교의 교과 내용으로 들어 있지는 않지만 미래를 대비하기 위하여 많은 투자를 하고 있다. 일선 현장은 물론 관계 기관과 언론사를 찾아가 자신들의 주장을 전달하고 때로는 논쟁하면서 일반의 관심을 끌려는 노력을 게을리 하지 않았다.

교육은 그 어떤 것이든지 가능하게 한다. 교육을 통해서는 무엇이든지 가능하다. 기존의 틈새를 채워나가는 교육적 프로그램의 개발과 적용은 무궁무진하다. 일선 학교에서 불가능한 한자교육은 아침자습의 틈새를 찾아 열었다. 교과 지필 일제평가가 사라진 틈을 타서 한자경시의 문을 열었다. 한자만으로는 새로운 교육 수요를 창출할 수 없다고 생각했기에 사고력과 창의력을 등에 업은 생산적 전략을 구안하였다. 변화에 적응하려는 의지와 노력은 원하는 교육 활동의 확대를 가져온다.

내일 당장이라도 어느 초등학교에 차기 학년도 고전소설 관련 특별활동

부서를 만드는 것은 그다지 어려운 일은 아니다. 한자와 달리 고전소설은 국어교육의 교과 내용영역에 속하며 특별활동은 물론 재량활동으로 편성하여 운영할 수 있다. 국어교육의 목표를 달성할 수 있는 교과 교수·학습전략과 방법을 연구하여 현장에 보급하고 고전소설의 특성을 살린 재량활동 내용과 특별활동 프로그램을 개발하여야 한다. 지속적이고 집요한 연구와 투자 그리고 장기적인 인내와 노력을 통하여 고전소설 교육의 새로운 장을 열어야 할 것이다.

―「초등학교 고전소설 교육의 현황과 과제」, 『고전소설 교육의 과제와 방향』,
한국고소설학회, 2005. 12. 30.

참고문헌

가톨릭대학교 교양교육원(2005), 『분석과 창의적 문제해결』, 가톨릭대학교출판부.
교육부(1997), 『초등학교 교육과정』, 대한교과서.
교육인적자원부(1997), 『초·중등학교 교육과정-국민공통기본교육과정』, 대한교과서.
교육부(1998), 『초등학교 교육과정 해설(Ⅲ)』, 대한교과서.
교육인적자원부(2004), 『초등학교 교사용 지도서-국어』, 대한교과서.
교육인적자원부(2007), 『초등학교 교육과정(Ⅰ)』, 대한교과서.
구인환 외(1996), 『문학교육론』, 삼지원.
김대행(2000), 『문학교육 틀짜기』, 역락.
김대행 외(2002), 『문학교육원론』, 서울대학교출판부.
김대행 외(2004), 『방송의 언어문화와 미디어교육』, 서울대학교출판부.
김상욱(2006), 『어린이문학의 재발견』, 창비.
김선민(2000), 『CMC를 활용한 작문교육 연구』, 서울교육대학교 석사학위 논문.
김선민(2002), 『시창작 교육의 텍스트 변용 교수·학습에 관한 연구-초등교육을 중심
        으로』, 명지대학교 박사학위논문.
김선민(2003a), 「'소리' 표상을 통한 시어 생산 교수·학습 전략(초등교육을 중심으로)」,
        『국어교육』 111, 한국국어교육연구학회.
김선민(2003b), 「작문교육의 창의성에 관한 연구」, 『어문연구』 119호, 한국어문교육연구회.
김선민(2003c), 「창작 교육의 상상력·창의력 발현에 관한 연구」, 『한국초등국어 교육』
        제23집, 한국초등국어교육학회.
김선민(2004), 「문학교육의 창의성에 관한 연구」, 『문학교육학』 제13호, 한국문학교육학회.
김선민(2005a), 『쓰기 교수·학습론』, 한국학술정보.
김선민(2005b), 「교육연극을 활용한 초등학교 고전소설 읽기 교수·학습」, 『한국어교육』
        제22호, 한국어문교육학회.
김선민(2005c), 「초등학교 국어과 교수·학습목표의 진술 방법에 관한 연구」, 『어문연구』
        제125호, 한국어문교육연구회.
김선민(2005d), 「초등학교 고전소설 교육의 현황과 과제」, 『고전소설 교육의 과제와 방
        향』, 한국고소설학회.
김선민(2006), 「수리·과학적 문제해결과 언어」, 『국어 교육』 제120호, 한국어교육학회.

김선민(2007a), 「국어과의 언어사용 기능이 내용교과의 학습에 미치는 영향」, 『어문연구』 제134호, 한국어문교육연구회.

김선민(2007b), 「교육과정 재구성을 통한 논술 교수·학습에 관한 연구」, 『한국어등국어교육』, 한국 초등국어교육학회.

김선민(2007c), 「문법 영역의 국어과 통합 교육 방법에 관한 연구」, 『한국어교육』 제26호, 한국어문교육학회.

김선민(2008a), 「내용영역의 쓰기에 관한 개념적 접근」, 『한국초등국어교육』 제36집, 한국초등국어교육학회.

김선민(2008b), 「내용영역의 개념중심 읽기 지도에 관한 연구」, 『국어교육』 126, 한국어교육학회.

김선민(2008c), 「CORI가 내용영역의 교수·학습 성취에 미치는 효과」, 『한국초등국어교육』 제37집, 한국초등국어교육학회.

김선민(2008d), 「내용영역의 쓰기」, 『문식성 교육 연구』, 한국문화사.

김선민 외(2007), 『초등학교 독서교육』, 역락.

김선민·엄해영(2008), 「내용교과 읽기의 문제해결을 위한 개념중심 읽기 모형에 관한 연구」, 『새국어교육』 제78호, 한국국어교육학회.

김언주(1987), 『인지심리학』, 정민사.

김재봉(1999), 『텍스트요약전략에 대한 국어교육학적 연구』, 집문당.

김재봉(2003), 『초등 말하기듣기 교육론』, 교육과학사.

김재봉(2007), 「2007년 개정 국어과 교육과정과 맥락의 수용문제」, 『새국어교육』 제77호, 한국국어교육학회.

김재봉 외(2001), 『7차 수준별 교육과정을 위한 초등 국어과 교수학습 방법』, 교육과학사.

김재봉 외(2006), 『초등교사를 위한 글쓰기와 화법』, 형설출판사.

김양은·안정임(2004), 「미디어교육 개념 및 학교 미디어교육의 방향」, 한국언론학회 미디어교육위원회 미디어교육 컨퍼런스, 한국언론학회.

김영순(2005), 『중등 사회과 미디어교육 교과과정 연구』, 미더어교육컨퍼런스.

김정률 외(2006), 『중학교 과학 교사용 지도서』, 블랙박스.

김종서 편(1983), 『현대교육론』, 서울대학교출판부.

김주환(2007a), 『현장 국어교육의 길잡이』, 나라말.

김주환(2007b), 『교실 토론의 방법』, 나라말.

김진호 외(2002), 『교육방법의 기초』, 문음사.

김택환·최창섭(2000), 「한국 미디어교육 제도화 모델」, 한국언론재단, 언론재단총서25, 세계미디어교육모델.

노명완(1988), 『국어교육론』, 한샘.

노명완·박영목·권경안(1989), 『국어과교육』, 갑을출판사.

노명완·이차숙(1992), 『문식성 연구』, 박이정.
노명완·정혜승·옥현진(2003), 『창조적 지식기반 사회와 국어과 교육』, 박이정.
문정화·하종덕(2003), 『또 하나의 교육 창의성』, 학지사.
문혜성(2004), 『미디어교육학』, 한국방송영상산업진흥원.
박승재·조희형(1999), 『교수·학습이론과 과학교육』, 교육과학사.
박영목(1994), 「논술 지도의 원리와 절차」, 『논술 지도의 실제』, 서울특별시교육연구원.
박영태(2002), 『창의성의 별』, 학지사.
박인기 외(2000), 『국어교육와 미디어 텍스트』, 삼지원.
박인기(2006), 「국어교육과 (타)교과교육의 상호성」, 『국어교육과 교과교육』, 제261회 전
　　　국 학술대회 발표집, 한국어교육학회.
방인태(2002), 『국어교육과 국문학』, 역락.
방인태 외(2002), 『초등국어과 교육』, 박이정.
백영균(1999), 『웹 기반 학습의 설계』, 양서원.
백욱인(2001), 「디지털 시대의 지식과 교육」, 『사이버교육의 이해』, 한국교육개발원.
서울교육대학교초등국어교육연구소·한국어문교육학회편(1996), 『우리 선생님이 추천
　　　한 동시 300편 I·II』, 박이정.
서울특별시교육연구원(1996), 『미래를 여는 창의성 교육』, 지은문화사.
서울특별시교육청(1996), 『손에 잡히는 초등 논술』, 경인정보문화사.
서혜정(1998), 『동시를 통한 통합적 접근 I』, 창의사고.
신헌재(1991), 「창의적 사고력 신장과 국어과 교육」, 『국어교육』 제73·74호.
안정임·전경란(1999), 『미디어교육의 이해』, 한나래.
양문봉(2000), 『자폐스펙트럼 장애』, 자폐연구.
우한용 외(2001), 『창작교육, 어떻게 할 것인가』, 푸른사상사.
원진숙(1995), 『논술교육론』, 박이정.
윤준수(1998), 『인터넷과 커뮤니케이션 패러다임의 대전환』, 커뮤니케이션북스.
은혜정 외(1998), 「청소년 대상 미디어교육의 정규교육 정책화 방안 연구」, 한국방송진
　　　흥원 연구보고서 98-5.
은혜정(2002), 「인터넷 수용자의 미디어 이용 행태 연구―학교 교육에 있어서의 미디어
　　　교육내용과 교육과정」, 한국 방송영상 산업 진흥원.
이경화(2000), 「학교 교육으로 매체 언어를 실행하는 방안」, 한국교원대학교 한국어문
　　　교육 연구소, 한국어문교육, Vol.0 No.1.
이관규(2006), 『학교 문법론』, 월인.
이성영(1996), 『국어교육의 내용 연구』, 서울대학교출판부.
이인제(1998), 「논술 능력 신장을 위한 교육 내용의 구조화 방안 연구」, 『교육과정 평가
　　　연구』, 한국교육과정 평가원.

이정춘(2004), 『미디어교육론 : 미디어시대에 살다』, 집문당.

이진석 외(2008), 『고등학교 사회·문화』, 지학사.

이홍우(1992), 『교육과정탐구』, 박이정.

임지룡·김영순(2005), 「중등학교 미디어교육을 위한 문화기호학적 방법론」, 『중등교육 연구』.

전국국어교사모임 매체연구부(2005), 『매체교육의 길찾기』, 나라말.

정동화 외(1996), 『초·중등 국어과교육론』, 선일문화사.

정완호 외(2001), 『과학-교사용지도서-』, 교학사.

정혜승(2002), 『국어과 교육과정 실행 연구』, 박이정.

조동일(2001), 『한국문학통사5』, 지식산업사.

주세형(2006), 『문법 교육론과 국어학적 지식의 지평 확장』, 역락.

지정순 외(1999), 『생각의 실타래』, 교학사.

천경록 외(2002), 『초등 국어과 교육론』, 교육과학사.

최영환(1998), 「매체변화에 대응하는 국어교육」, 『국어교육』 98호, 한국국어교육연구회.

최창섭(1985), 『미디어교육론』, 유네스코 한국위원회 연구, 나남, 1985.

최창섭(1998), 「미디어교육의 이론경향고찰」, 한국언론학회, 한국 미디어교육학회 주관 미디어교육 세미나.

최창섭(1997), 「수용자교육 실시를 위한 단계별 추진전략 연구」, 서울방송문화재단.

최창섭(1998), 「미디어교육 관련 연구경향 고찰」, 98 미디어교육 현장 사례 및 학술 발 표회, 한국언론학회.

최현섭 외(1997), 『국어교육학개론』, 삼지원.

한국교육개발원(1979), 『초중등학교 교육발전 종합보고서』, 신성인쇄사.

한국교육과정평가원(2005), 「국어과 교육과정 개정(시안)연구 개발」, 한국교육과정평가원.

한정선(2000), 「미디어교육의 새로운 해석과 접근」, 『교육공학연구』 제16권 제2호.

홍순정(1999), 『지능과 창의성』, 양서원.

Amabile, T. M.(1989), *Growing Up Creative : Nurturing a Lifetime of Creativity* (전경원 편역, 『창 의성과 동기유발』, 창지사, 2003)

Anderson, L. W.(2001), *A texanomy for Learning, Teaching, and Assessment : A Revision of Bloom's Texanomy of Educational Objectives*, Pearson Education, Inc. (강현석 외 역, 『교육과정 수업평가를 위한 새로운 분류학』, 아카데미프레스, 2005)

Dijk, V. & Teun A.(1978), Textwissenschaft Eine inter Diszipilinare, Het Spectrum BV (정시호 역, 『텍스트학』, 아르케, 2000).

Doug, B. *Classroom Strategies for Interactive Learning* (노명완·정혜승역, 『교실 수업 전략』, 박 이정, 2006).

Driscoll, M. P.(2000), *Psychology of learning for introduction* (양용칠 역, 『학습심리학』, 교육과학

사, 2002)

Easthope, A(1996), 임성훈 역, 『문학에서 문화연구로』, 현대미학사.

Evans, D(1998), 김종주 역, 『라깡 정신분석 사전』, 인간사랑.

Flower, L.(1993), *PROBLEM-SOLVING STRATEGIES FOR WRITING* (황정현·원진숙 역, 『글쓰기의 문제해결 전략』, 동문선, 1998).

Frye, N(2000)., 이상우 역, 『문학의 구조와 상상력』, 집문당.

Frye, N.(1964), *THE EDUCATED IMAGENATION* (이상우 역, 『문학의 구조와 상상력』, 집문당, 2000).

George, P.(1971), How to Solve It, Ptinceton University Press. (우정호 역, 『어떻게 문제를 풀 것인가』, 교우사, 2005).

Heinemann, W. & Viehweger, D.(1991), Textlinguistik : eine Einführung, Tübingen : Niemeyer (백설자 역, 『텍스트언어학 입문』, 역락, 2001).

Heinz, V.(1992), Einführung in die Textlinguistik,, München : Fink (이성만 역, 『텍스트언어학 입문』, 한국문화사, 1995).

Irwin, J. W. & Baker, I.(1989), 독서지도방법 : 사고 중심 전략 중심, 천경록·한철우 역, 교학사.

Jackendoff, R.(1994), *Patterns in the Mind* (이정민·김정란 공역, 『마음의 구조』, 태학사, 2002).

King, N.(1996), *Playing Their Part,* HEINEMNN, (황정현 역, 『창조적인 언어사용 능력을 위한 교육연극 방법』, 평민사, 1998).

Lee, D.(2001), *Cognitive Linguistics : An Introduction* (임지룡·김동환 공역, 한국문화사, 2003).

Osborn, A. F.(1963), 'Applied Imagination' Principle and Procedures of Creative Problem-Solving, Charls Scribner's Sons (신세호 외 공역, 『창의력 개발을 위한 교육』, 교육과학사, 1999).

Read, S. K. Cognition : Theory and Applications (박권생 역, 『인지심리학 : 이론과 적용』, 시그마프레스, 2000).

Savid, L.(2001), Cognitive Linguistics : An Introduction, OXFORD University Press (임지룡·김동환 역, 『인지언어학 입문』, 한국문화사, 2004).

Scholes, R. & Kiaus, C. H.(1972), Element of Writing (김창식 역, 『글쓰기의 길라잡이』, 세종출판사, 1996).

Scholes, R.(1985), *Textual Power : Literary Theory and Teaching of English* (김상욱 역, 『문학이론과 문학교육』, 하우, 1996).

Shallcross, D. J.(1978), *Teaching Creative Behavior* (문정화·변순화 공역, 『창의성을 내것으로』, 학지사, 1999).

Steinberg, D. D(1993)., *An Introduction to Psycholinguistics*, Longmann Group UK Limeted

(박경자・이재근 역, 『심리언어학 입문』, 한신문화사, 1993).

Sternberg, R. J. & Smith, E. E.(1988), *THE PSYCHOLOGY OF HUMAN THOUGH*) (이영애 역, 『인간사고의 심리학』, 교문사, 1996).

Sweet, A, P, & Snow, C. E.(2003), *Rethinking Reading Comprehention*, The Guilford Press A Dvision of Guilford Publications, Inc. (엄해영 외 역, 『독서교 육에 관한 새로운 이해』, 한국문화사, 2007).

Alexander, J. & Filler, R.(1976), *Attitudes and reading*. Newark, DE : International Reading Assciarion.

Alice, L.(1999), *Information literacy, Information*, Communication & Society 2 : 2,

Alvermann, D. E., Phelps, S. F., Ridgeway, V. G.(2007), *Content Reading and Literacy*, Pearson Education, Inc.

Anderson, J.(1992), *The role of theory and research in the design of media literacy programs*, In J. P. Golay (ed.), Proceedings of the symposium on media education : June 27th to 30th, 1988.

Anderson, L. W. & Krathwohl, D. R.(2001), *A Taxanomy For Learning Teaching And Assessing-A Revision of Bloom's Taxanomy of Educational Ojectives Abridged Edition*, Addison Wesily Longman, Inc.

Anderson, M. A., Tollefson, N. A. & Gilbert, E. C.(1985), *Giftedness and reading : A cross-secrional view of differences in reading attitudess and behaviors*. Gifted Child Quarterly, 29(4).

Anderson, T. H. & Armbruster, B. B.(1985), *studying strategies and their implications for textbook design*. In Designing usable texts, Duffy,

Armbruster, B. B.(1988), *Why some children have trouble reading content area textbooks*. Technical Report No.432. Center for the Study of Reading, University of Illinois ar Urbana-Champign.

Athey, I.(1982), *Reading : The affective domain reconceptualized*. In B. A. Huston(Ed.), Advances in reading/language research, Greenwich, CT : JAI Press.

Ayers, S. E.(2002), *Elementary school students' academic motivation. Unpublished doctoral dissertation*, The Pennsylvania State university, university Park, PA.

Baker, L. & Wigfield, A.(1999), *Dimensions of children's motivation for reading and their relations to reading activiry and reading achievement*. Reading Research Quarterly, 34(4).

Baker, L., Affkerbach, P. & Reinking, D.(1996), *Developing engaged readers in school and home communities : An overview*. In L. Baker, P. Afferbach & D. Reinking (Eds.), Developing engaged readers in school and home communities, Mahwah, NJ : Erlbaum.

Baker, P. Affkerbach. & D. Reinking (Ed.), *Developing engaged readers in school and home communities*, Mahwah, NJ : Erlbaum.

Bandura, A. & Schunk, D. H.(1981), *Cultivating competence, self-efficacy and intrinsic interest though proximal self-motivation*. Journal of Personality and Social Psychology, 41(3).

Bandura, A.(1997), *Self-efficacy : The exercise of control*. New York : W.H. Freeman & Company.

Bastidas, A.(1999), *The motivation to read of middle-school 'ESL' Latina(o) poor readers and good readers*. Unpublished doctoral dissertation, University of Southern California, LA, CA.

Bazalgette, C. Ed.(1989), *Primary Media Education : A Curriculum Statement*, London : BFI.

Bean, T. W.(2000), Reading in the Content Areas : Social Constructivist Dimensions, *Handbook of Reading Research Volume III*.

Bean, T. W.(2000), *Reading in the Content Areas : Social Constructivist Dimensions, Handbook of Reading Research Volume III*. Vol.35, No.2, International Reading Association, Inc.

Benjamin, A.(2007), *But I'm Not A Reading Teacher : Strategies for Literacy Instruction in the Content Areas*, Eye On Education, Inc.

Boersema, J. J. et al.(2001), *Is it all in the books? An analysis of the content and scope of 12environmental science books*. International Journal of Sustainability in higher Education2(4).

Bonitatibus, G. J. & Beal, C. R.(1996), *Finding new meaning : Children's recognition of interpretive ambiguity in text*. Journal of Experimental Child Psychology, 62(1).

Bransford, J. D., Brown, A. L. & Cocking, R. R.(2000), *How People Learn-Brain, Mind, Experince, and School*, The National Academy of Sciences.

Brashear, C.(2001), *Elements of Creativity*, 1st Books Library.

Brennemann. B.(2003), *Content Area Reading Strategies Grades 5-6 : Reading Language Arts*. Walch Publishing.

Brown, D. L. & Briggs, L. D.(1989), *Success in reading : Four characteristics of strategic readers*. Reading Horizons, 29(1).

Brown, J. S.(2000), *Growing up digital*, Change, vol.32, 2.

Brown, L. E.(1992), *A study of the relationships among self-concept, reading attitude and reading comprehension in second grade reader*. Unpublished master's thesis, Memorial University of Newfoundland, St. Jon's, Newfoundland, Canada.

Brozo, W. G. & Flynt, E. S.(2007), *Content Literacy : Fundermantal Toolkit Elements, The Reading Teacher*.

Butkowsky, I. S. & Willows, D. M.(1980), *Cognitive motivational characteristics of children varying in reading ability : Evidence for learned helplessness in poor readers*. Journal of Educational Psychology, 72(3).

Carter, J. F.(1985), *Lessons in text design from an instructional design perspective*. In Designing usable texts. Duffy, T.M.

Cipidldwski, J. & Stoanovich, K. E.(1992), *Predicting growth in reading ability from children's exposure to print*. Journal of Experimental Child Psychology, 54(1).

Clifton, M. S.(1990), *The relationship of reading climate to reading motivation, attitude, and achievement :* The principal's role(sustained silent reading). Unpublished doctoral dissertation, The University of Mississippi, Oxford, MS.

Collins, N. D.(1996), *Motivating low performing adolescent readers.* (ERIC Document Reproduction Service No ED.

Corno, L. & Mandinach, E.(1983), *The role of cognitive engagement in classroom learning and motivations.* Educational Psychologist, 18(2).

Daniels, H., Zemelman, S. & Steinke, N.(2007), *Content-Area Writing*, Heinemann.

Deci, E. & Ryan, R.(1985), *Intrinsic motivation and self-determination in human behavior.* New York : Plenum.

Dupuis, M. M., Lee, J. W., Badali, B. J. & Askov, E. N(1989), *Teaching reading and writing in the content areas. Glenview*, IL : Scott, Foresman and Company.

Eccle, J. S., Wigfield, A., Harold, R. D. & Blumenfeld, P. B.(1993), *Age and gender differences in children's self-and task perception during elementary school.* Child Development, 64(3).

Eccles, J. S., Wigfiendl, A. & Schiefele, U.(1998), *Motivation to succeed. In N. Eisenberg* (Ed.), *Handbook of child psychology* Vol.Ⅳ(5th ed.). New York : John Wiley.

Fall, M. K.(1981), *"What are curriculum materials?".* Handbook for evaluating and selecting curriculum materials. Allyn and Bacon, INC.

Finn, J. D., Dulberg, L. & Reis, J.(1979), *Sex differences in educational attainment : A cross-national perspective.* Harvard Educational Review, 49(4).

Forrest. P. D. & Waller, T. G.(1984), *A study of student viewpoints and reading achievement.* (ERIC Document Reproduction Service No ED).

Francisco, N. K.(1999), *Reading comprehension of multi-ethnic middle school students : Effects of altering motivational and cognitive factors in Africa American biographies.* Unpublished doctoral dissertations, Stanford University, Palo Alto, CA.

Gambrell, L. B.(1996), *Creating classroom cultures that foster reading motivation.* The Reading Teacher, 50(1).

Gambrell, L. B., Palmer, B. M., Coding, R. M., Gergnye, P., Cassell, L., Long, L. & Sherman, J.(1993), *Elementary students' motivation to read. Unpublished manuscript.* National Reading Research Center.

Garner, R. & Taylor, N.(1981), *Monitoring of understanding : An investigation of attentional assistance needs at different grade and reading proficiency levels.* Reading Psychology, 3(1).

Gates, A.(1961), *Sex difference in reading ability.* The Elementary School Journal, 61.

Glendinning, E. H. & Holmström, B.(2004), *Study Reading : A course in reading skills for academic purpose, Second Edition*, Cambridge University Press.

Goodman, K. S. ie (1998), *Language and Thinking in School,* Richard C. Owen Publishers, Inc.

Graves, M. F. & Cooke, C. L.(1980), *Effects of previewing difficult short stories for high school students.* Research on Reading in Secondary School, 6(1).

Greaney, V. & Hegarty, M.(1987), *Correlates of leisure-rime reading.* Jounal of Research in Reading, 10(1).

Gudd, E. T. & Robert, L.(1989), Using writing to enhance content area learning in the primary grades, *The Reading Teacher.*

Guthrie J. T, Meter, P. V., Hancock G. R, Alao S., Anderson E. & McCann A.(1998), *Does Concept-Oriented Reading Instruction Increase Strategy Use and Conceptual Learning text?* Journal of Educational Psychology, Vol.90. No.2.

Guthrie J. T, Meter, P. V., Hancock G. R, Alao S., Anderson E. & McCann A., *Does Concept-Oriented Reading Instruction Increase Strategy Use and Conceptual Learning text?* Journal of Educational Psychology, Vol.90. No.2, 1998.

Guthrie J. T, Meter, P. V., McCann A. D, Wigfield A., *Growth of literacy engagement : Changes in motivations and strategies during concept-oriented reading instruction,* Reading Research Quarterly, Vol.31, No.3, 1996.

Guthrie J. T., Meter, P. V., McCann A. D. & Wigfield, A.(1996), *Growth of literacy engagement : Changes in motivations and strategies during concept-oriented reading instruction,* Reading Research Quarterly, Vol.31, No.3.

Guthrie, J. T. & Alvermann, D. (Eds.).(1999), *Engagement in reading : Processes, practices, and policy implications.* New york : Teachers College press.

Guthrie, J. T. & Ozgungor, S.(2004), *Instruction Among Elaborative Interrogation, Knowledge, and Interest in the Process of Constructing Knowledge From Text,* Journal of Educational Psychology, Vol.96. No.3.

Guthrie, J. T. & Ozgungor, S., *Instruction Among Elaborative Interrogation, Knowledge, and Interest in the Process of Constructing Knowledge From Text,* Journal of Educational Psychology, Vol.96, No.3, 2004.

Guthrie, J. T. & Wigfield, A.(2000), *Engagement and motivation.* In M. L. Kamil. & P. B. Mosenthal (Eds.), *Handbook of reading research Col, III,* Mahwah, NJ : Lawrence Erlbaum Associates.

Guthrie, J. T., Anderson E., Alao S. & Rinehart, J.(1999), *Influences of Concept-Oriented Reading Instruction on Strategy Use a Conceptual Learning from Text,* The Elementary School Journal, Vol.99. No.4.

Guthrie, J. T., Anderson E., Alao S., Rinehart J., *Influences of Concept-Oriented Reading Instruction on Strategy Use a Conceptual Learning from Text,* The Elementary School

Journal, Vol.99. No.4, 1999.

Guthrie, J. T., McGough, K., Bennett, L. & Rice, M. E.(1996), *Concept reading instruction to develop motivational and cognitive aspects of reading* In L. Baker, P. Affkerbach, & D. Reinking (Ed.), *Developing engaged readers in school and home communities,* Mahwah, NJ : Erlbaum.

Guthrie, J. T., McRae, A. & Klauda, S. L., *Contributions of Concept-Oriented Reading Instruvtion to Knowledge About Interventions for Motivations in Reading,* Educational Psychology, 42(4), Lawrence Erlbaum Associates, Inc., 2007.

Guthrie, J. T., Van Meter, P., McCann, A. D., Wigfield, A., Babder, L., Poundstone, C. D., Rice, M. E., Faibisch, F. M., Junt, B. & Mitchell, A. M.(1996), *Growth of literacy engagement : Changes in motivations and strategies during concept-oriented reading instruction.* Reading Research Quarterly, 31(3).

Guthrie, J. T., Wigfield A., Barbosa P., Perencevich K. C., Taboada A., Davis M. H., Scafiddi N. T, and Tonks S.(2004), *Increasing Reading Comprehension and Engagement Through Concept-Oriented Reading Instruction,* Journal of Educational Psychology, Vol.96. No.3.

Guthrie, J. T., Wigfield A., Barbosa P., Perencevich K. C., Taboada A., Davis M. H., Scafiddi N. T, and Tonks S., *Increasing Reading Comprehension and Engagement Through Concept-Oriented Reading Instruction,* Journal of Educational Psychology, Vol.96. No.3, 2004.

Hall, L.(1989), *Poetry for Life,* Cassell Educational Limited.

Hater, S., Whitesell, N. & Kowalski, P.(1992), *Individual differences in the effects of educational transitions on young adolescents perception of competence and motivational orientation.* American Educational Research Journal 29(4).

Hobbs, R.(1994), *Teaching media literacy-are you hip to this?,* Media Studies Journal (Winter).

Horton, F.(1983), *Information literacy vs. computer literacy,* Bulletin of the American Society for Information Sciences, 9.

Huckins, T. N. & Olson, L. A.(1991), *Technical Writing and Professional Communication For Nonnative Speakers of English :* International Edition, Second Edition, McGraw-Hill Inc.

Hussien, M. G.(1998), *The relationship between motivation to read and reading achievement in grades kindergarten through third.* unpublished doctoral dissertation, Walden University, Naples, FL.

Jane, P.(2004), *Understanding Creativity,* Great Potential Press, Inc.

Jo A, L., Vacca R. T., Gove, M. K., Burkey, L. C., Lenhart, L. A. & McKeon, C. A.(2006), *Reading and Learning to Read,* Pearson Education, Inc.

Jo A, L., Vacca R. T., Gove, M. K., Burkey, L. C., Lenhart, L. A., McKeon, C. A., *Reading and Learning to Read*, Pearson Education, Inc., 2006.

Kail, R.(1991), *Controlled and automatic processing during mental rotation*. Journal of Experimental Child Psychology, 51(3).

Kamil, M. L., Mosenthal, P. B., Pearson, P. D. & Barr, R.(2000), *Handbook of Reading Research Volume III*, Lawrence Erlbaum Associates Inc.

Kamil, M. L., Mosenthal, P. B., Pearson, P. D. & Barr, R.(2000), Lapp, D., Flood, J. & Farnan, N. (Eds.). (1989). *Content area reading and learning : Instructional strategies*. Englewood Cliffs, NJ : Prentice Hall.

Knapp, N. F.(1997), *Breakthroughs in Science : Developing Reading in the Content Area*, Jamestown Publishers.

Knipper, K. J. & Duggan, T. J.(2006), *Writing to learn across the curriculum : Tools for comprehension in content area classes, International Reading Association.*

Kragler, S., Walker, C. A. & Martin, L. E.(2005), Strategy instruction in primary content textbook, *International Reading Association.*

Langer, J.(1984), *Examining background knowledge and text comprehension*. Reading Research Quarterly, 19(4).

Lapp, D., Flood, J. & Farman, N.(2004), *Content Area Reading and Learning Instruction Strategies second edition,* Lawrence Erlbaum Associates Publishers.

Lapp, D., Flood, J. & Farman, N., *Content Area Reading and Learning Instruction Strategies second edition*, Lawrence Erlbaum Associates Publishers, 2004.

Lapp, D., Flood, J. & Farnan, N.). (Eds.), *Content area reading and learning : Instructional strategies* (2nd ed.). Boston : Allyn and Bacon, 1996.

Len, M.(1997), *"A rationale for media education,"* in R. Kubey (ed.), Media literacy in the information age : Current perspectives. New Brunswick & London : Transaction Publishers.

Lesley, M.(2004), *Looking for critical literacy with postbaccalaureate content area literacy students, Journal of Adolescent and Adult Literacy.*

Lunberg, I. & Linnayla, P.(1993), *Teaching reading around world*. Hamburg, Germany : International Association for the Evaluation of Educational Achievement.

MacNeil, J. D.(1984), *Reading comprehension Scott,* Foresman and company.

Markam, E. M.(1979), *Realizing that you don't understand : Elementary school children's awareness of inconsistencies*. Child Development, 50(3).

Marsh, H. W.(1989), *Age and sex effects in multiple dimensions of self-concept : Preadolescence to early adulthood*. Journal of Educational Psychology, 81(3).

Mathewson, G. C.(1994), *Model of attitude influence upon reading to read*. In R. B. Ruddell, M. R.

Ruddell. & H. Singer (Eds.), Theoretical models and process of reading(4th ed.). Newark, DE : International Reading Association.

Mckenna,. M. C., Kear, D. J. & Ellsworth, R. A.(1995), *children's attitudes toward reading : A national survey*. Reading Research Quarterly, 30(4).

Mcmillan, M. K.(1996), *The effect of the accelerated reader program on the reading comprehension and the reading motivation of fourth-grade students. Unpublished doctoral dissertation*, Alfred University, Alfred NY.

McNamara, D. S.(2001), *Book review : Reading comprehension difficulties : Processes and intervention*. Journal of Pragmatism, 33(6).

McNeil, J. D.(1984). Reading comprehension : New directions for classroom practice. (ERIC Document Reproduction Service No ED.

Mitchell, C.(2003), *Content Area Writing Strategies : grades5-6 : Writing Mathmatics,* Walch Publishing.

Moje, E. B., Ciechanowski, K. M., Kramer, K., Ellis, L., Carrillo, R. & Collazo, T.(2004), *Working toward third space in content area literacy :* An examination of everyday funds of knowledge and Discourse, *Reading Research Quaterly,* vol.39, NO.1.

Montelongo, J. A. & Hernandez, A. C.(2007), *Reinforcing expositary reading and writing skills : A more versatile sentence composition task*, International Reading Association.

Moor, D. W., Moor, S. A., Cunningham, P. M. & Cunningham, J. W.(2006), *Developing Readers and Writers in The Content Areas K-12, Fifth Edition*, Pearson Education Inc.

Morrow, L. M.(1983), *Home and school correlates of early interest in literature*. Journal of Educational Research, 76(4).

Morrow, L. M.(1988), *Effects of story retelling on children's dictation of original stories*. Journal of Reading Behavior, 18.

Moss, B.(2005), *Making a case and place for effective content area literacy instruction in the elementary grades*. International Reading Association.

Neufeld, P.(2005), *Comprehension instruction in content area classes*, International Reading Association.

Nicholls, K.(1979), *Development of perception of attainment and causal attributions for success and failure in reading*. Journal of Educational Psychology, 71(1).

Oldfather, P.(1992), *Sharing the ownership of knowing : A constructivist concept of motivation for literacy learning*. Paper presented at the annual meeting of the National Reading Conference, San Antonio, TX.

Oldfather, P.(1993), *What students say about motivating experiences in a whole language classroom*. the Reading Teacher, 46(8).

Piirto, J.(2004), *Understanding Creativity*, Great Potential Press, Inc.

Paris, S. G., Cross, D. R. & Lipson, M. Y.(1984), *Informed strategies for learning : A program to improve children's reading awareness and comprehension.* Journal of Educational Psychology, 76(6).

Paris, S. G., Wasik, B. A. & turner, T. C.(1991), *The development of strategic readers.* In R. Barr, M. L. Kamil, P. Mosenthal. & P. D. Pearson (Eds.), Handbook of reading research (Vol.2). White Plain, NY : Longman.

Pauk, W.(2005), *Reading in the Content areas : Mathematics,* The Mcgraw-Hill Companies Inc.

Paul, G.(1997), "Digital Literacy", New York : John Wiley & Sons, Inc.

Pink, G. M.(1996), *A study of the relationships among reading comprehension, reader self-concept, reading attitude, children's perception and peer expectations, gender and grade in high ability elementary level language arts students.* Unpublished Master's Thesis, Memorial University of Newfoundland, St. Joh's, Newfoundlad, Canada.

Pintrich, P. R. & Schunk, D. H.(1996), *Motivation in education : Theories, research, and application.* Engelwood Cliffs, NJ : Erlbuam.

Pintrich, P. R., Marx, R. W. & Bolye, R. A.(1993), *Beyond cold conceptual change : The role of motivational beliefs and classroom contextual factors in the process of conceptual change.* Review of Educational Research, 63(2).

Rackham, J.(1982), *Creativity and the Writing Process,* Olivia Bertagnolli.

Read, S.(2005), *First and second graders writing information text, International Reading Association.*

Renninger, K. A., Hidi, S. & Krapp, A.(1992), *The role of interest in learning and development.* Hollsdale, NJ : L. Erlbaum Associates.

Richardson, J. S. Morgan, R. F. & Fleener, C.(2006), *Reading To Learn In The Content Areas : International Student Edition, Sixth Edition,* Thomas Wardworth.

Richardson, J. S., Morgan, R. F. & Fleener, C.(2006), *Reading To Learn In The Content Areas : International Student Edition, Sixth Edition,* Thomas Wadsworth.

Robb, L.(2003), *Teaching Reading in Social Studies, Science, and Math,* Scholastic Inc.

Robinson, M.(1975), *Attitudes and achievement : A complex relationship.* (ERIC Document Reproduction Service No ED111678)

Roe, B. D., Smith, S. H. & Burns, P. C.(2005), *Teaching Reading in Today's Elementary Schools,* Houghton Mifflin Company.

Rottger, D.(1980), *Elementary students' attitudes toward reading.* The Reading Teacher, 33(4).

Rozmiarek, R.(2006), *Improving Reading Skills Across The Content Areas : Ready-to-Use Activities and Assessments for Grades 6-12,* Corwin Press.

Ruddell, M. R.(1993), Teaching content reading and writing. Boston, MA : Allyn & Bacon.

Ruddell, R. B., Ruddell, M. R. & Singer, H. (Eds.).(1994), *Theoretical models and processes of reading*. Newark, DE : International Reading Association.

Schiefele, U.(1991), *Interest, learning, and motivation*. Educarional Psychologist, 26(3/4).

Schunk, D. H. & Zimmerman, B. J.(1997), *Developing self-efficacious readers and writers : The role of social and self-regulatory processes*. In J. T. Guthrie, & A. Wigfield(Eds.). Reading engagement : Motivating readers through integrated instruction. Newark. DE : International Reading Association.

Sejnost, R. & Thies, S.(2003), *Strategies for Reading in the Content Areas,* Sage Publication Ltd.

Shell, D. F., Murphy, C. C. & Bruning, R. H.(1989), *Self-efficacy and outcome expectancy mechanisms in reading and writing achievement*. Journal of Educational Psychology, 81(1).

Singer, J. & Shagoury, R.(2005), *Strring up Justice : Adolecsents reading, writing, and changing the world,* Journal of Adolescent and Adult Literacy.

Smith, E. B, Goodman, K. S., Meredith. R (1987), *Language and Thinking in school,* Richard C. Owen Publishers, Inc.

Smith, E. B., Goodman, K. S., Meredith, R.(1987), *Language and Thinking in school*, Richard. Owen Publishers, Inc.

Smith, N. B.(1969), *The many faces of reading comprehension*. The Reading Teacher, 23(3).

Stanford, G. & Smith, M.(1978), *Creative Writing,* Allyn and Bacon, Inc.

Swafford, J. & Kallus, M.(2002), *Content Literacy : A Journey into the Past, Present, and Future,* Journal of Content Area Reading ISSN pending Vol.1, No.1, International Reading Association.

Swanson, B.(1998), *Strategic preferences of good and poor beginning readers*. Reading Horizons, 28(4).

Tanner, K.(1988), *The textbook controversies. In Critical issues in curriculum,* Tanner, L.N.(eds). The National Society For The Study Of Educarion.

Taylor, D. C.(1969), *Differential rates of cerebral maturation between sexes and between hemispheres :* Evidence from epilepsy. Lancet, 19.

Thompson, G. B.(1975), *Sex differences in reading attainments*. Educational Research, 18(1).

Tierney, R. J. & Cunningham, J. W.(1984), *Research on reading comprehension*. In P. D. Pearson(Ed.), Handbook of reading research Vol. I . White Plain, NY : Longman.

Tompkins, G. E. & Hoskisson, K.(1998), *LANGUAGE ART*, Prentice-Hal, Inc.

Topping, D. & McManus, R.(2002), *Real Reading, Real Writing : Content Area Strategies,* Heinemann.

Topping, D. & McManus, R., *Real Reading, Real Writing : Content Area Strategies,* Heinemann, 2002.

Unrau, N.(2004), *Content Area Reading and Writing : Fostering Literacies Middle High School Cultures,* Pearson Education Inc.

Unrau, N.(2008), *Content Area Reading and Writing*, Pearson Education, Inc.

Unrau, N., *Content Area Reading and Writing*, Pearson Education, Inc, 2008.

Unrau, N., *Content Area Reading and Writing : Fostering Literacies Middle High School Cultures*, Pearson Education Inc, 2004.

Vacca, R. T. & Vacca, J. L.(2000), *Writing Across The Curriculum, International Reading Association*.

Walberg, H. J. & Marjoribanks, K.(1976), *Family environment and cognitive development : Twelve analytic models*. Review of Educational Research, 46(4).

Walberg, H. J. & Tsai, S.(1985), *Correlates of reading achievement and attitude : A national assessment study*. Journal of Educational Research, 78(3).

Wentzel, K. R.(1996), *Social goals and relationships as motivators of school adustment*. In J. Juvonen. & K. R. Wentzel (Eds.), Social motivation : Understanding school adjustment, New York : Cambridge University Press.

Whiteway, R.(1995), *A study of the interrelationships among fifth grade students' concepts of parental relationships, peer relationships, reader self, gender, reading attitude and comprehension*. Unpublished maser's thesis, Memorial University of Newfoundland, St. John's, Newfoundland, Canada.

Wigfield, A. & Guthrie, J. T.(1995), *Dimensions of children's motivations for reading : And initial study*. (ERIC Document Reproduction Service No ED384010)

Wigfield, A. & Guthrie, J. T.(1997), *Relations of children's motivation for reading to the amount and breadth of their reading*. Journal of Educational Psychology, 89(3).

Wigfield, A.(1997), *Children's motivation for reading and reading engagement*. In J.T. Guthrie. & A. Wigfield(Eds.), Reading engagement : Motivating readers through integrated instruction. Newark, DE : International Reading Association.

Wigfield, A., Eccles, J. S. & Rodriguez, D.(1998), *The development of children's motivation in school contests*. In P. D. Pearson, & A. Iran-Nejad (Eds.), Review of research in education Vol.23. Washington, DC : American Educational Research Association.

Wigfield, A., Wilde, K., Baker, L., Fernandez-Fein, S. & Scher, D.(1996), *The nature of children's motivations for reading, and their relations to reading frequency and reading performance*, (ERIC Document Reproduction Service No ED 398 550)

Wixson, K. K. & Peters, C. W.(1987), *Comprehension assessment : Implement aninteractive view of reading*. Educational Psychologist, 22(3/4).

Woodward, A. & Elliot, D. L.(1990), *Textbook use and teacher professionalism*. In Textbooks and schooling in the United States. Woodward, A. and Elliott, E.L.(eds.), The National Society For The Study Of Educarion.

저자 김선민

주요 경력

서울교육대학교
서울교육대학교 대학원 국어교육학과, 교육학 석사
명지대학교 대학원 국어국문학과, 문학 박사
고려대학교 대학원 국어교육학과, 교육학 박사

서울교육대학교 강사
서울교육대학교 대학원 강사
명지대학교 강사
명지대학교 대학원 강사
서울특별시교육청 현장 연구원
서울특별시교육청 독서·논술·토론 연수 강사
서울특별시교육청 국어과 교육과정 연수 강사
서울교육대학교 초등교원연수원 연수 강사
서울교육대학교 초등국어교육연구소 상임연구원

주요 논저

『쓰기 교수·학습론』(2005, 한국정보출판)
『국어교육 방법론』(2009, 도서출판 역락)
『읽기 교육론』(2009, 도서출판 역락)
『초등학교 독서교육』(2004, 도서출판 역락, 공저)
「CMC를 활용한 작문교육 연구」(1999, 서울교육대학교대학원 석사논문)
「시창작 교육의 텍스트 변용 교수·학습에 관한 연구」(2002, 명지대학교대학원 박사논문)
「개념중심 읽기가 내용영역의 학업 성취에 미치는 효과」(2008, 고려대학교대학원 박사논문)
「문학교육의 창의성에 관한 연구」(2004, 문학교육학 제13호)
「교육연극을 활용한 초등학교 고전소설 읽기 교수·학습」(2005, 한국어교육 제22호)
「국어과의 언어사용 기능이 내용교과의 학습에 미치는 영향」(2007, 語文硏究 제35권)
「학문적 글쓰기의 유형, 구조, 지도 단계」(2008, 한국초등국어교육 제38집)
「내용영역의 개념중심 읽기 지도에 관한 연구」(2008, 국어교육 126)
「CORI가 내용영역의 교수·학습 성취에 미치는 효과」(2008, 한국초등국어교육 제37집)
「내용영역의 읽기능력 향상을 위한 질문 전략 연구」(2009, 교과교육연구 제1권 2집)
외 다수의 논문

서울교육대학교 초등국어교육연구소 연구총서 ③

국어교육 방법론

초판 인쇄 2009년 4월 22일
초판 발행 2009년 4월 29일

저 자 김선민
펴낸이 이대현
편 집 권분옥

펴낸곳 도서출판 역락
주소 서울 서초구 반포4동 577-25 문창빌딩 2층
전화 02-3409-2058, 2060
팩스 02-3409-2059
등록 1999년 4월 19일 제303-2002-000014호
이메일 youkrack@hanmail.net

값 35,000원
ISBN 978-89-5556-668-0 93370

* 파본은 교환해 드립니다.